国家出版基金项目
NATIONAL PUBLICATION FOUNDATION

“十三五”国家重点图书出版规划项目

西夏学文库
第三辑

论集卷

史金波 杜建录 主编

# 西夏民族关系研究

刘建丽 著

甘肃文化出版社

图书在版编目（CIP）数据

西夏民族关系研究 / 刘建丽著. -- 兰州 : 甘肃文化出版社, 2021.12
（西夏学文库 / 史金波, 杜建录主编. 第三辑）
ISBN 978-7-5490-2317-2

Ⅰ. ①西… Ⅱ. ①刘… Ⅲ. ①民族关系—研究—中国—西夏 Ⅳ. ①D691.72

中国版本图书馆CIP数据核字(2021)第204507号

西夏民族关系研究
刘建丽 | 著

策　　划 | 郧军涛
项目统筹 | 甄惠娟
责任编辑 | 甄惠娟　贾　莉
封面设计 | 苏金虎

出版发行 | 甘肃文化出版社
网　　址 | http://www.gswenhua.cn
投稿邮箱 | press@gswenhua.cn
地　　址 | 兰州市城关区曹家巷1号 | 730030（邮编）

营销中心 | 贾　莉　王　俊
电　　话 | 0931-2131306

印　　刷 | 西安国彩印刷有限公司
开　　本 | 787毫米×1092毫米 1/16
字　　数 | 410千
印　　张 | 28
版　　次 | 2021年12月第1版
印　　次 | 2021年12月第1次
书　　号 | ISBN 978-7-5490-2317-2
定　　价 | 168.00元

# 西夏学文库
## 编委会

中国社会科学院西夏文化研究中心
宁夏大学西夏学研究院
编

# 百年风雨　一路走来

## ——《西夏学文库》总序

### 一

经过几年的酝酿、规划和编纂，《西夏学文库》(以下简称《文库》) 终于和读者见面了。2016 年，这一学术出版项目被列入“十三五”国家重点图书出版规划，2017 年入选国家出版基金项目，并在“十三五”开局的第二年即开始陆续出书，这是西夏学界和出版社共同努力的硕果。

自 1908、1909 年黑水城西夏文献发现起，近代意义上的西夏学走过了百年历程，大体经历了两个阶段：

20 世纪 20 年代至 80 年代为第一阶段，该时期的西夏学有如下特点：

一是苏联学者“近水楼台”，首先对黑水城西夏文献进行整理研究，涌现出伊凤阁、聂历山、龙果夫、克恰诺夫、索弗罗诺夫、克平等一批西夏学名家，出版了大量论著，成为国际西夏学的“老大哥”。

二是中国学者筚路蓝缕，在西夏文文献资料有限的情况下，结合汉文文献和文物考古资料，开展西夏语言文献、社会历史、文物考古研究。20 世纪 30 年代，王静如出版三辑《西夏研究》，内容涉及西夏佛经、历史、语言、国名、官印等。1979 年，蔡美彪《中国通史》第六册专列西夏史，和辽金史并列，首次在中国通史中确立了西夏史的地位。

三是日本、欧美的西夏研究也有不俗表现，特别是日本学者在西夏语言文献和党项古代史研究方面有着重要贡献。

四是经过国内外学界的不懈努力，至 20 世纪 80 年代，中国西夏学界推出《西夏史稿》《文海研究》《同音研究》《西夏文物研究》《西夏佛教史略》《西夏文物》等一系列标志性成果，发表了一批论文。西夏学从早期的黑水城文献整理与西夏文字释读，拓展成对党项民族及西夏王朝的政治、历史、经济、军事、地理、宗教、考古、文物、文献、语言文字、文化艺术、社会风俗等全方位研究，完整意义上的西夏学已经形成。

20世纪90年代迄今为第二阶段，这一时期的西夏学呈现出三大新特点：

一是《俄藏黑水城文献》《英藏黑水城文献》《日本藏西夏文文献》《法藏敦煌西夏文文献》《斯坦因第三次中亚考古所获汉文文献（非佛经部分）》《党项与西夏资料汇编》《中国藏西夏文献》《中国藏黑水城汉文文献》《中国藏黑水城民族文字文献》《俄藏黑水城艺术品》《西夏文物》（多卷本）等大型文献文物著作相继整理出版，这是西夏学的一大盛事。

二是随着文献文物资料的整理出版，国内外西夏学专家们，无论是俯首耕耘的老一辈学者，还是风华正茂的中青年学者，都积极参与西夏文献文物的诠释和研究，潜心探索，精心培育新的科研成果，特别是在西夏文文献的译释方面，取得了卓越成就，激活了死亡的西夏文字，就连解读难度很大的西夏文草书文献也有了突破性进展，对西夏历史文化深度开掘做出了实质性贡献。举凡西夏社会、政治、经济、军事、文化、法律、宗教、风俗、科技、建筑、医学、语言、文字、文物等，都有新作问世，发表了数以千计的论文，出版了数以百计的著作，宁夏人民出版社、上海古籍出版社、中国社会科学出版社、社科文献出版社、甘肃文化出版社成为这一时期西夏研究成果出版的重镇。宁夏大学西夏学研究院编纂的《西夏研究丛书》《西夏文献研究丛刊》，中国社会科学院西夏文化研究中心联合宁夏大学西夏学研究院等单位编纂的《西夏文献文物研究丛书》是上述成果的重要载体。西夏研究由冷渐热，丰富的西夏文献资料已悄然影响着同时代宋、辽、金史的研究。反之，宋、辽、金史学界对西夏学的关注和研究，也促使西夏研究开阔视野，提高水平。

三是学科建设得到国家的高度重视，宁夏大学西夏学研究中心（后更名西夏学研究院）被教育部批准为高校人文社科重点研究基地，中国社会科学院将西夏学作为“绝学”，予以重点支持，宁夏社会科学院和北方民族大学也将西夏研究列为重点。西夏研究专家遍布全国几十个高校、科研院所和文物考古部门，主持完成和正在开展近百项国家和省部级科研课题，包括国家社科基金特别委托项目“西夏文献文物研究”，重大项目“黑水城西夏文献研究”“西夏通志”“黑水城出土医药文献整理研究”，教育部重大委托项目“西夏文大词典”“西夏多元文化及其历史地位研究”。

研究院按照教育部基地评估专家的意见，计划在文献整理研究的基础上，以国家社科基金重大项目和教育部重大委托项目为抓手，加大西夏历史文化研究力度，推出重大成果，同时系统整理出版百年来的研究成果。中国社会科学院西夏文化研究中心也在继承传统、总结经验的基础上，制订加强西夏学学科建设、深化西夏研究、推出创新成果的计划。这与甘肃文化出版社着力打造西夏研究成果出版平台的设想不谋而合。于是三方达成共同编纂出版《文库》的协议，由史金波、杜建录共同担纲主编，一方面将过去专家们发表的优秀论文结集出版，另一方面重点推出一批新的研究著作，以期反映西夏研究的最新进展，推动西夏学迈上一个新的台阶。

## 二

作为百年西夏研究成果的集大成者，作为新时期标志性的精品学术工程，《文库》不是涵盖个别单位或部分专家的成果，而是要立足整个西夏学科建设的需求，面向海内外西夏学界征稿，以全方位展现新时期西夏研究的新成果和新气象。《文库》分为著作卷、论集卷和译著卷三大板块。其中，史金波侧重主编论集卷和译著卷，杜建录侧重于主编著作卷。论集卷主要是尚未结集出版的代表性学术论文，因为已公开发表，由编委会审核，不再匿名评审。著作卷由各类研究项目（含自选项目）成果、较大幅度修订的已出著作以及公认的传世名著三部分组成。所有稿件由编委会审核，达到出版水平的予以出版，达不到出版水平的，则提出明确修改意见，退回作者修改补正后再次送审，确保《文库》的学术水准。宁夏大学西夏学研究院设立了专门的基金，用于不同类型著作的评审。

西夏研究是一门新兴的学科，原来人员构成比较单一，学术领域比较狭窄，研究方法和学术水准均有待提高。从学科发展的角度看，加强西夏学与其他学科的学术交流，是提高西夏研究水平的有效途径。我国现有的西夏研究队伍，有的一开始即从事西夏研究，有的原是语言学、历史学、藏传佛教、唐宋文书等领域的专家，后来由于深化或扩充原学术领域而涉足西夏研究，这些不同学术背景的专家们给西夏研究带来了新的学术视角和新的科研气象，为充实西夏研究队伍、提高西夏研究水平、打造西夏学学科集群做出了重要的贡献。在资料搜集、研究方法和学术规范等方面，俄罗斯、日本、美国、英国和法国的西夏研究者值得我们借鉴学习，《文库》尽量把他们的研究成果翻译出版。值得一提的是，我们还特别请作者，特别是老专家在各自的著述中撰写"前言"，深入讲述个人从事西夏研究的历程，使大家深切感受各位专家倾心参与西夏研究的经历、砥砺钻研的刻苦精神，以及个中深刻的体会和所做出的突出成绩。

《文库》既重视老专家的新成果，也青睐青年学者的著作。中青年学者是创新研究的主力，有着巨大的学术潜力，代表着西夏学的未来。也许他们的著作难免会有这样那样的不足，但这是他们为西夏学殿堂增光添彩的新篇章，演奏着西夏研究创新的主旋律。《文库》的编纂出版，既是建设学术品牌、展示研究成果的需要，也是锻造打磨精品、提升作者水平的过程。从这个意义上讲，《文库》是中青年学者凝练观点、自我升华的绝佳平台。

入选《文库》的著作，严格按照学术图书的规范和要求逐一核对修订，务求体例统一，严谨缜密。为此，甘肃文化出版社成立了《文库》项目组，按照国家精品出版项目的要求，精心组织，精编精校，严格规范，统一标准，力争将这套图书打造成内容质量俱佳的精品。

## 三

西夏是中国历史的重要组成部分，西夏文化是中华民族文化不可或缺的组成部分。西夏王朝活跃于历史舞台，促进了我国西北地区的发展繁荣。源远流长、底蕴厚重的西夏文明，是中华各民族兼容并蓄、互融互补、同脉同源的见证。深入研究西夏有利于完善中国历史发展的链条，对传承优秀民族文化、促进各民族团结繁荣有着重要意义。西夏研究工作者有责任更精准地阐释西夏文明在中华文明中的地位、特色、贡献和影响，把相关研究成果展示出来。《文库》正是针对西夏学这一特殊学科的建设规律，瞄准西夏学学术发展前沿，提高学术原创能力，出版高质量、标志性的西夏研究成果，打造具有时代特色的学术品牌，增强西夏学话语体系建设，对西夏研究起到新的推动作用，对弘扬中国优秀传统文化做出新的贡献。

甘肃是华夏文明的重要发祥地之一，也是中华民族多元文化的资源宝库。在甘肃厚重的地域文明中，西夏文化是仅次于敦煌文化的另一张名片。西夏主体民族党项羌自西南地区北上发展时，最初的落脚点就在现在的甘肃庆阳一带。党项族历经唐、五代、宋初的壮大，直到占领了河西走廊后，才打下了立国称霸的基础。在整个西夏时期，甘肃地区作为西夏的重要一翼，起着压舱石的作用。今甘肃武威市是西夏时期的一流大城市西凉府所在地，张掖市是镇夷郡所在地，酒泉市是番和郡所在地，都是当时闻名遐迩的重镇。今瓜州县锁阳城遗址为西夏瓜州监军所在地。敦煌莫高窟当时被誉为神山。甘肃保存、出土的西夏文物和文献宏富而精彩，凸显了西夏文明的厚重底蕴，为复原西夏社会历史提供了珍贵的历史资料。甘肃是西夏文化的重要根脉，是西夏文明繁盛的一方沃土。

甘肃文化出版社作为甘肃本土出版社，以传承弘扬民族文化为己任，早在20多年前就与宁夏大学西夏学研究中心（西夏学研究院前身）合作，编纂出版了《西夏研究丛书》。近年来，该社精耕于此，先后和史金波、杜建录等学者多次沟通，锐意联合编纂出版《文库》，全力申报“十三五”国家图书出版项目和国家出版基金项目，践行着出版人守望、传承优秀传统文化的历史使命。我们衷心希望这方新开辟的西夏学园地，成为西夏学专家们耕耘的沃土，结出丰硕的科研成果。

史金波　杜建录

2017年3月

# 勤能补拙——我的学术之路（代前言）

1965年夏，我从兰州第一中学高中毕业，参加高考后，却因某种原因不予录取，于是我的大学梦破灭了，求学生涯中止了。而我的父亲早被遣送到甘肃酒泉某地劳动改造，从此一去不返。此时全家生活陷入困境，十分窘迫。为了生存，我走上了一条辛酸苦涩的求生路，去过农村，下过草原，也干过临时工，在汽车修理厂当过铸工，也在工厂子弟中学当过教师，历经艰难、磨难，遭受白眼、冷眼……但我心中始终存有上大学的梦想，怀有“如果有机会，我一定要站起来”的愿望。

在苦难中煎熬与挣扎，终于盼来冰消雪融的春天。1977年冬，高考制度恢复，我参加了高考，终于获得了上大学的机会，得以进入甘肃师范大学（现西北师范大学）学习。我原先报考的是外语专业，高考时虽加试了英语，但却分到历史系。从此我的命运，因恢复高考而改变，因历史专业而小有成果。

在浩瀚的古籍文献中，有许多关于勤奋的格言，荀子《劝学篇》曰：“骐骥一跃，不能十步；驽马十驾，功在不舍。锲而舍之，朽木不折；锲而不舍，金石可镂。”韩愈谓：“业精于勤荒于嬉，行成于思毁于随。”（《旧唐书》卷一六〇《韩愈传》）宋人邵雍在《击壤集》卷九《弄笔吟》中也谓：“人生所贵有精神，既有精神却不淳。弄假像真终是假，将勤补拙总输勤。”这些古人先贤的告诫，成为我努力、勤奋、励志的座右铭。

我不是一个聪明人，但我崇尚勤奋，坚信勤能补拙，并努力实践。我了解自己的秉性，清楚自己的优劣。我生性驽钝率直，不晓宦海之浮沉，不识商潮之涨落，不谙权钱之妙用。深知自己有“二拙”，“一拙”年龄大，入学时已31岁，且有孩子，上大学的确不易。《论语》曰：“吾十有五而志于学，三十而立，四十而不惑，五十而知天命。”这使我不因大龄而自惭。“二拙”学历低，我没有辉煌的学历光环，仅是大学本科毕业、学士学位。毕业后能够留校任教，能有这样优越的学习与工作机遇，更是上天对我的眷顾、恩赐。我时时告诫自己不如别人，要克服这“二拙”，就必须用汗水、刻苦、勤奋加以弥补。“书山有路勤为径，学海无涯苦作舟。”我始终存有紧迫感，总觉时间短暂，一定要抓紧，加倍努力。

历史学是人类活动的真实记载，其文化积淀厚重，博大精深，蕴藏丰富，既是绚丽多彩的一门社会科学，也是一个枯燥的领域，仿佛是深邃的崇山峻岭、浩瀚的汪洋大海，宝藏深藏其中，但我却无从下手，采掘不到。我深切地体会到自己在历史学领域的无知，急切地想成长起来，虽想迈入史学门内，但只能在门外徘徊。唯一的方法就是耐得住寂寞，坐得住冷板凳，从史料入手，多看多写，多参加项目。1982年初毕业留校后，我曾跟随原西北民族学院历史系的汤开建老师编著《宋代吐蕃史料集》一书；也曾跟随西北师范大学历史系的郭厚安、潘策，陕西师范大学赵吉惠等先生，参加了他们所策划的《中国儒学辞典》《中国儒学史》等项目。只要老师邀请我参加，我欣而应之，从不考虑兴趣爱好，专业是否对口，从不挑拣，并视为这是极其难得的学习与提高的机会。通过参与项目，扩充自己的知识领域，提高自己的撰写水平与科研能力。那时科研条件有限，《宋代吐蕃史料集》系自选的课题，无经费，所查阅的文献史料又无钱复印，只能天天去甘肃省图书馆的古籍文献部查抄，竟持续数年，100多万字全用笔抄写完成，且不止一遍。后来我的专著《宋代西北吐蕃研究》35万余字，也伏案写就。在2000年之前，所有的成果皆用笔撰写完成。因长期伏案用笔，我的右手掌底部及中指结成厚茧，而中指的关节因长期用力握笔，今已变形。

20世纪90年代社会办学兴盛时，教师工资不高，经济上时而捉襟见肘，我也遭遇过钱包空空的尴尬，闲暇时外出讲课或可得到一些经济补偿。但我心里明白，我所要的不是经济的宽裕，而是早日有成果出现。我已无“来日方长”之优越，不能与年轻人相比，我没有时间与精力从事与教学、科研无关的事务。紧迫感促使我利用好时间，认真踏实地学习，希望能尽快提高自己的科研能力。

我也担任过硕士研究生导师，培养过众多的硕士生。我深知研究生培育是教书育人的一个重要层面，要给研究生在三年学习期间提供充足的时间，让他们尽快地成长、发展，使他们早日成才。研究生是国家的财富，决不能将他们视为导师的资源，占用学生的时间，让学生为导师服务。我的项目、课题皆由自己独立完成，即便是文字输入的工作，也都自己去做，生怕过多地占用学生的时间与精力，影响他们的学习。从任职至退休期间，主编、参编及独立撰写诸如《中国西北少数民族通史·辽宋西夏金卷》（70万字）、《甘肃通史·宋夏金元卷》（41.7万字）、《宋代西北民族文献与研究》（20万字）等19部著作，撰写了80余篇论文。特别是《中华大典》之一的《工业典·食品工业分典》，从启动编纂至出版，更是倾我个人之力，查阅搜集资料，选择、校核史料，整理点校，编辑排序书目表，分类排序，增删厘定，补充修订，经过多道工序，终于在2014年交稿。约400万字的书稿，清样就重达十六七斤，又亲自校稿两遍。从2006年启动至2015年11月出版，持续十年，耗时费功，历经辛苦，终于完成。又于2009年，申报全国高等院校古籍整理研究工作委员会资助项目《〈康輶纪行〉整理》，最终以《康輶纪行校笺》出版。但因《康輶纪行》系姚莹赴藏途中撰写的行记，且因所携图书少，故书中史料疏误随处可见，为了提高此书价值，于是将"整理"改为"校笺"。校勘主要是针对底本的一些明显错字，据别本或文献校改，并说明依据。笺的内容，主要是探索材料的出处，纠正史料的错误，并对某些所引史料或文中涉及内容做些许补充。是书引用文献书目280余种，历时9年，九易其稿，于2017年7月由上海古籍出版社出版。

实事求是是史学工作者的灵魂，要求史学工作者要以文献记载为依据，形成严格尊重史料的规则与心态，严谨、细致，切不可臆想、妄说。在这种尊重史料、实事求是的氛围中，也应使自身品格得到升华，切不可做"表里不一"的"两面人"。文献史料是从事史学研究的基础，只有扎实的文献史料功底，才能产出厚重翔实、高质量、高水平的成果。

我是一位普通的大学教师，也是一位纯粹的学者，既无名目繁多的头衔、官衔，也无显赫的声名与耀眼的光环，从事着教书育人的工作，奉行"踏踏实实做事，清清白白做人"的宗旨，与众多园丁们共同为教育园地的繁荣而耕耘。我是史学领域的一棵小草，虽无亮丽的色彩，但也为史学园地的兴盛增添了一抹绿色。

感谢高考机遇的降临，感谢培育我的兰州第一中学、西北师范大学历史系。西北师范大学给我提供留校任教的平台，我也用自己的勤奋与成果回报了母校，并也回报了在天堂安息的父母。

勤能补拙，天道酬勤！我坚信此理。

刘建丽

2017年8月于兰州

# 目　录

## 地理环境　部族　人物



## 民族关系

## 政治　军事



## 经济　宗教　文化

## 综述、书评

# 地理环境　部族　人物

# 两宋时期西北少数民族生存环境与自然资源

自然地理环境是人类赖以生存的空间及其活动的平台。10—13 世纪时，葛逻禄、样磨、仲云、粟特、沙陀、回鹘、党项、吐蕃等，在西北地区和西域中亚一带活动，并建立了喀喇汗王朝、西夏、西辽等政权。本文将其活动范围及所辖地域，划分为河西贺兰、河湟陇右及西域中亚三大地域，并对其生存区域与生态因素略作论述。这三大区域特殊的地理位置、生态环境与自然资源，构成了宋代西北少数民族生存、活动的地缘因素，为其发展壮大提供了得天独厚的环境基础。

## 一、河西贺兰地区

河西贺兰地区，主要包括今甘肃河西走廊、宁夏、内蒙古阴山以南及陕西北部横山东西这一地域，是沙陀、甘州回鹘、内迁党项活动及西夏建立政权后疆域所辖之地。

（一）地理位置与地形地貌

西夏疆域辽阔，“东尽黄河，西界玉门，南接萧关，北控大漠”①，超过了“方二万余里”②的范围。西夏建立初期疆域实际面积约 576880 平方公里③，此后虽有所增减，但变化不大。文献所载西夏的四至，扼要、准确地描绘了西夏的地理位置，用现代科学方法测量，大约为东经 93°~111°，北纬 36°~43°，位于亚洲内陆东部边缘，地处荒漠气候带上。

这一地区的地形构造，是以昆仑山系东端山脉及其余脉为骨架，由河流、湖泊、沼泽、湿地、平原及干山、荒漠等不同地貌共同构成。

---

①［清］吴广成撰，李蔚整理：《西夏书事》卷一二，济南：山东泰山出版社，2000 年，第 65 页。
②［元］脱脱等：《宋史》卷四八六《夏国传下》，北京：中华书局，1977 年，第 14028 页。
③ 王天顺等：《西夏地理研究》，兰州：甘肃文化出版社，2002 年，第 1 页。

青藏高原北缘的祁连山脉是昆仑山系向东方的延伸，在祁连山北麓，顺山势走向河西走廊绵延千里。河西走廊的北面由西往东排列的主要有北山、马鬃山、包尔乌拉山、合黎山、龙首山等，河西走廊的南面是祁连山，称为南山。河西走廊东起乌鞘岭，西至玉门关，东西长 1300 公里，南北宽数十公里不等，北山山地之北是大面积的沙漠与戈壁，其地相当于今内蒙古额济纳旗和阿拉善旗境，巴丹吉林沙漠和腾格里沙漠覆盖着大部分地区，其余为戈壁，植被稀疏。发源于祁连山的弱水从这一地区中部穿过，流入居延海。居延海一带地形最低处为 884 米，过居延海往北，地势渐高，往东地势亦渐升高至狼山、贺兰山。

贺兰山是祁连山北折的余脉，南北走向，把西夏全境分为东、西两部，山以西为右，以东为左，即行政区划上的左、右厢。贺兰山北端临近阴山山脉的西段狼山。阴山山脉东西千余里，背朝内蒙古高原，南麓峻陡，下临河套平原，贺兰山南端偏东是黄土层堆积深厚的陇山。陇山主脉在陕西陇县境内，西北东南走向，北抵萧关，南至清水县境，南段称大、小陇山，北段称六盘山，即今宁夏南部山区。六盘山的北端天都山曾被西夏长期占领，是西夏出攻陇山内外的基地。陇山顶部平坦，古称陇坻，西夏时期，是党项、吐蕃与宋人错居杂处之地，也是三方竭力争夺的地区。

陇坻东侧，由北向南的马莲河谷，是宋朝输往灵州（治今宁夏灵武县西南）的粮道，宋夏多次交兵于此。陇坻北段就是六盘山向东逸出的横山山脉，横亘于陕西北部，是当年宋夏界山。陇坻北端即是黄土高原与祁连山山地、腾格里沙漠结合部。而祁连山、北山山地与贺兰山、阴山连缀成形状大致如“√— ”的曲尺线[①]，把西夏境内的荒漠地与草原农耕地划分开来。曲尺线以外是荒漠，以内是耕牧区。在贺兰山以东、阴山以南、祁连山东南，陇坻与横山也可连成与上述曲尺线近似而平行的曲尺线，把汉族农业区与少数民族畜牧区或半农半牧区分隔开来。黄河在今兰州市北面入西夏境，依贺兰山、阴山及山西高原的地势，走了一个“几”字形的大弯曲，形成了富庶的兴灵平原。两道曲尺线之间的区域及其流经的黄河大转弯是西夏人生存的主要空间。

（二）生态环境与自然资源

环绕地球一周，在南、北纬 150°~50° 有一个荒漠气候带，西夏的版图正处于荒漠气候带中。在这个气候带内的欧亚大陆和北美大陆腹地断断续续分布

① 王天顺等：《西夏地理研究》，兰州：甘肃文化出版社，2002 年，第 5 页。

着大片沙漠、戈壁。由黑海东岸起，在乌兹别克斯坦、哈萨克斯坦境内有卡拉库姆沙漠，在中国南疆有塔克拉玛干沙漠，北疆有古尔班通古特沙漠，在内蒙古西部、河西走廊以北有巴丹吉林沙漠、库布齐沙漠，河套平原南部地区有毛乌素沙漠等。自新疆以东到河套平原的沙漠正处在当年西夏的疆域内，这些沙漠构成了西夏疆域的荒漠地貌和沙漠气候。从欧亚大陆两岸登陆的海洋湿温气流，几经地形抬升和长途跋涉，空气含水量减少，加之在山脉背风面有持续增湿下沉作用，便在内陆形成干燥少雨、寒暑交替的温带沙漠气候。由于气候干燥，终年少雨或无雨，气温、地温日差与年差较大，风沙活动频繁，在这种气候之下，植被稀疏，生态脆弱。这种特殊的地理、自然条件，将这一地区分为半农半牧、农业、牧业三大生态区，又可分为山林、坡谷、沙窝、平原、河泽五种自然地理类型①。

半农半牧区主要分布在河西走廊，以及东起天都山、西至横山的宋夏沿边地带。

酒泉的黑山与民乐的大黄山横向断块隆起，将河西走廊分割成三个内陆平原，即疏勒河水系的敦煌平原，黑河水系的酒泉平原，石羊河水系的武威平原。发源于祁连山的56条大小河流汇成祁连山内陆水系，其年出山总径流量约65亿立方米②。诸多河流使河西走廊形成了一连串的绿洲，享有灌溉之利，从祁连山向北逸出的支脉环抱绿洲构成一些小盆地，从而形成了与沙漠气候不同的局部温湿气候。从祁连山发源经凉州境的主要河流有古浪河、黄羊河、杂木河、金塔河、西营河、东大河，这六条河流经的缓斜谷地是天然的牧场，六条河汇入石羊河，而石羊河又流入腾格里沙漠与巴丹吉林沙漠之间的白亭海。在今武威地区南北流向的大小河流有三十条，这诸多河流呈扇状展开，形成享有灌溉之利的武威绿洲、民勤绿洲。石羊河两岸与白亭海附近历来为游牧民族的驻牧之地。西夏占领凉州之前，吐蕃六谷部就曾在此驻牧。

源出甘州（治今甘肃张掖市甘州区）、肃州（治今甘肃酒泉市肃州区）以南山中，流经这二州境的河流主要有山丹河、洪水河、黑河、北大河等，诸水在合黎山前汇入弱水，即《尚书·禹贡》所谓“导弱水至于合黎”，然后环山北去，注入居延海。弱水因其水色深玄，又名黑水，其众多支流在甘、肃二州南部形成了面积更大的绿洲。源出祁连山的疏勒河与党河沿岸，自汉代以来就

① 杜建录：《西夏经济史》，北京：中国社会科学出版社，2002年，第40页。

② 汤奇成、程天文：《河西走廊的河川径流》，载赵松乔主编《中国干旱地区自然地理》，北京：科学出版社，1985年。

被开垦成平川之地。西夏时期，居民便利用党河水灌溉沙州附近的农田。

祁连山不仅为河西走廊提供了天然屏障与丰富的水源，而且自身又是优良的天然牧场。《西河旧事》谓祁连山“在张掖、酒泉二界上，东西二百余里，南北百里，有松柏五木，美水草，冬温夏凉，宜畜牧。匈奴失二山，乃歌云：亡我祁连山，使我六畜不蕃息；失我燕支山，使我嫁妇无颜色”[①]。焉支山也是河西名山，一作删丹山、燕支山或胭脂山，以山上产胭脂草而得名。位于甘肃省山丹县东南，东西百余里，南北二十里，“亦有松柏五木，其水草茂美，宜畜牧，与祁连山同”[②]。西夏时期，这里生态保持良好，祁连山“山高，冬夏降雪，雪体不融。南麓化，河水势涨，夏国灌水宜农也”。而焉支山上“冬夏降雪，炎夏不化。民庶灌溉，地冻，大麦、燕麦九月熟，利羊马，饮马奶酒”[③]。因此，河西走廊曾经是甘州回鹘、凉州吐蕃的生息繁衍之地，西夏奄有河西走廊后，又成为西夏的粮仓和育马的牧地。它们均是构成河西走廊农牧生态区域的重要组成部分。

由酒泉西经敦煌至玉门关，地多沙碛，正如唐代边塞诗人岑参所云：“酒泉西望玉关道，千山万碛皆白草。”[④]瓜州“地多沙碛，不宜于稼穑，每年少雨，以雪水溉田”[⑤]。实际上酒泉、敦煌是宜于农耕的沙漠绿洲。

东起横山、西至天都山的宋夏边界，既是鄂尔多斯高原与黄土高原的结合带，又是北方游牧民族与中原农耕民族的交汇处。这里山脉绵亘，水草丰美，自古以来就是著名的半农半牧区。横山山脉是一条宽阔的黄土丘陵地带，也是陕北高原大部分河流的发源地，北麓河流主要有发源于定边县白于山（通称横山）北坡的无定河及其支流，大理河是无定河较大的支流，大理河谷与无定河谷均为西夏攻宋的通道，无定河及其支流也灌溉着河谷两岸的沃土。西夏王朝的前身夏州政权的世袭领地夏（治今陕西靖边县西北白城子）、银（治今陕西横山县东党岔镇）、绥（治今陕西绥德县东南50里）、宥（治今内蒙古鄂克托前旗东南）、静（治今宁夏永宁县南望洪乡附近）五州之地，就分布在无定河沿岸。横山地区山坡益于畜牧，有的山岭还分布有松、柏、桷等林木。由于河

①［汉］司马迁：《史记》卷一一〇《匈奴列传》，北京：中华书局，1959年，第2909页。

②［宋］乐史：《太平寰宇记》卷一五二《陇右道三》，载文渊阁《四库全书》第470册，台北：台湾商务印书馆，1986年，第435页。

③［俄］克恰诺夫、李范文、罗矛昆著：《圣立义海研究》，银川：宁夏人民出版社，1995年，第59页。

④中华书局编辑部：《全唐诗》卷一九九《赠酒泉韩太守》，北京：中华书局，1960年，第2059页。

⑤［后晋］刘昫：《旧唐书》卷一〇三《张守珪传》，北京：中华书局，1975年，第3194页。

流的冲刷与切割，形成的无数河谷小平原适于从事农耕。居民蕃汉杂处，其中被称为“山讹”的党项人善畜牧，勇战斗。横山地区是西夏东南部重要的军政与经济基地，西夏攻宋精兵粮秣皆出于此。

元昊离宫所在的天都山是“畜牧耕稼膏腴之地”[①]，这里“多树种竹，豹、虎、鹿、獐居，云雾不退。谷间泉水，山下灌溉也”[②]。天都之西的怀戎堡（即打拉池，今甘肃白银市平川区东南共和乡）本是西夏大麻川，其地“东南曰屈吴山、大神山、小神山，皆林木森茂，峰峦耸秀，山涧泉流数派”，而其“西南白草原通会州，北有宝积山，产石灰、铅、铁。……堡之西南百余步有泉眼涌出，渊澄甘冽，止而为湖，不徒有玩赏之景，民田灌溉实赖其利”[③]。

河套灌溉农业区位于贺兰山、阴山与鄂尔多斯高原之间一个断陷的冲积平原上，即今宁夏北部的西套平原和内蒙古河套平原。

屹立于兴灵平原西侧的贺兰山是西夏人崇拜的神山之一，《圣立义海·山之名义》谓：“贺兰山等，冬夏降雪，有种种林丛、树、果、燕荑及药草。藏有虎、豹、鹿麋，挡风蔽众。”由于黄河与贺兰山的共同作用，在山的东西形成了迥然不同的自然景观。贺兰山西侧是戈壁荒漠，东侧是兴灵平原（今称银川平原）。在贺兰山的护卫下，腾格里沙漠的烈风流沙不能侵入，阻挡了腾格里沙漠的东移，也削弱了冬季寒流的侵袭，平原上田畴千顷，渠道纵横，被称为“塞上江南”。在靠近会州（治今甘肃靖远县东北）黄河两岸的应理州（治今宁夏中卫市）和鸣沙州（治今宁夏中宁县鸣沙镇）一带，由于引黄灌溉，形成绿洲，今称卫宁平原。蜿蜒横贯西夏境内的黄河及其支流滋润着山地牧场与河谷平原，致使西夏人既享浇灌之益，又获舟楫之便，成为塞上江南，其地负山阻河，又得军事之利，故能立国近二百年，与宋、辽、金国抗衡。

狼山是阴山山脉的西段，黄河北流至狼山脚下。阴山山脉南麓断层陷落为河套平原，平原分为东西两部，西部即今内蒙古后套平原，东部即今呼和浩特平原，又称土默特平原，在西夏境外。阴山山脉是古代南北交通的障碍，由于它横亘于沙漠之南，所以南麓生态环境明显优越于北麓。

荒漠与半荒漠牧区是由鄂尔多斯与阿拉善两大高原组成，是西夏境内最大

---

①［宋］李焘：《续资治通鉴长编》卷五〇四，元符元年十二月己卯，北京：中华书局，1993年，第12010页。

②［俄］克恰诺夫、李范文、罗矛昆著：《圣立义海研究》，银川：宁夏人民出版社，1995年，第60页。

③［清］升允、长庚修、安维峻纂：《甘肃新通志》卷一四《建置志·城池》，载《中国西北文献丛书》第23册，兰州：兰州古籍书店，1990年，第655页。

的生态区划。

鄂尔多斯高原位于黄河“几”字形大湾以南，东、西、北三面环河，南面以长城为界，海拔为1200—1600米，西北部略高，向东南缓倾。高原沙漠面积大，地表粗糙，干旱少雨，多风沙。西夏时期，鄂尔多斯沙漠已延伸至横山边缘，“横山之北，沙漠隔限”[①]，过横山即沙碛不毛之地。沈括在《梦溪笔谈》中描述了鄂尔多斯南缘的毛乌素沙漠：“予尝过无定河，度活沙，人马履之，百步之外皆动，澒澒然如人行幕上，其下足处虽甚坚，若遇其一陷，则人马驼车应时皆没。至有数百人平陷无孑遗者，或谓此即流沙也。又谓沙随风流，谓之流沙。”[②]这正是今天陕西横山与内蒙古鄂尔多斯高原交界处的“活沙区”。鄂尔多斯西南边缘的沙地，地势较高，缓坡、丘陵、沙丘、洼地交错分布，时人谓之“旱海”，又名“翰海”，在灵（治今宁夏灵武县西南）、韦（治今宁夏同心县东北韦州镇）、盐（治今陕西定边县）三州之间，周七百里，故又称七百里旱海，旱海中难得水泉。宋元丰四年（1081年），宋朝五路伐夏时，宋军曾越旱海至灵州，随军西征的张舜民有诗曰：“青冈峡里韦州路，十去从军九不回。白骨似沙沙似雪，将军休上望乡台。”[③]

这里也有许多宜于畜牧的有利条件。一是地下水资源丰富，“少水泉，可掘沙为井”“地卑湿，掘丈余则有水”[④]，水质良好，可供人畜饮用。二是沼泽湖泊众多，北部的库布齐沙漠固定半固定的沙丘间，因承压的缘故，有泉水涌出，形成植被茂密的沼泽草地[⑤]；中西部风蚀洼地湖泊众多，有水草；南渐毛乌素沙地，大部分沙丘为半固定状态，丘间洼地水草丰美，是我国沙漠水资源丰富地区[⑥]。宋元丰四年（夏大安八年，1081年），北宋五路伐夏时，宋军“渡无定河，循水北行，地皆沙湿，士马多陷没”[⑦]。充分说明西夏时期，这里存有大片沼泽地。

鄂尔多斯地区较好的生态环境，为党项民族发展畜牧经济创造了有利的条

---

①［宋］李焘：《续资治通鉴长编》卷四六九，元祐七年正月壬子，北京：中华书局，1993年，第11212页。

②［宋］沈括：《梦溪笔谈》卷三《辩证一》，北京：文物出版社，1975年，第11页。

③［宋］张舜民：《画墁集》卷四《西征途中二绝》，载文渊阁《四库全书》第1117册，台北：台湾商务印书馆，1986年，第26页。

④［宋］曾公亮：《武经总要前集》卷一八上《边防》，载文渊阁《四库全书》第726册，台北：台湾商务印书馆，1986年，第522页。

⑤郑度：《中国自然地理》（总论），北京：科学出版社，1985年，第358页。

⑥朱士光：《评毛乌素沙地形成与变迁问题的学术讨论》，《西北史地》1986年第4期。

⑦［元］脱脱等：《宋史》卷四八六《夏国传下》，北京：中华书局，1977年，第14011页。

件。党项人迁入这个地区不久，便部落兴盛，形成了著名的“平夏部”，为以后西夏政权的建立奠定了良好的基础。

阿拉善高原东起贺兰山，西至玉门，北与蒙古国相邻，南经合黎山、龙首山与河西走廊相接，大部分地区海拔为1000—1500米，由南向北缓倾，最低处居延海海拔620米，沙漠戈壁构成高原的主要景观。沙漠气候恶劣，冬季寒风凛冽，夏季酷暑如焚，据《蒙古志》卷一《沙漠》记载：“秋冬间劲风一起，扬沙拔木，故沙漠中无大树，惟夏雨潴低地，则刚草丛生，高至数尺，质如铁线，以能御大风，故得独存，漠中植物，此为最大。”

阿拉善高原东南部的腾格里沙漠，交错分布着湖盆、草滩、沙丘、山地、平原，其中沙丘面积占71%，湖盆、草滩占7%[①]。巴丹吉林沙漠分布于西南边缘，沙丘虽为流沙，但沙丘之间仍有144个内陆湖泊[②]，湖泊四周植被分布，有海韭菜、海乳草、芦草、芨芨草等盐生草甸和白刺沙滩[③]，这些地区主要用于放牧，是畜牧业基地。高原东北部为乌兰布和沙漠，宋太平兴国六年（981年）五月，王延德出使高昌，经鄂尔多斯高原渡黄河，穿行“六窠沙”即乌兰布和沙漠时，“沙深三尺，马不能行，行者皆乘橐驼。不育五谷，沙中生草名登厢，收之以食”[④]。表明宋朝时，这里已严重沙化。

阿拉善高原的北部是一望无际的戈壁，直到居延海景观才有所改变。发源于祁连山的弱水自南向北流，至下游分两支注入东、西居延海。从居延海湖积物的分布情况可知，历史上居延海曾达到2600平方公里，后来逐渐缩小。至20世纪40年代时，东居延海周回约150里，水色碧绿鲜明，有鱼，“海滨密生芦草，粗如笔杆，高者及丈，能没驼上之人，极似荻苇，入秋，芦花飞舞，宛如柳絮，马、牛、驼群，随处可遇”[⑤]。鸟类亦多，天鹅、雁、鹤、水鸡、水鸭等栖息海滨或水面。西居延海周回约300里，水因含碱过重，其色青黑，距水滨10里，即为湿滩，人畜不能进，亦无水草，水味苦。居延海地区是西夏黑水镇燕军司所在地，根据该地出土的西夏文书可知，西夏时期，这里水草丰

---

① 中国科学院中国自然地理编辑委员会编：《中国自然地理》（地貌），北京：科学出版社，1980年，第198页。

② 杜建录：《西夏经济史》，北京：中国社会科学出版社，2002年，第36页。

③ 全国农业区划委员会中国自然区划概要编：《中国自然区划概要》，北京：科学出版社，1984年，第128页。

④［元］脱脱等：《宋史》卷四九〇《高昌传》，北京：中华书局，1977年，第14110页。

⑤ 侯仁之：《历史地理学的理论与实践》，上海：上海人民出版社，1979年，第93页。

茂，畜牧业与农业均很发达[①]。考古调查发现额济纳河下游临近居延海的额尔古哈拉有西夏时期的瓦砾与陶瓷片，说明这里曾是西夏的屯垦区，该地出土的元代屯垦文书中就有不少从事农业生产的党项人姓名[②]。黑水地处沙碛，"地土多系硝碱沙漠石川，不宜栽种"[③]，生态环境脆弱。

总之，在这一生存区中，独特的地理位置、地形、地貌，以及不同的生态环境，使这一地区蕴有丰富的自然资源，为内迁党项族的崛起，西夏的建立及其经济的发展，提供了一个广阔的生存空间和良好的发展环境。

## 二、河湟地区

河湟地区，包括黄河以南地区和湟水流域，黄河以南地区包括洮（治今甘肃临潭县）、岷（治今甘肃岷县）、叠（治今甘肃迭部县）、宕（治今甘肃舟曲县西北白龙江北岸）、阶（治今甘肃陇南市武都区）五州及积石军（治今青海贵德县）。湟水流域主要包括湟（治今青海乐都市）、鄯（治今青海西宁市）、廓（治今青海化隆回族自治县西60里黄河北岸）三州与青海湖以西地区。河湟地区曾是吐谷浑的主要居地，也是宋代西北吐蕃的主要聚集地，这里吐蕃部落众多。西夏疆域最盛时，曾占据了湟水流域的西宁、积石、乐、廓等州。

### （一）地理位置

河湟地区地处青藏高原东北部边缘，是黄河与湟水流经地区。黄河自发源地蜿蜒东流，绕过积石山后屈曲西北流，在今青海省兴海县境内逐渐弯向东流，入积石军，经廓州、河州（治今甘肃临夏市）境，出今青海省境流入今甘肃省永靖县，再从兰州城北进入西夏境内。湟水自大通山南麓牛堆心曲折向东流，经鄯、湟二州后，汇入黄河。黄河与湟水流经的地区，宋时称为河湟地区。这一地域南接川西高原，东接黄土高原，北邻内蒙古高原。河湟地区北面越过祁连山与河西走廊相连，东面越过大通河，沿庄浪河通凉州（治今甘肃武威市凉州区）、会州（治今甘肃靖远县东北）。西面限于日月山，南面限于小积石山。日月山位于青海湖东，今青海湟中县南，是青海牧区与农业区的天然分界；小积石山在今甘肃临夏县西北，其南则为大积石山，黄河上游即在大、小积石山间东西南北环绕。这一地区地势起伏较大，地势险峻，崇山峻岭，纵横

---

① 黄振华:《西夏天盛廿二年卖地文契考释》，载白滨编《西夏史论文集》，银川：宁夏人民出版社，1984年。

② 杜建录:《西夏经济史》，北京：中国社会科学出版社，2002年，第37页。

③ 李逸文:《黑城出土文书》(汉文文书卷)，北京：科学出版社，1991年，第101页。

交错，深涧峡谷，回绕其间，道路险阻，交通不便，自古以来为羌戎所居之地。东汉张衡《西京赋》谓："右有陇坻之隘，隔阂华戎。"[①]

战国时期，秦向西开疆拓土，在今临洮置陇西郡，以此为起点，筑长城防遏匈奴。秦的统治西及洮河河谷，洮河以西则鞭长莫及。安史之乱后，吐蕃强大，向四周扩张，其势力曾西越陇山，北入河套。唐朝末期，吐蕃势力衰弱，种落分散，散居在河湟地区的吐蕃人则以青唐（今青海西宁市）为中心建立起唃厮啰政权。其下属部落主要聚居、耕牧在河湟地区，黄河河谷与湟水河谷地带是其主要的农牧区，湟水河谷也是连接青唐与陇右地区的通道。北宋时期，河西走廊被西夏阻塞，青唐城便成为宋朝与吐蕃及西域交通的枢纽，中外行人贡使由渭水河谷经巩州（治今甘肃陇西县）、熙州（治今甘肃临洮县）、河州至湟州，循湟水河谷抵青唐再转而西去。而凉州至青唐须渡大通河后进入湟水河谷上而西行。西夏攻凉州、青唐，就是循此路线进军，先取邈川城（今青海乐都市），后再攻青唐。若从甘州（治今甘肃张掖市甘州区）出兵，则可过扁都口（今青海祁连县东南扁都沟），翻越祁连山直接进攻青唐。显然，青唐是具有战略地位的形胜扼要之地。

（二）农耕与畜牧生态区

河湟地区独特的地理位置及自然条件，决定了这一地区既有农耕生态区，也有畜牧生态区。河湟地区生态环境较好，平均海拔高度达3000米，气候寒冷，草场面积分布广泛，有各种类型的草场，如高寒草甸型、荒漠草原型、山地草原型、草甸草原型、沼泽化草甸型及灌木丛林等遍布各地，大部分地区牧草茂盛，品种质量均为上乘，这一切皆为畜牧业生产提供了优越的自然条件。

湟、鄯、廓、积石、熙、河、洮、岷、叠、宕等州自古以来就是农业发达地区，沿河地带成为吐蕃人的主要农业区。"武威之南，至于洮、河、兰、鄯，皆故汉郡县，所谓湟中、浩亹、大小榆、枹罕，土地肥美，宜五种者在焉。"[②]湟州与鄯州地处湟水河谷平原，地险而土沃。湟水又称洛都水，发源于祁连山，由三股泉水南流10公里，汇为一水，继续南流15公里，又汇入二水，转向东南方向，又纳入诸多支流，水势大增，折向东流20公里，入西宁界，称为西宁河，流经今青海乐都、民和东与大通河汇合后，在今兰州西入黄河。湟水两岸水利灌溉发达，尤适以农耕，农业生产发展，粮食产量高。大通河源出

① [清] 严可均：《全上古三代秦汉三国六朝文》第1册《全后汉文》卷五二，北京：中华书局，1958年，第761页。

② [元] 脱脱等：《宋史》卷三二八《王韶传》，北京：中华书局，1977年，第10579页。

青海湖西北的大通山，东南流400公里，与湟水汇合。大通河两岸草场宽阔，适于畜牧。西夏占领这一地区前，大通河是阻挡西夏西进的天然屏障。大通河出山后与湟水汇合后古称浩门水，因渡河处有山隘如门而得名。在鄯州西北有北川河注入湟水，沿北川河谷西北行，入祁连山，穿扁都口，就可抵甘州。濒临湟水南岸的湟州（即邈川，治今青海乐都市）和鄯州（治今青海西宁市）之间有溻驴岭、戴星岭、狭口堡等险要。唃厮啰击退西夏进攻，与其占据湟水河谷的有利地形密切相关。

积石军辖区在今青海省贵德县，濒临黄河，金朝占领北宋熙州地区后，另设积石州，辖区在今青海省循化撒拉族自治县境内，与积石军毗连而地望不同；廓州辖区在今青海尖扎县北，积石州与廓州东西相距75公里，廓州在黄河东，而积石州在黄河南。沿河谷地皆可耕牧，《水经注》卷二载："河水又经允川，而历大榆、小榆谷。"大、小榆谷在今青海省贵德县东河曲一带，东汉时，曾是先零、迷唐等羌族部落聚集地，土地肥美，又近塞内，又"北阻大河因以为固，又有西海鱼盐之利，缘山滨水，以广田蓄，故能强大"[①]。东汉永元五年（93年），东汉政府破迷唐羌，"收麦数万斛"[②]。后又平定西海（今青海湖一带）设郡，采大臣曹凤建议，规固二榆，广设屯田，隔塞羌胡交关之路，殖谷富边，省委输之役。当年的大、小榆谷正是宋、夏、金、吐蕃竭力所争之地。

总之，由于河湟地区得天独厚的地理位置与优越的自然条件，在政治、军事和中西交通方面，具有重要地位和战略意义，因而对宋、夏、辽、金均产生极大的引诱力，势必竭力争夺。

### 三、西域中亚地区

这里所说的西域中亚地区，系指今天的新疆及哈萨克斯坦、塔吉克斯坦、乌兹别克斯坦、土库曼斯坦等地区的两河流域及七河流域地区。10—13世纪时，葛逻禄、样磨、仲云、粟特、西州回鹘等在这里活动并建立喀喇汗王朝、西辽政权。其地理位置及独特的地形地貌、生态环境与自然资源，极大地影响了这一地区的发展。

---

①［晋］司马彪：《后汉书》卷八七《西羌传》，北京：中华书局，1965年，第2885页。
②［晋］司马彪：《后汉书》卷八七《西羌传》，北京：中华书局，1965年，第2883页。

（一）西域的地理特征

今天的新疆地区历史上称为“西域”，这里山体庞大，群峰耸立，山脉多呈东西走向，荒漠广布，盆地宽大，绿洲点缀其间。

位于新疆东北部、呈西北东南走向的山脉是阿尔泰山，“阿尔泰”突厥语为“金色”之意，故亦称为“金山”。阿尔泰山全长约2000公里，穿越今新疆、哈萨克斯坦、蒙古境内，位于新疆境内约有500公里，海拔2500—3000米，是新疆与哈萨克斯坦、蒙古国的界山。横亘于新疆中部，延伸到中亚境内的是天山山脉，全长3000公里，宽250—400公里，海拔高度为3000—5000米，6000米以上的高峰有40多座。位于新疆境内的一段称为东天山，延伸到中亚境内的天山山脉长1200公里，称为西天山。天山，汉文史籍上称为“北山”“雪山”“白山”等，维吾尔语称为“腾格里山”。“腾格里”一词源于古匈奴语，除有“天”“苍天”之意外，还蕴有“天神”“神祇”之意，自古以来，维吾尔族人视其为一座至高无上的神山，是绿洲文化与草原文化的天然分界线。

位于新疆南部的山脉是昆仑山，即古代所称的“西域南山”。昆仑山西起帕米尔高原，向东延伸到今四川西北部，全长2500公里，海拔5500—6000米，是亚洲最长的东西走向的山脉，有“亚洲脊柱”之称，是新疆与西藏的界山。昆仑山地形险要，其北侧以3000—5000米的巨大落差俯临塔里木、柴达木盆地，南侧以缓坡与海拔5000米的青藏高原北部相接，并与阿尔金山、祁连山共同构成青藏高原北部的重界山①，也是新疆南部的屏障。

喀喇昆仑山在新疆西南，东与昆仑山相接，西与帕米尔高原相接，是中国与阿富汗、巴基斯坦的界山。帕米尔高原，历史上称为葱岭，是天山、昆仑山、兴都库什山三山结纽处，总面积达6万多平方公里，海拔4600—6300米。兴都库什山是阿富汗与尼泊尔的界山。新疆东部与甘、青交界处是阿尔金山。

阿尔泰山、天山、昆仑山这三座山脉均为东西走向，将新疆全境分为南北两大盆地，形成了南北不同的气候、自然条件及生态环境，造就了草原与绿洲这两种迥然不同的文化。

天山以南，俗称南疆，这里的塔里木盆地是我国最大的盆地，也是世界上最大的内陆盆地，因地处亚洲大陆中心，故亦称为“亚洲腹地”。这里气候干旱少雨。塔克拉玛干大沙漠地处盆地中部，而塔里木河是我国最大的内陆河。天山以北，俗称北疆，这里的准噶尔盆地是我国第二大盆地，有古尔班通古特

---

①《中国军事地理》，北京：解放军出版社，1989年，第234页。

沙漠、噶顺沙漠、诺明戈壁等。发源于天山的伊犁河上游流经北部地区。盆地一般由边缘向中央依次分为戈壁带、绿洲带和沙漠，沙漠与戈壁构成盆地的主要地形。

吐鲁番盆地位于新疆东部，在两座天山余脉即博格达乌拉山与觉罗塔格群山间蜿蜒延伸，从东至西约90公里，最开阔处宽度约为50公里，整个地区形成了一片4000多平方公里的平原①。地势北高南低，海拔150—960米，艾丁湖低于海平面154米，是中国陆地及世界上最低洼的地区之一。未经河流灌溉的地区，形成了大片辽阔的黑色碛石地。

（二）西域的生态环境与自然资源

由于西域独特的地理环境及气候条件，形成了不同的生态环境和丰富的自然资源。

阿尔泰山南坡地势从山脚到分水岭呈阶梯状逐渐升高，山坡上牧草旺盛，森林茂密，山的北坡、东坡自然景观较荒凉，人烟稀少。天山群峰高峻崎岖，崖壁陡峭，有大小冰川6000余条，雪峰连绵1000多公里，山间有众多的小盆谷地，天山北坡有大片森林，南坡植被稀少。昆仑山气候干旱，空气稀薄，植被稀少，环境恶劣，交通不便。西部地面山上多为高原台地，山坡陡峭，深谷绝壁，干旱缺水，荒无人烟。帕米尔高原气候寒冷，不少地区常年土冻，四季多大风，多地震，人烟稀少，景观荒凉。

塔里木盆地边缘星罗棋布地散落着一些绿洲，在河岸边、湖泊旁和固定的沙丘上，生长有面积较大的胡杨林和小面积的半乔木灌木、半灌木、草木层等，形成荒漠中的绿洲。因干旱少雨，天山、昆仑山、喀喇昆仑山上的积雪融化形成的河流，浇灌绿洲。塔里木河成为南疆的生命河，因而塔里木盆地自古以来是以农业为主的生态区。在这种引水溉田的农业生产方式下形成的文化就是绿洲文化。

在北疆的准噶尔盆地，北冰洋的潮湿气候可以深入，冬春多雪，夏秋多雨，气候比南疆湿润而偏冷。从天山山谷到额尔齐斯河两岸，从伊犁河盆地到巴里坤草原，到处都分布着大片草原和森林。从北疆各地分布的大量岩画中，可以知悉，这里自远古以来就是众多游牧民族理想的栖息地，而北疆地区这种“居无恒所，随水草迁徙”的游牧生活下形成的文化称作草原文化。

吐鲁番盆地中部为东西走向的火焰山，气候炎热，温差大，夏季气温为

---

①［法］莫尼克玛雅尔著：《古代高昌王国的物质文明史》，北京：中华书局，1995年，第3页。

30℃—36℃，地表光秃，是著名的火盆。宋使王延德曾记载这里“地无雨雪而极热，每盛暑，居人皆穿地为穴以处。飞鸟群萃河滨，或起飞，即为日气所烁，坠而伤翼”[①]。由于气候干旱炎热，这里是灌溉农业，“有水，源出金岭，导之周围国城，以溉田园”[②]。

西域地区有丰富的自然资源，“北廷川长广数千里，鹰鹞雕鹘之所生，多美草，不生花”[③]。这里有辽阔的牧场，水草丰美，适宜畜牧业生产。牲畜众多，有独峰驼、羊、马、驴等。“有羊，尾大而不能走，尾重者三斤，小者一斤，肉如熊白而甚美。”[④]尤宜于养马业的发展，这里马匹众多，“王及王后、太子各养马，放牧平川中，弥亘百余里，以毛色分别马群，莫知其数。地产五谷，种植棉花，惟无荞麦，引用河水灌溉，并利用水利，作水硙。有胡桐树，经雨即生胡桐律。”这里有丰富的纺织原料，《宋史·高昌传》记载：“地有野蚕生苦参上，可为绵帛。”

这里蕴有丰富的矿藏资源，“北廷北山中出硇砂”，山中尝有烟气涌起，无烟雾，至夕光焰若如炬火。“下有穴生青泥，出穴外即变为砂石，土人取以治皮。”[⑤]又有砺石，剖之得宾铁，谓之吃铁石。于阗国盛产玉，“城东有白玉河，西有绿玉河，次西有乌玉河”[⑥]，每年秋天，人们至河中取玉，称为捞玉，甚至出产重237斤的大玉。还盛产乳香，金星石、水银等。于阗宜于种植葡萄，当地人们用以酿制葡萄酒。

（三）中亚的地理特征、生态环境与自然资源

1. 地理位置与地理特征

对于中亚的地域范围历来有不同的说法。德国的地理学家洪博特（Humboldt）认为，中亚的地域范围西起里海，东达兴安岭，南自喜马拉雅山，北至阿尔泰山。另一种说法，则主要指阿姆河与锡尔河两河流域地区[⑦]。这两种界说，不是失之太广，就是失之太窄。

10—13世纪的中亚地区即阿尔泰山以西、帕米尔高原及以西、咸海以东以南至阿姆河流域的广大地域，用现代科学方法测量，其地理位置即在北纬

---

① [元] 脱脱等:《宋史》卷四九〇《高昌传》，北京：中华书局，1977年，第14111页。
② [元] 脱脱等:《宋史》卷四九〇《高昌传》，北京：中华书局，1977年，第14111页。
③ [元] 脱脱等:《宋史》卷四九〇《高昌传》，北京：中华书局，1977年，第14112页。
④ [元] 脱脱等:《宋史》卷四九〇《高昌传》，北京：中华书局，1977年，第14111页。
⑤ [元] 脱脱等:《宋史》卷四九〇《高昌传》，北京：中华书局，1977年，第14113页。
⑥ [元] 脱脱等:《宋史》卷四九〇《于阗传》，北京：中华书局，1977年，第14106页。
⑦ 王治来:《中亚史》卷一，北京：中国社会科学出版社，1980年，第1页。

35°~50°[①]，东经 58°~90°[②]这一地带。

从科彼特山、帕勒帕迈塞斯山、兴都库什山以及阿赖山脉一线往北，地势越来越低，形成咸海周围的土兰平原，是一个大盆地。土兰平原的东北是哈萨克丘陵，稍高，北面和西北面是乌拉尔山脉及其余脉木哥扎雷山，二者之间是土尔盖谷地。

西西伯利亚平原的西面是乌拉尔山脉，该山与东经 60° 经线相合，地势独高，把欧洲与亚洲分开。东面是叶尼塞河，河东是中西伯利亚高原。西西伯利亚平原地势低下，其中多沼泽河流，发源于阿尔泰山西部的鄂毕河与额尔齐斯河穿越这个大平原，向北流入北冰洋。

阿姆河、锡尔河下游流经的土兰平原有卡拉库里沙漠、吉西尔库姆沙漠[③]及咸海地区的花剌子模三角洲，而在阿姆河上游，有费尔干纳盆地，锡尔河上游有塔什干谷地。在锡尔河与咸海以北至鄂毕河与伊施姆河上游一带则是草原地区，这一地区东与蒙古草原相接，西连南俄草原，是古代游牧民族的故乡。

发源于世界屋脊帕米尔高原的阿姆河，希腊称奥克苏斯河（Oxus），古伊朗语称为瓦赫舒河，隋唐时期的乌浒水，五代、辽、宋、金时期的纪浑河、阿母河，全长 2600 公里，穆尔噶布河与喷赤河是阿姆河的两个源头。流过小帕、大帕后，顺兴都库什山山坡而下，成为阿富汗北面的界河，经过古大夏之地，再西北流，经卡拉沙漠，入土兰平原，至花剌子模三角洲，南入咸海。隋唐五代时期的咸海，即辽、宋、金时期的花剌子模海，其面积为 65500 平方公里。发源于天山的锡尔河，即隋唐时期的药杀水，五代、辽、宋、金时期称为西洪河、忽章河，全长 2850 公里，经过费尔干纳盆地，在东经 70° 处流出这个盆地的西口，然后向西流经塔什干、卡拉山脉西南，从东面入咸海[④]。

发源于伊塞克湖的楚河，即隋唐时期的碎叶水，五代、辽、宋、金时期称为吹河、垂河。伊塞克湖，即隋唐五代时的热海，辽、北宋时称为亦息渴儿，南宋、金时称为亦思宽。发源于天山东部的伊犁河，即隋、唐、五代、辽、北宋时期的伊丽河，南宋、金时的伊列河，系冰雪融水汇成，向西流入巴尔喀什湖。巴尔喀什湖，隋唐时称为夷播海，五代、辽、宋、金时称为达林库尔。

---

① [俄] M·A·捷连季耶夫：《征服中亚史》卷一，北京：商务印书馆，1980 年，第 1 页。

② 中国历史地图集编辑组：《中国历史地图集》第 6 册，上海：中华地图学社，1975 年，第 3—4 页。

③ 地图出版社编制：《世界分国地图·苏联亚洲部份西南部》，上海：地图出版社，1956 年，第 18 页。

④ 中国历史地图集编辑组：《中国历史地图集》第 5 册，上海：中华地图学社，1975 年，第 3—4、33—34 页；《中国历史地图集》第 6 册，上海：中华地图学社，1975 年，第 3—4、42—43 页。

发源于阿尔泰山南麓的额尔齐斯河穿越斋桑泊，向西北流入北冰洋。其上游在中国境内，唐时称为多逻斯水，五代时称为曳蛭河。辽、北宋时额尔齐斯河称为翼只河，金、南宋时又称也儿的石河，全长 4050 公里。

2. 生态环境与自然资源

中亚地区由于地理位置及独特的地形、地貌、山川、湖泊，形成了沙漠、盆地、绿洲等不同的生态环境，只有在阿姆河上游、费尔干纳盆地、塔什干周围、花剌子模、章利水（泽拉善夫河）流域、卡拉山南北坡、叶尼塞河上游、额尔齐斯河上游等河流的上源、山麓地带、下游三角洲地区以及湖泊水泉附近，才为古代人类聚居和中亚文化发展地区，有适宜人类居住与生存的生态环境，且自然资源丰富。

常德西使自和林（在今蒙古国鄂尔浑河上游东岸哈尔和林）出发，沿路地经瀚海（即古金山），地极高寒，虽酷暑雪不消，山石皆松文。龙骨水流入的赫色勒巴实湖（即今苏伦托海）“多鱼可食”，伊塞克湖中“水族虽多，莫敢渔捕”[①]。而博罗地区“所种皆麦稻，山多柏不能株，络石而长”[②]。阿里麻里城“市井皆流水交贯，有诸果，唯瓜、蒲萄、石榴最佳”[③]。因当地土人呼果为“阿里麻”，因果实多，故以城名。以巴拉沙衮（即虎思斡耳朵）地区为中心的七河及邻近地区，风土气候与金山以北不同，常德至此见“土平，民伙，沟渠映带”[④]。虎思斡耳朵以西约 130 公里的屏律（即唐代的千泉）周回 200 公里，“南面雪山，三垂平陆，水土沃润，林树扶疏。暮春之月，杂花若绮。泉池千所，故以名焉”[⑤]。《长春真人西游记》也谓七河地区“平地颇多，以农桑为务。酿蒲萄为酒，果实与中国同”。由于降水量少，“惟经夏秋无雨，皆疏河灌溉，百谷用成”[⑥]，主要是利用河水从事灌溉农业。在常德西使至塔什干时，见这里“群花正开，唯梨花、蔷薇、玫瑰如中国，余多不能名”。而“城之西

---

①［唐］玄奘述、辩机撰:《大唐西域记》卷一，载《丛书集成新编》第 97 册，台北：新文丰出版公司，1986 年，第 361 页。

②［元］刘郁:《西使记》，载文渊阁《四库全书》第 460 册，台北：台湾商务印书馆，1986 年，第 924 页。

③［元］刘郁:《西使记》，载文渊阁《四库全书》第 460 册，台北：台湾商务印书馆，1986 年，第 924 页。

④［元］刘郁:《西使记》，载文渊阁《四库全书》第 460 册，台北：台湾商务印书馆，1986 年，第 925 页。

⑤［唐］玄奘述、辩机撰:《大唐西域记》卷一，载《丛书集成新编》第 97 册，台北：新文丰出版公司，1986 年，第 361 页。

⑥［元］李志常:《长春真人西游记》卷上，载《丛书集成新编》第 97 册，台北：新文丰出版公司，1986 年，第 117 页。

所植皆蒲萄、粳稻，有麦亦秋种。其地产药十数种，皆中国所无药物，疗疾甚效”[①]。据刘郁《西使记》载，有一种名叫阿哲尔的药物，状如苦参，治马鼠疮、妇人损胎及打扑内损，用豆许，咽之自消。阿锡尔药物状如地骨皮，治妇人产后衣不下，又治金疮脓不出，嚼碎敷疮上，即出。努格萨尔药物形如桔梗，治金疮及肠与筋断者，嚼碎敷之，自续。位于阿姆河下游花拉子模三角洲的花剌子模既是经济发达地区，也是中亚的另一个文化中心，由于中亚各地的人崇拜太阳与火，“花剌”意为太阳，“子模”意为土地，即“太阳的土地”[②]。

七河地区也有广阔的草原，诺尔桑城“草皆苜蓿，藩篱以柏”[③]。在乌兹根、巴拉沙衮及其邻近地区均有广阔草场，以致当地部民“夏天到布尔加尔地区放牧，冬天到巴拉沙衮过冬”[④]。塔舒尔地区产盐，“满山皆盐，如水晶状”[⑤]。塔斯河上游的山中有丰富的银矿，阿拉陶山区可开采黄金和铜[⑥]。费尔干地区可开采铁、锡、银、汞、铜、石棉、绿松石等，也出产树脂，乌斯鲁珊地区的马尔斯达曼城附近和明克—鲁斯达克有铁矿，伊斯法拉有大石煤矿，在两河流域之间的章利水（泽拉夫善河）上游也是一个矿区，主要开采金、硫酸盐等，巴达赫山地区很早就以产红宝石和天青石著名[⑦]。喀喇汗王朝时期开矿普遍，以至对帕米尔高原深山中的矿藏资源进行开采，其深山中也有矿坑。

自然地理环境是人类赖以生存的空间及其活动的平台。两宋时期，活动在西北地区的诸多民族，由于其生存区域与生态环境不同，因而构成了各具特色、丰富多彩的历史。

（原载于《宋代西北民族文献与研究》，兰州：甘肃人民出版社，2004年，第12—32页。）

---

① [元] 刘郁:《西使记》，载文渊阁《四库全书》第460册，台北：台湾商务印书馆1986年，第925页。

② 王治来:《中亚史》卷一，北京：中国社会科学出版社，1980年，第25页。

③ [元] 刘郁《西使记》，载文渊阁《四库全书》第460册，台北：台湾商务印书馆1986年，第925页。

④ 魏良弢:《西辽史研究》，银川：宁夏人民出版社，1987年，第141页。

⑤ [元] 刘郁:《西使记》，载文渊阁《四库全书》第460册，台北：台湾商务印书馆1986年，第925页。

⑥ 魏良弢:《西辽史研究》，银川：宁夏人民出版社，1987年，第145页。

⑦ 魏良弢:《喀喇汗王朝史稿》，乌鲁木齐：新疆人民出版社，1987年，第189页。

# 北宋西北沿边的党项部族

“党项羌者，三苗之后也。其种有宕昌、白狼，皆自称猕猴种”[①]，是汉魏以来西羌的一支。南北朝时期，主要聚居在析支河曲（今青海黄河河曲）一带。北周灭宕昌、邓至羌后，党项开始强大。隋末唐初时，活动范围扩展，分布在“东距松州，西叶护，南春桑、迷桑等羌，北吐谷浑”[②]，方圆“大抵三千里”的广大地域。唐朝时期，党项羌内附更为频繁。经过隋唐时期的三次大迁徙，至五代、辽、宋时期，民族分布的格局已基本形成，吐蕃、党项成为两大主要民族。其居地正如宋人何亮所言：“西戎既剖分为二，其右乃西戎之东偏，为夏贼之境，其左乃西戎之西偏，秦、泾、仪、渭之西北诸戎是也。”[③]显然，陇山、六盘山以东、以北为党项居地，而吐蕃则分布在陇山、六盘山以西、以南地区。北宋时期，西北沿边的镇戎军、庆州、环州、定边军、保安军、延州、绥州、麟州、府州、丰州等地区，党项部族分布众多，本文依照其分布地域从西向东予以略述。

## 一、镇戎军党项部族

镇戎军，北宋至道元年（995 年），“以原州故平高县地置军”[④]，治所即今宁夏固原市原州区，辖境相当于今原州、彭阳两地，系北宋行政区划的陕西路。金大定二十二年（1182 年），改为镇戎州。这里也分布有党项部族。

叶市族[⑤]，一作伊实、叶石、叶示族。党项部族。居镇戎军（治今宁夏固原市）界，宋熟户，曾为党项李继迁、李德明属部。宋咸平六年（1003 年）二

---

①［唐］魏徵：《隋书》卷八三《党项传》，北京：中华书局，1973 年，第 1845 页。

②［宋］欧阳修、宋祁：《新唐书》卷二二一《党项传》，北京：中华书局，1975 年，第 6214 页。

③［宋］李焘：《续资治通鉴长编》卷四四，咸平二年六月戊午，北京：中华书局，1979 年，第 947 页。

④［宋］王存等撰，王文楚、魏嵩山点校：《元丰九域志》卷三《秦凤路》，北京：中华书局，1976 年，第 135 页。

⑤［宋］李焘：《续资治通鉴长编》卷五四，咸平六年二月丙戌，北京：中华书局，1980 年，第 1181 页。

月，首领罗埋等持李继迁署牒，率部族百余帐归投镇戎军。首领罗埋被宋授为本族指挥使，啰胡为军使，并给赏赐。宋景德三年（1006年）六月，又有一部分复归镇戎军。宋大中祥符七年（1014年）五月，大首领艳奴率族归附[①]，受宋诏补侍禁、殿直，月给俸料。后皆为宋朝熟户。

潘族，居镇戎军界，系宋熟户，曾附李继迁、李德明。宋景德三年（1006年）六月，归投镇戎军。

保族，居镇戎军界，为宋熟户，曾附李德明。宋景德三年（1006年）六月，归投镇戎军。

咩逋族，一作咩布族、酩布族、米逋族、咪逋族，居镇戎军西北界。李继迁属部，为李继迁往来侵扰的屯聚地。西夏文有"酩布"一族姓。

贱遇族，居镇戎军西北界。李继迁属部。曾入萧关，围镇戎军。

马臧族，一作马藏族，居镇戎军西北界。李继迁属部，后归附，为熟户。首领萨尾被授以本族都军主。《南阳集》卷一八载有"马藏族蕃官副都军主萨尾可本族都军主"制，称其"尔世保疆陲，夙怀忠义，愤兹狂敌扰我，候人贾余勇以直前，被重疮而益奋，载嘉诚节，特示赏恩，当体眷怀，益图勋效"。

万子族，一作万资族、万赀族。党项部族。居镇戎军西北天麻川。李继迁属部，是李继迁往来侵扰的屯聚地。宋大中祥符元年（1008年）三月，受李德明派遣，军主率族兵攻西凉府（治今甘肃武威市凉州区）。见六谷蕃部势强，又转攻回鹘，被设伏要路剿戮殆尽。曾在天都山（今宁夏海原县南）劫掠西凉府吐蕃绰克宗部入贡马匹。宋大中祥符七年，又集人马谋为抄掠，在天麻川战败。

西鼠族[②]，镇戎军西北界。李继迁属部。为李继迁往来侵扰的屯聚地。

妙娥族，居镇戎军西界，三川寨（今宁夏固原市原州区西北30里彭堡乡隔城子古城）西有妙娥山，故名族。系党项大部。原为李继迁属部。曾遣使至镇戎军求援求附。宋景德三年（1006年）五月，与延家、熟嵬等族率3000余帐、1700余人及牛马数万来归[③]。

延家族，居镇戎军西界。原为李继迁属部。宋景德三年（1006年）五月，与妙娥、熟嵬族率3000余帐、1700余人及牛马数万来归。

熟嵬族，一作熟魏族、叔嵬族。党项大族，居镇戎军西界。有茄罗、兀

---

① [元]脱脱等：《宋史》卷四九一《党项传》，北京：中华书局，1977年，第14147页。

② [宋]李焘：《续资治通鉴长编》卷五〇，咸平四年十二月乙卯，北京：中华书局，1980年，第1091页。

③ [宋]李焘：《续资治通鉴长编》卷六三，景德三年五月戊辰，北京：中华书局，1980年，第1404页。

赃、成王[①]等三部。初附李继迁。宋景德元年（1004年）九月，三部族各率属来归。西夏汉文本《杂字》汉文党项姓氏有“熟嵬”一姓。《西夏文字典》中有“叔嵬”一族姓。

来离族，居镇戎军西北界。宋建隆二年（961年），灵武五部以驼、良马入贡，被酋长越嵬等护送入界[②]。宋端拱二年（989年）十月，李继迁寇会州熟仓族，又被首领咩悉率族击退。

卫狸族，亦作魏狸族，《东都事略·李继和传》载为“卫狸族”[③]，《续资治通鉴长篇》卷五一载“卫狸族”。居镇戎军东界。宋咸平五年（1002年）二月，被李继和领兵攻杀于天麻川，使近界蕃部颇受震慑。

### 二、庆州党项部族

庆州（治今甘肃庆阳市西峰区），《禹贡》雍州之域，春秋时周为义渠戎之地。秦灭之，得其地以属北地郡（治在义渠县，今甘肃庆阳市西峰区东境）。西魏及北周以为镇，西魏大统十一年（545年）置为朔州，北周废。隋文帝改置合州镇，隋开皇十年（590年）废镇，十六年（596年），隋朝置州城于白马川口，治所在合水县（今属甘肃庆阳市）。《元和郡县志》卷三庆州：“（隋）割宁州归德县置庆州”“以庆美取其嘉名。”[④]隋大业三年（607年），改为弘化郡。唐武德元年（618年），复名庆州，唐天宝元年（742年），改为安化郡，唐至德元年（756年），改为顺化郡，唐乾元元年（758年），复为庆州。唐朝时为中军都督府，又立安化、芳池二都督府，“党项野利种落皆寄治州界”[⑤]。宋庆历元年（1041年），分陕西路，置环庆路经略安抚使，为环庆路治所。宋宣和七年（1125年），改为庆阳府。《宋史·吐蕃传》与《宋史·党项传》中均载有“庆州”，说明庆州是吐蕃与党项杂居之地。庆州境内，党项部族众多。

东山部，党项部族。唐贞观以后，迁入庆州地区，号东山部[⑥]。庆州位于陇山（六盘山南端）之东，故以名族。

---

①［元］脱脱等：《宋史》卷四九一《党项传》，北京：中华书局，1977年，第14146页。

②［元］脱脱等：《宋史》卷四九二《吐蕃传》，北京：中华书局，1977年，第14152页。

③［宋］王称：《东都事略》卷二〇《李继和传》，载文渊阁《四库全书》第382册，台北：台湾商务印书馆1986年，第146页。

④［宋］乐史：《太平寰宇记》卷三三《关西道九·庆州》，载文渊阁《四库全书》第469册，台北：台湾商务印书馆，1986年，第286页。

⑤［宋］曾公亮：《武经总要前集》卷一八上《陕西路》，载文渊阁《四库全书》第726册，台北：台湾商务印书馆，1986年，第522页。

⑥［宋］司马光：《资治通鉴》卷二四九《唐纪六十五》，北京：中华书局，1956年，第8045页。

野鸡族，党项大族，世居庆州，以野鸡峰而名族。据《武经总要前集》卷一八上所载：高平寨“北至肃远寨野鸡峰”。《册府元龟》卷一六七记载：庆州“北十五里寡妇山有蕃部曰野鸡族”。21部，多羊马，性犷悍。后周广顺二年（952年）十月，因刺史郭彦钦扰以求赂，遂反。周太祖以“剽掠官纲”，遣兵镇压，21族遂降。入宋后，宋景德元年（1004年）八月，侵掠环庆界。宋诏边臣和断，如不从，以兵威胁。

树夥族，党项大族，有21部，居地庆州。后周广顺二年（952年），后周太祖遣兵讨伐野鸡族时，21部皆归顺。

骨咩族，一作恭迈族、郭勒敏族、郭咩族，党项大族，居地庆州大顺城（今甘肃华池县西北白马乡）及白豹城（今陕西吴旗县南白豹乡）界。宋将任福攻白豹城，骨咩等41族被征讨。宋大中祥符九年（1016年）五月，其酋长乩唱率众归附。天禧三年（1019年）三月，又闻曹玮至庆州，与大门等族附宋。《苏魏公文集》卷三三载有“大顺城下骨咩族屈嵬……本族军副主”制文，称其“生长边陲，服习风化，裔俗推其拳勇，帅路称其材质，宜推柔远之恩，擢视通班之列，仍加军领，俾率土豪，祇膺宠章，益念忠报”。西夏文党项姓中有“骨匹”一姓。

委乞族，一作鄂伽族、乌尔勒族，曾为宋熟户，居庆州界，后亡走。宋天禧三年（1019年），闻曹玮至庆州，归附者众多，有695人与大门等族附宋。

大门族，一作德密族、特你族。党项部族，居庆州界。宋天禧三年（1019年）三月，闻曹玮至庆州，与骨咩、委乞等族归附。

拨相公族，居地环、庆州界。后周官军征讨野鸡族时，在马岭（即马岭山，今甘肃庆阳县西北75公里，接环县界）被擒获。

左惟窑族，居庆州界，首领孟怡被宋授以本族副军主。《苏魏公文集》卷三三载有“蕃官庆州荔原堡左惟窑族孟怡……本族军副主”制文，称其“生长边陲，服习风化，裔俗推其拳勇，帅路称其材质，宜推柔远之恩，擢视通班之列，仍加军领，俾率土豪，祇膺宠章，益念忠报”。

党平族，居庆州柔远寨（今甘肃华池县）。被环庆路驻泊都监武英攻破。

胡家门族，居庆州界。桀黠难制。宋咸平五年（1002年）正月，环庆路都部署张凝乘其不备，突袭击破。

岑移族，居庆州八州原下寨，屡受西夏胁诱。宋咸平六年（1003年）三月，被环庆路都部署张凝率兵招降，岑移等33族归附。

杀牛族，居地环、庆州界。初与野鸡族有隙。闻官军征讨野鸡族，曾馈饷迎奉征讨官军，被掠财富后反，在马岭（即马岭山，今甘肃庆阳县西北75里，接环县界）结集。周广顺三年（953年）三月，与野鸡族合败官军于包山（今甘肃庆阳县北）。

麻谋族，居庆州分水岭，屡受西夏胁诱。咸平六年（1003年）三月，被环庆都部署张凝率兵招降，麻谋等31族归附。

巢迷族，一作楚迷克族，居庆州柔远寨，屡受西夏胁诱。咸平六年（1003年）三月，被环庆都部署张凝率兵招降，巢迷等20族归附。大中祥符九年（1016年）五月，酋长冯移 埋又率属来附。

移树罗家族，居庆州业乐镇（今甘肃华池县西南悦乐镇），屡受西夏胁诱。咸平六年（1003年）三月，被环庆都部署张凝率兵招降，有100族，4080人归附。

井坑族，居庆州界，曾发生动乱，被知庆州崔峄潜兵平定。。

赵嵬族，居庆州大顺城、柔远寨。为宋熟户。首领赵明为内藏库使、庆州界蕃官都巡检使。其父赵嵬赠右千牛卫将军。《南阳集》卷一六载有“内藏库使、庆州界蕃官都巡检使赵明父、故持禁柔远寨蕃部都巡检嵬可赠右千牛卫将军”制文，称其“早以忠顺效其才武，有子而令能世其勤，愿加追贲之恩，不忘善述之孝，环卫之领，勇爵为高，用旌尔魂，其告于第”。

郎斡部，居庆州界。熙宁五年（1072年），被移至近里汉界熟户部内，买地居住耕种。

臧斡部，居庆州界。熙宁五年（1072年），被移至近里汉界熟户部内，买地居住耕种。

淮安镇六族，居庆州淮安镇（今甘肃华池县西北怀安乡），为宋熟户。天禧四年（1020年）十月，首领乞埋被宋授以三班借职充羌部巡检。

毛尸族，一作穆什族，居庆州境。大中祥符九年（1016年）五月，军主浪埋与骨咩族、巢迷族酋长率众归附宋朝。

喜玉族，一作息玉族，居庆州境。后周广顺二年（952年），曾与杀牛族、折思族助官军攻讨野鸡族。聂历山《西夏文字典》中有“息玉”一姓。

**三、环州党项部族**

环州（治今甘肃环县），系古朔方鸣沙之地，部落相杂。本西蕃界灵州方渠镇。隋开皇十九年（599年）置，治所在鸣沙县（今宁夏中卫市东北鸣沙镇）。《元和郡县志》卷四灵州鸣沙县：环州“以大河环曲为名”。大业三年

（607年）废，唐贞观六年（632年）复置，九年又废。唐为乐州，天宝后陷吐蕃，宣宗时收复。五代晋天福四年（939年），建为威州。后周广顺二年（952年）改威州置，治所在通远县（今甘肃环县），割木波、马岭二镇隶之。后周显德四年（957年），以“地理不广，人户至简”[①]，降为通远军，置通远军使。入宋后，淳化五年（994年），复升为环州。《宋史·吐蕃传》与《宋史·党项传》均载“环州”，系吐蕃、党项杂居 之地。位于横山之南，与西夏邻近，境内党项部族众多。

野利族，一作野狸族，亦称环州野利。党项大族，有十族，数千帐，居环州方渠镇（今甘肃环县南方渠镇）、青冈峡（亦作青冈岭，今甘肃环县西北）境。后唐天成四年（929年）年，康福在方渠破野利、大虫两族300余帐，获牛羊3万。宋咸平六年（1003年），首领庆香入宋贡马。

大虫族，党项大族，居环州方渠、青冈峡及原州（今甘肃镇原县）北部边境，以大虫巉名族。后唐天成四年（929年），康福在方渠破野利、大虫两族数千帐，杀获殆尽。

独家族，居环州东南。《太平寰宇记》卷三七《关西道十三》载：通远军“东南至蕃部独家族一十五里”。《宋史·郑文宝传》载环州有“独家族”，故以地名族。

熟仓族，一作熟藏族，系党项大族，居环州、会州（治今甘肃靖远县东北）境，“东西蕃部五千余帐，皆保聚岩谷，为环庆藩篱”[②]。故亦称环州熟仓族，或会州熟仓族。李继迁欲得熟仓，入环庆，遣使诱，被拒绝。常反攻击败李继迁。淳化五年（994年）六月，反攻李继迁后，率众归附。首领乩遇掠夺李继迁牛马30余头，拒绝李继迁招抚，答以“吾一心向汉，誓死不移”[③]。宋诏以会州刺史，赐帛、茶。宋咸平元年（998年）三月，朝宋，受真宗嘉奖，亲见抚劳，赐以器币。四年七月，又被授以保顺郎将。

白马族，系环州党项大族，居环州洪德寨（今甘肃环县北60里洪德乡），以州北境白马川名族。后唐长兴三年（932年），被药彦稠等率军自牛儿族入白鱼谷追击。入宋后，与李继迁战斗，屡徙帐乏食。咸平六年（1003年）五月，宋赐以廪食。首领埋香率部族与李继迁战斗。咸平四年（1001年）七月，被宋

---

①［宋］乐史：《太平寰宇记》卷三七《关西道十三·通远军》，载文渊阁《四库全书》第469册，台北：台湾商务印书馆，1986年，第320页。

②［清］吴广成著，李蔚整理：《西夏书事》卷五，济南：山东泰山出版社，2000年，第41页。

③［元］脱脱等：《宋史》卷四九一《党项传》，北京：中华书局，1977年，第14142页。

授以安化郎将。

阿埋族，一作阿埋三族，内有三部族，居环州界。后唐长兴三年（932年），抄掠方渠镇，邀杀回鹘使者。后唐明宗遣药彦稠与康福合兵攻讨。击败后，亡走山谷，被诛杀，大首领连香被擒。

韦悉族，一作嵬悉族，居环州界。后唐长兴三年（932年），与阿埋、屈悉保等族抄掠方渠镇，邀杀回鹘使者，被药彦稠等率军击败后，诛族。

牛羊族，居环州侧界，恃地势险远，与党项李继迁结援，威胁环州，后归附宋朝。咸平六年（1003年）二月，因与李继迁战斗有功，赐首领茶彩丰厚。

褒勒族、强赖族、埋厮有尾族，皆居环州界。后唐长兴三年（932年），与阿埋、屈悉保等族抄掠方渠镇，邀杀回鹘使者，被药彦稠等率军击破后诛族。

屈悉保族，党项部族，居环州界，有三部族。后唐长兴三年（932年），与阿埋等族抄掠方渠镇，邀杀回鹘使者，被药彦稠击败后诛族。

牛儿族，居环州界，以牛儿谷名族。后唐长兴三年（932年），药彦稠等击破阿埋等族后，又在牛儿谷击败牛儿族。

卢家族，居环州界，后唐长兴三年（932年），被药彦稠等率军自牛儿族入白鱼谷追击。

牛家族，居环州石昌镇（今甘肃环县西南30里）。《文忠集》卷七九载有《环州石昌镇熟户牛家族巡检奴讹男万讹可本族都军主制》。居地险远，与李继迁结盟，宋多次遣边吏招抚。后受种世衡招抚，内属为熟户。咸平六年（1003年）二月，与李继迁族帐激战，受宋朝奖赐茶彩。首领奴讹之子万讹被宋授予本族都军主。

羊家族，有大羊、小羊两族，居环州界。被种世衡领环州蕃汉兵烧荡族帐。

苏家族，居环州界，为宋熟户。首领苏尚娘击李继迁有功，屡告李继迁机密。宋咸平六年（1003年）三月，被宋授为临州刺史，受赐锦袍银带。苏孽娘是苏尚娘之子，宋咸平六年（1003年）八月，父死后，受宋诏令，袭临州刺史①。首领实吉为族巡检、三班奉职。曾率族擒获西夏团练使鄂特结，又在细腰城（今甘肃环县西）抵抗元昊的进犯，以功授予左班殿直。

密觉族，一作密矩族，居环州界。邀射赴边市羊的官员，夺所乘银鞍，后

①［宋］李焘：《续资治通鉴长编》卷五五，真宗咸平六年八月乙亥，北京：中华书局，1980年，第1211页。

又围平远寨（今甘肃环县北 70 里）。恐后难制，被夷族。

七臼族，一作乜臼族，居环州界，为宋熟户。天禧四年（1020 年）五月，首领、军主近腻纳质归附，以为顺州刺史，首领惹都等十五人补官。嘉祐六年（1061 年）七月，寇平远寨，被攻后，在其地绫子窠修弓箭手营。

郭家族，居环州大拔寨（今甘肃环县境）东 15 里，为宋熟户。

牛耶泥族，居环州石昌镇（今甘肃环县南 30 里）。开宝年间反宋，被周仁美等攻讨，斩 3000 人，获牛羊 300 余。至道初，又反叛。酋长 28 人被缚送州狱。

岌掩族，居环州募窟泉。开宝年间，被周仁美与宋思恭攻破。

旺家族，一作旺扎勒族，居环州界。宋授首领罗阿之子苏都为新州刺史、本族巡检。景德二年（1005 年）二月，李德明寇环州（治今甘肃环县），破旺家族，首领都子被执。大中祥符六年（1013 年）九月，率部众至环州归附[①]，以功领春州刺史。

思顺族，居环州界，与西界蕃部相接。治平元年（1064 年）十二月，受夏国招诱，逃入西界。

梁家族，居环州石昌镇，为宋熟户。与小遇族有仇，常相斗。嘉祐元年（1056 年）七月，叛宋，被知州张揆攻破降附。

保家族，居环州界，为宋朝招马之处。每年给空名敕书，择牙吏入蕃抬募诣京师，由估马司定值。

鼻家族，居环州东北十里，《太平寰宇记》卷三七《关西道十三》载："东北至蕃部鼻家族一十里。"为宋朝招马之处，每年给空名敕书，择牙吏入蕃抬募诣京师，由估马司定值。咸平四年（1001 年）七月，首领都庆被宋授以安化郎将。

名市族，一作名叶示族、叶市族，居环州界。原为李粥迁属羌，咸平四年（1001 年）九月内附，给善地安置，成为宋熟户。系宋朝招马处，每年给空名敕书，择牙吏入蕃抬募诣京师，由估马司定值。

磨媚族，一作玛尔默族、磨糜族，党项部族。居环州界。《白氏长庆集》卷五七《与希朝诏》载党项"磨梅部落等尚能继至，亦许自新，宜加招谕，令知朕意"。初扰边，被环州知州史方谕以恩信，传箭牵羊乞和，为属户。后又与明珠族数反复，被刘平潜杀数千人。后又被知环州卢鉴平定于合道镇（今甘肃

---

① ［宋］李焘：《续资治通鉴长编》卷八一，大中祥符六年九月丙申，北京：中华书局，1985 年，第 1847 页。

环县西南 70 里合道乡）。

浪壹族，居环州界，与磨媚、托校、拔新等族扰边，被知环州史方谕以恩信，传箭牵羊请和，为属户。

兀二族，一作乌尔族，居环州境。曾与磨媚、托校、拔新、兀三等族扰边，被知环州史方谕以恩信，传箭牵羊请和，为属户。后为西夏封授，素不为宋用，不受种世衡招附。庆历二年（1042 年）三月，宋将种世衡遣慕恩出兵攻讨后，有百余帐归附。

兀三族，居环州界。曾与兀二等族扰边，被知环州史方谕以恩信，传箭牵羊请和，为属户。

傍家族，居环州永和寨（今甘肃环县东南 100 里）。为宋蕃兵，“傍家一族计六标，强人一千二百五十五，壮马二百二，为四十四队”①。《太平寰宇记》卷三十七《关西道十三》载：“西北至蕃部傍家族一十五里。”

威尼族，一作嵬泥族、韦移族，居环州肃远寨（今甘肃环县北 40 里）。咸平四年（1001 年）七月，首领都香被宋授以安化郎将。

乌贵族，居环州界。庆历元年（1041 年）九月，首领慕恩率众抵御西夏，因功授以阖门袛侯。

慕家族，即慕容家族，源于鲜卑吐谷浑，居环州肃远寨。颉顽难制，数纵火杀人。宋将张守约率兵擒讨，余部遁入西夏。后被擒获，斩于市。

沃协族，居环州界。部落强盛，为宋熟户，世保疆陲，首领授与本族军主。《元宪集》卷二五载：“环州蕃部沃协等可本族副军主制。”称其“世保疆陲，地雄种落，眷言乃父实主团兵，奄遘凋殂，固当嗣袭矧见，推于尺籍，宜并副于军幢，勉服茂恩，用光先职”。

乩者庆族，党项部族，居环州洪德寨（今甘肃环县北 60 里洪德乡）。咸平六年（1003 年）四月，李继迁寇洪德寨，与白马族庆香合势攻击，以蕃兵为援，大败李继迁，擒 49 人，获旗鼓铠甲数以百计，首领乩者庆以功领罗州刺史。

### 四、定边军、保安军党项部族

定边军，北宋元符二年（1099 年），改定边城置，政和六年（1116 年），又在此置定边县为依郭，治所在今陕西吴旗县西铁边城镇附近。位于横山之南，与西夏毗邻，境内分布有党项部族。

---

①［元］脱脱等：《宋史》卷一九一《兵志五》，北京：中华书局，1977 年，第 4754 页。

瓦娥族，一作旺额特族、鄂斡族，居定边军（治今陕西吴旗县西铁边城镇附近）界。曾被东谷寨监押郝仁禹攻打。

神树移族，居定边军白豹城（今陕西吴旗县南白豹乡）西。王怀政从白豹城西攻，来路被断。

赏渥族，居定边军白豹城南。被石全正从白豹城南攻击。

后桥十八族，党项大部。居定边军后桥寨，有吴家、外藏、土金、舍利、遇家、罗骨等十八部族。因数扰边违命，田敏率宋军攻破后桥寨后，被诛杀。

罗骨族，系后桥十八族之一。居定边军后桥寨。与后桥诸族数扰边，被田敏在三店川击败。

吴家族，系后桥十八族之一。居定边军后桥寨。与后桥诸族屡扰边违命，田敏攻破后桥寨后，被诛杀。

遇家族，系后桥十八族之一。居定边军后桥寨。与后桥诸族屡扰边，田敏攻破后桥寨后，被诛杀。西夏姓氏中有“遇”姓，《金史·交聘表》中所载西夏使臣“遇忠辅”“遇惟德”，皆出于该家族。

舍利族，系后桥十八族之一。族源为突厥遗种，唐时，以突厥舍利吐利部[①]置羁縻舍利州，故为族名。原属云中都督府，后侨治朔方，至宋，融入党项。居定边军后桥寨，与后桥诸族屡扰边违命，宋将田敏率军攻破后桥寨后，被诛杀。

外尸族，居定边军东谷寨（今甘肃华池县北），为宋熟户。军主归惟永被授以本族副都军主。《南阳集》卷一八载有“东谷寨外尸族蕃官军主归惟永可本族副都军主并银酒监武”制文，嘉其“尔世保疆陲，夙怀忠义，愤兹狂敌扰我，候人贾余勇以直前，被重疮而益奋，载嘉诚节，特示赏恩，当体眷怀，益图勋效”。

保安军，本延州之古栲栲城[②]，唐咸亨年中，曾驻泊禁军。至贞元十四年（798年），建为神策军，后改为永康镇，属延州。北宋太平兴国二年（977年），升永康镇置，属永兴军路。治所即今陕西志丹县。位于横山之东南，与西夏毗邻，境内分布有党项部族。

李钦族，居保安军金汤城（今陕西志丹县西100里），故以地名族。与高罗跛藏族、神木马儿族皆凶狠难制。庆州沿边巡检赵振募降羌，谕以利，令其

---

① ［宋］欧阳修、宋祁：《新唐书》卷四三《地理志七下》，北京：中华书局，1975年，第1120页。

② ［宋］乐史：《太平寰宇记》卷三七《关西道十三·保安军》，载文渊阁《四库全书》第469册，台北：台湾商务印书馆，1986年，第321页。

相攻，被攻破十余堡，归顺赵振，“誓不复敢犯”[①]。

小胡族，一作小湖族。党项大族，居保安军德靖寨（今陕西志丹县西南80里），以胡家川寨与胡家川庄名族。族富庶，人马强壮，有“十九族，兵六千九百五十六，马七百二十五”[②]。系宋蕃兵，出师皆为前锋。大中祥符元年（1008年），军主被诏补为侍禁。天禧四年（1020年）五月，击退李继迁进攻，首领喏嵬、胡怀节等进秩。另有首领胡继谔、胡守清、胡守忠、擦也香等。

揭家族，党项大族，居保安军德靖寨。有“八族，兵一千一百一十四，马一百五十”[③]。庆历二年（1042年）六月，以副军主李朝政击西夏有功，被宋擢为军主。

党默特族，居保安军顺宁寨（今陕西志丹县西北40里）。首领阿穆尔被宋转五官，授予右侍禁。《摛文堂集》卷七载有“保安军顺宁砦蕃弓箭手指挥、党默特族右侍禁阿穆尔与转五官制”，称其“顺宁之役，尔预有功，斩馘既多，仍执强敌，进官五等，时乃异服，往服宠章，无替忠勇”。

归娘族，一作珪年族。居保安军顺宁寨北五里及延州（治今陕西延安市）界。以顺宁寨北30里归娘岭[④]名族，系宋生户。宋庆历二年（1042年）五月，首领阿讹受庞籍遣入西夏边界侦伺，被埋移香告知元昊请兵契丹。后以击西夏元昊有功，迁副都军主。

金汤族，党项部族。居保安军（治今陕西志丹县）界。以金汤城（今陕西志丹县西100里）而得名。

破丑族，居保安军界。唐时“姓破丑氏，居于雪山之下”[⑤]，谓雪山党项。后迁居庆州（治今甘肃庆阳市西峰区）。有破丑氏族三，入宋后，散入保安军界。庆历二年（1042年），曾受宋遣使，两次传递书信给野利兄弟。李继迁部将、党项豪酋破丑重遇贵即出自该族。宋雍熙二年（985年）二月，随李继迁赴银州（治今陕西横山县东党岔镇大寨梁）诈降，诱杀宋都巡检使曹光实于葭芦川[⑥]。宋淳化元年（990年）十月，又受李继迁遣，至夏州诈降李继捧，以作策应继迁攻城，大败李继捧。德明嗣位后，为都知蕃落使。

---

①［元］脱脱等：《宋史》卷三二三《赵振传》，北京：中华书局，1977年，第10461页

②［元］脱脱等：《宋史》卷一九一《兵志五》，北京：中华书局，1977年，第4753页。

③［元］脱脱等：《宋史》卷一九一《兵志五》，北京：中华书局，1977年，第4753页。

④［宋］曾公亮：《武经总要前集》卷一八上《鄜延丹坊保安军路》，载文渊阁《四库全书》第726册，台北：台湾商务印书馆，1986年，第522页。

⑤［后晋］刘昫：《旧唐书》卷一九八《党项传》，北京：中华书局，1975年，第5292页。

⑥［元］脱脱：《宋史》卷四八五《夏国传上》，北京：中华书局，1977年，第13986页。

厥七族，居保安军界。《宋史》卷一九一《兵志五》载有“九族，兵一千四百四十一，马一百六十七”。

卧浪族，一作卧罗族、卧落族、讹罗族、讹留族。党项部族。居保安军德靖寨（今陕西志丹县西南 80 里）。出师皆为前锋，大中祥符元年（1008 年），被宋诏补为侍禁。《金史》卷六一《交聘表中》载有西夏使臣讹留元智、讹罗世、讹罗绍甫、讹落绍先，皆出于该族。

末䵣族，一作莫折族，系关西复姓之一，源于古羌族。“本西羌，世居渭州襄武县。”[①]北魏时已居秦州。据《通志》卷一五下《后魏纪第十五下》载：“正光五年（524 年）六月，秦州城人莫折大提居城反”，后子孙因征战散居各地。据《太平寰宇记》卷三七《关西道十三》载，居保安军东界。圣人道在军城东七里，从蕃界末䵣家族来。

悉甫族，党项部族。据《太平寰宇记》卷三七《关西道十三》载，居保安军西界 10 里。

厥者族，党项大族。据《太平寰宇记》卷三七《关西道十三》载，居保安军东北界 10 里。

胡族，即胡经臣族，居保安军德靖寨（今陕西志丹县西南 80 里）。

李族，即李德平族，居保安军德靖寨。

## 五、延州、绥州党项部族

延州，《禹贡》雍州之域，春秋时白翟所居。秦属上郡，汉为上郡高奴县之地。北魏省上郡，至晋陷于戎狄，其后属赫连勃勃。西魏灭赫连以为统万镇，孝武置金明郡，宣武置东夏州。西魏废帝三年（554 年），改东夏州置，以为延州，以界内延水名置总管。隋开皇八年（588 年），废总管为延州，炀帝大业三年（607 年），改为延安郡。唐武德元年（618 年），改为延州总管府，治所在肤施县（今陕西延安市东，延河东岸）。贞观元年（627 年），置都督府。天宝元年（742 年），又改为延安郡，后又复为延州。北宋庆历四年（1044 年），移治今延安市，元祐四年（1089 年），升为延安府。延州是党项部族的一个重要的聚居地，境内党项部族众多。

司家族，党项大族。在延州（治今陕西延安市）近郊畜牧，势大力强，与

① [宋] 郑樵：《通志》卷二九《氏族略第五》，载文渊阁《四库全书》第 373 册，台北：台湾商务印书馆 1986 年，第 340 页。

延州大姓刘景岩交往甚密。

厥屯族，居地延州。庆历二年（1042 年）六月，因击西夏元昊有功，军主香埋、副军主吃埋，被宋分别授以副都军主。

悖家族，一作贝家族，居地延州。庆历二年（1042 年）六月，因击西夏元昊有功，都虞侯迴讹被宋授以副军主。

苏尾族，居地延州。庆历二年（1042 年）六月，因击西夏元昊有功，都虞侯拓德遇、李文信被宋授以副军主。

索干九族，居地延州。据《资治通鉴长篇》卷一五六载："劉延经略司言索干九族巡检、右班殿直李延遇子德明因累击元昊有功。"庆历五年（1045 年）闰五月，被宋补为殿侍。

硕尔族，居延州界。宋大中祥符九年（1016 年），羌兵寇小力族，首领李文真率蕃部众与党项转战，斩籍遇太保[①]，被宋奖迁一资，赐锦袍、银带。

韦家族，一作嵬家族。居延州界。为延州熟户，部民被招募为弓箭手。《西夏官印汇考》中载有"韦乙成"。

磨卢家族、媚咩族、拽藏族，皆为党项部族，居于延州塞门寨北卢子关（今陕西志丹县北与靖边县交界处）近侧。未曾内顺，被宋将李继周率部夜袭攻破，斩获甚众。

罗垒族，一作罗勒族。居延州界，系宋熟户。大中祥符六年（1013 年）七月，击走率众过大理河南侵的北界岢山军主。

部道族，居地在延州西，北连庆州（治今甘肃庆阳市西峰区）。宋军征战，首领朗阿常为宋军作向导，宋将补为侍禁，"赐名忠顺"[②]。

野家族，居地延州近侧有野家店，故名族。首领伽凌为蕃部指挥使，悉心捍御李德明进犯，被宋补为三班借职，任七襄平、雅克青哈至金明寨以来巡检使。

扑咩族，一作普密族，李继迁属部。原居西夏境，内附后居延州。咸平四年（1001 年）闰十二月，首领讹猪率族归附，宋择善地予以安置，"常切存抚"[③]。天禧四年（1020 年）七月，首领马讹又率属来归。

---

①［宋］李焘：《续资治通鉴长编》卷八六，大中祥符九年正月壬子，北京：中华书局，1985 年，第 1965 页。

②［宋］李焘：《续资治通鉴长编》卷七〇，大中祥符元年十二月丁酉，北京：中华书局，1980 年，第 1580 页。

③［宋］李焘：《续资治通鉴长编》卷五〇，咸平四年闰十二月乙酉，北京：中华书局，1979 年，第 1101 页。

茭村族，即东茭族，一作裕勒沁族。因在延州东，故称。居地永平寨在绥州（治今陕西绥德县）、延州（治今陕西延安市）界。宋咸平二年（999 年）十月，首领李继福授为归德将军，充本族军主。康定初，元昊反，因不听庆州巡检使赵振告俾以环为法，与金明等族胜兵数万，尽为元昊所有[①]。《苏魏公文集》卷二九载有“茭村族军主李怀德可本族都军主”制文，称“羌落内侵，偏师外御。尔在捍边之列，自陈斩首之功。守帅为言，累劳可尚。特推荣于命秩，俾率厉于戎豪。祗服休恩，弗忘忠荩”。

金明族，即李士彬部，党项大族。所部有十八寨，兵近十万人。康定初，元昊反，因不听庆州巡检使赵振告令，与东茭等族胜兵数万，尽为元昊所得，士彬父子被杀。

普萨族，居延州安远寨（即今甘肃甘谷县北安远乡）。首领普萨被授以本族正军主。《华阳集》卷三七有“安远塞普萨可充正军主制”，赞其“世处疆陲，气雄种落，能率忠力，以遏外虞，更驰威名，且固吾圉，并推殊级，用长诸豪，勉服宠荣，益思向顺”。

黄族，居地延州。后被元昊掠至夏国境。庆历五年（1045 年）十二月，首领黄移都等率众投归本族[②]。

跛藏族，居延州东境。与白豹神木马儿族、金汤李钦族，皆凶悍难制。庆州沿边巡检使赵振招募降羌，攻破十余堡[③]。

神木马儿族，居白豹城（今陕西吴旗县南白豹乡），故名族。与高罗跛藏、金汤李钦族，皆凶悍难制。后被庆州沿边巡检使赵振招募降羌攻破。

绥州，《禹贡》雍州之域，春秋时白翟所居。战国时属魏，秦为上郡，西汉为雕阴县地。东汉末荒废年久，后为赫连勃勃所居。西魏文帝时，于此置上郡，废帝元年（552 年），郡内分置绥州，治所在安宁郡安宁县（今陕西绥德县东南 50 里），今延、绥等州并为右部都尉管理。隋开皇初废郡，炀帝大业元年（605 年），改绥州为上州，寻废州改置雕阴郡，以郡西南有雕阴山，复汉县名。唐武德三年（620 年），复置绥州，后治所屡变，至贞观二年（628 年），始移治上县（今绥德县）。天宝元年（742 年）改为上郡，乾元元年（758 年）复为绥州，西夏建立后，被西夏占据。治平四年（1067 年），北宋收复。熙宁二

---

①［元］脱脱等：《宋史》卷 三二三《赵振传》，北京：中华书局，1977 年，第 10462 页。

②［宋］李焘：《续资治通鉴长编》卷一五七，庆历五年十二月甲戌，北京：中华书局，1979 年，第 3813 页。

③［元］脱脱等：《宋史》卷 三二三《赵振传》，北京：中华书局，1977 年，第 10461 页。

年（1069年）废为绥德城。元符二年（1099年），又改绥德城置绥德军。绥州历史上就是一个少数民族聚居地，"其民皆蕃族"[①]，也是党项的一个重要聚居地，境内党项部族众多。

折马山族，居地绥州青涧城（今陕西青涧县）。庆历二年（1042年），知青涧城种世衡募蕃兵5000人，为其所属。首领折马山赐名保忠。庆历二年（1042年）三月，率众攻西夏元昊所置新寨，斩杀甚多，以功迁为三班奉职。受庞籍委任防拓青涧川，用蕃族为蕃捉生，屡以功为三班殿直。庆历四年（1044年）二月，西夏元昊数百骑兵突袭青涧川，率兵拒斗，获首级、器甲甚众[②]，以功迁为右侍禁。

鬼魁族，居地绥州龙安寨（今陕西安塞县北）。据《宋史》卷一九一《兵志五》载，有"九族，兵五百九十九，马一百二十九"。

横山族，横山党项大族，居地绥州。有嵬名山、朱令陵、轻泥环侧、李阿雅卜等五族，是分布于鄜延以北、银夏以南横山地区的党项羌部。西夏曾欲迁往兴州（治今宁夏银川市）。受夏人使，杀保安军守将杨定。后归属宋朝。一般将西夏军中的横山羌兵称为"山讹"。人马劲悍，善于战斗，苦战必倚，常为先锋。平夏兵则柔弱不及。

嵬名山部，一作威明山部。横山五族之一，居地绥州，党项大族。"有众万余人，其弟夷山先降为熟户。"[③]西夏国主谅祚强迫横山种落迁往兴州（治今宁夏银川市），"因众不乐"，首领嵬名山"以所统横山部族内附种谔"[④]，为宋熟户。

朱令陵部，横山五族之一，居地绥州，党项大族。首领朱令陵是横山族中最得力的酋长。西夏连年点集，民心乖离，横山民益思内附。谅祚尽迁其族于兴州，诸部怀土顾望。知青涧城（今陕西青涧县）种谔招之，朱智用有意内附，因路被截，遂由邈川（今青海乐都市）至熙州（治今甘肃临洮县），"密申向汉意，携其宗族内奔"[⑤]。宋哲宗嘉其诚，授为三班奉职。后又有朱保忠、

---

①［宋］乐史：《太平寰宇记》卷三八《关西道十四·绥州》，载文渊阁《四库全书》第469册，台北：台湾商务印书馆，1986年，第322页。

②［宋］李焘：《续资治通鉴长编》卷一四七，庆历四年，北京，中华书局，1985年，第3565页。

③［宋］司马光：《涑水记闻》卷一一，载文渊阁《四库全书》第1036册，台北：台湾商务印书馆，1986年，第420页。

④［宋］陈均：《九朝编年备要》卷一七《种谔复绥州》，载文渊阁《四库全书》第328册，台北：台湾商务印书馆，1986年，第451页。

⑤［清］吴广成著，李蔚整理：《西夏书事》卷二九，济南：山东泰山出版社，2000年，第117页。

朱守贵、朱再荣等皆为蕃官，率众归附，给以田宅。西夏索要，宋以景询来易，乃止。

轻泥环侧部，横山五族之一。居地绥州，初附西夏。后欲以横山之众攻西夏，归顺宋朝。

李阿雅卜部，横山五族之一。居地绥州，党项大族。后子侄襄渠卜、约尚、尚格、尚裕、李罗垒皆举族归宋朝，各赐名。首领李阿雅卜名为赵怀明，男襄渠卜名世忠，约尚名世良，尚格名世勤，李罗垒名世顺，尚裕名世恭[①]。赵世忠并特差充本族巡检。

苏尾九族，党项部族，唐以来世居绥州。李氏世袭苏尾九族巡检。金人占据延安后，首领李世雄奔西夏桑泥族。

努玛族，党项部族，居地在绥州界。太尉香布率十八人内附，授以香布右千牛卫将军、本族巡检，香布子玛尔布为右班殿直。《苏魏公文集》卷三四载有“蕃官右武卫将军兼监察御史柱国香布、咩布散移可并加上柱国、右监门卫将军兼侍御史，骁骑卫侬宗旦右监门卫将军兼监察御史嵬名山可并加骑都尉”制文。称其为“忠顺之臣，宜厚庞鸿之泽。以尔才雄边部，心溯本朝，环卫荣阶，早膺于嘉命”。

夜母族，一作夜毋族，党项部族，居地绥州。后汉乾祐元年（948 年）三月，杀绥州刺史李仁裕叛去，后属宋。淳化五年（994 年）正月，首领夜母被授以怀化将军。

小力族，居地绥州境内有小力山，故名族。归属宋朝。大中祥符九年（1016 年），被羌兵袭击，宋遣李文贞率兵奋击，予以保护。

### 六、麟、府、丰州党项部族

麟州旧壤，实曰新秦，“秦武王转徙东民以实此土，久用滋富，因以名之”[②]。汉隶朔方郡，唐为胜州之城。匈奴接荒，在河一曲。党项部族，汉民混居。长城基前，屈野川其右，左接楼烦之境。南偏赫连之乡。唐武德元年（618 年），改麟游郡置，治所在麟游县（今陕西麟游县）。贞观元年（627 年）废，唐开元十二年（724 年）复置，治所在新秦县（今陕西神木县北 10 里），

---

①［宋］李焘：《续资治通鉴长编》卷五〇五，元符二年正月辛酉，北京：中华书局，1993 年，第 12037 页。

②［宋］张咏：《乖崖集》卷八《麟州通判厅记》，北京：中华书局，2000 年，第 75 页。

十四年（726 年）废。天宝元年（742 年），改置新秦郡，乾元元年（758 年）复为麟州。五代周显德五年（958 年）移治小堡。入宋后，于乾德元年（963 年），移治今神木县西北杨家城。金皇统八年（1148 年），西夏奄有。麟州位于夏国之东，与其毗邻，境内党项部族众多。

杨家族，党项大族，世居麟州（治今陕西神木县西北杨家城）。麟州城，一名杨家城，故名族。宋淳化四年（993 年），陕西转运使郑文宝上书建议请禁青白盐，“许商人贩安邑、解县两池盐于陕西以济民食”[①]。行之数月，犯者益众，戎人乏食，相率寇边。党项羌族四十四位首领在杨家族会盟，引兵骑三千余人寇环州石昌镇（今甘肃环县西），被知环州程德玄等率兵击败。事后，北宋政府召屯田员外郎、知制诰钱若水赴边地调解，取消盐禁，党项羌人部族宁息。

兀罗族，一作兀啰族、乌鲁族，居麟州。首领兀罗屈德、兀罗屈武被宋授为本族副军主、副都这军主。《苏魏公文集》卷三二载有“麟州兀罗族子弟屈德可银酒监，武充本族副都军主”的制文，文曰：“敕某代居边陲，号有才勇，承父兄之余绪，为种族之推先。命传袭于世，资俾统绥于壮，籍通阶，试秩式，示朝章，膺兹涣恩，无怠乃事，可。”《文恭集》卷一九载有“故麟州乌噜族下班殿侍三班差使罗佑亲男崖可本族副都军主”的制文，文曰：“敕具官某男某以尔族居戎落，代服忠图，内正声明，远为保障。阅守臣之通奏，言尔考之沦亡，用稽世袭之科，俾锡军幢之号，益思固圉，以美克家。”“兀罗”为一族姓。

阿尔族，一作讹二族，居麟州。元祐六年（1091 年）四月，“河东路蕃官高永年特迁一官为庄宅副使，充麟州阿尔族都巡检”[②]。《西夏文字典》党项姓氏中有“讹二”姓。

结当族，居麟州神木寨（今陕西神木县东三里龙眼山后），首领楚默任巡检。

折御乜族，党项大族，居麟州三族寨（今陕西米脂县西）。雍熙初，李继迁反叛，诱杀绥州刺史曹光实。诸族渠帅皆附李继迁为寇，折御乜系李继迁属下，也附之。宋政府遣兵讨伐，被宋将王侁攻破，三族寨羌人 200 余户降附，酋长折御乜等 64 人献马请罪，愿改图自效，为国征讨李继迁，后归附宋将郭

① [元] 脱脱等：《宋史》卷二七七《郑文宝传》，北京：中华书局，1977 年，第 9426 页。

② [宋] 李焘：《续资治通鉴长编》卷四五七，元祐六年夏四月辛亥，北京：中华书局，1993 年，第 10944 页。

守义。

勒厥麻族，一作折勒厥麻族，党项大族。原居麟州浊轮寨（今内蒙古准格尔旗西南、陕西神木县北界），以建在浊轮川而得名。有三部族，1500帐，“以浊轮寨失守，相率越河内属，遂分处边境”[①]。边臣屡言与党项来往，恐复叛去，乃徙于宪州楼烦县（治今山西娄烦县）、岚州（治今山西岚县北25里岚城镇）、石州（治今山西离石县），给田居住，成为熟户。咸平六年（1003年）四月，请以兵千人、马三百备征讨。

庞青族，一作庞庆族、庞静族，居麟州西界。曾随元昊寇边，被宋边将刘谦、高继嵩攻破。《西夏文字典》中有“庞青”一族姓。夏乾祐二十四年（1193年），赴金使臣有夏武节大夫庞静师德[②]，即其族人。

策木多族、香叶族，二族皆居麟州境。归顺宋朝后，遇灾荒，熙宁五年（1072年）二月，宋诏麟府路给二族口粮赈济[③]。

府州，本河西蕃界府谷镇，后唐庄宗时，有河朔之地，将兴王业，以代北部属为边患，于是升镇为府谷县。后麟州刺史折嗣伦男从阮，招回鹘归国，后唐庄宗诏以府谷县建府州，仍授从阮刺史，以扼蕃界。后因契丹与吐蕃侵扰，后晋高祖赂契丹以云中河西之地，契丹欲迁河西之民实辽东，人心大扰。从阮因保险阨之。后晋出帝时，升府州为永安军，析振武之胜州并沿河五镇隶属。后汉乾祐元年（948年），从阮举族入觐，朝廷命其子德扆为府州团练使。后周显德元年（954年），升府州为节镇。与李彝兴夏州相接，位于夏国之东，与其毗邻，境内分布有党项部族。

折家族，原为鲜卑遗裔，《折克行神道碑》称：“出河西折掘姓。”后世居府州（治今陕西府谷县），人户虽仅三百，但系党项望族。据《太平寰宇记》卷三八《关西道十四》“府州”载，自五代起，土人折大山、折嗣伦、折从阮、折德扆，世代相袭为首领，“数年竭尽心力御捍”。《五代会要》卷二九长兴元年（930年）十二月，折家族首领、都知兵马使折之正为检校尚书、右仆射。

毛州族，党项部族，居府州靖化堡（今陕西府谷县西北）。宋授族子弟屈移为银酒监，屈武充本族副都军主。《苏魏公文集》卷三四载有“会州靖化保屯毛州族子弟屈移可银酒监，武充本族副都军主”的制文，称“尔父世居边土，籍隶辕门，俄遘疾以沦亡，览守臣之保仕，言尔勤事，宜承旧名，往膺甄擢之

① [宋] 李焘：《续资治通鉴长编》卷五三，咸平五年十二月壬午，北京：中华书局，1979年，第1171页。
② [元] 脱脱等：《金史》卷六二《交聘表下》，北京：中华书局，1975年，第1460页。
③ [宋] 李焘：《续资治通鉴长编》卷二三〇，熙宁五年二月丙寅，北京：中华书局，1979年，第5601页。

恩，益务抚宁之效”。

麻乜族，一作麻也族，党项部族，居府州靖化堡（今陕西府谷县西北）。以麻乜乞麻与麻乜吃多讹寨名族。首领麻乜伊锡、麻乜讹赏为蕃官。

兀泥族，党项大族，有兀泥中等三族。原在青冈岭（今甘肃环县西北）、三角城（今山西太原市西北）、龙马川一带，有族帐1500。初隶李继迁，宋太平兴国七年（982年），大首领黄罗与弟乞罗入宋贡马。雍熙二年（985年）十一月归属，受敕书安抚。宋淳化二年（991年），与突厥罗率千余帐降附。内附后，于淳化五年（994年），归投府州，居府州宁武寨。首领黄罗被授怀化将军，领昭州刺史。淳化中，屡败契丹，与李继迁相攻击。咸平元年（998年）十月，召对于崇政殿。宋景德三年（1006年）五月，大首领名崖告谕宋朝李德明急阅点兵马，欲行劫掠。受宋嘉奖，赐锦袍、银带。大中祥符二年（1009年）六月，大首领名崖等47人[①]入宋贡名马。

兀泥中族，系兀泥三族之一。旧皆内属，因李继迁反叛，徙居黄河北。首领泥中佶移率族归顺，宋雍熙二年（985年）十一月。受宋敕书安抚，诏授镇州节度，后又归附李继迁。至道二年（996年）七月，宋征讨李继迁，受敕书招怀。三年二月，“大首领名悉俄，首领皆移、尹遇、崔保罗、没信，凡五人”[②]，入宋贡名马。

女乜族，原居府州界。雍熙二年（985年）六月，首领来母崖与其子社正内附后，迁居茗乜族中[③]。《府谷县志》卷二《宋折国公碑阴字迹》载有“女乜族”。

茗乜族，居府州界。女乜族内附后，迁至族中，与女乜族共居。

狐咩族，党项部族，居府州安丰寨（今陕西府谷县北）。《府谷县志》卷二《宋折国公碑阴字迹》载有该族。

王乜族，一作下府王乜族，党项部族，居府州安丰寨（今陕西府谷县北）。《府谷县志》卷二《宋折国公碑阴字迹》载有该族。

浪王族，一作浪黄族，居府州宁川寨（今陕西府谷县地），《府谷县志》卷二《宋折国公碑阴字迹》载有该族。与党儿族同被宋将折继闵、张岊攻破。

府州八族，党项大族，居府州界，有八部。咸平六年（1003年）八月，首

---

①［宋］李焘：《续资治通鉴长编》卷七一，大中祥符二年六月庚子，北京：中华书局，1980年，第1615页。

②［元］脱脱等：《宋史》卷四九一《党项传》，北京：中华书局，1977年，第14142页。

③［元］脱脱等：《宋史》卷四九一《党项传》，北京：中华书局，1977年，第14140页。

领明义言，屡于麟州屈野川击败李继迁，并在沿边置栅防遏，皆有克获。

咩保族，一作咩逋族，党项部族。居府州宁边寨（今陕西府谷县西）及镇戎军（治今宁夏固原市原州区）。宋将折克行率兵伐夏，击败大酋咩保吴良所率万骑，杀咩保吴良[①]。

毛羽族，党项部族，居府州宁边寨（今陕西府谷县西）。《府谷县志》卷二《宋折国公碑阴字迹》有毛羽族与咩保族连叙。

外浪族，党项大族，居府州界。太平兴国六年（981年），首领来都等入贡马。

细乜、路乜、细母、路才等族[②]，皆居府州界。至道二年（996年）七月，宋将李继隆攻讨李继迁，皆受宋敕书招怀。

郭莽族，党项部族，居府州芦子寨（今陕西志丹县北与靖边县交界处）。景德四年（1007年）十一月，被唐龙镇（即唐隆镇，在今内蒙古准格尔旗东南黄河西20里）掠夺人马。

折突厥移部，党项部族，居府州界。至道二年（996年）三月，因父死来请命，大首领折突厥移被宋授以安远大将军[③]。

簿备家族，党项部族，居府州界。首领簿备香，家族都督为簿备撒罗。据《五代会要》卷二九《党项羌》载，后唐同光二年（924年）十二月，首领簿备香来贡良马。长兴元年（930年），簿备家族都督簿备撒罗被宋授为检校工部尚书。

泥也六族，居府州界。首领有泥香王子、大首领拓跋山。《五代会要》卷二九《党项羌》载，周广顺二年（952年）六月，"以府州党项泥也六族防御使、归化将军泥香王子，又泥也六首领拓跋山并为归德将军"。

丰州，九原郡，今治九原县，《禹贡》雍州之域，春秋戎狄之地。战国属赵，秦并天下，为上郡之北境。汉属五原郡地，汉五原故城在今胜州榆林县。东汉时羌胡扰乱，城邑皆空。永嘉之后，属赫连勃勃。北周保定三年（563年）置丰州，因旧镇为名，故葛真城是其地。大业七年（611年）置州。以为五原郡。唐武德元年（618年）置郡，复为丰州，仍置总管府。贞观四年（630年），又于此地分灵州之境，置丰州都督府。十一年（637年）废，下入灵州，二十三年（649年）又置丰州，天宝元年（742年）改为九原郡，乾元元年（758年）复为丰州。北宋嘉祐七年（1062年）置，治所在萝泊川（今陕西府

①［元］脱脱等：《宋史》卷二五三《折克行传》，北京：中华书局，1977年，第8866页。
②［元］脱脱等：《宋史》卷四九一《党项传》，北京：中华书局，1977年，第14142页。
③［元］脱脱等：《宋史》卷四九一《党项传》，北京：中华书局，1977年，第14142页。

谷县北 115 里），辖境相当于今陕西府谷县地。这里分布有党项部族。

耶保移族，党项部族，居丰州（治萝泊川，今陕西府谷县北 115 里）界。有耶保移守贵、耶保移堡障等均为首领。党项攻破丰州，宋将张岊与诸将一日数战，“攻破容州刺史耶布移守贵三砦，俘获万计”[①]。

邈二族，党项部族，居地丰州界。淳化五年（994 年）四月，大首领崖罗遣子弟入贡宋朝。

乞当族，党项部族，一作契丹族。居地丰州及兰州马衔山。西夏文《文海》有“契丹”一族姓。

没剂族，党项部族，居丰州地界。咸平六年（1003 年）六月，与如罗等族渡河击败李继迁。

如罗族，一作加罗族[②]。党项族，居丰州地界。

名波族，丰州党项大族，有十二府，地当丰州路。浪卖系其大首领，最为忠顺，宋雍熙二年（985 年）七月，受宋赐敕书安抚[③]。

北宋时期，西北地区的党项部族，分布地域广泛，与西夏接壤毗邻，具有鲜明的民族与地域特色。他们的活动是北宋与西夏关系的重要组成部分，对宋夏双方均有重要影响。

**参考文献：**

［1］吴天墀：《西夏史稿》（增订本），成都：四川人民出版社，1980 年。

［2］汤开建：《五代辽宋时期党项部落的分布》，《西北民族研究》1993 年第 1 期。

［3］李蔚：《中国历史 · 西夏史》，北京：人民出版社，2009 年。

［4］刘建丽：《西北民族文献与研究》，兰州：甘肃人民出版社，2004 年。

［5］刘建丽：《甘肃通史 · 宋夏金元卷》，兰州：甘肃人民出版社，2009 年。

［6］刘建丽：《中国西北少数民族通史 · 辽宋西夏金卷》，北京：民族出版社，2009 年。

（原载于《西夏研究》2012 年第 2 期）

① ［元］脱脱等：《宋史》卷三二六《张岊传》，北京：中华书局，1977 年，第 10524 页。

② ［宋］李焘：《续资治通鉴长编》卷五五，咸平六年六月丁卯，北京：中华书局，1980 年，第 1202 页。

③ ［元］脱脱等：《宋史》卷四九一《党项传》，北京：中华书局，1977 年，第 14140 页。

# 西夏境内的党项部族

1038年，在西北地区建立的夏国，疆域辽阔，“东尽黄河，西界玉门，南接萧关，北控大漠”[①]，超过《宋史·夏国传》所载“方二万余里”的范围。黄河之内外，州郡二十二。自唐朝中期以来，党项部落开始大规模地进入这一地区，经过三次大迁徙后，党项部落已遍布西夏境内，这里形成党项最大的聚居区，党项已成为西夏民族构成的主体。其部族主要分布在河之西与河之南的一些州地。本文以西夏形成时的疆域为界限，略述党项部族的分布。

## 一、河西之地的党项部族

西夏建立后，在黄河之西地区置有九州，即兴（治今宁夏银川市怀远镇）、定（治今宁夏平罗县南姚伏镇）、怀（治今宁夏银川市东南黄河西）、永（在今宁夏银川市南永宁县城附近）、凉（治今甘肃武威市凉州区）、甘（治今甘肃张掖市甘州区）、肃（治今甘肃酒泉市肃州区）、瓜（治今甘肃瓜州市）、沙州（治今甘肃敦煌市）。其中的凉、定州也有党项部族分布。

凉州（治今甘肃武威市凉州区），系西夏河西九州之一。位于河西走廊东端，地处丝绸之路要冲，畜牧业甲天下，物产丰富，商业兴盛，素为河西都会。三国魏置，本西汉姑臧县，十六国时期，前凉、后凉、北凉皆在这里建国。隋大业三年（607年）废。唐武德二年（619年）复置，设河西节度使。唐天宝元年（742年），改为武威郡，乾元元年（758年），复称凉州。唐朝后期，被吐蕃占领。宋天圣六年（1028年），元昊攻占凉州，置西凉府。据《西夏天盛律令》卷一〇《司序行文门》所载，是西夏高级行政区，属次等府。这里也是吐蕃六谷部所在地，党项部族众多。

卑宁族，党项大族。宋咸平四年（1001年）十二月，卑宁族首领喝邻半祝

① [清] 吴广成著，李蔚整理:《西夏书事》卷一二，济南：山东泰山出版社，2000年，第65页。

归附，入宋贡名马，自称“有精骑三万，愿备驱策”[①]，受宋慰奖。

督六族，一作都罗、都啰、都罗罗族，居地凉州。据《宋会要辑稿·西凉府》载：咸平四年（1001 年）十一月，“以西凉府六谷左厢副使折逋游龙钵领宥州刺史，又以其督六族首领褚下箕等三人并为怀化将军”。系西凉府六谷折逋氏属下。宋淳化五年（994 年），大首领与西凉府押蕃落副使折逋喻龙波并来贡马。《西夏书事》中有“都罗马尾”，《宋史·夏国传》中有夏将“都罗重进”。《大方广佛华严经》卷五有“都罗慧性”，《西夏文过去庄严劫千佛名经发愿文》中有“都罗乌□吃铁木尔”，皆当出自都罗族。《西夏文字典》中有“都啰”一族姓。

仁多族，一作星多、人多族，党项大族，与梁氏分据东、西厢。《续资治通鉴长编》卷四六七载“夏国首领人多保忠乃昔日凌丁之子，久居西南部落，素为桀黠”，与吐蕃邈川首领温溪沁邻境友好。《潏水集》卷三也载：“（星多）贝中部族并在西凉府一带左右。”首领有仁多凌丁、仁多楚清、仁多洗忠、仁多保忠等。仁多保忠曾为卓罗右厢监军使。

捻崖天子部，系党项大部，居住在凉州东。由凉州渡白亭河至其境，牙帐在沙岭，以酋长捻崖天子称部族。

野马族，居地凉州有野马泉，据《五凉全志》卷五载“野马泉，蔡旗堡南十里”，故名族。西夏汉文本《杂字》党项姓氏中有“野马”一姓。《宋史·真宗纪》载：“西凉府暨龙、野马族来贡。”

暨龙族，居地凉州。咸平六年（1003 年），与野马族一起入贡宋朝。

迷嘱般部，党项部族。原系李继迁属部。欲阴图潘罗支，与迷般嘱族亡归者龙族。使者龙族中六族附己。景德元年（1004 年）六月，阴请李德明遣兵进攻。潘罗支率兵急赴者龙驻地，商议合击。议事间，与日逋吉罗丹族猝起，杀潘罗支。

日逋吉罗丹族部，党项部族。原系李继迁属部。与迷嘱般合杀潘罗支。

定州位于兴庆府（治今银川市西夏区）北，西夏立国后置，治所在定远镇（今宁夏平罗县南姚伏镇），系西夏河西九州之一。这里也分布有党项部族。

也浪、富儿二族，系定州党项部族。《太平寰宇记》卷三六载有也浪、富儿族。据《西夏书事》卷三五载：夏大庆四年（1143 年）七月，因饥荒，诸部

---

①［宋］李焘：《续资治通鉴长编》卷五〇咸平四年十二月戊子，北京：中华书局，1979 年，第 1102 页。

无食，群起为盗。威州的大斌，静州的埋庆，定州的也浪、富儿等族起义，多者万人，少者五六千人，四行劫掠，直犯州城，州将出兵击之，不克。后任得敬遣官抚谕，宥其首恶，解散余党，诸乱渐平。唯定州也浪、富儿二族恃险拒守。任得敬夜发兵袭其寨，擒杀首领哆讹，余众降。

## 二、灵州党项部族

灵州（治今宁夏灵武县西南）位于夏州西侧，系西夏河南九州之一。倚负贺兰山，带引黄河，“地方千里，表里山河，水深土厚，草木茂盛，真牧放耕战之地”[①]。北魏孝昌中置，治所在旧薄骨律镇（今宁夏吴忠市北），北周置回乐县，为州治。《元和郡县志》卷四“灵州”条载：“以州在河渚之中，随水上下，未尝陷没，故号‘灵州’。”隋大业三年（607 年），改置灵武郡，唐武德元年（618 年）又改为灵州（治今宁夏灵武县西南），开元以后，尝为朔方节度使治所，天宝元年（742 年），复为灵武郡（治今宁夏灵武县西南）。灵州是唐宋时期的西北重镇，宋真宗咸平五年（1002 年），被党项首领李继迁攻占。这里是党项的一个重要聚集地，部落众多。

睡泥族，党项部族。居地灵州近侧。有你乜逋、岸逋两部。《宋史·党项传》记载：宋至道元年（995 年）七月，族内七百帐被李继迁劫掠，岸逋一族奔萧关，首领你乜逋遣子至灵州求助，宋赐以资粮。

石存族，党项部族。居地灵州。后因王令温镇朔方，不存抚羌、胡，致使怨怒。后晋开运三年（946 年）二月，与也厮褒、拓跋彦超等族“共攻灵州，杀令温弟令周”[②]。

也厮褒族，党项部族。《资治通鉴》卷二八五《后晋记六》载：“拓跋彦超、石存、也厮褒三族，共攻灵州，杀令温弟令周。”居灵州地区。

拓跋第一族，党项部族。《太平寰宇记》卷三六载有“拓跋第一族”，在黄河北岸，居灵州保安镇。《宋史·周美传》载灵州东南有“拓跋谷”，故以地名族。朔方节度治灵州，冯晖为朔方节度使时，酋长拓跋彦超最为强大，受晖厚待。后因王令温镇朔方，不存抚羌、胡，致使怨怒，后晋开运三年（946 年）二月，与石存乜、斯褒等族共攻灵州，杀王令温弟令周。此为灵州地区拓跋族。

裕勒榜族，党项部族。居地清远军（治今宁夏同心县东），旧属灵州。宋

---

①［宋］李焘：《续资治通鉴长编》卷四四，咸平二年六月戊午，北京：中华书局，1979 年，第 947 页。
②［宋］司马光：《资治通鉴》卷二八五《后晋纪六》，北京：中华书局，1956 年，第 9303 页。

咸平二年（999 年）七月，首领多拉入贡[①]。

梁家族，即大、小梁族，或大、小凉族。党项大族。居地灵州河外贺兰山北侧。《宋会要辑稿·丰州》称丰州龙移眛克族“南至河，与大梁、小梁相连”。《西夏书事》卷七载：“贺兰山大、小凉族构兵，二族居贺兰山北，部族甚众。”《宋史·李继和传》称镇戎军地当梁家诸族之路。初与李继迁合，后有隙，相攻掠。宋真宗特诏使者抚谕，令助讨李继迁。

桑泥族，一作桑你移族。党项部族。居灵州通远军（治今甘肃环县）界。太平兴国二年（977 年），与桑咩族、折四族、吐蕃村族、奈嗢三家族、尾落族、奈家族等剽掠官纲[②]，被灵州安守忠、通远军董遵诲率军攻讨平定。

桑咩族，党项部族。《宋史·党项传》载有“桑咩族”。居灵州通远军界。太平兴国二年（977 年），与桑泥族、折四族、吐蕃村族、奈嗢三家族、尾落族、奈家族等剽掠官纲，被灵州安守忠、通远军董遵诲率军攻讨平定。

折四族，一作折思族。党项部族。《宋史·党项传》载有“折四族”，《新五代史·党项传》则为折思族。原居庆州，入宋后，居灵州通远军（治今甘肃环县）界。后周广顺三年（953 年），与喜玉、杀牛三族诱张建武军至包山（今甘肃庆阳县北），共袭击。周太祖选良吏为庆州刺史以招抚。太平兴国二年（977 年），与桑咩等族剽掠官纲，被灵州安守忠、通远军董遵诲率军攻讨平定。《西夏文字典》有党项族姓“折四”。

奈嗢三家族，党项部族。《宋史·党项传》载有“奈嗢三家族”。太平兴国二年（977 年），与桑泥族、折四族、吐蕃村族、尾落族、奈家族等剽掠官纲，被灵州（治今宁夏灵武县西南）安守忠、通远军（治今甘肃环县）董遵诲率军攻讨平定。

吐蕃村族，党项部族。居灵州、通远军界，以居地吐蕃村而名族。太平兴国二年（977 年），与桑泥族、折四族、吐蕃村族、奈嗢三家族、尾落族、奈家族等剽掠官纲，被灵州安守忠、通远军董遵诲率军攻讨平定。

尾落族，党项部族。太平兴国二年（977 年），与桑泥族、折四族、吐蕃村族、奈三家族、奈嗢家族等剽掠官纲，被灵州安守忠、通远军董遵诲率军攻讨平定。

奈家族，党项部族。太平兴国二年（977 年），与桑泥族、折四族、吐蕃村族、奈嗢三家族、尾落族等剽掠官纲，被灵州安守忠、通远军董遵诲率军攻讨

① ［宋］李焘：《续资治通鉴长编》卷四五，咸平二年七月癸卯，北京：中华书局，1979 年，第 967 页。
② ［元］脱脱等：《宋史》卷四九一《党项传》，北京：中华书局，1977 年，第 14138 页。

平定。后又归附宋朝。

拽利王子族，一作野利王子族。党项大族。居灵州河外。宋太平兴国六年（981 年），宋王延德出使高昌途经。有合罗川，系“唐回鹘公主所居之地”[①]。

么啰王子族，党项部族。《宋史・回鹘传》载有“么啰王子”，与邈拏王子族、越黜黄水州族巡检族并居贺兰山下，无所统属，系诸部入贡必经之地。宋端拱二年（989 年）九月，自称向为灵州冯晖阻绝，不通贡奉，今欲内附，受宋赐锦袍银带。

越黜黄水州巡检族，党项部族。《宋史・回鹘传》载有“越黜黄水州巡检”，与邈拏王子族、么罗王子族并居贺兰山下，系诸部入贡必经之地。

邈拏王子族，党项部族。《宋史・回鹘传》载有“邈拏王子族”，与越黜黄水州巡检、么罗王子族并居贺兰山下，系诸部入贡必经之地。

茅女埚子族，党项部族。居灵州（治今宁夏灵武县西南）黄河西。《宋史・高昌传》载有“茅女埚子族”。宋太平兴国六年（981 年），王延德出使高昌途经。其族临黄河，以羊皮为囊，吹气充实浮于水，或以橐驼牵木筏而渡。

茅女王子开道族，党项部族。居灵州黄河西。《宋史・高昌传》载有“茅女王子开道族”。宋太平兴国六年（981 年），王延德出使高昌途经。

大虫太子族，党项部族。居灵州黄河西，与契丹接界。《宋史・高昌传》载有“大虫太子族”。宋太平兴国六年（981 年），王延德使高昌途经。人衣尚锦绣，器用金银，马乳酿酒，饮之亦醉。

傍家外生族，党项部族。《太平寰宇记》卷三六载有“傍家外生族”。在黄河南岸，居灵州城下。

媚家族，党项部族。《太平寰宇记》卷三六载有“媚家族”。在黄河南岸，居灵州城下。

越邦族，党项部族。《太平寰宇记》卷三六载有“越邦族”。在黄河南岸，居灵州城下。

移香族，党项部族。《太平寰宇记》卷三六载有“移香族”。在黄河南岸，居灵州城下。

保尾族，党项部族。《太平寰宇记》卷三六载有“保尾族”。在黄河南岸，居灵州城下。

罗香族，党项部族。《太平寰宇记》卷三六载有“保香族”。在黄河南岸，

---

① [元] 脱脱等：《宋史》卷四九〇《高昌传》，北京：中华书局，1977 年，第 14111 页。

居灵州城下。

青天门族，党项部族。《太平寰宇记》卷三六载有“青天门族”。在黄河南岸，居灵州清远镇（今宁夏同心县）。

泥悉逋族，党项部族。《太平寰宇记》卷三六载有“泥悉逋族”。在黄河南岸，居灵州清远镇（今宁夏同心县）。

罗泥族，党项部族。《太平寰宇记》卷三六载有“罗泥族”。在黄河南岸，居灵州清远镇（今宁夏同心县）。景德元年（1004）六月，首领罗泥天王等率属附宋。

罗泥磨庆族，一作罗泥埋庆族。党项部族。《太平寰宇记》卷三六载有“罗泥磨庆族”。在黄河南岸，居灵州清远镇（今宁夏同心县）。

禁埋族，党项部族。《太平寰宇记》卷三六载有“禁埋族”。在黄河南岸，居灵州清远镇（今宁夏同心县）。

封家族，党项部族。《太平寰宇记》卷三六载有“傍家外生族”。《太平寰宇记》卷三六载有“封家族”。在黄河南岸，居灵州清远镇（今宁夏同心县）。

宗家族，党项部族。《太平寰宇记》卷三六载有“宗家族”。在黄河南岸，居灵州清远镇（今宁夏同心县）。

委尾族，党项部族。《太平寰宇记》卷三六载有“委尾族”。在黄河北岸，居灵州昌化镇与保静镇（今宁夏永宁县南）。

杨尉尉族，党项部族。《太平寰宇记》卷三六载有“杨尉尉族”。在黄河北岸，居灵州保静镇（今宁夏永宁县南）。

八笆族，党项部族。《太平寰宇记》卷三六载有“八笆族”。在黄河北岸，居灵州怀远镇（今宁夏银川市东黄河西岸）。

浪崖族，党项部族。《太平寰宇记》卷三六载有“浪崖族”。在黄河北岸，居灵州怀远镇（今宁夏银川市东黄河西岸）。

成悉逋族，党项部族。《太平寰宇记》卷三六载有“成悉逋族”。在黄河北岸，居灵州保静镇（今宁夏永宁县南）。

罗庆族，党项部族。《太平寰宇记》卷三六载有“罗庆族”。在黄河北岸，居灵州保静镇（今宁夏永宁县南）。

庚子族，党项部族。《太平寰宇记》卷三六载有“庚子族”。在黄河北岸，居灵州保静镇（今宁夏永宁县南）及临河镇（今宁夏平罗县境）。

崖悉逋族，党项部族。《太平寰宇记》卷三六载有“崖逋悉族”。在黄河北岸，居灵州临河镇（今宁夏平罗县境）。

埋逋族，党项部族。《太平寰宇记》卷三六载有“埋逋族”。在黄河北岸，居灵州临河镇（今宁夏平罗县境）。

罗悉逋族，党项部族。《太平寰宇记》卷三六载有“罗悉逋族”。在黄河北岸，居灵州怀远镇（今宁夏银川市东黄河西岸）。

悉笆族，党项部族。《太平寰宇记》卷三六载有“悉笆族”。在黄河北岸，居灵州怀远镇（今宁夏银川市东黄河西岸）。

移逋族，一作移则布族。党项部族。《太平寰宇记》卷三六载有“移逋族”。在黄河北岸，居灵州怀远镇（今宁夏银川市东黄河西岸）。西夏文党项姓有移则布，即此族姓。

小阿父儿族，党项部族。《太平寰宇记》卷三六载有“小阿儿族”。在黄河北岸，居灵州定远镇（今宁夏平罗县南姚伏镇）。

曲家族，党项部族。《太平寰宇记》卷三六载有“曲家族”。在黄河北岸，居灵州定远镇（今宁夏平罗县南姚伏镇）。

篪逋族，党项部族。《太平寰宇记》卷三六载有“篪逋族”。在黄河北岸，居灵州怀远镇（今宁夏银川市东黄河西岸）。

悉篪族，党项部族。《太平寰宇记》卷二六载有“悉篪族”。在黄河北岸，居灵州怀远镇（今宁夏银川市东黄河西岸）。

### 三、夏州党项部族

夏州（治今陕西靖边县北白城子），位于银州之西，系西夏河南九州之一。地始置于北魏，太和十一年（487年），升统万镇为州，治所在化政郡岩绿县，唐改名为朔方（今陕西靖边县北白城子）。隋大业三年（607年）改为朔方郡。唐贞观二年（628年）复置夏州。天宝元年（742年）又改为朔方郡，乾元元年（758年）仍名夏州。唐末以来，党项拓跋部世居此地并建立夏州政权。夏州是党项部族的一个重要聚集地，部族众多。

平夏部，即平夏党项、平夏拓跋。是居夏州的党项拓跋部。“平夏，川名也。”[①]赵珣《聚米图经》谓：“党项部落在银、夏以北，居川泽者，谓之平夏党项。”[②]唐贞观中，拓跋部从松州（治今四川松潘县）西北迁至庆州（治今甘

---

①［宋］司马光：《资治通鉴》卷二四九《唐纪六十五》引《唐年补录》，北京：中华书局，1956年，第8045页。

②［宋］司马光：《资治通鉴》卷二四九《唐纪六十五》引赵珣《聚米图经》，北京：中华书局，1956年，第8045页。

肃庆阳市西峰区），后又从庆州迁往银（治今陕西横山县东党岔镇大寨梁）、夏州。居地在银、夏以北至青、白池一带，地惟沙碛，以居平夏川而名部。早期党项拓跋部首领有拓跋木弥、赤辞、立伽、罗胄、后那、思泰、守寂、澄澜、乾晖、副叶、重建等，始兴于思恭、思谏、思忠，而思忠世系则有仁颜、彝景、光俨、继迁、德明、元昊等[①]。西夏王室出于拓跋部，后改为嵬名氏。拓跋部居地广泛，不止夏、银州乃至青、白池一带有分布，宋沿边熟户与辽朝境内也分布有拓跋部落。

南山部，党项大部。即野利部，一作南山族、南山党项、南山野狸。赵珣《聚米图经》谓：党项部落“在安、盐以南，居山谷者，谓之南山党项”。《唐年补录》则谓：“松州南有雪山，故曰南山。”[②]唐贞观以来，迁入庆州（治今甘肃庆阳市西峰区）地区，“有野利氏族五”，后又迁银、夏、绥、延、河东、河西等地区。居地在鄜延以北、银夏以南的横山地区，地多土山柏林。宋雍熙二年（985 年）六月，与夏州咩嵬族联合反叛。元昊妻野利氏，元昊统军大将野利遇乞、野利旺荣等均出于此部。《宋史·夏国传》与《敦煌资料》第一集中公布的西夏契约中有“夜利”一姓，当亦是“野利”异译。

黄乜族，党项部族。有三族。宋淳化二年（991 年）七月，黄乜族七百余户归附，宋分散于夏州（治今陕西靖边县西北白城子）、银（治今陕西横山县东党岔镇大寨梁）旧地安置。《太宗实录》卷三三载：雍熙二年（985 年）七月丙午，“府州上言，三族寨折御乜率中府黄乜三族五百户来降”。其旧居地在夏、银州，北宋初，银、夏州归宋，故能于此地安置。

猬才，一作隈才，党项部族。淳化元年（990 年）八月，李继迁奔地斤泽（今内蒙古伊金霍洛旗西南），“猬才、貌奴二族夺其牛畜二万余”[③]。《儒林公议》载有族人猬才浪罗为元昊卫队第六队队长。其居地在夏州，与貌奴族居地近。

貌奴族，党项部族。一作麻奴、毛奴族。《宋史》卷四九一《党项传》载，淳化元年（990 年）八月，李继迁奔地斤泽，与猬才族夺取李继迁牛畜二万余。宋宝元年间，狄青略宥州（治今内蒙古鄂托克前旗东南城川乡古城），又被袭杀。原居地在夏州东北，后在宥州也有分布。《金史·交聘表中》载有夏使“麻奴绍文”。内蒙古出土的一残碑中有“麻奴氏”，麻奴、貌奴系译音不同，当为

---

① 以上早期党项首领世系，均依据周伟洲：《早期党项拓跋氏世系考辨》，《西夏研究》2010 年第 1 期。

② ［宋］司马光：《资治通鉴》卷二四九《唐纪六十五》引《唐年补录》，北京：中华书局，1956 年，第 8045 页。

③ ［元］脱脱等：《宋史》卷四九一《党项传》，北京：中华书局，1977 年，第 14140 页。

一族，居地在夏州东北。

咩嵬族，党项部族。一作咩魏族、密威族。原居于夏州，后移居延州（治今陕西延安市）。宋雍熙二年（985 年）六月，酋领魔病人乜崖素与南山族结党反叛，率部请附李继迁，张浦往受。宋招怀不至，被知夏州尹宪率兵擒杀，枭首示众，并灭族帐。后归顺宋朝，为熟户。宋天禧四年（1020 年）正月，被宥州蕃族腊儿率众劫持。《西夏文字典》有“明嵬”一姓。

保细族，党项部族。居地在夏州。《宋史·党项传》载有“保细族”。太平兴国七年（982 年），结集煽动诸部，被夏州巡检使梁迥率兵平定。

吴移、越移四族，党项部族。吴移一作吴怡、吴移、鸟移、吾移、兀移、误移族。《宋史·党项传》载，雍熙二年（985 年）六月，夏州尹宪率兵至盐城，吴移、越移等四族前来归属。居地在夏州盐城镇。夏国使臣有“吴移遂良”[①]。《册府元龟》卷一七载有延州党项首领“吴怡磨五”，《宋会要辑稿》兵二七中有“吾移越布”，《宋南渡十将传》卷四载有夏将“误移业谋”“误移乙逋”，显然系党项大族。西夏汉文本《杂字》中有党项姓氏“吴移”一姓。

岌伽罗腻族，党项部族。一作岌伽罗腻叶、岌罗腻、伽罗赋族，有十四部。《西夏书事》卷四载：“夏州盐城镇岌伽罗腻十四族俱党项种落。”雍熙二年（985 年）六月，十四族共同违命，尹宪与李继隆纵兵袭击，俘斩七千余人，焚千余帐，获马牛羊七千余。《宋史·尹宪传》所载“三汉、丑奴庄”正在夏州盐城镇近侧，是岌伽罗腻十四族居地。

### 四、银州党项部族

银州（治所骢马城，今陕西横山县东党岔镇大寨梁），位于夏州东侧，系西夏河南九州之一。北周保定三年（563 年）置。《元和郡县志》卷五《关内道·银川》载：“因谷为名，旧有人牧骢马于此谷，狄语骢马为乞银。”隋开皇三年（583 年）置儒林县为州治。大业二年（606 年）废。唐贞观二年（628 年）复置，治所在儒林县（今横山县东党岔镇大寨梁）。天宝元年（742 年）改为银川都，乾元元年（758 年）复为银州。五代时，为党项奄有。北宋元丰四年（1081 年）收复，次年移治永乐城（今陕西米脂县西北马湖峪）。崇宁五年（1106 年）废。银州久被党项据有，这里是党项部族的一个重要聚居地。

保寺、保香二族，党项部族。《宋史·党项传》记载，雍熙二年（985 年）

---

① ［元］脱脱等：《金史》卷六二《交聘表下》，北京：中华书局，1975 年，第 1460 页。

五月，宋王侁等在开光谷西杏子坪，破保寺、保香族，追奔20余里，斩首800余级，枭首领埋乜已等57人，生擒49人，俘老小300余人，获牛羊马驴4000余。《文献通考》卷三三四《四裔考》"党项"作"保寺、保香族"。杏子坪在银州。

保、洗二族，党项部族。《宋史·党项传》记载，雍熙二年（985年）五月，宋将王侁等破保、洗二，俘3000人，降55族，获牛羊8000。居地在银州境内。

银三族，党项部族。《宋史·李继隆传》记载，雍熙二年（985年）五月，宋将李继隆等率兵又出开光谷西杏子坪，"降银三族首领折八军等三千余众"。居地杏子坪在银州境内。

没邵族，党项部族。《宋史·党项传》记载，雍熙二年（985年）五月，王侁、李继隆等又破银州杏子坪东北山谷内没讹、浪悉讹等族，及浊轮川（今内蒙古准格尔旗西南、陕西神木县西北）东、兔头川西诸族，"生擒七十八人，枭五十九人，俘二百三十六口，牛羊驴马千二百六十，招降千四百五十二户"。居地杏子坪在银州境内。

浪悉讹族，一作浪讹、浪我族。党项部族。唐显庆元年（656年）十一月，"生羌酋长浪我利波等帅众内附"①，以其地置柘（今四川理县西北与黑水县接壤地带）、拱（治今四川阿坝县东南境或红原县南境）二州，后内迁。《宋史·党项传》载，雍熙二年（985年）五月，在开光谷西杏子坪东北山谷中，与没邵族皆被宋将李继隆等攻破。《金史·交聘表中》有"浪讹元智"，《金史·交聘表下》则有"浪讹文广""浪讹德光"。《儒林公议》载有"浪讹遇移"。西夏汉文本《杂字》有党项姓氏"浪讹"一姓。《西夏文字典》中有浪讹一族姓。居地杏子坪在银州境内。

息利族，一作悉利族。党项部族，以息利寨得名，系大族。雍熙二年（985年）四月，在银州北，被宋将李继隆等攻破，斩3600余人，生擒80人，俘老小1400余口，器甲186，后首领嗟移为都军主。欧阳修《文忠集》卷七九有《悉利族军主嗟移可都军主制》文，赞嗟移"能率其部人，力捍狂寇，材武忠勇，是皆可嘉。爵秩阶勋，兹以为宠，犹有异赏，尔其图之"。《府谷县志》卷二《宋折国公碑阴字迹》有"上府悉利族"。《宋史》卷五《太宗纪二》与《太宗实录》则均称"西蕃悉利族"。原居银州北，后归属府州折氏，为宋熟户。

---

①［宋］司马光：《资治通鉴》卷二〇〇《唐纪十六》，北京：中华书局，1956年，第6299页。

拓跋遇部，党项部族。拓跋部一支。唐时，拓跋部初徙庆州（治今甘肃庆阳市西峰区），后又徙银、夏州。《宋史·党项传》载：太平兴国七年（982年），"首领拓跋遇来诉本州赋役苛虐，乞移居内地"。宋朝不许，诏令各守族帐。银州曾有静边州都督府旧址。其居地在银州境。

## 五、宥州党项部族

宥州位于夏州西南，系西夏河南九州之一。唐开元二十六年（738年）置，治所在延恩县（治今内蒙古鄂托克旗南境）。唐杜佑《通典·州郡三》载宥州"盖以康待宾反于此，亦既克获，赦其余党，遂置此州，以宽宥为名也"。天宝元年（742年）改为宁朔郡，天宝中寄理经略军（今鄂托克旗东北）。至德二载（757年）改为怀德郡。乾元元年（758年）复为宥州。宝祐后废。元和九年（814年）于经略军故城复置，称新宥州，治所延恩县（今内蒙古托克旗东北）。元和十五年（820年），徙治长泽县（今内蒙古鄂托克前旗东南城川乡古城），后被吐蕃攻破，废。长庆四年（824年）复置。入宋后，党项奄有，西夏建立后，入西夏版图，成为西夏疆域。这里也分布有众多党项部族。

咩兀族，党项部族。有十族。雍熙二年（985年）七月，十族首领、都指挥使遇乜布等九人，宋赐敕书予以安抚。居地在"宥州界"[①]。

御泥布、啰树二族，党项部族。《宋史·党项传》载："宥州御泥布、啰树等二族党附继迁，不肯卖马。"端拱二年（989年）四月，被赵保忠攻杀，归降，受安抚，后又阴使人附李继迁。淳化二年（991年）十一月，被赵保吉复率兵袭破，部帐被并。居地在宥州境。

腊儿族，党项部族。《宋史·党项传》载：天禧四年（1020年）正月，"宥州羌族腊儿率众劫熟户咩魏族"，被金明寨都监李士彬击破，腊儿被斩，枭72人，俘余众，获甲马300余。居地在宥州。

庞咩族、岁香、貌奴、尚罗、庆七、家口六族，党项部族。据《宋史·狄青传》载：宋宝元年间，狄青"略宥州，屠庞咩、岁香、貌奴、尚罗、庆七、家口等族，收其帐二千三百，生口五千七百"。毛奴即麻奴、貌奴，宥州界也有分布。元符二年（1099年）七月，环州种朴徼赤羊川，"获赏罗讹乞家属百五十余口"[②]。"赏罗讹乞"与《续资治通鉴长编》卷五一四所载的"尚罗格

---

① [元] 脱脱等：《宋史》卷四九一《党项传》，北京：中华书局，1977年，第14140页。
② [元] 脱脱等：《宋史》卷四八六《夏国传下》，北京：中华书局，1977年，第14018页。

格”，当出于“尚罗族”。

末藏族，一作密臧、没藏族。党项大族。《宋史·李继周传》载：“雍熙中，又与候延广败末藏、末腋等族于浑州西山。”浑州，唐置，为羁縻州，治所在今延安市境内。西山即横山西段。《涑水记闻》卷一二载：“李士彬申，引到宥州团练侍者密臧福罗。”[①]《宋朝事实类苑》卷七五载：“李士彬申，……引到宥州末藏屈已、团练侍者末臧福罗，屈已居宥州南没姑川。”首领有末藏福罗、末藏屈已等。末藏又译为密臧、没藏，为党项大族。元昊妻后称为没藏大师，其兄为没藏讹庞。居地在宥州境。西夏汉文本《杂字》党项姓氏中有“没藏”一姓，《西夏文字典》中有“没藏”一族姓。

末腋族，一作没移族。党项大族。《宋史·李继周传》中载末腋与末藏族同居宥州南。雍熙中，被宋将李继周、候延广攻败于浑州西山。《宋史·夏国传上》载元昊“凡五娶，……四曰妃没移氏”。《西夏书事》卷一六有夏臣“没移皆山”。《西夏文字典》中有“没移”一族姓。

孟香族，党项部族。《西夏书事》卷一八载：“孟香，宥州蕃酋。”夏天授礼法延祚十一年（1048年，宋庆历八年）四月，酋首孟香得罪夏人，惧诛，率众千余人附宋。西夏没藏讹庞以索孟香为名，劫边户，掠牛马。讹庞不肯偿所掠，孟香终也未被遣返。居地在宥州

素移族，党项大族。一作苏移族。居地宥、绥二州界。《南渡十将传》卷四载：“至宥州监军司，谒素移业谋、留之与见。素移正谋问尔为谁家？显忠曰：‘我乃苏尾九族李氏也。’正谋曰：‘尔与我一家也，皆出唐睿宗之后。’”唐肃宗灵武继立时，正谋一族留于此地，后归属宋朝。《宋史·党项传》载，淳化五年（994年）正月，以首领苏移山海为怀化将军。苏移、素移系译音之异。素移为大族，居绥、宥二州界。

### 六、洪、石、静、威州党项部族

洪州位于宥州之南，系西夏河南九州之一，西夏建立后，升洪门镇为州，治所在今陕西省靖边县西南。这里也是党项的一个分布区，主要有结明爱、旺莽额部。

结明爱、旺莽额部，皆为党项部族。夏天赐礼盛国庆元年（1069年，宋

---

①［宋］司马光：《涑水记闻》卷一二，载文渊阁《四库全书》第1036册，台北：台湾商务印书馆，1986年，第421页。

熙宁二年）十月，在首领结明爱与旺莽额的引导下，西夏频扰宋边境。宋行离间计，欲擒二人及同谋者归属。《续资治通鉴长编》卷二一六熙宁三年十月辛酉载："请令边吏谕他，如能擒至旺莽额、结明爱及同谋者首领来者，朝廷赐予无所吝。"如此则使其内部分离。若二人至，厚宠以示余酋，以招横山之众。二族同居洪、宥州境内。

石州位于银州西、夏州之东，西夏立国后置，治所在今陕西横山县东北，是祥祐军司所在地，系西夏河南九州之一。主要部族有拽浪族、拽臼族。

拽浪族，党项部族。一作移浪、叶浪、夜浪、异浪等族。曾附西夏，首领拽浪撩黎为夏番号官吕宁。咸平五年（1002 年）八月，拽浪南山等 400 人来石（治今山西离石县）、隰州（治今山西隰县）内附。元祐七年（1092 年）十一月，绥州钤辖移浪心讹归附，授予内殿承制。原居地河西之地，后分布于石、隰及绥州（治今陕西绥德县）界。《宋会要辑稿》兵一七中有"异浪升崖"。西夏汉文本《杂字》党项姓氏中有"夜浪"姓。

拽臼族，党项部族。《宋史》卷四九一《党项传》载有"拽臼族"。据《续资治通鉴长编》卷五四载，咸平六年（1003 年）三月，东山蕃部军使拽臼率 195 口内属。原居地绥州（治今陕西绥德县），后徙居石（治今山西离石县）、隰州（治今山西隰县）。

静州，五代时，改唐静边州都督府置，治所在今陕西米脂县西。后汉乾祐初，属定难军。后废。西夏立国后置，治所在今宁夏永宁县南望洪乡附近。

埋庆族，系静州党项部族。《太平寰宇记》卷三六载有"埋庆族"。《西夏书事》卷三五记载：夏大庆四年（1143 年）七月，"大饥"，百姓无食，"诸州盗起"。静州埋庆族与威州大斌、定州也浪、富儿等族起义，被任得敬率兵镇压。

威州（一作韦州），唐大中三年（849 年）改安乐州置，治所在今宁夏同心县东北下马关镇北红城水古城。咸通三年（862 年）移治于鸣沙县（今宁夏中宁县东北鸣沙镇）。宋初废。西夏建立后置，治所在今宁夏同心县东北韦川镇，西夏左厢十二监军司之一静塞监军司治此。这里也分布有党项部族。

大斌族，系威州党项部族。《太平寰宇记》卷三六载有"大斌族"。《西夏书事》卷三五记载：夏大庆四年（1143 年）七月，因饥荒，诸部无食，威州大斌族与静州埋庆族、定州也浪、富儿等族起义，多者万人，少者五、六千人，冲击州城，被任得敬率兵镇压。

## 七、居地不详的党项部族

西夏境内还有诸多党项部族居地不详，现略述于下。

锡伯族，一作西壁、西卑、昔毕族。党项部族，源于鲜卑。《西夏纪》卷二六戴锡章自注云："西壁实鲜卑之讹，西夏本鲜卑别种，故其国人有鲜卑氏。"有上、中族。《樆文堂集》卷五有制文，为"锡伯中族大首领隆戬补皇城副使带本族巡检，锡伯上族大首领嘉勒斡补皇城副使带本族巡检，锡默然大首领伦珠卜补左藏库副使带本族巡检制"，称其"尔等骁勇之资，雄于种族，输忠内附，志节可嘉，宜锡官荣，兼领巡逻，往图报称，嗣有恩章"。"锡伯"为清译。夏人有太傅"西壁氏"。《元史·太祖纪》有"西壁讹答"，《新元史·太祖纪》则为"鲜卑讹答"。西夏文题记中有"昔毕智海"[①]，西夏文石幢中，党项人的题名有七人姓"昔毕氏"[②]。"昔毕"为党项族姓，"西壁""西卑""昔毕""锡伯"等皆为译音之异。

把利族，一作把里、把利、芭里族。唐时居地庆州，后迁徙地不详。《金史》卷六〇《交聘表上》、六一《交聘表中》均载有夏使臣"把里公亮""芭里昌祖""芭里庆祖""芭里直信""芭里安仁"等人，皆出于此族。把里、把利、芭里皆为译音之异。西夏汉文本《杂字》党项姓氏与西夏文党项姓氏中均有"芭里"一姓。

万山族，党项大族，李德明属下。《宋史·夏国传上》载有"蕃族万山"。宋招抚西凉府吐蕃潘罗支及沿边蕃部熟户，致使退缩，不敢在灵州、河西屯兵。又下诏令能率部下归顺者，授团练使，并赐银万两、绢万匹、钱5万缗，茶5千斤，欲招其归附。

万遇族，党项部族。《宋史·夏国传上》载有"蕃族万遇"。宋下诏令欲使其与万山等族归附。系李德明属下，其居地当在夏国境内，与万山族同地，但居地不详。

移湖族，党项部族。《宋史·党项传》称其为"迁党"。咸平六年（1003年）三月，被原州（治今甘肃镇原县）熟户裴天下等率族兵袭杀，宋诸路也以精兵策应。系李继迁属下，其居地当在夏国境内，但居地不详。

野遇族，一作移玉族。党项大族。《西夏书事》卷三八载："野遇，西夏之

① 史金波、白滨：《莫高窟榆林窟西夏文题记研究》，《考古学报》1982年第3期。
② 史金波、白滨：《明代西夏文经卷和石幢初探》，《考古学报》1977年第1期。

大族。”《金史》卷六一、六二《交聘表》中均载有“野遇忠辅”“野遇思文”“野遇克忠”等，皆为此族人。“移玉”或即“野遇”之异译。《西夏文字典》也有“移玉”一姓。

樊家族，有九部。《宋史·党项传》载：“樊家族九门都首领客厮铎内属。”天禧二年（1018年），都首领客厮铎赴宋泾原路内属，被授予军主。原属夏国，居地不详。

卫慕族，一作米募、未募、默穆族。党项大族，李继迁属下。《宋史·范廷召传》载：至道中，宋遣五路讨李继迁，“廷召出延州路，与贼遇白池，获米募军主吃罗等兵器、铠甲数万”。《西夏书事》卷一一载：“其族人山喜谋杀元昊，事觉，元昊沉山喜族于河，进鸩弑卫慕氏。”元昊母米募氏出于此族。西夏文党项姓有“卫慕”一姓。居地不详。

罔家族，党项大族。《西夏书事》卷三五：“罔氏，西夏大族。”李继迁母、李继捧祖母，夏仁宗李仁孝皇后均系此族人。《咸平集》卷二九有“耀州节度李继捧母汉阳郡夫人吴氏可进封南阳郡太夫人，祖母河西罔氏可特进西河郡太夫人”之制文。《宋史·夏国传》有“罔聿漠”“罔萌讹”“罔豫章”。《金史·交聘表下》载有夏国赴金使臣“罔进忠”“罔敦信”，《金史·交聘表中》载有夏御史中丞“罔永德”为奏告使赴金。《西夏书事》中有“罔罗”“罔存礼”。

西夏境内党项部族众多，分布地域广泛，他们的活动伴随着西夏的始终，是西夏历史乃至中国民族史的重要组成部分，具有鲜明的民族与地域特色，是北宋与西夏关系的重要组成部分，对宋夏双方均有重要影响。

**参考文献：**

[1] 吴天墀：《西夏史稿》（增订本），成都：四川人民出版社，1980年。

[2] 史金波：《西夏陵园出土残碑译释拾补》，《西北民族研究》1986年第1期。

[3] 汤开建：《五代辽宋时期党项部落的分布》，《西北民族研究》1993年第1期。

[4] 李蔚：《中国历史·西夏史》，北京：人民出版社，2009年。

# 北宋的秦州蕃部与堡寨

秦州天水郡（治今甘肃天水市秦州区），“本秦初封之地，在汧渭之间，诸羌杂处”[①]。自秦汉以来，隶属于各政权管辖，亦为蕃夷错居杂处之地。入宋后，秦州属秦凤路，下府，天水郡，雄武军节度，治成纪县。旧置秦凤路经略、安抚使，统秦州、陇州、阶州、成州、凤州、通远军，凡五州一军，其后割通远军属熙河，凡统州五。崇宁年间（1102—1106年），有户48648，人口123022，辖成纪、陇城、清水、天水四县，太平监及甘谷、伏羌二城[②]。秦州既是宋代吐蕃聚焦地之一，部族众多，也是抗击西夏的前沿，堡寨林立。

## 一、秦州的吐蕃部族

7世纪，吐蕃在青藏高原崛起，建立起强大的吐蕃政权，其后不囿于封闭在西南一隅，不断向周边扩展，吐蕃部族的迁徙移动也随之开始。

“安史之乱”的爆发，为吐蕃的迁移创造了一个客观有利的条件，吐蕃乘河西、陇右防务空虚之机，大量进入这一地区。唐肃宗至德元载（756年），吐蕃攻陷威戎、宣威、制胜、金天、天成等军。入据石堡城、百谷城、雕谷城，757年，取廓、岷等州及河源等地。宝应元年（762年），陷临洮，取秦、成、渭等州。代宗广德元年（763年），取洮、河、鄯等州，于是陇右之地尽陷吐蕃。唐武宗会昌二年（842年），洛门川吐蕃讨击使论恐热举兵击破吐蕃大相尚思罗、鄯州节度使尚婢。唐宣宗大中二年（848年），张议潮率众沙州起义，奉瓜、沙等十一州归唐。大中三年（849年），陇右民众响应，举秦、原、安乐三州及石门等七关[③]归唐，老幼千余人至长安，“解胡服，袭冠带”。这些史实均

① [宋]曾公亮：《武经总要前集》卷一八上《秦陇凤翔阶成州路》，载文渊阁《四库全书》第726册，台北：台湾商务印书馆，1986年，第532页。

② [元]脱脱等：《宋史》卷八七《地理志三》，北京：中华书局，1977年，第2154、2155页。

③ [宋]司马光：《资治通鉴》卷二四八《唐纪六十四》，大中三年二月，北京：中华书局，1956年，第8037页。

说明秦州是吐蕃迁徙居地之一，部族麇集。伴随着吐蕃的扩张，吐蕃部族的迁徙移动也就呈现出更深入更广阔的格局，吐蕃与其他民族的融合随之进入了一个崭新的阶段。

吐蕃政权崩溃后，迁徙到陇右地区的吐蕃“族种分散，大者数千家，小者百十家，无复统一”[①]。其居地正如宋人何亮所言：“西戎既剖分为二，其右乃西戎之东偏，为夏贼之境（按：指党项），其左乃西戎之西偏，秦、泾、仪、渭之西北诸戎是也（按：指吐蕃）。”[②]大体说来，陇山、六盘山以东以北为党项居地，陇山、六盘山以西以南为吐蕃居地[③]。韩琦知秦州时曾说：“秦州古渭之西，吐蕃部族散居山野，不相君长，耕牧自足，未尝为边鄙之患。”[④]另据文献所载，“河西回鹘多缘互市家秦、陇间”[⑤]。显然，宋代的秦州吐蕃部族众多，但也有少量回鹘人定居于此。

据《宋史·兵志五》所载，秦凤路十三砦共有大部族 115，而秦州堡寨居多，大部族也多。北宋时期，活动在秦州的吐蕃主要有以下部族。

尚波于部，居住在“秦州夕阳镇”，此地为“古伏羌县之地也，西北接大薮，材植所出，戎人久擅其利”[⑥]。尚书左丞高防知秦州时，置采造务，岁获大木万本，与吐蕃争利。吐蕃酋长尚巴约率众来争，杀伤士卒，高防捕其党四十余人。宋廷不欲边境生事，命吴廷祚赍诏赴秦州，赦尚巴约罪。建隆三年（962 年）六月，颁布《安抚秦州蕃部尚波于诏》，并率兵“往尚书寨，驱蕃卒归本部”[⑦]。后尚巴约感悦，“是年秋，献伏羌地”[⑧]，归属宋朝。

内属三族，史籍无明确记载三族名称。宋初多次寇边，宋廷采取抚绥与镇压的政策。宋太宗太平兴国三年（978 年）春正月，宋廷颁布《秦州内属戎人敢肆侵掠者吏捕之诏》，诏书中分析蕃部寇边原因，“岂朕信之未孚，而吏抚之不至”“宜蠲旧过，以儆将来，自后敢肆侵略者，吏捕之置于法，不须以闻”[⑨]。

---

①［元］脱脱等：《宋史》卷四九二《吐蕃传》，北京：中华书局，1977 年，第 14151 页。
②［宋］李焘：《续资治通鉴长编》卷四四，咸平二年六月戊午，北京：中华书局，1979 年，第 947 页。
③ 汤开建：《五代宋金时期甘青藏族部落的分布》，《中国藏学》1989 年第 4 期。
④［宋］李焘：《续资治通鉴长编》卷二六二，熙宁八年四月丙寅，北京：中华书局，1979 年，第 6387 页。
⑤［宋］李焘：《续资治通鉴长编》卷一一一，明道元年七月甲戌，北京：中华书局，1985 年，第 2584 页。
⑥［宋］李焘：《续资治通鉴长编》卷三，建隆三年六月辛卯，北京：中华书局，1979 年，第 68 页。
⑦［宋］李焘：《续资治通鉴长编》卷三，建隆三年八月癸巳，北京：中华书局，1979 年，第 71 页。
⑧［宋］王称：《东都事略》卷一二九《附录七》，载文渊阁《四库全书》第 382 册，台北：台湾商务印书馆，1986 年，第 831 页。
⑨［宋］佚名：《宋大诏令集》卷二一八，北京：中华书局，1962 年，第 832 页。

裕勒凌族，一作药令族，系秦州较大蕃部之一。景德元年（1004 年）八月，党项李继迁曾率部寇永宁寨，被裕勒凌族首领药令和苏击败[①]。

野儿和尚族，是秦州一大蕃部，能禀朝命，"凡诸族为寇盗者，辄遏绝之"[②]。鉴于该蕃部助宋有功，知秦州杨怀忠"请加旌别"。诏令补三砦都首领。

隆中族、隆星族，均为秦州蕃部，由于秦州地处东西交通要道上，常有西域贡使商队经过。大中祥符八年（1015 年），隆中族蕃部就曾劫般擦（即进贡商队），默星族首领郢成斯纳为保护商队而与之战。

丁家、马家族，居于秦州近边，这二族"人马颇众，甚依倚朝廷"[③]。大中祥符八年（1015 年），侍禁杨承吉出使宗哥嘉勒斯赉（即唃斯啰）返回，说蕃部"甚畏秦州近边丁家、马家二族"[④]。

尚扬丹蕃部，是宗哥吐蕃首领嘉勒斯赉之舅，嘉勒斯赉使尚扬丹与熟户郭干苏都在哩旺族立文法，起兵反宋。宋边将曹玮知后，厚结苏都，尝解宝带赐予，苏都感激求自效，曹玮使苏都斩尚扬丹。郭干苏都献地筑南市城而受赏，授苏都为顺州刺史。

大马家族，居秦州永宁寨[⑤]，其军主阿锡达（阿厮铎）等纳质归顺，捕得宗哥蕃部卓萨沁格，曹玮请授以阿锡达（阿厮铎）刺史。

圭律（鬼留、鬼章）族[⑥]，累岁违命，天禧元年（1017 年）十一月，曹玮率兵讨平。

青鸡川蕃部，居于堪坡界青鸡川等处。庆历元年（1041 年）七月，陕西经略安抚招讨副使曹琮招诱居住此地的内属戎人。治平四年（1067 年）闰三月，其首领蕃官药厮哥曾献青鸡川土地。

李提克星蕃部，居于秦州伏羌县。青唐吐蕃首领唃斯啰之子辖戬因"入秦

---

①［宋］马端临：《文献通考》卷三三五《四裔考十二》，载文渊阁《四库全书》第 616 册，台北：台湾商务印书馆，1986 年，第 616 页。

②［宋］李焘：《续资治通鉴长编》卷六四，景德三年九月丁卯，北京：中华书局，1980 年，第 1428 页。

③［清］徐松辑：《宋会要辑稿》蕃夷六之二，北京：中华书局，1957 年，第 7819 页。

④［宋］李焘：《续资治通鉴长编》卷八五，大中祥符八年十二月丁亥条，北京：中华书局，1985 年，第 1958 页。

⑤［宋］李焘：《续资治通鉴长编》卷八九，天禧元年二月甲午，北京：中华书局，1985 年，第 2045 页。原文为"永兴"，秦州无"永兴寨"，当为"永宁"之讹，据《宋史・地理志三》"割永宁、宁远、威远、熟羊、来远并隶军"，改"永兴"为"永宁"。

⑥［宋］李焘：《续资治通鉴长编》卷九〇，天禧元年十一月辛丑，北京：中华书局，1985 年，第 2085 页。文渊阁四库本为"圭律"，《稽古录》卷一八作"果庄族"即"鬼章"。

州，过伏羌蕃部李提克星，见其女欲之”，于是“遂举兵逆其女以归”[①]。由此可见，伏羌李提克星与西蕃首领辖戬有姻亲关系。

与贝、实勒、斯纳蕃部，此三族居住在甘谷城汤谷地界。熙宁年间，修筑甘谷城所拘占汤谷内的土地，正为这三家部族所有。[②]

另有安家、李宫八族、大石、小石、隆博、图沙等族[③]，也均在秦州地区活动。

除上述吐蕃部族外，还有秦州辉和尔（即回鹘）安密部。安密系该部首领，曾于大中祥符四年（1011年）四月，向宋廷表示友好，“贡玉带，贺汾阴礼”[④]。

党项西夏的崛起，使西北边患加重，北宋西北沿边的军事防御体系，于是便以西夏为主要防御目标，宋采取“以夷制夷”的策略，即利用蕃部打击西夏，这是中原王朝传统的御边策略之一。北宋用以打击西夏的“夷”可分为两类：一是与西夏有仇隙的吐蕃与回鹘部族，如青唐唃厮啰、西凉府吐蕃者龙族及甘州回鹘等；另一是附属于宋沿边州军的蕃部即所谓“熟户”“熟羌”。对唃厮啰采取羁縻政策，用官爵、财物予以笼赂，或赐以姓名以示旌宠，或派使臣结好，使唃厮啰成为北宋抗击西夏的盟友。秦州地区的“熟户”蕃部是抗击西夏的主力，亦以羁縻为主，以军事打击为辅。对那些纳质归附，依倚仗宋廷的蕃部，如裕勒凌、野儿和尚、丁家、马家、隆中、苏都、大马家等族，宋廷授其首领官爵，并赐物。对那些不归服的部族，则采取压服之术，如对尚扬丹取谋杀之法，杀一儆百。对那些不听朝命，寇山寨，劫掠居民的部族，则“率兵讨平”，迫使“纳质归附”。对居住于控扼要地的部族，则行招诱之法，使其土地、部族皆为用之。

总之，北宋对秦州的吐蕃部族依其对宋的向背、逆顺来确定对他们的具体措施，而这是基于宋夏战争的大背景及对夏的总体策略。

## 二、秦州的堡寨

北宋统一全国后，特别是西夏党项的崛起，使地处边陲的秦州地位日益重要，秦州成为宋朝廷的重要经营地区之一。咸平四年（1001年）十月，宋真宗

---

①［宋］李焘：《续资治通鉴长编》卷一八八，嘉祐三年十月辛丑，北京：中华书局，1985年，第4529页。

②［清］徐松辑：《宋会要辑稿》方域八之二三，北京：中华书局，1957年，第7452页。

③［宋］李焘：《续资治通鉴长编》卷一六、卷一八、卷八八所载部族名。

④［宋］李焘：《续资治通鉴长编》卷七五，大中祥符四年四月癸丑，北京：中华书局，1980年，第1719页。

以陕西二十三州图示辅臣，历指山川险易，蕃部居处，特指秦州曰："此州在陇山之外，号为富庶，且与羌戎接畛。"[①]秦州在渭水南岸，"控接三蜀，疆境甚远"[②]，是陇右通关中、蜀中的三岔交会之地，亦是历代军事重镇。特别是在宋夏战争中，夏军沿陇山西侧瓦亭川道南侵，兵锋常至秦州境。宋朝廷为保障关中安全，重视秦州设防，川西北20公里处，有三阳砦（今甘肃天水市北40里三阳川），领四堡；州北有刘沟堡（今甘肃天水市北）等堡砦，皆为与夏军距守处。宋熙宁二年（1069年）三月，"夏人入秦州，陷刘沟堡"[③]，秦州告急，这是夏军南入陇右势力所达最远之地。由此可见，在宋夏战争中，秦州地位日益重要。

宋代的地方行政区划，基本上是两级制，即府、州、军、监为一级，县为一级。府、州、军、监之上有路，而县之外，另有城、寨、堡、关，据《宋史·地理志》所载，其中河东路（今山西与陕西一部分）、鄜延路（今陕西境）、环庆路、秦凤路、泾原路（以上三路均在今甘肃境）、熙河路（今甘肃南部与青海一部分），都是北宋与西夏经常作战的地区。沿边各路的州、军都统辖着许多堡、寨、关、城，它们均为该地的防守重心。宋太祖时，李谦溥守隰州（属河东路，治今山西隰县），筑保安、平同等寨，"敌人十年不敢犯境"[④]。宋仁宗康定时，延州诸寨失守，以致"东西四百里无藩篱"[⑤]。哲宗元祐七年（1092年），游师雄请自兰州李诺平东抵通远定西、通渭之间，建汝遮、纳迷、结珠龙三寨及护耕七堡，亦称"以固藩篱"[⑥]。显然堡寨具有保障边境的作用，而西夏犯边，攻击目标亦为堡寨。

《宋史·地理志》所列堡寨，以陕西五路最多，而陕西又以鄜延路延州，秦凤路秦州、泾原路镇戎军为最多。由堡寨设置分布的地区就表明澶渊之盟后，宋与辽结好，化干戈为玉帛，北方息兵，而西夏崛起，边塞烽火重燃，边防重心西移。

---

①［宋］李焘：《续资治通鉴长编》卷四九，咸平四年十月庚戌，北京：中华书局，1979年，第1078页。

②［宋］李焘：《续资治通鉴长编》卷八七，大中祥符九年五月辛未，北京：中华书局，1985年，第1993页。

③［元］脱脱等：《宋史》卷四八六《夏国传下》，北京：中华书局，1977年，第14007页。

④［宋］王称：《东都事略》卷二九《李谦溥传》，载文渊阁《四库全书》第382册，台北：台湾商务印书馆，1986年，第198页。

⑤［宋］王称：《东都事略》卷五九上《范仲淹传》，载文渊阁《四库全书》第382册，台北：台湾商务印书馆，1986年，第368页。

⑥［元］脱脱等：《宋史》卷四八六《夏国传下》，北京：中华书局，1977年，第14016页。

秦州地区修筑的堡寨很多，据《宋史·地理志三》所载，成纪县有渭水、三阳、上蜗牛、下蜗牛、堡子、伏归、小三阳、照川、土门、四顾、平戎、赤崖湫、西青、远近湫、定西、小定西、下硖、注鹿原、上硖、圆川、伏羌、得胜、榆林、大像、菜园、探长、新水谷、旧水谷、柽林、丙龙、石人铺、驼项、永宁、盐泉、小永宁、冷水泉、双泉、新土、旧土三十九砦。陇城县有静戎、永固、定平、长山、白榆林、郭马、安塞七砦。清水县有弓门、铁窟、斫鞍、堡子、小弓门、坐交、得铁、冶坊、桥子、李子、古道、永安、四顾、威塞、床穰、镇边、和戎、安远、挟河、定川、中城、东城、西城、静边、临川、德威、广武、宁远、长樵二十九砦。天水县修筑伏羌、甘谷二城，伏羌城有得胜、榆林、大像、菜园、探长、新水、柽林、丙龙、石人、驼项、旧水十一堡。甘谷有吹藏、大甘、陇诺、尖竿、陇阳五堡。定西砦领宁西、牛鞍、上硖、下硖、注鹿原、圆川六堡。三阳砦领渭滨、武安、上蜗牛、下蜗牛、闻喜、伏归、硖口、照川、土门、四顾、平戎、赤崖湫、西青、远近湫十四堡。弓门寨领东鞍、鞍人、斫鞍、上下铁窟、坐交、得铁、冶坊七堡。有静戎砦领白榆林、长山、郭马、静塞、定平、永固、邦蹉、宁塞、长樵九堡。还有安远砦、陇城砦、鸡川砦。床穰领白石、古道、中城、东城、西城、定戎、定安、雄边、临川、德威、广武、定川、挟河、镇边十四堡。冶坊堡领桥子、古道、永安、博望、威塞、李子六堡。有达隆堡，还有堡川城、甘泉堡、定边砦、绥远砦、小洛门砦、保安砦、弓钟砦、董哥平砦。上述堡寨或属于州、军，或属于县，甚至还有属于大城寨的，故许多大城寨之下领有若干小砦，如甘谷城管小堡五，伏羌城上堡十一，定西砦领十四堡，弓门砦领七堡，静戎砦领九堡，床穰砦领十四堡，冶坊堡领六堡，还有许多堡、砦皆被互领，如得胜、榆林、大像、菜园、探长、新水谷、柽林、丙龙、石人、驼项、旧水谷等堡，既被伏羌城领，又被成纪县辖。上蜗牛、下蜗牛、伏归、照川、土门、四顾、平戎、赤崖湫、西青、远近湫既被三阳砦领，也属成纪县辖。弓门、铁窟、斫鞍、坐交、得铁、冶坊等堡属清水县辖，又被弓门砦领。大抵城最大，砦次之，堡又次之，城、堡、寨的设置隶属不是固定不变的，城、寨、堡是同类型的军事地区，故城、堡可改为砦，砦、堡亦可改为城，砦亦可改为堡。如熙宁三年（1070 年）增修伏羌砦南城，遂改伏羌城。熙宁六年（1073 年），改秦州通渭堡为通渭砦。城、寨可升为州、军或县、镇也可改变隶属。熙宁五年（1072 年），以秦州古渭寨为通远军，属熙河路，遂割秦州的永宁、宁远、威远、通渭、熟羊六堡隶之，崇宁三年（1104 年）升为巩州。熙宁六年（1073

年）收复岷州，乃割秦州临江砦（今甘肃宕昌县东南临江铺乡）隶之，熙宁八年（1075 年），改秦州定边寨（今甘肃张家川回族自治县东）为陇西镇。

秦州地区堡寨多建于控扼之地，使蕃部活动受到限制和威胁，形成迫使蕃部真心归属的形势。秦州西路蕃部李宫八族多次寇抄永宁寨、来远寨，于是秦州通判冯诰于来远寨北八里野勺口筑堡，“以扼其要冲”，于是李宫八族“入献甲器，愿纳质内附”[①]。

北宋政府在秦州修筑堡寨，多采用招诱内属蕃部献地与拘占蕃部土地的方式，招诱及所献地均在形胜扼要之处。庆历元年（1041 年），陕西经略安抚招讨使曹琮招诱堪坡界青鸡川等处戎人内属，青鸡川蕃部献青鸡川土地以修筑城寨，后赐名为鸡川寨。宋政府主要考虑到在此地及南牟谷口修置城砦，则秦州与德顺军沿边堡寨相接，足以断西夏来路。熙宁三年（1070 年），修筑甘谷城（今甘肃通渭县西南），拘占了与贝、实勒、新伯等三族在汤谷地界的土地。这种诱致蕃部献地与拘占而设置堡寨，必然引起蕃民不满。皇祐三年（1051 年）十月，宋廷下诏禁止“诱致生户蕃部献地，以增置堡寨”[②]。恰好从反面证明这种修筑堡寨的方式曾大量存在。

### 三、秦州堡寨的作用

秦州地区的堡寨与蕃部关系亦极为密切，堡寨成为宋廷实施“以夷制夷”政策的场所，起着招纳和安抚蕃部的效能。秦州蕃部堡寨具有以下几种作用。

#### （一）堡寨是抗御西夏的军事据点

宋代的兵制有禁兵、厢军、乡兵、蕃兵之分，而蕃兵实为“乡兵”的一种，蕃兵“始于国初，具籍塞下，团结以为藩篱之兵”[③]。宋人以堡寨为沿边地方的“藩篱”，而以蕃兵为“藩篱之兵”，故蕃兵皆驻守于堡寨之内。蕃兵的来源皆为“塞下内属诸部落”。大中祥符三年（1010 年），知秦州李濬招得黑谷寨民“九百余人，驻小洛门诸寨防边”[④]。庆历六年（1046 年）五月，秦凤路经略司奉诏修筑秦州夕阳镇。夕阳镇地“当伏羌、永宁两路之隘”，于是在夕

---

①［宋］李焘：《续资治通鉴长编》卷一四一，庆历三年六月壬寅，北京：中华书局，1985 年，第 3387 页。

②［宋］李焘：《续资治通鉴长编》卷一七一，皇祐三年十月己卯，北京：中华书局，1985 年，第 4111 页。

③［元］脱脱等：《宋史》卷一八七《兵志一》，北京：中华书局，1977 年，第 4569 页。

④［宋］李焘：《续资治通鉴长编》卷七四，大中祥符三年十二月丙寅，北京：中华书局，1980 年，第 1697 页。

阳镇修筑一寨，“置兵戍守，缓急有警，收旁近蕃汉老幼孳畜而入保之，实为经久之利”①。

弓箭手属于蕃兵类，据《宋史·兵志五》所载：秦凤路有砦十三，强人有四万一千一百九十四，壮马七千九百九十一。其中三阳砦有十八门、三十四大部族，四十三姓，一百八十族，总领兵马三千四百六十七；陇城砦有五门、五大部族、三十四小族、三十四姓，总兵马二千五十四；弓门砦有二大门、十七部族、十七姓、十七小族，总兵马一千七百四；冶坊砦有二大门、二大部族、九姓、九小部族，总兵马三百六十；床穰砦有二大门、二大部族、十一姓、十一小族，总兵马一千八十；静戎砦有三门、大部族十、六姓、十六小族，总兵马六百二十五；定西砦有四门、四大部族、十六姓、二十八族，总兵马六百；伏羌砦有二门、二大部族、三十二姓、三十三小族，总兵马一千九百九十二；安远砦有二十三门、二十三大部族、一百二十六姓、一百二十六小族，总兵马五千三百五十；来远砦有八门、八大部族、十九姓、十九小族，总兵马一千五百七十四；宁远砦有四门、四大部族、三十六姓、三十六小族，总兵马七千四百八十；古渭砦有一百七十二门、一百七十一姓、十二大部族、一万六千九百七十小帐、兵七千七百、马一千四百九十。宋廷“籍城砦兵马，计族望大小，分队伍，给旗帜，使各缮堡垒，人置器甲，以备调发”②“置屯列堡，以为战守计”③，使堡寨成为沿边的藩篱，可聚焦兵力，加强防守，成为抗御西夏的阵地，构成了北宋整个防御体系中的一个重要环节。

（二）堡寨是蕃民屯种与聚焦之地

宋代的堡寨有守御、照护、耕种、护耕等不同名称，从诸多名称可反映出其屯种与聚焦的作用。

堡寨附近的田地拨给蕃部耕种，以安定他们的生活，而堡寨则有庇护蕃民耕种的作用。熙宁二年（1069 年）二月，宋廷下诏令让孙永去修筑“秦州甘谷城、通渭堡至古渭寨一带弓箭手耕种堡子”④。元符二年（1099 年），宋廷下诏秦凤路经略司将“新归顺人部族于甘谷城西堡之外标拨住坐，仍量远近修置

① ［宋］李焘：《续资治通鉴长编》卷一五八，庆历六年五月辛卯，北京：中华书局，1985 年，第 3828 页。

② ［元］脱脱等：《宋史》卷一九一《兵志五》，北京：中华书局，1977 年，第 4752 页。

③ ［清］徐松辑：《宋会要辑稿》兵二八之七，北京：中华书局，1957 年，第 7273 页。

④ ［清］徐松辑：《宋会要辑稿》方域八之二四，北京：中华书局，1957 年，第 7452 页。

护耕堡及展筑烽火台遮护耕种”[①]。捺吴川、青鸡川土地“沃壤，鞠为荒芜”，治平四年（1067 年），修筑捺吴川、青鸡川二堡。捺吴川后赐名为治平寨，青鸡川赐名鸡川寨（今甘肃秦安县西北 30 里），并下令弓箭手，人受田百亩，马五十匹，旬日，得壮士千人，骑千匹。这些人便屯聚在此，耕种捺吴川、青鸡川土地。这些堡寨，平时可聚集人民耕种，“遇事宜保聚老小，能容着得尽，方为稳便”[②]。堡寨既成为蕃民的居住点，也是生产的基地，大量人口的聚集，必然为生产的发展提供了充足的劳动力，为开发西北做出了贡献。

（三）堡寨是蕃汉互市的场所

蕃汉间的自由贸易不宜单方面在蕃界或在内地进行，场址的选择就很重要，北宋政府的博马场就设在秦州永宁寨（今甘肃甘谷县西 40 里铺），“蕃部马至，径鬻于秦州”[③]。后在古渭寨（即巩州，今甘肃陇西县）置场，而古渭寨“绝在永宁之西，而蕃汉多互市其间，因置买马场，凡岁用缗钱十余万”[④]。由于古渭寨离蕃界较近，朝廷不得不考虑每年十余万缗钱“苟荡然流入虏中，实耗国用”[⑤]。于是罢古渭寨买马场，复置场于永宁。显然，古渭寨场址废罢的主要原因是宋政府从利益的归属来考虑的，但以交易的角度看，古渭寨确是汉蕃互市交易的场所。永宁寨交易场所规模也是很大的，宋政府曾给永宁寨诏书“以官屋五十间给唃厮啰收贮财物”[⑥]。这些成为交易场所的堡寨，在封建社会的商业活动中也起着一种促进贸易交流、互通有无的作用。

秦州的蕃部与堡寨关系密切，堡寨的兴筑与蕃部的归附同步增长，与蕃部的招纳互为因果，这正是“以夷制夷”政策的贯彻与体现，也是对西夏防御策略的需要。

（原载于《西北史地》1995 年第 1 期）

---

①［宋］李焘：《续资治通鉴长编》卷五〇，五元符二年正月甲子，北京：中华书局，1985 年，第 12042 页。

②［清］徐松辑：《宋会要辑稿》方域八之二四，北京：中华书局，1957 年，第 7452 页。

③［宋］李焘：《续资治通鉴长编》卷一九八，嘉祐八年正月戊辰，北京：中华书局，1985 年，第 4789 页。

④［清］徐松辑：《宋会要辑稿》兵二二之五，北京：中华书局，1957 年，第 7146 页。

⑤［清］徐松辑：《宋会要辑稿》兵二二之五，北京：中华书局，1957 年，第 7146 页。

⑥［宋］李焘：《续资治通鉴长编》卷一三五，庆历二年二月庚辰，北京：中华书局，1985 年，第 3220 页。

# 李彝兴

李彝兴（？—967 年），夏州人，出身于党项族拓跋部世代酋豪之家。原名“彝殷”，避宋太祖父赵弘殷名讳，改“殷”为“兴”。

## 一、雄霸夏州

党项是我国古代分布于西北地区羌族中的一支，他们起初居于今青海东南的黄河河曲一带，这里水草丰美，他们随水草而居，部落众多，不相统属。活动范围较大，占据了东到松州（治今四川松潘县），西接叶护，南界春桑，北邻吐谷浑的方圆三千里的广大地区。他们以姓氏为部落名称，一姓之中，又分成众多小部落，其中有细封氏、费听氏、往利氏、颇超氏、野利氏、房当氏、米擒氏、拓跋氏八大部落，以拓跋氏最为强盛，在党项中起着主导作用。

唐朝初年，拓跋部首领归属唐朝后，世代受唐册封。唐贞观初，李彝兴的祖辈，党项羌大首领拓跋赤辞助吐谷浑抗唐失败后，与其侄拓跋思头降唐，唐朝赐拓跋赤辞李姓。拓跋思头曾任静边州（治今陕西米脂县西）都督，思头之子守寂承袭父职，在唐玄宗时，封为西平公。守寂孙拓跋乾晖即拓跋思恭的祖父，曾任银州（治今陕西横山县东党岔镇大寨梁）刺史。唐朝末期，夏州首任定难军节度使拓跋思恭死后，由其弟思谏继位。思谏死后，又由思谏孙彝昌继立。后梁开平四年（910 年），彝昌被杀，其族父蕃部指挥使李仁福被推举为定难军节度使，并受后梁册封为朔方王。后唐长兴四年（933 年），仁福死后，其子彝超继为“留后”（唐朝中叶以后，当节度使的人遇有事故，往往自择亲信，用来统驭部属，称作“留后”，即留主后务之意，即代理或代行职权）。

李彝兴所处的五代十国，是唐末藩镇割据时期，兵强马壮者可自立为天子。夏州（治今陕西靖边县西北白城子）割据政权经过李氏家族世代经营，已初具规模，必然使后唐统治者视为心腹之患，生怕夏州李氏成为他们争夺天下的一支劲敌。于是乘仁福新死，彝超刚继立为留后的时机，企图兼并夏州。后唐长兴四年（933 年）三月，颁布了彝超与延州（治今陕西延安市）节度使对调的命令，“彝超移镇延州，以延州节度使安从进为夏州留后”[①]，并派邠州节度使药彦稠“领马步兵士五万人，护送安从进赴任”[②]，前往接收夏州地区。

同年七月，后唐军攻夏州。李彝兴、彝超兄弟一方面率领军民进行顽强的抵抗，使唐兵围攻夏州一百多天无法攻克；另一方面，采取议和的方法，彝兴兄弟登城向唐军要求讲和，对安从进说：“夏州贫瘠，非有珍宝蓄积可充朝廷贡赋，但以祖、父世守此土，不欲失之。蕞尔孤城，胜之不武，何足烦国家劳费如此！幸为表闻，若许其自新，或使之征伐，愿为众先。”[③]此时，后唐军队因长途跋涉，久攻不下，士气消沉，粮食缺乏，疲劳厌战。彝兴兄弟求和的这一番讲话产生了效果，唐军随即撤退。经过这次战役，夏州李氏用后唐军遗弃的大批武器装备了自己，从而实力增强，提高了在党项诸羌中的威望，而中原政权对夏州李氏也刮目相看，不再轻视。

## 二、结好中原

彝超死后，彝兴即位，继掌夏州政权，担负起巩固和扩大夏州政权的重任。在中原各王朝更迭、契丹兴起的形势下，彝兴采取结好和依附中原王朝的政策，改善了生存条件，获得了较好的生存空间。

后晋开运元年（944 年），契丹军入寇后晋，彝兴“合蕃汉兵四万，自麟州渡河侵契丹西境，以牵制之”[④]，援助后晋进攻契丹。后汉建立后，又与后汉建立友好关系。后汉政府把静州（治今宁夏永宁县南望洪乡附近）隶属定难军，辖区扩大，增为五州。李彝兴念念不忘在依附与结好中求得自身的独立，在斗争中使夏州政权获得发展。此时中原地区战乱频频，各种势力纷纷在动乱中割据称雄，羽翼渐丰的李彝兴也势必要脱颖而出。中原王朝为使李彝兴不与他们公开决裂，采用加官晋爵的办法，来维持夏州李氏政权与他们之间的平衡，维持他们之间的关系。

北宋建立后，李彝兴也采取结好北宋的政策。宋建隆元年（960 年）正月，李彝兴为了使自己的割据地位不受到宋朝的威胁，乘宋太祖赵匡胤登位之机，遣其族子银州防御使李光俨去开封祝贺。同时避宋太祖父赵弘殷之讳，将自己

---

① [清] 吴广成著，李蔚整理：《西夏书事》卷二，济南：山东泰山出版社，2000 年，第 32 页。
② [清] 吴广成著，李蔚整理：《西夏书事》卷二，济南：山东泰山出版社，2000 年，第 32 页。
③ [清] 吴广成著，李蔚整理：《西夏书事》卷二，济南：山东泰山出版社，2000 年，第 32 页。
④ [清] 吴广成著，李蔚整理：《西夏书事》卷二，济南：山东泰山出版社，2000 年，第 33 页。

名“彝殷”改为“彝兴”，从而博得宋太祖的欢心。同年三月，北汉刘钧“结代北诸部侵掠河西”[①]，黄河以西宋朝边境受到扰掠。宋太祖下令各镇兵马进行抵御，彝兴部将李彝玉率军至麟州（治今陕西神木县西南），声援宋军。北汉军队见党项军至，自感兵力不敌，便匆匆撤军。李彝兴不仅从兵力上支援宋朝对北汉的战争，而且还从物质上给予大力帮助。西夏境内盛产良马，马匹成为当时主要军事物质和战斗力的主要组成部分。宋建隆三年（962年）四月，李彝兴“闻北汉兵常扰麟州，知中国需马，遣使以良马三百匹入献”[②]。宋太祖见李彝兴对宋朝如此友好，非常高兴，询问李彝兴腹围后，“亲视攻玉为带”[③]，特制一条玉带赐他。北汉刘钧多次遣人送财物予以诱惑，但均被彝兴婉言谢绝。

宋乾德五年（967年），李彝兴死，宋太祖闻讯后，“废朝三日”[④]，以示哀悼，并赠彝兴为“太师”，追封“夏王”。

李彝兴为夏州政权建设耗费了毕生精力，为党项的发展做出杰出贡献。

（原载于《中国西北少数民族通史·辽宋西夏金卷》，北京：民族出版社，2009年，第513—516页。）

① ［清］吴广成著，李蔚整理：《西夏书事》卷三，济南：山东泰山出版社，2000年，第34页。
② ［清］吴广成著，李蔚整理：《西夏书事》卷三，济南：山东泰山出版社，2000年，第34页。
③ ［元］脱脱等：《宋史》卷四八五《夏国传上》，北京：中华书局，1977年，第13983页。
④ ［元］脱脱等：《宋史》卷四八五《夏国传上》，北京：中华书局，1977年，第13983页。

# 李继迁

李继迁（963—1003年），党项拓跋部首领，银州防御使李光俨之子，出身于党项拓跋部世代酋豪之家。其高祖李思忠在镇压黄巢起义中战殁，被唐僖宗赠宥州刺史，曾祖李仁颜任银州防御使，祖父李彝景、父亲李光俨在后晋、后周之际，相继袭任银州防御使。李继迁年幼时即擅长骑射，长大成人后，勇悍有智谋。宋开宝七年（974年），被李彝兴的儿子李光睿授为定难军管内都知蕃落使。

## 一、抗宋自立，统一诸羌

宋朝建立以后，为了实行专制主义中央集权，特别注重削弱地方割据势力，而夏州（治今陕西靖边县西北白城子）李氏政权的存在，已成为北宋王朝的心腹之患，想方设法寻找机会加以铲除。恰好此时，李氏家族内讧，这就给宋朝提供了一个削弱党项势力的绝佳时机。

宋乾德五年（967年），李彝兴死后，其子光睿继承西夏王的封爵。宋太平兴国二年（977年），宋太宗征伐北汉时，光睿子继筠曾遣蕃汉军队进逼太原地区，以此助宋军威。继筠死后，因其子年幼不能承袭，于是其族弟李继捧便以季弟身份承袭定难军封职。然而这种做法违反了党项族内传统的承袭制度，引起众人不满。继捧不能威服部众，家族内部矛盾激烈，夏州政权岌岌可危。继捧无力挽回这种崩溃的局面，便于宋太平兴国七年（982年）率族人入朝内属，遂“献银、夏、绥、宥、静五州地”[①]，并表示因“诸父、昆弟多相怨，愿留京师”[②]。继捧的这一举动使宋太宗喜出望外，也正符合宋朝削弱夏州的企图。

但当宋朝派人前往夏州发遣李氏族人赴京时，却遭到李继捧族弟“时年

① [清] 吴广成著，李蔚整理：《西夏书事》卷三，济南：山东泰山出版社，2000年，第36页。
② [元] 脱脱等：《宋史》卷四八五《夏国传上》，北京：中华书局，1977年，第13984页。

十七”[①]的李继迁的坚决反对。李继迁说：“吾祖宗服食兹土逾三百年，父子兄弟列居州郡，雄视一方。今诏宗族尽入京师，死生束缚之，李氏将不血食矣。”[②]李继迁与弟李继冲、亲信张浦等商议后，决定暂时“走避漠北，安立室家，联络豪右，卷甲重来”[③]。于是“诈言乳母死，出葬于郊”[④]，在棺木中装满了兵器，带领家族及其亲信数十人逃出银州，来到距夏州东北三百里的党项族聚居点地斤泽（今内蒙古伊金霍洛旗西南），并以此为根据地，统一党项诸羌，联辽抗宋，从而开始了漫长而艰巨的旨在“恢复祖宗基业”的斗争。

李继迁所在的拓跋部在诸羌中实力最为强盛，而李继迁本人具有较强的组织能力，威望最高，但此时的党项羌诸部“虽各有鞍甲，而无魁首统摄”[⑤]“族长分散，不相君长”，党项羌内部还处于分散状态。为了尽快的统一党项诸羌，使他们统一到自己的旗帜之下，李继迁采取了以下措施。

第一，宣传祖宗功德，争取酋豪支持。李继迁在地斤泽树起反宋旗帜后，利用羌人不忘李氏“恩泽长存，祖功未泯，人心思旧”[⑥]以及“崇贵种”的民族心理，以祖先李彝兴的肖像为号召，要诸部羌人不忘先祖家业。李继迁这种利用祖辈威望、宣传恢复祖业的做法，得到诸多党项酋长的支持，族帐归附。

第二，与酋豪联姻。雍熙（984—987 年）初，为了获得党项大族的支持，与野利氏等党项大族建立反宋联盟，李继迁主动向这些党项大族求婚，“羌豪野利等族皆以女妻之”[⑦]。后又“复结婚于帐族之酋豪，凡数妻，渐已强盛”[⑧]。李继迁通过联姻，壮大了自己的势力。

第三，为党项诸羌谋经济利益。西夏境内的盐州（治今陕西定边县）和灵州（治今宁夏吴忠市北）地区盛产青、白盐，且质量优于宋朝解州（治今陕西解县）盐，宋朝陕西边民争相购买。李继迁反宋自立后，宋政府为了从经济上制裁李继迁，下令“沿边粮斛不许过河西，河西青盐不许过界贩鬻”[⑨]。为了

---

①［宋］李焘：《续资治通鉴长编》卷二五，雍熙元年九月条载“时年十七”，北京：中华书局，1979 年，第 586 页；《宋史》卷四八五《夏国传上》则载“时年二十”，北京：中华书局，1977 年，第 13986 页。

②［清］戴锡章著，李蔚整理：《西夏纪》卷一，济南：山东泰山出版社，2000 年，第 166 页。

③［清］戴锡章著，李蔚整理：《西夏纪》卷一，济南：山东泰山出版社，2000 年，第 166 页。

④［元］脱脱等：《宋史》卷四八五《夏国传上》，北京：中华书局，1977 年，第 13986 页。

⑤［元］脱脱等：《宋史》卷二六四《宋琪传》，北京：中华书局，1977 年，第 9129 页。

⑥［清］吴广成著，李蔚整理：《西夏书事》卷三，济南：山东泰山出版社，2000 年，第 37 页。

⑦［清］吴广成著，李蔚整理：《西夏书事》卷四，济南：山东泰山出版社，2000 年，第 38 页。

⑧［宋］彭百川：《太平治迹统类》卷二《太祖太宗经制西夏》，载文渊阁《四库全书》第 408 册，台北：台湾商务印书馆，1986 年，第 61 页。

⑨［元］脱脱等：《宋史》卷二六八《王显传》，北京：中华书局，1977 年，第 9231 页。

迫使宋朝开禁，继迁怂恿蕃族数十位首领率兵骑入寇环州石昌镇（今甘肃环县西南30里），从而对宋朝形成压力。最终宋朝不得不诏弛盐禁，由是部族宁息。

第四，用武力征服不顺部落。居住在黄河以南的泥中族原先内属宋朝，不从诱叛，屡遭继迁“以兵侵略”，其首领因族帐屡遭摧毁，被迫徙居黄河北避之。灵州睡泥族首领岸逋因不服继迁的统治，被李继迁“以兵掠其七百余帐”[①]。总之，对不愿归服的部落，李继迁采用武力征服的办法，迫使他们归顺。

由于李继迁采取了以上措施，绝大部分党项羌部落归属李继迁，基本上达到了统一诸羌的目的。李继迁逃亡地斤泽（今内蒙古伊金霍洛旗西南），统一诸羌各部，公开与宋朝抗衡，这对后来党项民族的发展壮大具有重要作用。

## 二、联辽攻宋，夺取灵州

李继迁在与宋朝的不断作战中，多次失利。而失败也教训了李继迁，使他认识到只有争取辽国的支持，才能迫使宋朝承认党项的割据地位。此时，宋朝与契丹正处于战争的激烈阶段，继迁利用这种矛盾，采取附辽攻宋的外交政策，借助辽的援助，来实现光复大业。

辽统和四年（986年）二月，李继迁派张浦持重金赴辽，向辽主表示愿意归附，而辽国也正想利用党项李氏的力量共同抗衡宋朝，于是双方一拍即合。辽圣宗授继迁为定难军节度、银夏绥宥等州观察处置等使，特进检校太师、都督夏州诸军事。李继迁为了更进一步巩固与辽国的结盟，还向辽国请婚，同年十二月，继迁率兵五百骑至辽，表示“愿婚大国，永作藩辅”[②]。辽圣宗将宗室耶律襄的女儿封为义成公主嫁给李继迁。

继迁与辽国结好的同时，又大力缓和与宋朝的关系。宋至道三年（997年），宋太宗死，子真宗即位，继迁遣使修贡，宋朝任命继迁为夏州刺史、定难军节度使、夏绥银宥静等州观察处置押蕃落等使，复赐姓名。这一册封，使归属宋朝版图已有十五年之久的夏（治今陕西靖边县西北白城子）、绥（治今陕西绥德县东南50里）、银（治今陕西横山县东党岔镇大寨梁）、宥（治今内蒙古鄂克托前旗东南）、静（治今宁夏永宁县南望洪乡附近）等州，依然回到夏州李氏手中。

---

①［清］吴广成著，李蔚整理：《西夏书事》卷五，济南：山东泰山出版社，2000年，第43页。
②［清］戴锡章著，李蔚整理：《西夏纪》卷一，济南：山东泰山出版社，2000年，第168页。

李继迁在与宋朝的多次交锋中，已逐渐认清了宋朝廷虚弱无能的面目。此时的李继迁已经不能满足于夏、绥、银、宥、静等拓跋氏昔日故土的恢复，而是要进一步向外扩张势力，由原先横山地区南推到绥、延（治今陕西延安市）、保安军（治今陕西志丹县）一线，向东猛攻麟（治今陕西神木县西南）、府（治今陕西府谷县）州，向西则将进攻的矛头指向了灵州（今宁夏灵武县西南）。对灵州的争夺则成为宋夏战争的一个焦点。

灵州位于夏州西侧，倚负贺兰山，带引黄河，“地方千里，表里山河，水深土厚，草木茂盛，真牧放耕战之地”①，位居要冲，是唐宋时期西北边疆上的著名重镇。灵州的西面是我国古代通往西域的交通要道——河西走廊，西南则是吐蕃部落分布地区，灵州也成为宋朝、回鹘、吐蕃、党项各方势力争夺的重点，也是李继迁扩张攻击的首要目标。如果李继迁占据灵州，将得地坐大，增强实力。而宋朝放弃灵州，则等于撤去了一道屏障，失去了军马的供给地。唐末五代以来，灵州地区屡遭战乱，经济凋敝，社会生产遭受严重破坏，人力物力衰竭，粮饷给养不足，宋朝戍守灵州十分艰难。

正当宋朝官僚们对灵州的弃守议论纷纷、举棋不定时，李继迁却已组织、动员好武装力量，对灵州展开了猛烈的攻势。宋咸平五年（1002 年）三月，继迁集结重兵攻陷灵州。灵州的失陷对宋王朝来说是一重大失策，也是宋朝守内虚外政策的必然结果，从此，宋朝西部边疆失去了藩篱。灵州的失陷，也使宋朝对党项不得不刮目相看，而李继迁威望日重。因其祖先累世袭爵西平王，李继迁本人又被辽册封为西平王，奄有灵州后，便把灵州改为西平府，“借此为进取之资，成霸王之业”②。

深受汉族文化影响的李继迁在戎马倥偬之中，仍尊崇优厚儒士，渐行中原之风，攻占灵州后，“爱其山川形胜”及“其人习华风，尚礼好学”③，欲将西平府作为首都。其弟继瑗则认为“银、夏系累世经营，祖宗灵爽，实式凭之。今恢复未久，遽而迁弃，恐扰众心”④。李继迁对此有不同看法，认为“从古成大事者，不计苟安；立大功者，不徇庸众”⑤。他要做一个成大事、立大功的杰出人物，指出：西平府北控河、朔，南引庆、凉，据诸路上游，扼西陲

---

①［宋］李焘：《续资治通鉴长编》卷四四，咸平二年六月戊午，北京：中华书局，1979 年，第 947 页。
②［清］吴广成著，李蔚整理：《西夏书事》卷七，济南：山东泰山出版社，2000 年，第 49 页。
③［清］吴广成著，李蔚整理：《西夏书事》卷七，济南：山东泰山出版社，2000 年，第 49 页。
④［清］吴广成著，李蔚整理：《西夏书事》卷七，济南：山东泰山出版社，2000 年，第 49 页。
⑤［清］吴广成著，李蔚整理：《西夏书事》卷七，济南：山东泰山出版社，2000 年，第 49 页。

要害。如能修城挖壕，练兵积粟，一旦纵横出击，关中将莫知所备。而银、夏地方偏僻，不如此地前途广大，将灵州作为今后进取的资本，以便成就霸王之业。于是督领民众建造宫室、官衙、宗庙，作为首都，开始了西夏建都的宏伟大业。

李继迁的看法显示其高明与过人之处，他以灵州为都的举措，冲破了党项族划地为界、占地为王的狭隘封闭的传统，富有开拓进取精神，充分显示出其作为政治家、军事家的雄才大略及卓越才华。灵州的占据是以后西夏建立政权的关键。

### 三、向西扩张，占领凉州

李继迁攻占灵州，建都西平府后，兵力更加雄厚，不断向外扩展。但恢复祖宗基业，重建夏州政权并非其最终目的。此时李继迁心中已有宏伟目标，这就是扩疆拓土，建立西夏政权，与宋、辽争霸。因此，在攻占灵州、东攻麟州未克后，立即向西用兵，向凉州（治今甘肃武威市凉州区）进军，与凉州吐蕃各部展开了对河西走廊的激烈争夺。

凉州系唐朝时所置，五代时号称西凉府，宋因袭之。西凉府吐蕃军事力量强大，宋统治者为了“藉西凉为腹背”[①]攻制，早已与吐蕃六谷部首领潘罗支结成联盟，并派丁惟清为西凉府知府，与吐蕃首领共同治理西凉。显然，潘罗支已成为李继迁的劲敌。

李继迁为能顺利地一举攻下凉州，采取声东击西的战略战术。宋咸平四年（1001年）十月，李继迁诈言攻环（治今甘肃环县）、庆州（治今甘肃庆阳市西峰区），而暗中却向河西凉州用兵，率军袭破“畜牧甲天下”的西凉府（治今甘肃武威市凉州区），杀知府丁惟清，改府为州。西凉府的奄有，对于巩固夏州政权具有极其重要的意义。正如吴广成所说：“于是西夏势成而灵州永固矣。盖平夏以绥、宥为首，灵州为腹，西凉主尾。有灵州则绥、宥之势张，得西凉则灵州之根固。”[②]李继迁攻占凉州后，骄傲情绪滋生，失去了应有的警惕。西凉府吐蕃首领潘罗支“见势盛，伪使请降”[③]，而李继迁自以为攻破西凉，战无不胜，对吐蕃潘罗支的诈降信以为真。潘罗支伺机乘其不备，秘密集结归附宋朝的吐蕃部众数万

---

①［清］徐松辑：《宋会要辑稿》方域二一之二〇，北京：中华书局，1957年，第7671页。

②［清］吴广成著，李蔚整理：《西夏书事》卷七，济南：山东泰山出版社，2000年，第50页。

③［清］吴广成著，李蔚整理：《西夏书事》卷七，济南：山东泰山出版社，2000年，第50页。

人，大败党项军队，继迁身中流矢，败退西平，凉州得而复失。

## 四、发展经济，兴修水利

李继迁在用武力扩张领土的同时，对社会经济的发展亦给予足够的重视。在李继迁统治时期，重视农业生产，一方面，集中优势兵力，以五万骑围困灵州，另一方面，则命令士兵就地屯种，“择灵武山川之险而分据之，侵河外膏腴之地而辟之”[①]。派部族万山等率兵士驻榆林、大定间，为屯田计，垦辟耕耘，以军屯的形式从事农业生产，积聚粮食，为最终夺取灵州准备物质基础。

李继迁也重视水利灌溉。灵州原有秦家、汉延、唐来三渠，继迁以“去岁伤旱，禾麦不登”[②]，下令修筑黄河堤坝，又“引河水溉田”。

李继迁为了满足其统治区内人民物质生活的需要，未经宋政府同意，擅自在赤沙（今宁夏盐池西北）、骆驼路（今陕西神木北）“各置会贸易”[③]，就是进行定期的市场交易。赤沙与骆驼路是灵、夏二州蕃族屯聚之处，在这里设置市场，既可以引诱宋朝沿边熟户民众归服，又可以改善其境内各族人民的经济生活，加强与宋朝经济文化的交流。

宋景德元年（1004 年）正月二日，李继迁因伤重而亡，亨年四十二岁，庙号太祖，墓号裕陵。

李继迁自少年起兵，与宋作战二十余年，虽屡遭挫败，但自强不息，结辽以强援，复故土为己任，攻克灵州，建立国都。攻取凉州虽然失败，但全力攻占河西走廊成为其子孙矢志不移的战略方针。这一方针的确立，对西夏历史乃至夏、辽、宋鼎立的局势均产生了十分深远的影响。经过李继迁一代的努力，党项拓跋部实力进一步增强，为以后西夏建立政权奠定了坚实的基础。

（原载于《中国西北少数民族通史·辽宋西夏金卷》，北京：民族出版社，2009 年，第 516—522 页。）

---

①［宋］李焘:《续资治通鉴长编》卷四四，咸平二年六月戊午，北京：中华书局，1979 年，第 948 页。
②［宋］李焘:《续资治通鉴长编》卷五四，咸平六年五月壬子，北京：中华书局，1980 年，第 1194 页。
③［宋］李焘:《续资治通鉴长编》卷五一，咸平五年正月甲子，北京：中华书局，1980 年，第 1112 页。

# 李德明

李德明（981—1032 年），小字阿移，是李继迁之子。他不仅“深沉有气度，多权谋”[①]，而且博学多才，精天文，通兵法。宋景德元年（1004 年）正月，李继迁在攻打西凉府的战役中身中流矢而亡，李德明“即位于柩前”[②]，时年 23 岁。在位期间，保境息民，结好辽、宋，统一河西走廊，使西夏社会经济得到较快的发展，从疆域和经济方面为西夏建立政权奠定了坚实的基础。

## 一、结好宋辽，发展经济

德明即位后，所面临的是经济凋敝的局势。由于长期与宋朝的战争，使夏州政权处境艰险，百姓怨恨，民不聊生。父亲李继迁自中箭后，伤势日重，自度孤危，告诫德明：“尔当倾心内属，一表不听则再请，虽累百表，不得请勿止也”[③]。德明牢记父亲临终教诲，决心与宋结好，弭兵息战，发展生产。此时，宋朝也改变了对夏州党项的强硬态度，实行羁縻政策，主动媾和，德明积极响应。在双方都疲于战争的情况下，宋景德三年（1006 年）九月，李德明与宋朝正式签订了和约，史称“景德和议”，这是宋夏之间缔结的第一个和约。李德明也主动与辽朝结好，辽也遣使册封德明为大夏国王，李德明以“良马二百匹，凡马百匹”[④]进献辽国。宋夏和约的签订以及与辽的结好，使党项人民获得了一个相对稳定的和平环境，初步医治了战争创伤，巩固了夏州政权，对发展社会经济起了一定的积极作用。

李德明为了恢复战后秩序、巩固政权基础，在他二十多年的统治中，重视

① [清] 吴广成著，李蔚整理：《西夏书事》卷八，济南：山东泰山出版社，2000 年，第 51 页。
② [元] 脱脱等：《宋史》卷四八五《夏国传上》，北京：中华书局，1977 年，第 13989 页。
③ [清] 吴广成著，李蔚整理：《西夏书事》卷八，济南：山东泰山出版社，2000 年，第 51 页。
④ [清] 吴广成著，李蔚整理：《西夏书事》卷九，济南：山东泰山出版社，2000 年，第 56 页。

经济，努力发展生产，使西夏的农业地区“有耕无战，禾黍云合”①，农业生产有了长足的发展。

李德明也重视宋夏之间的贸易活动，与中原王朝互通有无，采用了贡赐、榷场、和市、私市等种种贸易方式。德明每年都派遣使团赴宋朝京城，贡献物品主要是马、橐驼。景德三年（1006），德明给宋朝“献御马二十五匹、散马七百匹、橐驼三百头”②，以回谢宋朝对德明封授“西平王”的封爵之恩。景德四年（1007年），德明又进献马500匹、橐驼300头，得到宋朝的回赐则是袭衣、金带、器币、绢、茶、银、钱等物品。德明不仅从贡赐贸易中得到优厚的经济利益，大量地积累了物质财富，而且还进一步要求在宋朝的保安军（治今陕西志丹县）设置榷场，允许蕃汉贸易。宋景德四年（1007年），保安军榷场刚一建立，李德明即让蕃民赴榷场贸易，双方交易的物品主要是“以缯帛、罗绮易驼马、牛羊、玉、毡毯、甘草，以香药、瓷漆器、姜、桂等物易蜜蜡、麝脐、毛褐、羱羚角、硇砂、柴胡、苁蓉、红花、翎毛”③等，首开西夏与宋朝互市之始。由于榷场贸易是官市，所易物品大多是畜产品、丝绢、药材等，而党项族所急需的物品诸如青盐、铜铁、粮食、书籍等则成为违禁品，宋政府不允许贸易，于是在宋夏边境，走私成为贡赐及榷场贸易的另一补充形式。李德明经常派遣人员“辄由间道赍违禁物窃市于边”④。由于李德明打破宋朝贸易的限制，夏人与边民的贸易逐渐从非法转入合法，禁令日益松弛，公开买卖。李德明时期，西夏贸易的兴盛，积聚了大量的财物，为以后李元昊建立政权及其与宋、辽的战争准备了物质条件。

党项族社会经济的发展，贸易的兴盛，促进了党项与汉族经济文化的交流，提高了党项民族的物质生活和精神生活。身为党项首领的李德明从小就深受中原儒学的熏陶，爱好汉族文化，向往汉族文明。在绥（治今陕西绥德县东南50里）、夏州（治今陕西靖边县西北白城子）建立承恩、迎晖二馆舍，役使民夫在延州境西北的敖子山（今陕西延川西）大兴宫室，绵亘20余里，颇为豪华壮观。李德明巡游时，仪卫车乘俨然一副汉家天子的气派。“每朝廷使臣至，则撤宫殿题榜，置于庑下，使辖始出饯馆，已更赭袍，鸣鞘鼓吹导还，殊

①［宋］范仲淹：《范文正集》卷九《答赵元昊书》，载文渊阁《四库全书》第1089册，台北：台湾商务印书馆，1986年，第652页。

②［元］脱脱等：《宋史》卷四八五《夏国传上》，北京：中华书局，1977年，第13990页。

③［元］脱脱等：《宋史》卷一八六《食货下八》，北京：中华书局，1977年，第4563页。

④［清］吴广成著，李蔚整理：《西夏书事》卷九，济南：山东泰山出版社，2000年，第55页。

无畏避。”[①]李德明采用中原王朝的封建礼仪，充分显示出汉族封建文化对党项族产生了深远的影响。

## 二、攻占甘凉，统一河西

李德明多权谋，精兵法，其奋斗目标是收回鹘精兵，掠吐蕃健马，“并兵南向，大掠秦、渭之间，牧马于兰、会”[②]，扩充自己的势力范围。而水草丰美、宜农宜牧的河西走廊，就成为他梦寐以求的一方沃土，锐意进取的李德明势必竭尽全力西攻回鹘，南击吐蕃，统一河西。

北宋初期，回鹘分为甘州（治今甘肃张掖市甘州区）、沙州（治今甘肃敦煌市）、西州（治今新疆吐鲁番市东40余里高昌故城）数部，其中以甘州回鹘与西夏邻近。甘州回鹘是河西地区的主要割据势力，其分布广泛，并有一支精锐的军队，疆域“东至黄河，西至雪山，有小郡数百，甲马甚精习”[③]。境内水草丰美，宜于农牧，盛产良马、玉器、镔铁、剑甲、琉璃器等。这一切早为李德明所垂涎和觊觎，德明统一河西的战争主要是与甘州回鹘的较量。此时，甘州回鹘控制着丝绸之路重镇甘州。甘州形势险要，“东据黄河，西阻弱水，南跨青海，北控居延，绵亘数千里。通西域，扼羌瞿，水草丰美，畜牧孳息”[④]。李德明为夺取甘州，曾先后五次遣将调兵。宋大中祥符元年（1008年）正月、三月，大中祥符二年（1009年）四月、十二月四次发兵，与甘州回鹘进行了激烈的争夺甘州之战，但均以失败而告终。虽然屡遭挫折，但李德明毫不气馁。宋天圣六年（1028年）五月，第五次用兵，派其子元昊率军偷袭成功，终于攻占了这座边陲重镇。李德明占据甘州，如虎添翼，气势不可阻挡。

攻占甘州后，南击吐蕃，夺取凉州（治今甘肃武威市凉州区），是李德明统一河西的又一重大军事行动。凉州是西凉府吐蕃的聚居地，“南界横山，西通西域，东距河西，土宜三种，善水草，所谓凉州畜牧甲天下者也”[⑤]。德明立国兴、灵，不得西凉势必不能通酒泉、敦煌等地。凉州地位如此重要，而且凉州吐蕃与德明有杀父之仇，凉州吐蕃六谷部首领潘罗支曾用诈降计，使德明

---

①［宋］田况：《儒林公议》，载文渊阁《四库全书》第1036册，台北：台湾商务印书馆，1986年，第280页。

②［元］脱脱等：《宋史》卷三二八《王韶传》，北京：中华书局，1977年，第10579页。

③［元］脱脱等：《宋史》卷四九〇《回鹘传》，北京：中华书局，1977年，第14115页。

④［清］吴广成著，李蔚整理：《西夏书事》卷一一，济南：山东泰山出版社，2000年，第60页。

⑤［清］吴广成著，李蔚整理：《西夏书事》卷一一，济南：山东泰山出版社，2000年，第61页。

父继迁中箭身亡，六谷部后继首领斯铎督又继续与德明对抗。在这种形势下，德明必定倾其毕生精力要占有凉州并大力经营，所以李德明与斯铎督争夺凉州的战争不可避免。宋景德四年（1007年）九月、大中祥符四年（1011年）九月，德明两次遣兵攻打凉州，但由于甘州回鹘的增援和斯铎督的严阵以待，李德明收兵，无功而还。虽然初期出师不利，受到吐蕃的抵抗，但德明立志要报杀父之仇。宋明道元年（1032年）九月，德明命子元昊再次出兵凉州，此时，已占有凉州的甘州回鹘“势孤，不能拒，遂拔其城”[①]。德明终于从回鹘手中夺取了凉州。

德明对甘州、凉州的用兵费时二十五年，虽然付出了沉重的代价，但是具有重要的历史作用，实现了他“掠吐蕃健马，收回鹘精兵”的奋斗目标，增强了夏州政权的实力，扩大了统治基础。为以后元昊彻底统一河西奠定了良好的基础。

身处西夏由原始公社制向封建制急剧过渡时期的李德明，顺应历史的发展趋势，在西夏人民饱受战争灾难的形势下，采取了一系列有利于党项民族进步和西夏发展的措施。主动与宋议和，休兵弭战，努力发展农业生产，与宋开展各种形式的边境贸易，发展了社会经济，积累了较雄厚的经济实力，改善了西夏人民的生活。攻占甘州、凉州，初步统一了河西走廊，不仅扩大了统治地域，而且获得了吐蕃健马与回鹘精兵，增强了军事力量。这一切均为党项族的自立，为夏州政权进一步发展，为西夏建立政权奠定了坚实的基础，他不愧是西夏政权的奠基者。

（原载于《中国西北少数民族通史·辽宋西夏金卷》，北京：民族出版社，2009年，第523—527页。）

① ［清］吴广成著，李蔚整理：《西夏书事》卷一一，济南：山东泰山出版社，2000年，第61页。

# 李元昊

元昊（1003—1048 年），小字嵬理，党项语“谓惜为嵬，富贵为理”[①]，意即珍惜富贵，后更名曩霄。出身于党项族拓跋部豪酋世家，祖父李继迁、父亲李德明均为拓跋部著名首领，母为银州党项大族卫慕氏之女。他以政治家的雄才大略和军事家的卓越才能，顺应党项民族的自身发展规律，建立了雄踞边陲的西夏政权。

## 一、志在王霸立国

元昊生于宋咸平六年（1003 年）五月初五日，其出生的第二年，祖父李继迁在与西凉府吐蕃六谷部首领潘罗支的交战中，身中流矢，伤重而亡，父亲李德明继立为夏州定难军留后。德明实行联辽睦宋之策，使夏州李氏政权在和平的环境中得到迅速发展。

青少年时期的元昊深受党项民族尚武精神的熏陶，自幼“好衣长袖绯衣，冠黑寇”，张弓佩剑，骑马驰射，出行时，“从卫步卒张青盖”“乘马，以二旗引，百余骑自从”[②]，而且一表人才，“园面高准，身长五尺余”。自幼喜读兵书，对行世的《野战歌》《太乙金鉴诀》等兵书更是手不释卷，精心研读，探究其蕴，且又常“案上置法律”[③]，倾心于治国安邦的法律著作。又善于思考、谋划，对事物的观察往往与众不同，有其独到之处。正如《宋史》称元昊“性雄毅，多大略，善绘画，能创制物始”[④]。这一切均造就了元昊，使其成为文武兼备的一代英才。

少年时代的元昊就具有雄心壮志，不满德明与宋朝的经济贸易。德明曾使

① [ 元 ] 脱脱等:《宋史》卷四八五《夏国传上》，北京：中华书局，1977 年，第 13992 页。
② [ 元 ] 脱脱等:《宋史》卷四八五《夏国传上》，北京：中华书局，1977 年，第 13993 页。
③ [ 元 ] 脱脱等:《宋史》卷四八五《夏国传上》，北京：中华书局，1977 年，第 13993 页。
④ [ 元 ] 脱脱等:《宋史》卷四八五《夏国传上》，北京：中华书局，1977 年，第 13993 页。

人用马与宋朝博易，因“怒其息微欲杀之”。元昊劝诫说：“以战马资邻国已是失计，今更以货杀边人，则谁肯为我用者？”[①]长大成人后的元昊对德明的睦宋政策更是不满，不愿臣属宋朝，多次劝说父亲：“吾部落实繁，财用不足。苟失众，何以守邦？不若以所得俸赐招养蕃族，习练弓矢。小则四行征讨，大则侵夺封疆，上下丰盈，于计为得。”[②]并且扬言：“衣皮毛，事畜牧，蕃性所便。英雄之生，当王霸耳，何锦绮为？”[③]由于元昊经常随军作战，精研兵法，不到二十岁就成为李德明麾下足智多谋、能征善战的一员大将。宋仁宗天圣六年（1028 年），元昊率数万党项铁骑夜袭甘州（治今甘肃张掖市甘州区），包围了甘州城。曾经屡败李德明的甘州回鹘可汗万万没有想到，在一夜之间形势竟发生了戏剧性的变化，甘州被党项攻破。可汗被迫自焚[④]，回鹘举国投降，甘州遂为夏国之地，元昊也因战功显赫而被立为太子。

宋仁宗天圣九年（1031 年）十月，李德明卒，元昊嗣位。此时的西夏还没有建立政权，还是受宋朝“西平王”封号。元昊为了摆脱宋朝的政治控制，争取建立一个与宋、辽地位平等的党项族自己的政权，他开始了一系列的准备。

第一步是去掉唐、宋所赐的李、赵姓氏，举族改“嵬名氏”，自己更名曩霄，号“兀卒”，又作“乌珠”，即“天子”之意。为了表示自己“本出帝胄”，炫耀自己是鲜卑拓跋的后裔，就依鲜卑习俗发布“秃发令”，强迫国人三日内一律秃发，违者，即行处死。于是民“皆秃发，耳重环”[⑤]。改姓“嵬名”，下令“秃发”，旨在于提高民族意识，稳定部落的联合，加强本民族的力量，以便摆脱宋朝的控制和影响。

第二步是国内废除宋帝年号，采用自己的年号。首称“显道”，后称“开运”，又改“广运”，基本上建立了一套自己的年号制度。为了保持党项民族“忠实为先，战斗为务”[⑥]的传统精神，他通令全国废除繁文缛节的礼仪制度，以全民皆兵的军事制度来约束全国人民，从而保持党项族质朴坚忍的美德，培养党项族富于战斗、勇于牺牲的民族精神。

---

①［宋］沈括：《梦溪笔谈》卷九《人事一》，北京：文物出版社，1975 年，第 33 页。
②［清］吴广成著，李蔚整理：《西夏书事》卷一一，济南：山东泰山出版社，2000 年，第 60 页。
③［元］脱脱等：《宋史》卷四八五《夏国传上》，北京：中华书局，1977 年，第 13993 页。
④［宋］田况：《儒林公议》，载文渊阁《四库全书》第 1036 册，台北：台湾商务印书馆，1986 年，第 279 页。
⑤［宋］李焘：《续资治通鉴长编》卷一一五，景祐元年十月丁卯，北京：中华书局，1985 年，第 2704 页。
⑥［清］吴广成著，李蔚整理：《西夏书事》卷一二，济南：山东泰山出版社，2000 年，第 66 页。

第三步是进行政治、军事体制改革。元昊一方面强调党项民族意识、民族精神、民族感情；另一方面积极吸取中原王朝的统治经验，学习宋朝的典章制度，而又不拘泥于宋制。建立蕃汉两套统治机构，既设中书、枢密、三司、开封府、翊卫司、官计司、农田司、受纳司等汉官机构，又设宁令、莫宁令、丁卢、丁弩、素赍、祖儒、吕则、枢铭[①]等这样一套蕃官制度，并大量吸收汉族士大夫进入他的统治集团。军事上既分左、右厢，设立左厢神勇、石州祥佑、宥州嘉宁、韦州静塞、西寿保泰、卓罗和南，右厢朝顺、甘州甘肃、瓜州西平、黑水镇燕、白马强镇、黑山威福十二监军司，又保持党项族称为"溜""头项"的军事组织，各级军队大权都掌握在党项酋豪手中。

在准备建立政权的同时，元昊开始进行统一河西的战争。唐末五代以来，灵武以西一直是各民族政权割据称雄的地区，吐蕃、回鹘、党项、鞑靼、吐谷浑与汉人瓜沙曹氏各居一隅之地，相互争斗不息。为了巩固后方，向西扩展，元昊首先对吐蕃河湟地区用兵，于显道元年（宋明道元年，1032年）七月，攻占了牦牛城（今青海大通县）。广运元年（宋景祐元年，1034年），元昊又乘唃厮啰内乱，出兵进攻宗哥带星岭诸城寨，进逼青唐城（今青海西宁市），与部将安子罗苦战二百余日。同年十二月，元昊亲率大军进攻河湟。在与吐蕃的战争中，虽然也有失利，但元昊主动出击，钳制住力量最强的吐蕃赞普唃厮啰部族。然后又在大庆元年（景祐三年，1036年）七月，率军"攻回鹘，取瓜、沙、肃三州"[②]，回收甘、凉、兰州诸地，于是元昊尽有河西之地，建立起一个"东尽黄河，西界玉门，南接萧关，北控大漠，地方万余里"[③]的政权。

宋宝元元年（夏天授礼法延祚元年，1038年）十月，元昊在兴州（治今宁夏银川市）正式登基即皇帝位，国号"大夏"，党项语称"邦泥定国"即"白高国"，改年号为"天授礼法延祚"。一个以党项为主体，融汉、吐蕃、回鹘、鞑靼等民族为一体的多民族政权在我国西北一隅崛起，与辽、宋王朝鼎足而立。

## 二、抗衡辽宋图强

元昊建立政权后，对宋朝上表称臣，希望得到宋朝的承认，能够"许以西

---

① ［清］吴广成著，李蔚整理：《西夏书事》卷一一，济南：山东泰山出版社，2000年，第62页。
② ［清］吴广成著，李蔚整理：《西夏书事》卷一二，济南：山东泰山出版社，2000年，第63页。
③ ［清］吴广成著，李蔚整理：《西夏书事》卷一二，济南：山东泰山出版社，2000年，第63页。

郊之地，册为南面之君”[①]，并表示要与宋朝“常敦欢好”，宋夏双方“鱼来雁往，任传邻国之音”[②]。这本是合乎情理的友好愿望与要求，却遭到宋朝的反对。宋朝廷下达了十分荒唐的诏令，“募人能擒元昊若斩首献者，即为定难军节度使”[③]。宋朝对西夏的这种民族政策，导致了宋夏双方战争的爆发。

夏天授礼法延祚三年（宋康定元年，1040年），宋朝积极调动军队，组织大量人力、物力，开始进攻西夏。元昊为了维护政权的生存，争取党项民族的平等地位，也积极部署兵力，向宋朝反攻。

夏天授礼法延祚四年（宋庆历元年，1041年）二月，元昊领兵攻渭州（治今甘肃平凉市），逼近怀远城（今甘肃平凉市北）。宋将韩琦遣兵迎战，双方相遇。元昊率军佯作西逃，诱宋军追赶，宋将任福不知是计，率军追击，来到六盘山下的好水川（亦名好水，又名甜水河，即今宁夏隆德县境的渝河），人马困乏，屯兵扎营。这时元昊令十万精兵埋伏在好水川口，并令人将百余只鸽子分装在一些盒中，将盒放在路边。次日清晨，任福领兵沿好水川继续西行，将近羊牧隆城（今宁夏西吉南）时，发现路边的盒中有响动，于是打开盒后，百余只鸽子腾空而起，盘旋于宋军的上空，夏军则据鸽子飞旋的位置，将宋军团团围住。元昊在山顶挥舞着二丈多长的鲍老旗进行指挥，伏兵四起，宋军伤亡惨重，宋朝野上下为之震惊。在三川寨（今陕西延安市西北）、好水川、定川寨（今宁夏固原市西北）这几次反守为攻的防御战中，元昊的指挥才能得到充分的发挥。西夏军队在元昊的指挥下，集中优势兵力，灵活机动，以少胜多，打击宋军。宋夏之间的战争，充分显示了元昊高超的军事指挥才能。

通过这三次恶战，宋朝损失惨重，朝野上下一致呼吁和平，而“元昊虽数胜。然死亡创痍者相半，人困于点集，财力不给，国中为‘十不足’之谣以怨之”[④]。宋朝也由于旷日持久的战争，使得国内土地荒芜，民不聊生，人民反对战争。元昊对宋作战只是为了独立、生存，深知宋朝地广人稠，实力雄厚，纵然战败，也不可轻视，所以元昊采取适可而止的策略。夏天授礼法延祚七年（宋庆历四年，1044年）冬十月，元昊给宋朝“始上誓表”，要求和好，结束战争，并“乞颁誓诏，盖欲世世遵守，永以为好”[⑤]。由于宋夏双方都有和谈的

---

①［元］脱脱等：《宋史》卷四八五《夏国传上》，北京：中华书局，1977年，第13996页。
②［元］脱脱等：《宋史》卷四八五《夏国传上》，北京：中华书局，1977年，第13996页。
③［元］脱脱等：《宋史》卷四八五《夏国传上》，北京：中华书局，1977年，第13996页。
④［元］脱脱等：《宋史》卷四八五《夏国传上》，北京：中华书局，1977年，第13998页。
⑤［元］脱脱等：《宋史》卷四八五《夏国传上》，北京：中华书局，1977年，第13999页。

愿望，终于签订了著名的“庆历和议”，宋夏战争以西夏获胜而告终。庆历和议之后，宋夏之间冲突逐年减少，双方人民均得到了二十余年的休养生息的和平时期，元昊为西夏经济的发展创造了一个有利的生存空间。

李继迁、李德明时期，辽为了控制西夏，曾给予西夏不少的帮助，西夏也接受了辽的册封。元昊嗣位后，自称大夏皇帝，且以“西朝”自居，称宋为“南朝”，辽为“北边”，引起辽朝的极度反感，加之元昊对辽桀骜不驯，收容辽国境内的反叛党项部落。因此，辽夏之战迫在眉睫。

辽拥有强大的军事力量，不论从疆域、人口、财物等各方面比较，西夏在它面前犹如一颗“弹丸”。然而，元昊面对辽国，不卑不亢，表现出了党项族的英雄本色。夏天授礼法延祚七年（辽重熙十三年，1044 年）十月，辽军西征伐夏，辽兴宗“亲将骑兵十万，出金肃城”，遣皇太弟重元“将骑兵七千出南路”，北院枢密使肖惠“将兵六万出北路”[①]，三路大军渡过黄河，兵锋锐利。元昊则不予抵抗，诱敌深入，贺兰山接战后，又佯作小败，并假作谢罪请和之态，麻痹辽军。元昊命夏军三退，凡百余里，“每退必赭其地”[②]，并将沿途野草焚烧殆尽。而辽军自以为所向无敌，稳操胜券，轻敌深入，进入夏境数百里。辽军深入后，马无所食，师老士疲。此时，元昊率军发动猛烈反攻，辽军惨败，十几万大军逃脱者仅辽兴宗等少数，创立了我国古代军事史以少胜多、以弱胜强的奇迹。

由于西夏对辽、宋战争的胜利，在辽、宋两大国面前用武力争得了自己的生存，并获得了一定的和平时期。从此，西夏沿着本民族的道路开始走向繁荣昌盛。

### 三、发展经济文化

元昊一方面用军事斗争来捍卫新生的政权，另一方面也用发展经济、文化的政策使其获得巩固与发展。

元昊建立政权后，农、牧业并重，在中央设“农田司”“群牧司”等管理机构。畜牧业是西夏的重要经济，元昊建立政权，为畜牧业生产的发展开拓了广阔的天地。10 世纪中期，党项居住的夏州（治今陕西靖边县西北白城子）只产羊马。西夏建立后，兼并了邻境的广大农业区，部分党项人向农业过渡，牧区

---

① [清] 吴广成著，李蔚整理：《西夏书事》卷一七，济南：山东泰山出版社，2000 年，第 81 页。
② [清] 吴广成著，李蔚整理：《西夏书事》卷一七，济南：山东泰山出版社，2000 年，第 81 页。

可以得到粮食和牲畜的冬储饲料，有利于畜牧业的发展。

农业是西夏另一重要经济部门。兴灵地区与河西绿洲地带是西夏的两大农业区，这些地区居住的汉人与党项人长期接触，向他们传授中原地区先进的农业技术，致使一部分党项人逐渐熟悉农耕技术，转牧为农，农业经济有所发展。元昊时，还大力提倡开荒，宋麟州屈野“河西田膏腴厚利”，夏人“始于洪崖坞、道光谷间插木为小寨三十余所”[①]，开垦寨旁之田。元昊重视水利建设，亲自主持疏浚原有的灌溉系统，又开筑新的渠道，修筑由青铜峡至平罗县境长达二百余里的水利灌溉工程，后人称为“昊王渠”。由于新渠的修建和古渠的疏浚，使兴灵地区的农业生产有了更大的发展，成为西夏的主要粮食生产基地之一。

在农业、畜牧业发展的基础上，西夏的手工业生产也有了较大的进步。西夏统治者重视兵器的制造，并把它掌握在政府手中。元昊初立，就在其官厅东屋后设有一个冶锻工场[②]，宋朝遣往西夏的官员杨吉就曾听见东屋后有千百人锻冶的声音，说明其规模很大。在夏州东境有冶铁务，除此之外，还有茶山、铁冶、酒务等。西夏的青白盐驰名于世，元昊建立政权后，对盐业开采实行垄断，元昊曾要求宋朝每年从西夏买入青盐十万石，西夏“数州之地，财用所出，并仰给青盐”[③]。西夏的手工业生产是在政府的集中管理之下，招致工匠，从事生产制作，这成为西夏一贯的政策。在元昊创立的政府机构中就有文思院的设立，它是官府手工业工场，也是最早的管理机构，在文思院的基础上，以后又逐渐出现造纸院、木工院、铁工院等技艺管理机构，使手工业生产大有发展。

商业贸易在西夏经济生活中占有重要的地位，宋夏的茶马贸易给双方均带来了利益。西夏与宋朝的贸易有多种形式，一种是贡赐贸易，西夏以名义上的称臣方式，向宋朝进贡马、驼等，换取宋朝的回赐。元昊称臣，宋朝的岁赐达银七万二千两，绢帛等十五万三千匹，茶三万斤，这实际上是一笔巨大的贸易。元昊还设立榷场，进行贸易。夏天授礼法延祚八年（宋庆历五年，1045年），元昊要求恢复宋、夏通市，宋朝开放保安军（治今陕西志丹县）和镇戎军（治今宁夏固原市）的高平寨市场，两年后，迁保安军榷场于顺宁寨。夏天

① [清] 吴广成著，李蔚整理：《西夏书事》卷一九，济南，山东泰山出版社，2000年，第87页。
② [宋] 沈括：《元刊梦溪笔谈》卷二五《杂志二》，北京：文物出版社，1975年，第3页。
③ [宋] 包拯：《包孝肃奏议集》卷九《论杨守素》，载文渊阁《四库全书》第427册，台北：台湾商务印书馆，1986年，第171、172页。

授礼法延祚十年（庆历七年，1047 年）四月，又“通银星和市”[①]。宋夏的交易数额，按庆历四年北宋政府的规定，每年要在保安军、镇戎军的榷场，“岁各市马二千匹，博买羊一万口”[②]。宋夏之间的榷场贸易，受到双方人民的欢迎，以致出现“自与通好，略无猜猜，门市不讥，商贩如织，纵其来往”[③]的盛况。元昊建立的西夏政权，为各民族经济的发展，贸易的往来，以及民族融合起了一定的促进作用。

西夏在传统文化的基础上，汲取各民族的文化，形成具有自己特点的西夏文化，元昊在西夏文化的创建上功勋卓著。建立政权以前，西夏文字可能已在民间流传，但元昊时期，却将这种文字搜集、整理、归纳、演绎蕃书“成十二卷”[④]，定为国书，在全国推广、实行。西夏国书创制后，元昊十分重视，规定国内所有诰牒文牍一律用国书书写，但汉字仍在国内通行。又设立国字院与汉字院，而前者远比后者地位崇高。汉族居民与党项居民长期和平共处，两种文字同时通用，有利于互相学习。由于元昊的积极推行与大力提倡，西夏文字便广泛使用和迅速流行起来，正由于西夏文字的广泛流行，西夏文化才充分表现出与诸民族不同的文化体系。西夏文字的创制，是西夏进入阶级社会，建立国家的标志，同时也为西夏文化的形成和发展提供了必要的条件，对西夏统治的确立和经济发展也起了重要作用。

西夏文字创立后，元昊又根据本民族的特点，顺应本民族的发展需要，在文化领域进行了一系列改革。定仪服，“民庶青绿，以别贵贱”[⑤]，制礼乐，在宫中设立蕃学，由野利仁荣主持用西夏文翻译《孝经》《尔雅》等书籍，选拔党项和汉族官僚子弟入校学习，学成之后，出题试问，学习优良、书写端正者酌量授给官职。蕃学的建立，实际上是仿照宋朝的科举授官制，通过蕃学培养人才，选拔官吏，借以推动西夏文化的发展，并形成了一定数量的官僚统治集团，扩大了西夏的统治基础。

元昊“晓浮图学”[⑥]，信奉佛教，因而佛教也在西夏盛行，然而西夏的大

---

①［清］吴广成著，李蔚整理：《西夏书事》卷一八，济南：山东泰山出版社，2000 年，第 84 页。

②［宋］李焘：《续资治通鉴长编》卷一五九，庆历六年十二月己酉，北京：中华书局，1985 年，第 3854 页。

③［宋］李焘《续资治通鉴长编》卷一二四，宝元二年九月丁巳，北京：中华书局，1985 年，第 2926 页。

④［元］脱脱等：《宋史》卷四八五《夏国传上》，北京：中华书局，1977 年，第 13995 页。

⑤［元］脱脱等：《宋史》卷四八五《夏国传上》，北京：中华书局，1977 年，第 13993 页。

⑥［元］脱脱等：《宋史》卷四八五《夏国传上》，北京：中华书局，1977 年，第 13993 页。

批佛经主要来自宋朝。西夏建立政权前后，元昊多次向宋朝进马换取《大藏经》，其次也从西藏、高昌输入一部分佛典，用西夏文翻译佛典的工作，大多依靠来自高昌的回鹘僧。夏天授礼法延祚十年（1047 年），元昊在兴庆府东十五里，役民夫修建高台寺和佛塔，"贮中国所赐《大藏经》，广延回鹘僧居之，演绎经文，易为蕃字"[①]。由于元昊尊崇提倡，佛教逐渐在西夏占据重要地位，成为国教。

夏天授礼法延祚十一年（1048 年）正月初一日，李元昊被其子宁令哥刺杀身亡，终年四十六岁，在位十七年。谥武烈皇帝，庙号景宗。

李元昊顺应党项民族自身的发展规律，采取了一系列改革措施，完成了建立政权的宏伟事业。他建立的以党项族为主体的西夏政权，进一步促进了各民族的融合，使各民族相互吸收，相互依存，休戚与共，血肉相连，对祖国统一多民族大家庭的形成有积极的影响和贡献。作为西夏政权的创立者元昊，其功绩不可磨灭，不愧是一位具有雄才大略、功绩卓著的党项统治者。

（原载于《中国西北少数民族通史·辽宋西夏金卷》，北京：民族出版社，2009 年，第 527—535 页。）

① ［清］吴广成著，李蔚整理：《西夏书事》卷一八，济南：山东泰山出版社，2000 年，第 84 页。

# 李乾顺

乾顺（1084—1139 年），即夏崇宗，西夏第四代皇帝，夏惠宗秉常长子，母梁氏。乾顺是西夏历史上崇文尊儒、以文治国的皇帝，为西夏政权的巩固和西夏封建化做出了卓越的贡献。

## 一、即位亲政

夏天安礼定元年（1085 年），其父亲惠宗秉常去世。秉常八岁继立，母恭肃章宪皇太后摄政，其弟梁乙埋为首的官僚集团，控制了西夏的最高统治权。秉常死后，子乾顺三岁即位，不谙人事，大权自然旁落入乾顺母梁氏与乾顺母舅梁乞逋（梁乙埋之子）手中，又一次出现梁氏母党势力专权的局面。梁后与梁乙逋依仗梁氏家族“一门二后”的威势，对内扩大母党势力，牢牢控制朝政大权，打击、排挤旧时亲信老臣，继续穷兵黩武的战争政策，频繁进攻宋朝，并且声称：“吾之所以连年点集，欲使南朝惧，吾为国人求罢兵耳。”[①]西夏的对外战争、掳掠，致使壮者劳于征役，老弱困于资助，国无宁日，民不聊生，西夏的社会经济出现衰退。

夏永安二年（1099 年）正月，乾顺已年满十六岁，但梁太后仍不许他亲自主持国政。梁氏的专权引起辽国的不满，加之梁太后向辽国上表出言不逊，辽道宗大怒，“遣人至国，鸩杀梁氏，命乾顺视国政”[②]。乾顺在辽国的支持下，结束了母党专权的局面，又依靠辽道宗的扶植开始亲政。因此，他执政后，实行结好辽、宋，以及后来又结好金国的睦邻外交政策，政治上则更加依附于辽国。夏永安二年（辽寿昌五年，1099 年）二月，乾顺出兵“为辽人攻拔思母部”[③]，而辽国也出面调和了西夏与宋的关系，宋夏议和，岁赐照旧。乾顺多

① [清] 吴广成著，李蔚整理：《西夏书事》卷二九，济南：山东泰山出版社，2000 年，第 117 页。
② [清] 吴广成著，李蔚整理：《西夏书事》卷三一，济南：山东泰山出版社，2000 年，第 121 页。
③ [清] 吴广成著，李蔚整理：《西夏书事》卷三一，济南：山东泰山出版社，2000 年，第 121 页。

次向辽请婚，欲以联姻的方式巩固夏辽关系。夏贞观五年（辽乾统五年，1105年）三月，辽主封宗女南仙为成安公主，嫁与乾顺。夏辽的通婚，更进一步巩固了与辽的友好关系，为西夏获得一个和平安定的生存空间。

## 二、以儒治国

乾顺亲主国事后，总结前朝外戚专权的历史教训，为了防止历史的重演，采取了分封皇姓、巩固皇权的措施，努力削夺母党的势力。夏贞观三年（1103年）九月，乾顺封察哥为晋王。察哥是乾顺的庶弟，性格雄毅，多有权谋，精通兵法，智勇双全。曾向乾顺建议言："自古行师，步骑并利。国家用铁鹞子以驰骋平原，用步跋子以逐险山谷，然一遇陌刀法，铁骑难施；若值神臂弓，步奚自溃。盖可以守常，不可以御变也。"[①]主张改革兵制，挑选身强力壮而勇敢善战的党项族与汉族青年，集中起来进行训练。平时一面生产，一面练兵，战时轮番出征，"以我国之短，易中国之长"[②]，这样就能无敌于天下。任人唯贤的乾顺器重察哥的才略，接受其建议，并让他掌握兵权。

夏元德二年（1120年）十一月，乾顺又封宗室子仁忠为濮王，仁礼为舒王。仁忠、仁礼兄弟二人颇具才能，自幼通蕃汉文字，又擅长诗文。乾顺喜爱他们的才华，授仁忠为礼部郎中，仁礼为河南转运使。另外还封授了一些其他官员。担任过乾顺时期尚书令、知枢密院事等要职的皇族大臣嵬名安惠，被封为梁国正献王。乾顺实行的分封措施，加强了皇族权力，维护了西夏内部的统一。

西夏自元昊建立以来，一直存在着"蕃礼"与"汉礼"的斗争，至乾顺朝斗争更为激烈。西夏建立以前，就已开始吸收汉族儒家思想。元昊时期创建蕃学，重用汉人谋士。谅祚即位后，改蕃礼为汉礼，大力推广汉学。在梁氏专权时，汉学颓废，汉文化受到一定的影响。但由于景宗、毅宗两朝已奠定了基础，所以汉文化与西夏文化的统一已成为不可抗拒的历史潮流。梁氏死后，乾顺亲政，为了进一步巩固西夏的封建政权，乾顺竭力推行驰兵政、重文学的政策，大力促进封建化，汉学又得到重新提倡。

夏贞观元年（1101年）八月，御史中丞薛元礼向乾顺上疏："士人之行，莫乎孝廉；经国之模，莫重于儒学。"[③]论述了在夏国进一步推行儒学的必要性

---

① ［清］吴广成著，李蔚整理：《西夏书事》卷三一，济南：山东泰山出版社，2000年，第124页。
② ［清］吴广成著，李蔚整理：《西夏书事》卷三一，济南：山东泰山出版社，2000年，第124页。
③ ［清］吴广成著，李蔚整理：《西夏书事》卷三一，济南：山东泰山出版社，2000年，第123页。

与重要性，并列举了古代北方少数民族政权尊行儒学的先例，建议在“蕃学”之外，设立“国学”，以教授儒家之道。乾顺采纳了这一建议。“国学”实际上就是以传授汉学为主的最高学府，聘请教授，挑选皇亲贵族子弟三百入学，进行培养教育。并且设“养贤务”，负责国学的供给。由于乾顺养贤重贤，使儒学在西夏的地位日益提高。夏贞观十二年（1112 年）二月，乾顺又规定“凡宗族、世家议功、议亲，俱加蕃汉一等。工文学者，尤以不次擢”①。即对擅长文学的宗室世家可以破格提拔使用。“国学”设立，为党项族地主阶级系统地接受汉文化提供了便利，而破格提拔则为这些深受汉文化影响的党项地主阶级及士人，进入统治集团大开了方便之门。这一系列的崇文尊儒的措施，使西夏政治经济发生了深刻的变化。

### 三、尊崇佛教

西夏以佛教信仰为主，历代西夏统治者对佛教的大力推行，使西夏形成了浓郁的崇佛氛围，佛教成为西夏的国教，地位崇高至上。乾顺在位期间不遗余力地实行崇佛政策，不仅自己是一位虔诚的佛教信徒，而且大力提倡佛教，佛教在乾顺时期的传播达到一个新阶段。

乾顺大力组织译经，夏天祐民安六年（1095 年）十一月，乾顺把回鹘僧人译的《贝多叶经》进献给辽国。从夏天授礼法延祚元年（1038 年）元昊立国就开始译经，到夏天祐民安元年（1090 年）乾顺时期，历时五十三年，已译完大小三乘佛教八百二十部，西夏文《大藏经》三千五百七十九卷。举世闻名的汉文《大藏经》先后经历了许多朝代，费时近一千年，共译出六千多卷佛经，成为佛教史上的盛事②。西夏仅用了五十三年就译出三千多卷佛经，这在我国译经史上乃至世界翻译史上都是惊人的创举。这部西夏文《大藏经》的完成是在乾顺执政时期，充分说明乾顺时期西夏佛教的兴盛。

乾顺还大力修建佛寺。凉州塔是阿育王建立的八千四百个宝塔中的一座，佛塔几经兴废，到北凉张天锡统治时期又建佛塔，用来安置佛的杏眼舍利。西夏建立以后，此塔显示祥瑞的传说很多，如“塔现灯光，骇退敌人”“地震欹仄，能自复正”③等，这座塔成为西夏的祥瑞之物。夏天祐民安四年（1093

---

①［清］吴广成著，李蔚整理：《西夏书事》卷三二，济南：山东泰山出版社，2000 年，第 126 页。

② 史金波：《西夏文化》，长春：吉林教育出版社，1986 年，第 76 页

③《重修护国寺感通塔碑汉文碑铭》，载史金波《西夏佛教史略》，银川：宁夏人民出版社，1988 年，第 253 页。

年)，为了给十岁的皇帝祈福，由皇帝、皇太后发愿，动用了大量人力、物力、财力重修凉州感通塔及寺庙，第二年完工后立碑庆赞。这块石碑就是保存至今的《重修护国寺感通塔碑》，也是西夏时期留存至今的唯一的佛教石刻，成为珍贵的历史文物。乾顺时期，还在甘州（治今甘肃张掖市甘州区）修建了崇庆寺和卧佛寺。崇庆寺是崇宗乾顺在夏永安元年（1098 年）修建的。卧佛寺有一尊睡佛，身躯宏伟，最为著名。据《西夏书事》载："乾顺自母梁氏卒，辄供佛，为母祈福。"[①]当时甘州僧人法净声称自己于张掖县西南甘浚山下夜望有光，于是派人掘出古佛三身，皆为卧佛，便将三尊佛像献给乾顺，于是乾顺在夏贞观二年（1102 年），于甘州修建宏仁寺，即后来的卧佛寺。尚存至今的卧佛寺规模宏大，充分显示了乾顺时期佛教在河西走廊地区的传播与发展。

乾顺在位的半个世纪中，对外实行睦邻友好的外交政策，对内推行西夏的封建化，致力于西夏的文化教育事业，崇文、尊儒、重佛，使西夏文化发展到一个新阶段。

### 四、拓展疆域

乾顺亲政后，宋夏军事斗争形势发生了根本的变化。宋朝自灵武（今宁夏永宁县南）之战失败后，对西夏推行"进筑之法"，选将练兵，训练出战斗力强的军队，深入西夏边境，每夺一地后就立即修筑堡寨，同时推行的剿抚兼施之策，以图瓦解西夏军民的斗志。自夏天祐民安七年（宋绍圣三年，1096 年）秋至夏永安二年（宋元符二年，1099 年）冬，宋在陕西、河东一带建立州、军、关、城、寨、堡，致使西夏与宋接壤的南部地区失地折军严重。在军事形势极端不利的情况下，为了重振军威，收复失地，乾顺一方面颁行军事法典《贞观玉镜将》，以法治军，提高军队的战斗力；另一方面也"仿中国制，于东北沿边多树寨栅"[②]，即在边境地区，仿效宋朝大筑堡寨，并及时吸取宋朝军事方面的优点，克服自己的缺点，以便迅速改变西夏军事上的不利处境。

宋徽宗即位后，起用蔡京为相，加紧对西夏用兵。夏贞观四年（宋崇宁三年，1104 年）五月，宋陕西路转运副使、知延安府陶节夫派兵攻占了西夏的窖粟之地石堡寨，并筑城戍守。乾顺在请和遭拒后，遣兵突入宋泾原路，又攻

① [清] 吴广成著，李蔚整理：《西夏书事》卷三一，济南：山东泰山出版社，2000 年，第 123 页。
② [清] 吴广成著，李蔚整理：《西夏书事》卷三一，济南：山东泰山出版社，2000 年，第 123 页。

入镇戎军（治今宁夏固原市），“杀掳数万口”[①]。从夏贞观五年（1105 年）至贞观六年（1106 年），由于夏军多次被击败，乾顺两次遣使向辽请援，借助于辽国之力，请求罢兵，并归还所占西夏之地。夏贞观六年二月，宋迫于辽国的压力和权宜之计，宋徽宗同意与夏议和，归还崇宁以来所占西夏边地。但宋朝蔡京集团对西夏用兵，开边邀功之策并无改变。从夏雍宁二年（宋政和五年，1115 年）至夏元德元年（宋宣和元年，1119 年），宋军多次攻入西夏。面对宋朝的军事进攻，乾顺也采用军事打击的方法，奋勇力战，全歼宋将刘法部，并乘胜攻破宋统安城，进围震武城。连年战争，消耗了大量人力物力，宋夏双方均感疲困，夏元德元年（宋宣和元年，1119 年）六月，乾顺再次主动向宋朝请和，宋朝被迫与夏议和，西夏在军事与外交上均获得胜利。

完颜阿骨打立国后，出现了宋、辽、金、西夏鼎立之势，宋为了收复燕云十六州，采取“联金灭辽”的方针。西夏与辽早已结为姻亲，关系友好，必然要采取援辽抗金的政策。夏元德四年（辽保大二年，1122 年）三月，乾顺派五千兵马援助辽西京（治今山西大同市）。在辽天祚帝亡入阴山后，遣大将军李良辅率兵三万救援，与金军激战于宜川河畔，夏军大败。夏元德五年（辽保大三年，1123 年）五月，当辽天祚帝伪降金朝，西遁云内州（治柔服县，今内蒙古托克托县东北古城乡白塔村古城）时，乾顺遣使迎接，请入夏境。天祚帝为了感谢乾顺，“遣使册封李乾顺为夏国皇帝”[②]。此时，金朝亦遣使臣入夏境，金国元帅完颜宗望已“至阴山，以便宜与夏国议和”[③]。并许诺如能以事辽之礼事金，欲将辽西北“下寨以北，阴山以南、乙室耶刮部吐禄泺之西”[④]地区割让给西夏。乾顺见辽朝灭亡已成定局，为了保全西夏的割据地位，乾顺答应了金国的条件。夏元德六年（辽保大四年，1124 年）三月，乾顺向金国上誓表，表示依附于金朝，并明确要求实现割地诺言。

金灭辽后，发动了攻宋战争，兵分两路，长驱南下，东路军兵临汴京（治今河南开封市）城下。西夏乾顺乘金宋战争之时，获得了扩大疆域的可乘之机。夏元德八年（金天会四年，1126 年）三月，西夏按照金割地的许诺，遣兵攻取了金天德（治今内蒙古乌拉特前旗东北额尔登布拉格苏木阿拉奔古城）、云内、武州（治今山西神池县）及河东八馆之地。又出兵攻取宋震武城（今陕

① ［元］脱脱等：《宋史》卷三四八《陶节夫传》，北京：中华书局，1977 年，第 11039 页。
② ［元］脱脱等：《辽史》卷二九《天祚纪三》，北京：中华书局，1974 年，第 347 页。
③ ［元］脱脱等：《金史》卷一三四《西夏传》，北京：中华书局，1975 年，第 2865 页。
④ ［元］脱脱等：《金史》卷一三四《西夏传》，北京：中华书局，1975 年，第 2866 页。

西榆林境)、西安州(治今宁夏海原县)、麟州(治今陕西神木县西南)建宁寨等地,还围攻天都、兰州诸堡寨。至此,宋朝在西夏边境进筑的城、堡、寨,复归于西夏。但西夏按约所攻占的天德、云内等州却又被金国占领。乾顺遣兵至金质问,金国理屈词穷,于夏正德元年(金天会五年,1127年)三月,被迫将陕西北部地区割让给西夏,用以抵偿天德、云内,同时夏金双方划定疆界,规定以黄河为界,即东自黄河西岸,南以米脂(今陕西米脂县)、萧关(今宁夏海原县东北)、会州(治今甘肃靖远县东北)一线为界。乾顺通过外交途径,获得陕西北部大片地区后,又用武力夺取宋朝城寨。夏正德二年(宋建炎二年,1128年)九月,乾顺派兵攻占定边军(治今陕西吴旗县西),"悉取其诸堡寨"①。第二年七月,又攻取德靖寨(今陕西榆林南)。夏大德二年(宋绍兴六年,1136年)七月,又攻取乐州(治今青海乐都市)、西宁州(治今青海西宁市)。夏大德三年(金天会十五年,1137年)四月,又以兵取西安州(治今宁夏海原县)。九月,乾顺"遣使以厚币如金,表乞河外诸州"②。金将乐、积石(治今青海贵德县)、廓(治今青海隆县西60里黄河北岸)三州割给西夏。夏大德五年(宋绍兴九年,1139年)三月,乾顺乘府州(治今陕西府谷县)无主之机,遣兵攻取了府州。至此,乾顺取得了湟水流域之地。经过不断扩充领土,西夏形成了前所未有的广阔疆域,乾顺的统治达到盛世。

夏大德五年(1139年)六月初四日,乾顺卒,在位五十四年,谥"圣文",庙号"崇宗"。

乾顺亲政后,顺应历史发展的趋势,根据国情的变化及时调整方针政策,采取一系列巩固封建统治的措施,崇儒尊佛,发展经济文化,内兴改革,外御强敌,利用辽、金、宋之间的矛盾斗争,扩展领土。在乾顺统治时期,西夏社会进入鼎盛之世。

(原载于《中国西北少数民族通史·辽宋西夏金卷》,北京:民族出版社,2009年,第535—542页。)

---

① [清]吴广成著,李蔚整理:《西夏书事》卷三四,济南:山东泰山出版社,2000年,第132页。
② [清]吴广成著,李蔚整理:《西夏书事》卷三五,济南:山东泰山出版社,2000年,第134页。

# 李仁孝

仁孝（1124—1193 年），即夏仁宗，西夏崇宗李乾顺长子，西夏第五代皇帝。夏元德六年（1124 年）九月，曹氏所生，乾顺妃辽成安公主见后宠爱，请名“仁孝”。夏大德五年（1139 年）六月，乾顺卒，仁孝即位，时年十六岁，尊生母曹氏和庶母任氏并立为太后。仁孝以灵活的外交政策为西夏赢得了和平安定的生存环境，又在国内进行了一系列的社会改革，用先进的汉族文化来促进西夏封建社会的发展与经济的繁荣。

## 一、弭定内乱

仁孝出生在一个政治形势风云突变的时代。曾被辽国奴役的女真族兴起，其势锐不可当；昔日不可一世的辽国已成强弩之末，危在旦夕；曾经显赫辉煌的宋朝也处在风雨飘摇之中，岌岌可危。在他出生后不久，素与西夏友好的辽国就陷入灭顶之灾，辽主天祚帝被俘，辽国灭亡。而金兵也攻破宋朝首都汴京，掳掠徽、钦二帝北去，北宋政权溃灭，宋祚南移。在强盛的金国包围之中，西夏内政外交都面临着严峻的考验，十六岁的仁孝临危受命，登上了政治舞台。

仁孝初立，西夏就发生了肖合达叛乱事件。肖合达本为辽将领，“扈成安公主至夏，有口才，骁勇长骑射”①，被乾顺留下，从征屡立战功，赐国姓，提升为夏州都统。乾顺附金背辽后，曾“上书切谏”，及成安公主及世子仁爱相继卒后，“益怏怏不自适”②。遣人赴西域寻访耶律大石未成。此时，因仁孝新立，合达“自恃宿将有功”③，据夏州城叛，并联络阴山和河东的契丹部族，图谋拥立辽朝的皇室后裔，恢复辽朝的统治。夏大庆元年（1140 年）六七月

① [清] 吴广成著，李蔚整理：《西夏书事》卷三五，济南：山东泰山出版社，2000 年，第 135 页。
② [清] 吴广成著，李蔚整理：《西夏书事》卷三五，济南：山东泰山出版社，2000 年，第 135 页。
③ [清] 吴广成著，李蔚整理：《西夏书事》卷三五，济南：山东泰山出版社，2000 年，第 135 页。

间，肖合达军进围西平府，攻克盐州（治今陕西定边县），“尽掠诸州所牧地，游骑直逼贺兰，兴州大震”[①]。八月，仁孝命静州统军任得敬率军平叛，击杀肖合达，叛乱平息。夏大庆二年（1141年）六月，仁孝又诛杀了图谋叛金的慕洧、慕濬兄弟二人。同年八月，群臣上仁宗尊号为“制义去邪”[②]。

夏大庆三年（1142年）九月，西夏发生严重的饥荒，粮价暴涨，“民间升米百钱”[③]。第二年三月，都城兴庆府又发生强烈地震，“逾月不止，坏官私庐舍、城壁，人畜死者万数”[④]。四月，夏州发生地裂，“泉涌出黑沙”[⑤]，高数丈，广若长堤，林木、民居皆陷没。由于饥荒、地震造成的灾难，使党项部民无法生存，于是揭竿而起，举行武装起义。这一年的七月，威州（治今宁夏中宁县东北鸣沙镇）大斌，静州（今宁夏永宁县南望洪乡附近）埋庆以及定州（今宁夏平罗县南姚伏镇）也浪、富儿等部族人民纷纷起义，多者万人，少者五六千人，四行劫掠，州县连连告急。仁孝面对灾难和危机，采取了有效措施，采纳御史大夫苏执礼的建议，对遭受地震、地裂灾害严重的兴庆府、夏州地区人民，凡因灾而死亡者，“二人免租税三年，一人免租税二年，伤者免租税一年；其庐舍、城壁摧塌者，令有司修复之”[⑥]。同年八月，又实行赈法。对灾荒严重的地区令诸州官吏视察，按灾荒损失的程度，使赈济抚恤送达百姓手中。对起义的蕃部采取武装镇压与收买瓦解相结合的办法，逐渐平息了韦州、静州等地的人民起义。对据险扼守、顽强抵抗两月之久的定州也浪、富儿二族部民，则乘夜偷袭，蕃部起义失败，首领哆讹被擒杀。

## 二、结好金国

仁孝在位时期，正值辽亡金兴，宋室南渡，西夏处于金国的包围之中。仁孝清醒地认识到，与金朝关系的好坏是关系到西夏安危的头等大事。他顺应了历史时局的变化，采取结好金国的对外政策，对金恭顺依从，承认其宗主国地位。这一时期，西夏与金朝聘使往来频繁，仁孝派遣使臣赴金国多达141次[⑦]。仁孝既要依附于金朝，又不愿失去西夏的独立性及自己一国之主的身份，于是

① [清] 吴广成著，李蔚整理:《西夏书事》卷三五，济南：山东泰山出版社，2000年，第135页。
② [元] 脱脱等:《宋史》卷四八六《夏国传下》，北京：中华书局，1977年，第14024页。
③ [清] 吴广成著，李蔚整理:《西夏书事》卷三五，济南：山东泰山出版社，2000年，第136页。
④ [清] 吴广成著，李蔚整理:《西夏书事》卷三五，济南：山东泰山出版社，2000年，第136页。
⑤ [元] 脱脱等:《宋史》卷四八六《夏国传下》，北京：中华书局，1977年，第14024页。
⑥ [清] 吴广成著，李蔚整理:《西夏书事》卷三五，济南：山东泰山出版社，2000年，第136页。
⑦ 据《金史》卷六一、六二《交聘表》统计，北京：中华书局，1975年。

在某些问题上也并不一味的顺从金国。夏大庆二年（金皇统元年，1141年）九月，仁孝捕杀了企图谋叛附金的慕洧、慕濬兄弟，事后上表金熙宗告知此事，熙宗责问仁孝专擅之罪，仁孝只是遣使告谢。夏天盛元年（金天德元年，1149年），金海陵王弑金熙宗自立，金遣告哀使至西夏，仁孝“使人止之境上”，并责问：“圣德皇帝何以见废？”[①]这一切均显示了仁孝行使权力的独立性。

西夏虽然臣属于金朝，但仁孝采取灵活的外交政策，既依附于金国，但又坚持独立地位，不放弃发展经济的有利时机。夏乾祐三年（金大定十二年，1172年），金世宗认为“夏国以珠玉易我丝帛，是以无用易我有用”[②]。于是金朝先后关闭了与夏国贸易的保安（治今陕西志丹县）、兰州（治今甘肃兰州市）、绥德（治今陕西绥德县）等榷场，“止存东胜、环州而已”，给西夏的经济发展带来了困难。面对金朝的经济封锁政策，仁孝一方面多次派遣使臣赴金国据理力争，另一方面，千方百计地讨好金朝，表示“深念世宗恩厚”[③]，向金国施以贿赂，选派工匠织造“百头帐”贡献给金世宗，再三要求恢复关闭的榷场。最终在夏天庆四年（金承安二年，1197年年）恢复了兰州、保安榷场。

西夏继崇宗乾顺之后，仁孝也向金朝请求割地以扩大自己的疆域领土。夏人庆三年（1146年）正月，仁孝“又使人至金乞地”[④]，得到德威城（今甘肃靖远西）、定边军（治今陕西吴旗西）等沿边土地，使西夏的疆域在崇宗乾顺时期的基础上继续扩展，其疆域包括了今宁夏的全部，甘肃的河西走廊，陕西的北部，内蒙古的西南部，青海的东北部及新疆的一部分地区，是西夏疆域最为广阔的时期。

### 三、以儒治国

仁孝具有开放、进取精神，他清醒地认识到只有采用先进的汉族文化和比较完善的封建国家制度，西夏才可以长期鼎立于强国之中。他大力推行汉文化，颁布了一系列法令，“为世教振颓风，以圣学维国本”[⑤]。

夏人庆元年（1144年）六月，仁孝下令在各州县设立学校，学生达到三千人，比崇宗时的“国学”人数增加了十倍。为了培养党项宗室子弟，又在宫

---

①［清］吴广成著，李蔚整理：《西夏书事》卷三六，济南：山东泰山出版社，2000年，第138页。
②［元］脱脱等：《金史》卷一三四《西夏传》，北京：中华书局，1975年，第2870页。
③［元］脱脱等：《金史》卷一三四《西夏传》，北京：中华书局，1975年，第2870页。
④［清］吴广成著，李蔚整理：《西夏书事》卷三六，济南：山东泰山出版社，2000年，第138页。
⑤［清］吴广成著，李蔚整理：《西夏书事》卷三六，济南：山东泰山出版社，2000年，第138页。

中设立"小学"，七至十五岁的皇家宗室子弟皆须入学习读。仁孝与皇后罔氏常亲临训导。夏人庆二年（1145年）七月，又模仿中原制度建立"太学""内学"，仁孝亲自主持"释奠"大礼，祭奠至圣先师孔子。选名儒主持讲学，十分重视用儒家学说培养统治人才。崇儒也必然尊崇儒学宗师孔子，仁孝"尊孔子为文宣帝"[①]，并"令州郡悉立庙祀，殿庭宏敞，并如帝制"[②]。这就打破了历代汉族统治者对孔子的封谥规格，抬高了儒学的地位。夏人庆四年（1147年）八月，仁孝实行科举考试，立唱名取士法，策度举人，又设童子科，逐步完善了通过科举考试选拔官吏的制度。由于仁孝大兴文治，使书籍的需求量骤增。夏天盛六年（金贞元二年，1154年）九月，借与金朝交聘之便，遣使到金国"请市儒、释书"[③]。夏天盛十三年（金大定元年，1161年）正月，仁孝又在中央机构中设立翰林学士院，以王佥、焦景颜等人为学士。命王佥等掌管国史，纂修李氏实录。并追封西夏文字的创制者野利仁荣为广惠王，用以表彰他对西夏文化的贡献。仁孝时期是西夏文化的鼎盛时期，大量学术著作的问世，促进了出版与印刷业的迅速发展，《新集锦合辞》《圣立义海》《月月娱诗》《番汉合时掌中珠》《文海宝韵》等均是在仁孝时期出版的著作。

仁孝以儒治国的同时也崇信佛教。夏天盛十一年（1159年），仁孝遣使臣赴吐蕃本土，奉迎迦玛迦举教派的始祖都松钦巴，都松钦巴派大弟子格西藏琐布携经像到凉州（治今甘肃武威市凉州区），仁孝奉其为上师，并组织人力译其带来的佛经。仁孝时期，佛经发展到大规模的校经阶段，现存西夏仁孝时期的校经有《悲华经》《佛说宝雨经》《现在贤劫千佛名经》《大方广佛华严经》《大般若波罗密多经》《大宝积经》《金光明最胜王经》等数十部。夏乾祐二十年（1189年），仁孝请来宗律、净戒、玄密国师等，在大度民寺举行盛大法会，一次施散佛经达十五万卷[④]。

在提倡以儒治国的同时，仁孝还对上层建筑中与经济基础不相适应的部分进行改革，以促进经济的发展。西夏统治者和历代中原王朝的统治阶级一样，对于维护封建统治起重大作用的礼乐也十分重视。仁孝时期，基本上因循前期所推行的汉族礼仪，但是为了适应经济基础的变化，着重对礼乐做了较大

---

① ［元］脱脱等：《宋史》卷四八六《夏国传下》，北京：中华书局，1977年，第14025页。

② ［清］戴锡章著，李蔚整理：《西夏纪》卷二四，济南：山东泰山出版社，2000年，第294页。

③ ［元］脱脱等：《金史》卷六〇《交聘表上》，北京：中华书局，1975年，第1408页。

④ 白寿彝主编：《中国通史》第七卷《中古时代・五代辽宋西夏金时期》（下），上海：上海人民出版社，2000年，第2034页。

的改革。仁孝“使乐官李元儒采中国乐书，参本国制度”[①]，历时三年，于夏人庆二年（1145 年）五月修成，仁孝赐名为《新律》。仁孝还十分注意加强法律制度的建设，在总结前代律令的基础上重修和制定了一系列法令。天盛年间（1149—1169 年）仁孝专门组织人员编纂了《天盛改旧新定律令》20 卷、《亥年新法》《法则》《官阶封号册》等法典。这一系列律令的制定，使西夏的法律制度日趋完备，进一步巩固了西夏封建所有制。

## 四、纳谏、节俭

仁孝在位期间，为了适应经济、文化发展的需要，进一步完善朝廷和地方的官制机构以及吏治建设。改革中央机构，将中书、枢密院移置内门外，以便顾问，使皇帝“上无勿知之隐，下无不达之情”[②]，能闻知天下之事。夏人庆二年（1145 年）六月，仁孝“下诏求直言”[③]，并且自己身体力行，虚怀若谷，善于纳谏。夏天盛七年（1155 年）九月，仁孝狩猎于贺兰原，有骏马损足，仁孝盛怒之下，“命执治道者戮之”。众随从官员皆缄默不语，唯尚食官阿华直言劝谏曰：“田猎非人主所宜。今为马多杀，贵畜贱人，岂可闻于四境乎？”[④]仁孝听了阿华的进谏后，认为言之有理，不仅不责怪，反而奖赏阿华银币，并以其为榜样，鼓励大臣直言进谏。仁孝对耿直廉洁的官吏多重用、保护。翰林学士焦景颜刚直不阿，在朝中当面揭露权相任得敬之弟任纯忠的奸行，得到仁孝的支持，提升焦景颜兼枢密都承旨。御史中丞热辣公济见任得敬“专恣日盛”，上疏请仁孝罢斥其官。后仁孝恐热辣公济遇害，“令致仕归”[⑤]，对其加以保护。仁孝在金国的支持下，设计诛杀了任得敬及其同党，维护了国家的统一。在这场斗争中，仁孝赞赏斡道冲的刚直不阿及才华，夏乾祐二年（1171 年）五月，任命他为中书令，后又升为国相。

仁孝还提倡节俭。夏俗习功利，尚忠勇，地处沙碛，不事耕织。“国中多世禄之家，悉以奢侈相高。”[⑥]夏天盛十五年（1163 年）五月，仁孝下令“禁奢侈”，提倡节俭，节约国家财政支出。前朝重臣晋王察哥常倚战功，作威作福，妻妾成群，任意抢夺民间宅园。察哥死后，仁孝立即下令将其宅园归还原主。

---

① [清] 吴广成著，李蔚整理：《西夏书事》卷三六，济南：山东泰山出版社，2000 年，第 138 页。
② [清] 吴广成著，李蔚整理：《西夏书事》卷三六，济南：山东泰山出版社，2000 年，第 140 页。
③ [清] 吴广成著，李蔚整理：《西夏书事》卷三六，济南：山东泰山出版社，2000 年，第 137 页。
④ [清] 吴广成著，李蔚整理：《西夏书事》卷三六，济南：山东泰山出版社，2000 年，第 139 页。
⑤ [清] 吴广成著，李蔚整理：《西夏书事》卷三七，济南：山东泰山出版社，2000 年，第 142 页。
⑥ [清] 吴广成著，李蔚整理：《西夏书事》卷三七，济南：山东泰山出版社，2000 年，第 141 页。

夏乾祐二十四年（1193年），仁孝卒，在位五十五年，庙号仁宗，谥圣德皇帝，墓号寿陵。

仁孝是一位提倡文治的中兴之主，以其毕生的精力倾注于西夏，为西夏的发展做出了卓越的贡献。

（原载于《中国西北少数民族通史·辽宋西夏金卷》，北京：民族出版社，2009年，第542页—548页。）

# 野利仁荣

野利仁荣（？—1042 年），西夏文字的创制者，出身于党项族八大部之一的野利部，系野利后疏族。野利仁荣生活在德明、元昊时期，他精通历代典章制度，博览群书，以渊博的学识博得元昊的赏识与信任，成为元昊的得力助手。

## 一、主张改革

宋天圣九年（1031 年），元昊嗣位。具有雄心壮志的元昊不甘心受制于宋朝，立志建立一个具有辽阔地域，与宋、辽鼎足而立的党项族自己的政权。此时的野利仁荣成为元昊称帝的谋主，被封为“莫宁令”，一切军国大事元昊皆与他商议。

仁荣具有改革思想，主张不因循旧制，要因地制宜地进行改革。当元昊与他谈论西夏建立政权的局势时，仁荣以古论今，认为一个王朝的兴盛，必有一代之制，不能采用以夏变夷，教化百姓的方法。列举出中原王朝历史上变革富强的事例，“昔商鞅峻法而国霸，赵武胡服而兵强”[①]。指出“国家表里山河，蕃汉杂处，好勇喜猎，日以兵马为务，非有礼乐诗书之气也”[②]，唯有“顺其性而教之功利，因其俗而严其刑赏，则民乐战征，习尚刚劲，可以制中国、驭戎夷”[③]，而这绝不是用礼义可以做到的。仁荣的这番见解，力图使党项民族保持“忠实为先，战争为务”[④]的传统精神，对元昊产生了较大的影响。

## 二、创制文字

西夏文字的创制，有一个从初创到成熟的过程。西夏建立前，西夏文字已

---

①［清］吴广成著，李蔚整理：《西夏书事》卷一六，济南：山东泰山出版社，2000 年，第 76 页。
②［清］吴广成著，李蔚整理：《西夏书事》卷一六，济南：山东泰山出版社，2000 年，第 76 页。
③［清］吴广成著，李蔚整理：《西夏书事》卷一六，济南：山东泰山出版社，2000 年，第 76 页。
④［清］吴广成著，李蔚整理：《西夏书事》卷一二，济南：山东泰山出版社，2000 年，第 66 页。

在民间流传，但是不统一，不规范。元昊把创制西夏文字作为建立政权的一项重要的准备工作，把民族文字的制成和颁布当作民族性的自觉表征，异常重视。此时，正是元昊全力以赴准备建立政权之际，无暇亲自从事文字创制的具体工作，只有一个大致的设想，提倡并下令创制西夏文字，“令谟宁令野利仁荣演绎之”[①]。将元昊创制文字的设想变为现实，这一重任落在野利仁荣的肩上。

野利仁荣“多学识，谙典故”[②]，精通蕃汉文字，在民间原有文字的基础上，进行搜集、整理、归纳，演绎“成十二卷”，定为国书。其创制的西夏文字是仿照汉字的方学形，参照党项族语言特点，用传统的汉字“六法”，即象形、指事、会意、形声、假借、转注创造出文字，同汉字一样属于音节文字，是记录西夏主体民族党项族语言的符号。西夏文字的最大特点就是通过大量的会意字来书写当时的西夏语，它的会意方式普遍采取二合、三合、四合的形式，笔画多在九至十四画之间。

西夏文字创制成功后，在国内大力推行、普及，建立蕃学，野利仁荣亲自主持，负责教授西夏文，并且用西夏文翻译汉文经典与佛教经典。由于积极推广和提倡，迅速在国内流行与传播，上至官方文书，下至民间契约，都纷纷采用新制文字书写，卜筮、历法、医药等书籍也被译为西夏文得以流行传播。整个西夏时期，西夏文字在西夏得到最广泛的应用。西夏天授礼法延祚五年（1042 年）七月，野利仁荣卒，“元昊三临其丧”[③]，异常悲哀，命厚葬，追赠为“富平侯”。夏天盛十六年（1164 年）八月，西夏仁宗李仁孝又追“赠野利仁荣为广惠王，褒其制蕃字功”[④]。

野利仁荣创制西夏文字，功在当代，利在千秋，为西夏文化事业的开创与发展做出了不朽的贡献。

（原载于《中国西北少数民族通史·辽宋西夏金卷》，北京：民族出版社，2009 年，第 548—550 页。）

---

① [清] 吴广成著，李蔚整理：《西夏书事》卷一二，济南：山东泰山出版社，2000 年，第 64 页。
② [清] 吴广成著，李蔚整理：《西夏书事》卷一六，济南：山东泰山出版社，2000 年，第 76 页。
③ [清] 吴广成著，李蔚整理：《西夏书事》卷一六，济南：山东泰山出版社，2000 年，第 76 页。
④ [清] 吴广成著，李蔚整理：《西夏书事》卷三七，济南：山东泰山出版社，2000 年，第 141 页。

# 斡道冲

斡道冲（？—1183年），党项族，西夏著名学者。其先辈世居宋朝灵州（治今宁夏吴忠市北），德明时，跟随德明迁居兴州（治今宁夏银川市），受到重用，世代掌管撰修西夏史实之职。

道冲生长的时代正是西夏乾顺、仁孝父子执政时期，也是西夏封建化的鼎盛阶段。崇儒重文成为一种时代风尚，这就为他的成长营造了一种文化环境。而自小受家庭的熏陶，浓郁的家学氛围，则对其成才提供了极为有利的条件。道冲从小就聪颖过人，刻苦好学，熟读儒家经典。“年五岁以《尚书》中童子举”[①]，年长后，更是博学广闻，精四书，通五经，以儒学显名，曾为蕃汉教授、中书令、国相。

当时西夏境内西夏文字已广泛流行，但在学校教育中，用西夏文字撰写的儒家经典却很少。为了更好地学习汉族儒家思想文化，道冲用西夏文翻译了《论语注》，又将自己的研读心得体会撰写成论语释文二十卷，命名为《论语小义》。又用西夏文写成《周易卜筮断》一书在国内流行。

道冲不仅博学广闻，名扬西夏，而且他刚直不阿。原宋朝西安州（治今宁夏海原县）的通判任得敬降夏后，贿赂朝廷显贵，竭尽巴结逢迎之事。其女立为皇后后，任得敬凭恃外戚身份窃弄权威，穷兵黩武，极力发展私人势力，“出入仪从，几与国主等”[②]；还阴谋篡夺权位，“欲以仁孝处瓜、沙，己据灵、夏”[③]。任得敬分裂倒退的行径遭到满朝官员的一致反对，而斡道冲在这场斗争中不畏任得敬权势，直言上书，任得敬分裂阴谋破产。任得敬被杀后，斡道冲被任命为中书令，后又升为国相，西夏政局逐渐平稳。道冲为官清廉，任相十年，克己奉公，死时家中除大量的书籍外，无其他私产。

---

① [清] 吴广成著，李蔚整理《西夏书事》卷三六，济南：山东泰山出版社，2000年，第138页。
② [清] 吴广成著，李蔚整理《西夏书事》卷三六，济南：山东泰山出版社，2000年，第140页。
③ [清] 吴广成著，李蔚整理《西夏书事》卷三七，济南：山东泰山出版社，2000年，第141页。

道冲是西夏著名学者，一代宗儒。他以卓越的胆识，高尚的人格，赢得了人们的尊敬和爱戴。死后，仁宗下令各地学校都祭祀他的画像。元代时，其后代在凉州临摹了他的画像，请著名文人虞集作《画像赞》颂其业绩，“乃有儒臣，早究典谟，通经尚文，教其国都，遂相其君，作服施采，顾瞻学宫，遗像斯在”[①]。

（原载于《中国西北少数民族通史·辽宋西夏金卷》，北京：民族出版社，2009年，第550—551页。）

① [元] 虞集：《道园学古录》卷四《西夏相斡公画相赞》，载文渊阁《四库全书》第1207册，台北：台湾商务印书馆，1986年，第66页。

## 西夏著名学者骨勒茂才

骨勒茂才，是西夏后期党项族最著名的学者，其生卒年不详。据其著作《番汉合时掌中珠》标明成书年代为1190年（南宋绍熙元年，夏乾祐二十一年），推断骨勒茂才生活于西夏乾顺、仁孝父子统治时期（1086—1193年）。这一时期，正是西夏文教事业发展的鼎盛阶段，崇尚儒士，兴学育才，西夏文化繁荣昌盛。骨勒茂才所著《番汉合时掌中珠》的问世，是当时西夏文化日益高涨的丰硕成果。

《番汉合时掌中珠》简称《掌中珠》，是一部西夏文与汉文的对音字典。全书约8000字，汉、夏字各半，除去重复字外，西夏单字约1500个。骨勒茂才编写这部书的主要目的是让西夏人学习汉文、汉人学习西夏文，解决语言不通的困难。骨勒茂才正是在西夏兴学重教、文教事业持续不断发展的形势下，为适应西夏与汉族人民彼此学习对方语言文字的需要，及时编写了这本著名的对音字书。

骨勒茂才为了使双方人民能迅速地掌握彼此的语言文字，达到易读、易记，便于学习的目的，在《掌中珠》内容安排上构思奇巧，颇费心力。《掌中珠》总分为天、地、人三大类，每大类又可细分为三小类，共细分为天体上、天相中、天变下，地体上、地相中、地用下，人体上、人体中、人事下等九小类。在三大类中，重点为人，而在人大类中，又以人事下为重中之重。

在文字的排列上也颇具特点，横看每列四行，右数第一行为西夏字的汉音，第二行为西夏文本字，第三行为西夏字的汉文意义，第四行为解释意义的汉字西夏对音，纵读成句，而且大部分是四字一句，大体上相当于中原王朝所编的四言杂字。这种结构的安排，正是紧紧围绕便于学习的这一主旨，也体现了骨勒茂才颇具匠心的构思。

骨勒茂才所撰《掌中珠》，不仅为语言文字的学习提供了诸多方便，而且从史学角度看，在政治、经济和思想方面也有重要的史料价值。

在政治方面，该书记录了中央官制与地方官制，其中有些为《宋史·夏国传》中所不载。并且明确指出，西夏的中央集权政治所达到的程度，“局分大小，尽皆指挥，不许留连，莫要住滞，休做人情”。从《掌中珠》中所记载的“莫违条法，案检判凭，依法行遣，不敢不听”等条文，反映出西夏诉讼和审讯办法。从案件的发生、告状、勘验现场、拘捕犯人、使知情人作证，直到审问、伏罪整个司法过程完整有序。

在经济方面，记录了农业、畜牧业、手工业、商业等的大量内容。如碾子、簸箕、麦、大麦、荞麦、稻、马、牛、羊、毡、毡帽、绢、纱、玉毡、甘草等均在书中出现。通过这些，反映了西夏经济发展状况。

在思想方面，孔子的儒家学说在《掌中珠》里有记载。他宣扬三纲五常，指出“阴阳和合，得成人身。学习文业，仁义忠信。五常六艺，尽皆全备。孝顺父母，六亲和合”。主张以富为贵，以贫为丑。标榜孔子的“学而优则仕”，声称“搜寻文字，纸笔墨砚，学习经典，立身行道，世间扬名。行行禀德，国人敬爱，万人取则，堪为叹誉，因此加官，坐司立法”。

他还大力宣扬佛教，强调“亲戚大小，性气不同，或做佛法，修盖寺舍，诸佛菩萨，天神地祇坻，璎璐数珠……供养烧香”“入定诵咒，行道求修”。骨勒茂才的著作，为我们提供了一幅西夏崇佛图，描述了西夏百姓虔诚信佛、统治阶级不遗余力地宣扬佛法的盛况。骨勒茂才的《掌中珠》，深刻地表现出西夏文与汉文“同本殊末”。从字里行间渗透出西夏社会所受中原王朝政治、经济、思想、文化方面的深刻影响。

骨勒茂才的著作，不朽长存，流传至今。他为西夏文化的发展、为党项与汉族人民的友好交往做出了贡献。

（原载于《中国历代少数民族英才传》，兰州：甘肃人民出版社，2000 年，第 914—915 页。）

# 民族关系

# 宋代西北民族关系的新格局

唐末五代以来，西北民族关系进入一个崭新的历史阶段，即西北各民族大交往、大融合的新时期。西北民族关系发生了新的变化，回鹘分裂，吐蕃衰弱，党项兴起，契丹西迁。不可否认，这四种新变化“总体上构成了西北民族关系发展变化的四根主线”[①]。受这种新变化的影响，甘青地区成为中原王朝与其他少数民族角逐之地，民族关系呈现出地域特点及民族特色。

## 一、争夺西北地区的各种势力

两宋时期，参预西北地区争夺的势力主要来自六方。

960 年，后周禁军都点检赵匡胤发动陈桥兵变，北宋王朝建立。这是一个以汉族为主体的政权，立国于中原，1127 年被金朝灭亡。后又建立南宋，偏安江南，1279 年亡于蒙古。两宋王朝的建立，在周边民族中具有举足轻重的地位，特别是北宋成为西北民族关系中的核心。

与宋王朝同时并存的还有辽朝。唐朝末期，统治削弱，契丹族社会有了飞跃发展，国家的出现已成必然。契丹迭剌部贵族耶律阿保机乘机而起，于 916 年建立政权，与北宋、西夏鼎足而立，1125 年被金朝灭亡。辽朝的建立，使它与西北的党项、回鹘、吐蕃发生联系。

女真在原始社会解体的过程中，就已具备建立政权的条件。1115 年，在其首领完颜阿骨打领导的反辽战争中，金朝建立。金政权与西夏、南宋鼎足而立，并且也涉足西北，与西夏、吐蕃发生关系，1234 年被蒙古灭亡。

党项羌是汉魏以来西羌的一支，北周灭宕昌、邓至等羌，党项开始强大。吐蕃兴起后，党项羌内迁至夏（治今陕西靖边县西北白城子）、绥（治今陕西绥德县东南 50 里）、银（治今陕西横山县东党岔镇大寨梁）、灵（治今宁夏灵

① 杨建新、马曼丽：《西北民族关系史》，北京：民族出版社，1990 年，第 271—272 页。

武县西南）、宥（今内蒙古鄂克托前旗东南）、静（治今陕西米脂县西）诸州。唐末五代之际，中原内乱，以拓跋部为核心的党项割据势力不断发展，至宋代时，部落首领李继迁转徙无常，渐以强大，而“西人以李氏世著恩德，往往多归之”[①]。1038 年，李元昊建立西夏，成为与宋、辽、金、吐蕃、回鹘争夺西北地区的一股重要势力。

崛起于青藏高原的吐蕃，安史之乱后乘唐朝衰弱之际，控制了西域，并攻陷了河西陇右地区。9 世纪吐蕃政权崩溃后，吐蕃衰弱，其部落散居于西北地区，不相统属。至宋代时，吐蕃分居三大地区，形成两个中心，以潘罗支为首的吐蕃六谷联盟控制着凉州（治今甘肃武威市凉州区）地区；以唃厮啰为首的青唐（即青唐城，故址今青海西宁）吐蕃政权则奄有以河湟为中心的广大地区；另有一部分吐蕃人散居在秦凤、泾原二路及熙（治今甘肃临洮县）、河（治今甘肃临夏市东北）、洮（治今甘肃临潭县）、岷（治今甘肃岷县）、叠（治今甘肃迭部县）等地。居住在这三大地域的吐蕃成为宋、辽、金、西夏各国争取的对象。

840 年，漠北回鹘汗国崩溃后，回鹘分三支往西南迁徙，“一支南下迁河西走廊”[②]。这支迁到河西走廊的回鹘，以甘州为牙帐建立政权，史称“甘州回鹘”。还有一支进入新疆地区的回鹘，活动在高昌等地，称为西州回鹘。甘州回鹘曾一度活跃在河西走廊，成为与西夏竞争的一股势力。1028 年，甘州回鹘被西夏攻灭。

在参与西北地区争夺的宋、辽、金、西夏、吐蕃、回鹘六方势力中，宋王朝以它的政治、经济、军事实力成为六方之中的核心力量。

### 二、西北民族关系的矛盾焦点

党项自内迁以后，由于与先进的汉族经济文化相接触，生产技术有了提高，社会经济有了发展。唐中叶以后，随着中央统治势力的削弱，党项拓跋部落势力日益强大。五代至宋初，偏居于夏、绥、银、宥、静之地的党项羌在纷乱中崛起，并不断开拓疆域。982 年，李继迁率众在地斤泽（今内蒙古伊克昭盟巴彦淖尔）集合武装，公开与宋抗衡。后又攻取灵州，给宋朝形成西顾之忧，党项族向外扩张的一个重要目标就是向西进取，攻占河西走廊，唐末五代

---

① [元] 脱脱等:《宋史》卷四八五《夏国传上》，北京：中华书局，1977 年，第 13986 页。
② 冯加昇、程溯洛、穆广文:《维吾尔族史料简编》上册，北京：民族出版社，1958 年，第 41 页。

以来，灵武以西的河西走廊一直被各民族政权所割据，吐蕃、回鹘、党项、吐谷浑、鞑靼等族以及瓜沙曹氏各占一隅之地，相互争斗不休，从而给党项以可乘之机。而党项族虽然实力增强，但毕竟人力、物力、财力有限，要向北发展，无力征服强大的辽朝；如向东发展，也不能彻底击溃宋朝。所以主、客观因素都促使西夏向西扩张，占领河西走廊地区。但占领河西，就与“先有其地”的甘州回鹘矛盾尖锐，只有与甘州回鹘展开激烈的斗争，才能实现党项的战略目标。

唐末五代时，位于河西走廊东部的凉州地区，逐渐为吐蕃所重视，河西走廊西部的吐蕃部落大规模地向凉州集结，凉州遂成为吐蕃人聚集的重要地区。而党项向西扩张，势必对居于凉州的吐蕃六谷等部族及河湟吐蕃自身的安全造成威胁，影响到他们切身的政治、经济利益。党项与吐蕃展开了争夺凉州的斗争。

党项的扩张也引起了宋、辽的不满，在宋、辽两大国面前，西夏要和他们一样平起平坐，独立称帝，这对于任何一方都是不会允许的。元昊建立政权后，对宋朝上表称臣，希望得到宋朝的承认，能够“许以西郊之地，册为南面之君”[①]。但宋朝对元昊极为不满，决心要翦灭这个“叛逆”，揭榜于边，“募人能擒元昊若斩首献者，即为定难军节度使”[②]。宋朝对西夏这种不平等的民族政策，导致宋夏战争的爆发。

辽也是一个强大的军事国家，从疆域、人力、财力等各方面来看，西夏在他面前犹如一颗“弹丸”。在李继迁、李德明时期，辽为控制西夏，曾给予不少援助，西夏也接受过辽的册封。元昊嗣位后，自称大夏皇帝，且以西朝自居，称辽为北边，引起辽朝的极度反感，再加之元昊对辽桀骜不驯，收容辽国反叛的党项部落，于是辽夏之间战争迫在眉睫。

总之，党项的崛起与建立政权，在自身求生存与发展的过程中，向周边扩张，必然给其他各种势力造成威胁，势必与其他民族或政权之间矛盾激化。党项成为活跃在西北的一支强大势力，在争夺西北地区的斗争中成为矛盾的焦点。

### 三、西北民族关系的主线

宋代西北地区是中原王朝及党项、吐蕃、回鹘、契丹、女真等少数民族的

---

①［元］脱脱等：《宋史》卷四八五《夏国传上》，北京：中华书局，1977 年，第 13996 页。
②［元］脱脱等：《宋史》卷四八五《夏国传上》，北京：中华书局，1977 年，第 13996 页。

角逐之地，民族之间关系错综复杂。在各种矛盾之中，宋夏战争是主要矛盾，始终处于主导与支配地位，影响和制约着其他诸多矛盾。

1002 年，党项李继迁攻陷灵州后，进一步向河西走廊推进，这就使宋朝与党项统治者的矛盾激化，特别是元昊建立政权后，对宋朝造成西顾之忧，北宋王朝的军事防御重心发生转移，从北边移到西北，于是宋夏矛盾成为影响和制约西北民族关系的一条主线。宋朝、西夏与吐蕃的关系就受宋夏战争的影响，吐蕃成为宋、夏双方争取的同盟者。当党项锐意进取，向河西走廊及河湟地区推进时，宋夏交恶，宋朝就与吐蕃结好以牵制西夏。同样，西夏也笼络吐蕃，送铁箭诱潘罗支部族，并向吐蕃首领赐物、授官、封爵。而吐蕃也利用宋夏矛盾，采取灵活的外交政策周旋其中，维护自身安全，从宋夏双方获取政治、经济的实际利益。

元昊建立政权后，辽夏关系逐渐恶化，边境上屡有战事纷争，辽国为了钳制西夏，首先以大兵压宋，迫使宋王朝疏远西夏，在辽夏关系上保持中立，然后西联青唐（今青海西宁市）吐蕃唃厮啰为外援。

总之，西北吐蕃在与各种势力的斗争中求生存、求发展。吐蕃与其他各种势力的结好与交恶，主要受宋夏矛盾的影响，宋夏矛盾是西北民族关系发展的一条主线。

辽宋夏金时期，在西北民族关系中，存在着六方、一核心、一焦点、一主线的新格局。各种势力在西北地区的角逐中，形成了具有鲜明的地域性、民族性的西北民族关系。

（原载于《宋代西北吐蕃研究》，兰州：甘肃文化出版社，1998 年，第 191—196 页。）

# 宋代西北民族发展的新特点

两宋时期，是中国民族史上的一个重要发展阶段，特别是在今天的中国西北和中亚地区，葛逻禄、样磨、仲云、粟特、沙陀、回鹘、党项、吐蕃、契丹等曾在这里活动，生息繁衍，并建立了高昌回鹘、甘州回鹘、西夏、喀喇汗王朝、西辽以及青唐吐蕃政权、凉州吐蕃六谷联盟等政权。这些西北少数民族及其政权在政治军事、社会经济、宗教文化等方面既具有时代特色，又具有鲜明的民族性和地域性。

## 一、继承与发展中原政权体制

此时，活动在西北地区的诸多少数民族及其所建政权，深受中原汉族思想文化的影响，其官职、机构等政权体制及军事制度，均仿效中原王朝的制度，但又有所发展，各具其变异性，是这一时期少数民族政权政治、军事上的显著特点。

### （一）政权体制的变异

回鹘在西迁以前，就深受汉文化影响，西迁以后，回鹘所建立的高昌回鹘、于阗回鹘、甘州回鹘以及喀喇汗王朝，其政权体制与阶级构成，更是深受同时期中原王朝政治、经济、文化的影响。

西迁后在甘州建立政权的甘州回鹘，其官制除有宰相、都督外，还出现左温、枢密使等官名。甘州回鹘的官号基本上沿用突厥名号，但兼采汉制，可汗、狄银即突厥语，而国相号“媚禄都督”则是借用汉语“都督”这一汉语官号。

高昌回鹘与龟兹回鹘生活在同一王国境内的不同地域，因而政治制度一致，实行双王制。回鹘王称亦都护，是回鹘最高统治者，下属有九宰相、枢密使、金紫光禄大夫、检校太师、御史大夫等官职。高昌回鹘王国境内的农民、奴隶、萨里则构成了被统治阶级。

由西迁回鹘的一支建立的喀喇汗王朝，其政治体制也是双王制，即汗国分为东、西两大部，由汗族长幼两支分别管理。这两个最高统治者属下分别有下属官员，其官职有宰相、将军、内侍官、财务官，在河中地区还存在近卫军制。

以耶律大石为首的一支契丹人西迁到中亚地区后，将汉文化的影响延续到新的地区。在中亚地区建立西辽政权后，因其经济与民族成分的双重性，政府机构继续实行两部制。西辽的中央官制有北、南面官，见于诸文献的南面朝官有中书、枢密副使、同知枢密院事等，北面朝官有六院司大王、护卫、驸马、近侍等，地方官名则有秃鲁、八思哈等。西辽总结辽朝灭亡的教训，吸取当地的统治经验，制定了新的统治政策，禁止分封土地，中央控制军队、减轻赋税，并对其附属国采取羁縻政策。

西北吐蕃的政治体制结构，既受中原汉族思想文化的影响，又保留自己的民族特色。西凉府吐蕃政权的政治结构是蕃汉联盟，世袭首领与册封官爵并存，这正是由于吐蕃接受中原封建政权的影响，政权具有双重政治特色。青唐吐蕃政权的基层组织是以地域为基础的部落，但也保留有氏族的残余，散处于河湟地区的众多部落是构成河湟吐蕃政权的政治基础。国主是青唐吐蕃政权的最高统治者，而协助国主处理日常事务的机构有“国相议事厅”和“国主亲属议事厅”，这是两个相互平等又相互制约的办事机构，这对防止国相专权，调整统治阶级之间的矛盾起了一定的积极作用，这是吐蕃政权建设的一大进步。

以党项为主体的西夏建立政权后，沿袭或采用唐、宋中原封建政权的统治制度，不仅建立了皇帝、名号、纪年制度，而且也仿效中原王朝体制，在中央建立起中央行政机构。不同时期，中央机构设置有所变化和调整，使西夏中央行政机构与宋朝颇多相同。西夏地方行政体制基本沿用唐、宋中原王朝地方行政建置的府、州（郡）、军、县等制度。

（二）军事制度的继承与发展

西北少数民族的军事制度是建立在政治体制的基础上，与政治制度相适应。

西夏的军事制度是仿照宋朝的制度而施行，全民皆兵制度是党项民族性的体现，但军事上分左、右两厢及监军司兵马均为中央直辖，这是西夏以军立国、集中军权的体现。西夏以法治军以及种种战术，既是党项民族特色的反映，也是汉族军事思想的影响。

吐蕃、回鹘、喀喇汗朝、西辽的军事制度皆与其政治体制相适应。青唐吐蕃政权是以李立遵、温逋奇、唃厮啰集团三位一体的形式存在，三大集团均有自己的部族军，而散居在秦凤、泾原二路以及熙、河、洮、岷、叠州等西北沿边的吐蕃部族则成为宋政府抵御西夏的劲旅，是宋朝四种兵制之一的蕃兵。回鹘实行部落领主制，各立首领，分领族帐，与此相适应，回鹘军事体制则是领主部落兵制，军队精锐，勇悍善战。喀喇汗王朝军事制度具有宗教特色，以伊斯兰教作为国教的喀喇汗王朝，全军信奉伊斯兰教，以“圣战”为号召，进行征服战争，从而使攻城略地具有了宗教色彩。西辽军事制度深受汉文化影响，接受了中原王朝专制主义制度的影响，统兵权与调兵权分离，军权集中在皇帝手中。

总之，西北少数民族政治体制与军事制度既是对中原政权政治体制的继承，又是发展与变异，这正是西北少数民族迅速封建化的反映。

## 二、经济发展模式与特点

两宋时期，是中国封建社会发展繁荣阶段，与宋朝同时并存的西北各民族政权，均不同程度地进入封建社会阶段。农牧共举，全面发展，是西北少数民族社会经济发展的主要模式和共同特点。

党项内迁以后，获得较为有利的生存环境与发展空间，从原始社会末期父系家长制阶段向阶级社会过渡，向奴隶制社会历史阶段发展，其所占有的银夏兴灵地区，生产力虽然落后于中原地区，但亦早已进入封建制社会，这一地区原有的生产关系与经济关系对党项社会发展，必然产生重大的影响和作用。虽然西夏自建立后，党项“社会奴隶制与封建制两种经济关系，在党项社会内部是纠结在一起”[①]。学术界对何时为西夏社会奴隶制终结与封建制开端进入了深入细致的研究与探讨，虽有种种不同观点与认识，但不可否认，此时党项社会形态已进入封建制，形成了奴隶制与封建制两种经济成分并存、具有党项民族鲜明烙印的社会形态特征。

封建制社会发展阶段为党项社会经济发展开拓了广阔的空间。建立西夏的党项羌原以畜牧为业，不知稼穑。内迁后，在汉族先进的农业文明的影响下，党项人逐渐学会耕作，但由于地域以及自然条件的限制，农业生产还没有形成规模。建立政权后，其统治地域扩大，在封建化的进程中，党项人已认识到土地的使用价值，兴修水利，开垦荒地，使用先进的农业生产工具与生产技术，

① 漆侠、乔幼梅：《辽夏金经济史》，保定：河北大学出版社，1994 年，第 240 页。

农作物品种繁多，公私储骤增，农业逐渐成为西夏社会经济中的一个重要产业。畜牧业是党项族传统的经济产业，历唐末五代至宋初，除一部分党项人学会农耕外，大部分仍过着定居或半定居的畜牧及不定居的游牧生活。西夏建立前，疆域的狭小使畜牧业发展受到限制。西夏建立后疆域的扩展使畜牧业在原有的基础上迅速发展，在社会生产中居有重要地位。农业和畜牧业的发展为手工业的发展提供了便利条件，西夏手工业有了一定规模，分工更加细致，门类众多，生产水平和制作技艺有所提高。西夏的商品经济虽远不如宋统治下的中原地区，但其内部交换以及与中原地区和各族之间的交换相对比较为兴盛，随着农业、畜牧业、手工业的发展，其商业贸易也有了长足的进步。总之，西夏社会经济呈现出农牧并举、全面发展的良好局势。

西北吐蕃所居的河湟、河西地区与汉族农业区毗邻，广为散布的吐蕃部族与汉人错居杂处，深受封建社会影响，汉族先进的生产技术与生产工具的大量传入，使吐蕃人“重牧轻农”的观念开始转变，农业生产逐渐受到重视。10世纪以后，吐蕃地区的农业生产在原有基础上进一步发展，产量提高，私人储粮增多，但由于吐蕃人传统的“重牧轻农”生产方式的影响，农业经济在吐蕃整体经济结构中始终处于从属和补充地位。吐蕃人居住地具有从事畜牧的优越条件，其自身就是游牧民族，这就决定了畜牧业是西北吐蕃主要的经济产业。根据其所居地域的不同，畜牧经济可分为两种类型：一种是以部落为单位的不定居的游牧经济，另一种则以家庭为单位的定居的半农半牧经济。两宋时期，西北吐蕃以当地的农牧业产品以及丰富的矿藏为原料，因地制宜地发展了诸如采矿、金属加工制造、皮毛加工、酿酒、建筑、制陶等民族传统手工业，门类众多，水平不一，但均在其经济生活中占有重要地位。西北吐蕃的手工业生产带有明显的地域性、民族性与民间性，同时也深受周边汉族及其他民族的影响。散居的西北吐蕃与各地区建立了商业贸易关系，并建立了相对稳定的共同市场，但其商业贸易水平与规模处于不平衡状态。在社会经济发展规律的作用下，西北吐蕃地区成为一个繁荣兴盛的商业贸易区。

这一时期，迁徙到西北地区并建立政权的回鹘已进入封建社会发展阶段，其社会经济以灌溉农业为主，呈现出全面发展的良好趋势。

回鹘人在进入高昌之前，主要从事游牧业生产，迁徙至高昌后，逐渐适应了当地的自然条件与生产方式，逐步从事灌溉农业，而畜牧业是其重要的经济产业。甘州回鹘则根据本民族的特点，以畜牧业为主要经济支柱，同时又充分利用河西走廊地区宜于农耕的良好自然条件，兼营农业，采用先进的生产工具，产品和产量基本上能够满足自己的需要。狩猎则成为高昌回鹘、甘州回鹘经济生活的另一补充形式。甘州回鹘、高昌回鹘的手工业均有较高水平，门类众多。由于农业、畜牧业的发展，中西商路的畅通，为善于经商的回鹘创造了经商的优越条件。回鹘人的商业贸易活动，既促进了东西方经济交流，也使西北地区封闭局面有所松动，并逐渐趋于开放。

迁徙到中亚地区、并建立喀喇汗王朝和西辽的一支回鹘人与契丹人，均逐渐适应了西域和中亚地区生态环境与自然条件，其社会经济在原基础上有了长足的进步。

喀喇汗王朝的农业经济在原从事农业生产传统的基础上继续发展，并在其经济结构中占有重要地位。但畜牧业仍占据着重要角色，捕鱼狩猎在经济生活中起着补充作用。喀喇汗王朝的统治者重视手工业生产，采取了较为合理的政策，使手工生产者的社会地位有所提高，这就为手工业的发展创造了一个相对有利的社会环境，有矿冶、金属制造、制陶、纺织、造纸等众多门类。喀喇汗王朝地理位置优越，位于中西交通的枢纽之地，因而与中原宋朝，北方辽朝，南方、西方的印度、伊朗、阿富汗，以及西亚、北非等都有发达的贸易关系，货币经济发达。

西辽所在的中亚地区，灌溉农业与非灌溉农业成为西辽主要经济产业，畜牧业在西辽境内仍占有重要地位，成为西辽国势强盛的物质基础。玻璃制造、制陶、采矿、兵器制造等手工业生产也有长足的发展。在疆域辽阔的西辽境内，阻碍经济发展的关卡壁垒减少，促进了货币流通，经济发展的一体化加强。

### 三、中西文化的双向交流

这一时期，由于深入广泛的中西文化的双向交流，西北和中亚各族人民在继承本民族传统的基础上，接受了中原汉族的思想文化，中西文化融于一体，从而诞生了“合成式文明”，即“综合性的新文化”。

产生于中原地区、以孔子为宗师的儒学，经过不断的发展演变，至北宋时，一种新的儒学形态——理学在中原地区兴起，并盛行一时，儒学成为中原王朝的统治思想。以传统儒家思想文化为主体的汉文化植根于农业社会土壤中，具有稳定、和谐、整体化的发展模式与强烈的辐射渗透力，这对由单纯牧业经济向农业经济过渡的西北少数民族具有强烈的吸引力，在汉文化的传播与发展中，使他们逐渐被汉化。

在党项族兴起与立国的数百年间，儒家思想文化渗透到西夏社会的各个方面，融入西夏文化之中，儒学成为西夏治国的思想武器与精神支柱。元昊称帝立国的形式，明显地表现出对儒家文化的认同，而且国名、帝号均渗透着儒家文化的色彩。西夏在典章制度上的“汉化”是对传统儒家思想文化的吸纳，这为西夏封建化提供了政策与制度上的保证。西夏崇儒尚文，建立国学，传授儒家之道，以帝号尊崇儒学先师孔子为“文宣帝”，首先突破了历代汉族统治者对孔子的封谥规格，抬高了孔子的儒学地位。西夏文字的创制更是“合成式文明”的具体表现，是对汉文化继承与发展的典型。西夏文字从形体上看与汉字相像，有学者称为“汉式文字”，但又不同于汉字的特点，正如张澍所言：“乍视，字皆可视；熟视，无一字可识。”西夏文字的创制是按照汉字的“六书”理论，制定会意、形声、形意的三大法则，并率先创造了一些字作为基础，演绎繁衍出更多的西夏文字。显然，西夏文字的诞生是合成式文明的结果。

儒学对吐蕃亦产生了巨大的影响。位于宋朝西北沿边的吐蕃，随着与宋朝政治、经济、文化的相互交往，也必然受到儒学潜移默化的影响，宋朝统治者对吐蕃用“中国法教驭之”，即施以儒家思想文化的影响，设立蕃学，赐以国子监书，以儒家经典作为蕃学教育的主要内容，致使吐蕃也“渐行中国法教”，渐习汉法，渐有华风，学习汉字，向往汉族封建文明。南宋时，吐蕃首领益麻党征更是深受儒家君臣道义的影响，抵拒金朝的诱降，“备见忠节”。显然，吐蕃人也以儒家文化作为共同的信仰标准和价值取向，儒家文化逐渐渗透到吐蕃社会生活的各个领域。

由于西州回鹘与中原各地联系紧密，中原汉文化予其深刻的影响。宋太平兴国七年（982年），王延德出使至高昌时，看到西州回鹘仍使用唐朝开元七年历，有敕书楼，珍藏有唐太宗、玄宗御札诏敕。而位于新疆南部塔里木盆地的于阗回鹘可汗李圣天自称是唐宗属，其服饰如中国，其殿皆向东，称为金册殿、七凤楼等。

喀喇汗王朝、西辽等亦深受汉文化的影响。作为喀喇汗王朝统治的回鹘人，西迁以前就受到中原汉文化的影响，已有相当的文化底蕴，西迁后，喀喇汗王朝获得了巨大的发展，形成了综合性的新文化，即伊斯兰—突厥文化。《福乐智慧》作者玉素甫的思想自成体系，独具一格，既吸收伊斯兰文化、佛教文化，又接受了儒家文化，形成了一种综合性思想文化体系。儒家传统的大一统观念对他产生了深刻的影响，他将喀喇汗王朝与中原视为一体。中国古代哲学对其伦理思想的影响则更为深刻。

契丹辽朝是深受汉文化影响、迅速进入封建化的一个民族政权。辽朝灭亡后，契丹族在中亚地区建立西辽政权，是辽朝在西域的延续，也是中原汉族文化在西域的传播与发展。陈垣先生认为西辽五主，凡八十年，皆有汉文年号，可知其在西域曾施行汉文。《辽史》卷三〇《天祚皇帝四》中所保留的耶律大石的一些汉文诏谕，均说明汉文曾是西辽政府的官方文字。

总之，这一时期西北少数民族的文化既保留了自己的民族特色，又深受中原文化的影响，合成式文明或综合性新文化的出现，正是不同民族文化交流、融合的结果。

## 四、佛教的传播与伊斯兰教的东渐

这一时期，西域中亚及西北地区的少数民族的宗教信仰各具特色，西夏、吐蕃、回鹘、西辽均以佛教信仰为主，喀喇汗王朝以伊斯兰教为国教，而基督教、道教 、景教、萨满教等其他宗教也都不同程度地得到传播，充分反映了西北民族的多种类与宗教信仰的多元化。

### （一）佛教在西北少数民族中的传播与发展

当中原地区佛教渐趋衰微之时，以党项族为主体建立的西夏却尊崇佛教。随着西夏社会经济的发展、国力的强盛，党项统治者要用佛教作为统治思想之一，因此对佛教大力提倡。西夏佛教中心开始由兴庆贺兰地区向西扩展到河西走廊，西夏境内形成了以甘凉、敦煌安西、兴庆贺兰及黑水城为中心的新的佛教分布格局。这就使佛教在西北地区得到传播与发展，并逐渐占据统治地位，成为西夏国教。西夏是一个多民族构成的政权，西夏统治者不仅大力提倡、尊崇佛教，并对密教、道教、伊斯兰教、景教等其他宗教也采取兼容并蓄的政策，但其势力与规模远不及佛教。

唐末五代时期，散居于河西、陇右、河湟地区的吐蕃虽然已与青藏高原的吐蕃脱离了联系，但他们对佛教的信仰仍炽热虔诚。宋代西北吐蕃佛教深受藏传佛教与汉地佛教的双重影响而独具特色。西北吐蕃的崇佛与重僧，不仅是吐蕃“佞佛”的表现，也是民族文化的象征。

回鹘人在漠北回鹘汗国时期，由萨满教转信摩尼教，佛教也有所传播，但不占统治地位。9 世纪中叶，西迁的一支回鹘来到西域地区，这里佛教盛行，这就为以后高昌回鹘汗国佛教的繁荣奠定了基础。受其影响，高昌回鹘后期，佛教势力开始在王国中取得绝对优势，逐渐占据了统治地位。9—10 世纪，是高昌回鹘佛教的第一个大发展时期，高昌、龟兹、北廷成为佛教中心。高昌回鹘汗国时期的佛教主要是大乘教，但小乘教派也有所传播。龟兹地区有深厚的佛教基础，龟兹回鹘的佛教也很发达，并与中原王朝有密切的宗教联系，佛教活动一直持续到11世纪末。另一支回鹘人由漠北迁到今河西走廊地区，这里久盛不衰的佛教文明对回鹘人产生了深远的影响，由摩尼教转而信奉佛教。

高昌回鹘、甘州回鹘及沙州回鹘等都奉行兼容并蓄的宗教政策，不仅尊崇佛教，对佛教之外的任何宗教都不排斥，摩尼教、景教、祆教等均有流行。

12世纪中期后，东来的契丹人占据了喀喇汗王朝，西辽开始统治天山南北地区。西辽奄有喀喇汗王朝后，改变了喀喇汗王朝定伊斯兰教为国教以及对其他宗教加以限制的政策，对各种宗教兼容并蓄，信仰自由，因此西辽境内各种宗教异常活跃。建立西辽的契丹人原先信奉的是原始的萨满教，以后随着王权的确立及阶级结构、封建关系的发展，原始宗教信仰也相应发生了变化，辽国建立前后，佛教开始传入契丹，以后历代统治者皆尊崇佛教。辽灭亡后，耶律大石率部西迁来到中亚地区，他们对佛教的信仰在这里得以延续，佛教在西辽王朝的直辖领地得到传播与发展。

（二）伊斯兰教的东向传播与发展

在佛教传播的同时，伊斯兰教东渐，越过葱岭，渐至龟兹、于阗一带，致使西域佛教盛行的不少地区改信伊斯兰教，这不仅对当时这一地区民族关系有重大影响，而且对以后也影响深远。

伊斯兰教东渐与喀喇汗王朝有密切关系，喀喇汗王朝的回鹘人成为伊斯兰教东渐的重要媒介。在喀喇汗王朝初期，波斯曾被阿拉伯征服，伊斯兰教传入波斯，布哈拉、撒马尔罕曾是传播伊斯兰教的中心城市。随着喀喇汗王朝不断与波斯诸王朝的征战，伊斯兰教逐渐传入喀喇汗王朝，最终成为喀喇汗王朝的国教。

7世纪后期，伊斯兰教开始传入中亚地区，但当时发展缓慢。萨曼王朝东侵，使伊斯兰教在喀喇汗朝传播，而喀喇汗王朝王室成员萨克图主动、自发地信奉伊斯兰教，将伊斯兰教的传播推向高潮，从而确立了伊斯兰教的统治地位，但此时，伊斯兰教并没有在全国普及。显然，萨克图皈依伊斯兰教，实质上是相对落后的畜牧经济与相对先进的农业经济的较量，是从事游牧的萨克图向往较为先进的精神文明的表现。

当伊斯兰教演变成喀喇汗王朝国教，成为统治阶级工具时，也就是伊斯兰教强制、武力传播的开始。萨克图以“圣战”的名义进行征服战争，用武力将伊斯兰教推向喀什噶尔、八拉沙衮，强迫喀喇汗王朝各民族信奉伊斯兰教。又同于阗展开宗教“圣战”，用武力将伊斯兰教传入于阗，最终实现喀喇汗王朝伊斯兰教化，这种伊斯兰教化实质上是“突厥化的伊斯兰教”。伊斯兰教的东渐丰富了这一时期西北民族的文化交流内涵，具有深远的影响和意义。

辽、宋、西夏、金时期，西北各民族及其政权在政治制度上的继承与变异，经济上的全面发展，合成式文明的诞生，佛教的传播发展与伊斯兰教的东渐，是这一时期西北少数民族历史发展的特点，充分说明这一时期是西北民族之间相互融合时期，也是与中原王朝依存关系发展的重要阶段，充分证明西北各民族及其政权均不同程度地进入封建社会发展阶段。

（原载于《西北民族文献与研究》，兰州：甘肃人民出版社，2004 年，第 1—11 页。）

# 夏州政权与中原王朝的关系

五代时期，夏州拓跋政权与中原王朝的关系，以后唐明宗长兴四年为界，分为前后两个不同的发展阶段。前一阶段即后梁开平元年至后唐长兴四年（907—933年），拓跋政权与中原王朝保持着臣属关系，为中原王朝捍卫西北边疆；后一阶段即后唐长兴四年至北宋太祖建隆元年（933—960年），拓跋政权则基本摆脱中原王朝的直接控制，仅维持着名义上的臣属关系，双方互不侵犯[①]。

## 一、夏州政权与中原王朝的臣属关系

地居银夏地区的拓跋李氏处于周边强国包围之中，其西面是河西李茂贞，东面是河东李克用，北边是新崛起的契丹族，东南则是新立国的后梁，随时面临被吞并的危险。在这种情况下，早在唐朝灭亡前夕，拓跋政权便寻找一个力量最为强大的集团作自己的靠山，随着朱全忠势力的强大，拓跋李氏便投靠了朱全忠。唐天祐三年（906年），邠州（治今陕西彬县）李继徽率六镇兵攻夏州（治今陕西靖边县西北白城子），李思谏求救于梁，梁遣刘知俊率军击退，“自是夏州服于梁”[②]。后梁开平元年（907年），朱全忠正式称帝后，即授李思谏为检校太尉兼侍中，拓跋政权与后梁正式建立臣属关系。

拓跋政权与后梁建立的这种亲密关系，遭致其他割据势力的不满。后梁开平四年（910年），后梁忠武节度使刘知俊附岐王李茂贞后，便率兵攻灵、夏，二月不克后，河东李存勖乃遣周德威出兵，合众五万余攻夏州（治今陕西靖边县西北白城子），李仁福坚守危城，直至后梁援军到解围。李仁福因打退晋岐联军，特加官检校太保、同平章事。后梁乾化三年（913年），后梁又封李仁福

① 杜建录：《西夏与周边民族关系史》，兰州：甘肃文化出版社，1995年，第30页。
② ［清］吴广成著，李蔚整理：《西夏书事》卷一，济南：山东泰山出版社，2000年，第30页。

为陇西郡王，这是夏州拓跋氏封王之始。此后，李仁福一直为后梁守卫西北边疆，与中原王朝保持密切关系。直至后梁龙德二年（922 年），李存勖进攻后梁京城，李仁福还应召贡马五百匹助战，与后梁依然保持君臣关系。

后唐灭梁后，李仁福为了保持割据地位不被新兴的后唐吞并，于是立即向后唐表示友好，遣宥州刺史李仁裕贺后唐庄宗李存勖登基，以此表示自己的归顺之意。后唐庄宗为了扩大势力，接受李仁福归顺，于后唐同光二年（924 年）四月，封李仁福为检校太师兼中书令、夏州节度使，晋爵朔方王，承认了拓跋李氏在夏州的统治。后唐不断给李仁福封官加爵，加以笼络，李仁福也一意奉承，双方为了各自的利益相互承认，保持了十年相安无事的和平局面。但实际上后唐对割据多年且势力强大的拓跋李氏并不放心，时刻提防拓跋政权与契丹联合起来，“并吞河右，南侵关中”[①]。因此，寻找时机将其灭绝。

后唐长兴四年（933 年），李仁福卒，部众推其子李彝超权知州事，并上书后唐政府请求册封。后唐明宗乘此时机，决定采用“调虎离山”之计，消除这一隐患。首先不同意李彝超为夏州节度使，而是将其与延州节度使安重进对调，并且命邠州节度使药彦稠、宫苑使安从益统帅五万骑护送安重进赴任。夏州政权经过唐末五代之际的发展，已逐渐壮大，不可能任人摆布。因此，李彝超一方面上书明宗，托辞本人愿意移镇，只缘“为军士百姓拥留，未得赴镇”；另一方面积极备防，遣“兄阿啰王守青岭门，集境内党项诸胡以自救”[②]。安重进大军进逼夏州城时，彝超闭城固守。夏州城系赫连勃勃所筑，“坚如铁石，斸凿不能入”，又有“党项万余骑徜徉四野，抄掠粮饷，官军无所刍牧”[③]，加之彝超扬言“结契丹为援”。在这种情况下，明宗只好下令撤军。随后彝超上表谢罪，明宗正式封彝超为定难军节度使、检校司空兼检校司徒，双方修贡如初。

李彝超粉碎了后唐政府的吞并阴谋，给夏州政权的发展带来了极大的转机，正如吴广成所评论“此李氏显据夏州之始”[④]。通过这场生死较量，拓跋政权与中原王朝军事力量的对比发生了变化，拓跋军事力量迅速发展壮大。从此以后，拓跋政权对中原王朝的态度也发生了根本性的转变，“自是夏州轻朝

① [宋] 司马光：《资治通鉴》卷二七八《后唐纪七》，北京：中华书局，1956 年，第 9082 页。
② [宋] 司马光：《资治通鉴》卷二七八《后唐纪七》，北京：中华书局，1956 年，第 9083 页。
③ [宋] 司马光：《资治通鉴》卷二七八《后唐纪七》，北京：中华书局，1956 年，第 9085 页。
④ [清] 吴广成著，李蔚整理：《西夏书事》卷二载吴广成按语，济南：山东泰山出版社，2000 年，第 32 页。

廷”[①]“傲视中原，阴结叛臣”[②]，积极参与反抗中原的活动。而中原王朝对拓跋李氏政权的态度也有变化，由原来的臣属转变为一个相对独立的地方民族政权，与它仅能维持“羁縻”关系而已。

### 二、中原诸王朝对夏州政权的羁縻笼络

夏州政权军事力量的发展壮大，使它成为一个名符其实的地方民族割据政权，迫使后唐明宗以后的历代中原王朝统治者不得不采取羁縻政策，与其保持友好关系，以便相安无事。

自后唐明宗长兴四年（933年）至北宋太祖赵匡胤建立宋朝（960年），夏州政权与后唐、后晋、后汉、后周四个中原王朝及建都于太原的北汉均有过交往，表面上对这些政权称臣纳贡，维持君臣名分，实际上不起任何约束作用。

这一时期，历代中原诸朝皇帝对夏州政权皆主动拉笼，结其欢心。后唐清泰二年（935年）二月，李彝超卒，后唐封其弟李彝殷为节度使。后晋天福二年（937年）正月，晋高祖石敬塘登基之初，下诏给李彝超“加官及封邑，示普恩也”。天福八年（943年），又给李彝超加官检校太师。同年，绥州刺史李彝敏叛乱，事败后投奔延州，但后晋将其主动缚送夏州处斩。吴广成评论道：“李氏自后唐入晋，非有大功可纪，而晋爵拜官，书不胜书。前贤谓乱世之爵赏不足以服人适足以骄人，其以此夫。”[③]这种无功授爵，正反映出拓跋政权与中原王朝关系发生了质的变化。后周广顺元年（951年），周太祖继位后，主动封册李彝殷为陇西郡王，但李彝殷“未尝表贺”，却遣使表附北汉。后周极尽笼络，册封官爵，在显德元年（954年）正月，封李彝殷为检校太尉加太师、侍中兼中书令、同平章事，晋爵西平王。显德四年（957年），李彝殷弃汉归附后周，周世宗加秩为太保，“益食邑六百户，实封三百户”[④]。这一切足以说明中原王朝对拓跋政权的态度，而且也反映出双方关系发生了实质性的变化。

李彝殷“以中原多故，有轻傲之志，每藩镇有叛者，常阴助之，邀其重赂。朝廷知其事，亦以恩泽羁縻之”[⑤]。中原王朝历代统治者对拓跋政权的扩张及招降纳叛等不予理睬，乾祐元年（948年），后汉李茂贞叛乱，遣人携蜡

① [宋] 司马光:《资治通鉴》卷二七八《后唐纪七》，北京：中华书局，1956年，第9085页。

② [宋] 王钦若:《册府元龟》卷一六六《帝王部·招怀第四》，载文渊阁《四库全书》第905册，台北：台湾商务印书馆，1986年，第59页。

③ [清] 吴广成著，李蔚整理:《西夏书事》卷二，济南：山东泰山出版社，2000年，第32页。

④ [清] 吴广成著，李蔚整理:《西夏书事》卷二，济南：山东泰山出版社，2000年，第34页。

⑤ [宋] 司马光:《资治通鉴》卷二八八《后汉纪三》，北京：中华书局，1956年，第9407页。

书重币至夏州求援，李彝殷出兵声援。延州节度使将此事上报朝廷，但汉隐帝怕得罪李彝殷，不但没降罪，反而赐诏和解，并在乾祐二年二月，将静州划归定难军节度使管辖，满足了拓跋政权对外扩张领土的欲望。此时的拓跋政权有时也会摆出求援宗主国的态势，但在关键时刻，决不会出兵援助。开运二年（945年），后晋被契丹攻溃，却“不闻夏州一卒渡河”[①]，李彝殷并没有给于真正的援助。

总之，在五代时期，夏州拓跋政权与中原诸王朝的关系中，以不损害自己的利益为前提，立足于自己的发展。正如吴广成所评：“夏州当五代之时，自开平迄显德，终始五十三年，暮楚朝秦，充然无复廉耻。”[②]这种“暮楚朝秦”正是拓跋政权为求生存、求发展而采取的灵活的外交策略，它为拓跋氏控制银夏地区，为以后西夏建立政权创造了极为有利的条件。

（原载于《中国西北少数民族通史·辽宋夏金卷》，北京：民族出版社，2009年，第420—424页。）

① [清] 吴广成著，李蔚整理：《西夏书事》卷二，济南：山东泰山出版社，2000年，第33页。
② [清] 吴广成著，李蔚整理：《西夏书事》卷二，济南：山东泰山出版社，2000年，第33页。

# 西夏与宋朝的关系

夏州党项政权的建立与发展，特别是西夏政权的建立，给宋朝的政治、经济、军事带来了极大的影响，致使西夏与宋朝的关系随着形势的发展在不同时期有所变化。

## 一、西夏建国前与北宋的关系

五代时期，辖有夏（治今陕西靖边县西北白城子）、绥（治今陕西绥德县东南50里）、银（治今陕西横山县东党岔镇大寨梁）、宥（治今内蒙古鄂克托前旗东南）、静（治今宁夏永宁县南望洪乡附近）五州之地的夏州党项李氏成为雄踞一方的割据势力，摆脱中原王朝的控制，仅维持着一种互不侵犯、相互往来的关系。北宋立国之初，仍维持着后周以来与夏州政权的关系，至李继迁反宋，宋夏关系出现了新的变化。

### （一）附宋抗汉

北宋立国后，夏州政权采取附宋政策，与北宋保持友好关系。宋建隆元年（960年）正月，李彝兴“闻太祖受禅，遣银州防御使李光曮奉表入贺”[1]，获得赵匡胤欢心，给李彝兴加官太尉。夏州政权与宋建立了友好关系，自此至李继捧献地，双方一直保持密切联系。

这一时期，双方关系友好，遣使不断。建隆元年（960年）正月，遣使贺宋太祖即位。建隆三年（962年）四月，李彝兴知宋朝需战马，遣使入献良马三百匹。宋太祖嘉奖李彝兴，命工匠特制一玉带遣使赐之，李彝兴感服。乾德元年（963年）四月，又遣使献牦牛。夏州政权助宋抗击北汉。建隆元年（960年）三月，北汉刘钧结代北诸部来寇麟州（治今陕西神木县西南），李彝兴奉宋太祖诏，“遣部将李彝玉会诸镇兵御之”[2]，北汉遂退兵。这是夏州政权首次

---

① [清]吴广成著，李蔚整理：《西夏书事》卷三，济南：山东泰山出版社，2000年，第34页。
② [元]脱脱等：《宋史》卷四八五《夏国传上》，北京：中华书局，1977年，第13982页。

助宋抗御北汉。此后北汉主刘钧“累遣使持币由间道约以兵助，彝兴不纳。太祖闻，厚赉赉之”[①]。

李彝兴死后，其子李光睿继续采取附宋抗汉的策略。宋开宝八年（975年），北汉数出兵攻掠宋朝，并遣使招诱夏州政权，李光睿不从，北汉出兵掠银州（治今陕西横山县东党岔镇大寨梁），被李光睿击退。太平兴国四年（979年）三月，宋朝再次北伐，李继筠“遣银州刺史李光远、绥州刺史李光宪率蕃、汉兵列阵渡河，略太原境以张军势”[②]。夏州拓跋氏世受北宋册封。李彝兴死后，赠太师，追封夏王，授李彝兴子李光睿为定难军节度使。宋太宗即位后，因光睿助宋抗汉有功，加官检校太尉。光睿死后，授其子李继筠检校司徒、定难军观察留后。

从宋太祖建隆元年至宋太宗太平兴国七年（960—982年）的二十多年中，党项拓跋政权与宋朝矛盾还未激化，宋朝对夏州政权行羁縻之策，双方关系友好。但宋朝加强中央集权，削弱地方割据势力的措施，势必会危及夏州党项贵族的利益，党项贵族与宋朝统治者之间的矛盾冲突，至李继迁时开始爆发。太平兴国五年（980年）十月，李继筠死后，李继捧“以季弟袭职，失礼诸父，宗族多不协。克远素暴悍，与弟克顺等率兵袭夏州（治今陕西靖边县西北白城子）。继捧侦知，伏兵以待。克远兵至，入伏败死”[③]。自李克远死后，李氏宗族携贰，夏州政权出现内乱。太平兴国七年（982年）五月，夏州党项首领李继捧举族入朝，自动献出夏、银、绥、宥四州八县之地。宋太宗借此乘机削藩，下诏削去绥州刺史李克宪、银州刺史李克文等人的兵权，并“皆赴阙”。显然，宋太宗的这种做法激化了矛盾，迫使党项首领李继迁叛宋自立，“擅河南地二十年，兵不解甲，使中国有西顾之忧”[④]。

（二）起兵反宋

李继捧族弟李继迁对此表示强烈不满，进行反抗，率数十人奔走地斤泽（即铁斤泽，今内蒙古伊克霍洛旗西南），以恢复故土相号召，举起反宋旗帜。李继迁反宋战争，自太平兴国七年至咸平三年（982—1000年），共二十二年，大体上分为四个阶段。

第一阶段，太平兴国七年至雍熙三年（982—986年），是李继迁反宋战争

① ［清］吴广成著，李蔚整理：《西夏书事》卷三，济南：山东泰山出版社，2000年，第35页。
② ［元］脱脱等：《宋史》卷四八五《夏国传上》，北京：中华书局，1977年，第13983页。
③ ［清］吴广成著，李蔚整理：《西夏书事》卷三，济南：山东泰山出版社，2000年，第36页。
④ ［元］脱脱：《宋史》卷二五八《曹玮传》，北京：中华书局，1977年，第8985页。

的初期阶段，军事上暂处于守势。太平兴国七年十二月，率众攻夏州，但因力量薄弱，不敢与宋军作战，退回地斤泽（即铁斤泽，今内蒙古伊克霍洛旗西南）。雍熙元年（984 年），李继迁又遭遇夏州知州曹光实的偷袭，“斩首五百级，烧四百余帐，获继迁母、妻及羊马器械万计，继迁仅以身免”[①]。第二年五月，又与宋将王侁战于浊轮川（今陕西神木县西北），惨败，兵力几乎损失殆尽。为了积聚力量，李继迁一方面依辽抗宋，又转而采取向宋议和的策略，遣使赴宋朝灵州入贡马、骆驼等物，并上表宋太宗，企图通过和平方式获取银夏之地，也为对宋朝用兵寻找理由。因得不到宋朝承认，李继迁“数寇河西，银夏诸州无宁日”[②]。另一方面则与李继捧联手共同反宋。在李继捧的配合下，李继迁出兵攻占绥（治今陕西绥德县东南 50 里）、银（治今陕西横山县东党岔镇）、庆（治今甘肃庆阳市西峰区）、原（治今甘肃镇原县）诸州，取得一系列胜利，后这些州县虽均得而复失，但增强了李继迁的声势。

第二阶段，雍熙四年至淳化二年（987—991 年），李继迁进行试探性进攻。熙雍四年（987 年）二月，李继迁出兵攻打夏州（治今陕西靖边县西北白城子），在夏州西北王庭镇设伏，大败夏州知州王守忠兵。淳化元年（990 年）十月，李继迁再次攻夏州，未克。宋朝利用其内部分裂，遣兵反击，李继迁被迫降宋，宋授为银州观察使，赐姓名赵保吉。

第三阶段，淳化三年至至道元年（992—995 年），李继迁进行大规模战争的准备。淳化三年（992 年）正月，李继迁“复引兵入银州居之”[③]。四月，又遣军入寇庆州。至道元年九月，以千骑攻清远军（治今宁夏同心县东）。十二月，又引契丹兵攻府州（治今陕西府谷县），攻掠宋沿边诸州县。但李继迁将主要精力用于发展生产，为攻取灵州做准备。

第四阶段，至道二年至咸平六年（996—1003 年），李继迁攻占灵州（治今宁夏吴忠市北）与凉州（治今甘肃武威市凉州区）。党项李继迁势力发展壮大后，将矛头指向灵州，对灵州的争夺则成为宋夏战争的一个焦点。灵州位于夏州西侧，背靠贺兰山，地方千里，表里山河，水深土厚，草木茂盛，具有重要战略地位。如果李继迁得灵州，将得地坐大，增强实力，而宋朝弃灵州，等于撤去了一道屏障，失去了军马的供给地。但灵州地区经过长期战争的破坏，经济凋敝，粮饷不足，戍守困难。正当宋王朝臣僚议论纷纷，弃守不定

① [宋] 李焘:《续资治通鉴长编》卷二五，雍熙元年九月，北京：中华书局，1979 年，第 586 页。
② [清] 吴广成著，李蔚整理:《西夏书事》卷三，济南：山东泰山出版社，2000 年，第 37 页。
③ [清] 吴广成著，李蔚整理:《西夏书事》卷五，济南：山东泰山出版社，2000 年，第 41 页。

时，李继迁组织军力，发动了一系列旨在夺取灵州的战役，对灵州展开猛烈进攻，终于在宋真宗咸平五年（1002年）三月，攻占灵州。灵州的失陷对宋朝来说是一重大失策，也是宋政府“守内虚外”政策的必然结果，从此，宋朝西部边疆失去了藩篱。此时的党项已成为重要的政治军事力量，对宋朝的威胁逐渐强化。李继迁奄有灵州后，升灵州为西平府，“借此为进取之资，成霸王之业”①，并立即向河西走廊扩张，与凉州吐蕃发生激烈战争，李继迁败死凉州，凉州得而复失，被回鹘占领。由于宋真宗奉行羁縻缓战政策，助长了李德明扩张的野心。

（三）景德议和

李继迁在生命垂危之际，嘱子李德明：“尔当顷心内属，一表不听则再请，虽累百表不得请，勿止也。”又对张浦等人说：“公等并起等夷，谊同兄弟，孺子幼长兵间，备尝艰苦，今俾以灵、夏之众，虽不能与南北争衡，公等戮力辅之，识时审务，或能负荷旧业，为前人光，吾无憾矣。”②李继迁临终遗嘱是对形势的深思熟虑，此时党项政权实力不足以与宋、辽争雄，只有与宋朝和好，才能争取时间，养精蓄锐，才能“西掠吐蕃健马，北收回鹘锐兵”③。而西夏境内时遇灾荒，党项政权内部也出现了不稳定因素，有部属叛逃归宋，只有与宋和好，才能取得经济利益，渡过难关。此时“澶渊之盟”的订立，使宋辽关系有了重大转折，宋朝为了推行“姑务羁縻，以缓争战”的政策，从自身利益出发，也需要与李德明和睦相处。在双方均有议和愿望的情况下，终于在景德三年（1006年）九月，签订景德和约。

景德和约后，李德明一直与北宋保持友好关系，“贡奉之使，道路相属”④。景德三年（1006年）十一月，遣使贡御马二十五匹，散马七百匹，驼三百头，以谢朝命。第二年三月，又贡马五百匹，橐驼二百，谢给俸廪。因李德明贡奉频繁，特加赐德明袭衣、金带、器币。宋朝不断地给李德明加官、晋爵、赐号、益食邑，宋天圣四年（1026年）二月，宋以李德明“肃恭秉节，信顺存诚，善继美于世勋，能纳忠于王室”，推恩李德明为“推忠宣德崇仁保顺纯诚亮节协恭守正翊戴功臣、定难军节度、夏绥银宥静等州管内观察处置押蕃落等使、开府仪同三司、检校太尉、守太傅、尚书令兼中书令、使持节都督夏

①［清］吴广成著，李蔚整理：《西夏书事》卷七，济南：山东泰山出版社，2000年，第49页。
②［清］吴广成著，李蔚整理：《西夏书事》卷八，济南：山东泰山出版社，2000年，第51页。
③［清］吴广成著，李蔚整理：《西夏书事》卷七，济南：山东泰山出版社，2000年，第47页。
④［宋］李焘：《续资治通鉴长编》卷六五，景德四年三月庚申，北京：中华书局，1980年，第1449页。

州诸军事、行夏州刺史、上柱国、西平王，食邑一万八千户、食实封五千八百户”[①]。后至临终前，食邑又增至“两万一千户，食实封七千户”[②]。

李德李明在世二十余年，遵父志，与辽、宋结好，党项势力日益强大。西夏“朝聘之使往来如家，牛马驼羊之产，金银缯帛之货，交受其利，不可纪胜”，而宋夏沿边“有耕无战，禾黍云合，甲胄尘委，养生葬死，各终天年”[③]。双方关系友好，呈现一副和平景象。

## 二、元昊、谅祚时期宋夏战和与边界交涉

西夏建立初期，元昊、谅祚时，宋夏关系恶化，李元昊对宋战争不断，后宋夏双方议和，订立庆历和议。

### （一）宋夏战争

元昊为太子时，曾数次进谏其父德明不要臣属宋朝，但德明屡屡告诫说：“吾久用兵，疲矣。吾族三十年衣锦绮，此宋恩也，不可负。”元昊却说：“衣皮毛，事畜牧，蕃性所便。英雄所生，当王霸耳，何锦绮为？”[④]元昊的对话已显示出他对宋朝的态度，德明时所缔结的良好关系必将改变。

夏天授礼法延祚元年（1038年），元昊建立西夏政权，与宋、辽鼎足而立，与宋朝的矛盾也日益尖锐激烈，宋夏关系破裂。今陕西北部横山为宋夏界山，宋夏双方都利用这一地形扼守险要。西夏建立后，以横山作为跳板，南侵宋朝，横山地区自然也就成为宋朝防御西夏的前哨[⑤]。从夏开运元年（1034年）到天授礼法延祚二年（1039年），元昊多次进攻府（治今陕西府谷县）、环（治今甘肃环县）、庆（治今甘肃庆阳市西峰区）、泾（治今甘肃泾川县）、原（治今甘肃镇原县）等州，但均被宋军击退。经过几年试探性的进攻后，元昊摸清了宋朝沿边各地的防御状况。横山以东以南，宋朝河东路、陕西路一带“备御完固”“环庆路边寨排密”[⑥]，延州（治今陕西延安市）是宋朝西北边境的军事要地，也是西夏出入的要冲，但鄜延边境“地阔而砦栅疏，近者百里，远者

---

①［清］戴锡章著，李蔚整理：《西夏纪》卷五，济南：山东泰山出版社，2000年，第190页。

②［清］戴锡章著，李蔚整理：《西夏纪》卷六，济南：山东泰山出版社，2000年，第192页。

③［宋］范仲淹：《范文正集》卷九《答赵元昊书》，载文渊阁《四库全书》第1089册，台北：台湾商务印书馆，1986年，
第652页。

④［元］脱脱等：《宋史》卷四八五《夏国传上》，北京，中华书局，1977年，第13993页。

⑤ 王天顺：《西夏战史》，银川：宁夏人民出版社，1993年，第124页。

⑥［清］吴广成著，李蔚整理：《西夏书事》卷一三，济南：山东泰山出版社，2000年，第67页。

二百里，士兵寡弱，又无宿将为用”[①]。因此延州成为元昊攻宋的突破口，对宋战争的第一个目标。夏天授礼法延祚三年（1040年），元昊声称攻延州，在三川口（今陕西延安市西北）设伏，宋全军覆没。

三川口战败后，宋政府调整防务，以范仲淹知延州。范仲淹采取积极防御战略，宋朝鄜延路防线基本稳固，但韩琦的进攻准备尚未就绪，元昊却在充分准备之后，又向宋朝发动第二次大规模的进攻。夏天授礼法延祚四年（宋庆历元年，1041年）春，元昊发兵企图消灭宋朝在泾原路的主力。元昊在好水川（亦名好水，又名甜水河，即今宁夏隆德县境的渝河）设伏，宋军骄傲轻敌，盲动冒进，被元昊十万伏兵包围，士卒死伤万人，数十名大将阵亡。消息传来，朝野震动，宋仁宗为之旰食。从此宋廷改变策略，很少大部队进攻，对夏采取持重守御之策。好水川惨败后，使宋朝君臣均认识到持久防御的正确，采用以防为主的战略，对西北边防进行了重新调整。

经过范仲淹、韩琦的努力，宋鄜延、环庆、秦凤、泾原防务得到改善，但是泾原路由于地据夏军南下要冲，其地形对西夏骑兵有利，“自镇戎军至渭州，沿泾河大川直抵泾、邠，略无险阻。虽有城寨据平地，贼径交属，难以捍防”[②]。因此元昊将大规模入侵矛头对准了渭州（治今甘肃平凉市）。夏天授礼法延祚五年（1042年）闰九月，李元昊在天都山（今宁夏海原县南）点集十万兵马，从东西两路合围镇戎军（治今宁夏固原市）。李元昊采用诱敌深入、聚而歼之的战术，把宋军主力吸引至定川砦（今宁夏固原市西北），然后断绝宋军退路，发起猛攻，宋泾原路副都总管葛怀敏等战死，九千四百余人、六百余匹马皆被西夏人所俘，西夏军队乘胜长驱直抵渭州，“焚荡庐舍，屠掠居民而去”[③]。

谅祚亲政后，宋夏关系并没有得到彻底改善，在往来使臣礼仪与称谓上经常产生纠纷。夏拱化二年（宋治平元年，1064年），谅祚遣使臣吴宗等来贺宋英宗即位，按宋制，夏使见于皇仪门外，但吴宗不肯，“至顺天门，且欲佩鱼及仪物自从，引伴高宜禁之，不可，留止厩置一夕，绝其供馈。宗语不逊，宜折之，使如故事，良久，乃听入。及赐食殿门，又诉于押伴张觐，诏命还赴延

① [元] 脱脱等：《宋史》卷二八八《范雍传》，北京：中华书局，1977年，第9679页。
② [元] 脱脱等：《宋史》卷二九二《王尧臣传》，北京：中华书局，1977年，第9774页。
③ [宋] 李焘：《续资治通鉴长编》卷一三七，庆历二年十一月癸巳，北京：中华书局，1985年，第3302页。

州与宜办。宗度理屈，不复置对。”[①]宋英宗“诏令谅祚惩约之，自后宜精择使者”[②]。外交礼仪上的纠纷导致“兵端复起”，宋夏双方以兵戎相见。是年秋，夏人出兵秦凤、泾原，抄掠熟户，扰边塞弓箭手，杀掠人畜以万计。夏拱化四年（宋治平三年，1066年），又大举攻大顺城（今甘肃华池县西北白马乡），分兵围柔远砦（今甘肃华池县）、烧屈乞村、栅段木岭，被宋军击退。夏拱化五年（宋治平四年，1067年），宋知青涧城（今陕西青涧县）种世衡对西夏发起突袭，一举攻占绥州（治今陕西绥德县东南50里），俘获西夏左厢监军嵬名山。谅祚出于报复，诱杀宋保安军（治今陕西志丹县）知军杨定与都巡检侍其臻，使宋夏边界形势紧张。总之，在元昊父子时期，宋夏之间战争不断。

（二）庆历和议与边界交涉

元昊虽然取得三大战役的胜利，但战争给西夏带来严重的后果，经济上损失惨重，由于战争爆发，宋朝关闭榷场，禁绝和市，停止岁赐，使西夏境内生活物资奇缺，人民生活困难；战争也加重了人民的负担，“老弱妇女，举族而行”[③]。元昊虽数胜，然“死亡创痍者相半，人困於点集，财力不给，国中以‘十不如’之谣以怨之”[④]。西夏统治阶级内部出现裂痕，相互猜忌，矛盾激化。而此时宋、辽、夏三方关系出现新的变化，辽夏交恶，联盟破裂，元昊恐两面受敌，愿与宋息兵议和。总之，旷日持久的战争，给宋夏双方都带来了灾难，两国的统治者都无力再将战争进行下去，均产生了尽快结束战争的愿望。在庆历四年（1044年），宋夏双方签订了“庆历和议”。

庆历议和后，宋夏保持友好关系，西夏遣使贺正旦、贺乾元节、谢册命，而宋遣使颁赐日历，使臣往来频繁。此外，元昊还多次遣使对过界人户与边界问题与宋朝进行交涉。

陕西之战时，宋朝采取招抚蕃部制夏的策略，许多夏界人户逃入宋朝边界，而宋朝边境也有不少汉户和蕃民被元昊招诱或掳掠过去。元昊在向宋朝进誓表时，提出以前所掠汉蕃人户“各不相还”。但和议成立后，元昊遣使向宋朝索要过界人户。夏天授礼法延祚八年（宋庆历五年，1045年）十二月，元昊遣大臣杨守素至宋保安军（治今陕西志丹县），索要在汉人户，宋朝不许。既

---

①［元］脱脱等：《宋史》卷四八五《夏国传上》，北京：中华书局，1977年，第14002页。

②［清］吴广成著，李蔚整理：《西夏书事》卷二一，济南：山东泰山出版社，2000年，第92页。

③［宋］李焘：《续资治通鉴长编》卷一三一，庆历元年二月丙戌，北京：中华书局，1985年，第3099页。

④［元］脱脱等：《宋史》卷四八五《夏国传上》，北京：中华书局，1977年，第13997、13998页。

而又索要投附宋朝的黄族军主黄移都等四十九人，宋鄜延路经略司认为黄移都等人是在双方和约之前投宋，“恐不当遣去，以快西贼之欲”①。第二年正月，元昊让杨守素佯献卧尚庞、吴移、已布等九处城寨，以此换取过界的四百人户，但经宋朝实地勘察，所献城寨均在宋朝境内，“其投来边户，亦元属汉界，不当遣还”②。为了解决边界纠纷，宋诏谕夏国主，增加了过界人户誓条，“自今如有逃过汉界，虽系旧边户，亦不为容纳”③。元昊也上表宋朝，并附有誓诏，请求边将不接纳过界蕃户，宋仁宗答应其要求。此后一段时间，沿边蕃户叛逃事件减少。

边界问题是宋夏双方的一个敏感问题，对双方关系有极大影响。早在宋夏议和时期，元昊就提出“九州十三县是其故土”④，要求宋朝归还。宋仁宗诏令保安军与元昊具体商定划分，但元昊不肯接受宋朝“以横阳河为界”的划界方案。夏天授礼法延祚九年（宋庆历六年，1046）十月，宋仁宗诏令“比遣张子奭往延州与夏国议疆事，其丰州地，当全属汉界。或所议未协，听以横阳河向所侵耕四十里为禁地。若犹固执，即以横阳河为界”⑤。最终在宋仁宗所定宋夏划界原则范围内，宋夏就横阳河达成协议。

宋夏横阳河划界后，麟州（治今陕西神木县西南）屈野河地界，成为影响宋夏关系的又一敏感问题，宋夏双方为此进行长期交涉。发源于鄂尔多斯高原南缘的屈野河在麟州城西二十里处流过，分麟州为河东、河西两部分，宋大中祥符二年（1009年），宋朝始于屈野河东置横阳、神堂、银城三寨，屈野河西六十余里属宋朝麟州境界。元昊即位后，在屈野河西插木置小寨三十余所，并盗种寨旁闲田，至庆历和议时，已深入宋境十余里。夏天授礼法延祚十年（宋庆历七年，1047），麟州知州张继勋考察屈野河界至及纠纷起源后，建议“请以大中祥符二年所立之境为定”⑥。

---

①［宋］李焘：《续资治通鉴长编》卷一五七，庆历五年十二月甲戌，北京：中华书局，1985年，第3813页。

②［宋］李焘：《续资治通鉴长编》卷一五八，庆历六年正月戊子，北京：中华书局，1985年，第3818页。

③［宋］佚名：《宋大诏令集》卷二三四《四裔七·西夏二》，北京：中华书局，1962年，第910页。

④［宋］李焘：《续资治通鉴长编》卷一四二，庆历三年七月癸巳，北京：中华书局，1985年，第3409页。

⑤［宋］李焘：《续资治通鉴长编》卷一五九，庆历六年十月丁未，北京：中华书局，1985年，第3874页。

⑥［宋］李焘：《续资治通鉴长编》卷一八五，嘉祐二年二月壬戌，北京：中华书局，1985年，第4470页。

时逢西夏数遣使求通宁星和市，张继勋在未请示朝廷的情况下，擅自做主以通宁星和市换取西夏同意宋朝的划界方案，后被仁宗罢免，屈野河又被列为禁地。

谅祚幼年即位，没藏讹庞掌握朝政，年年侵耕屈野河土地，竟距河20里，距麟州城40里，"宴然以为已田，游骑直至城下，或过城东，往来自若"[①]。宋朝发现夏人过界后，遣使西夏，以理约还，但没藏讹庞拒不奉命，不肯定屈野河界，并出兵占据屈野河西地。在此情况下，宋朝遣使殿直张安世、贾恩二人专门处理屈野河西地界纠纷，但没藏讹庞有恃无恐，竟派西夏骑兵与宋军争夺，致使屈野河西至西夏边境60余里土地皆被没藏讹庞侵耕。于是宋朝采用经济制裁措施，先是禁宁星和市，后又"禁陕西和市"[②]，又严禁河东与西夏贸易。自陕西与河东禁绝和市，给西夏造成严重的经济困难，"讹庞乃遣使至麟州，请退河西田二十里还中国，愿通和市"[③]。因比所议定的少退二十里，宋朝不许。

谅祚亲政后，为了解决经济困难，恢复和市，派大臣赴宋再次商议屈野河划界，西夏答应退还讹庞所侵耕土地，宋朝在河西筑36个封堠，并约定"自今西界人户，毋得过所筑堠东耕种。其在丰州外汉寨及府州界蕃户旧奢俄寨，并复修完，府州沿边旧奢俄寨三十三，更不创修。麟州界人户，更不耕屈野河西。其麟、府州不耕之地，亦许两界人户就近樵牧，即不得插立梢圈，起盖庵屋，违者并捉搦赴官及勒住和市。两界巡捉人员，各毋得带衣甲器械过三十人骑"[④]。自此，长达十多年的宋夏屈野河地界之争有所平息。

## 三、秉常、乾顺时期的宋夏关系

西夏惠宗秉常与夏崇宗乾顺在位时期与北宋神宗、哲宗、徽宗、钦宗在位时间基本一致，随着北宋对西夏政策的演变，宋夏关系在这一时期有所变化。

### （一）秉常时期的宋夏和战

秉常在位（1068—1086年）恰是北宋神宗在位（1067—1085年）时期。这一时期，宋神宗以"富国强兵"为主旨，在政治、经济、军事等方面进行一

---

① [清]吴广成著，李蔚整理：《西夏书事》卷一九，济南：山东泰山出版社，2000年，第87页。

② [宋]李焘：《续资治通鉴长编》卷一八六，嘉祐二年八月壬申，北京：中华书局，1985年，第4489页。

③ [宋]吴广成著，李蔚整理：《西夏书事》卷二〇，济南：山东泰山出版社，2000年，第89页。

④ [宋]李焘：《续资治通鉴长编》卷一九三，嘉祐六年六月庚辰，北京：中华书局，1985年，第4680页。

系列改革，并一改真宗、仁宗、英宗诸朝以防御西夏为主的战略，转为积极进取，谋取西夏左厢横山之地，遮断西夏赖以生存的右臂，同时旁取熙河湟鄯地区，阻绝西夏与吐蕃的联合，从右翼边境压迫西夏[①]。此时西夏却失去了元昊时期军事的鼎盛之势，秉常年幼继位，母后梁氏摄政，为了保住横山地区这一西夏命脉，并转移统治阶级内部的矛盾，梁氏与梁乙埋穷兵黩武，相互争战便成为这一时期宋夏关系的重要内容。

夏天赐礼盛国庆二年（宋熙宁三年，1070 年）四月，秉常母梁氏以宋朝不肯归还绥州为借口，"倾国入寇"，向宋朝沿边的绥、环、庆、秦等州发动大规模的进攻，西夏军"攻围大顺城、柔远寨、荔原堡、淮安镇、东谷寨、西谷寨、业乐镇，兵多者号三十万，少者二十万，围或六、七日，或一、二日"[②]。游骑直至庆州（治今甘肃庆阳市西峰区）城下，九天后才退去，一度造成"关右大震"的局面。当时韩绛与种谔谋取横山，以断西夏右臂。韩绛命种谔率兵二万出无定河进筑啰兀。夏天赐礼盛国庆三年（宋熙宁四年，1071 年）正月初，西夏都枢密使哆腊知种谔兵将至，率兵在啰兀城北马户川阻挡，种谔军击败哆腊后，遂筑城。啰兀城位于抚宁县（抚宁郡治，在今 陕西米脂县西）北的滴水崖，崖高十余丈，地势险要峭拔，下临无定河，扼横山要冲，自是"夏人日聚兵为报复计"[③]。同年二月，夏军发起声势强大的反攻，攻陷抚宁堡，随后围顺宁寨，攻克啰兀城，宋朝新筑堡寨都被攻陷。

宋朝又对秦陇以西吐蕃诸部武力开拓经营，开辟西线战场，是宋朝实施两面夹击西夏的重要举措。从熙宁五年（1072 年）开始的熙河之役，到熙宁六年（1073 年）八月，王韶再次攻克河州（治今甘肃临夏市），用了不到两年时间，取得"修复熙州、洮、岷、叠、宕等州，幅员二千余里，斩获不顺蕃部万九千余人，招抚小大蕃族三十余万帐"[④]的重大胜利。在此基础上，设置熙河路，在西夏右厢地区建起一道战略防线。

西夏虽取得啰兀之役的胜利，但横山地区却遭受到战争的严重破坏，宋朝又实行经济封锁，绝岁赐、互市，在西夏财力困乏的情况下，秉常遣使至延州（治今陕西延安市）议和，同时提出以塞门、安远二寨交换绥州。经过双方多

① 李华瑞：《宋夏关系史》，石家庄：河北人民出版社，1998 年，第 72 页。

② ［宋］李焘：《续资治通鉴长编》卷二一四，熙宁三年八月，北京：中华书局，1985 年，第 5220 页。

③ ［元］脱脱等：《宋史》卷一五《神宗纪二》，北京：中华书局，1977 年，第 278 页。

④ ［宋］李焘：《续资治通鉴长编》卷二四七，熙宁六年十月辛巳，北京：中华书局，1985 年，第 6022—6023 页。

次协商，就沿边界至达成一致。夏天赐礼盛国庆四年（宋熙宁五年，1072 年）八月，秉常进誓表，宋朝恢复和市，同时下诏陕西、河东诸路经略司，“自令约束当职官吏等各守疆场，无令侵掠，及不得收接逃来人口”[①]。从夏天赐礼盛国庆四年至夏大安八年（1072—1081 年）十年间，宋夏两国基本上保持着和平友好的关系。

夏大安七年（宋元丰三年，1080 年），西夏发生政变，秉常被梁氏所囚，西夏统军禹藏花麻请求宋军出兵讨伐西夏，宋神宗也认为是一个极好的时机，八月，从熙河、鄜延、环庆、泾原、河东五路调兵五十万进攻西夏。起初宋军连连获胜，兵临灵州（治今宁夏灵武县西南）城下。梁氏采用坚壁清野的办法，抄绝宋军粮道，又决黄河水淹灌宋军营垒，宋军大败。夏军击败宋军后，又在第二年九月，由梁氏遣叶悖麻、咩讹埋等率兵三十万进攻宋朝在银、夏、宥州界新筑的永乐城（亦名银川城、银川砦，在今陕西米脂县西北马湖峪），“永乐接宥州，附横山，夏人必争之地”[②]。夏人围城并绝水源，永乐城陷。

永乐之战后，宋朝也损失惨重，“灵州、永乐之役，官军、熟羌、义保死者六十万人，钱、粟、银、绢以万数者不可胜计”[③]。西夏由于长期对外战争，国力虚耗，加之政局不稳，军事力量已大为削弱，再也不能大举攻宋，渐渐转入被动防守。在这种情况下，宋夏双方都有恢复和平的愿望，终于在夏大安十年（宋元丰六年，1083）闰六月，宋夏正式讲和，宋神宗下诏陕西、河东经略司，“夏国奉表，辞礼恭顺，朝廷已降回诏，许通常贡，可戒约边吏，无辄出兵。除自来边界依旧守外，其新收复城寨，止于二三里内巡绰防拓，毋得深入”[④]。从此两国关系进入领土交涉时期。

（二）宋夏疆土交涉

宋夏讲和后的当年十月，秉常遣使上表，请求归还被宋占有的横山疆土，未许后，西夏停止遣聘使，并不断出兵攻掠边境，宋朝则停岁赐、禁断和市。宋神宗去世后，哲宗即位，对西夏政策上发生了变化，这就为西夏疆土交涉带来了希望。此时北宋内部也为是否归还西夏疆土展开了激烈的争论，最终宋政府采用折中的办法，只归还西夏葭芦（今陕西佳县北 10 里）、米脂（即今陕

---

① [宋] 李焘:《续资治通鉴长编》卷二三七，熙宁五年八月辛卯，北京：中华书局，1985 年，第 5768 页。

② [元] 脱脱等:《宋史》卷四八六《夏国传下》，北京：中华书局，1977 年，第 14011、14012 页。

③ [元] 脱脱等:《宋史》卷四八六《夏国传下》，北京：中华书局，1977 年，第 14012 页。

④ [宋] 李焘:《续资治通鉴长编》卷三三六，元丰六年闰六月戊寅，北京：中华书局，1990 年，第 8093 页。

西米脂县治）、浮图（即细浮图、细浮，今陕西子洲县东北）、安疆（今甘肃华池县东北）四寨，其他堡寨及兰州等地不予归还。但西夏并不满足于四寨的获得，进而遣使要求割让塞门（今陕西安塞县西北）、兰州。由于宋夏双方议而不决，西夏发兵攻掠沿边地区，宋朝因此停止岁赐，断绝和市。

宋夏经过一年多的争战，西夏境内发生饥荒，无力进行大规模的点集，便于夏天仪治平三年（宋元祐四年，1089 年）六月，遣使入贡，提出用宋朝归还的四寨交换兰州、塞门两处土地。宋朝仍不允许交换。宋朝赐诏西夏："兰州、塞门两处地土，前诏指述已明，无复更有论请。其永乐陷殁人口，缘自牒报后来，经隔岁久，虑其间实有死亡，或后来却有续寻到人数，今已降指挥下鄜延路经略司，候将来送还；到日，若与元报人数不同，亦令据数交割，计口食与赏绢。仍将葭芦、米脂、浮图、安疆四寨约一日给赐。"[①]在此情况下，西夏只好将俘获的一百四十九名汉人交给宋朝边吏，宋朝正式将葭芦、米脂、浮图、安疆四寨划给西夏，双方边地交涉暂告结束。但由于所归还四寨地界不明，宋夏双方各执一端，久决未议，从而使宋夏关系若即若离，边境战争不断。夏天祐民安元年（宋元祐五年，1090 年）九月，西夏发兵攻取质孤、胜如二堡未遂，但成为以后宋夏交恶的导火线，同时也意味着宋朝妥协退让政策的破产。

（三）乾顺时期的宋夏战和

宋夏之间若即若离的关系仅维持了十年，再次破裂，双方关系也再次恶化。哲宗亲政后，决心绍述先帝神宗业绩，改"元祐"为"绍圣"，重新起用变法派人物，推行新政。宋绍圣元年（1094 年）闰四月，章惇首先采纳左司谏翟恩的建议，整饬元祐以来边备的驰懈，调兵遣将恢复神宗时期的边防，对西夏采取强硬政策。而西夏梁乙逋被杀后，梁太后在夏天祐民安七年（宋绍圣三年，1096 年）二月，发兵攻义合砦，三月攻塞门，八月攻顺宁寨，但出师不利。十月，梁太后与乾顺率兵五十万三路攻入鄜延路，占领金明寨。夏天祐民安八年（宋绍圣四年，1097 年），宋朝为控制西夏南侵，在好水川北筑平夏城（即怀德军，在今宁夏固原市西北黄锋堡古城址）。夏永安元年（宋元符元年，1098 年）十月，梁太后亲率四十万大军向平夏城发动攻势，经十三日猛攻，未克，夏军溃败。

西夏梁氏对宋朝的战争是依靠辽朝的支援，而乾顺也凭恃辽的力量结束母

---

①［宋］李焘：《续资治通鉴长编》卷四二九，元祐四年六月戊申，北京：中华书局，1992 年，第 10370 页。

党专权。乾顺亲政后，依附于辽朝而与宋朝抗衡。此时，宋朝徽宗在位，也决心“绍述先志”，效法熙宁之治，起用早年追随王安石变法的蔡京为相。蔡京与宦官童贯相勾结，对外开边，以边功炫耀。宋对河湟地区的进攻，对西夏右厢的安全造成了威胁，于是夏军对宋镇戎军、会州（治今甘肃靖远县东北）、兰州、塞门寨、盖朱城不断攻击。宋军在大力进攻河湟地区吐蕃的同时，亦在兰州和横山地区向西夏进拓。夏贞观四年（宋崇宁三年，1104 年）九月，西夏因宋攻取吐蕃并危及其西部地区，故发兵进犯镇戎军（治今宁夏固原市），宋军乘胜攻占西夏银州（治今陕西横山县东党岔镇大寨梁）。宋占银州后，即遣官属统辖。后在辽朝出面调解下，直至崇宁五年（1106 年），宋夏讲和。从崇宁五年至政和三年（1113 年），宋夏之间保持了短暂的相对和平局面。

夏雍宁元年（宋政和四年，1114 年）冬，西夏发兵围攻定远，因乏食未能攻克，而原先归属宋朝的环州定远寨党项大首领李讹移率部属投归西夏。这一叛投事件成为引发宋夏战争的导火线，宋朝对西夏发起全面的进攻，宋夏双方互有胜负，但均损失惨重。西夏因横山、天都山险要地形的失去，从而“疆地日蹙，兵势亦衰”①，要求与宋讲和，“纳款请罪”。宋徽宗也因“关陕困矣”，准备与女真夹攻辽朝，于是答应西夏的请和。夏元德元年（宋宣和元年，1119 年）六月，西夏正式遣使纳款，宋徽宗下令六路罢兵，宋夏之间保持了一段相对和平的局面。

自夏元德元年（1119 年）宋夏战争停罢后，西北地区的政治出现了新的变化，由于女真族金政权的崛起与介入，打破了原先宋、辽、西夏三足鼎立的局面，西夏与北宋关系伴随着金朝与宋夏关系的变化而演变。金灭辽期间，宋与金结盟，夏与辽关系密切，宋夏双方均试图借助辽金的力量攻击对方。北宋与金联手谋取燕云的同时，也不失时机地怂恿金与西夏交恶。宋宣和四年（1122 年）九月十八日，宋在致金国书中极尽挑唆之能事，谓：夏国素务矫诈，昨闻尝遣使诣金国贺功，其实力助契丹，至公行文字诋毁金国甚切，及勾集众兵借与契丹，闻累与金国接战，已占据契丹金肃（今内蒙古达拉特旗东南城塔村古城）、河清军（治今内蒙古东准格尔旗东北）、天德军（治今内蒙古乌拉特前旗西南）、云内州（治今内蒙古托克托县东北古城乡），“若不讨伐，常作堤虞，必为金国深患，其诋毁文字，可付与使人”②。但由于宋朝在攻打燕云和与金

① [清] 吴广成著，李蔚整理：《西夏书事》卷三三，济南：山东泰山出版社，2000 年，第 128 页。

② [宋] 徐梦莘：《三朝北盟会编》卷九《政宣上帙》，载文渊阁《四库全书》第 350 册，台北：台湾商务印书馆，1986 年，第 69 页。

交涉燕京归属过程中所表现出的腐败无能，使金朝认清了宋朝的虚弱本质，遂促使金将攻击的矛头指向宋朝。在这紧要关头，为了解除后顾之忧，宋主动与夏解仇结好。

夏元德六年（宋宣和六年，1124 年），辽朝岌岌可危，西夏迫于金朝的压力，决定向金朝称臣，“夏国奉表称藩”，金给夏土地，金夏结盟，使宋陷入两面受敌的孤立境地。宣和六年七月，西夏以兵侵辽山后地“武、朔二州”①。宋宣和七年（1125 年），金军围太原，“夏犯丰、麟二州”②。正当金兵南下之际，宋徽宗传位于太子赵桓，是为宋钦宗。夏元德八年（宋靖康元年，1126 年）三月，西夏乘金兵攻汴京之机，“夏人遂由金肃、河清渡河取天德、云内、武州、河东八馆之地”③。四月，西夏攻陷距府州（治今陕西府谷县）三百里的震威城，兵马监押朱昭战死。九月，“夏人陷西安州”④，十一月，“夏人攻陷怀德军”⑤。西夏乘宋朝危难之际，大举进犯，攻城略地，宋绍圣以来开边所得西夏土地，大部又被夏人失而复有。

面对西夏的进犯，宋朝政府为解除“腹背患”⑥，对西夏采取积极主动的安抚政策。钦宗继位之初，遣使劝谕西夏不要误听金的蛊惑，“卿宜释去疑虑，抚谕将士，抽回甲兵，修好如故”⑦。同时在经济上给以优待。在宋对夏示以友好之时，由于金没有兑现向西夏的承诺，而且又“复取先所割天德、云内及河东八馆、武州，惟金肃、河清二军在大河之西，不能取之”⑧。金人的践约，使夏金关系蒙上一层阴影，也给宋夏联合共同抗金创造了一些机会，但已为时太晚。总之，这一时期，西夏对宋朝陕西路的军事行动牵制和分散了宋军的抗金斗争，加速了北宋的灭亡。宋靖康二年（1127 年），金攻陷汴京，徽宗、钦宗父子被金俘获北行，北宋亡国，西夏与北宋的关系终结。

---

①［清］吴广成著，李蔚整理：《西夏书事》卷三三，济南：山东泰山出版社，2000 年，第 130 页。

②［宋］王称：《东都事略》卷一二八《附录六·西夏》，载文渊阁《四库全书》第 382 册，台北：台湾商务印书馆，1986 年，第 830 页。

③［元］脱脱等：《宋史》卷四八六《夏国传下》，北京：中华书局，1977 年，第 14021 页。

④［元］脱脱等：《宋史》卷二三《钦宗纪》，北京：中华书局，1977 年，第 431 页。

⑤［元］脱脱等：《宋史》卷二三《钦宗纪》，北京：中华书局，1977 年，第 431 页。

⑥［宋］李心传：《建炎以来系年要录》卷一，建炎元年正月甲寅，载文渊阁《四库全书》第 325 册，台北：台湾商务印书馆，1986 年，第 37 页。

⑦［宋］李纲：《梁豁集》卷三三《赐夏国主诏书》，载文渊阁《四库全书》第 1125 册，台北：台湾商务印书馆，1986 年，第 797 页。

⑧［宋］徐梦莘：《三朝北盟会编》卷四八《靖康中帙》，载文渊阁《四库全书》第 350 册，台北：台湾商务书印馆，1986 年，第 385 页。

## 四、西夏与南宋的关系

北宋灭亡后，宋祚南移，屈居江左，特别是建炎以后宋夏疆界为金、伪齐阻隔，宋夏间无特别利害冲突，关系时断时续，因而共同应对金朝，成为西夏与南宋间发生关系的主要因素。

### （一）西夏结宋以制金国

金人对西夏的践约，引起西夏的不满，为了缓解矛盾，金人又答应“复分陕西北鄙以易天德、云内，以河为界”[①]，作为对夏的补偿。但夏与金的关系始终未达到夏辽联盟的那种亲密程度，因此，在南宋与金发生激烈冲突时，西夏常联络南宋以牵制金国。

在危难之中建立的南宋，对西夏曾经的攻掠采取温和与宽容的态度，企图争取西夏，建立反金同盟[②]。南宋初，宋政府一直把联夏制金作为中兴的重大策略，以“通夏之好”为急务，欲使西夏“继青唐之后，使相犄角，以缓敌势”[③]。宝文阁直学士赵子崧亦主张罢去在熙河五路不系紧要处进筑的堡寨，并明谕夏人，示以德意。第二年遣主客员外郎谢亮、太常博士何洋出使西夏。虽然鄜延路经略使王庶认为“夏国为患小而缓，金人为患大而急”[④]，联络西夏抗击金人作用不大，但与西夏结好或使西夏不乘宋危攻掠，减小南宋西顾之忧，则是南宋初期对夏的基本方针。

建宋炎三年（1129年）五月，张浚主持川陕军事，以谋收复中原，欲通西夏为援，奏请国书两封以联夏。次年，张浚遣谢亮再次出使西夏，“迄不得其要领而还”[⑤]。宋金富平之战爆发后，金军由陇东而陇西，由陇西而陇南，关陕之地尽入于金。宋高宗下诏停颁西夏历日，实际上放弃联夏制金的策略，宣布争取西夏的失败。金军占领陕西后，并没有兑现割陕西北部的诺言，且把西夏作为攻取南宋战略方针的组成部分，因而使西夏受到严重威胁。绍兴初，吴玠在和尚原大败金军后，希望能与西夏联合制金，便给夏国主乾顺写信，但未得到回答。后金夏交恶，“夏国屡遣人来吴玠、关师古军中”，吴玠也上奏朝廷

---

① [元] 脱脱等:《金史》卷一三四《西夏传》，北京：中华书局，1975年，第2867页。

② 蔡东洲:《论南宋同西夏的关系》，载《首届西夏学国际学术会议论文集》，银川：宁夏人民出版社，1998年。

③ [元] 脱脱等:《宋史》卷四四七《唐重传》，北京：中华书局，1977年，第13186页。

④ [元] 脱脱等:《宋史》卷四八六《夏国传下》，北京：中华书局，1977年，第14022页。

⑤ [元] 脱脱等:《宋史》卷四八六《夏国传下》，北京：中华书局，1977年，第14023页。

谓："夏国数通书，有不忘本朝意。"[①]当宋金议和，废除刘豫伪齐政权，宋绍兴九年（夏大德五年，1139 年）三月，西夏攻拔府州（治今陕西府谷县）。

在此期间，西夏利用李世辅（即李显忠）图陕西，对宋夏关系有很大的影响。李世辅本金同州（治今陕西大荔县）知州，绍兴七年（1137 年）谋执金帅撒离喝归宋，被金兵追杀，家属二百余口遇害，乃投奔西夏，向夏主请兵复仇，"愿得二十万人生擒撒离喝，取陕西五路地归夏国"[②]。绍兴九年（1139 年）五月，李世辅领兵至延安，始知陕西已归宋，于是遂缚夏陕西招抚使王枢归南宋。宋欲恢复与西夏的关系，于是向王枢表明欲与西夏讲和，遣使护送王枢归夏，并放还所俘西夏臣民一百九十余人。翌年三月，宋陕西宣抚使胡世将奉诏委知保安军杨顺与西夏议入贡事，但西夏再三拖延，最后告诉杨顺："吴玠七请和与我，我不之许，今诚结好，汝家国势非前日，约我兄弟可也。"[③]宋夏双方未达成和约。

（二）宋金对峙下的宋夏关系

绍兴十二年（1142 年），宋金订立和议，南北对峙局面正式形成。和议规定双方以淮水至大散关为界，陕西遂为金朝所有，这就使宋夏两国隔离开来。此后五十年间，宋夏几乎断绝往来，但随着宋金、夏金关系的变化，宋夏之间亦有短暂的交往。

早在金正隆三年（1158 年），金完颜亮就声称："朕举兵灭宋，远不过二三年，然后讨平高丽、夏国。"[④]为避免两面作战，完颜亮要求西夏加强战备配合金军行动，但西夏已认识到金军灭宋后必回师灭夏。出于求生存的共同目的，宋夏恢复了交往。绍兴三十一年（夏天盛十三年，1161 年），金主完颜亮发动大规模的侵宋战争，宋将刘琦、吴璘传"檄西夏，俾合兵讨之"[⑤]，并遣使西夏，力劝西夏合兵讨金。西夏也作出响应，在回南宋的国书中，表示了西夏对金恣行暴虐的不满及对宋朝文明的钦慕与向往。西夏虽然回书援宋抗金，但并无实际行动，反而乘宋、金无暇顾及陕西之机出兵攻掠宋、金边城堡寨。完颜亮被杀，金世宗继位后，宋金关系缓和，西夏主动归还侵占的金朝边地，并要求金朝主持公道，收复南宋侵占的夏境。金朝遣使陕西视察，方知西夏隐没所

---

① [元] 脱脱等：《宋史》卷四八六《夏国传下》，北京：中华书局，1977 年，第 14023 页。

② [清] 吴广成著，李蔚整理：《西夏书事》卷三五，济南：山东泰山出版社，2000 年，第 134 页。

③ [宋] 李心传：《建炎以来系年要录》卷一三四，绍兴十年三月，载文渊阁《四库全书》第 326 册，台北：台湾商务印书馆，1986 年，第 804 页。

④ [元] 脱脱等：《金史》卷一二九《张仲轲传》，北京：中华书局，1975 年，第 2783 页。

⑤ [元] 脱脱等：《宋史》卷四八六《夏国传下》，北京：中华书局，1977 年，第 14025 页。

掠侵地、人口、财物，金朝索取无效。金夏关系恢复了正常，宋夏关系自此中断。

宋乾道三年（夏天盛十九年，1167 年），西夏宰臣任得敬专权，欲分西南路及灵州罗庞岭以自立。夏国主仁孝见势大难制，代任得敬向金上表求册封，金世宗坚决反对，并给仁孝下诏书明确表示支持。任得敬得不到金朝的支持，便转而向南宋寻求帮助，五月，“夏国相任得敬遣间使至四川宣抚司，约共攻西蕃，虞允文报以蜡书”。七月，“得敬间使再至宣抚司，夏人获其帛书，传至金人”①。其后任得敬阴谋泄露，仁孝设计诛任得敬及其同党。宋王炎任四川宣抚使时，曾以蜡丸书遗任得敬，“约以夹攻”②。逢任得敬被杀，西夏执南宋送书人和蜡书献于金。南宋范成大出使金国，金世宗出示蜡书责宋。西夏这种行为使宋朝得出“反复无常”的结论，进而阻碍着宋夏关系的发展③。

（三）夏约宋攻金

13 世纪初，蒙古崛起并四下征战，使原先相对稳定的宋、夏、金关系发生了深刻的变化，断绝已久的宋夏关系也得以恢复，这时的宋夏关系是以夹攻金朝为主要内容。

蒙古为了解除攻金的后顾之忧，变金朝的同盟为蒙古的内助，1209 年秋，成吉思汗率军围攻夏首都中兴府（今宁夏银川市），夏国主李安全被迫纳女请和，向蒙古臣服。西夏在蒙古围攻中兴府时，曾遣使向金求援，金不仅不给以援助，反而宣称“敌人相攻，中国之福，吾何患焉?”④因此，夏金关系恶化，夏出兵攻掠陕西沿边州郡。西夏统治者为报复金朝，欲利用宋金矛盾，于是多次主动遣使赴四川制置司，约宋军夹攻金朝。宋宁宗嘉定七年（夏光定四年，1214 年），西夏左枢密使吐蕃路招讨使万庆义勇遣吐蕃僧减波把波等二僧携蜡书至西和州宕昌寨，“欲与共图金人，复旧地”⑤。由于当时南宋与金维持着和平关系，南宋对西夏之约没有反应。宋嘉定十二年（夏光定九年，1219

① [元] 脱脱等:《宋史》卷四八六《夏国传下》，北京：中华书局，1977 年，第 14026 页，。

② [宋] 李心传:《建炎以来朝野杂记》乙集卷二〇《西夏扣关》，载文渊阁《四库全书》第 608 册，台北：台湾商务印书馆，1986 年，第 633 页。

③ 蔡东洲:《论南宋同西夏的关系》，载《首届西夏学国际学术会议论文集》，银川：宁夏人民出版社，1998 年。

④ [宋] 宇文懋昭:《大金国志》卷二一《章宗皇帝下》，载文渊阁《四库全书》第 383 册，台北：台湾商务印书馆，1986 年，第 949 页。

⑤ [元] 脱脱等:《宋史》卷四八六《夏国传下》，北京：中华书局，1977 年，第 14027 页。

年），金军加强陕西防务，设元帅府于巩州（治今甘肃陇西县），左都监赤盏合喜以重兵屯守。西夏畏其进逼，遣枢密招讨使甯子宁、忠翼赴四川，“议夹攻秦、巩”[①]。蜀帅聂子述俾利州安抚使丁焴答书，饬将吏严兵以待。不久，聂子述罢去，丁焴虽回书西夏，却“持议不可轻动，师不可出”[②]。后安丙再任四川宣抚使，答应西夏的要求，遂于嘉定十三年（1220年）八月出兵，联合西夏夹攻金军。但金军早有准备，宋夏联军久攻不克，“卒无功”，各自退兵。嘉定十四年（1221年）十月，西夏再请与宋合师攻金，此时，宋对金严阵以待，不主动出击，对西夏“饬边将不得轻纳”[③]，对西夏的约请不予回应。第二年（1222年），西夏遣百骑入凤州（治今陕西凤县），约守将求援兵。宋将崔与之命都统李冲正告夏兵：“通问当遣介持书，不当遣兵径入。若边民不相悉，或有相伤，则失两国之好，宜敛兵退屯。”[④]夏人知不可动，不复有言，宋夏关系永远断绝。

金衰宗继位后，改变战略，结束与宋、夏的战争，金正大元年（宋嘉定十七年，夏乾定元年，1224年）六月，宣布“更不南伐”，宋金战争结束。这年十月，夏遣使与金修好，互称兄弟之国。但宋、夏、金三方的和平局面为时短暂，不到三年，西夏便被蒙古灭亡，宋夏关系也至此完结。

（原载于《中国西北少数民族通史·辽宋夏金卷》，北京：民族出版社，2009年，第424—444页。）

---

① [元] 脱脱等：《宋史》卷四八六《夏国传下》，北京：中华书局，1977年，第14027页。
② [元] 脱脱等：《宋史》卷四八六《夏国传下》，北京：中华书局，1977年，第14027页。
③ [元] 脱脱等：《宋史》卷四〇六《崔与之传》，北京：中华书局，1977年，第12260页。
④ [元] 脱脱等：《宋史》卷四〇六《崔与之传》，北京：中华书局，1977年，第12260页。

# 西夏与辽朝关系述论

北宋时期，崛起于白山黑水的契丹辽国，不仅与中原北宋王朝有密切的政治、经济联系，而且与西北地区的党项西夏也往来频繁。夏州政权时期，党项就与契丹辽国有政治接触。后晋开运元年（944 年），后晋高祖石晋瑭死，其侄石重贵即位，对契丹不称臣，契丹兴师问罪。当时称藩于后晋的定难军节度使李彝殷从麟州（治今陕西神木县西南）渡黄河至契丹西境，以牵制契丹。此为辽夏第一次政治接触。北宋建立后，夏州拓跋归属于宋。由于拓跋政权内部矛盾斗争，李继迁反对族兄李继捧归附宋朝，起兵抗宋自立，并附辽为援，这是夏辽开始正式建立关系。自此至辽朝灭亡，双方虽有战争，但和平友好、相互援助，是夏辽关系的主流。

## 一、夏辽结盟

西夏与辽盟好关系的建立与发展，主要是在李继迁与李德明时期，经历了李继迁结辽抗宋与李德明倚辽惠宋两个发展阶段。

辽乾亨四年（宋太平兴国七年，982 年），李继迁率众逃往地斤泽，经过几年的与宋作战，虽有小胜，但也屡遭重创，损失惨重。李继迁在屡遭失败后，总结教训，认为自己“不能克服旧业，致兹丧败，兵单力弱，势不得安。北方耶律氏方强，吾将假其援助，以为后图”[①]，即结好辽国，抗衡宋朝。于是在辽统和四年（宋雍熙三年，986 年）二月，遣张浦持重币至契丹请附。辽圣宗一时拿不定主意，西南招讨使韩德威说：“河西为中国右臂。向年府州折氏与银、夏共衡刘汉，致大兵援应无功；今李氏来归，国之利也，宜从其请。”[②]辽圣宗遂同意接纳。同年四月，辽授李继迁为定难军节度使、银夏绥宥等州观

① [清] 吴广成著，李蔚整理：《西夏书事》卷四，济南：山东泰山出版社，2000 年，第 39 页。
② [清] 吴广成著，李蔚整理：《西夏书事》卷四，济南：山东泰山出版社，2000 年，第 39 页。

察处置等使、特进检校太师、都督夏州诸军事，李继迁弟李继冲为副使。十二月，李继迁为更进一步加深与辽的关系，亲自率五百骑至辽边境向辽请婚，"愿婚大国，永作藩辅"[①]。时逢耶律盼与宋在秦州作战不利，辽圣宗欲以继迁牵制宋军，于是答应以公主下嫁。辽统和七年（宋端拱二年，989 年）三月，辽以义成公主下嫁李继迁，并赐马三千匹作为陪嫁。

李继迁从与辽结盟至中流矢身亡（986—1003 年），前后共 17 年中，为了取得战争的胜利，每年向辽朝派出的进奉、贺正旦、贺生辰等使臣不绝于途。辽统和八年（宋淳化元年，990 年），李继迁向辽朝进贡的物品有"细马二十匹，粗马二百匹，驼一百头，锦绮三百匹，织成锦褥被五匹，苁蓉、甘石、井盐各一千斤，沙狐皮一千张，兔鹘五只，犬子十只"[②]。自此以后，"每岁八节贡献"。辽朝对李继迁的每次回赐为金腰带、细衣、马、羊、弓箭、马具、酒果等物品。作为辽朝的藩属，李继迁每对宋作战或取胜，均要遣使向辽朝奏报或告捷，如辽统和八年（990 年）九月，"继迁遣使献宋俘"，十月，"以败宋军来告"，十二月，"下宋麟、鄜等州，来告"。统和九年二月，"遣使告伐宋之捷"，七月，"复绥、银二州，来告"[③]。这种频繁的奏告除表示亲密外，还带有向辽朝显示胜利，借此得到辽朝的重视，以巩固夏辽联盟[④]。

总之，在李继迁时期，夏辽结盟、通婚、交聘、朝贡等，均带有明显的政治意图和权衡利弊得失[⑤]，双方均围绕对宋的战与和进行外交活动。李继迁假辽以抗宋，辽朝联夏以制宋。对于辽朝而言，李继迁的归附，不仅使"诸夷皆从"，而且也达到牵制宋朝的目的。正因为夏辽结盟是为了共同对付宋朝，因此辽圣宗担心李继迁怀有二心，投靠宋朝。而宋朝也采用"以夷制夷"的策略，授李继捧为定难军节度使，使攻李继迁。后李继迁为了获取经济上的利益投归宋朝，被赐以赵保吉。李继迁虽然降宋，但劫掠依旧，夏辽在共同对付宋朝的基础上，仍保持贡使往来，李继迁归宋对夏辽关系有所影响，远不如以前亲密。不久李继迁攻凉州吐蕃六谷部，中流矢而亡，宋辽也澶渊结盟，夏辽关系进入新的历史阶段。

宋景德二年（1005 年），已嗣立一年的李德明，由于李继迁新死，并没有

---

① ［清］吴广成著，李蔚整理：《西夏书事》卷四，济南：山东泰山出版社，2000 年，第 39 页。

② ［宋］叶隆礼：《契丹国志》卷二一《南北朝馈献物》，载文渊阁《四库全书》第 383 册，台北：台湾商务印书馆，1986 年，第 775 页。

③ 上述奏告，均见《辽史》卷一一五《西夏传》，北京：中华书局，1974 年，第 1525 页。

④ 杜建录：《西夏与周边民族关系史》，兰州：甘肃文化出版社，1995 年，第 109 页。

⑤ 白滨：《论西夏与辽的关系》，载《中国民族史研究》第一辑，北京：中央民族学院出版社，1987 年。

得到大国册封，于是人心浮动，纷纷内附宋朝。于是李德明采纳赵保宁“若不假北朝威令慑之，恐人心未易靖”[①]的建议，遣赵保宁赴契丹请封。辽圣宗一口答应，并说：“此吾甥也，封册当时至。”德明向辽朝请封的同时，又遣使至宋请和，为免除辽朝疑心，乃“以兵攻下青城”向辽朝告捷。辽出于“联夏制宋”的传统策略，“许德明册封，以为臂使之需”[②]。同年七月，遣使封李德明为西平王，复姓李氏，赐车、骑、衣、币等物。

德明在位时期，为图自身发展，小心谨慎地处理与辽朝的关系，在诸如沿边党项部落归属等一系列敏感问题上，尽量照顾辽朝的利益，以免事态扩大。辽开泰二年（1013 年）五月，辽朝西南边境的党项部落因不愿征发，“皆循黄河北模赧山”逃离，只有“曷党、乌迷两部尚居故地，遣使约归夏州，德明不敢纳”[③]。但由于民族与地理方面的缘故，辽境内的党项部落仍不断逃入西夏境内。辽圣宗便诏令李德明：“今党项叛，我欲西伐，尔当东击，毋失掎角之势。”[④]因德明出兵接应，助讨叛逃党项，圣宗赐德明及义成公主车马。辽太平六年（1026 年）六月，回鹘阿萨兰部叛辽，辽圣宗征诸路兵征讨，李德明主动点集军队，帮助辽朝讨伐，后因辽军攻甘州（治今甘肃张掖市甘州区）三日不克，加之阻卜又发生内乱，于是夏辽联军撤回。

随着宋辽“澶渊之盟”和宋夏“景德和约”的订立，此时的夏辽关系因共同应对宋朝这一基础的丧失，而出现了微妙的变化，德明对辽朝不再像李继迁时那样顺从，于是双方不愉快的事情也时有发生。因李德明不许吐蕃假道西夏境赴辽进贡，致使辽朝加深了对德明的不满。辽开泰九年（1020 年）五月，辽圣宗以狩猎为名，亲率五十万大军攻凉州（治今甘肃武威市凉州区）。李德明竟率军抵抗，打败了辽朝的大规模进攻。虽然事后双方均主动和好，但辽圣宗已认识到压服政策行不通，便采取羁縻政策，继辽统和二十八年（1010 年）封德明为夏国王后，又授李德明为尚书令，晋大夏国王。

夏辽凉州之役是夏辽关系的一个转折点。辽太平二年（1022 年）九月，辽朝遣使贺德明生辰。辽太平五年（1025 年）十一月，西夏贡于辽，辽圣宗“以德明势日强盛，厚赐使者，遣还”[⑤]。从这些礼仪交往中可以看出夏辽关系及

---

①［清］吴广成著，李蔚整理：《西夏书事》卷八，济南：山东泰山出版社，2000 年，第 52 页。
②［清］吴广成著，李蔚整理：《西夏书事》卷八，济南：山东泰山出版社，2000 年，第 52 页。
③［清］吴广成著，李蔚整理：《西夏书事》卷九，济南：山东泰山出版社，2000 年，第 56 页。
④［元］脱脱等：《辽史》卷一五《圣宗纪六》，北京：中华书局，1974 年，第 173 页。
⑤［清］吴广成著，李蔚整理：《西夏书事》卷一〇，济南：山东泰山出版社，2000 年，第 59 页。

相互地位发生了微妙的变化，辽朝对李德明已不敢轻视。辽太平八年（1028年），李德明立元昊为太子，加快了建立政权的进程。为了取得辽国的支持，太平九年二月，遣使至辽国为元昊请婚，辽圣宗欣然答应。兴宗继位后，继续推行联夏制宋的方针，封宗族女为兴平公主，下嫁李德明子元昊，“以元昊为夏国公、驸马都尉”①。兴平公主下嫁元昊，这是夏辽之间的第二次和亲，也是自李继迁以来夏辽结盟友好关系发展的结果。由于以后宋、辽、夏对峙形势发展的变化，两国之间不断发生摩擦，以致兵戎相见。

### 二、毁盟战争

从宋天圣十年（1032年）元昊即位至辽重熙十三年（宋庆历四年，1044年）宋夏“庆历和议”的签订，是夏辽结盟的第一阶段，也是双方逐渐毁盟的过程。

这一时期，由于元昊忙于建立政权及对宋战争，夏辽之间往来逐渐冷落，但由于双方为共同应对宋朝，关系仍保持着稀疏的贡使往来，特别是在宋夏交战时，辽朝持偏向于西夏的“中立”势态。夏天授礼法延祚四年（辽重熙十年，1041年），宋军攻破西夏宥州界蕉蒿砦，又袭新筑的汉乞、薛马、都嵬三砦，元昊恐宋军深入，“以所掠缘边人马献于契丹，请援”②，辽兴宗集兵幽州以声援西夏。在更多情况下，辽朝默允元昊假借辽朝声势以讹宋，夏天授礼法延祚二年（1039年），西夏给宋朝书信中声称“元昊与契丹联亲通使，积有岁年。炎宋亦与契丹玉帛交驰，傥契丹闻中朝违信示赏，妄乱蕃族，谅为不可”③。但辽朝对此并没有表示不满，默认了西夏对宋朝的讹诈。

在夏辽的互为声援背后，相互提防，这是双方关系发生的微妙变化。辽国兴平公主的早死也加深了夏辽矛盾。兴平公主下嫁元昊后，“素与元昊不睦”，得病后，“元昊遣使贡于契丹，不以病告”④。辽兴宗怀疑兴平公主死因，曾遣使持诏书诘问，此为辽夏矛盾的开始。辽朝怕西夏强大难制，于是在其西南边境设置西南面都招讨司、南王府、北王府、乙室王府、山金司等官署，布防兵力，以“控制西夏”⑤。而西夏自建立政权之初，即“自河北至午腊䕨山七万

---

①［元］脱脱等：《辽史》卷一八《兴宗纪一》，北京：中华书局，1974年，第213页。

②［清］吴广成著，李蔚整理：《西夏书事》卷一五，济南：山东泰山出版社，2000年，第76页。

③［宋］李焘：《续资治通鉴长编》卷一二五，宝元二年闰十二月壬子，北京：中华书局，1985年，第2950页。

④［清］吴广成著，李蔚整理：《西夏书事》卷一二，济南：山东泰山出版社，2000年，第66页。

⑤［元］脱脱等：《辽史》卷四六《百官志二》，北京：中华书局，1974年，第747—748页。

人，以备契丹”[①]。在军事防范的同时，辽朝还从经济上限制西夏，对原先西夏赴辽的贡使贸易进行限制。辽重熙二年（夏显道二年，1033 年）十二月，辽兴宗下令“禁夏国使沿路私市金铁”[②]。西夏为了打破辽朝的经济封锁，曾多次遣人至吐谷浑、党项诸处市马。辽重熙十一年（夏天授礼法延祚五年，1042 年），辽朝国主虑其势盛，“禁约诸蕃，令沿边筑障寨防遏之”[③]。

这一时期，夏辽关系恶化并导致战争的爆发，有两个重要因素，一是辽朝单方面接受宋朝岁币以弹遏西夏，引起西夏对辽的不满。元昊建立政权后，对宋朝发动了一系列攻势，以致宋夏双方均疲以战争，想尽快结束。辽兴宗想利用当时的形势，从中调解，挟夏讹宋以获利。宋朝向辽朝增加岁币，让辽朝弹遏西夏，辽朝见利忘义，满口答应。对于辽朝的背信弃义，西夏愤怒，使辽朝在宋辽交涉中，元昊不断出难题，“不肯称臣，则是契丹之威不能使西羌屈服”[④]，使辽朝的许诺不能兑现，损害了辽宗主国的威严，也使辽朝在宋面前威信扫地。二是元昊诱纳辽朝境内的岱尔族及党项部落，使夏辽关系急剧恶化。辽西部边境居住的党项及其他部族经常举族归夏，以前西夏对此持慎重态度，基本不予接纳，而两国有隙后，西夏常引诱辽朝境内党项诸族投夏。辽重熙十二年（夏天授礼法延祚六年，1043 年），夏出兵帮助辽朝打败了不服辽朝约束的呆儿（岱尔）族，但辽朝独吞所获，致使西夏失望，遂派兵侵掠辽朝境内的党项羌，随后又“潜诱山南党项诸部及呆儿族八百户，尽叛契丹，阴附于已”[⑤]。由于夏辽之间矛盾的激化，辽夏关系恶化，战争一触即发，可分为两个阶段。

第一阶段始于 1044 年 10 月，以辽兴宗亲自统兵攻打西夏战败而告终。辽重熙十三年（夏天授礼法延祚七年，1044 年）十月，辽朝在充分的准备后，兵分三路伐夏，辽兴宗亲率十万军队出金肃城。三路大军渡黄河后，长驱直入四百里，无任何阻击。兴宗据得胜寺南壁，以捕捉战机。当时夏军主力潜伏于贺兰山北侧，辽北路统帅得知这一情况后，遣军掩袭，元昊率军迎战，将辽军包围，辽大将肖迭里得“左右驰射，跃马直击中坚，夏众不能挡，大溃而退”[⑥]。元昊伏击失败败后，退守贺兰山，见辽兵多势盛，于是采取缓兵之计，

---

①［元］脱脱等：《宋史》卷四八五《夏国传上》，北京：中华书局，1977 年，第 13995 页。

②［元］脱脱等：《辽史》卷一一五《西夏传》，北京：中华书局，1974 年，第 1526 页。

③［清］吴广成著，李蔚整理：《西夏书事》卷一六，济南：山东泰山出版社，2000 年，第 78 页。

④［宋］李焘：《续资治通鉴长编》卷一三九，庆历三年二月乙卯，北京：中华书局，1985 年，第 3355 页。

⑤［清］吴广成著，李蔚整理：《西夏书事》卷一七，济南：山东泰山出版社，2000 年，第 80 页。

⑥［清］吴广成著，李蔚整理：《西夏书事》卷一七，济南：山东泰山出版社，2000 年，第 81 页

以退为进，遣使向辽兴宗请罪。辽军进入河曲后，元昊亲率党项诸部待罪，并折箭为誓，夏辽双方盟约。元昊乘辽军不备之机，向辽军进攻，元昊故意后退三十里以避其锐，辽军穷追不舍，元昊连退三次近百里地，“每退必赭其地，契丹马无食，因许和”[①]。元昊又拖延数日，乘辽军马饥士疲之时，突然猛攻，最终辽军惨败，蹂践而死者不可胜计。接着元昊又乘胜攻打得胜寺南壁的辽军大本营，兴宗“单骑突出，几不得脱”[②]。河曲之役，夏军共俘辽朝近臣数十人，获辎重器物如山。河曲之战后，元昊不失时机地遣使赴辽朝议和，辽兴宗也因损失惨重，无力再进行战争，于是双方议和。

第二阶段战争从1049年开始，辽朝乘谅祚新立，母后专政之际，再次发兵攻夏，战争相持五年之久，终以西夏力屈，被迫向辽朝进表请降。河曲之战后，双方虽然达成和约，但元昊常以兵掠辽朝边境，而辽兴宗则秣马厉兵，“通报丁口，简募甲兵，日夜教阅，思雪前耻”[③]。战争仍在孕育之中。辽重熙十五年（夏天授礼法延祚九年，1046年），辽朝又对西夏发动大规模的进攻，“以兵两千据河桥，聚巨舰数十艘”，用铁钩连在一起，又“布舟于河，绵亘三十余里”[④]。第二年辽朝再次攻西夏，纵兵深入夏境，大掠而还。辽重熙十八年（夏延嗣宁国元年，1049年）七月，辽兴宗乘元昊新死，下诏三路进军，以韩国王肖惠为南路行军都统，赵王肖孝友、汉王贴不为副都统；以敌鲁古为北路行军都统，兴宗自己亲率中路军。八月，中路军先遣部队打败夏军拦截，渡河袭据西夏东部要塞唐隆镇。南路军自恃强大，被夏军击败。北路军经凉州，挥军直趋贺兰山，俘元昊妻没移氏和夏臣僚家属数十人。因南路军战败，辽军三路相继撤回。

夏天祐垂圣元年（1050年）二月，夏没藏讹庞遣军围辽金肃城，被击败。三月，又遣兵屯河南三角川（今内蒙古达拉特旗南），再次被辽军击败，丧失辎重器械无数。夏军屡败，辽军攻势益猛。五月，辽兴宗再次攻夏，包围兴庆府，纵兵四掠，没藏氏不敢出城应战，闭城坚守，六月，辽军攻破贺兰山西北的摊粮城（今内蒙古巴音浩特北），“尽发廪积而还”[⑤]。

夏天祐垂圣元年（1050年）十月，在辽军的不断打击下，西夏被迫遣使议

①［清］吴广成著，李蔚整理：《西夏书事》卷一七，济南：山东泰山出版社，2000年，第81页
②［元］脱脱等：《辽史》卷一〇九《罗衣轻传》，北京：中华书局，1974年，第1479页。
③［清］吴广成著，李蔚整理：《西夏书事》卷一八，济南：山东泰山出版社，2000年，第83页。
④［元］脱脱等：《辽史》卷八七《肖蒲奴传》，北京：中华书局，1974年，第1335页。
⑤［清］吴成著，李蔚整理：《西夏书事》卷一九，济南：山东泰山出版社，2000年，第86页。

和，请依旧例称藩。后在没藏氏多次请求与友好表示下，辽兴宗在1053年初降诏书许西夏求和，谅祚正式进降表。辽兴宗虽许和，但对西夏持有戒心。为了密切双方的关系，没藏氏遣使至辽求婚，但辽兴宗“以没藏氏反覆”，未允和亲。西夏又遣使上誓表，请辽朝颁誓诏。辽兴宗接受誓表，“赐以车服，而不许誓诏”[①]，没有答应结盟的要求。辽清宁元年（夏福圣承道三年，1055年），辽兴宗卒，道宗耶律洪基即位，夏辽关系维持着表面的平静，但相互间并没有放弃进图对方。秉常即位后，夏辽宋对峙的形势发生了变化，夏辽关系也进入一个新的发展阶段。

### 三、夏辽复盟

从1067夏毅宗谅祚卒、惠宗秉常即位到1125年辽朝灭亡，这五十八年是夏辽结盟，友好发展的时期。

西夏惠宗秉常在位时期，正是宋朝熙丰变法之时，宋神宗改革内政，富国强兵，积极对外用兵，在西夏右厢地区建立起一道可攻可守的防线，又发起规模空前的五路进攻。在宋朝的攻讨下，西夏将军事、政治斗争的中心转移到宋朝，从而使辽朝不再担心西夏对其发动进攻，但同时辽朝也不希望西夏这一盟友被宋朝消灭。在这种情况下，夏辽之间恢复了友好关系，从秉常即位时起，双方再没有相互攻掠，而且辽朝还不时声援西夏，或遣使赴宋讲和。西夏与北宋的交涉中，也常以辽朝为幌子。夏大安八年（宋元丰四年，1081年），夏西南都统昴星嵬名济给宋边将刘昌祚的约和信中说：“夏国提封一万里，带甲数十万，南有于阗作我欢邻，北有大燕为我强援，若乘间伺便，角力竞斗，虽十年岂得休哉。”[②]

但此时由于宋朝对西夏在军事上并没有形成绝对优势，辽朝对西夏梁氏临朝、外戚专权的不满，夏辽之间也有一些矛盾发生。夏乾道元年（辽咸雍四年，1068年）十月，辽遣使册秉常为夏国王，梁氏遣使向辽道宗求赐印绶，“辽主不与”。在对待西夏求援上，辽朝也常不认真对待。夏天赐礼盛国庆二年（宋熙宁三年，1070年），宋夏争夺罗兀地区，西夏失利后，向辽求援。“辽主许发腹里兵三十万助之，于是国中气复振。”[③]但这仅是辽朝口头许诺，实际上并没有出兵援助。

---

①［清］吴成著，李蔚整理：《西夏书事》卷一九，济南：山东泰山出版社，2000年，第87页。
②［元］脱脱等：《宋史》卷四八六《夏国传下》，北京：中华书局，1977年，第14013页。
③［清］吴成著，李蔚整理：《西夏书事》卷二三，济南：山东泰山出版社，2000年，第97页。

乾顺年幼即位，母昭简文穆太后梁氏听政，西夏再次陷入母后临朝，外戚专权的局面。自恃一门出二后的梁乙逋对辽朝态度怠慢，秉常卒后，迟迟不向辽朝报哀，“辽主怒，不行吊祭，命乾顺先知国事”[①]，而不行颁册。梁乙逋也“以辽不颁封册，遂不遣贺正使人”[②]。直至辽朝遣使来诘，梁乙逋才遣使入贡，辽道宗正式册封乾顺为夏国王。夏天祐民安三年（辽大安八年，1092 年）三月，梁乙逋集兵韦州（治今宁夏同心县东北韦州镇），谋取环庆，被宋军打败，“乾顺母梁氏愤韦州之败，将图大举，复使乞兵于辽，辽主不许”[③]。十月，梁氏亲率大军攻宋环州，七日不克，又中宋军埋伏，再次大败，梁氏又遣使向辽朝求援。辽道宗因梁氏、梁乙逋穷兵黩武，不得人心，遂放弃遣使赴宋诘问调解。

梁乙逋被诛杀后，梁氏独掌军政大权，但此时的夏辽关系仍不融洽。宋朝拓边，西夏疆土日被侵削，夏天祐民安七年（辽寿昌二年，1096 年）五月，梁氏遣使至辽朝，请辽朝出面令宋军归还所侵疆土，但辽朝拖延不管，至八月，梁氏见无动静，再次遣使向辽朝乞援，辽道宗还是不理。《西夏书事》卷三〇载：“乾顺屡次乞援，辽主但牒雄州，令还夏国疆土，不肯发兵。梁氏乃自为表请之，多怨望语。辽主不悦，声言点集人马应援夏国，仍次境上不出。”

梁氏摄政时期，夏辽关系一直不和谐的重要原因，就是梁乙逋“潜谋篡夺，刑赏自专，梁氏亦为所制”[④]。这使以宗主国自居的辽朝极不乐意，致使对西夏乞援不热心。梁乙逋被杀后，“梁氏专恣，不许主国事，辽主素恶之，故请援辄不应”[⑤]。乾顺亲政后，夏辽关系才真正恢复盟好，关系融洽。

辽杀西夏梁氏后，归政于乾顺，乾顺“幸母之死以为利”[⑥]，加速了夏辽盟好关系的发展，从此，西夏完全依附于辽朝。夏永安二年（辽寿昌五年，1099 年）二月，西夏遣使至宋报哀及修贡，宋朝不接受，乾顺请辽朝出面说情。辽道宗遣使携国书赴宋汴京为夏解和说：“北朝皇帝告南朝皇帝，西夏事早与休得，即甚好。”[⑦]并在其国书中指出：“事贵解和，盖辽之于宋，情重祖

① ［清］吴广成著，李蔚整理：《西夏书事》卷二七，济南：山东泰山出版社，2000 年，第 111 页。
② ［清］吴广成著，李蔚整理：《西夏书事》卷二八，济南：山东泰山出版社，2000 年，第 112 页。
③ ［清］吴广成著，李蔚整理：《西夏书事》卷二九，济南：山东泰山出版社，2000 年，第 116 页。
④ ［清］吴广成著，李蔚整理：《西夏书事》卷二九，济南：山东泰山出版社，2000 年，第 117 页。
⑤ ［清］吴广成著，李蔚整理：《西夏书事》卷三一，济南：山东泰山出版社，2000 年，第 121 页。
⑥ ［清］吴广成著，李蔚整理：《西夏书事》卷三一，济南：山东泰山出版社，2000 年，第 121 页。
⑦ ［宋］李焘：《续资治通鉴长编》卷五〇七，元符二年三月丙辰，北京：中华书局，1993 年，第 12075 页。

孙；夏之于辽，义隆甥舅，必欲两全于保合，岂知一失于绥城？”[①]在辽朝的调解下，宋同意与夏约和。

宋夏虽约和，但相互争战未止。徽宗即位后，继续推行蚕食西夏领土的开边政策，为此，乾顺于夏永安三年（辽寿昌六年，1100 年）、夏贞观二年（辽乾统二年，1102 年）、贞观三年（辽乾统三年，1103 年）连续三次遣使辽朝，乞求联姻。辽朝天祚帝终许婚，于辽乾统五年（夏贞观五年，1105 年）三月，“以族女南仙封成安公主，下嫁夏国王李乾顺”[②]，完成了夏辽的第三次和亲。夏辽和亲后，每当西夏对宋作战失利或边界纠纷向辽朝求援，辽朝总是有求必应。辽乾统六年（夏贞观六年，1106 年）正月，乾顺遣使至辽请援，且乞伐宋，天祚帝即“出兵千余屯塞上，遣枢密直学士高端礼入贡，以姻娅为言，请罢伐夏兵”[③]。同年十二月，乾顺又遣使乞援于辽，辽朝遣枢密使肖艮赴宋交涉，对宋徽宗说：“今大辽以帝妹嫁夏国主，请早退兵，还所侵地。”[④]在辽朝坚持不懈的努力下，宋朝有折扣地归还了部分夏地。夏与辽朝关系密切，唇亡齿寒，西夏愈衰，辽朝愈加扶持。

金朝崛起后，对辽朝发起猛攻，辽军节节败。此时的乾顺对于陷入困境中的辽朝鼎力相助，多次出兵救援，从此双方关系进入西夏援辽抗金阶段。夏元德二年（辽天庆十年，1120 年），宋朝为收复燕云十六州，与金朝订立“海上之盟”。夏元德三年，“乾顺闻之，遣使如辽，约先举兵入寇，辽主不许”[⑤]。夏元德四年（辽保大二年，1122 年）五月，辽山西境内城邑尽失，乾顺闻悉天祚帝逃往阴山，遣大将李良辅领兵三万前去救援，在野谷被金军打败。天祚帝逃难时，处境极为艰难，乾顺又派大臣曹价问候起居，并馈赠粮饷。夏元德五年（辽保大三年，1123 年）正月，乾顺再次出兵救辽，又被辽所阻。天祚帝逃往云内，乾顺再次遣使请他至西夏避难。天祚帝为表示感谢，六月派人持册封乾顺为夏国皇帝，这是西夏自元昊建立政权以来第一次得到大国的承认。与此同时，金朝也遣人诱乾顺附金。在权衡利害得失之后，乾顺决定对金奉表称臣，请以事辽之礼事金。随着天祚帝的被俘，辽国灭亡，夏辽关系得以终结。

（原载于《辽宁大学学报》2005 年第 2 期）

① [清] 吴广成著，李蔚整理：《西夏书事》卷三一，济南：山东泰山出版社，2000 年，第 121 页。
② [元] 脱脱等：《辽史》卷二七《天祚皇帝纪一》，北京：中华书局，1974 年，第 321 页。
③ [清] 吴广成著，李蔚整理：《西夏书事》卷三二，济南：山东泰山出版社，2000 年，第 124 页。
④ [清] 吴广成著，李蔚整理：《西夏书事》卷三二，济南：山东泰山出版社，2000 年，第 125 页。
⑤ [清] 吴广成著，李蔚整理：《西夏书事》卷三三，济南：山东泰山出版社，2000 年，第 129 页。

# 夏金使臣交聘述论

立国于西北边陲，抗衡“辽、金、宋”[①]的西夏，在北宋、辽灭亡后，与金朝关系密切，相互交往频繁，对双方政治、经济、文化等方面均产生了重大影响。

## 一、夏金关系的改善

夏金交好初期，双方关系极其微妙复杂，均不以诚相待，互不信任，存有戒心。初期的交往，实质上是明争暗斗，在一系列事件中，夏金矛盾日益激化，导致了双方的武装冲突，使刚建立的夏金关系笼罩在浓厚的阴影之中。夏金之间的友好关系主要是在夏仁孝与纯祐统治时期，也就是金熙宗、海陵王、金世宗、金章宗在位之时。这与当时整个中国形势的变化及夏金双方政治、经济发展的需要密切相关。

此时，辽早已灭亡，率部西迁的耶律大石已在中亚建立西辽，着重对西方进行开拓经营，无意东返，金朝的西顾之忧已基本解除。金、宋双方力量的对比也已发生了新的变化，各种势力的均衡，发展成为两个政权的对峙，金与南宋都无力统一全中国。

此时，建国不久的金朝经过与西夏的一系列武装冲突后，也亟须稳定和巩固自己的政权，以适应对新占领的中原地区的统治。因此，从熙宗朝起，金朝统治者开始将早期的对外扩张政策，迅速、全面地转变为对内的改革与整顿，加强皇权，削除割据势力，发展封建经济，减少和停止战争，争取和平安定的环境，是其发展的根本前提。至章宗时，已“承世宗治平日久，宇内小康”[②]，继续进行改革，“正礼乐，修刑法，定官制，典章文物粲然成一代治规”[③]使金

① ［元］脱脱等:《金史》卷一三四《西夏传》，北京：中华书局，1975 年，第 2877 页。
② ［元］脱脱等:《金史》卷一二《章宗纪四》，北京：中华书局，1975 年，第 285 页。
③ ［元］脱脱等:《金史》卷一二《章宗纪四》，北京：中华书局，1975 年，第 285 页。

朝的政治、经济均达到极盛。伴随着封建国家的繁荣，统治集团也日益腐朽，骄奢淫逸，特别是女真贵族转化为封建地主后，逐渐失去了原来“戆朴勇鸷”的习性，也吟风弄月，沉溺于嬉戏之中[①]，早已失去了斗志，这就决定了他们在邦交上必须努力谋求和平。

与此同时，西夏也经历了几十年的战争灾难。夏崇宗乾顺三岁继立后，由梁太后、梁乙逋总擅大权，统治集团内皇族与外戚之间的矛盾斗争日益激化。为了转移矛盾，梁氏统治集团凭借手中的权力，对宋沿边诸州发动了一系列的战争，使西夏人民又饱受战争灾难，社会也处于动荡不安之中。夏仁宗仁孝即位之初，内部阶级矛盾尖锐，而饥荒、地震加剧了人民的贫困与苦难，内乱频生，番部起义，西夏政权处于危急之中。为了巩固和加强自己的统治，争取较长的和平时期以休养生息，并在政治和经济上获得金的信赖与支持，夏仁宗积极主动与金结好。夏桓宗纯祐“仁慈恭俭”[②]，亦是守成之主，即位后，继续坚持与金结好的政策。

正因为双方统治者都有和平安定的愿望，都着眼于对内的改革与发展，因此，夏金关系才有所改善，开始了真正的友好交往，双方的交聘是友好关系的突出反映。

### 二、西夏赴金聘使活动

自夏崇宗乾顺元德四年（1122 年）至夏末帝晛宝义元年（1227 年），在西夏中后期的 104 年间，夏共遣使 238 次[③]，其中乾顺朝 36 次，仁孝朝 141 次，纯祐朝 26 次，夏金之间的交聘活动以西夏为主动，遣使频繁，人数众多。

见于文献记载的西夏聘使类型主要有奉表使、上誓表使、贺正旦使、贺生辰使、贺尊安使、谢横赐使、谢誓诏使、谢封使、谢恩使、报谢使、告哀使、慰奠使、陈慰使、奏告使、押进使、进奉使等。其聘使名称与活动内容相关。

奉表、上誓表是夏臣属于金的聘使活动。夏元德六年（1124 年），第一次夏金和议订立后，乾顺即遣御史中丞把里公亮奉表金主，请以事辽之礼事金，因受赐地。这是夏国臣金的开始。后乾顺又遣芭里公亮赴金献方物，并上誓表，表示自今凡岁时朝贺，贡进表章，使人往复等事，一切永依事辽旧例。完

---

① ［金］刘祁：《归潜志》卷三至六载诸多文人事迹，北京：中华书局，1983 年。
② ［清］吴广成著，李蔚整理：《西夏书事》卷三九，济南：山东泰山出版社，2000 年，第 149 页。
③ 据《金史》卷六〇、六一、六二《交聘表》统计，北京：中华书局，1975 年。

颜亮即位后，西夏也遣使“奉表如金”[①]。

贺正旦是西夏聘使赴金的主要活动之一。第一次夏金和议订立后，夏崇宗乾顺即于元德七年（1125 年）正月，遣“使贺正旦”[②]，从此，开启了西夏每年赴金贺正旦活动。夏仁宗仁孝、夏桓宗纯祐即位后，在每年正月也均遣使贺正旦。即使内部政权发生嬗变，贺正旦也照常进行。夏应天元年（1206 年）正月，镇夷郡王李安全废纯祐自立，是为夏襄宗，第二年正月，即遣使赴金庆贺。夏襄宗安全被废后，李遵顼即位，夏光定二年（1212 年）正月，也遣使贺正旦。此后，夏金关系破裂，双方使臣十余年不相往来。夏金第二次议和后，夏国恢复对金的贺正旦活动。夏乾定三年（1226 年）正月，遣使庆贺。第二年正月，又遣“精方鼎匭匣使王立之来聘。未复命国已亡”[③]。西夏赴金贺正旦活动，一般情况下不间断。

贺生辰主要是指贺金天清节、万寿节、天寿节等金主诞辰的庆典。

天清节是“金主晟诞”[④]日，在每年的十月庆贺。夏金和议的当年十月，夏国主乾顺就遣使贺金太宗天清节，这是西夏贺金诞辰之始。但由于当时“金人潜分两路伐宋，军务旁午”[⑤]，金太宗没有接见夏使，只是“就馆赐燕而还”[⑥]。夏正德八年（1134 年）十月，夏使贺金天清节，此时金太宗已重病在身，“不视朝”，夏“使人就馆燕”[⑦]。

万寿节乃金主“熙宗诞”[⑧]日，熙宗即位后，贺万寿节则在每年的正月举行。夏大德二年（1136 年）正月，夏遣使贺万寿节。金熙宗在位期间，不曾间断。

万春节是金世宗的诞辰之日，这是西夏聘使的主要活动，世宗在位期间，贺万春节在每年的三月举行。夏天盛十三年（1161 年）十月，金世宗即位，第二年四月，夏国主仁孝就遣使贺金即位并贺万春节。此后贺万春节均在每年的三月举行，夏天盛十七年（1165 年）三月，夏遣使贺万春节时，正值南宋与金订立“隆兴和议”之后，夏使与宋使一同入见。世宗一朝，西夏聘使赴金贺万

---

①［清］吴广成著，李蔚整理：《西夏书事》卷三六，济南：山东泰山出版社，2000 年，第 138 页。
②［元］脱脱等：《金史》卷六〇《交聘表上》，北京：中华书局，1975 年，第 1391 页。
③［元］脱脱等：《金史》卷一三四《西夏传》，北京：中华书局，1975 年，第 2876 页。
④［清］吴广成著，李蔚整理：《西夏书事》卷三三，济南：山东泰山出版社，2000 年，第 130 页。
⑤［清］吴广成著，李蔚整理：《西夏书事》卷三三，济南：山东泰山出版社，2000 年，第 130 页。
⑥［清］吴广成著，李蔚整理：《西夏书事》卷三三，济南：山东泰山出版社，2000 年，第 130 页。
⑦［清］吴广成著，李蔚整理：《西夏书事》卷三四，济南：山东泰山出版社，2000 年，第 133 页。
⑧［清］吴广成著，李蔚整理：《西夏书事》卷三四，济南：山东泰山出版社，2000 年，第 133 页。

春节从无间断。

天寿节是金章宗的诞辰日，章宗在位期间，贺天寿节是西夏聘使的主要活动。夏乾祐二十年（1189 年）二月，金章宗完颜璟即位，六月，金移文报天寿节，“令于九月一日称贺”[①]。于是夏国主仁孝于当年八月，就遣使人嵬名彦、刘文庆赴金贺，章宗“以世宗丧”[②]而不受朝。第二年九月，又遣使贺天寿节，章宗又以“皇太后丧，不受朝贺”[③]。从夏乾祐二十三年（1192 年）九月始，夏每年遣使庆贺。纯祐即位后，仍一如既往，于即位第二年（1194 年）九月，就遣使赴金祝贺，金主“宴于枢光殿”“赐赉甚优”[④]。李安全为夏国主后，仍照常遣使。夏应天三年（1208 年），此时金与南宋交战，将天寿节从九月移到十月十五日，于是李安全遣李世昌、米元杰赴金贺。此后，由于战争，西夏赴金贺天寿节被迫中断。

贺生辰是金完颜亮在位时，西夏聘使赴金的活动。完颜亮即位后，“遣使来谕”[⑤]，夏国主仁孝接受了完颜亮执政的现实，并从夏天盛三年（1151 年）正月起，开始一年一度的遣使贺生辰活动。

告丧、奠慰、陈慰也是西夏使臣的交聘活动，正常情况下，凡西夏国主卒，皆遣使赴金报丧。夏大德五年（1139 年）六月，乾顺卒，九月，遣使赴金告丧，从此开启了西夏使臣赴金的告丧活动。夏乾祐二十四年（1193 年）九月，仁孝卒，十一月，西夏遣使“来讣告”[⑥]，并遣使献遗物。奠慰则是金国主或皇太后卒，赴夏报哀后，西夏遣使赴金奠慰以示哀悼。夏元德七年（金天会三年，1125 年），金太祖卒，葬于和陵，夏乾顺“遣使如金奠慰”[⑦]，并贺太宗即位。夏大德元年（1135 年）正月，金太宗卒，熙宗嗣立，金使来告哀及报即位，于是夏乾顺也“遣使吊并贺”[⑧]即位。夏乾祐二十年（1189 年）二月，金孝懿皇太后卒，夏遣使陈慰并奉奠。

谢誓诏、谢横赐、谢封、谢赐生日、谢恩等均为西夏使臣赴金的交聘活动。夏元德五年（1123 年），金在夏上誓表之后，遣使赐誓诏于夏，于是“夏

---

①［清］吴广成著，李蔚整理：《西夏书事》卷三八，济南：山东泰山出版社，2000 年，第 146 页。
②［清］吴广成著，李蔚整理：《西夏书事》卷三八，济南：山东泰山出版社，2000 年，第 146 页。
③［清］吴广成著，李蔚整理：《西夏书事》卷三八，济南：山东泰山出版社，2000 年，第 146 页。
④［清］吴广成著，李蔚整理：《西夏书事》卷三八，济南：山东泰山出版社，2000 年，第 147 页。
⑤［清］吴广成著，李蔚整理：《西夏书事》卷三六，济南：山东泰山出版社，2000 年，第 138 页。
⑥［元］脱脱等：《金史》卷六二《交聘表下》，北京：中华书局，1975 年，第 1461 页。
⑦［清］吴广成著，李蔚整理：《西夏书事》卷三三，济南：山东泰山出版社，2000 年，第 130 页。
⑧［清］吴广成著，李蔚整理：《西夏书事》卷三四，济南：山东泰山出版社，2000 年，第 133 页。

使谢赐誓诏”[①]。金世宗即位后，遣使横赐夏国，于是夏天盛十五年（1163 年）十月，夏国遣使赴金谢横赐。夏乾祐三年（1172 年），先是金遣宿直将军唐括阿忽里来横赐，于是夏国主仁孝遣枢密直学士严立本等往谢横赐。夏国主仁孝卒后，李纯祐即位，夏天庆元年（1194 年）正月，金遣使册封纯祐为夏国王，于是纯祐遣御使中丞浪讹文广等为谢封册使赴金报谢。夏天庆八年（1201 年）九月，金遣使册封李安全为夏国主后，夏遣御使大夫谋宁光祖等谢封册。夏天庆二年（1195 年）三月，夏御使大夫李彦崇、知中兴府事郝庭俊赴金谢赐生日。夏天庆七年（1200 年），纯祐为母罗太后求医于金，金章宗遣太医时德元、王利贞来诊治并赐药剂。同年八月，夏遣南院宣徽使刘忠亮等到金谢恩。

奏告即“凡国有大事皆告”[②]，是西夏对涉及政治、经济、军事等重大国事的交聘活动。夏天庆四年（1197 年），西夏为了发展本国经济，有利于边民贸易，纯祐遣李德冲等奏告，请复置保安、兰州榷场。夏应天元年（1206 年），夏李安全废纯祐自立，为了得到金国的支持，遣御史大夫罔佐执中等来“奏求封册”[③]。夏应天三年（1208 年）二月，“蒙古兵驻斡罗孩城，四出侵掠，夏国集右厢诸路兵以拒”[④]。三月，夏遣“枢密使李元吉、观文殿大学士罗世昌等来奏告”[⑤]。这次奏告何事，《纪》《传》均不载，但根据当时夏国所面临的形势推断，所奏告的必然是蒙古军侵扰之事。同年十月，《金史·章宗纪四》所载：“夏国有兵，遣使来告。”又据《金史·交聘表下》所载：泰和八年十月己卯，夏遣“参知政事浪讹德光、光禄大夫田文徽等来奏告”，显然奏告的是兵事。

另外还有夏使谢赙赠、请上尊号、贺受尊号、贺迁都、请市书等活动。

### 三、金赴西夏聘使活动

夏金初和，即通使节，然而金之通使，在熙宗至章宗的六十余年间交聘较多。其中太宗朝 2 次，熙宗朝 2 次，海陵炀王朝 12 次，世宗朝 37 次，章宗朝 4 次，卫绍王朝 1 次，哀宗朝 3 次，金国共遣使 61 次[⑥]。

文献记载的金国聘使类型主要有议和、赐誓诏、报成、生日、封册、贺正、报哀、敕祭慰问、吊奠、横赐等使，其聘使名称与西夏相比较少，活动也

---

① [元] 脱脱等：《金史》卷六〇《交聘表上》，北京：中华书局，1975 年，第 1391 页。
② [元] 脱脱等：《金史》卷三一《礼志四》，北京：中华书局，1975 年，第 751 页。
③ [元] 脱脱等：《金史》卷六二《交聘表下》，北京：中华书局，1975 年，第 1477 页。
④ [清] 吴广成著，李蔚整理：《西夏书事》卷三九，济南：山东泰山出版社，2000 年，第 150 页。
⑤ [清] 吴广成著，李蔚整理：《西夏书事》卷三九，济南：山东泰山出版社，2000 年，第 150 页。
⑥ 据《金史》卷六〇、六一、六二《交聘表》统计，北京：中华书局，1975 年。

比较单一。

议和、赐誓诏是金国聘使的重大活动。夏金曾订立过两次和议，第一次是夏元德五年（1123 年），金遣宗望至阴山，以便于与夏议和。第二次则是在金末即夏乾定二年（1225 年）十月，金“遣聂天骥、张天纲使夏讲和事”[①]。在第一次夏金和议订立、夏遣使上誓表后，夏元德六年（1124 年）闰三月，金太祖即遣王阿海、杨天吉赴夏赐誓诏。

报成即报聘，是对夏使的回聘。第二次夏金和议订立后，夏使朝辞，国书报聘称“兄大金皇帝致书於弟大夏皇帝阙下”[②]，遣礼部尚书奥敦良弼、大理卿裴满钦甫、侍御史乌古孙弘毅充报成使。

贺生日是金聘使赴西夏的一项重要交聘活动。完颜亮杀熙宗自立为帝后，即开始遣使贺夏国主仁孝生日。夏天盛三年（1151 年）九月，金以“肖彭哥为夏生日使”[③]赴夏。以后又曾五次遣生日使。金世宗即位后继续遣使贺夏国主生日。从夏天盛十四年（1162 年）九月始，至夏乾祐二十年（1189 年），其中除金大定二十五、二十九这两年未遣使外，其他每年均遣生日使赴夏，世宗朝共遣生日使 27 次[④]。

封册是在金夏关系中，金对夏国的重要政治活动，体现了金夏之间的君臣关系。夏天庆元年（1194 年），金章宗命刘玑、乌古论庆裔等“充夏国主李纯祐封册起复使”[⑤]。夏应天元年（1206 年），李安全废纯祐自立后，遣使奏求封册，金主始遣温迪罕思敏、黄需震为封册使，“册李安全为夏国王”[⑥]。夏光定二年（1212 年），李遵顼即立后，金仍遣使赐封册为夏国王。

贺正旦是金聘使赴夏国的活动，第二次夏金和议后，夏乾定三年（1226 年）十一月，哀宗“遣人使夏贺正旦”[⑦]。

报哀、祭慰、吊祭也是金聘使赴夏国的活动。金太宗卒后，夏大德元年（1135 年）正月，遣使如夏报哀。夏国主仁孝卒后，金章宗即以原贺生日使更为“敕祭慰问使”[⑧]来祭慰。夏主德旺卒后，金遣中奉大夫完颜履信、昭毅将

---

① ［元］脱脱等：《金史》卷六二《交聘表下》，北京：中华书局，1975 年，第 1487 页。
② ［元］脱脱等：《金史》卷六二《交聘表下》，北京：中华书局，1975 年，第 1488 页。
③ ［元］脱脱等：《金史》卷六〇《交聘表上》，北京：中华书局，1975 年，第 1406 页。
④ 据《金史》卷六一《交聘表中》统计，北京：中华书局，1975 年。
⑤ ［元］脱脱等：《金史》卷六二《交聘表下》，北京：中华书局，1975 年，第 1462 页。
⑥ ［清］吴广成著，李蔚整理：《西夏书事》卷三九，济南：山东泰山出版社，2000 年，第 150 页。
⑦ ［元］脱脱等：《金史》卷六二《交聘表下》，北京：中华书局，1975 年，第 1488 页。
⑧ ［元］脱脱等：《金史》卷一〇《章宗纪二》，北京：中华书局，1975 年，第 231 页。

军太府监徒单居正为“吊祭夏国使”[1]，赴夏吊祭。

横赐使始于金熙宗朝。金太宗时，聘使王阿海赴西夏赐誓诏，夏国主乾顺欲依旧礼：“辽使至国，以臣礼见。”[2]王阿海不肯受“夏主坐受使者之礼”[3]，于是，发生争执。从此后，金停止遣使西夏。夏仁庆二年（1145年）四月，金熙宗以撒海、耶律福为横赐夏使，金使横赐自始此。夏天盛九年（1157年）四月，完颜亮也遣温敦斡喝为横赐夏使。金世宗即位后，在夏天盛十五年（1163年）五月，遣阿勒根和衍赴夏横赐。以后又六次分别遣斜卯掴剌、完颜赛也、唐括阿忽里等赴夏。金章宗即位，就于当年五月遣使赴夏横赐，以后又曾五次[4]遣使横赐。

总之，金之通使，盛行于海陵、世宗两朝。金太宗时，没有遣使回聘，自熙宗以后，金使的回聘也逐渐增多。

## 四、夏金交聘的作用

夏金之间频繁的聘使往来，从表面看，似乎大多是外交礼仪性的节日、死丧的庆吊，实际上，正是通过这些礼尚往来，加强了夏金双方政治、经济、文化上的联系。

### （一）确立了夏金双方的政治地位，维护了西夏的统一

金通过聘使议和、赐誓诏、封册等聘使活动，与西夏达成和议，册立西夏各代君主，确立了金对夏的宗主国地位。西夏则通过聘使奉誓诏、上誓表、谢封册等活动，承认西夏对金的从属国地位。

在任得敬分国问题上，金支持西夏反对分裂，维护了统一。而金对这一事件的鲜明态度，具有较复杂的原因，与吐蕃首领结什角有密切的关系。结什角系青唐吐蕃首领唃斯啰子董毡之后裔，董毡子巴毡角归宋后，赐姓名赵顺忠，子永吉，孙世昌，皆受宋官，世袭巴羊族酋长，后世昌被鬼芦族酋长京臧所杀，金人诛京臧，以世昌子铁哥为巴羊族都管。金大定四年（1164年），宋兵破洮州（治今甘肃临潭县），铁哥弟结什角与其母去乔家族避难，结什角被立为木波四族长，号曰“王子”。后结什角感念金为其父报仇，率木波、丙离、陇逋、庞拜等族举地降金。金天会年间，夏金议和后，金曾下诏以旧积石地与

---

①［元］脱脱等：《金史》卷一七《哀宗纪上》，北京：中华书局，1975年，第378页。
②［清］吴广成著，李蔚整理：《西夏书事》卷三三，济南：山东泰山出版社，2000年，第130页。
③［清］吴广成著，李蔚整理：《西夏书事》卷三三，济南：山东泰山出版社，2000年，第130页。
④据《西夏书事》卷三八、三九统计，济南：山东泰山出版社，2000年。

夏，夏人谓之祁安城。此地有吐蕃吹折、密臧、陇逋、庞拜四部族，合称庄浪四族，他们虽属西夏，但叛服不定。庄浪四族中的陇逋、庞拜二族归金后，“每年进马、驼百匹”[①]，金也不断遣官员抚绥、赏赐。任得敬曾遣人“以庄浪族乱告于金，请兵灭之”[②]，金主以“将检会其地所属，毋擅出兵”[③]为由不许。陇逋、庞拜二族欲诱吹折、密臧潜附金国，被任得敬遣兵袭破吹折、密臧二族，“悉掳其资财、人、畜”[④]。这二族被攻破后，陇逋、庞拜二族恐惧，率其部族走入巴羊族，“遂归结什角”[⑤]。当夏国主仁孝遣使谢恩，任得敬也附表进礼物以谢请医于金，而实际上是窥探金对袭杀吹折、密臧二族的态度。金世宗以“得敬自有定分，岂宜紊越”[⑥]，察其奸而不受。结什角母居住在庄浪族，任得敬乘结什角探母之机袭杀了结什角，并发兵四万，役夫三万，修筑祁安城，“增广其制”。在金遣使视察后，命于“熙秦迫近宋、夏处添戍为备”[⑦]，这实质上是对任得敬的防备。随着任得敬权势的显赫，阴谋篡位，“欲以仁孝处瓜、沙，已据灵、夏”[⑧]，并进而要求“分国之西南路及灵州罗庞岭”[⑨]自立。此时的夏国主仁孝已不能遏制，竟遣使赴金为任得敬求封册。金世宗清醒地认识到“有国之王，岂肯无故分国与人，此必权臣迫夺，非夏王本意”[⑩]，并以宗主国的身份考虑到“夏国称藩已久，一旦近于贼臣，朕为四海主，宁容此耶?”[⑪]不收贡物，并赐仁孝诏，应将“先业所传亦当固守”[⑫]，主张“当以兵诛之，不可许也”[⑬]。当任得敬攻杀吹折、密臧二族，袭杀与金结好的吐蕃首领结什角时，实际上就已与金有隙，而他又欲篡夏国主仁孝位以自立，进一步损害了金对夏之宗主国地位。鉴于这些原因，在西夏面临分裂的紧要关头，正是金朝的大力支持，才使夏仁宗设计将任得敬及其党羽处死，西夏政权转危为安。

---

① [清] 吴广成著，李蔚整理：《西夏书事》卷三七，济南：山东泰山出版社，2000 年，第 142 页。
② [清] 吴广成著，李蔚整理：《西夏书事》卷三七，济南：山东泰山出版社，2000 年，第 142 页。
③ [清] 吴广成著，李蔚整理：《西夏书事》卷三七，济南：山东泰山出版社，2000 年，第 142 页。
④ [清] 吴广成著，李蔚整理：《西夏书事》卷三七，济南：山东泰山出版社，2000 年，第 142 页。
⑤ [元] 脱脱等：《金史》卷九一《结什角传》，北京：中华书局，1975 年，第 2017 页。
⑥ [清] 吴广成著，李蔚整理：《西夏书事》卷三七，济南：山东泰山出版社，2000 年，第 142 页。
⑦ [清] 吴广成著，李蔚整理：《西夏书事》卷三七，济南：山东泰山出版社，2000 年，第 143 页。
⑧ [清] 吴广成著，李蔚整理：《西夏书事》卷三七，济南：山东泰山出版社，2000 年，第 141 页。
⑨ [清] 吴广成著，李蔚整理：《西夏书事》卷三七，济南：山东泰山出版社，2000 年，第 143 页。
⑩ [清] 吴广成著，李蔚整理：《西夏书事》卷三七，济南：山东泰山出版社，2000 年，第 143 页。
⑪ [清] 吴广成著，李蔚整理：《西夏书事》卷三七，济南：山东泰山出版社，2000 年，第 143 页。
⑫ [清] 吴广成著，李蔚整理：《西夏书事》卷三七，济南：山东泰山出版社，2000 年，第 143 页。
⑬ [清] 吴广成著，李蔚整理：《西夏书事》卷三七，济南：山东泰山出版社，2000 年，第 143 页。

（二）促进贡赐贸易发展，加强科技文化交流

双方通过聘使往来，各自将本国的土特产品及名贵物资作为贡品和赐品输入对方。《北行日记》卷上记载了西夏对金的贡品有“礼物十二床，马二十匹，海东青七，细狗五”及本国所造百头帐。《金史·礼志十一》记载金对西夏的回赐有金、银、布、绫罗、绢帛、貂裘、金带、金镀银束带、金涂银闹装鞍辔、金涂银浑裹书匣、间金涂银装钉黑油诏匣有包书等，其中赐绢帛、绫罗量最大。在《新定夏使仪注》中规定夏使至，金“许贸易于市二日”[①]“朝辞，赐人从银二百三十五两，绢二百三十五匹”[②]。这种一年多次的贡赐交往，实际上就是经济贸易活动。双方通过聘使往来，许多文人都曾作为文化使者出访他国，他们的许多文化成果也随之传入。在聘使交往中，夏使“请市儒、释书”，而金国屡遣名医为夏宗室贵族治病，先进的金国医术也传入西夏，这对促进西夏医学的发展必然起了一定的作用。在夏金聘使往来的大道上，金丰州古城内有“西夏仁王院僧惠善到此”的墨书题记[③]，在西夏北境的黑水城中发现了金代平阳的出版物[④]，在西夏省嵬城发现金的“正隆元宝”[⑤]，由此可见，双方经济、文化交往非常活跃。

（三）设立榷场开展互市，双方经济得以互补

在夏金的交聘活动中，置榷场，通互市，是一项重要内容，榷场贸易对双方的经济具有重要作用。夏正德八年（1134 年）及大德四年（1138 年）正月，夏崇宗乾顺乘遣使贺正旦之际，不失时机的两次命使人奏告，请于陕西诸地置榷场通互市，金国一直不允。夏仁宗仁孝即位后，于夏大庆二年（1141 年）正月，又于贺正旦与万寿节之机，再一次请置榷场。金熙宗应仁孝之请，首次对西夏置榷场互市。最早设置的榷场是在云中西北的“过腰带山、石楞坡、天德、云内、银瓮口”[⑥]等地，这一带原是辽与西夏的贸易地点，金占据这一地区后，在辽榷场的基础上恢复和扩大了贸易。辽时“铁禁甚严”，曾令西夏与鞑靼人“不得夹带交易”[⑦]。由于某种原因，金与西夏关系日益密切，而且也

① ［元］脱脱等：《金史》卷三八《礼志十一》，北京：中华书局，1975 年，第 878 页。

② ［元］脱脱等：《金史》卷三八《礼志十一》，北京：中华书局，1975 年，第 878 页。

③ 盖山林：《内蒙古西部地区的西夏文物》，西夏学术讨论会上发表论文，1981 年。

④ 张秀民：《辽金西夏刻书简史》，《文物》1959 年第 3 期。

⑤ 宁夏博物馆：《宁夏石咀山市西夏城址试掘》，《考古》1981 年第 1 期。

⑥ ［宋］宇文懋昭：《大金国志》卷一三《海陵炀王上》，载文渊阁《四库全书》第 383 册，台北：台湾商务印书馆，1986 年，第 902 页。

⑦ ［宋］宇文懋昭：《大金国志》卷一三《海陵炀王上》，载文渊阁《四库全书》第 383 册，台北：台湾商务印书馆，1986 年，第 902 页。

为了本国的经济收入，于是金熙宁宗弛“铁禁”。金世宗、章宗朝，又继续在西沿边诸州保安、兰州、绥德、东胜、净、环、庆州、来远军[①]等地设置榷场，这极大地方便了夏金边民的互市。

西夏是盛产羊马之地，在榷场贸易中，畜产品是其输出的大宗商品，其中马匹输出量最大。金也需要从西夏输入大量马匹，夏天盛十五年（1163年），金世宗就“遣使至榷场市马”[②]。另外，如珍珠、玛瑙、琥珀、犀角等珠玉，柴胡、苁蓉、红花、大黄等药材也是名贵商品，金统治者为了满足自己奢侈生活的需要，全然不顾大臣的反对，用丝帛换回珠玉。西夏所处的地理位置使它成为中西商路上的一个大中转站，而金却与西域各国没有更多的联系。西夏在与金的贸易中，很多商品如硇砂、和田玉等都是通过中转贸易获得，西夏实际上成为金与西方经济联系的纽带与桥梁。夏仁宗仁孝时，夏金之间不仅榷场贸易兴盛，而且富商、边民利用榷场之便进行走私贸易，以致金国被迫关闭一些榷场来打击走私活动。

榷场贸易的开展，对于双方经济起了互补作用。北宋时，西夏经济的不足主要通过与北宋的贸易来补充，北宋亡后，西夏与南宋几乎没有任何经济联系，这就决定了西夏在经济上只有依赖于金国，与金展开各种形式的商业贸易，促使夏金之间商业流通，才能打破国内单一、封闭的经济模式。而这对金来说也极为有利，具有多重效益，榷场的税收能增加政府的经济收入，交流的商品可以弥补自己生产的不足，金国通过这种贸易形式既加强了与周边的经济联系，又在一定程度上使边境得以安定。

（原载于《国家图书馆学刊》，2002年西夏研究专号增刊）

① [元] 脱脱等：《金史》卷五〇《食货·榷场》，北京：中华书局，1975年，第1114页。
② [清] 吴广成著，李蔚整理：《西夏书事》卷三七，济南：山东泰山出版社，2000年，第141页。

# 略论西夏与金朝的关系

立国于西北边陲，与辽、宋、金抗衡的西夏，在北宋、辽灭亡后，与金朝关系密切，相互交往频繁，这对夏、金双方政治、经济、文化等方面均产生了重大影响。本文拟从夏金初期的争斗、夏金友好、使臣交聘、夏金关系破裂等方面，对夏金之间长达百余年的交往过程进行较全面的考察。

## 一、夏金初期的争斗

西夏是辽的盟友、姻亲，关系极为笃厚，由于辽国的阻隔，与女真族素无往来。1115 年，金国以其强大的军事实力向辽政权进行毁灭性的打击，陷黄龙府，克上京，辽军接连惨败，辽天祚帝也被迫逃入天德（治今内蒙古乌拉特前旗西南）、云内（治今内蒙古托克县东北古城乡）一带的夹山地区。此时的西夏，一方面笃守对辽国的情义，“不渝终始，危难相救”[①]；另一方面为了将自己的疆域扩展到黄河以东，竟派李良辅将兵三万来救辽，与金军在天德军境内野谷一战，三万夏军“败之几尽”，主帅李良辅被擒。野谷之败，使“不渝终始”的西夏认识到金国军事力量的强大，金灭辽势在必行。于是改变原来的对外政策，弃辽附金，维护自己的利益。金在全力灭辽的同时，主动遣使赴西夏议和，以坏辽夏之盟而结夏金之好。夏元德四年（金天会元年，1122 年）十一月，太祖阿骨打第二子宗望亲自到阴山与西夏议和，许以割地。要求西夏“若能如事辽之日以效职贡，当听其来，毋致疑贰。若辽主致彼，可令执送”[②]。夏元德五年（金天会二年，1123 年），西夏接受金的议和条件，获得了“下寨以北、阴山以南、乙室耶刮部吐禄泺之西”[③]的金朝赐地。从此，夏金正式建立了以君臣相称的政治关系。

---

① ［元］脱脱等：《金史》卷一三四《西夏传》，北京：中华书局，1975 年，第 2865 页。
② ［元］脱脱等：《金史》卷一三四《西夏传》，北京：中华书局，1975 年，第 2866 页。
③ ［元］脱脱等：《金史》卷一三四《西夏传》，北京：中华书局，1975 年，第 2866 页。

夏金交好的初期，即从夏元德四年（金天辅六年，1122年）至大庆元年（金天眷三年，1140年）的十八年中，夏金双方的关系极为复杂微妙。从表面上看，双方以君臣相称，节庆聘使互有往来，实际上，却是双方互不信任，存有戒心。金对西夏的不信任，一方面是由于辽夏旧情始终不能让金彻底放心。这从金给宋帝的回书中可以看出，“夏国素号狡猃，唯务诈诞，与昏主实甥舅唇齿之国”[①]。而率部西迁的耶律大石此时正军势日盛，锐气日倍，多次声称“我今仗义而西，欲借力诸蕃，翦我仇敌，复我疆域”[②]。因此，金恐西辽与西夏合谋犯边。另一方面则是西夏不仅与辽旧情不忘，而且还与宋联系不断。夏元德五年（金天会元年，1123年），夏遣使入贡于宋，次年，宋钦宗即位，夏又遣使表贺，而且宋夏之间国书不断，据吴玠奏：“夏国数通书，有不忘本朝意。”[③]这充分表明西夏周旋于宋、金之间，绝无一意附金。同样，西夏对金也不信任。西夏向金称臣是迫于金的武力，并非心悦诚服，正如吴广成所言：“乃始惧兵威，继贪土地，渐易初心，顿忘旧好。”[④]

由于夏金双方的不信任，它们初期的交往实质上是明争与暗斗，于是在一系列事件中矛盾逐渐激化。金夏结盟之后，金约夏从银、夏等地出兵，夺取宋关中之地。西夏却乘宋金激战之时，派军收复了原被宋占领的陕西沿边地。夏元德七年（金天会三年，1125）三月，又由金肃（今内蒙古准格尔旗北）、河清（今内蒙古东胜北）渡河夺取了天德（今内蒙古乌拉特前旗西南）、云内（治今内蒙古托克县东北古城乡）、武州（治今山西神池县西）河东八馆之地。西夏的这一举动令金人十分恼怒，立即派大将兀室率数万骑，“阳为出猎，掩至天德，逼逐夏人”[⑤]，对夏军发动突然袭击，一举夺取河东之地，夏人心怀怨愤，但“惧不敢违”[⑥]。

麟（治今陕西神木县西南）、府（治今陕西府谷县）二州系西夏东部边境的军事要地，北宋时，以折氏世守其地“以抗夏人”，至折可求时，以麟、府州地降金。金则利用折氏与西夏为仇，“欲因折氏以并夏境”[⑦]。于是双方对

①［金］佚名：《大金吊伐录》卷一《白札子》，载文渊阁《四库全书》第408册，台北：台湾商务印书馆，1986年，第836页。

②［元］脱脱等：《辽史》卷三〇《天祚帝纪四》，北京：中华书局，1974年，第356页。

③［元］脱脱等：《宋史》卷四八六《夏国传下》，北京：中华书局，1977年，第14023页。

④［清］吴广成著，李蔚整理：《西夏书事》卷三三，济南：山东泰山出版社，2000年，第129页。

⑤［元］脱脱等：《宋史》卷四八六《夏国传下》，北京：中华书局，1977年，第14021页。

⑥［宋］熊克：《中兴小记》卷四，载文渊阁《四库全书》第313册，台北：台湾商务印书馆，1986年，第829页。

⑦［宋］熊克：《中兴小记》卷四，载文渊阁《四库全书》第313册，台北：台湾商务印书馆，1986年，第829页。

麟、府二州地进行激烈的争夺，夏人多次攻破麟、府二州，并进而夹围晋山军。金被迫“移折氏守青州”[①]，而将麟、府划归西夏。

金屡令不得纳契丹降人，而西夏却阳奉阴违。伪齐同州知州李世辅谋杀金帅撒里曷不克，投奔西夏，夏立即接纳。金熙河路经略使慕洧叛金失败，逃入西夏，夏主不仅接纳，还授为山讹首领。夏正德六年（金天会十年，1132年）十二月，辽“河东八馆五百户、山金司乙室王府、南北王府、四部族衙诸契丹相温酋首率众蜂起亡入夏国”[②]，乾顺将他们安置在“北鄙”，并“别立监军司统之”[③]。

金帅粘罕灭辽后，粘罕尝欲假道西夏，以攻川、陕，两次遣使至西夏征兵，均被乾顺拒绝。金遂生灭夏之意，佯言“欲马万匹”，如被拒绝，则以此为由向西夏出兵。夏假意允许，先以所练精兵，每一马以二人御之，并给言金人曰：“万马虽有，然本国乏人牵拢，今以五千人押送，请遣人交之。”[④]当金来取马时，夏人群起将金人团团包围，一举歼灭，大挫金人锐气。

夏正德元年（1127年）三月，金单方面与夏、楚划定边界，楚废齐自立后，又单方面给夏、齐划界。夏国对金之划界规定并不承认，正德六年（1132年），夏向金请环、庆二州；正德七年（1133年），夏攻金怀德城；夏大德二年（金天会十四年，1136年）七月，夏攻取乐州、西宁州；大德三年（1137年）九月，又向金乞河外诸州。当时金“四太子方在东京，虑腹背受敌，几于失措，大急，先发割界文字前往陕西，方解其事”[⑤]，为了缓和夏金之间日益尖锐的矛盾，金不得不多次割地予夏。

正是这一系列事件导致了一连串的武装冲突，给新建立的夏金关系蒙上了浓厚的阴影。

## 二、夏金关系的改善

夏金之间的真正友好关系，主要是在西夏仁孝与纯祐统治时期，也就是金熙宗、海陵王完颜亮、金世宗、金章宗在位之时。

---

①［元］脱脱等：《金史》卷一二八《张奕传》，北京：中华书局，1977年，第2761页。

②［清］吴广成著，李蔚整理：《西夏书事》卷三四，济南：山东泰山出版社，2000年，第133页。

③［清］吴广成著，李蔚整理：《西夏书事》卷三四，济南：山东泰山出版社，2000年，第133页。

④［宋］王明清：《挥麈后录》卷四，载文渊阁《四库全书》第1038册，台北：台湾商务印书馆，1986年，第463页。

⑤［宋］李心传：《建炎以来系年要录》卷一二五，载文渊阁《四库全书》第326册，台北：台湾商务印书馆，1986年，第710页。

这种友好关系的出现，与当时整个中国形势的变化以及夏金双方政治、经济发展的需要密切相关。此时，辽早已灭亡，率部西迁的耶律大石已在中亚建立政权，对西方进行开拓经营，无意东返，金朝的西顾之忧已基本解除。金宋双方力量的对比也发生了新的变化，金不可能灭南宋，而南宋也不可能灭金，金与南宋都无力统一全国。

立国不久的金朝，经过与西夏的一系列武装冲突，亟须稳定和巩固自己的政权，以适应对新占领的汉族地区的统治。因此，从熙宗朝起，金朝统治者开始将太祖、太宗时期对外扩张的政策迅速、全面地转变为对内的改革与整顿，加强皇权，消除割据势力，发展封建经济。而减少和停止对外战争，争取和平安定的环境，是其发展的根本前提。至章宗时，“承世宗治平日久，宇内小康”①，继续进行改革，“正礼乐，修刑法，定官制，典章文物粲然成一代治规”②，使金朝的政治、经济达到极盛。伴随着封建国家的繁荣，统治集团也日益腐朽，特别是女真贵族转化为封建地主后，逐渐失去了原“勇鸷”的习性，沉溺于嬉戏之中，早已失去了斗志，这就决定了他们在邦交上必须努力谋求和平。夏金友好关系的发展就出现在金朝熙宗、海陵炀王、世宗、章宗这四代特定的历史背景之下。

与此同时，西夏也经历了几十年的战争灾难。夏崇宗乾顺三岁继立后，由梁太后、梁乙逋总擅全国大权，统治集团内皇族与外戚之间的矛盾斗争日益激化。为了转移矛盾，梁氏统治集团凭借手中的权力，对宋沿边诸州发动了一系列的战争，使西夏人民又饱受战争灾难，国家也处于动荡不安之中，人民怨恨战争，社会需要稳定。夏仁宗仁孝即位之初，内部阶级矛盾尖锐，人民处于水深火热之中，而饥荒、地震更加剧了人民的贫困与苦难，内乱频生，番部起义，西夏政权处于危急之中。为了巩固和加强统治，争取较长的和平时期以休养生息，并在政治和经济上获得金的信赖与支持，在对金关系上，西夏君主积极主动与金修好，贯彻与金结好的政策。

正因为双方统治者都有和平安定、改革与发展的愿望，夏金关系才有所改善，开始了真正的友好交往。

---

① [元] 脱脱等：《金史》卷一二《章宗纪四》，北京：中华书局，1975年，第285页。
② [元] 脱脱等：《金史》卷一二《章宗纪四》，北京：中华书局，1975年，第285页。

## 三、夏金双方的交聘

夏金双方的交聘是其关系友好的突出反映。自金太宗天会元年（1123 年），金遣“宗望至阴山，以便宜与夏议和”[①]，至夏末帝宝义元年（金正大四年，1227 年），“夏遣精方匦使王立之聘于金”[②]，在西夏中后期的 104 年间，夏共遣使 238 次[③]，其中乾顺朝 36 次，仁孝朝 141 次，纯祐朝 36 次，夏金之间的交聘活动以西夏为主动，遣使频繁，人数众多。

（一）夏国赴金聘使活动

见于文献记载的西夏聘使类型主要有奉表使、上誓表使、贺正旦使、贺生辰使、贺尊安使、谢横赐使、谢誓诏使、谢封使、谢恩使、报谢使、告哀使、慰奠使、陈慰使、奏告使、押进使、进奉使等。其聘使名称与活动内容相关。

奉表、上誓表是夏臣属于金的聘使活动。夏元德五年（金天会元年，1123），夏金和议订立后，乾顺遣御史中丞把里公亮奉表金主，请以事辽之礼事金，因受赐地。这是西夏臣金的开始。乾顺得金赐地后，复遣芭里公亮赴金献方物，并上誓表。表示自今以后，凡于岁时朝贺，贡进表章，使人往复等事，一切永依事辽国旧例。完颜亮即位后，西夏也遣使“奉表如金”[④]。

贺正旦是西夏聘使赴金的主要活动之一。夏乾顺元德六年（金天会二年，1124）正月，“夏使贺正旦”[⑤]，这是西夏贺金正旦之始，从此，开启了西夏每年赴金贺正旦活动。仁孝、纯祐即位后，均遣使赴金贺正旦。即使在西夏内部政权发生嬗变，贺正旦也照常进行。夏应天元年（金泰和六年，1206 年）正月，镇夷郡王李安全废纯祐自立，是为夏襄宗，第二年正月，即遣“武节大夫隈敏修、宣德郎邓昌福贺正旦”[⑥]。夏襄宗安全被废后，李遵顼即位，夏光定二年（金崇庆元年，1212 年）正月，遣使贺金正旦。自此后，夏金关系破裂，双方使臣十余年不相往来。夏金重新议和后，夏乾定三年（金正大三年，1226 年）正月，又遣使贺正旦。西夏赴金贺正旦活动，一般情况下，年年岁岁，从不间断。

---

①［元］脱脱等:《金史》卷六〇《交聘表上》，北京：中华书局，1975 年，第 1390 页。
②［清］吴广成著，李蔚整理:《西夏书事》卷四二，济南：山东泰山出版社，2000 年，第 159 页。
③据《金史》卷六〇、六一、六二《交聘表》统计，北京：中华书局，1975 年，第 1386—1490 页。
④［清］吴广成著，李蔚整理:《西夏书事》卷三六，济南：山东泰山出版社，2000 年，第 138 页。
⑤［元］脱脱等:《金史》卷六〇《交聘表上》，北京：中华书局，1975 年，第 1391 页。
⑥［元］脱脱等:《金史》卷六二《交聘表下》，北京：中华书局，1975 年，第 1478 页。

西夏还遣使赴金贺金天清节、万寿节、万春节、天寿节等金主诞辰的庆典。天清节是金主完颜晟诞辰日，贺天清节在每年的十月进行。夏金和议的当年十月，夏国主乾顺就遣使贺金太宗天清节，这是西夏赴金贺节的开始。万寿节乃金熙宗诞辰日，熙宗即位后，贺万寿节则在每年的正月举行。夏大德二年（金天会十四年，1136 年）正月，夏遣使贺万寿节。金熙宗在位期间，夏遣使贺万寿节持续不断。万春节是金世宗在位期间，西夏聘使的主要活动，在每年的三月进行。夏天盛十三年（金大定元年，1161 年）十月，金世宗即位，第二年四月，夏国主仁孝就遣使贺金即位并贺万春节。此后贺万春节均在每年的三月举行。夏天盛十七年（金大定五年，1165 年）三月，夏遣使贺万春节时，正值南宋与金订立"隆兴和议"之后，夏使与宋使一同入见。世宗一朝，西夏聘使赴金贺万春节无从间断。天寿节是金章宗在位期间庆祝生辰的活动，金"令于九月一日称贺"[①]。于是夏国主仁孝于当年八月，就遣使人嵬名彦、刘文庆赴金贺，章宗"以世宗丧"[②]而不受朝。从夏乾祐二十三年（金明昌三年，1192 年）九月始，夏每年遣使庆贺。纯祐即位后，仍一如既往，于即位第二年（1194 年）九月，就遗使人赴金祝贺。李安全为夏国主后，仍照常遣使。夏应天三年（金泰和八年，1208 年），此时金与南宋交战，将天寿节从九月移到十月十五日，于是李安全遣武节大夫李世昌、宣德郎米元杰赴金贺。此后由于战争，西夏赴金贺天寿节被迫中断。贺生辰是金炀王完颜亮在位时，西夏聘使赴金的活动。夏国主仁孝接受了完颜亮执政的现实，并从夏天盛三年（金天德三年，1151 年）正月起，开始一年一度的遣使贺生辰活动。

另外还有奏告、告丧、奠慰、陈慰、谢誓诏、谢横赐、谢封、谢赐生日、谢恩以及附带有谢赙赠、请上尊号、贺受尊号、贺迁都、请市书等内容的聘使活动。

（二）金国赴夏聘使活动

夏金初和，即通使节，然而金之通使，在熙宗至章宗的六十余年间交聘较多。其中太宗朝 2 次，熙宗朝 2 次，海陵炀王朝 12 次，世宗朝 37 次，章宗朝 4 次，卫绍王朝 1 次，哀宗朝 3 次，金国共遣使 61 次[③]。

见于文献记载的金国聘使类型主要有议和、赐誓诏、报成、生日、封册、

---

① [清] 吴广成著，李蔚整理:《西夏书事》卷三八，济南：山东泰山出版社，2000 年，第 146 页。
② [清] 吴广成著，李蔚整理:《西夏书事》卷三八，济南：山东泰山出版社，2000 年，第 146 页。
③ 据《金史》六〇、六一、六二《交聘表》统计，北京：中华书局，1975 年，第 1386—1489 页。

贺正、报哀、敕祭慰问、吊奠、横赐等使，其聘使名称与西夏相比较少，活动也较单一。

议和、赐誓诏是金国聘使的重大活动。夏金曾订立过两次和议，第一次是夏元德四年（金太祖天辅六年，1122 年），宗望至阴山，以便于与夏议和。第二次是在金末即夏乾定三年（金哀宗正大三年，1226 年）十月，“遣聂天骥、张天纲使夏讲和事”[①]。在第一次夏金和议订立、夏遣使上誓表后，夏元德五年（金天会元年，1123 年）闰三月，金太祖即遣王阿海、杨天吉赴夏赐誓诏。报成即报聘，是对夏使的回聘。第二次夏金和议订立后，夏使朝辞，国书报聘称“兄大金皇帝致书于弟大夏皇帝阙下”“遣礼部尚书奥敦良弼、大理卿裴满钦甫、侍御史乌古孙弘毅充报成使”[②]。贺生日是金聘使赴西夏的一项重要交聘活动。完颜亮杀熙宗自立为帝后，即开始遣使贺夏国主仁孝生日。以后又曾五次遣使赴夏贺生日。金世宗即位后，继续遣使贺夏国主生日。从金大定二年（1162 年）九月始，至金大定二十九年（1189 年），其中除大定二十五、二十九这两年未遣使外，其他每年均遣生日使赴夏，世宗朝共遣生日使 27 次[③]。封册使是在金夏关系中，金对西夏的重要政治活动，体现了金夏之间的君臣关系。金明昌五年（1194 年），金章宗命“中宪大夫国子祭酒刘玑、尚书右司郎中乌古论庆裔等充夏国主李纯祐封册起复使”[④]。金泰和六年（1206 年），李安全废纯祐自立后，遣使奏求封册，金主始遣朝议大夫温迪罕思敏为封册使，册李安全为夏国王。金崇庆元年（1212 年），李遵顼即立后，金仍遣使赐封册，册为夏国王。贺正旦是金聘使赴夏国的活动，第二次夏金和议后，金正大三年（1226 年）十一月，哀宗遣使入夏贺正旦。

横赐使始于金熙宗朝。金太宗时，聘使王阿海、杨天吉赴夏赐誓诏，夏国主乾顺欲依旧礼，“辽使至国，以臣礼见”，王阿海不肯受“夏主坐受使者之礼”[⑤]，于是发生争执。从此后，金不再遣使西夏。金皇统五年（1145 年）四月，熙宗以右卫将军撒海、兵部郎中耶律福为横赐夏国使，金使横赐自此始。金正隆二年（1157）四月，完颜亮也遣宿直将军温敦斡喝为横赐夏国使。金世宗即位后，在金大定三年（1163 年）五月，遣宿直将军阿勒根和衍赴夏横赐，

①［元］脱脱等：《金史》卷六二《交聘表下》，北京：中华书局，1975 年，第 1487 页。

②［元］脱脱等：《金史》卷六二《交聘表下》，北京：中华书局，1975 年，第 1488 页。

③ 据《金史》卷六一《交聘表中》统计，北京：中华书局，1975 年，第 1417—1450 页。

④［元］脱脱等：《金史》卷六二《交聘表下》，北京：中华书局，1975 年，第 1461—1462 页。

⑤［清］吴广成著，李蔚整理：《西夏书事》卷三三，济南：山东泰山出版社，2000 年，第 130 页。

以后又六次遣横赐使赴夏。金章宗即位后，于当年五月遣鹰坊使移剌宁赴夏横赐[①]，以后又曾五次遣使横赐。另外还有报哀、祭慰、吊祭等金聘使赴夏的活动。

总之，金之通使，盛行于海陵、世宗两朝。金太宗时没有遣使回聘，自熙宗以后金使的回聘也逐渐增多，这正是金朝内部进行改革，发展经济，社会稳定的反映。

## 四、夏金关系的破裂

《金史·西夏传》谓："自天会议和，八十余年与夏人未尝有兵革之事。"实际上并非如此。从金太宗到章宗这八十余年间，夏金之间不仅暴发过多次武装冲突，而且还出现过两次短暂的分裂，再加上卫绍王至金宣宗时长达十余年夏金分裂，就形成了夏金关系史上的三次破裂。

第一次夏金分裂，发生在海陵王完颜亮正隆末年。当时由金熙宗开始的夏金关系已趋于正常，因此，当海陵王弑熙宗自立后，遣使至夏告哀并谕废立之事时，夏国主仁孝拒绝接纳金国告哀使。在金复遣使来谕后，遂接受了金国使臣，终于承认了这一现实，并遣使赴金表贺即位。此时的夏金关系尚未破裂，然而完颜亮仗恃金朝强盛，扩军备战，发动了对宋的战争，同时，还企图兵定西夏。据《南渡录》载，在正隆二年（1157 年），夏金之间就发生了大规模的武装冲突。"正隆二年、三年，金兵大败夏人于河朔，因先二年夏人败金师，亮至是遣大将军郭相公破之，即有云奴也。兵至灵州，尽复前后所侵故地。"夏天盛十一年（金正隆四年，1159 年），归宋官李宗闰上书高宗言："夏国副使屈移，尝两使南朝，以为衣冠礼乐非他国比。怨金人叛盟，夺其所予地。"[②]"金人叛盟，夺其所予地"与《南渡录》中所载正隆二年及三年，金"大败夏人，兵至灵州，尽复前后所侵故地"正相吻合。《西夏书事》卷三六载，正隆四年三月，"金人遣兵部尚书肖恭经画边界，颇占夏国分地"。金夏边界早已划定，再次经画，必是解决正隆二年夏金之战后的遗留问题。夏虽兵败求和，但对金完颜亮占其分地极为不满。夏天盛十三年（金大定元年，1161 年），当宋将吴璘遣使檄西夏要求合兵攻金时，夏一反原来"终不报"的态度，而是积极回应。在回吴璘的书中言："尔众士既造于南土，我小

①［清］吴广成著，李蔚整理：《西夏书事》卷三八，济南：山东泰山出版社，2000 年，第 146 页。
②［元］脱脱等：《宋史》卷四八六《夏国传下》，北京：中华书局，1977 年，第 14025 页。

国当应于西偏，……誓将灭其众而犁其庭，相与寝其皮而食其肉。”[①]从这封西夏文书中，我们可以看出西夏对金之怨恨，要与宋联合，以实际行动投入对金的战争。正如《金史·西夏传》中所载：“正隆末伐宋，宋人入秦陇，夏亦乘隙攻取荡羌、通峡、九羊、会川等城寨。”金世宗即位后，与夏修好，夏人将侵占的城寨还于金，金又同意开放对夏的互市，夏金关系逐渐正常。

夏金关系的第二次破裂发生在金章宗明昌元年（1190年）。椐《西夏书事》卷三八载：金主章宗即立后，“以夏国臣属久，凡横赐、生日使礼意颇倨。仁孝怒，以兵侵岚、石等州，掠人畜而还”。第二年，夏又接连向金之鄜（治今陕西富县）、坊（治今陕西黄陵县）、保安州（治今陕西志丹县）及镇戎军（治今宁夏固原市）发动了攻击，“大掠而归”，并袭杀金将阿鲁带。吴广成将这次夏金关系破裂归咎于金使的态度，实际上，金使“礼意颇倨”只不过是仁孝出兵的借口，西夏叛金有其内在的深刻原因。

第一，关闭榷场，影响了西夏经济的发展。金世宗时，夏金贸易发展迅速，并形式多样，西夏通过这些贸易获利甚多。但榷场的全面开放却给金带来边患，“夏国与陕西边民私相越境，盗窃财畜，奸人托名榷场贸易，得以往来”[②]，于是关闭了绥德榷场，只存东胜、环州榷场。原来西夏使臣赴金，金允许使臣自带货物至市场交易，由于使臣“辄市禁物”，于是金又命令使臣“听留都亭贸易”[③]，西夏获利渐少。金章宗即位之初，又下诏停止夏使馆内贸易。部分榷场的关闭及使臣贸易被限制与停止，给正在发展中的西夏经济造成严重威胁。

第二，边界领土纠纷依然存在。金世宗时，夏金之间已有近三十年的友好往来，虽“情谊笃厚”，但有关边界领土的纠纷等旧有的矛盾并没有彻底解决。太宗时，金从西夏手中夺取天德、云内二军及武州八馆之地，一直没有归还，后来答应金定陕西后，将陕西北鄙之地割让西夏。然而，最终还是没有兑现。海陵王时，金乘兵胜之威重新“经画边界，颇占夏国分地”[④]。夏人对此耿耿于怀，怨恨之心并不因盟好而泯灭，只要时机成熟，必然给以报复。

第三，金朝国势渐显衰弱。金世宗死后，章宗新立，人心未定，国势混

① [清] 吴广成著，李蔚整理：《西夏书事》卷三六，济南：山东泰山出版社，2000年，第140页。
② [元] 脱脱等：《金史》卷一三四《西夏传》，北京：中华书局，1975年，第2870页。
③ [元] 脱脱等：《金史》卷一三四《西夏传》，北京：中华书局，1975年，第2870页。
④ [清] 吴广成著，李蔚整理：《西夏书事》卷三六，济南：山东泰山出版社，2000年，第139页。

乱，加之章宗“娱情声色，荒于政事”[①]，国势已渐趋由强盛走向衰弱。此时夏国主仁孝认为这是向金报复的天赐良机，以金使态度“颇倨”为由，向金发动了一系列的军事进攻，企图收复被金侵占的西夏领土。

金朝对西夏的这一系列的军事进攻采取理智、忍让的态度，除要求西夏严惩肇事者外，并没有采取军事报复行动。因此，在夏仁宗仁孝死后，纯祐即位，夏金关系又重新和好。

夏金关系的第三次破裂是在金大安元年（1209 年），此时正是金卫绍王完颜永济即位。金大安元年（1209 年）二月，蒙古军再次攻入西夏，克兀剌海城（今内蒙古乌拉特后旗西南狼山隘口），破克夷门（今内蒙古海市西南），进而围逼夏都中兴府，夏主安全遣使至金求援。当时，金国大臣均认为“西夏若亡，蒙古必来加我，不如与西夏首尾夹攻，可以进取而退守”[②]。然而，此时昏庸的卫绍王却认识不到这一点，居然还说“敌人相攻，吾国之福，何患焉？”[③]拒绝出兵援助而隔岸观火。就这样，使本已积怨的夏金矛盾白炽化，终于爆发了一场长达十余年的自相残杀。

在这期间，夏对金进行了疯狂的报复，正如吴广成所言：“夏自安全衔失援之憾，构怨于金，遵顼继之。平凉、巩、会间无岁不扰。”[④]从夏皇建元年（1210 年）至夏光定十二年（1222 年），夏对金的军事进攻一直未停，金陕西边境的州军城寨无一不遭夏军的攻掠。蒙古从 1205 年开始进攻西夏，对于蒙古的强大及对外扩张，西夏统治者应该是十分清楚的，然而，西夏却采取的是附蒙攻金的策略。当蒙古军南下攻掠金国时，西夏每次都出兵配合作战，统治者没有意识到附蒙攻金的危险，他们以为过去附金攻宋得到不少好处，现在乘蒙金交战也可以继续获得利益。交战之初，金多以防御为主，“夏人连陷边州”[⑤]。金贞祐四年（1216 年），金宣宗下令主动出击，分兵直取西夏盐（治今陕西定边县）、宥（治今内蒙古鄂克托前旗东南）、灵（治今宁夏灵武县西南）、夏（治今陕西靖边县西北白城子）等州。西夏附蒙攻金不成，又转而遣使南宋，“因思假宋兵威以逞其忿”[⑥]。金兴定四年（1220 年），宋夏联合攻金，在

①［清］吴广成著，李蔚整理：《西夏书事》卷三六，济南：山东泰山出版社，2000 年，第 146 页。
②［清］吴广成著，李蔚整理：《西夏书事》卷四〇，济南：山东泰山出版社，2000 年，第 150 页。
③［清］吴广成著，李蔚整理：《西夏书事》卷四〇，济南：山东泰山出版社，2000 年，第 150 页。
④［清］吴广成著，李蔚整理：《西夏书事》卷四〇，济南：山东泰山出版社，2000 年，第 152 页。
⑤［金］刘祁：《归潜志》卷五，元明史料笔记丛刊，北京：中华书局，1983 年，第 48 页。
⑥［清］吴广成著，李蔚整理：《西夏书事》卷四〇，济南：山东泰山出版社，2000 年，第 152 页。

金军的顽强抵抗下，宋夏军队均被击败，夏联宋攻金也没有成功。

第三次夏金关系的破裂与第二次夏金破裂有不同之处，那就是金对这次破裂应承担一定的责任。夏金是唇齿相依的邻国，又是结盟数十年的友邦，夏遭蒙古军队围攻时，从道义上讲，金援夏应是义不容辞的责任。从自身利益来看，援夏抗蒙对金应是当务之急，西夏削弱，蒙古则强，于金则愈为不利。然而，昏庸的卫绍王却视以敌国相争而幸灾乐祸，不给西夏援助，而西夏统治者也失去了在与宋、辽、金早期斗争中的明智，逞一时之忿，对金发动了一系列的军事进攻，以为“金人亦为鞑靼所扰，势益衰”①，可以乘机夺取金之领土，扩大自己的地盘。夏金统治者在处理双方关系时都犯了极大错误，其结果，造成了两败俱伤，而蒙古大军乘双方“精锐皆尽”之机，终将这两个政权吞灭，建立起又一个统一的新王朝。

（原载于《宁夏社会科学》2005 年第 3 期）

①［宋］李心传：《建炎以来朝野杂记》乙集卷二〇《西夏扣关》，载文渊阁《四库全书》第 608 册，台北：台湾商务印书馆，1986 年，第 933 页。

# 略论宋代西北吐蕃与周边政权的关系

两宋时期，西北地区是中原王朝及党项、吐蕃、回鹘、契丹、女真等少数民族角逐之地，民族关系错综复杂。居住在这里的吐蕃部落处于分散与不统一的状况，但为了生存与发展的需要，他们与北宋有相互依存关系外，还与周边民族政权西夏、辽、金之间也有频繁的交往与联系。

## 一、凉州吐蕃抵御党项的武力征服

散居在河西走廊的吐蕃部落在发展中走向联合，形成以凉州为中心的六谷蕃部政权，这必然成为党项李继迁积极争取的重要政治势力。但由于宋初以来，凉州吐蕃已与宋朝建立了朝贡关系，成为宋朝战马的主要供给者之一。由于李继迁反宋，使宋朝失去了党项这一战马供给者，因而宋朝所需马匹更加依赖吐蕃诸部的供给。宋咸平二年（999 年）六月，永兴军通判何亮上《安边书》指出："冀之北土，马之所生，自匈奴猖狂之后，无匹马南来，备征带甲之骑，取足于西域。西戎既剖分为二，其右乃西戎之东偏，为夏贼之境，其左乃西戎之西偏，秦、泾、仪、渭之西北诸戎是也。夏贼之众，未尝以匹马货易于边郡，是则中国备征带甲之骑，独取于西戎之西偏，如舍灵武，复使西戎合二为一，夏贼桀黠，服从诸戎，俾秦、泾、仪、渭之西，戎人复不得货马于边郡，则未知中国战马从何而来？"①显然，马匹贸易已成为北宋政府与吐蕃联系的重要纽带。

吐蕃与宋朝的友好，自然不利于李继迁的发展，于是阻绝吐蕃与宋朝之间的贸易，成为党项破坏吐蕃与宋朝联系的重要措施。而吐蕃与党项生产方式相似，以游牧业为主，他们难以互为马市，而以农耕为主要生产方式的宋朝，缺少大量战马，这对于经济结构单一，货币经济不发达的西北吐蕃而言，北宋必

---

①［宋］李焘：《续资治通鉴长编》卷四四，咸平二年六月戊午，北京：中华书局，1979 年，第 947 页。

然成为吐蕃马匹的销售市场。这种经济上的利害关系，决定了吐蕃在宋夏对立中的亲宋立场，这正是宋朝与凉州吐蕃形成军事同盟的物质基础。

宋初，李继迁恢复夏（治今陕西靖边县西北白城子）、银（治今陕西横山县东党岔镇大寨梁）、绥（治今陕西绥德县东南50里）、宥（治今内蒙古鄂克托前旗东南）、静（治今宁夏永宁县南望洪乡附近）故土后，向西发展，确立了“西掠吐蕃健马，北收回鹘锐兵，然后长驱南牧”[①]的战略方针。宋咸平五年（1002年）三月，攻占灵州（治今宁夏灵武县西南）后，凉州（治今甘肃武威市凉州区）便成为党项首要攻掠的目标，党项不断侵掠六谷蕃部的人畜，使其损失惨重。党项的进攻，使六谷蕃部的生存面临严重的威胁，于是结好宋朝以抵抗党项的军事进攻，六谷蕃部与党项结为仇敌。宋朝为了制服李继迁，采取“以夷制夷”的策略，授凉州吐蕃大首领潘罗支为盐州防御使兼灵州西面都巡检使，使攻李继迁。在宋朝的册封与支持下，凉州吐蕃声名大振，多次遣使宋朝约定出兵攻讨李继迁的日期。李继迁也对凉州吐蕃采取诱降，在攻占灵州的当年十月，遣使送铁箭诱潘罗支族，潘罗支严厉拒绝，而且“戮一人，执一人，以听朝旨”[②]。李继迁见诱降不成，又采取偷袭手段。宋咸平六年（1003年）十二月，李继迁尽集丁壮，会诸族于盐州（治今陕西定边县），且扬言“我与西凉自来无事，向为万山等族所诱，与之构隙。今六谷众盛，难以加兵，不复进取”[③]。待凉州吐蕃六谷部放松戒备后，突然发起袭击，迅速攻占西凉府。六谷吐蕃大首领潘罗支见势不妙，伪降，李继迁受之不疑。未几，潘罗支阴集六谷诸豪及者龙族兵数万人，大败党项军，李继迁中流矢身亡，党项部落损失惨重。

宋景德元年（1004年）六月，潘罗支又遣其兄邦逋支使宋奏请，“且欲更率部族及回鹘精兵直抵贺兰山讨除残孽，愿发大军援助”[④]。李继迁死后，其子李德明即位，继续推行向西发展，吞并河西的策略。景德元年（1004年）五月，出兵攻凉州，反被潘罗支联合兰州、龛谷、宗哥、觅诺诸族击败。再度失败，使李德明深知力攻难克，决定智取，离间潘罗支与其他诸族的关系，利用李继迁故党迷般嘱、日逋吉罗丹二族作内应，共图潘罗支以报仇。“者龙凡十三

①［清］吴广成著，李蔚整理：《西夏书事》卷七，济南：山东泰山出版社，2000年，第47页。

②［宋］李焘：《续资治通鉴长编》卷五三，咸平五年十月丙寅，北京：中华书局，1980年，第1155页。

③［清］吴广成著，李蔚整理：《西夏书事》卷七，济南：山东泰山出版社，2000年，第50页。

④［元］脱脱等：《宋史》卷四九二《吐蕃传》，北京：中华书局，1979年，第14156页。

族，其六族附迷般等。迷般阴请德明遣兵攻者龙。”[①]六月，突然向者龙族发起进攻，潘罗支不明底细，率百余骑驰援，商议兵击，议事间，党项二族猝起，杀潘罗支于帐下，者龙十三族中的六族投夏。潘罗支被害后，其弟厮铎督率军平息内乱。厮铎督继任六谷部大首领后，即率部进击党项，并取得胜利。但从此，凉州吐蕃势力大为削弱。

党项首领李德明不忘报父仇，“意将阻绝六谷，使不得预缘边属户”[②]。宋大中祥符元年（1008 年）三月，遣万子等四军主进攻西凉，见六谷吐蕃兵盛，不敢攻讨。大中祥符四年（1011 年）九月，又大举进攻西凉府吐蕃，“德明遣军校苏守信领蕃骑袭击六谷，大首领厮铎督会诸族御之，大败守信兵”[③]。李德明在屡屡受挫的情况下，仍坚持不懈地对西凉府吐蕃用兵，直至大中祥符八年（1015 年）六月，李德明再次遣派苏守信率兵出征，一举攻下西凉府，六谷吐蕃大首领厮铎督率残部投奔河湟吐蕃唃厮啰，六谷吐蕃联盟灭亡。

### 二、河湟吐蕃与西夏矛盾的激化

西夏灭亡西凉府吐蕃后，又把军事斗争的矛头指向河湟吐蕃。此时，河湟吐蕃政权兴盛，与西夏的矛盾不断激化。

河湟吐蕃唃厮啰政权兴起时，正是元昊即位初期。由于唃厮啰政权的正北及东北与西夏接界，元昊对其作为北宋盟友的身份有所顾忌。元昊为了解除对宋用兵的后顾之忧，便发动了对河湟吐蕃的大规模进攻。宋景祐二年（1035 年），元昊遣苏奴儿将兵二万五千攻唃厮啰，但由于唃厮啰抵御有方，在青唐（今青海西宁市）北面的牦牛城迎战，西夏大败，主将苏奴儿被俘。元昊闻知苏奴儿战败，亲率军队进入湟水流域，再度攻打牦牛城，唃厮啰见党项军队强大，坚守青唐城不出，以逸待劳，乘元昊撤退渡宗哥河时，将旗帜移至深水处，“以误元昊”，使士卒饥溺而死者大半，最后只好撤出河湟流域。

夏军在宗哥河的惨败，使元昊对唃厮啰的地位和实力重新认识，根据唃厮啰内部矛盾，采取不同的应对措施，由过去单用武力征服转变为恩威并济，采用分化、瓦解、离间、结亲等不同手段。宋景祐三年（1036 年），元昊发兵攻兰州诸羌，南侵至马衔山，筑城瓦川会，留兵镇守，绝吐蕃与中原相通道路，

---

① [清] 吴广成著，李蔚整理：《西夏书事》卷八，济南：山东泰山出版社，2000 年，第 52 页。

② [宋] 李焘：《续资治通鉴长编》卷六五，景德四年三月癸丑，北京：中华书局，1980 年，第 1448 页。

③ [清] 吴广成著，李蔚整理：《西夏书事》卷九，济南：山东泰山出版社，2000 年，第 56 页。

同时，对从唃厮啰内部分立出来的瞎毡、磨毡角部采用重金贿赂、离间等手段，又引诱吐蕃诸豪酋叛附。“温逋其乃唃厮啰亲信首领之豪，其子一声余龙有众万余，最为强盛，乃与昊贼结姻，唃厮啰日益危弱。”[①]于是便率亲信部属从宗哥（今青海平安县城）西迁历精城（即林金城，宁西城，在今青海西宁市西 40 里），元昊分化瓦解政策初见成效。

宋嘉祐三年（1058 年），唃厮啰属下捺罗部阿作等归附西夏，没藏讹庞接纳，并授以官职。夏国主谅祚遣阿作进攻河湟，被唃厮啰击败，并降服了陇逋、公立、马颇三族。时逢契丹送公主入青唐与董毡完婚，吐蕃撤兵。六年，西夏乘契丹与青唐吐蕃反目，乘机屯兵古渭州（治今甘肃陇西县），西击董毡，但均被击败。宋嘉祐八年（1063 年），夏国主谅祚企图从外围孤立唃厮啰，对归附西夏的兰州及西市城吐蕃大首领禹藏花麻予以接纳，并加以笼络和奖励，妻以宗室女，并封为驸马。宋治平元年（1064 年），党项贵族邈奔及阿叔溪心以陇、珠、阿诺三城叛谅祚投奔唃厮啰，唃厮啰不礼，又复归西夏，“请兵还取所献地”。谅祚不仅没有治罪，反而“出万余骑随邈奔、溪心往取，不能克，但取邈川归丁家五百余帐而还”[②]。

总之，在唃厮啰时期，河湟吐蕃与西夏都处在发展壮大阶段，特别是西夏力图在奄有河西走廊的基础上，更进一步向河湟推进，打破唃厮啰与宋的联盟，宋、辽也想利用河湟吐蕃牵制西夏，而唃厮啰则希望借助宋、辽的力量与西夏周旋。因此，这一时期，西夏与河湟吐蕃的关系难以调和，双方矛盾激化，攻掠不断。

### 三、河湟吐蕃与西夏关系的调整

唃厮啰去世后，第三子董毡继位，瞎毡、磨毡角各据城自立，河湟吐蕃分裂为三，有众多部属逃亡西夏。与此同时，由于北宋对吐蕃政策的调整，河湟吐蕃与西夏的关系也逐渐发生变化。宋神宗即位后，进行变法改革，为了扭转对西夏战争败局，利用河湟吐蕃唃厮啰政权分裂之机，进取熙河，夹击西夏。熙宁五年（1072 年），发动了熙河之役，至次年八月，占领熙（治今甘肃临洮县）、河（治今甘肃临夏市）、洮（治今甘肃临潭县）、岷（治今甘肃岷县）、叠

---

① ［宋］李焘：《续资治通鉴长编》卷一三二，庆历元年五月甲戌，北京：中华书局，1985 年，第 3134 页。

② ［元］脱脱等：《宋史》卷四九二《吐蕃传》，北京：中华书局，1979 年，第 14162 页。

（治今甘肃迭部县）、宕（治今甘肃舟曲县西北白龙江北岸）六州地，使宋朝与吐蕃关系急剧恶化。于是西夏乘虚而入，主动与吐蕃结晋秦之好，以夏惠宗秉常妹下嫁董毡子蔺逋叱。董毡与西夏王室联姻，标志着这两个政权由过去敌对战争，转变为和平相处乃至结盟友好。在西夏的帮助下，河湟吐蕃政权势力振兴，宋朝对董毡采取安抚政策，作出了一些让步。董毡与宋朝关系改善，也就意味着吐蕃与西夏共同对付宋朝盟约的破裂。宋元丰四年（1081 年），宋朝五路进攻西夏，董毡点集六部兵马十二万人配合宋军行动。并发兵三万赴龙耳江及陇、珠、珂诺等地，与夏人作战，配合宋军攻取兰州。董毡与宋军的配合，共同打击西夏，使西夏认识到必须打破吐蕃与宋朝的军事结盟，于是不断遣使至青唐。“夏人欲与之通好，许割赂斫龙以西地，云如归我，即官爵恩好一如所欲。董毡拒绝之，训整兵甲，以俟入讨，且遣使来告。”①董毡倾心向宋而疏远西夏。总之，唃厮啰政权在董毡执政时期，由于河湟吐蕃所处的战略地位，成为宋、夏竭力争取的对象，所以，这一时期，河湟吐蕃与西夏的关系错综复杂，随着宋对吐蕃政策的调整而变化。

董毡死后，其养子阿里骨即位，因其非唃厮啰血统，引起唃厮啰子孙、亲属、首领的不满。阿里骨为了转移统治集团内部矛盾，巩固自己的统治地位，于是改变董毡亲宋抗夏的政策，与西夏秘密结盟。宋元祐二年（1087 年）初，阿里骨与西夏订立“以熙、河、岷三州还西蕃，兰州、定西城还夏国”②的盟约。这次联合行动很快破产，阿里骨遂又与宋结好。阿里骨与北宋的结好，使吐蕃与西夏的关系又进入低潮，西夏不甘心联蕃抗宋策略的失败，想方设法对吐蕃进行拉拢、离间，梁乙逋遣使入青唐（今青海西宁市），约定互为应援，共同攻取邈川城（今青海乐都市），阿里骨则答应将女儿许给梁乙逋之子。谋取邈川不成后，双方关系若即若离，时有矛盾发生。

宋绍圣三年（1096 年）九月，阿里骨死后，子瞎征继位，河湟吐蕃再度陷入分裂混乱的状态。此时宋哲宗亲政，绍述先帝，乘河湟吐蕃混乱之际，进取湟水流域。瞎征处境孤立，穷蹙寡助，弃青唐城归附宋朝。唃厮啰族各部首领拥立溪巴温之子陇拶入主青唐城，不久难抵宋军的进攻，也出降。河湟吐蕃又推立小陇拶为青唐主，小陇拶取得河湟地区的控制权后，西夏又转而支持小

① [元] 脱脱等:《宋史》卷四九二《吐蕃传》，北京：中华书局，1979 年，第 14164 页。

② [宋] 李焘:《续资治通鉴长编》卷四〇〇，元祐二年五月癸丑，北京：中华书局，1992 年，第 9743 页。

陇拶，与宋朝在河湟地区展开争夺。徽宗崇宁年间（1102—1106 年），又进行开边，王厚统兵西进。这一时期直至北宋亡，吐蕃与宋对抗，矛盾尖锐，西夏乘虚而入，支持吐蕃抗宋。宋崇宁三年（1104 年），宋军攻占青唐，青唐主溪赊罗撒和聂农族大首领多罗巴被迫投奔西夏。崇宁四年（1105 年）四月，夏国主乾顺接受他们的归附，并遣军与小陇拶兵合攻宣威城（今青海西宁市北 50 里），此后，西夏为了与宋朝争夺湟水流域控制权，多次帮助小陇拶进行复仇活动。

宋政和五年（1115 年），宋军攻占夏人据点古骨龙，在古骨龙筑震武城，从此“唃厮啰之地，悉为宋郡县”①，西夏被迫撤出湟水流域。金灭北宋后，西夏重新进入湟水流域，以黄河为界，与金人瓜分了唃厮啰故地，夏金均利用吐蕃力量来牵制对方。1227 年，蒙古军进入河湟，整个河湟吐蕃归附蒙古王朝，吐蕃与西夏的关系至此完结。

西北吐蕃与西夏关系的发展，是以抗宋为基点，以北宋与吐蕃关系的变化为转移。每当北宋与吐蕃关系交好时，必然与西夏关系交恶；与北宋矛盾尖锐时，吐蕃就与西夏关系好转。李继迁、李德明时期，对西凉府吐蕃的战争是党项族自身发展壮大的需要，同时在客观上削弱了北宋联吐蕃以制西夏的作用。元昊、谅祚时期，从地缘政治的需要出发，在准备进攻北宋的同时，总是以军事手段威慑河湟吐蕃，尽管不能制服，但也足以使吐蕃不能与北宋联合夹击西夏，从而在一定程度上缓解了西夏的后顾之忧。在秉常、乾顺时期，充分利用北宋与吐蕃之间的矛盾，通过大力支持配合吐蕃的抗宋斗争，以求自保。每当北宋与吐蕃矛盾激化之时，也就是西夏用兵较频繁的时期，而北宋对吐蕃取得军事胜利之时，也是西夏主动要求息兵之日。总之，西北吐蕃与西夏的关系深受宋夏战争的制约和影响。

### 四、河湟吐蕃与辽、金朝的政治、经济联系

由于吐蕃唃厮啰政权的兴盛，使其成为辽、宋、西夏各方争取对象，远在漠北的契丹辽国也加强了与吐蕃的联系。在上京的同文驿设置宾馆，给各国信使居住。辽开泰七年（1018 年）闰四月，“吐蕃王并里尊奏，凡朝贡，乞假道夏国，从之”②。说明在辽圣宗时期，吐蕃遣使赴辽朝贡，与辽朝有联系。以

---

①戴锡章：《西夏纪》卷二二，济南：山东泰山出版社，2000 年，第 283 页。
②［元］脱脱等：《辽史》卷一六《圣宗纪七》，北京：中华书局，1974 年，第 183 页。

后在辽兴宗、道宗时期，吐蕃遣使一直未断。契丹皇族学者耶律庶成“使吐蕃凡十二年，清宁间始归”[①]。辽与吐蕃间也有和亲，辽清宁四年（1058年），吐蕃唃厮啰打败西夏谅祚军队时，辽国曾“遣使送女妻其少子董毡”[②]，促其与西夏议和，并获得成功。在河湟吐蕃的政治中心青唐城内，“谯楼后设中门，后设仪门，门之东，契丹公主所居也”[③]。这一切均说明，吐蕃与契丹族的辽国政治、经济联系不断加强。

北宋灭亡后，河湟地区被夏、金所瓜分，以黄河为界，西夏占有河北，金国占有河南。当时河南一带居住着庄浪、乔家、鬼卢、木波、把羊、丙离等吐蕃大族，而居于祁安城的庄浪族下属有吹折、密臧、陇逋、庞拜等部落。巴毡角（即赵醇忠，又写作顺忠）子永吉、孙世昌皆接受宋朝官职，袭把羊族族长。金人占领陕西后，“世昌换忠翊校尉”。不久，赵世昌为鬼芦族族长京臧所杀。后来金人执京臧，斩于临洮，复任世昌子铁哥继任把羊族都管。金大定四年（1164年），宋人破洮州，铁哥弟结什角与母亲至乔家族避难。乔家族首领播逋与邻族木波、陇逋、庞拜、丙离四族耆老大僧等，共拥立结什角为木波四族酋长，号称王子。结什角感念金为父报仇，常欲归附。后受临洮尹移剌成招抚，于金大定五年（1165年）率部属投附金人。其居地“北接洮州、积石军。其南陇逋族，南限大山，八百余里不通人行。东南与叠州羌接。其西丙离族，西与卢甘羌接。其北庞拜族，与西夏容鲁族接”[④]。因此地高寒，“无丝枲五谷，惟产青稞，与野菜合酥酪食之。其疆境共八千里，合四万余户。其居随水草畜牧，迁徙不常”[⑤]。这是唃厮啰政权崩溃后，唃厮啰后人在金朝的支持下建立的一个地方政权。

结什角附金称王后，与金关系密切，每年向金贡献马匹、骆驼，金世宗嘉其慕义，时遣能吏抚绥，赏赐厚礼。此外，结什角还拉拢西夏属地祁安城的吹折、密臧二族暗中附金，这为夏人所不容。西夏宰相任得敬以庄浪族叛乱为名，向金朝请命剪除，没有获准。金大定六年（1166年）十月，任得敬派殿前太尉任得聪率兵二万袭击吹折、密臧二族，悉掳其资财、人畜而归。金大定九年（1169年）四月，任得敬又乘结什角至庄浪族探母之机，发兵围攻，结什角

① [元]脱脱等：《辽史》卷八九《耶律庶成传》，北京：中华书局，1974年，第1350页。
② [元]脱脱等：《宋史》卷四九二《吐蕃传》，北京：中华书局，1977年，第14162页。
③ 杨建新：《古西行记选注·青唐录》，银川：宁夏人民出版社，1987年，第170页。
④ [元]脱脱等：《金史》卷九一《结什角传》，北京：中华书局，1975年，第2017页。
⑤ [元]脱脱等：《金史》卷九一《结什角传》，北京：中华书局，1975年，第2017页。

不降，率部力战，突围逃走，为夏兵断其臂，不久身亡，其母为任得敬所俘。结什角死后，遗言请金另立首领，金大定十年（1170年），诏以结什角侄“赵师古为木波乔家、丙离、陇逋、庞拜四族都钤辖，加宣武将军”[①]。

以后这支吐蕃势力，一直归附金朝，至1227年，蒙古军队攻入河湟地区，整个河湟吐蕃归于蒙古王室。

两宋时期，散居在西北地区的吐蕃由于分散与不统一，已无法与周边的宋、西夏、辽、金政权并驾齐驱。西北吐蕃与西夏、辽、金的关系是生存与发展的需要，他们之间的关系均受与宋朝关系的制约，充分反映了两宋时期西北民族关系的错综复杂。

（原载于《西藏研究》2004年第4期）

① [元] 脱脱等:《金史》卷九一《结什角传》，北京：中华书局，1975年，第2018页。

# 政治　军事

# 北宋御边政策的调整

立国于中原地区的北宋王朝与辽、西夏鼎足而立，其边防线从北至西绵延千里。为巩固封建政权，维护统治秩序，北宋政府的御边政策受政治、经济、军事等因素的制约，在不同时期有所变化，可分为初期（太祖、太宗、真宗时期）、中期（仁宗、英宗时期）、后期（神宗、哲宗、徽宗、钦宗）三个阶段。本文试就北宋御边政策的调整与变化，略做探讨。

（一）重北边轻西鄙

北宋立国之初至灵州失陷之前（960—1000年），重点防御北边契丹，对党项兴起及其威胁认识不足，掉以轻心。

960年，北宋建立后，宋太祖赵匡胤立即着手制定统一天下的战略方针，采取先南后北、先易后难的策略，这个策略显然是将所谓“弹丸黑子之地”的契丹予以重视，视为强敌，认真对待。因此在南向用兵，进行统一战争的同时，对北方强敌辽国暂时采取和好之态，持防御之势，以免两面受敌。此时的契丹适值辽穆宗后期，国内斗争尖锐，新君景宗即位初期，因忙于内部事务，也愿与宋朝通好，所以宋太祖时期，北部边境基本保持安宁稳定，辽宋双方使臣往来密切。然而宋太祖赵匡胤对北边“惟念远图”，始终念念不忘收复燕云之地，曾多次“巡幸边陲，亲抚士卒”①，并不断颁发《幸河北诏》《幸边陲诏》《敕北边州军诏》，同时还在北部边境河朔之地，“岁屯重兵”②，对辽国备边御戎，始终保持高度警惕。

宋太平兴国元年（976年）十月，宋太宗赵光义即位。他继承其兄收复燕云的遗志，在次第平定了南方诸国及北汉后，即将矛头指向北方的辽国。太平兴国四年（979年）六月，宋军乘战胜北汉之余威，欲伐辽取幽蓟。结果

① 曾枣庄等主编：《全宋文》卷六《幸边陲诏》，成都：巴蜀书社，1988年，第148页。
② 佚名：《宋大诏令集》卷一八七《谕河北诸州诏》，北京：中华书局，1962年，第685页。

在高粱河之役中，遭到重创，全线溃败。宋雍熙三年（986）正月，宋太宗又乘辽主年幼、母后专权之际，再次北伐，颁布《幸边谕幽州诏》曰："眷此北边之地，本为中国之民，晋、汉以来，契丹窃据，迨今不复，垂五十年。国家化被华夷，恩覃动植，岂可使幽燕奥壤，犹违礼义之乡；冠带遗民，尚限边荒之俗。"宣称要"爰兴师律，以正封疆，拯弱救焚，聿从于民望"，并要"亲临寇境，径指西楼之地，尽焚沙漠之庭"[①]，随兵分三路北伐，兵力不下三十万。这次声势浩大的北伐战争，又遭致失败，宋太宗锐气耗尽，自是"不敢北向"[②]。从此后，北宋放弃了以武力收复燕云的企图，采纳张洎"缮修营垒，依凭险阻，训戎，聚谷，分屯塞下，来则备御，去则勿追"[③]固守备边御戎的建议，对辽采取守势。于是在河北中部西起顺安军（治今河北高阳县东25里旧城镇），东至泥姑砦（今天津市东南东西泥沽村一带，后改名河平砦）海口"东西三百里，南北五七十里"地区，"资其陂泽，筑堤贮水为屯田"[④]，设寨铺戍守，阻止辽朝骑兵奔轶南下。而"顺安军以西，抵西山百里许，无水田处"[⑤]，也选兵戍守。由此宋王朝将战略进攻改变为战略防御，重点防御北边强邻契丹。

宋王朝在制定"先南后北""先易后难"的策略时，却对陇山以西地区掉以轻心，没有做统一边疆的打算，正如宋人张方平所言"太祖不勤远略"[⑥]。而宋太宗更是把西部边疆视为化外，对西部党项、吐蕃、回鹘等少数民族漠然视之。此时迁居到夏（治今陕西靖边县西北白城子）、绥（治今陕西绥德县东南50里）、宥（治今内蒙古鄂克托前旗东南）、银（治今陕西横山县东党岔镇大寨梁）、静（治今宁夏永宁县南望洪乡附近）等地的党项已逐渐兴起，但宋王朝并没有将此时的党项视为劲敌。宋太平兴国七年（982年），党项首领李继捧举族入朝，纳四州八县之地。其族弟李继迁率数十人奔走地斤泽（今内蒙古伊金霍洛旗西南），以恢复故土相号召，兴起反宋旗帜，开始了与宋争夺夏州的战争。但当时党项对西北边境的威胁，远不如汉唐时期匈奴、突厥、吐蕃所造成的边患那么严重。宋朝一些臣僚对来自党项的威胁也认识不足，尤其对李继迁

① 曾枣庄等主编：《全宋文》卷六《幸边陲诏》，成都：巴蜀书社，1988年，第148页。
② ［元］脱脱等：《辽史》卷八三《耶律休哥传》，北京：中华书局，1974年，第1301页。
③ ［宋］李焘：《续资治通鉴长编》卷三一，淳化元年六月丙午，北京：中华书局，1979年，第701页。
④ ［元］脱脱等：《宋史》卷二七三《何承矩传》，北京：中华书局，1977年，第9328页。
⑤ ［元］脱脱等：《宋史》卷二七三《何承矩传》，北京：中华书局，1977年，第9328页。
⑥ ［元］脱脱等：《宋史》卷三一八《张方平传》，北京：中华书局，1977年，第10357页。

的不断骚扰，断言只不过是“怀恋父祖旧地，别无他心”①，认为“党项号为小蕃，非是劲敌，诚如鸡肋”②。所以在宋初的一段时间里，尽管西北有党项崛起，但还没有形成与宋朝争霸称雄的势力，对宋也尚未构成威胁。

9世纪中期，吐蕃政权崩溃，迁徙到河西、陇右地区的吐蕃族种分散，不相统一，已不能作为独立的政治力量发挥作用，即便局部地区出现了重新联合的趋势，也形成了凉州六谷潘罗支政权与青唐唃厮啰政权，但宋初的统治者对他们也未放在心上。宋太平兴国八年（983年），当吐蕃诸族遣使入贡献马时，太宗表面上厚加抚慰，赐以束帛，但对臣僚却说：“吐蕃言语不通，衣服异制，朕以化外视之。自唐室以来，颇为边患，以国家兵力雄盛，聊举偏师，便可驱逐数千里外。但念其种类蕃息，安土重迁，傥加攘却，必致杀戳，所以置于度外，存而勿论。”③足见宋太宗对吐蕃兴起与发展缺乏应有的警惕性。

宋真宗即位后，按照其父的既定方针，对西北地区仍是漫不经心，无意经理。主张“令屯兵于内地，且简其闲冗，转饷当逐减省”④，目的在于“欲罢出兵，自固吾圉，非务攻略”⑤。因此，“置于度外，存而勿论”“自固吾圉，非务攻略”，便成为宋初统治者对西北少数民族歧视及漫不经心的态度，也是对陇山以西地区采取“无意疆理”⑥的指导思想。正如清人顾祖禹所言：“宋关中戍守，不越秦、凤，熙宁以后，始务远略。”⑦

北宋王朝“无意疆理”西北的政策与其对内政策的演变密切相关。以“陈桥兵变”立国的北宋王朝，未经过农民起义暴风骤雨的冲击，立国伊始，就面临尖锐的阶级矛盾。宋端拱二年（989年），宋太宗诏文武群臣言备边御戎之策时，知制诰田锡主张“欲理外，先理内，内既理则外自安”⑧。随着阶级矛盾的发展，宋淳化二年（991年），宋太宗对大臣们说：“国家若无外忧，必有内患。外忧不过边事，皆可预防。惟奸邪无状，若为内患，深可惧也。帝王用

① [元] 脱脱等：《宋史》卷二六五《张齐贤传》，北京：中华书局，1977年，第9157页。

② [宋] 李焘：《续资治通鉴长编》卷三五，淳化五年春正月甲寅，北京：中华书局，1979年，第769页。

③ [宋] 李焘：《续资治通鉴长编》卷二四，太平兴国八年九月庚午，北京：中华书局，1979年，第553页。

④ [宋] 李焘：《续资治通鉴长编》卷四二，至道三年九月丙子，北京：中华书局，1979年，第880页。

⑤ [宋] 李焘：《续资治通鉴长编》卷四二，至道三年九月丙子，北京：中华书局，1979年，第880页。

⑥ 李华瑞：《论宋初的西部边疆政策》，《西北史地》1993年第1期。

⑦ [清] 顾祖禹：《读史方舆纪要》卷六四《陕西十三·西宁镇》，北京：中华书局，2005年，第3006页。

⑧ [宋] 李焘：《续资治通鉴长编》卷三〇，端拱二年正月癸巳，北京：中华书局，1979年，第678页。

心，常须谨此。”[①]在这种守内虚外思想的指导下，必然将防范与镇压人民群众的反抗置于极其重要的地位，作为头等大事来抓，这就势必对西部边疆少数民族掉以轻心，其军事防守自然就会轻视西鄙。

（二）防御重心西移

这一时期是从灵州失陷至宋夏“庆历和议”（1001—1044 年）的签订。党项攻占灵州（治今宁夏灵武县西南），北宋设防西边，防御重心由北边转向西北，实施积极防御措施，西北沿边防御渐现局部优势。

辽圣宗统和二十二年（1004 年）闰四月，辽军大举南征，兵临澶州（治今河南濮阳县）城下。在军事形势对辽国有利的情况下，辽宋双方达成和议，订立“澶渊之盟”，这是辽宋双方力量均衡的产物。“澶渊之盟”以后，“三边罢警，俱息于战争”[②]，正式形成辽宋南北对峙的局面，结束了双方长期的战争状况。宋朝北方边境“自景德以来，四方无事，百姓康乐，户口繁庶，田野日辟”[③]。随着北方边境的安定，与辽国友好往来，北宋王朝与辽的矛盾也相对减轻。党项攻占灵州（治今宁夏灵武县西南）以及元昊建立政权后，北宋王朝与党项的关系渐趋恶化，与党项的矛盾逐渐上升为主要矛盾。宋夏之间的矛盾日益尖锐，始终处于主导与支配地位，并影响与制约着其他诸多矛盾。北宋开始设防西鄙，防御重心由北边转向西北边陲，西北沿边防御逐渐出现局部优势。

党项李继迁恢复了夏（治今陕西靖边县西北白城子）、银（治今陕西横山县东党岔镇大寨梁）、绥（治今陕西绥德县东南 50 里）、宥（治今内蒙古鄂克托前旗东南）、静（治今宁夏永宁县南望洪乡附近）等拓跋氏昔日故土后，进一步扩张势力，由原先横山地区南推到绥、延（治今陕西延安市）、保安军（治今陕西志丹县）一线，向东猛攻麟（治今陕西神木县西南杨家城）、府（治今陕西府谷县）一线，向西则将矛头指向灵州，对灵州的争夺则成为宋夏战争的一个焦点。灵州位于夏州西侧，倚负贺兰山，带引黄河，“地方千里，表里山河中，水深土厚，草木茂盛，真牧放耕战之地”[④]，是唐宋时期，西北边疆著名重镇。灵州西面是我国古代通往西域的重要通道——河西走廊，灵州地区当时散居着回鹘部落，灵州西南又分布吐蕃部落，灵州也成为宋王朝、回鹘、党项、吐蕃各势力争夺的焦点。如果李继迁得灵州，将得地坐大，增强实力，

① ［宋］李焘：《续资治通鉴长编》卷三二，淳化二年八月丁亥，北京：中华书局，1979 年，第 719 页。
② 佚名：《宋大诏令集》卷一八七《谕河北诸州诏》，北京：中华书局，1962 年，第 685 页。
③ ［元］脱脱等：《宋史》卷一七三《食货志》，北京：中华书局，1977 年，第 4163 页。
④ ［宋］李焘：《续资治通鉴长编》卷四四，咸平二年六月戊午，北京：中华书局，1979 年，第 947 页。

而宋朝若弃灵州，则等于撤去了一道屏障，并将失去军马的供给地。但是灵州地区经过长期战争破坏，经济凋敝，粮饷给养不足，戍守十分艰难。正当宋王朝臣僚议论纷纷，对灵州的弃守举棋不定时，党项首领李继迁已组织动员军力，对灵州展开猛烈进攻。宋真宗咸平五年（1002 年）三月，攻占灵州。灵州的失陷，也使宋王朝不得不对党项刮目相看。此时的党项今非昔比，已成为一股重要的政治、军事力量，对宋朝的威胁逐渐强化。

李继迁奄有灵州后，升灵州为西平府，“借此为进取之资，成霸王之业”①，立即向河西走廊扩张，与凉州吐蕃发生激烈的战争，李继迁败死凉州，凉州得而复失，被回鹘占领。其子李德明继承父志，但改变策略，与辽、宋结好，党项势力日益强大。宋天圣九年（1031 年），李德明病故，其子李元昊继位，执政数年间，尽占河西走廊之地。经过李氏三代不懈努力，终于实现了控制河西走廊的战略目的。正如吴广成所言：“盖平夏以绥、宥为首，灵州为腹，西凉为尾，有灵州则绥、宥之势张，得西凉则灵州之根固。”②

夏天授礼法延祚元年（1038 年），李元昊建立西夏政权，其疆域“东据河，西至玉门，南临萧关，北控大漠，延袤万里”③。李元昊“既悉有夏、银、绥、宥、静、灵、盐、会、胜、甘、凉、瓜、沙、肃”④等州，又新升部分重要的洪（治今陕西靖边县西南）、定（治所定远镇，今宁夏平罗县南姚伏镇）、威（治今宁夏中宁县东北鸣沙镇）、龙（治今陕西靖边县东南）诸堡镇为州，以兴庆府（治今宁夏银川市）为首都。西夏已与宋、辽平起平坐，形成鼎足之势，此时的党项，如虎添翼，其势一发而不可止，与宋王朝的矛盾日益尖锐激烈。西北沿边成为宋王朝重点防守的地区，御夏成为宋朝当务之急的头等大事。

奄有广阔地域的党项进行扩军备战，“置十八监军司，委酋豪分统其众”⑤，在沿边地区布军设防。“自河北至卧啰娘山七万人，以备契丹；河南洪州、白豹、安盐州、罗洛、天都、惟精山等五万人，以备环、庆、镇戎、原州；左厢宥州路五万人，以备鄜、延、麟、府；右厢甘州路三万人，以备西

①［清］吴广成著，李蔚整理：《西夏书事》卷七，济南：山东泰山出版社，2000 年，第 49 页。

②［清］吴广成著，李蔚整理：《西夏书事》卷七，济南：山东泰山出版社，2000 年，第 50 页。

③［清］顾祖禹：《读史方舆纪要》卷七《历代州域形势・宋上辽夏附》，北京：中华书局，2005 年，第 320 页。关于西夏疆域，吴广成著，李蔚整理：《西夏书事》卷一二，元昊大庆元年夏五月：“东尽黄河，西界玉门，南接萧关，北控大漠，地方万余里。”《宋史》卷四八六《夏国传下》：“夏之境土，方二万余里”。

④［元］脱脱等：《宋史》卷四八五《夏国传上》，北京：中华书局，1977 年，第 13994 页。

⑤［宋］李焘：《续资治通鉴长编》卷一二〇，皇祐四年十二月癸未，北京：中华书局，1985 年，第 2845 页。

蕃、回纥；贺兰驻兵五万人，灵州五万人，兴庆府七万人为镇守，总三十余万。”[①]显然，李元昊在与宋朝相邻的河东、陕西沿边驻扎十万大军。面对这种严峻的军事形势，北宋王朝的统兵体制及布署有所变化。庆历元年（1041 年），“分陕西沿边为秦凤、泾原、环庆、鄜延四路”[②]，并且设置经略安抚司，陕西、河东的经略安抚使，其“职在绥御戎夷，则为经略安抚使兼都总管以统制军旅，有属官典领要密文书，奏达机事”[③]。将陕西沿边一分为四个军事区，是针对西夏的设防及战争情况所采取的应对措施，便于各路军队相互配合、策应，更好地抵御西夏的进攻。

随着军事部署与统兵体制的变化，宋王朝在这四路屯驻重兵。北宋的正规军是禁军，亦称禁兵，“守京师，备征戍”，禁军的屯驻采取内外相制的政策。“澶渊之盟”以前，河北驻兵最多，之后又以陕西沿边驻兵最多。永兴军路 78 指挥，鄜延路 42 指挥，环庆路 45 指挥，秦凤路 66 指挥，泾原路 98 指挥，河东路 160 指挥[④]。庆历年间，由于宋夏战争的需要，北宋军队数量急骤膨胀，兵额总数为一百二十五万九千人[⑤]，部署在“鄜延路屯兵六万八千，环庆路五万，泾原路七万，秦凤路二万七千”[⑥]，仅在陕西沿边的禁军兵力就有二十一万五千。

西北沿边地区除屯驻禁军外，还有厢军、乡兵、蕃兵、弓箭手等。厢兵是“诸州之镇兵”，北宋初期，各地藩镇军中的精兵强将抽调中央后，剩下年老体弱者“留本城，虽无戍更，然罕教阅，类多给役”[⑦]，充当厢兵役使。显然厢兵是地方军兼杂役军。厢兵数额庞大，宋仁宗景祐年间（1034—1037 年），为四十三万八千人，到治平三年（1066 年），乃五十万[⑧]。西北地区由于宋夏战争的需要，也招募百姓为厢军。治平初，曾招募河东、陕西、京东民为本城，“遇就粮禁军阙，即遣补”[⑨]。又在永兴、河中、泾、原、仪、渭、鄜、庆、

①［宋］李焘：《续资治通鉴长编》卷一二〇，皇祐四年十二月癸未，北京：中华书局，1985 年，第 2845 页。

②［元］脱脱等：《宋史》卷八七《地理志三》，北京：中华书局，1977 年，第 2143 页。

③［元］脱脱等：《宋史》卷一六七《职官七》，北京：中华书局，1977 年，第 3960 页。

④李华瑞：《宋夏关系史》，石家庄：河北人民出版社，1998 年，第 140 页，

⑤［元］脱脱等：《宋史》卷一八七《兵志一》，北京：中华书局，1977 年，第 4576 页。

⑥［宋］李焘：《续资治通鉴长编》卷一三七，庆历二年闰九月癸巳，北京：中华书局，1985 年，第 3303 页。

⑦［元］脱脱等：《宋史》卷一八九《兵志三》，北京：中华书局，1977 年，第 4639 页。

⑧［元］脱脱等：《宋史》卷一八九《兵志三》，北京：中华书局，1977 年，第 4643 页。

⑨［元］脱脱等：《宋史》卷一八九《兵志三》，北京：中华书局，1977 年，第 4643 页。

陕、耀、坊、华、丹、同、陇、乾、解、镇戎、德顺等“陕西州军悉置壮城如河北，以备缮完城垒之役”。

乡兵是“选自户籍，或土民应募，在所团结训练，以为防守之兵”[①]。唐朝以募兵取代府兵后，五代和宋朝的乡兵又保留和恢复征兵制。后周广顺中，“点秦州税户充保毅军”[②]。北宋因袭后周遗制，又陆续设置了多种乡兵。在西北沿边一带，河东有神锐、强壮、忠勇、弓箭手、义勇；陕西有强人、砦户、保毅、强人弓手、弓箭手、义勇、护塞；麟州有义兵等。宋康定初，元昊起兵反宋，北宋政府在河东添籍强壮“十四万四千，皆以时训练”[③]，后又因“西师屡衄，正兵不足”，就籍陕西之民，“三丁选一以为乡弓手”[④]。又“刺充保捷，为指挥一百八十五，分戍边州”[⑤]，并在陕西点籍义勇，“得十三万八千四百六十五人”[⑥]。治平末，河东七州军弓箭手总数为七千五百人，陕西十州军并砦户总数为四万六千三百人[⑦]。

蕃兵是乡兵的一种，是西北沿边地区少数民族熟户蕃部丁壮组成的军队，具有地域性与民族性。《宋史·兵志五》载：“蕃兵者，具籍塞下内属诸部落，团结以为藩篱之兵。”[⑧]宋初，就已渐次设置，由部族首领统辖，其大首领为都军主，百帐以上为军主，其次首领为副军主、都虞候、都指挥使、副兵马使，以功次补者为刺史、诸卫将军、诸司使副使、承制、崇班、供奉官至殿侍。宋代西北蕃兵组织“一律以乡兵之制”[⑨]。蕃兵主要分布在陕西的秦凤、泾原、环庆、鄜延四路以及河东的石（治今山西离石县）、隰（治今山西隰县）、麟（治今陕西神木县西南杨家城）、府（治今陕西府谷县）诸州。庆历年间，泾原路熟户蕃兵一百七十七族，一万三千三百四十一人，马五千五百匹；秦凤路熟户兵马一百四十七族，三万五千六百人，马二万二千四百七十匹；环庆路熟户蕃兵二百四十七族，四万四千人，马四千三百九十匹；鄜延路领熟户蕃户蕃兵九大族一万二千七百人，马

①［元］脱脱等:《宋史》卷一九〇《兵志四》，北京：中华书局，1977年，第4705页。
②［元］脱脱等:《宋史》卷一九〇《兵志四》，北京：中华书局，1977年，第4705页。
③［元］脱脱等:《宋史》卷一九〇《兵志四》，北京：中华书局，1977年，第4706页。
④［元］脱脱等:《宋史》卷一九〇《兵志四》，北京：中华书局，1977年，第4706页。
⑤［元］脱脱等:《宋史》卷一九〇《兵志四》，北京：中华书局，1977年，第4706页。
⑥［元］脱脱等:《宋史》卷一九〇《兵志四》，北京：中华书局，1977年，第4708页。
⑦［元］脱脱等:《宋史》卷一九〇《兵志四》，北京：中华书局，1977年，第4713页。
⑧［元］脱脱等:《宋史》卷一九一《兵志五》，北京：中华书局，1977年，第4750页。
⑨［元］脱脱等:《宋史》卷一八七《兵志一》，北京：中华书局，1977年，第4569页。

一千四百九十匹[①]。英宗即位后，对蕃部加强组织与建设，“籍城寨兵马，计族望大小，分队伍，给旗帜，使各缮堡垒，人置器甲，以备调发”[②]。经过整编后，秦凤路有“强人四万一千一百九十四，壮马七千九百九十一”[③]。泾原路有“强人一万二千四百六十六，壮马四千五百八十六，为一百十甲，总五百五队”[④]。环庆路有“强人三万一千七百二十三，壮马三千四百九十五，总一千一百八十二队”[⑤]。鄜延路有“蕃兵一万四千五百九十五，官马二千三百八十二，强人六千五百四十八，壮马八百十”[⑥]。到英宗治平年间，陕西四路有蕃民十万六千五百二十六人，再加上弓箭手数，共计十六万余人，蕃兵成为北宋西北地区军事力量的重要组成部分，是“备塞御戎之至要”。

西北沿边地区大量军队的集结，充分说明宋王朝防御重心从北边抗辽转而为西北御夏，其战略方针有所变化。然而此时的宋政府，对于西夏初期的军事力量并没有足够的认识，自恃为大国，又有重兵屯聚，在战术上采取进攻与速战速决的策略，企图轻而易举地剿灭西夏，结果导致了军事上的惨败。

今陕西北部横山为宋夏界山，宋夏双方都利用这一地形扼守险要。该地区分布着众多党项部族，他们或附宋或附夏，为宋、夏所用，西夏和宋朝“各以边人为强”[⑦]。西夏建立政权后，以横山作为跳板，南侵宋朝，横山地区自然也成为宋朝防御西夏的前哨。从西夏开运元年（1034 年）到天授礼法延祚二年（1039 年），元昊多次进攻府（治今陕西府谷县）、环（治今甘肃环县）、庆（治今甘肃庆阳市西峰区）、泾（治今甘肃泾川县）、原（治今宁夏固原市）等州，但均被宋军击退。经过几年试探性的进攻后，元昊摸清了宋朝沿边各地的防御状况。横山以东以南，宋朝河东路、陕西路一带“备御完固”“环庆路边砦排密”[⑧]。而鄜延路的边境“地阔而砦栅疏，近者百里，远者二百里，士兵寡弱，又无宿将为用”[⑨]。延州既是宋朝西北边境的军事要地，也是西夏出入的要冲，

---

① [宋] 曾公亮：《武经总要》卷一八上《边防》，载文渊阁《四库全书》第 726 册，台北：台湾商务印书馆，1986 年，第 526、532、523、519 页。

② [元] 脱脱等：《宋史》卷一九一《兵志五》，北京：中华书局，1977 年，第 4752 页。

③ [元] 脱脱等：《宋史》卷一九一《兵志五》，北京：中华书局，1977 年，第 4752 页。

④ [元] 脱脱等：《宋史》卷一九一《兵志五》，北京：中华书局，1977 年，第 4753 页。

⑤ [元] 脱脱等：《宋史》卷一九一《兵志五》，北京：中华书局，1977 年，第 4754 页。

⑥ [元] 脱脱等：《宋史》卷一九一《兵志五》，北京：中华书局，1977 年，第 4753 页。

⑦ [宋] 李焘：《续资治通鉴长编》卷一四九，庆历四年五月壬戌，北京：中华书局，1985 年，第 3600 页。

⑧ [清] 吴广成著，李蔚整理：《西夏书事》卷一三，济南：山东泰山出版社，2000 年，第 67 页。

⑨ [元] 脱脱等：《宋史》卷二八八《范雍传》，北京：中华书局，1977 年，第 9679 页。

而知延州范雍怯弱无谋。因此延州（治今陕西延安市）便成为李元昊攻宋的突破口，李元昊对宋战争的第一个目标。鄜延环庆路副都部署刘平认为陕西四路兵马及蕃汉弓箭手、步骑可“得精兵二十万”[①]，是李元昊军队的三倍多，“不出一月，可坐致山界洪、宥等州”[②]。正是这种盲目轻敌与冒进，造成惨败。康定元年（1040 年）正月，西夏元昊声称攻延州，在三川口（今陕西延安市西北）设伏，宋全军覆没，西夏军队控制了横山以南至延州一带地区。

三川口战败后，宋政府调整防务，以范仲淹知延州。范仲淹采取积极防御战略，宋朝鄜延路防线基本稳固下来。李元昊在充分准备后，又向宋朝发动战争，企图消灭宋朝在泾原路的主力。庆历元年（1041 年）春，西夏又发动第二次大规模的进攻，李元昊亲率十万大军向宋朝渭州（治今甘肃平凉市）推进。宋军骄傲轻敌，盲动冒进，在好水川（亦名好水，又名甜水河，今宁夏隆德县境之渝河，今宁夏隆德县北。）又一次中伏，士卒死伤万人，数十名大将阵亡。消息传来，关右震动，宋仁宗为之旰食。从此宋朝廷改变策略，很少大部队进攻，对西夏采取持重守御之策。

好水川之战惨败后，使宋朝君主认识到持久防御的正确，采用以防为主的策略，对西北边防进行了重新调整，将陕西分为秦凤、泾原、环庆、鄜延四路，起用韩琦知秦州，王沿知渭州，范仲淹知庆州，庞籍知延州，各兼本路马步军都部署经略安抚缘边招讨使，分统各路军务。范仲淹、韩琦“日夜计议，选练兵将，渐复横山，以断贼臂”[③]，制定了以防御为主，防中有攻，积极进取横山的战略，并抚辑与招纳蕃部，修筑堡寨，作久守之计，有效地加强了北宋的防御力量。

经过范仲淹、韩琦等官员的努力，鄜延、环庆、秦凤三路的防务得到改善，但是泾原路由于地据夏军南下的要冲之地，其地形对西夏骑兵有利。“自镇戎军至渭州，沿泾河大川直抵泾、邠，略无险阻。虽有城砦据平地，贼径交属，难以捍防。”[④]因此西夏将大规模入侵的矛头对准了渭州，其进军路线是从天都山（今宁夏海原县南）出发，南攻镇戎军（治今宁夏固原市），兵分两路，

---

①［宋］李焘：《续资治通鉴长编》卷一二五，宝元二年闰十二月壬子，北京：中华书局，1985 年，第 2957 页。

②［宋］李焘：《续资治通鉴长编》卷一二五，宝元二年闰十二月壬子，北京：中华书局，1985 年，第 2957 页。

③［宋］李焘：《续资治通鉴长编》卷一三八，庆历二年十一月辛巳，北京：中华书局，1985 年，第 3322 页。

④［元］脱脱等：《宋史》卷二九二《王尧臣传》，北京：中华书局，1977 年，第 9774 页。

一出刘燔堡（今宁夏海原县西南），一出彭阳城（今宁夏固原市东南），准备经渭州东南入关中。宋庆历二年（1042 年）闰九月，李元昊采用诱敌深入、聚而歼之的战略，将宋军主力吸引到定川砦（今宁夏固原市西北）中，重兵围困，宋军将领葛怀敏战死，九千四百余人、六百余匹马皆被夏人所俘获，西夏军队长驱直入渭州。环庆经略使率兵六千驰援，“邠泾以东，皆固垒自守”①。此时李元昊虽胜，但西夏军也疲困不堪，无力再向前推进。

旷日持久的战争给宋夏双方都带来极大损失，双方的统治者都无力再将战争进行下去，均产生了尽快结束战争的愿望。而此时宋、辽、夏三方关系也出现新的变化，辽夏交恶，联盟破裂，李元昊恐两面受敌，愿与宋息兵议和。在数次大战之后，庆历四年（1044 年），宋夏双方签订了和约，史称“庆历和议”。自康定元年（1040 年）至庆历二年（1042 年），三年之间，李元昊发动了三次大规模的进攻，均以掠夺财富为目的，每次虽皆获胜，劫掠后匆匆退走，但却无法占领北宋大片领土，就是因为宋朝已对西北沿边进行重点防守，“鄜延路兵屯六万八千，环庆路五万，泾原路七万，秦凤路二万七千，以牵制其势也”②。精兵强将云集西北，各路屯驻重兵，西北沿边防御渐现局部优势。

（三）以攻为守兼制西夏

这一时期是从嘉祐三年（1058 年）王安石上《仁宗皇帝言事书》(《万言书》）揭开变法序幕，至宣和元年（1119 年），“改湟州为乐州，又改为熙河兰乐路，寻复改为熙河兰廓路”③，河湟地区成为宋朝辖地。

宋朝自立国后就与辽、西夏鼎峙对立，北宋王朝在东起河北，南至陇西的千里边防线上，时刻遭受到游牧民族强悍骑兵的进扰。宋夏之争激化时，散处于河陇地区的吐蕃部族加入到辽、夏与宋朝的角逐中。宋朝君臣意识到其举足轻重的作用，先是采用羁縻政策，“当以绥怀为务”④，对吐蕃要“抚宁部落，务令安集”⑤。后来由于西夏不断攻宋，宋王朝西北边防压力随之增大，进而对吐蕃发展为笼络联合，不断加封吐蕃各部首领，并在经济上不断进行援助，用各种手段结其欢心。正如职方员外郎、秘阁校理吴淑上疏所言：“夫蕃戎靡不贪慕财贿，国家诚不爱重币珍玩以啖之，爵赏荣耀以诱之，则西戎宜其

① [宋] 陈均:《九朝编年备要》卷一一《元昊寇边》，载文渊阁《四库全书》第 328 册，台北：台湾商务印书馆，1986 年，第 294 页。

② [清] 徐松辑:《宋会要辑稿》兵八之二一，北京：中华书局，1957 年，第 6897 页。

③ [元] 脱脱等:《宋史》卷八七《地理志三》，北京：中华书局，1977 年，第 2162 页。

④ [元] 脱脱等:《宋史》卷二六六《温仲舒传》，北京：中华书局，1977 年，第 9183 页。

⑤ [元] 脱脱等:《宋史》卷四九二《吐蕃传》，北京：中华书局，1977 年，第 14152 页。

为用矣。”[①]主张“宜示之以中国强盛，喻之以中国富厚，待之以至诚，临之以威重，夷落岂敢不服从哉”[②]。吏部尚书张齐贤则进一步提出“以蛮夷攻蛮夷，中夏之上策也”[③]，主张结好吐蕃以攻西夏。这就是熙河之役前，北宋对吐蕃的基本政策。这种政策在当时确曾获得收效，凉州潘罗支、青唐唃厮啰等均在一定程度上成为宋朝的盟友，牵制了西夏的兵力，宋朝初步达到了利用吐蕃钳制西夏的目的。

宋朝中期，积贫积弱日益严重，危机四伏，统治集团中的一部分有识之士发出了要求改革的呼声，并进行了改革的初步尝试。嘉祐三年（1058年）春，新到京城任三司度支判官的王安石写了著名的《上仁宗皇帝言事书》(即《万言书》)，指出了宋朝内部潜伏的种种矛盾与危机，并针对这些问题提出了改革的意见与方法。但王安石的《万言书》并没有引起仁宗皇帝的注意与执政大臣的重视。

宋神宗即位后，宋朝国内及西夏、吐蕃的局势发生了很大变化。宋神宗是一位年轻有为、奋发进取的皇帝，锐意改革。他即位之前，曾与侍臣议论天下大事，赞赏王安石的《上仁宗皇帝言事书》。即位后，起用王安石任参知政事，并支持他在政治、经济、军事诸方面进行一系列的改革。当时的宋廷，革新时弊，渴望富国强兵的思想占据了主导地位，因此经略河湟，兼制西夏，收复汉唐旧境，开拓经营西北，成为王安石等革新派的一项重要的战略目标。此时的宋朝经历了近百年的对夏战争，付出了沉重的代价，防卫体系已渐趋完固，军事上已显示出对西夏步步进逼的势态。而西夏却失去了昔日李元昊时期的军事鼎盛之势，谅祚年幼继位，母族没藏讹庞控制朝政，内乱已在肘腋之间。谅祚死后，幼子秉常新立，母后梁氏摄政，独揽大权，穷兵黩武，经济困乏，人民愤懑。此时的西夏王朝，由于长期对外战争，国力虚耗，加之政局不稳，军事力量已大大削弱，再也不能大举攻宋，不得不收缩战线，渐渐转入被动防守。这正是对西夏进讨的千载难逢的良机。

此时的吐蕃由于西夏的威逼已渐趋衰弱，其内部矛盾也逐渐显露。李立遵

---

①［宋］李焘：《续资治通鉴长编》卷五〇，咸平四年十一月辛巳，北京：中华书局，1979年，第1088页。

②［宋］李焘：《续资治通鉴长编》卷五〇，咸平四年十一月辛巳，北京：中华书局，1979年，第1088页。

③［宋］李焘：《续资治通鉴长编》卷六八，大中祥符元年四月己未，北京：中华书局，1980年，第1537页。

与唃厮啰之间的斗争一刻不息，而唃厮啰父子之间的矛盾也日益激化，唃厮啰长子瞎毡，次子磨毡角皆叛其父。瞎毡在河州，磨毡角与其母李氏在宗哥耶卑城，各自抚有部族，“分据土地、部族，各立文法”[①]。而磨毡角与西夏通好，又与其父早年所杀的温逋奇子邈川首领温郢成俞龙解仇。唃厮啰家族分裂为三部，“分牵制事，力不得齐一”[②]，削弱了牵制西夏的力量。唃厮啰后期，宋夏订立“庆历和议”，西夏对宋边境压力减轻，宋夏关系暂时缓和，宋王朝放松了对吐蕃的笼络与联合，于是吐蕃开始进犯宋朝边境。嘉祐二年（1057年），“瞎药、木征、唃厮啰连衡更出，岁为边患”[③]。而且木征、瞎药“谋立文法”“阴与夏人通款”[④]。就连唃厮啰宠幸的乔氏所生之子董毡，虽被立嗣，也表示出亲夏的态度，娶契丹女为妻，“连婚契丹，合从夏戎”[⑤]。这一切使宋朝廷忧虑重重。

在此形势下，宋王朝一反过去对吐蕃一味笼络联合的政策，转而对秦陇以西吐蕃诸部进行武力开拓经营。熙宁五年（1072年），以熙（治今甘肃临洮县）、河（治今甘肃临夏市东北）、洮（治今甘肃临潭县）、岷（治今甘肃岷县）四州及通远军（治今甘肃陇西县）为一路，置兵马步军都总管、经略安抚使，后又“以熙河等五州军为一路，通旧鄜延等五路，共三十四州军”[⑥]，这样在西北沿边形成了五个军事区。因熙河地区“连岁用兵，仰给支度，费用不赀”[⑦]，于是熙宁末年，宋朝开始在熙河地区设置经制边防财用司，主要职责为“掌经画钱币、刍粮以供边费，凡榷易货物、根括耕地及边部弓箭手等事，皆奏而行之”[⑧]。熙河路的设置是西线战场的开辟，是宋朝实施两面夹击西夏的重要举措。从熙宁五年（1072年）开始的熙河之役，到熙宁六年（1073年）八月，王韶再次攻克河州，用了不到两年时间，取得“修复熙州、洮、岷、

---

①［宋］张方平：《乐全集》卷二二《奏第二状》，载文渊阁《四库全书》第1104册，台北：台湾商务印书馆，1986年，第218页。

②［宋］张方平：《乐全集》卷二二《奏第二状》，载文渊阁《四库全书》第1104册，台北：台湾商务印书馆，1986年，第218页。

③［宋］刘敞：《公是集》卷五一《王开府行状》，载文渊阁《四库全书》第1095册，台北：台湾商务印书馆，1986年，第856页。

④［宋］韩琦：《韩魏公集》卷一六《家传》，载《丛书集成初编》第2366册，北京：商务印书馆，1983年，第235页。

⑤［宋］张方平：《乐全集》卷二二《奏第二状》，载文渊阁《四库全书》第1104册，台北：台湾商务印书馆，1986年，第219页。

⑥［元］脱脱等：《宋史》卷八七《地理志三》，北京：中华书局，1977年，第2143页。

⑦［元］脱脱等：《宋史》卷一六七《职官志七》，北京：中华书局，1977年，第3972页。

⑧［元］脱脱等：《宋史》卷一六七《职官志七》，北京：中华书局，1977年，第3972页。

叠、宕等州，幅员二千余里，斩获不顺蕃部万九千余人，招抚大小蕃族三十余万帐”[①]的重大胜利。不言而喻，宋朝对秦陇以西吐蕃诸部的开拓经营，是伴随着刀光剑影、血与火的残酷洗劫而进行的，正如史籍所载，“杀蕃部老弱不可胜数，军以首级功”[②]，焚荡帐户更是不计其数，致使熙河一路“自用兵以来，诛斩万计，遗骸暴野，游魂无依”[③]。

开拓熙河的胜利，使宋神宗飘飘然产生轻敌之心，欲乘胜一举吞灭西夏。元丰四年（1081 年），神宗调集陕西、河东五路之师大举伐夏：种谔出鄜延，高遵裕出环庆，刘昌祚出泾原，李宪出熙河，王忠正出河东为种谔后援，五路大军草率出兵，招致失败。仅李宪一路以偏师出西夏侧背，夺取兰州（治今甘肃兰州市）、会州（治今甘肃靖远县东北），使宋朝边境越过马衔山推进至黄河边，远抵天都山（今宁夏海源县南），扩大了开拓熙河的成果，不仅将熙河路扩展为熙河兰会路，而且开拓了宋朝由内地通往西部地区的另一通道。原来的交通只能循丝绸之路，由京兆府（今陕西西安市），经扶风（治今陕西扶风县）、凤翔（治今陕西凤翔县）、汧阳（治今陕西千阳县）、陇州（治今陕西陇县），过大震关（今甘肃清水县东陇山东坡），至清水（治今甘肃清水县）、秦州（治今甘肃天水市秦州区），然后循渭河河谷至通远军（治今甘肃陇西县）、渭源城（今甘肃渭源县）、熙州（治今甘肃临洮县）、河州（治今甘肃临夏市东北），由河州炳灵寺渡河到达湟水流域的青唐（今青海西宁市）地区，与通往西域的青唐道连接。宋元丰五年（1082 年）占领兰、会州后，可由熙州至兰州西市城（今甘肃榆中县东北 10 里三角城）、定西城（即西使城，今甘肃定西市安定区南 27 里）、平西寨（今甘肃定西县北）、打罗城（即打拉池，原名大麻川，在今甘肃白银市平川区东南共和乡）至天都寨（今宁夏海原县，西夏称东牟会），南下到德顺军（治今甘肃静宁县），东向经笼竿城（今宁夏隆德县），过六盘山，至渭州（治今甘肃平凉市崆峒区），即可沿泾河河谷抵达京兆府；或由天都寨至镇戎军（治今宁夏固原市），南下至瓦亭寨（今宁夏泾源县东北）至渭州，以达京兆府。这样，宋朝西北边境鄜延、环庆、泾原、秦凤、熙河五

---

①［宋］李焘：《续资治通鉴长编》卷二四七，熙宁六年十月辛巳，北京：中华书局，1986 年，第 6022、6023 页。

②［清］毕源：《续资治通鉴》卷七六，神宗元丰四年五月己卯，北京：中华书局，1957 年，第 1893、1894 页。

③［宋］李焘：《续资治通鉴长编》卷二四七，熙宁六年十月丁酉，北京：中华书局，1986 年，第 6032 页。

个军事区就有南北两道贯通，两道均可至炳灵寺通青唐，相互间联系更加紧密。

瞎征（毡）统治时期，唃厮啰政权分崩离析，属下部众自立，割据一方，宋朝也对他颇感失望，渐失信心。西夏崇宗年幼登基，梁氏一家二后，操纵国柄，对宋连年用兵，无力西顾青唐。此时，宋朝回光返照，呈现出灭亡前微弱的勃勃生机。宋朝哲宗亲政，决心绍述先帝神宗业绩，改“元祐”为“绍圣”，起用变法派人物，继承神宗积极推进的方针，向西夏发动新的进攻。命总管王愍为统军，王赡为副统军，于元符二年（1099 年）七月，率兵进取湟水流域，攻占邈川（今青海乐都市南湟水南岸）、宗哥城（即龙支城，今青海平安县城）瞎征统治河湟地区的历史宣告结束。由于河湟吐蕃的强烈反抗，宋军处境艰难，宋朝廷决定分期撤兵。建中靖国元年（1101 年）三月，宋军最后一批撤出湟州（治今青海乐都市）。

宋徽宗即位后，也决心“绍述先志”，效法熙宁之治，起用早年追随王安石变法的蔡京为相。蔡京对内变新法以营私，对外欲以边功炫耀。然而此时的宋王朝已处于崩溃的边缘，政治黑暗腐败，实力大为削弱，不堪一击，若与辽、西夏交锋，未易取胜。好大喜功之心，驱使他将视线转向神宗、哲宗二帝曾建功取业过的河湟地区，于是又一次发动河湟之役。崇宁二年（1103 年）六月，王厚率军向湟州进发，陆续攻占湟州（治今青海乐都市）、鄯州（治今青海西宁市）、廓州（治今青海化隆县西 60 里黄河北岸），控制了今青海东南部的黄河以北地区，宋王朝收复河湟的目的已基本达到。从崇宁二年（1103 年）开始到崇宁四年（1105 年）四月底结束河湟之役，“开拓疆境，幅员三千余里”“招降到首领二千七百余人，户口七十余万，前后六战，斩获一万余人”①，将鄯州改为西宁。吐蕃青唐政权自 1032 年建都，到 1104 年王厚、童贯再次攻下青唐，这个政权宣布瓦解，退出了宋、辽、西夏的多方角逐之中。

宋朝自神宗起，进一步调整御边政策，开拓熙河，经略河湟，这是对西夏战略的组成部分之一，重点在遏制西夏，是对西夏的侧面出击，主动防御。西线战场的开辟，这是宋朝实施两面夹击西夏的重要步骤，意味着宋夏双方战略地位发生了变化。

综观上述，北宋政府的御边政策具有一定的阶段性，从北宋初期的重北边

---

①［清］黄以周：《续资治通鉴长编拾补》卷二三，崇宁三年四月庚午，北京：中华书局，2004 年，第 806 页。

轻西北，到中期防御重心开始转移，从北边转到西北，自熙宁变法后，又以攻为守兼制西夏。这种政策的不断变化与调整，主要受北宋国内政治、经济、军事等因素的影响，也与周边西夏、辽、吐蕃等少数民族政权的兴衰有密切关系，它是北宋、辽、西夏、吐蕃等势力相互消长，相互制衡的产物，也是北宋时期民族关系的另一种表现形态。

（原载于《甘肃社会科学》2000 年第 3 期）

# 宋夏战争中的秦州吐蕃

秦州天水郡，“本秦初封之地，在汧渭之间，诸羌杂处”[①]。自秦汉以来，历属各政权管辖。唐武德初置都督府，天宝后陷于吐蕃，至宣宗时为内地。北宋立国后，为雄武军节度。西夏党项的崛起，使地处边陲的秦州地位日益重要，秦州便成为抗击西夏的前沿，北宋王朝的重要经营地区，而秦州吐蕃则成为宋朝防御西夏的一股重要力量。

## 一、秦州吐蕃部族

安史乱后，唐王朝无暇西顾，军队东调，河西陇右防务空虚，吐蕃把握住这一“天赐良机”，乘虚而入，大量进入这一地区，河西陇右尽陷吐蕃。地处陇右的秦州，势必成为吐蕃迁徙居地之一，吐蕃部族聚集。

吐蕃政权崩溃后，迁徙到陇右地区的吐蕃“族种分散，大者数千家，小者百十家，无复统一”[②]。其居地正如宋人何亮所言：“西戎既剖分为二，其右乃西戎之东偏，为夏贼之境；其左乃西戎之西偏，秦、泾、仪、渭之西北诸戎是也。”[③]这里所说的“西北诸戎”，西夏党项与吐蕃的地域分布，大体说来以陇山、六盘山为界，陇山、六盘山以东、以北为党项居地；陇山、六盘山以西、以南为吐蕃居地[④]。韩琦知秦州时曾说：“秦州古渭之西，吐蕃部族散居山野，不相君长，耕牧自足，未尝为边鄙之患。”[⑤]显然，宋代的秦州是吐蕃部族众多，但也有河西回鹘“多缘互市家秦、陇间”[⑥]，有少量回鹘人定居于此。

---

①［宋］曾公亮：《武经总要》卷一八上《秦陇凤翔阶成州路》，载文渊阁《四库全书》第726册，台北：台湾商务印书馆，1986年，第532页。

②［元］脱脱等：《宋史》卷四九二《吐蕃传》，北京：中华书局，1977年，第14151页。

③［宋］李焘：《续资治通鉴长编》卷四四，咸平二年六月戊午，北京：中华书局，1979年，第947页。

④ 汤开建：《五代宋金时期甘青藏族部落的分布》，《中国藏学》1989年第4期。

⑤［宋］李焘：《续资治通鉴长编》卷二六二，熙宁八年四月丙寅，北京：中华书局，19786年，第6387页。

⑥［宋］李焘：《续资治通鉴长编》卷一一一，明道元年七月甲戌，北京：中华书局，1985年，第2584页。

据《宋史・兵志五》所载，秦凤路十三砦有大部族115，而秦州堡寨居多，大部族也最多。如三阳寨有34大部族、43姓、180族；陇城寨有5大部族、34小族；弓门寨有17部族、17姓、17小族；冶坊寨有2大部族、9姓、9小部族；安远寨有23大部族、126姓、126小族；宁远寨有4大部族、36姓、36小族；古渭寨有171姓、12大部族、16970小帐[①]。北宋时期，活动在秦州的的吐蕃主要有以下部族：

尚波于部，居住在“秦州夕阳镇”，夕阳镇为“古伏羌县之地，西北接大薮，材植所出，戎人久擅其利”[②]。尚书左丞高防知秦州时，置采造务，岁获大木万本，与吐蕃争利。吐蕃酋长尚巴约率众来争，杀伤士卒，高防捕其党四十余人。宋廷不欲边境生事，遣吴廷祚等赴秦州，下诏赦尚巴约罪。建隆三年（962年）六月，颁布《安抚秦州蕃部尚波于诏》，并率兵“往尚书寨，驱蕃卒归本部”[③]。后尚巴约感悦，“是年秋，献伏羌地”[④]，归属宋朝。

内属三族，史籍无明确记载三族名称。太平兴国三年（978年）多次寇边，进攻床穰寨、八狼寨、弓门寨等。宋政府采取抚绥与镇压的办法，一方面，袭杀蕃部，焚烧族帐，屯兵清水县；另一方面，宋廷颁布《秦州内属戎人敢肆侵掠者吏捕之诏》，诏书中分析蕃部寇边原因，“岂朕信之未孚，而吏抚之不至”“宜蠲旧过，以儆将来，自后敢肆侵略者，吏捕之置于法，不须以闻”[⑤]。

裕勒凌族，系秦州较大蕃部之一。景德元年（1004年）八月，党项李继迁曾率部寇永宁寨，被裕勒凌族首领药令和苏击败。[⑥]

野儿和尚族，是秦州一大蕃部，能禀朝命，“凡诸族为寇盗者，辄遏绝之”[⑦]。鉴于该蕃部助宋有功，知秦州杨怀忠“请加旌别”，诏令补三寨都首领。

丁家、马家族，居于秦州近边，这二族“人马颇众，甚依倚朝廷”[⑧]。大中祥符八年（1015年），侍禁杨承吉出使宗哥嘉勒斯赉（即唃斯啰）返回，说

---

①［元］脱脱等：《宋史》卷一九一《兵志五》，北京：中华书局，1977年，第4752—4753页。

②［宋］李焘：《续资治通鉴长编》卷三，建隆三年六月辛卯，北京：中华书局，1979年，第68页。

③［宋］李焘：《续资治通鉴长编》卷三，建隆三年八月癸巳，北京：中华书局，1979年，第71页。

④［宋］王称：《东都事略》卷一二九《附录七》，载文渊阁《四库全书》第382册，台北：台湾商务印书馆，1986年，第831页。

⑤［宋］佚名：《宋大诏令集》卷二一八《讨伐》，北京：中华书局，1962年，第832页。

⑥［宋］马端临：《文献通考》卷三三五《四裔考十二》，载文渊阁《四库全书》第616册，台北：台湾商务印书馆，1986年，第616页。

⑦［宋］李焘：《续资治通鉴长编》卷六四，景德三年九月丁卯，北京：中华书局，1980年，第1428页。

⑧［清］徐松辑：《宋会要辑稿》蕃夷六之二，北京：中华书局，1957年，第7819页。

蕃部“甚畏秦州近边丁家、马家二族”[①]。

隆中族、隆星族，均为秦州蕃部，由于秦州地处东西交通要道上，常有西域贡使商队经过。大中祥符八年（1015 年），隆中族蕃部就曾劫般擦（即进贡商队），默星族首领郢成斯纳为保护商队而与之战。

赏样丹蕃部系宗哥吐蕃首领唃斯啰之舅，唃斯啰使赏样丹与熟户厮敦在哩旺族谋立文法，起兵反宋。宋边将曹玮知后，厚结厮敦，尝解宝带赐予，厮敦感激求自效，曹玮使厮敦斩赏样丹。厮敦献地筑南市城而受赏，授厮敦为顺州刺史。

大马家族，居秦州永宁寨[②]，其军主阿锡达等纳质归顺，捕得宗哥蕃部卓萨沁格，曹玮请授阿锡达刺史，宋廷允许。

圭律（即鬼留、鬼章）族[③]，累岁违命，天禧元年（1017 年）十一月，曹玮率兵讨平。

青鸡川蕃部，居于堪坡界青鸡川等处。庆历元年（1041 年）七月，陕西经略安抚招讨副使曹琮招诱居住此地等处的内属戎人。治平四年（1067 年）闰三月，其首领蕃官药厮哥曾献青鸡川土地。

李提克星蕃部，居于秦州伏羌县。青唐吐蕃首领唃厮啰之子辖戬因“入秦州，过伏羌蕃部李提克星，见其女欲之”，于是“遂举兵逆其女以归”[④]。由此可见，伏羌李提克星与西蕃首领辖戬有姻亲关系。

与贝、实勒、新伯蕃部，此三族居住在甘谷城汤谷地界。熙宁年间，修筑甘谷城所拘占汤谷内的土地，正为这三家部族所有[⑤]。

大石、小石族也是秦州蕃部，宋初开宝八年（975 年），“寇土门，略居民”[⑥]，被知州张柄击走。

---

①［宋］李焘：《续资治通鉴长编》卷八五，大中祥符八年十二月丁亥，北京：中华书局，1985 年，第 1958 页。

②［宋］李焘：《续资治通鉴长编》卷八九，天禧元年二月甲午，北京：中华书局，1985 年，第 2045 页。原文为“永兴”，秦州无“永兴寨”，当为“永宁”之讹，据《宋史・地理志三》“割永宁、宁远、威远、熟羊、来远并隶军”，改“永兴”为“永宁”。

③［宋］李焘：《续资治通鉴长编》卷九〇，天禧元年十一月辛丑，北京：中华书局，1985 年，第 2085 页。文渊阁四库本为“圭律”，《稽古录》卷一八作“果庄族”即“鬼章”。

④［宋］李焘：《续资治通鉴长编》卷一八八，嘉祐三年十月辛丑，北京，中华书局，1985 年，第 4529 页。

⑤［清］徐松辑：《宋会要辑稿》方域八之二四，北京，中华书局，1957 年，第 7452 页。

⑥［宋］李焘：《续资治通鉴长编》卷一六，开宝八年十二月丁卯，北京：中华书局，1979 年，第 356 页。

安家族系秦州蕃部，太平兴国二年（977年），“寇长山寨”[①]，被巡检韦韬击走。

厮鸡波蕃部，居于伏羌寨，曾与总噶尔族“李磨论私立文法”[②]，被曹玮领兵击走，夷其族帐。

李宫等八族蕃部，居于秦州西路，曾寇永宁寨、来远寨，都监齐再昇被蕃部追袭坠崖而死，“其后数入寇钞”。秦州通判冯诰“于来远寨北八里野勺口筑堡以扼其要冲”[③]，于是李宫等八族“入献甲器，愿纳质内附”。

另外还有隆博（陇波）、图沙玛（他厮麻）等族[④]，也均在秦州地区活动。

除上述吐蕃部族外，还有秦州辉和尔（即回鹘）安密部。安密系秦州回鹘部族首领，曾于大中祥符四年（1011年）四月，向宋王朝表示友好，“贡玉带，贺汾阴礼”[⑤]。

党项西夏的崛起，使西北边患加剧，党项不断向北宋骚扰，北宋西北沿边的军事防御体系，便以西夏为主要防御目标。宋朝采取中原王朝传统的“以夷制夷”的御边策略，利用蕃部打击西夏。对那些纳质归附，依倚宋廷的蕃部，授其首领官爵，并赐物；对那些所谓不归服的部族，则采取夺服之术，“率兵讨平”，迫使“纳质归附”；对居于控扼之地的部族，则行招诱之法，使土地、部族皆为宋用。

总之，北宋对秦州的吐蕃部族依其对宋王朝的向背、逆顺，来确定对他们的措施，而这基于宋夏战争的大背景及对西夏的总体策略。

## 二、秦州的堡寨

秦州在“陇山之外，号为富庶，且与羌戎接畛”[⑥]，又在渭水南岸，“控接三蜀，疆境甚远”[⑦]，是陇右通关中、蜀中的三岔交会之地，亦是历代军事重

---

①［宋］李焘：《续资治通鉴长编》卷一八，太平兴国二年三月庚寅，北京：中华书局，1979年，第402页。

②［元］脱脱等：《宋史》卷二五八《曹玮传》，北京：中华书局，1977年，第8986页。

③［宋］李焘：《续资治通鉴长编》卷一四一，庆历三年六月己亥，北京：中华书局，1985年，第3387页。

④［宋］李焘：《续资治通鉴长编》卷八八，大中祥符九年九月己酉，北京：中华书局，1985年，第2015页。

⑤［宋］李焘：《续资治通鉴长编》卷七五，大中祥符四年四月癸丑，北京：中华书局，1980年，第1719页。

⑥［宋］李焘：《续资治通鉴长编》卷四九，咸平四年十月庚戌，北京：中华书局，1979年，第1078页。

⑦［宋］李焘：《续资治通鉴长编》卷八七，大中祥符九年五月辛未，北京：中华书局，1985年，第1993页。

镇。在宋夏战争中，西夏军队常沿陇山西侧瓦亭川道南侵，兵锋常至秦州境。宋熙宁二年（1069 年）三月，“夏人入秦州，陷刘沟堡”[①]，刘沟堡就在秦州以北，于是秦州告急。由于在宋夏战争中，秦州地位日益重要，设置堡寨便成为北宋军事防御体系中的重要举措。据《宋史·地理志三》所载，河东路（今山西与陕西一部分）、鄜延路（今陕西境）、环庆路、秦凤路、泾原路（以上三路在今甘肃境）、熙河路（今甘肃南部与青海一部分），都与西夏毗邻接壤，也是北宋与西夏经常作战的地区。这些沿边各路的州、军都统辖着许多堡、寨、关、城，它们都是这些地区的防守重心。宋仁宗康定年间，延州诸寨失守，以致“东西四百里无藩篱”[②]。宋哲宗元祐七年（1092 年），宋边帅游师雄请自兰州李诺平东抵通远定西、通渭之间，建汝遮、纳迷、结珠龙三寨及护耕七堡，亦称“以固藩篱”[③]。显然堡寨具有保障边境的作用，而西夏犯边，攻击目标亦为堡寨。

《宋史·地理志三》所列堡寨，以陕西五路最多，而陕西又以鄜延路延州、秦凤路秦州、泾原路镇戎军为最多。由堡寨设置、分布的地区就表明澶渊之盟后，宋辽结好，北方息兵，而西夏崛起后，边防重心西移，边塞烽火重燃。

秦州地区修筑的堡寨很多，或属于州、军，或属丁县，甚至有属于大城寨的，所以许多大城寨之下，领有若干小寨。大抵城最大，寨次之，堡又次之。城、堡、寨的设置隶属不是固定不变的，城、寨、堡是同类型的军事地区，故城、堡可改为寨，寨、堡亦可改为城，寨亦可改为堡。如熙宁三年（1070 年），增修伏羌寨南城，遂改为伏羌城（今甘肃甘谷县）。熙宁六年（1073 年），改秦州通渭堡为通渭寨（今甘肃通渭县西南什川乡古城）。

北宋政府在秦州修筑堡寨，多采用招诱内属蕃部献地与拘占蕃部土地的方式，而招诱所献与拘占的土地，均在形胜扼要之处，而堡寨就建在这些控扼之要。庆历元年（1041 年），陕西经略安抚招讨使曹琮招诱堪坡界青鸡川等处戎人内属，青鸡川蕃部献青鸡川土地以修筑城寨，后赐名鸡川寨（今甘肃通渭县东南吉川乡南 5 里）。宋政府在此置寨，主要考虑到这里与南牟谷口修置城寨，则秦州与德顺军沿边堡寨相接，足以断西夏来路。熙宁三年（1070 年），修筑

---

①［元］脱脱等:《宋史》卷四八六《夏国传下》，北京：中华书局，1977 年，第 14007 页。

②［宋］王称:《东都事略》卷五九《范仲淹传》，载文渊阁《四库全书》第 382 册，台北：台湾商务印书馆，1986 年，第 368 页。

③［元］脱脱等:《宋史》卷四八六《夏国传下》，北京：中华书局，1977 年，第 14016 页。

甘谷城，拘占了与贝、实勒、新伯等三族在汤谷地界的土地。这种诱致蕃部献地与拘占而设置堡寨的作法，必然会引起蕃民不满。皇祐三年（1051年）十月，宋廷下诏禁止“诱致生户蕃部献地，以增置堡寨”[①]。恰好从反面证明这种修筑堡寨的方式曾大量存在。

秦州地区的堡寨与蕃部关系极为密切，堡寨成为赵宋王朝实施“以夷制夷”的场所，起着招纳与安抚蕃部的功能。堡寨的兴筑与蕃部的招纳互为因果，堡寨与蕃部互为依存，构成一个统一的整体。

## 三、北宋对秦州吐蕃的经略

秦州吐蕃部族众多，堡寨林立，而且秦州军事地位也日益重要，赵宋王朝竭尽全力加强对秦州地区的控制，就必然要重视对秦州及其蕃部的经略。

### （一）选派官员，抚定经营

由于秦州及其吐蕃部族在宋夏战争中的重要性日益显现，宋政府认为“天水边要，宜速得人”[②]，在选派官员上颇为重视。张方平曾“以工部尚书帅秦州”[③]，文彦博也曾“迁天章阁待制、都转运使、连进龙图阁、枢密直学士、知秦州”[④]。他们都身居要位又任秦州职。韩琦也于好水川战败后，“知秦州”。宋代名臣曹彬之子曹玮、曹琮均二度知秦州。另据文献所载李师中、刘仲武、何常、陆师闵、陆诜、马仲甫、蔡抗、刘庠、刘文质、李濬、叶康直、胡宗回、吕公孺、何忠立、梁适、郭载、宋珰、段思恭、高防、吴廷祚、吴元载、温仲舒、萨惟吉、刘熙古、马知节、薛奎、杨怀忠[⑤]等均在秦州任过职，其中一些官员在秦州任上颇有政绩。

宋朝深知秦州蕃汉杂处，民族矛盾尖锐，自立国之始，对秦州的经略宗旨以“边鄙安宁”为主，在选任秦州官员及处理秦州事件上就突出了赵宋王朝的这一主导思想。建隆二年（961年），高防知秦州，在秦州西北盛产大木的夕阳镇置采造务，与蕃人争采木之利，致使蕃部尚波于反抗。宋太祖得悉此情后，第二年夏，就命吴廷祚为节度使以代防，平息了宋初这次秦州事件。淳化五年

① [宋]李焘：《续资治通鉴长编》卷一七一，皇祐三年十月己卯，北京：中华书局，1985年，第4111页。

② [元]脱脱等：《宋史》卷三〇八《张佶传》，北京：中华书局，1977年，第10151页。

③ [元]脱脱等：《宋史》卷三一八《张方平传》，北京：中华书局，1977年，第10356页。

④ [元]脱脱等：《宋史》卷三一三《文彦博传》，北京：中华书局，1977年，第10259页。

⑤ 参见《宋史》中所载温仲舒、薛惟吉、张佶、薛奎、郭载、宋珰、曹玮、曹琮、杨怀忠等传。

（994年），温仲舒知秦州，以伐木为蕃户攘夺，将秦州蕃部迁到渭河以北，“立堡寨以限之”[①]，蕃部“颇致骚动”。宋王朝同样为了平息此事件，下诏“择守臣安抚之，乃命惟吉与仲舒对易其任”[②]。张佶知秦州时，“置四门寨，开拓疆场，边部颇怨”，又临渭置采木场，对蕃部不存抚，也不奏赐赉，致使蕃部引众劫掠。朝廷闻知后，以“佶轻信易事”[③]，调离秦州任。

宋王朝对秦州发生事变的处理，显然是以平息和解决民族矛盾与纠纷为主，而这些派遣的官员也在秦州任上为秦州民众兴利除弊，缓和了民族矛盾。咸平初，马知节知秦州，放还秦州质酋支属二十余人，并说：“羌亦人耳，岂不怀归。”[④]梁适在秦州两任，抚定蕃众，“罢所益兵，而蕃汉终公之去，安然自居”，秦州人民怀念他，“民为立生祠”[⑤]。薛奎知秦州时，州宿重兵，经费不足，奎“务为俭约，教民水耕，谨商算。岁中积粟三百万，征算余三千万，核民隐田数千顷，得刍粟十余万”[⑥]。薛奎为民谋利，深得蕃汉民众爱戴，当他离任时，“数千人列奎治状”[⑦]，再三挽留，不舍他离去。端拱二年（989年），郭载出知秦州兼沿边都巡检使，而原先“巡边者多领兵骑以威戎人，所至颇烦苦之”[⑧]。郭载赴任后，“悉减去，戎人咸悦”[⑨]。太宗时期，宋瑫二度出任秦知州，均有治绩善政，“安集诸戎，部内清肃”[⑩]。曹琮二度知秦州，“度羡材为仓廪，大积谷古渭、冀城”，并对蕃部“怀以恩信，击牛酾酒犒之”[⑪]，使屡入钞边的蕃部多请内属。

这些选派的官员在秦州任上，发展秦州地区的生产，维护该地区社会秩序的稳定，平息事件、缓和民族矛盾，改善民族关系，均做出了一定的贡献。

（二）置屯列堡，为战守计

北宋政府在秦州修筑了许多堡寨，这些堡寨成为沿边的“藩篱”，可聚集

---

① [元] 脱脱等：《宋史》卷二六六《温仲舒传》，北京：中华书局，1977年，第9182页。

② [元] 脱脱等：《宋史》卷二六四《薛惟吉传》，北京：中华书局，1977年，第9112页。

③ [元] 脱脱等：《宋史》卷三〇八《张佶传》，北京：中华书局，1977年，第10151页。

④ [宋] 王称：《东都事略》卷四三《马知节传》，载文渊阁《四库全书》第382册，台北：台湾商务印书馆，1986年，第275页。

⑤ [宋] 杜大珪：《名臣碑传琬琰之集》卷二八《梁庄肃公适墓志铭》，载文渊阁《四库全书》第450册，台北：台湾商务印书馆，1986年，第418页。

⑥ [元] 脱脱等：《宋史》卷二八六《薛奎传》，北京：中华书局，1977年，第9631页。

⑦ [元] 脱脱等：《宋史》卷二八六《薛奎传》，北京：中华书局，1977年，第9631页。

⑧ [元] 脱脱等：《宋史》卷二七六《郭载传》，北京：中华书局，1977年，第9397页。

⑨ [元] 脱脱等：《宋史》卷二七六《郭载传》，北京：中华书局，1977年，第9397页。

⑩ [元] 脱脱等：《宋史》卷二七六《宋瑫传》，北京：中华书局，1977年，第9391页。

⑪ [元] 脱脱等：《宋史》卷二五八《曹琮传》，北京：中华书局，1977年，第8989页。

兵力，加强防守，成为抗御西夏的军事堡垒。

宋代的兵制有禁兵、厢军、乡兵、蕃兵之分，而在偏远的西北地区，“羌戎种落不相统一”，蕃兵实为“乡兵”之一种。蕃兵“始于国初，具籍塞下，团结以为藩篱之兵”[①]，其后“分队伍，给旗帜，缮营堡，备器械，一律以乡兵之制”[②]。而“乡兵者，选自户籍，或土民应募，在所团结训练，以为防守之兵”[③]。熙宁以后，尤重蕃兵，蕃兵与堡寨紧密结合在一起。宋政府以堡寨为沿边地方的“藩篱”，而蕃兵则为“藩篱之兵”，故蕃兵驻守在堡寨内，蕃兵皆来自“塞下内属诸部落”。置堡的方法，则是“诸屯并力，自近及远筑为堡，以备寇至”[④]。西北地区的蕃兵是以弓箭手形式出现的。大中祥符三年（1010年），知秦州李濬招得黑谷寨民“九百余人，驻小洛门诸寨防边”[⑤]。秦州西北五里的夕阳上镇，地“当伏羌、永宁两路之隘”。庆历六年（1046年）五月，秦凤路经略司奉诏在夕阳上镇修筑一寨，“置兵戍守，缓急有警，收旁近蕃汉老幼孳畜而入保之，实为经久之利”[⑥]。熙宁元年（1068年），“筑熟羊等堡，募蕃部献地，置弓箭手”[⑦]。

据《宋史·兵志五》载，秦凤路有寨13，强人41194，壮马7991，而秦州堡寨最多，所屯集的兵马也最多。其中三阳砦总领兵马3467，陇城砦总领兵马2054，弓门砦总领兵马1704，冶坊砦总领兵马360，床穰砦总兵马1080，静戎砦总兵马625，定西砦总兵马600，伏羌砦总兵马1992，安远砦总兵5350，来远砦总兵马1574，宁远砦总兵马7480，古渭砦兵7700、马1490。[⑧]宋廷“籍城砦兵马，计族望大小，分队伍，给旗帜，使各缮堡垒，人置器甲，以备调发”[⑨]“置屯列堡，以为战守计”[⑩]，筑保以备寇至，“寇退则悉出掩击”[⑪]，堡寨成为屯聚兵力，抗击西夏的前沿，成为北宋防御体系中的一个重要环节。置

---

①［元］脱脱等：《宋史》卷一八七《兵志一》，北京：中华书局，1977年，第4569页。
②［元］脱脱等：《宋史》卷一八七《兵志一》，北京：中华书局，1977年，第4569页。
③［元］脱脱等：《宋史》卷一九〇《兵志四》，北京：中华书局，1977年，第4705页。
④［元］脱脱等：《宋史》卷一九〇《兵志四》，北京：中华书局，1977年，第4713页。
⑤［宋］李焘：《续资治通鉴长编》卷七四，大中祥符三年十二月辛酉，北京：中华书局，1980年，第1697页。
⑥［宋］李焘：《续资治通鉴长编》卷一五八，庆历六年五月辛卯，北京：中华书局，1985年，第3828页。
⑦［元］脱脱等：《宋史》卷一九〇《兵志四》，北京：中华书局，1977年，第4713页。
⑧［元］脱脱等：《宋史》卷一九一《兵志五》，北京：中华书局，1977年，第4752—4753页。
⑨［元］脱脱等：《宋史》卷一九一《兵志五》，北京：中华书局，1977年，第4752页。
⑩［清］徐松辑：《宋会要辑稿》兵二八之七，北京：中华书局，1957年，第7273页。
⑪［元］脱脱等：《宋史》卷一九〇《兵志四》，北京：中华书局，1977年，第4713页。

屯列堡，是北宋抗击西夏卓有成效的措施。

（三）开荒屯田，招弓箭手

秦州地区闲田旷土颇多，宋政府实行封标，招熟户蕃部耕种。蕃部垦荒，此地很多，有黑谷、毕利川、南厮啰川、甘谷城、伏羌城，以及自渭源城至成纪县沿河地带。秦州黑谷颇有闲田，大中祥符二年（1009 年），知秦州李濬招寨户屯田防边。熙宁六年（1073 年）七月，陕西经略使韩琦将毕利川无主荒闲土地实行封标，招置弓箭手屯垦。南厮啰川接巴经谷至甘谷城约四十里，土地肥美，水草饶衍，川谷平漫，可以招置归顺的西夏人耕种。元丰六年（1083 年），主管冶坊堡供奉官王讷“根括伏羌城等三寨荒田三百六十顷”[①]。元符二年（1099 年），宋廷下诏秦凤路经略司将“新归顺人部族于甘谷城西堡之外标拨住坐”[②]。宋代开垦荒田，招募弓箭手又往往与堡寨密切联系，“授田于旁塞堡”[③]，堡寨附近的田地拨给蕃部耕种，以安定他们的生活，或是在荒芜之地修筑堡寨，招募弓箭手垦荒。秦州捺吴川、青鸡川土地肥沃，久已荒芜。治平四年（1067 年），修筑捺吴川、青鸡川二堡，捺吴川后赐名为治平寨，青鸡川赐名鸡川寨，并下令招弓箭手，人受田百亩，马五十匹。旬日得壮士千人，骑千匹，这些人马屯聚在此，耕种捺吴川、青鸡川土地。这些屯聚在堡寨的蕃民与弓箭手，开垦荒地，发展生产，为秦州地区乃至西北地区的经济发展所起的作用不可低估。

（四）设场置务，互市交易

地处三岔交会之处的秦州以西皆为蕃部，距青唐河湟地区也较近，秦州又通关中、蜀中，“最为关陇之盛”。这种优越的地理位置，必然使秦州成为西北地区的贸易中心之一。

在宋夏战争中，由于党项军队善骑，迫使宋军重视骑射，使战马的需求量增大，而中国备征带甲之骑，独取于“西戎之西偏，秦、泾、仪、渭之西北诸戎是也”[④]。于是秦州成为北宋政府市马与招马之处，设博马场，秦州成为宋夏战争的一个物资供给地。为了获取大批的良马，北宋政府常择“熟西鄙山川要害”的使臣，“自秦州入蕃界招马”[⑤]。北宋政府对贸易场址的选择尤为重

---

① [清] 徐松辑:《宋会要辑稿》兵四之一二，北京：中华书局，1957 年，第 6826 页。

② [宋] 李焘:《续资治通鉴长编》卷五〇五，元符二年正月甲子，北京：中华书局，1993 年，第 12042 页。

③ [元] 脱脱等:《宋史》卷一九〇《兵志四》，北京：中华书局，1977 年，第 4713 页。

④ [宋] 李焘:《续资治通鉴长编》卷四四，咸平二年六月戊午，北京：中华书局，1979 年，第 947 页。

⑤ [宋] 李焘:《续资治通鉴长编》卷五一，咸平五年四月己丑，北京：中华书局，1980 年，第 1127 页。

视，蕃汉间的贸易不宜单方面在蕃界或在内地进行，北宋政府的博马场就设在秦州永宁寨（今甘肃甘谷县西40里铺附近）。永宁寨原名尚书寨，建隆中修筑，至道中赐今名。在秦州以西，西北控毚谷，至兰州五百五十里，“东至伏羌寨三十里，西至来远寨二十里，南至小洛三十里，北至崇奇（按：疑为宗哥）城九百里”[①]。永宁寨地理位置四通八达，设博马场有利于与蕃部进行马贸易，“蕃部马至，径鬻于秦州”[②]。后来北宋政府将博马场设在古渭寨（今甘肃陇西县），而古渭寨“在永宁之西”，而蕃汉“多互市其间，因置买马场，凡岁用缗钱十余万”[③]。由于古渭寨离蕃界较近，宋政府不得不考虑每年十余万缗钱“苟荡然流入虏中，实耗国用”[④]，于是罢古渭寨买马场，复置场于永宁。古渭寨场址废罢的原因，主要是宋政府从利益的归属来考虑，不计汉蕃民众交易的便利，但如果单从交易的角度来看，古渭寨设场确也是汉蕃互市交易的又一场所。永宁寨交易场地规模是很大的，而且与河湟青唐吐蕃贸易频繁，宋政府曾给永宁寨诏书，“以官屋五十间给唃厮啰收贮财物”[⑤]。博马交易或用钱，或用茶，秦州博马场所用茶主要是四川达州、涪州、雅州名山县、蜀州永康县、邛州在城等地[⑥]所产的川茶。熙宁十年（1077年），秦州支卖茶所定额为“五千九百二十四驮”，元丰元年（1078年），定为“六千五百驮”；永宁寨，熙宁十年支卖并博马共七千九十一驮，今定七千五百驮[⑦]。秦州永宁寨也设有茶场，熙宁六年（1073年）徙至熙州。

秦州也设有市易务。熙宁八年（1075年）二月，宋政府下诏秦州与“永兴军、凤翔府、润州、越州、真州、大名府、安肃军、瀛洲、定州、真定府并置市易司”[⑧]，在这份诏令中，秦州列在诸州、府之首，显示了秦州在赵宋王朝的重要地位。元丰二年（1079年），永兴军路置市易务，“借内藏库钱四十缗为

①［宋］曾公亮：《武经总要》卷一八《秦陇凤翔阶成州路》，载文渊阁《四库全书》第726册，台北：台湾商务印书馆，1986年，第532页。

②［宋］李焘：《续资治通鉴长编》卷一九八，嘉祐八年正月戊辰，北京：中华书局，1985年，第4789页。

③［宋］李焘：《续资治通鉴长编》卷一九八，嘉祐八年正月戊辰，北京：中华书局，1985年，第4789页。

④［清］徐松辑：《宋会要辑稿》兵二二之五，北京：中华书局，1957年，第7146页。

⑤［宋］李焘：《续资治通鉴长编》卷一三五，庆历二年二月庚辰，北京：中华书局，1985年，第3220页。

⑥［清］徐松辑：《宋会要辑稿》职官四三之四八，北京：中华书局，1957年，第3297页。

⑦［清］徐松辑：《宋会要辑稿》职官四三之五一，北京：中华书局，1957年，第3299页。

⑧［清］徐松辑：《宋会要辑稿》食货三七之二二，北京：中华书局，1957年，第5459页。

本”，而意要“候收秦州等市易钱拨还”[①]。充分说明秦州市易务所收市易钱，在北宋政府的财政中占有重要地位，秦州市易务与凤翔府增置的市易务相为表里。秦州市场交易面广，西域于阗等国也来秦州买卖。

秦州的私市马贸易也很兴盛，以致影响官马贸易。咸平五年（1002年）二月，审刑院规定了秦州私贩马的惩罚条例，“自今一匹杖一百，十匹徒一年，二十匹加一等，三十匹奏裁，其马纳官，以半价给告事人”[②]。以这样严厉的条例来处罚私市马者，一方面说明北宋政府对马匹贸易要严加控制，政府垄断，不许私营；另一方面则反映了秦州民间马匹贸易的昌盛。秦州民间贸易也很繁荣，私市逃税屡禁不止，许多“博买牙人与蕃部私交易，由小路入秦州，避免商税打扑”[③]。宋政府严禁私市逃税，采取各种严厉措施加以禁止。宋廷曾下诏让“秦、熙、河、岷州、通远军市易务募博买牙人引蕃货赴市易务中卖，如敢私市，许人告，每估钱一千，官给赏钱二千”[④]。用这种高额赏赐奖励告发的办法，严禁私市，如此“招来远人，可以牢笼遗利，资助边计”[⑤]。

（五）羁縻笼络，结其欢心

秦州地区蕃汉杂处，蕃部众多，民族矛盾尖锐。秦州又是西夏觊觎之地，宋政府唯恐党项势力增强后，“西取秦界之群蕃”[⑥]，使北宋王朝西鄙不宁。

北宋立国之初，秦州蕃部不断骚扰。太平兴国二年（977年），“戎人安家族寇长山寨”[⑦]。太平兴国三年（978年），秦州内属戎人又多次寇边，宋政府采取屠杀镇压的措施，秦州都巡检田仁朗“袭杀蕃部千余口，焚族帐二千余所，获马五百十匹，牛羊三千余口”[⑧]。自太平兴国八年（983年）夏州党项李继迁公开反宋以后，宋政府面对日益强大的党项势力，改变了对秦州吐蕃的

---

①［清］徐松辑：《宋会要辑稿》食货三七之二六，北京：中华书局，1957年，第5461页。

②［宋］李焘：《续资治通鉴长编》卷五一，咸平五年二月甲午，北京：中华书局，1980年，第1117页。

③［宋］李焘：《续资治通鉴长编》卷二九九，元丰二年七月庚辰，北京：中华书局，1990年，第7272页。

④［宋］李焘：《续资治通鉴长编》卷二九九，元丰二年七月庚辰，北京：中华书局，1985年，第7272页。

⑤［宋］李焘：《续资治通鉴长编》卷二九九，元丰二年七月庚辰，北京：中华书局，1985年，第7272页。

⑥［宋］李焘：《续资治通鉴长编》卷五〇，咸平四年十二月乙卯，北京：中华书局，1980年，第1092页。

⑦［宋］李焘：《续资治通鉴长编》卷一八，太平兴国二年三月庚寅，北京：中华书局，1979年，第402页。

⑧［宋］李焘：《续资治通鉴长编》卷一九，太平兴国三年三月己酉，北京：中华书局，1979年，第425页。

镇压之术，采取羁縻政策，“结其欢心，啖以厚利”[①]，以秦州蕃部为藩篱。曾下诏“西蕃诸族有能生擒李继迁者，当授节度使，赐银彩茶六万；斩首来献者，授观察使，赐物有差”[②]，并“遣使谕秦陇以西诸戎使攻李继迁”[③]。显然秦州吐蕃也是宋政府竭力笼络的对象之一。对那些归顺听命的蕃部首领，封官授爵，以示恩宠。南市归顺蕃部都首领郭厮敦举家居冶坊寨，管勾一带蕃部，宋廷“命为本族巡检，月给钱五千，米面五石”[④]。又授“秦州伏羌寨蕃官都军主阿珠为峰州刺史”。[⑤]秦州“三阳、定西、伏羌、静戎、冶坊、三门、床穰等七寨熟户蕃部都首领已下，凡一百四十六人有功”，其中“二人授都军主，四十一人授军主，五十七人授指挥使，余悉补蕃官”[⑥]。

宋王朝除用赐物、封官授爵等进行笼络外，还从民族文化心理上对蕃部加以羁縻。吐蕃人有佞佛之俗，笃信佛教，“尊佛重僧”是吐蕃民族文化的反映。由于吐蕃人“尊释氏”，因此宋统治者“以蕃俗佞佛，故以佛事怀柔之”[⑦]。借助宗教这一精神武器来征服笃信佛教的吐蕃人民，缓和民族矛盾。

寺院是凝聚吐蕃人信仰的场所，修建寺院就成为宋王朝羁縻吐蕃的一项具体措施。天圣三年（1025 年）十月，秦州蕃官军主策拉等人，“请于来远寨置佛寺”[⑧]，宋朝立即允许。宋王朝也尽量满足吐蕃僧侣的欲望与要求。对佛教僧侣赐“紫衣师号”，最初是为了表彰僧侣功德，并借以对皇帝或执政太后的祈富，它是佛门的奖赏，是对释迦弟子虔诚事佛的肯定，后来逐渐为统治者所利用，成为一种为政治、军事目的服务的笼络、赏赐之手段。宋统治者对吐蕃僧的赏赐也不例外，为赵宋王朝效力的吐蕃僧侣理所当然地获得赐“紫衣师号”的奖赏。秦州永宁寨蕃僧策凌班珠尔、伊朗颇斡因“曹玮言其屡经指

---

① [宋] 李焘：《续资治通鉴长编》卷五一，咸平五年十一月癸亥，北京：中华书局，1980 年，第 1122 页。

② [宋] 李焘：《续资治通鉴长编》卷五〇，咸平四年十一月甲午，北京：中华书局，1980 年，第 1089 页。

③ [宋] 李焘：《续资治通鉴长编》卷五〇，咸平四年十二月丁未，北京：中华书局，1980 年，第 1090 页。

④ [宋] 李焘：《续资治通鉴长编》卷九〇，天禧元年六月壬申，北京：中华书局，1985 年，第 2068 页。

⑤ [宋] 李焘：《续资治通鉴长编》卷九〇，天禧元年十一月庚子，北京：中华书局，1985 年，第 2085 页。

⑥ [宋] 李焘：《续资治通鉴长编》卷八八，大中祥符九年十一月丁未，北京：中华书局，1985 年，第 2026 页。

⑦ 张维：《陇右金石录》卷三宋上《岷州广仁禅院碑》，甘肃省文献征集委员会校印，1943 年，第 16039 页。

⑧ [宋] 李焘：《续资治通鉴长编》卷一〇三，天圣三年十月庚申，北京：中华书局，1985 年，第 2390 页。

使”[①]，也获赐紫衣。这种以“佛事羁縻”正是从民族文化方面抓住了吐蕃人“最重佛法”的文化心理，其成效显著。

总之，秦州及其蕃部是宋夏战争这局棋盘上的重要棋子，是北宋军事体系中的重要一环，而北宋政府对秦州蕃部的经略，是以平息和解决民族矛盾为主，这是基于宋王朝对西夏战争的大背景必须采取的有效策略。

（原载于《宁夏社会科学》1996 年第 4 期）

① [宋] 李焘：《续资治通鉴长编》卷九三，天禧三年春正月丁卯，北京：中华书局，1985 年，第 2135 页。

# 略论党项西夏的军事制度

1038 年，在西北地区建立政权的西夏，是以党项人为主体的地方民族政权。在其政权形成与发展中，其军事制度既深受中原汉族文化的影响，又具有鲜明的党项特性。本文拟从“西夏的兵制与军队”“西夏的兵种”“西夏的战术”“以法治军”等方面，对西夏的军事制度略做论述。

## 一、西夏的兵制与军队

党项西夏实行全民皆兵制。早在党项氏族部落时期，就实行全体成员皆兵制度，1036 年，元昊在攻占河西地区后，就进行军事制度的改革。西夏建立政权后，又经过李元昊的整肃统一，“成为西夏全民兵役制”[①]。西夏建立政权后的兵役制度，初期是以党项部族的征兵制为主，其民一家为一帐，以族帐为最小单位进行征派。男子年 15 至 60 岁为丁，每家凡二丁，取身强体壮者一人为正军，另一丁为负赡，成为一抄，担任随军杂役。凡家有四丁者，抽两抄，其余的壮丁均称为空丁，可以不服役，但可以顶替其他丁男为负赡兵，也可以顶替正军之羸弱者担任正军，故西夏“壮者皆习战斗，而得正军为多”[②]。正军是冲锋陷阵的战斗人员，负赡是随军杂役，负责筹备粮食和供战马食用的饲料，并负责运送至军中。部族征兵规定有数额，军中正军与负赡的比例为 1 ∶ 1，但在首都附近的兴、灵地区的镇戍兵中，一个正军几乎有三个负赡兵[③]，其比例则近于 1 ∶ 3。所征之兵由各部落首领管带，“首领各将其种落兵，谓之‘一溜’”[④]。

---

① 乔幼梅：《西夏兵制初探》，载《1995 年首届西夏学国际学术讨论会论文集》，银川：宁夏人民出版社，1998 年，第 56 页。

② ［元］脱脱等：《宋史》卷四八六《夏国传下》，北京：中华书局，1977 年，第 14028 页。

③ 陈炳应：《西夏军队的征选廪给制度》，《西北史地》1987 年第 1 期。

④ 戴锡章：《西夏纪》卷八，济南：山东泰山出版社，2000 年，第 206 页。

西夏建立初期与宋朝战争频繁，部族征兵不能解决兵员不足的问题，于是扩大征兵范围，增大兵额，实行“全民皆兵”的兵役制度。西夏大安八年（1081年）九月，在宋夏永乐之战前，西夏调民为兵，“十丁取九”[①]，得三十万人。

西夏军队的装备，据《宋史·夏国传下》记载：“凡正军给长生马、驼各一。团练使以上，帐一、弓一、箭五百、马一、橐驼五，旗、鼓、枪、剑、棍棓、粆袋、披毡、浑脱、背索、锹钁、斤斧、箭牌、铁爪篱各一。刺史以下，无帐无旗鼓，人各橐驼一、箭三百、幕梁一。兵三人同一幕梁。”《隆平集·西夏传》也载：西夏人凡“年六十以下，十五以上，皆自备介胄弓矢以行”。西夏作战兵员除官府提供很少的军事装备外，出征打仗时，一律自备粮饷。

西夏的军队与监军司是仿照宋朝的制度施行的，西夏的军队均属中央管辖，但由于其担任的任务不同，可分为侍卫军与屯戍军。

侍卫军是专门从事护卫西夏皇帝的直属军队。据《宋史·夏国传上》记载：元昊“选豪族善弓马五千人迭值，号六班直，月给米二石。铁骑三千，分十部。发兵以银牌召部长面受约束”。元昊的侍卫军十队的队长为“一妹勒、二浪讹遇移、三细赏香埋、四里里奴、五杂熟屈得鸡、六隈才浪罗、七细母屈勿、八李讹移岩名、九细母嵬名、十没罗埋布”[②]。西夏的宫廷宿卫制度非常严格，宿卫军佩戴铜制腰牌，上有“防守待命”“防守命令”“后门宫寝待命”等西夏文字。

屯戍军即是守卫京城与屯驻地方的军队，是西夏军队中人数最多的一种，是西夏的主力军。元昊嗣位后，整顿西夏军事，首先将全国兵力分为左右两厢。《儒林公议》载：“元昊既志在恢拓，数侵诸蕃境土……又分兵为左右厢……其厢左距契丹，右抵甘州。”其兵力分布与屯驻的任务是“自河北至卧啰娘山七万人，以备契丹；河南洪州、白豹、安盐州、罗洛、天都、惟精山等五万人，以备环、庆、镇戎、原州；左厢宥州路五万人，以备鄜、延、麟、府；右厢甘州路三万人，以备西蕃、回纥；贺兰驻兵五万人，灵州五万人，兴庆府七万人为镇守，总三十余万”[③]。

---

①［宋］李焘：《续资治通鉴长编》卷三二九，元丰五年九月甲申，北京：中华书局，1985年，第7926页。

②［宋］田况：《儒林公议》，载文渊阁《四库全书》第1036册，台北：台湾商务印书馆，1986年，第280页。

③［宋］李焘：《续资治通鉴长编》卷一二〇，景祐四年十二月癸未，北京：中华书局，1985年，第2845页。

西夏又在左右厢的基础上设立监军司，监军司虽是军事驻防区的指挥机构，亦分管民户。监军司的设立，与西夏军政合一的体制相适应。西夏所立监军司数量在不同时期有所变化，西夏监军司早期数应是 18 所[①]，正如《续资治通鉴长编》所载，景祐四年（1037 年），元昊“置十八监军司，委酋豪分统其众”[②]。后随着西夏对宋战争规模的不断扩大，西夏监军司数量也随之增多，据文献所见数，超过 20 所[③]。至西夏后期，对外战争逐渐减少，其监军司数量亦随之减少，至夏仁孝天盛年间，西夏监军司还有 17 所，至夏国末期仅剩 12 所监军司，这就是《宋史 · 夏国传下》结尾论及西夏军事制度时所载：“有左右厢十二监军司：曰左厢神勇、曰石州祥祐、曰宥州嘉宁、曰韦州静塞、曰西寿保泰、曰卓罗和南、曰右厢朝顺、曰甘州甘肃、曰瓜州西平、曰黑水镇燕、曰白马强镇、曰黑山威福。”[④]元昊“委豪右分统其众”。司马光《日记》卷一载：“刚浪凌死，始元昊分国中兵马为左、右厢，使凌兄弟分统之。凌反诛，元昊更分左、右厢为十六监军，各有厢首领。”[⑤]从《续资治通鉴长编》卷一二〇景祐四年的记载统计，西夏初期，全国总兵力数是 37 万，后又增至 50 余万[⑥]，到后期兵力扩充几近一倍，总数在 70 余万[⑦]。其军事策略机动灵活，每当西部有事时，就从东部调集军队赴西，而东部有事时，则从西部调军集中至东部，中路由东西部皆集中到此。

每个监军司都设有都统军、副都统军和监军使各一员，由中央任命党项贵族担任。监军使下设有指挥使、教练使、左右侍禁等官员，分别由党项人或汉人充任。

总之，西夏左右两厢及监军司兵马均为中央直辖军队，这是西夏以军立国、集中军权的反映和体现。

## 二、西夏的兵种

根据文献记载，西夏军队有步兵、骑兵、炮兵、水兵等诸多不同兵种，甚

---

① 汤开建：《近几十年国内西夏军事制度研究中存在的几个问题》，《宁夏社会科学》2002 年第 4 期。

②［宋］李焘：《续资治通鉴长编》卷一二〇，景祐四年十二月癸未，北京：中华书局，1985 年，第 2845 页。

③ 汤开建：《近几十年国内西夏军事制度研究中存在的几个问题》，《宁夏社会科学》2002 年第 4 期。

④［元］脱脱等：《宋史》卷四八六《夏国传下》，北京：中华书局，1977 年，第 14029 页。

⑤ 李裕民：《司马光日记校注》第 101 条，北京：中国社会科学出版社，1994 年，第 43 页。

⑥［元］脱脱等：《宋史》卷四八六《夏国传下》，北京：中华书局，1977 年，第 14029 页。

⑦ 陈炳应：《西夏军队的兵种兵员初探》，《固原师专学报》1989 年第 1 期；杜建录：《西夏边防制度初探》，《固原师专学报》1993 年第 2 期，均认为西夏后期兵力扩充至 70 余万。

至还有女兵，谓之“麻魁”。由于作战任务不同，又分为擒生军、强弩兵、资赡兵等。

步兵是西夏军队的主要组成部分，其人数最多，战斗力强。其中最精锐的是由山间部落丁男组成的“步跋子”，他们“上下山坡，出入豀涧，最能逾高超远，轻足善走”[①]。于是西夏与宋军作战时，在“山谷深险之处遇敌，则多用步跋子以为击刺掩袭之用”[②]。“步跋子”吃苦耐劳，尤其是由称为“山讹”的横山羌组成的步跋子最为有名。《宋史·夏国传上》载：“苦战依山讹，山讹者，横山羌，平夏兵不及也。”

骑兵具有很强的作战能力，是西夏军队的主力。由党项贵族子弟组成的精锐骑兵称为“铁骑”，或称为“铁鹞子”。在战斗中，常以“铁骑为前军，乘善马，重甲，刺斫不入，用钩索绞联，虽死马上不坠。遇战则先出铁骑突阵，阵乱则冲击之，步兵挟骑以进”[③]。《宋史·兵志四》记载：西夏“有平夏骑兵，谓之‘铁鹞子’者，百里而走，千里而期，最能倏往忽来，若电击云飞。每于平原驰骋之处遇敌，则多用铁鹞子以为冲冒奔突之兵”。西夏骑兵在侍卫军和监军司军中都占有一定比例。宋元祐七年（1092年）十月，西夏以数十万军队进攻宋环州（治今甘肃环县），西夏梁太后“纵铁鹞子数万迎斗”[④]宋军，终在洪德寨（今甘肃环县北60里洪德乡）被宋军战败。

除步、骑兵外，据《宋史·夏国传下》记载，在西夏军队中还有“炮手二百人，号‘泼喜’，陡立旋风炮于橐驼鞍，纵石如拳”。根据文献记载，西夏军队中还有水军，所配给的“浑脱”就成为水军渡河的工具。宋熙宁三年（1070年），河东奏报称“西贼水军恐于石州渡河，令吕公弼过为之备”[⑤]。宋元祐六年（1091年）八月，兰州沿边安抚司申报：“有西界水贼数十人浮渡过河，射伤伏路人，寻斗敌，生擒九人。”[⑥]宋政和六年（1116年），宋军筑清水河新城，赐名德威城（今甘肃靖远县西南），在“河北倚卓罗监军地分，水贼作过去处”[⑦]。这些记载均说明，西夏在沿河要地都编置有一定数量的水兵。

---

①［元］脱脱等：《宋史》卷一九〇《兵志四》，北京：中华书局，1977年，第4720页。

②［元］脱脱等：《宋史》卷一九〇《兵志四》，北京：中华书局，1977年，第4720页。

③［元］脱脱等：《宋史》卷四八六《夏国传下》，北京：中华书局，1977年，第14029页。

④［清］吴广成著，李蔚整理：《西夏书事》卷二九，济南：山东泰山出版社，2000年，第116页。

⑤［清］徐松：《宋会要辑稿》方域八之二七，北京：中华书局，1957年，第7454页。

⑥［宋］李焘：《续资治通鉴长编》卷四六四，元祐六年八月癸丑，北京：中华书局，1993年，第11091页。

⑦［元］脱脱等：《宋史》卷八七《地理志三》“会州”，北京：中华书局，1977年，第2160页。

西夏还有擒生军和强弩军，这可视为西夏的特种兵种，担负特殊的作战任务。据《宋史·夏国传下》记载，西夏军队“别有擒生十万”，这十万擒生军的任务，可能是专门在战斗中配合正规军俘掠人口、牲畜、财物，以解决给养和劳动力的辅助兵员。因为西夏地广人稀，需要大量的劳动力去开垦田地，另外由于夏军出征，部落兵往往需自备资粮，因而建立这样一支专门从事俘掠的军队是必要的。还有强弩军，夏崇宗乾顺时，庶弟察哥建议置强弩军对付宋军，他说：“自古行师，步骑并利。国家用‘铁鹞子’以驰骋平原，用‘步跋子’以逐险山谷，然一遇陌刀法，铁骑难施；若值神臂弓，步奚自溃。盖可以守常，不可以御变也。夫兵在审机，法贵善变，羌部弓弱矢短，技射不精，今宜选蕃汉壮勇，教以强弩，兼以标牌，平居则带弓而锄，临戎则分番而进。以我国之短，易中国之长，如此，则无敌于天下矣。”[①]于是崇宗采纳了察哥建议，在西夏建立了强弩军。

西夏军队中还有由俘获的人编制而成的军队，一部分称为“撞令郎”，另一部分是屯田军。《宋史·夏国传下》载，西夏军在作战中，将所“得汉人勇者为前军，号‘撞令郎’。若脆怯无他伎者，迁河外耕作，或以守肃州”。所谓“撞令郎”是正式的战斗人员，在战争中，常常是被驱作前锋的炮灰。那些不适宜作战的俘虏，则被强迫在河外诸城堡寨戍守或耕作。

西夏军队中除大量的男性兵员外，甚至还有少量的女性兵员，这些女兵谓之“麻魁”。康定元年（1040 年）九月，环庆路副都部署任福破西夏白豹城，“擒伪张团练并蕃官四人，麻魁七人”[②]。西夏堡寨中有随驻的妇女，编入戍卒册籍中。《天盛改旧新定律令》中多处记载说，随住在堡内妇女，如不在岗，擅离职守，则本人受杖刑或罚做苦役，堡寨军首亦获罪[③]。西夏军中有女兵是西夏军事制度的一大特点，这与党项民族习俗有密切关系。据曾巩《隆平集·西夏传》载，党项人相互结仇的报复之法，是“集邻族妇人，烹牛羊、具酒食，介而趋仇家，纵火焚之。其经女兵者，家不昌，故深恶焉”。在这种独特的民风习俗影响下，女子为兵自然是西夏军事战争的需要。

---

① 戴锡章：《西夏纪》卷二二，济南：山东泰山出版社，2000 年，第 280 页。

② [宋] 李焘：《续资治通鉴长编》卷一二八，康定元年九月壬申，北京：中华书局，1985 年，第 3044 页。

③ [俄] 克恰诺夫译：《西夏法典——天盛年改旧定新律令第 1—7 章》，第 4 章，第 194、196、197 条，银川：宁夏人民出版社，1988 年，第 96、97、98 页。

## 三、西夏的战术

西夏的军事战术具有党项民族特色，具有以下特点：

（一）征调灵活机动，处罚严厉

西夏军队战争动员的办法称为“点集”。《宋史·夏国传下》载：“每有事于西，则自东点集而西；于东，则自西点集而东；中路则东、西皆集。”《天盛改旧新定律令》第六章第310条就有关于军队点集与出征的规定，军中大小指挥官在点集与出征迟到或缺卯，依其官阶和罪之轻重，分别处以一至十二年不等期限的苦役并免除军职。士兵五天点集不到者，杖十三；未及参战或不到，罚六年苦役；两次不到，罚十年苦役；三次不到，罚十三年苦役。第371条规定：军旅出征，军卒不应征或离队，滞留不去，是正军者罚二年苦役，辅正军、杂役，罚一年苦役。

（二）利用地形，以长制胜

夏军作战，常采用步、骑相辅的方式，充分发挥西夏步、骑兵的特长。骑兵“铁鹞子”行动迅速，“尤骁健，倏忽百里，往来若飞”[①]。在平原作战时，则多用“铁鹞子”，为冲冒奔突之兵，充分发挥骑兵冲击力大的作用。在“山谷深险”地区作战时，发挥“步跋子”所具有的“轻足善走，逾高超远”的特点，“则多用步跋子以为击刺掩袭之用”[②]。每次作战，先以“铁鹞子”为前军，冲击敌阵，“阵乱则冲锋之，步兵挟骑以进”[③]。夏惠宗秉常大安八年（宋元丰四年，1081年），夏军攻宋永乐城（今陕西米脂县西北马湖峪），夏将叶悖麻“先纵铁鹞军渡河”“震荡驰突”，冲乱在城下列阵的宋军，然后步军“大众继之”，再进围城寨，永乐城终被攻陷，宋军惨败。自唐以来，中原创造“陌刀法”，训练步兵持长刀专御骑兵。西夏后期，察哥又训练“强弩军”以破“陌刀法”。

（三）诱敌深入，设伏聚歼

西夏充分利用骑兵运动迅速的特点与优势，声东击西，诱敌深入，设伏聚歼，骚扰疲敌，这是西夏克敌制胜的主要战术[④]。著名的宋夏好水川之战，就是西夏运用这种战术的成功范例。夏天授礼法延祚四年（宋庆历元年，1041

---

① ［清］吴广成著，李蔚整理：《西夏书事》卷二六，济南：山东泰山出版社，2000年，第106页。

② ［元］脱脱等：《宋史》卷一九〇《兵志四》，北京：中华书局，1977年，第4720页。

③ ［元］脱脱等：《宋史》卷四八六《夏国传下》，北京：中华书局，1977年，第14029页。

④ 王天顺：《西夏战史》，银川：宁夏人民出版，1994年，第84页。

年）二月，元昊领兵攻渭州（治今甘肃平凉市崆峒区），逼近怀远城（今宁夏西吉县东偏城附近）。宋将韩琦派兵迎战，双方相遇。元昊率军佯作西逃，诱宋军追赶，宋将任福不知是计，率军追击，至六盘山下好水川（今宁夏隆德县境之渝河）时，人马困乏，屯兵驻营。此时，李元昊已令十万精兵埋伏在好水川口。次日，当任福率军沿好水川继续西行时，入李元昊伏围，宋军伤亡惨重。《宋史·夏国传下》也谓夏军"用兵多立虚寨，设伏兵包敌"。宋朝将领与巡边大臣对此深有体会，屡有记述。翰林学士王尧臣奏报西夏战事说："延州、镇戎军、渭州山外三败之由，皆为贼先据胜地，诱致我师，将帅不能据险击归，而多倍道趋利。方其疲顿，乃与生羌合战，贼始纵铁骑冲我军，继以步奚挽强注射，锋不可当，遂致掩覆。"[①]王尧臣的奏报，实际上是宋朝对三川口（今陕西延安市西北）、定川寨（今宁夏固原市西北25里中河乡大营村黄咀古城）、好水川三次战役大败的战术总结，从中可以看出西夏对这一战术运用的高超与娴熟。

（四）集中兵力，合攻一路

这也是西夏常用的重要战术，宋朝君臣对此多有讨论。吕祖谦所编《宋文鉴》卷五三载宇文之邵《上皇帝书》载：宋军大败，"其患在于敌兵常合，而我兵常分也。六路兵亡虑二十万，而二十三州、二百余寨，分屯保戍，则是我兵虽多，而散在处处也。贼之来也，大则六监军、衙头一时俱发，小则随处寇掠。边城一面受敌，则所与角战者无几，而城寨之兵又各有所守，不可会集，众寡不敌，则乞师告急，救兵才至，贼又已去。今贼常以兵合击我散兵，而我常以不敌之众当其锋，此庆历之失也"。范仲淹也指出："陕西沿边二千里州军城寨，以兵势分守，皆不得已，贼每全军而来，此则以寡击众。"[②]欧阳修、苏轼等人的奏疏中，也常有这样类似的总结。随着战争的进行，双方均在总结经验教训，改变防御体系与战略战术。宋朝方面于沿边地区施行分路联防，置将分屯的策略，特别是元丰以后，很少采用大部队进攻的战术，而多用浅攻、挠耕、进筑堡寨等战术，其目的均为遏制夏军骑兵的冲突和集中兵力，并攻一路的战法。随着宋军战略战术的改变，西夏军主动进攻的战略优势地位逐渐被削弱。

---

①［元］脱脱等：《宋史》卷二九二《王尧臣传》，北京：中华书局，1977年，第9773页。

②［宋］范仲淹：《范文正集》卷九《答安抚王内翰书》，载文渊阁《四库全书》第1089册，台北：台湾商务印书馆，1986年，第655页。

## 四、以法治军

乾顺亲政后，颁行的《贞观玉镜统》(亦译作《贞观玉镜将》)，是一部记载崇宗乾顺贞观年间（1101—1113 年）的军事典籍，反映出乾顺时期以法治军的概况。

《贞观玉镜统》颁行于乾顺亲政后的贞观年间，主要有以下诸种原因：

首先是严峻的军事形势。乾顺即位后，宋夏军事斗争形势发生了根本的变化，灵武之役失败后，宋朝对西夏改变策略，推行李宪的“进筑之策”，选将练兵，深入夏地，修筑堡寨。同时推行“降者纳质厚赏，各令安土，拒者并兵急击，必破其族”[①]的剿抚兼施的政策，以此瓦解西夏军民的斗志，争取战争的主动权。李宪“进筑之策”的推行，收到了较明显的效果，夏军接连失利，损失惨重。自哲宗绍圣三年（1096 年）秋八月至元符二年（1099 年）冬，宋军在陕西、河东地区“建州一、军二、关三、城九、寨二十八、堡十”[②]，西夏失利。乾顺即位之初，所面临严峻的军事斗争形势，促使他为了重振国威，收复失地，需要颁行一部新的军事法典，以法治军，提高军队素质与战斗力。

其次是“尚文重法”的立国方针。乾顺亲政后，虽然西夏国建设的重心转向振兴文教和发展社会经济，但这并不意味着放松武备，为了巩固政权，维护经济、文化发展成果，从而对武备的要求更高，精益求精，不是追求军队的数量，而是要提高军队的素质与战斗力。要达到这一目的，必须对以往的军事法规进行总结修订，在继承原有军事法规的基础上，重新制订一部切实有效的军事法典，作为以法治军的依据。

最后是改革发展的需要。夏景宗李元昊在其建立政权之前，曾以“兵法勒诸部”，并对党项部落兵制进行了一些改革，但李元昊所确立的兵制以及所实行的兵法，到乾顺时，已历八十余年。随着时代的变化，元昊所制定的兵法已不能适应乾顺时代的要求，已不符合新的国情、军情、民情的需要。因此，必须根据变化了的新情况，在旧有法典的基础上，重新制订出一部符合现实、比较完善的新的军事法规，这是改革、发展的需要。

乾顺顺应西夏历史的变化与发展，及时调整政策，制订、颁行一部新的军

---

① [宋] 李焘:《续资治通鉴长编》卷一四九，庆历四年五月壬戌，北京：中华书局，1985 年，第 3600 页。

② [元] 脱脱等:《宋史》卷八五《地理志一》，北京：中华书局，1977 年，第 2096 页。

事法典以适应社会发展的需要。

西夏文残本《贞观玉镜统》全文除序言外尚存一至四篇，从第一篇至第四篇现存目录与正文来看，其内容主要是军政制度和军律两部分。

军政制度主要涉及如何选任正副将军、正副行将、正副佐将等一类的军职，以及军队人员的构成和军官职级。选任此类军职，必须由上一级几个方面的统兵官共同研究决定，然后上报中央经皇帝批准，颁布诏旨、印章、符牌，方可完成选将任职的全过程。在元昊定兵制时，军队人员构成比较简单，只有正军和负赡两种，随着社会经济的发展及国情、民情、军情的变化，到乾顺时，军队人员构成渐渐复杂，除正军、负赡之外，还有私人（系军职人员的亲友子弟及民间有材勇者）、役人（指仆役）、虞人（向导）、刑徒、苦役等，这些人员地位不等，以私人地位较高，刑徒、苦役地位较低。这些人员的出现，是西夏封建社会尊卑贵贱等级关系在西夏军队中的反映。这些人员如在战斗中立有奇功，不仅可以得到赏赐，而且可以晋升为军卒，甚至刑徒、苦役也可以立功减刑。这显然有利于调动这些人的积极性，从而整体上提高军队的战斗力。

西夏军队中的军官职级有官、职、军和司位，这四种职衔在宋朝军队中早已存在，说明西夏的军官职衔深受宋朝的影响。西夏军队中还有主事官与非主事官两种类型。宋朝军功赏官分为“转官”和“转阶级”，因军功升官称为“转官”，因军功而升军职，称为“转阶级”，西夏将二者合二为一，均为“加官”，也就是转官，即转资。西夏军官的升降以官为主，立有奇功，可加官十多级，反之，因罪过受罚则要降官。

军律部分可分为赏赐律与罚罪律两大门类。

关于赏赐律的原则规定，主要有立大功、奇功的标准，对军官及立了军功的刑徒、苦役如何行赏等。如能挫敌军锋，大败敌军，俘获人、马、甲、胄、旗、鼓、金 1500 件以上者，才算立了大功、奇功，可得到一份丰厚的赏赐，而俘获量在 1500 件以下者只能算一般军功。对立了军功的刑徒、苦役，其功按常人一半减刺字或减刑期。赏赐律的具体规定，主要有克敌制胜者、打败仗时能立军功者、俘获各类战利品者、揭露弄虚作假者、虞人有功者，凡符合这五条件之一者，均可论功行赏，得到提升官职，或奖给物资、赏给军直等。

对于罚罪律的原则规定，主要有如何处罚败军之将、阵亡将士的随从人员，以及阵亡将士子弟继承其职衔和赏赐，并严惩弄虚作假者。第三篇第 21 条规定“正副将军阵亡，其护卫、首领、押队、亲随等四人具杀，满门充牧、农人。队人一律杖二十，面上刺字，终身监禁”。而将军、行将、佐将在战争中阵亡，其子弟应继承其“官军之职”和战功赏赐。对于在战争中不战而逃者，懈怠迟到、延误战机者，丧失人马甲胄旗鼓金者，虚报战功、徇私舞弊者，察军擅自离开将军者，均有具体处罚的规定。如规定察军在战斗中应紧随将军，如擅自离开将军，又对战事不了解者，“则处以极刑，满门充军”。处罚手段由轻到重，主要有罚马，最少罚2匹，多者10匹；减免官、职、军、司位；逮捕、夺军权；杖刑和刺字；罚作苦役；终身监禁；凡属情节严重者一般都要判处死刑等。

总之，《贞观玉镜统》简明扼要，叙述详细，重点突出，赏罚适中，具有一定灵活性与相对合理性，在我国历代兵书中颇具特点，又是迄今极为罕见的我国少数民族古代兵书，对全面研究我国古代兵书颇有价值，在我国兵书史上占有重要地位。

西夏是以军立国的地方政权，其军事制度在政权的形成、发展、壮大中起了举足轻重的作用，是汉民族传统军事文化与党项文化融为一体的结晶，是中国古代军事史的重要组成部分。

（原载于《宁夏大学学报》2007年第6期）

# 张载"取洮西之地"辨析

张载是北宋著名哲学家，理学奠基人之一，他创立关学，其"为天地立心，为生民立命，为往圣继绝学，为万世开太平"[①]的关学宗旨，以及"民胞物与""仇必和解"等思想，成为中华民族乃至全人类的宝贵精神财富。对张载的研究中，必然涉及其生平经历。在哲学史界，诸多学者依据北宋陕西沿边形势，皆认为"取洮西之地"，即为收复"被西夏占领的洮西之地"[②]，致使这一误解流行。本文从"有关文献记载与洮西之地""洮西位置与战略地位""张载对西界的认识"等三方面，对此问题略做辨析。

## 一、文献记载与洮西之地

张载"取洮西之地"的相关记载，主要有以下几种：

《宋史》卷四二七《道学·张载传》："少喜谈兵，至欲结客取洮西之地。"

《宋元学案》卷一七《横渠学案》(上)："先生少孤自立，志气不群，喜谈兵，因与邠人焦寅遊。当康定用兵时，年十八，慨然以功名自许，欲结客取洮西之地，上书谒范文正公。"

《东都事略》卷一一四《儒学·张载传》：张载"少时喜谈兵，年十八，以书谒范仲淹"。

《张子全书》卷一五《行状》："少孤自立，无所不学，与邠人焦寅游。游喜谈兵，先生说其言。当康定用兵时，年十八，慨然以功名自许，上书谒范文正公。"

上述文献中，元人所著《宋史·张载传》中有"取洮西之地"的记载，而清人黄宗羲、全祖望著《宋元学案·横渠学案》中沿袭《宋史》说法，载有

① [宋]张载：《张子全书》卷一四《近思录拾遗》，载文渊阁《四库全书》第697册，台北：台湾商务印书馆，1986年，第313页。

② 侯外庐、邱汉生、张岂之主编：《宋明理学史》(上卷)，北京：人民出版社，1984年，第86页。

“取洮西之地”。宋人王称《东都事略·张载传》与张载门人吕大临撰写《横渠先生行状》中，皆没有“取洮西之地”。显然“取洮西地”源于成书于宋以后的文献。

对洮西之地有两种理解，一即洮地之西，另一则为洮水之西。

历史上洮地有三，一是春秋时曹邑（今山东鄄城县西南）。据《春秋》载：僖公八年（前652年），“春王正月，公会王人、齐侯、宋公、卫侯、许男、曹伯、陈世子款，盟于洮”。杜注：“洮，曹地也。”《左传》载：僖公三十一年（前629年），“分曹地，自洮以南，东傅于济，尽曹地也”。二是桃，即春秋时鲁邑（今山东汶上县东北40里南陶）。《春秋》载：襄公十七年（前556年），“齐侯伐我北鄙，围桃”。《公羊传》则作“洮”。三是春秋鲁邑（今山东泗水县东南桃墟）。《春秋》载：庄公二十七年（前667年），“公会杞伯姬于洮”，此“洮”即“桃”。

历史上洮水有四：一是桃水，即今山西阳泉市及平定县境内的洮河。据《读史方舆纪要·山西二》载：“洮水，在城东。其上源即寿阳县之芹泉也，经州西九十里谓之洮水，下流注於泽发水。”①二是在今山西绛县南。源出横岭山，西北流入涑水河。涑水出河东闻喜县东山黍葭谷，“涑水所出，俗谓之华谷，至周阳与洮水合，水源东出清野山，世人以谓清襄山。其水东径大岭下，西流出谓之啥口，又西合涑水”②。《左传》载：昭公元年（前541年），“台骀能业其官，宣汾、洮”，因洮水出闻喜县，“故王莽以县为洮亭”③。三是注于湘水的洮河，在今广西全州县北50里。《水经·湘水注》载：“洮水出（洮阳）县西南大山，东北径其县南，即洮水以立称矣。……其水东流注入湘水。”四是黄河上游支流的洮水。《舆地广记》卷一六载：“西倾之北，则洮水所出，北流入河。”

上述“洮”地，至北宋时，地名已变，春秋时的曹邑洮地，在京东西路所辖濮州鄄城（今山东鄄城）县境；鲁邑洮地，在京东西路郓州中都（今山东汶上）县境；另一春秋鲁邑洮地，则在京东西路兖州泗水（今山东泗水）县境。其“洮”地之西，也均属北宋京东西路辖区。桃水流经北宋河东路平定军（治

---

① [清]顾祖禹：《读史方舆纪要》卷四〇《山西二》，北京：中华书局，2005年，第1842页。

② [后魏]郦道元：《水经注》卷六《涑水》，载文渊阁《四库全书》第573册，台北：台湾商务印书馆，1986年，第111页。

③ [后魏]郦道元：《水经注》卷六《涑水》，载文渊阁《四库全书》第573册，台北：台湾商务印书馆，1986年，第111页。

今山西平定县）境内，源于清襄山的洮水则在河东路绛州绛县（治今山西绛县）境，而流入湘水的洮水则在北宋荆湖南路全州（治今广西全县）境，这些洮水以西地区，也均在北宋河东路、荆湖南路辖区内。上述洮地、洮水之西地区，显然不是张载所欲“取洮西之地”。

宋时，“洮西”一词屡被提及。据《宋会要辑稿·食货二》载，熙宁九年（1076年）正月十九日，熙河路经略安抚使言：“奉诏相度本路弓箭手田土，令提举营田司将洮西弓箭手单丁耕种不及空闲田土，即具逐州军权差厢军耕种，官置牛具农器。”显然此“洮西”是北宋政府屯田、营田的地区之一。黄庭坚为张大中所作《墓志铭》中谓“昔在元丰，王师即戎，屡奏肤公，河洮西东，弃矢如蓬，将军小校，崇级分功，……”[①]。王应麟在《熙河兰会路经略使复洮州禽鬼章青宜结给崇政殿献俘》中也谓“并洮水而进，姚兕部洮西，捣讲朱城，遣人走间道，焚河桥，绝西援；种谊部洮东，以岷州蕃将包顺为前锋……”[②]。另有苏东坡著《闻洮西捷报》诗，也有述及。总之，黄河支流洮河流经的洮、岷、熙、河州地区，即北宋的熙河路辖区，才是张载欲取的洮西所在地。

## 二、地理优势与战略地位

黄河支流的洮水，在今甘肃西南部，源出甘、青两省边境的西顷山东麓。西倾山“在洮州临潭县西南，后名西强山，在吐谷浑界”[③]。洮水东流经洮州（治今甘肃临潭县）、岷州（治今甘肃岷县），然后折向北，经熙州（治今甘肃临洮县），至今甘肃永靖县城附近汇入黄河。《汉书》卷二八《地理志下》“陇西郡”载：临洮县“洮水出西羌中，北至枹罕东入河”。“枹罕”即北宋时的“河州”。洮西之地与河湟地区毗邻。

黄河自发源地蜿蜒东流，绕过积石山后，屈曲西北流，在今青海省兴海县境内逐渐弯向东流，入积石军（治今青海贵德县西十里黄河南岸），经廓州（治今青海化隆县西60里黄河北岸）、河州（治今甘肃临夏市东北）境，出今

① [宋] 黄庭坚：《山谷集》卷二三《张大中墓志铭》，载文渊阁《四库全书》第1113册，台北：台湾商务印书馆，1986年，第237页。

② [宋] 王应麟：《玉海》卷一九三上《兵捷》，载文渊阁《四库全书》第948册，台北：台湾商务印书馆，1986年，第113页。

③ [宋] 王应麟：《通鉴地理通释》卷五《十道山川考·陇右》，载《丛书集成新编》第91册，台北：新文丰出版公司，1985年，第259页。

青海省境流入今甘肃永靖县，再经兰州城北而入夏境。湟水系黄河上游支流，源出今青海海晏县西北包呼图山，自大通山南麓牛堆心曲折向东流，经鄯（治今青海西宁市）、湟（治今青海乐都市）二州后，汇入黄河，黄河与湟水流经的地区称为河湟地区。

地处黄河九曲之地的河湟一带，是宋代西北吐蕃的最大聚集地，也是宋代吐蕃唃厮啰政权政治、经济、文化的中心区，唃厮啰政权奄有“汉陇西、南安、金城三郡之地，东西二千余里”[①]，其辖地范围是以河湟为中心，东至秦州（治今甘肃天水市秦州区），北临西夏，西逾青海，南界蛮夷。河湟地区的廓、鄯、湟三州，“东南至熙、河、兰、岷州，接连阶、成州界”[②]，与洮西之地毗邻。

宋时，与河湟地区毗邻的洮西之地，亦泛指黄河上游以南地区，其地域包括洮（治今甘肃临潭县）、岷（治今甘肃岷县）、叠（治今甘肃迭部县）、宕（治今甘肃舟曲县西北白龙江北岸）、熙（治今甘肃临洮县）、河、阶（治今甘肃陇南市阶州区）州及积石军等地。这一地区地理位置优越，战略地位重要。熙州“襟带河、湟，控御边裔，为西陲之襟要”[③]。河州控扼番、戎，山川盘郁，“自昔西陲多衅，枹罕尝为战地，盖犄角河西，肘腋陇右，州亦中外之要防矣”[④]。洮州系唐临洮郡，“西控番、戎，东蔽湟、陇，据高临深，控扼要害”，其城本名洮阳城，前临洮水，异常险固，即吐谷浑故城。洮西之地是宋代吐蕃的重要分布区[⑤]，文献记载说“洮、岷蕃族繁盛”[⑥]，古叠州“有四十三族、十四城、三十余万户”[⑦]，吐蕃部落众多。这里“西通蕃落，北界河、湟，得其地足以给军储，得其人足以资战斗”[⑧]。

西夏奄有河西走廊地区后，位于西夏右厢西南侧的河湟地区就成为西夏与北宋之间的要冲，而洮西地区成为宋朝进入河湟地区的重要通道之一，当地众

---

①［宋］沈括：《元刊梦溪笔谈》卷二五《杂志二》，北京：文物出版社，1975年，第32页。

②［清］黄以周：《续资治通鉴长编拾补》卷二三，崇宁三年四月庚午，北京：中华书局，2004年，第806页。

③［清］顾祖禹：《读史方舆纪要》卷六〇《陕西九》，北京：中华书局，2005年，第2863页。

④［清］顾祖禹：《读史方舆纪要》卷六〇《陕西九》，北京：中华书局，2005年，第2880页。

⑤ 关于吐蕃部族的内容，参阅拙作《宋代西北吐蕃研究》，兰州：甘肃文化出版社，1998年，第93—113页。

⑥［宋］李焘：《续资治通鉴长编》卷二四七，熙宁六年十月辛卯，北京：中华书局，1986年，第6029页。

⑦［元］脱脱等：《金史》卷九八《完颜纲传》，北京：中华书局，1975年，第2175页。

⑧［清］顾祖禹：《读史方舆纪要》卷六〇《陕西九》，北京：中华书局，2005年，第2864页。

多吐蕃部族，成为宋夏双方争夺的一股重要力量。北宋中期熙宁（1068—1077年）年间，着力开拓西部边疆，经略河湟，兼制西夏，从西夏西南侧面出击，开辟西线战场，此时洮西地区的重要性开始凸现。

总之，自唐末五代以来，与河湟地区毗邻的洮西之地，具有得天独厚的地理与环境优势，由于在政治、军事和中西交通方面的重要性，使它具有重要的战略地位，在宋夏对峙时期，势必成为宋夏双方竭力争夺的目标。

### 三、对陕西沿边及西界的认识

夏天授礼法延祚元年（1038年），李元昊建立西夏政权，其疆域“东尽黄河，西界玉门，南接萧关，北控大漠，地方万余里”[①]。李元昊“既悉有夏、绥、宥、静、灵、盐、会、胜、甘、凉、瓜、沙、肃”[②]等州，又新升部分重要的堡镇为洪（原洪门镇，治今陕西靖边县西南）、定（原定远镇，治今宁夏平罗县南姚伏镇）、威（一作韦州，原韦州堡，治今宁夏同心县东北韦州镇）、龙（原石堡镇，治今陕西靖边县东南）州，以兴庆府（治今宁夏银川市）为首都。李元昊嗣位后，整顿西夏军事，将全国兵力分为左右两厢，以黄河为界，河东为左厢，河西为右厢，左厢六个监军司针对北宋、契丹，右厢六个监军司主要针对的是吐蕃、回鹘等周边少数民族政权。

西夏政权建立后，李元昊对宋朝发动大规模的进攻，陕西沿边成为西夏攻击的主要目标。今陕西北部横山山脉为宋夏界山，自东北向西南方向延伸。在东到麟（治今陕西神木县西南杨家城）、府州（治今陕西府谷县），西至原（治今甘肃镇原县）、渭州（治今甘肃平凉市崆峒区）二千余里的边境线上，形成了一条宋夏分界线，称为“山界”，横山以西为夏境，称为西界。宋夏双方都利用这一地形扼守险要。西夏政权建立后，以横山为跳板，南侵宋朝，横山地区自然成为宋朝防御西夏的前沿。从夏开运元年（1034年）到天授礼法延祚二年（1039年），李元昊多次进攻府、环、庆、泾、原等州，但均被宋军击退。经过以上试探性的进攻后，李元昊摸清了宋朝沿边各地的防御情况，从夏天授礼法延祚三年（宋仁宗康定元年，1040年）至天授礼法延祚五年（宋仁宗庆历二年，1042年），连续发动了三川口（今陕西延安市西北）、好水川（今宁夏隆德县境之渝河）、定川砦（今宁夏固原西北地区）之战，三次大战，宋军均以

---

①［清］吴广成著，李蔚整理：《西夏书事》卷一二，济南：山东泰山出版社，2000年，第65页。
②［元］脱脱等：《宋史》卷四八五《夏国传上》，北京：中华书局，1977年，第13995页。

惨败告终，使宋朝积贫积弱之势进一步深化。

自少喜读兵书的张载，密切关注陕西沿边局势的发展，对沿边及西界有明确的认识。

庆历三年（1043 年），范仲淹知庆州时，曾在柔远寨（今甘肃华池县城）东北 40 里的大顺川建城，城毕工后，“赐号大顺，因名其川”。张载“谨次其事为之文，以记其功”[①]。文中谓“皇皇范侯开府于庆，北方之师坐立以听。公曰：‘彼羌地武兵劲，我士未练，宜勿与竞，当避其强，徐以计胜。’”[②]从张载所撰写的《大顺城记》，可以看出张载对庆州及羌地位置是清楚的。庆州位于张载居地陕西眉县横渠镇之北，文中所谓“彼羌地武兵劲”，显然是指西夏，其在庆州之北。

《张子全书》卷一三《贺蔡密学第四》中载：“顷庆卒内向惶骇，全陕府郡昼闭，莫知所为。士民失措，室家相吊。继闻为渭帅所败，溃遁而东。”从该文中也可知张载对陕西地域及渭州、庆州的方位是明确的。在《边议第六》中，张载提出“选吏行边”“募善守之人”“计民以守”“择帅之重”“谨防于外、修实于内”“警败者”等诸多建议，认为“今之急，急在治兵矢，举斗射”。谓：“种世衡守环州，吏士有罪，能射则释之；胥徒请告，能射则给之；僧道饮酒犯禁，能射则置之；百姓轻系者，能射则纵之；租税逋负者，能射则缓之。当是时，环之士民，人人乐射，一州之地，可不烦一卒而守。”[③]正因为种世衡所守的环州，是宋朝御夏的前沿，张载极力主张“宜推世衡之术於四方”[④]。

张载不仅对陕西沿边地域有清晰的认识，而且对西夏地界即所谓“西界”也有明确的认识。张载言：“近日传闻谅祚身死，已有朝旨，令接引告哀人使过界。”并要求“降朝旨，令馆伴臣僚分明说与西界人使”，建议开纳横山人户。还将“种谔等所以专擅修筑绥州，安存嵬名山等投来人口”[⑤]的原因“说与西人”。并宣示“陕西一路及沿边蕃汉军民，令自今后更不得乱出一人一骑

① ［宋］张载：《张子全书》卷一三《庆州大顺城记》，载文渊阁《四库全书》第 697 册，台北：台湾商务印书馆，1986 年，第 298 页。

② ［宋］张载：《张子全书》卷一三《庆州大顺城记》，载文渊阁《四库全书》第 697 册，台北：台湾商务印书馆，1986 年，第 298 页。

③ ［宋］张载：《张子全书》卷一三《边议第六》，载文渊阁《四库全书》第 697 册，台北：台湾商务印书馆，1986 年，第 301 页。

④ ［宋］张载：《张子全书》卷一三《边议第六》，载文渊阁《四库全书》第 697 册，台北：台湾商务印书馆，1986 年，第 302 页。

⑤ ［宋］张载：《张子全书》卷一三《与蔡帅边事画一》，载文渊阁《四库全书》第 697 册，台北：台湾商务印书馆，1986 年，第 303 页。

安生事节”[①]。种谔修筑的绥州（治今陕西绥德县东南 50 里）城之北即西夏地界。

陕西沿边与西夏地界相接的还有保安军（治今陕西志丹县）。据《张子全书》卷一三《泾原路经略司论边事状第八》载：“西界已议遣人诣保安军进奉及界首斩戮诱杀杨知军贼人，纳誓表请和。”西夏派遣使臣赴保安军请和。张载指出：“陕西一路射入之饶，商市之富，自来亦赖戎夷博易之便。”张载文中多次提到“西界”“西人”，如“西界点集压境”“西人乐闻此言”“西界愿欲通行博买之意”等，张载所说西界、西人即指西夏。

张载对陕西沿边一带不同部族有明确的认识。其在《泾原路经略司论边事状》中言：“窃见古渭州一带，生熟蕃户据地数百里，兵数十万，土壤肥沃，本汉唐名郡，自来以头项不一，无所统属。厌苦西贼侵凌，乐闻内附。”[②]古渭州旧称古渭寨（今甘肃陇西县），熙宁五年（1072 年）改为通远军，原属秦州，后割通远军属熙河路，崇宁三年升为巩州。“故渭州陇西郡，汉阳有坂，名曰陇坻，今州城处西，故曰陇西，领夷道等十一县。风俗尚武，力习战射，西汉六部良善。广德中，西戎犯边，洮、兰、秦、渭尽为外域。”[③]显然张载深知此地部民是“蕃”而非“羌”，并不是西夏的同属，因而不甘受西夏的役使。由于不同居一地，相距遥远，西夏又怕宋朝“延、庆、泾、原之乘其虚”而攻，所以西夏“不能举兵跨有”[④]。

综上所述，北宋时的洮西之地与河湟地区毗邻，位于西夏的西南侧，是北宋从西南侧面夹击西夏的西线战场。居于陕西眉县的张载，熟悉陕西沿边形势、地理，对西夏所处方位有明确认识，张载不可能将属于熙河路辖区的“洮西之地”误以为西夏地，应是今人理解有误。

（原载于《宁夏社会科学》2009 年第 1 期）

---

①［宋］张载：《张子全书》卷一三《与蔡帅边事画一》，载文渊阁《四库全书》第 697 册，台北：台湾商务印书馆，1986 年，第 304 页。

②［宋］张载：《张子全书》卷一三《泾原路经略司论边事状第八》，载文渊阁《四库全书》第 697 册，台北：台湾商务印书馆，1986 年，第 305 页。

③［宋］曾公亮：《武经总要前集》卷一八下《西蕃地界》，载文渊阁《四库全书》第 726 册，台北：台湾商务印书馆，1986 年，第 548 页。

④［宋］张载：《张子全书》卷一三《泾原路经略司论边事状第八》，载文渊阁《四库全书》第 697 册，台北：台湾商务印书馆，1986 年，第 305 页。

# 夏州政权西向扩展

党项族内迁后，获得较好的生存环境，与汉族及西北其他民族错居杂处，接受汉族文化和先进的生产技术，生产关系与生产力的发展水平均有很大提高。夏州政权建立，党项族实力逐渐增强，并西向扩展，统一河西地区，为西夏建立政权及其发展创造了良好的条件。

## 一、政权的建立与发展

### （一）政权的建立

唐玄宗天宝（742—755年）末年，平夏部首领拓跋守寂因参与平定“安史之乱”有功，被擢为容州刺史、天柱军使，后又授以灵州都督，其死后，子孙袭爵。唐末黄巢起义时，平夏部首领拓跋思恭与鄜州（治今陕西富县）节度使李孝昌相约共同进攻黄巢，唐僖宗以其忠，任命思恭为夏州节度使，袭爵夏国公，赐姓李，建夏州（治今陕西靖边县西北白城子）为“定难军”，统辖夏、绥、银、宥、静五州之地[①]，从此，夏州拓跋氏成为名符其实、割据一方的唐朝藩镇。

五代时期，僻居西北一隅的党项夏州李氏，为了维护自己切身利益，充分利用各种矛盾，增强自己的势力，一方面，相继臣属于中原的梁、唐、晋、汉、周及北汉政权；另一方面，又竭力摆脱中原王朝的束缚。后唐长兴四年（933年），李仁福死，子彝超继为“留后”，后唐明宗企图以调任延州节度留后之计，并遣军至夏州城下，并攻城，企图迫使彝超离开夏州，以便吞并。在遭到李氏的军事抵抗后，乃撤军，授李彝超检校司徒，充定难军节度使。后唐清泰二年（935年），李彝超死后，弟李彝殷袭其位。在后晋时，李彝殷被授为契

① ［宋］王称：《东都事略》卷一二七《附录五·西夏传》，载文渊阁《四库全书》第382册，台北：台湾商务印书馆，1986年，第822页；［宋］李焘：《续资治通鉴长编》卷二三，太平兴国七年五月己酉作“四州八县”，北京：中华书局，1979年，第520页。

丹西南面招讨使，后周显德元年（954 年），封为西平王。

自唐朝末年拓跋思恭占据夏州以来，历经五代，党项拓跋部利用封建军阀割据混战的机会，逐渐发展壮大自己的力量，至后周末年，已形成一个以夏州为中心的地方割据势力。在其管辖范围内，发展生产，征收赋税，任命官吏。正如史臣评论："夏虽未称国，而王其土久矣！"[①]

（二）政权的发展

建隆元年（960 年），宋朝建立后，李彝殷遣使奉表贺宋太祖赵匡胤即皇帝位，并避赵匡胤父赵弘殷之讳，改名彝兴。其死后被追封夏王，子光睿、孙继筠相继为定难军节度使。宋太平兴国七年（982 年），党项政权内部因承袭而产生矛盾纠纷，五月十八日（6 月 22 日），新任定难军节度留后的李继捧率族人入朝，并"自陈诸父昆弟多相怨怼，愿留京师"[②]，遂献所辖五州之地。于是宋朝轻而易举地获得了党项李氏世代承袭管辖的领地。

李继捧附宋献地，致使党项内部急剧分裂。时任定难军节度使的李继捧族弟李继迁不愿内迁，留居银州（治今陕西横山县东党岔镇大寨梁），召集弟继冲与亲信张浦等商议对策，采纳张浦的建议，决定"走避漠北，安立室家，联略豪右，卷甲重来"[③]。于是继迁率亲信家族数十人，出逃至夏州东北三百里的地斤泽（今内蒙古伊克霍洛旗西南），以此为根据地，联络与争取酋豪的支持，统一党项大部。从此，李继迁独立抗宋，前后四年，三起三落，与宋屡战屡败。经过多次失败，李继迁认识到自己"不能克服旧业，致兹丧败，兵单力弱，势不得安。北方耶律氏方强，吾将假其援助，以为后图"[④]。于是在宋雍熙三年（986 年），乃遣张浦持重币至契丹请附，于是与辽结盟、通婚，接受辽的册封，联辽抗宋，从而开始了旨在恢复祖宗基业的漫长斗争。

李继迁得到辽的支持后，积极配合辽的军事行动，不断袭击宋朝的夏、麟州（治今陕西神木县西南）。鉴于此种情况，宋端拱元年（988 年），宋太宗采用宰相赵普"以夷制夷"的策略，重新授李继捧为定难军节度使，赐姓名赵保忠，让其重返故地以安抚李继迁。李继捧重返夏州后，却与李继迁秘密联合，连续出兵攻占了绥（今陕西绥德县东南 50 里）、银二州，接着又攻庆（治

---

① [元] 脱脱等：《宋史》卷四八六《夏国传下》，北京：中华书局，1977 年，第 14030 页。

② [宋] 李焘：《续资治通鉴长编》卷二三，太平兴国七年五月己酉，北京：中华书局，1979 年，第 520 页。

③ [清] 吴广成著，李蔚整理：《西夏书事》卷三，济南：山东泰山出版社，2000 年，第 36 页。

④ [清] 吴广成著，李蔚整理：《西夏书事》卷四，济南：山东泰山出版社，2000 年，第 39 页。

今甘肃庆阳市西峰区）、原（治今甘肃镇原县）诸州。从宋至道元年（995年）开始，李继迁不断出兵对灵（治今宁夏灵武县西南）、夏一带骚扰，牵制了宋朝的大量兵力。这些有利于辽的军事行动，得到辽圣宗的鼓励。宋至道三年（997年），辽封李继迁为西平王。宋真宗即位后，授李继迁夏州刺史、定难军节度使等职，辖夏、绥、银、宥（治今内蒙古鄂克托前旗东南）、静（治今宁夏永宁县南望洪乡附近）五州之地。

李继迁收复"故土"之后，又连年出兵侵扰宋朝西北沿边各地。宋咸平五年（1002年）三月，在辽朝的支持下，李继迁再次集重兵攻陷灵州。灵州位于夏州西侧，倚负贺兰山，面临黄河，地方千里，表里山河，水深土厚，草木茂盛，又北控河、朔，南引庆、凉，西通河西走廊。党项奄有灵州后，升灵州为西平府，"借此为进取之资，成霸王之业"[①]，使其成为西向扩展的战略基地。

## 二、统一河西走廊

唐末五代以来，由于吐蕃政权的崩溃及漠北回鹘汗国的灭亡，回鹘部族西迁，在宋初河西地区形成了几个大的割据政权，即以凉州为中心的吐蕃六谷联盟，以甘州为中心的甘州回鹘政权，占据瓜、沙州的归义军曹氏政权。这三个政权遣使入宋的道路，因陇右诸吐蕃、党项部落的阻隔，多走灵州，经旱海、青冈峡、环州、庆州，由长安而至宋朝京师汴京，这就是五代、宋初中西方交往的丝绸之路[②]。河西地区，水草丰美，土地肥沃，且处于中西交通要道上，因此，自李继迁开始，夏州党项势力向西扩展的主要目的，是与甘州回鹘、凉州吐蕃争夺对河西走廊地区的控制权，奠定疆域基础，为西夏建立政权准备条件。

### （一）夺取甘州

北宋初年，回鹘可分为甘州、沙州、西州数种，其中以甘州回鹘地近西夏。甘州（治今甘肃张掖市甘州区）是回鹘牙帐所在，地处凉州西北，"东据黄河，西阻弱水，南跨青海，北控居延，绵亘数千里。通西域，据羌瞿，水草丰美，畜牧孳息"[③]，早为继迁、德明所垂涎。甘州回鹘是河西地区的主要割据势力，部族众多，分布地域广，军队精锐。甘州回鹘"屡与夏州接战，每遣

① [清]吴广成著，李蔚整理：《西夏书事》卷七，济南：山东泰山出版社，2000年，第49页。
② 周伟洲：《五代时期的丝绸之路》，《文博》1991年第1期。
③ [清]吴广成著，李蔚整理：《西夏书事》卷一一，济南：山东泰山出版社，2000年，第60页。

使入贡，即为德明所掠"[①]，于是甘州回鹘也依附宋朝对抗党项。

李德明继位后，视回鹘为严重威胁，曾先后六次调兵遣将进攻甘州。大中祥符元年（1008 年）正月，李德明遣将张浦率数千骑，抄掠甘州，甘州回鹘可汗夜落纥出兵抵抗，张浦未取胜。同年三月，李德明又遣万子等四军主悉其族兵取六谷，进图甘州。见六谷蕃部强盛，转而向西进攻甘州回鹘。同年八月，李德明自将侵甘州不克，"甘州兵乘胜追逐，德明不能拒，越黄沙走免"[②]。大中祥符二年（1009 年）四月，李德明愤其兵数败，又遣张浦率精骑二万攻甘州，可汗夜落纥率兵坚守。其间，甘州回鹘可汗遣将翟符守荣乘夜出兵偷袭，张浦大败而还。同年十二月，李德明"复出兵侵甘州，恒星昼见"[③]，大惧而还。李德明虽五次出兵攻回鹘受挫，但从不气馁，秣马厉兵，积聚力量，寻找时机，准备再战。

宋天圣四年（1026 年），辽朝西北招讨使萧惠攻甘州，被回鹘击败后返回，使辽朝攻占河西的企图破灭，这就为李德明最后夺取河西走廊创造了时机。宋天圣六年（1028 年）五月，李德明遣子李元昊率兵突袭甘州回鹘，都城陷落。攻取甘州后，李德明恃其形势，制驭西蕃，使其成为"灵夏之右臂"。而瓜州（治今甘肃瓜州市东）王曹延顺也迫于形势，在宋天圣八年（1030 年），主动率部归附西夏。

（二）占领凉州

西凉府旧称凉州，历来为河西重镇，唐朝时置凉州，曾一度被吐蕃占领。五代时，号称西凉府，入宋后，沿用此名。凉州居住的吐蕃诸部，多为"华人子孙，例会汉言，颇识文字"[④]，受汉文化影响较深。宋朝统治者鉴于西凉府吐蕃军事力量强大，为了"藉西凉为腹背攻制"[⑤]，早已与吐蕃六谷部潘罗支结成联盟，并派丁惟清知西凉府，与吐蕃共同治理，使潘罗支成为李继迁的劲敌。

李继迁奄有灵州后，立即向河西走廊扩张，宋咸平六年（1003 年）十一月，李继迁进攻西凉府，与凉州吐蕃激战，杀知府丁惟清，并改西凉府改为凉州，充分说明凉州具有极其重要的战略地位。李继迁攻占凉州后，骄傲自大，

---

①［宋］李焘：《续资治通鉴长编》卷七六，大中祥符四年八月癸亥，北京：中华书局，1980 年，第 1733 页。

②［清］吴广成著，李蔚整理：《西夏书事》卷九，济南：山东泰山出版社，2000 年，第 55 页。

③［清］吴广成著，李蔚整理：《西夏书事》卷九，济南：山东泰山出版社，2000 年，第 55 页。

④［宋］李焘：《续资治通鉴长编》卷五一，咸平五年三月癸亥，北京：中华书局，1980 年，第 1123 页。

⑤［清］徐松辑：《宋会要辑稿》方域二一之二一，北京：中华书局，1957 年，第 7671 页。

丧失警惕，凉州吐蕃六谷首领潘罗支联合者龙等族，事先设伏，然后伪降，乘李继迁不备，集部众反击，李继迁中流矢，于宋景德元年（1004）正月[①]死于西平。

李德明上位后，集中主要力量，开拓西北，实现李继迁提出的“西掠吐蕃健马，北收回鹘锐兵，然后长驱南牧”[②]的战略任务，于是西击回鹘、吐蕃，拓疆数千里，宋景德元年（1004 年）六月，遣兵与李继迁旧部者龙族迷般嘱及日逋吉罗丹二族，里应外合，杀死潘罗支，报了杀父之仇。潘罗支死后，其弟斯铎督继续与德明抗衡。夏州统治者与凉州吐蕃争夺凉州的战争持续发生，德明先后四次出兵进攻凉州。

宋景德四年（1007 年）九月，德明“谋劫西凉，袭回鹘”，吐蕃六谷部首领斯督铎结回鹘为援，严阵以待，德明收兵而还。

宋大中祥符四年（1011 年）九月，德明遣军校苏守信率军攻西凉乞当族，斯铎督联合诸族抵御，大败其众。

大中祥符八年（1015 年）九月，据宋礼宾院译语官郭敏呈甘州回鹘可汗王夜落隔上表，言“臣在州，与九宰相诸部落不住与西凉俯人苏守信斗杀，见今人户平安。宝物公主于大中祥符六年二月疾亡。为苏守信劫乱，奏报迟违”[③]。由此可知在大中祥符六年（1013 年）前后，德明遣苏守信已夺取了凉州，领兵驻守，并与甘州回鹘不断争战。

大中祥符九年（1016 年）十一月，凉州宋将苏守信卒，其子罗莽自领西凉府事，部众不服，甘州回鹘可汗夜落隔乘机出兵凉州，掳其族帐百余，斩级三百，获马匹甚众，罗莽弃城遁入沙漠，于是回鹘占据凉州。第二年八月，罗莽潜遣人至凉州，约旧部接应，并请李德明出兵援助。回鹘与六谷吐蕃联合抵御，李德明终不能攻克凉州。

自回鹘取凉州后，德明常谋恢复。夏明道元年（1032 年）九月，李德明复遣李元昊将兵攻凉州，此时“回鹘势弧不能拒，遂拔其城”[④]。至此，李德明最终从回鹘手中夺取了凉州。

---

①［宋］李焘：《续资治通鉴长编》卷五〇，景德元年正月壬子。关于李继迁卒年，史载不一，有咸平六年（1003 年）说，月份又各不相同，马端临《文献通考》作十一月；又有景德元年（1004 年）及二年（1005 年）说，月份也各不相同。今采《续资治通鉴长编》说法。

②［清］吴广成著，李蔚整理：《西夏书事》卷七，济南：山东泰山出版社，2000 年，第 47 页。

③［清］徐松辑：《宋会要辑稿》蕃夷四之六，北京：中华书局，1957 年，第 7716 页。

④［清］吴广成著，李蔚整理：《西夏书事》卷一一，济南：山东泰山出版社，2000 年，第 61 页。

李德明对甘州、凉州的用兵，长达二十六年（1007—1032 年），虽然付出了巨大的李代价，但统一了河西走廊，扩大了统治地域，加强了夏州政权的军事实力，为李元昊建立政权奠定了基础。

（原载于《甘肃通史》，兰州：甘肃人民出版社，2009 年，第 48—53 页。）

# 西夏对河西地区的统治

1038 年，党项拓跋部元昊建立政权，其疆域辽阔，甘肃河西走廊地区纳入西夏的版图，成为西夏管辖地区。西夏在河西走廊地区采取了一系列政治、军事、经济措施，进行了有效的管辖，有利于历史上甘肃地区的发展。

## 一、西夏的建立

经李继迁、李德明两代的不懈努力，至元昊时，已基本完成了由氏族酋长向封建地主的转化，党项迫切需要建立自己的政权，以保障他们的切身利益。宋明道二年（1033 年）十月，李德明卒，十一月，元昊嗣位。元昊即位后，按照自己的主张，积极摆脱宋朝的控制，在政治、经济、文化、军事方面采取了一系列措施，为建立政权作准备。

首先，在政治上，废除唐宋所赐"李""赵"姓氏，改姓"嵬名"，更名曩霄，称号"吾祖"，译作"兀卒"。一方面，实行一系列强化民族意识的措施，颁布秃发令，推行党项传统发式，禁止用汉人风俗结发；大兴文教，创制西夏文字，发展西夏文化教育，重视佛教文化；规定官民服饰，确定封建等级关系；简化礼乐制度，改九拜为三拜，改乐之五音为一音等。另一方面，大力完善封建国家的各项措施，使用西夏自己的年号，宋明道二年（1033 年），改宋明道年号为显道，次年，又建元开运，后又改开运为广运；升兴州为府，改名兴庆，定为首都；又仿宋朝官制设官、定朝仪，分文武两班，建蕃汉二字院，置"农田司""郡牧司"管理农业与畜牧业，为西夏建立政权奠定了经济基础。为进一步扩张势力，继续向河西用兵，统一河西后，定兵制，立军名，增设新的军种，分全国为左右厢，置十二监军司，规定驻地，部署兵力与调防的办法等。

元昊自即位以来，用了五年时间改革，在政治制度、社会经济、军事整顿、民族风俗、武力扩张等方面均取得一定的成效，建立政权的条件已经成熟。夏天授礼法延祚元年（1038 年，宋宝元元年）十月十一日，元昊在兴庆府“郊坛备礼，为世祖始文本武兴法建礼仁孝皇帝”[①]，定国号为“大夏”[②]，史称西夏，年号“天授礼法延祚”。

## 二、西夏疆域变化中的甘肃属地

西夏疆域辽阔，“东尽黄河，西界玉门，南接萧关，北控大漠”[③]，超过了《宋史·夏国传下》所载“夏之境土，方二万余里”的范围。西夏初期的疆域，实际约 576880 平方公里[④]，此后虽有所增减，但变化不大。文献中所载西夏的四至，扼要、准确地描绘了西夏的地理位置，用现代科学方法测量，大约地当东经 93°~111°，北纬 36°~43°，位于亚洲内陆东部边缘，地外荒漠气候带上。

经过李氏父子三代的西向发展，至夏天授礼法延祚元年（1038 年）元昊建立政权之前，已“悉有夏、银、绥、宥、静、灵、盐、会、胜、甘、凉、瓜、沙、肃”十四州之地，为了增强军事防务，规制王畿，又提升若干重要的城镇为州，于是“洪、定、威、龙皆即堡镇号州，仍居兴州，阻河依贺兰山为固”[⑤]，这是西夏建立初期的十九州。《续资治通鉴长编》所记西夏为二十州，即在威、龙二州间多一怀州[⑥]。这时西夏的疆域东临黄河，西至玉门，南控萧关，北抵大漠，“夏之境土，方二万余里”[⑦]，成为一个与辽、宋鼎峙对立的民族政权。此时的西夏边界东部与北宋鄜延路相邻。宋环州西北面的清远军（治今宁夏同心县东），于宋咸平四年（1001 年）被党项攻占后，洪德寨（今甘肃环县北 60 里洪德乡）北即蕃界青冈峡，寨东北边墩 20 里与西夏接界。环州以西有平远（今甘肃环县北 70 里）、定边（今甘肃张家川回族自治县东）二寨，其中定边寨北至边壕 15 里。北宋镇戎军（治今宁夏固原市）的乾兴、天圣、三川三寨，渭州（治今甘肃平凉市崆峒区）的羊牧隆城（今宁夏西吉县东南将台乡南火家集）、静边寨（今甘肃静宁县东南）为极边地。宋朝的仪（治今甘肃华亭县）、渭二州与西夏会州（治今甘肃靖远县东北）之间散居着吐蕃、党项等众多部族。宋真宗、仁宗时，吐蕃董戬据有兰州。夏大庆元年（1036 年，

---

①［元］脱脱等：《宋史》卷四八五《夏国传上》，北京：中华书局，1977 年，第 13996 页。
② 近年出土的有关西夏文献和西夏陵出土的碑文，称“大白高国”或“白高大夏国”。
③［清］吴广成著，李蔚整理：《西夏书事》卷一二，济南：山东泰山出版社，2000 年，第 65 页。
④ 王天顺主编：《西夏地理研究》，兰州：甘肃文化出版社，2002 年，第 1 页。
⑤［元］脱脱等：《宋史》卷四八五《夏国传上》，北京：中华书局，1977 年，第 13994 页。
⑥［宋］李焘：《续资治通鉴长编》卷一二〇，景祐四年十二月癸未，北京：中华书局，1985 年，第 2845 页。
⑦［元］脱脱等：《宋史》卷四八六《夏国传下》，北京：中华书局，1977 年，第 14028 页。

宋景祐三年），西夏在攻占瓜（治今甘肃瓜州县）、沙（治今甘肃敦煌市西）、肃（治今甘肃酒泉市肃州区）三州后，“恐唃厮啰制其后，复举兵攻兰州诸羌，南侵至马衔山、筑城瓦川、凡川会，留兵镇守，绝吐蕃与中国相通路”①。此时，西夏可能已占领了兰州。西夏与吐蕃诸部的边界当以黄河、龛谷、马衔山以及宋朝元丰（1078—1085 年）年间所设的阿干堡、皋兰堡、西关堡为界②。由此向西，以喀罗川、乩六岭、大雪山南麓为界。再向西以祁连山南麓、沙州南界，即草头鞑靼、黄头回鹘，西过古玉门关，为西州回鹘。

西夏自建立政权之初至崇宗乾顺统治前半期，由于某种原因与辽、宋、吐蕃之间的领土冲突，尤其是与北宋之间长达近百年的激烈争夺，因而其疆域有所变化。西夏疆域南面，与北宋的战争使甘肃属地略有变化。宋朝采取浅攻、进筑的战略战术，从宋治平四年（1067 年，夏拱化五年）开始，宋军逐步向北推进，宋元丰三年（1080 年，夏大安七年），宋夺回并设置兰州。宋元符二年（1099 年，夏永安二年）以后，宋朝从西夏和诸蕃户手中夺取了绥州、银州南半部，原州、渭州、会州大部及兰州黄河以南地区。

金国建立后，出于战略目的，多次与西夏结盟。金曾以割地为条件，要求西夏与辽绝交，并出兵河东、陕西，开辟对宋的西面战场以牵制南宋。西夏以此为契机，扩张领土，至仁宗人庆（1144—1148 年）时，金将西宁（治今青海西宁市）、乐（治今青海乐都市）、廓（治今青海化隆县）、积石（治今青海贵德县）四州军划给西夏。西夏又收复了胜州（治今内蒙古托克托前旗东南）和会州北半部、横山部分地区。此时，除石州（治今山西离石县）丢失外，政权之初的疆域基本上保存。同时，还获得了辽的天德军（治今内蒙古乌梁素海北），宋的西宁州、乐州、廓州、积石州、府州（治今陕西府谷县）等地。《宋史·夏国传下》载：“河之内外，州郡凡二十有二。河南之州九：曰灵、曰洪、曰宥、曰银、曰夏、曰石、曰盐、曰南威、曰会。河西之州九：曰兴、曰定、曰怀、曰永、曰凉、曰甘、曰肃、曰瓜、曰沙。熙、秦河外之州四：曰西宁、曰乐、曰廓、曰积石。”这是西夏后期极盛时期的版图。

在西夏历史发展的不同时期，无论其疆域的削减或扩张，系西夏右厢之地的凉、甘、肃、瓜、沙州以及会州等地，自始至终出现在西夏的版图上，处于

① ［宋］李焘：《续资治通鉴长编》卷一一九，景祐三年十二月辛未，北京：中华书局，1985 年，第 2813 页。

② ［宋］王存等撰，王文楚、魏嵩山点校：《元丰九域志》卷三《陕西路·兰州》，北京：中华书局，1984 年，第 135 页。

西夏的有效管辖之中。

## 三、河西行政建制

（一）府、州建置

会州（治今甘肃靖远县东北），位于黄河东岸，控制渡口，地当处交通要冲。西魏置，北周保定二年（562年），改置会宁防，隋开皇元年（581年），改为会宁镇，唐武德二年（619年），升置为西会州，贞观八年（634年），改为会州。北宋天圣（1023—1032）以后，被西夏占据，宋元符二年（1099年），北宋收复会州。南宋初为金奄有。元朝仍为会州。

凉州（治今甘肃武威市凉州区），位于河西走廊东端，地处丝绸之路要冲，畜牧业甲天下，物产丰富，商业兴盛，素为河西都会。三国魏置，本西汉姑臧县，十六国时期，前凉、后凉、北凉均在这里建国。隋大业三年（607年）废。唐武德二年（619年）复置，设河西节度使。唐天宝元年（742年），改为武威郡，乾元元年（758年），复称凉州，唐朝后期，被吐蕃占据。宋天圣六年（1028年），元昊攻占凉州，置西凉府。据《天盛改旧新定律令》卷一〇《司序行文门》所载，是西夏高级行政区，属次等府制。

甘州，西魏置，西汉时属张掖郡，十六国时，为北凉都城所在。隋大业三年（607年）废。唐初复置，治所在今张掖县，唐天宝元年（742年），改为张掖郡，乾元元年（758年）复为甘州。唐末张议潮起义推翻了吐蕃统治，后为回鹘占据。甘州地肥水美，农牧业发达，几条丝绸之路在此交汇，商业繁荣。宋天圣六年（1028年），元昊攻取甘州，改为镇夷郡，并在这里立宣化府。《黑水桥敕令碑》所载，证明仁孝时也称镇夷郡。据《天盛改旧新定律令》卷一〇《司序行文门》所载，府夷州，即甘州，汉文献不见“府夷州”记载，从名称和级别上分析，应是镇夷郡即宣化府，是西夏高级行政区。这里绿洲面积较大，经济繁荣。西夏天庆十二年（1205年），“镇夷郡王安全废其主纯佑自立”[①]。甘州控制着河西走廊西段的交通，具有重要的战略地位。

肃州（治今甘肃酒泉市肃州区），隋仁寿二年（602年）置，大业初废。唐武德二年（619年）复置，天宝元年（742年），改为酒泉郡，乾元元年（758年），仍称肃州，大历元年（766年），陷于吐蕃，唐末，为张议潮归义军政权所辖，五代时，属回鹘势力范围，甘州回鹘牙帐所在地。宋景祐三年（1036

---

① ［清］吴广成著，李蔚整理：《西夏书事》卷三九，济南：山东泰山出版社，2000年，第149页。

年)，元昊攻占肃州，置番和郡。

瓜州（治今甘肃安西县西南），唐武德五年（622年）置。8世纪后期至9世纪中叶，曾属吐蕃，后来又被张氏、曹氏割据政权所辖。五代时，瓜州实际上为回鹘所控制。宋景祐三年（1036年），元昊攻取瓜州。夏灭亡后，州废。

沙州（治今甘肃敦煌市西），十六国前凉置。唐武德五年（622年），置为西沙州，贞观七年（633年），仍为沙州，天宝元年（742年），改为敦煌郡，乾元元年（758年），仍称沙州。"安史之乱"后，被吐蕃占领，五代时，属回鹘。宋景祐三年（1036年），元昊攻占沙州。沙州是西夏西部的门户，东西要道上的要冲。

（二）设置监军司

1．西夏监军司的分布

监军司为西夏地方军的驻扎地，是具有军事和地方行政双重性质的军区建置。《宋史·夏国传下》载，西夏建立政权之初，在全国境内设置"左右厢十二监军司：曰左厢神勇、曰石州祥祐、曰宥州嘉宁、曰韦州静塞、曰西寿保泰、曰卓啰和南、曰右厢朝顺、曰甘州甘肃、曰瓜州西平、曰黑水镇燕、曰白马强镇、曰黑山威福。诸军兵总计五十余万"。西夏监军司仿宋朝厢、军建制，元昊嗣位后，整顿西夏军事，将全国兵力分为左、右两厢。以黄河为界，河东为左厢，河西为右厢，各立军名，规定驻地。西夏监军司左右厢的划分，具有地理位置与防御职能上的双重因素。其兵力分布与屯驻任务是"自河北至卧啰娘山七万人，以备契丹：河南洪州、白豹、安盐州、罗洛、天都、惟精山等五万人，以备环、庆、镇戎、原州；左厢宥州路五万人，以备鄜、延、麟、府；右厢甘州路三万人，以备西蕃、回纥；贺兰驻兵五万人，灵州五万人，兴庆府七万人为镇守，总三十余万"[①]。从总体上看，左厢六个监军司针对的是北宋、契丹，右厢六个监军司主要针对的是吐蕃、回鹘等周边少数民族政权。

这十二个监军司名称排列有一定方向与顺序，依次为，东边，由远及近，左厢神勇、石州祥祐、宥州嘉宁；南面，由东向西，韦州静塞、西寿保泰；西面，由近及远，卓啰和南、右厢朝顺、甘州甘肃、瓜州西平；北面，由西向东，黑水镇燕、白马强镇、黑山威福。据《西夏纪事本末》卷首《西夏地形图》所标各监军司的位置是：左厢神勇军司，今陕西省府谷县屈野河西；石州

①［宋］李焘:《续资治通鉴长编》卷一二〇，景祐四年十二月癸未，北京：中华书局，1985年，第2845页。

祥祐军司，驻石州；宥州嘉宁军司，驻宥州；韦州静塞军司，今宁夏同心县韦州镇；西寿保泰军司，在萧关城北面；卓啰和南军司，折河（卓啰川）西南；右厢朝顺军司，凉州西北；甘州甘肃军司，驻甘州；瓜州西平军司，驻瓜州，在凉州西；黑水镇压燕军司，在甘州、肃州的北面，黑河上游，今内蒙古阿拉善左旗北面；白马强镇军司，在内蒙古乌达市西北；黑山威福军司，在内蒙古阴山南、乌加河北。与上述排列基本相符。

政权建立后，监军司的数量并非一成不变，有增、删、更名、迁移驻地等情况。《续资治通鉴长编》卷一二〇景祐四年十二月癸未条载，元昊“置十八监军司，委酋豪分统其众”。夏仁宗天盛年的《天盛律令》卷一〇与卷一七均记载西夏监军司是十七个，即：石州、东院、韦州、南院、西寿、卓啰、西院、沙州、官黑山、北院、年斜、罗庞岭、肃州、瓜州、黑水、北地中、南地中。与前期所置的十二监军司对照，重名的有七个，为石州、韦州、西寿、卓啰、瓜州、黑水、官黑山（即黑山威福军司）；中期多十个，为东院、南院、西院、北院、北地中、南地中、沙州、罗庞岭、肃州、年斜；前期多五个，即宥州、左厢神勇、右厢朝顺、甘州甘肃、白马强镇。总计有二十个监军司之名。在监军司的增删、更名、移置的变化中，设置在河西地区监军司始终存在。

2．右厢监军司

设置在右厢之地的监军司主要有以下几个。

卓啰和南监军司，治所在今甘肃永登县境内，地处庄浪与祁连山地之间，扼守河西走廊东端。庄浪河流域适宜农业，祁连山地畜产丰富。卓啰城又是丝绸之路上的要塞，在今甘肃永登县庄浪河南[①]。永登旧称庄浪县，庄浪即卓啰之转音。因这里地势险要，宜耕宜牧，故在卓啰城设置监军司。西夏初期，祁连山地以西、以南地区是吐蕃的势力范围，《西夏地形图》标卓啰城与吐蕃间有道路相通，卓啰监军司把守吐蕃通往河西的道路。北宋中期开拓熙河路，因宋取熙、河、龛谷、兰州后，卓啰监军司担负防守吐蕃与北宋的军事任务。防线在龛谷（今甘肃榆中县南10公里小康营）、兰州、祁连山以南。金灭北宋后，卓啰监军司又承担对吐蕃与金朝的军事行动，其防线东起今甘肃景泰县，沿黄河西至青海省贵德县，其防区较大，驻军较多，派驻二正、一副、二同判、四习判共九名军事长官。在《天盛律令》卷一〇《司序行文门》中，卓啰

① 今甘肃永登县旧称庄浪县，因庄浪河而得名，庄浪河即西夏卓啰河，卓啰和南即“卓啰河南”，故西夏卓啰城应在永登县庄浪河南。

监军司位于西夏十二监军司中的前列，说明在夏仁孝（1140—1193年）时期，它仍然非常重要。

西寿保泰监军司，治所在今靖远东北的柔狼山。柔狼山以西的黄河两岸有会宁、乌兰二关[①]。西寿监军司控制河西至首都兴庆府的水陆交通线，与卓啰监军司相呼应，以防御吐蕃与北宋的进攻。夏拱化元年（1063年，宋嘉祐八年），吐蕃禹藏花麻因无力抵抗北宋秦州钤辖向宝的进攻，把西使（市）城、兰州一带献给西夏。西使城、兰州自古为军事重镇，西北通青藏高原、河西走廊，东南沿渭水河谷可抵达关中，向北沿祖厉河谷可至会州。夏拱化四年（1066年，宋治平三年），因疆域南扩，西使城战略地位日显重要，西夏将保泰监军司治所移到这里。夏大安八年（1081年，宋元丰四年），宋将李宪率军攻占西使（市）城、兰州，西夏疆域收缩，保泰监军司治所又移回到原处。

右厢朝顺军司，治所西凉府。《中国历史地图集》标其治所为克夷门（今内蒙古乌海市南），宋人《西夏地形图》将其治所标在西凉府，与《宋史·夏国传》记载的监军司顺序相符，故应以宋人地图为准，驻凉州西北永昌城[②]。西凉府位于河西走廊武威绿洲，地处交通要道，西北通甘州回鹘，东南抵兰州，东穿腾格里沙漠可达灵州，是丝绸之路上的重镇。十六国时，前凉、后凉、北凉曾在这里建国，唐朝时，是河西节度使辖区。唐中期后，这里是吐蕃势力范围。西夏占据凉州后，因其战略地位重要，民族关系复杂，升为府，并在这里设置监军司，承担对吐蕃、回鹘的军事行动。由于防区大且重要，驻军较多，派驻二正、一副、二同判、四习判共九名军事长官。在《天盛律令》卷一〇《司序行文门》中，西凉府与首都中兴府同属次等司，显示出朝顺监军司具有重要地位。西夏中期，右厢朝顺监军司更名为西院[③]。

甘州甘肃军司，初期治所甘州，中期移驻肃州，更名为肃州军司。地处河西走廊的张掖绿洲，位于河西丝绸之路、青海丝绸之路交会处，向北沿弱水可至居延海。河西丝绸之路将甘州与西北的肃州，东南的凉州连接起来。甘州

---

① [唐]李吉甫撰，贺次君点校：《元和郡县图志》卷四《关内道四》，北京：中华书局，1983年，第98页。

② 关于其驻地有不同说法，近代著作如《中国历史地图集》（第6册，第36—37页）等将右厢军司标在贺兰山麓的克夷门，1982年10月版又改在今宁夏石嘴山市石嘴山区，均误。前者为贺兰军驻地，后者则无根据。按《宋史·夏国传》对十二监军司的记载顺序，右厢朝顺军司在卓啰和南军司与甘州军司之间。《西夏地形图》标示在凉州西北。据此可知，其驻地应在永昌。右厢即西院，《天盛律令》记西院至京师的距离与石州、官黑山、卓啰监军司相近，说明西院驻永昌在距离上是正确的。

③ 李范文主编：《西夏通史》，北京：人民出版社、银川：宁夏人民出版社，2005年，第439页。

农牧业经济发达，商业繁荣，其富庶居河西之冠，因而是河西重镇。十六国时期，曾是北凉的都城。唐中期后，甘州被吐蕃占据，五代时，为回鹘据有。元昊攻取甘州后，因这里原是河西回鹘的中心，多民族聚集地，改称镇夷郡，升为宣化府。由于防区小，驻军较少，只派驻一正、一副、二同判、三习判共七名职官。西夏时期，从甘州西南越祁连山扁都口即为河湟吐蕃辖区，甘州西北属黄头回鹘、草头鞑靼的势力范围。甘肃监军司主要备御吐蕃、回鹘。

瓜州西平监军司，治所瓜州，位于河西走廊的西部，西南至祁连山山口，东南与肃州相接。唐代时，玉门关已东移至瓜州城东北，从新玉门关沿莫贺延碛道西北行，可抵达伊州（治今新疆哈密市）和西州（治今新疆吐鲁番市东40余里高昌故城）。瓜州西平监军司控扼着河西西部的交通要道。唐中叶至五代，瓜州地区先后由吐蕃、张氏、曹氏、回鹘统治，民族成分复杂。由于防区小，驻军较少，只派驻一正、一副、二同判、三习判共七名职官。西夏时，瓜州西北的伊州以西是西州回鹘的领地，南部祁连山以西是草头鞑靼、黄头回鹘的势力范围。瓜州监军司主要防御回鹘与西南诸蕃的侵入。《天盛律令·司序行文门》中将瓜州监军司与黑水监军司排在同一级别。

沙州监军司，驻沙州，前期无，中期增设，派驻二正、一副、二同判、四习判共九名军事长官。主要备御回鹘。

西夏甘肃属地的监军司名称，还有见于安西榆林窟第25窟西夏文题记的弥娥州监军司。

西夏监军司增删、更名、移置，反映了不同时期形势的变化，原甘州以西仅一瓜州监军司，为防御回鹘，后增设沙州监军司，并将甘州甘肃监军司西移至肃州。充分说明河西走廊地区在西夏具有重要的地位。

（原载于《甘肃通史》，兰州：甘肃人民出版社，2009年，第54—63页。）

# 蒙古汗国的建立与统一河陇地区

漠北蒙古的崛起与政权的建立，使其具备了统一全国的实力。元朝攻灭西夏、金国、南宋，统一全国，也打破了长期以来，西夏、金国、南宋诸政权在甘肃境内各据一地，称雄割据的局面。元朝对甘肃的统一以及所实施各种措施，为甘肃多民族的融合与经济、文化的发展，提供了有利的环境与条件。

## 一、蒙古汗国的建立

### （一）蒙古族的起源与发展

4—5 世纪时，居住在今呼伦贝尔草原、大兴安岭东西、额尔古纳河与黑龙江沿岸的“室韦”人是蒙古人的直系祖先。“室韦”的名称最早见于《魏书》，作“失韦”，唐朝时，他们被称为“室韦”“达怛”“鞑靼”，其中的一支称“蒙兀室韦”[①]。“蒙兀室韦”当是“蒙古”一称的直接来源。明修《元史》采用“蒙古”二字，始成定名。蒙古高原各部落在《辽史》《金史》中被称为“阻卜”。

唐开成五年（840 年），漠北回鹘汗国崩溃后，原居于额尔古纳河一带的蒙兀室韦开始西迁，陆续进入阴山南北与外蒙古高原。西迁的蒙兀室韦后来就成为蒙古部族的核心部分。蒙兀室韦只是室韦联盟众多部落之一，另外属于室韦联盟的还有居住在呼伦湖西南的鞑靼部。鞑靼人进入蒙古草原的时间可能更早一些。因此，9 世纪末 10 世纪初时，鞑靼就成为散居于蒙古草原各部的统称。

辽金时期，蒙古世代隶属于辽、金。原蒙古人的原始氏族制度已经瓦解，原来的社会最基层组织是家长式的氏族，即斡勃黑及其支族“牙孙”。12 世纪中期，蒙古草原上散布着由少数家庭结成的游牧单位即“阿寅勒”。蒙古社会存在不同的等级。贵族拥有“把阿秃儿”（勇士）的称号，称为“那颜”（复数为“那雅特”）即贵人，或称“薛禅”（贤者），自由人称“那可儿”（复数为

① ［后晋］刘昫等：《旧唐书》卷一九九《北狄传》，北京：中华书局，1974 年，第 5358 页。

"诺古特")。以那可儿为基础，成吉思汗时代，他们构成战士与亲信人这个阶级。平民即普通人民称"哈刺出"和"阿拉持"，奴隶称"勃斡勒"。随着社会生产力的缓慢发展，以及与周边相邻政权在政治、经济、文化上的相互往来，使草原各部落的社会生产和生活不断发生变革。在这一时期，整个漠北各部一直处于激烈的斗争中。不仅部落之间，就是同一部落内部各家贵族之间，也展开激烈的争夺财富、牧地、人民的斗争。

（二）蒙古汗国的建立

社会发展的需要，使统一草原各部，结束长期纷争混乱局面，成为广大牧民的迫切要求。为了适宜这一需要，完成历史发展赋予的历史使命，蒙古部杰出首领铁木真担负起这一重任。

铁木真，姓孛儿只斤，乞颜氏，南宋绍兴三十二年（1162年）出生于蒙古贵族世家。因其父也速该在与塔塔儿人的战争中获胜，并杀了两个塔塔儿人铁木真兀格和豁里不花，所以给他起名为"铁木真"。铁木真九岁时，其父被塔塔儿人毒死，所领部众也相继离散。后铁木真得到克烈部与扎答阑部的援助，重新聚集原来的氏族成员与部属，从而建立了自己的"斡儿朵"。铁木真在部落战争中善于利用矛盾，纵断捭阖，逐渐扩大自己的实力。他首先联合脱里汗和扎木合打败蔑儿乞部，又率部与脱里汗部一起，配合金朝的军队，打败了塔塔儿部。不久铁木真与扎木合部之间出现矛盾，并进而发展为势不两立的仇敌。南宋嘉泰元年至二年（1201—1202年），铁木真与克烈部首领王罕联兵，击败了扎木合联盟，取得了重大胜利。随着铁木真实力的不断增强，铁木真与王罕之间的矛盾也日益加剧。南宋嘉泰三年（1203年）秋，克烈部王罕向铁木真发动突然袭击，铁木真被迫退到哈勒河以北。不久，铁木真经过认真准备，乘王罕不备之际，突袭王罕，直捣其牙帐，最终解决了蒙古草原上一个强大的对手。这时，蒙古草原上唯一能够与铁木真抗衡的力量，就是地处草原西部的乃蛮部。嘉泰四年（1204年），铁木真与乃蛮部决战，在汪古部的帮助下，一举击败了乃蛮部，成为蒙古草原上最大的统治者。南宋开禧二年（1206年），铁木真在斡难河源召开大会，建九游白旗，在草原各部的共同拥戴下，宣布即蒙古大汗位，号称"成吉思汗"，国号"也客·蒙古·兀鲁思"，即大蒙古国。在蒙古建立初期，成吉思汗把蒙古高原上的全体牧民，用千户编制起来，这样使原有的部落组织界限逐渐泯灭、消亡，从而为蒙古民族共同体的最终形成奠定了基础[1]。

---

① 郭厚安、陈守忠主编：《甘肃古代史》，兰州：兰州大学出版社，1989年，第447页。

## 二、蒙古的统一战争

蒙古建立后，在西征的同时，进行了统一全国的战争，在首先攻灭西夏后，又灭亡了金国。

（一）蒙古灭西夏

1. 西夏的衰落

西夏第四代皇帝崇宗嵬名乾顺和第五代皇帝仁宗嵬名仁孝统治时期，顺应历史发展潮流，对西夏社会中存在的种种弊端与矛盾，进行卓有成效的改革与调整，从而使西夏社会呈现出一派政治开明、经济发展、文化繁荣的新局面。在乾顺、仁孝二帝长达一百余年的统治后，西夏开始进入衰落时期。

夏乾祐二十四年（1193 年）九月二十日，仁宗仁孝卒，其长子纯祐嗣立，时年 17 岁，是为桓宗，罗氏皇后被尊为皇太后，翌年改元天庆。桓宗纯祐是西夏历史上“能循旧章”的“善守”之君，在他统治时期，竭力奉行对内安国养民、对外附金和宋之策，致使西夏“四郊鲜兵革之患，国无水旱之虞”①，但此时的西夏已由盛转衰，“夏业中衰，于是乎始”②。而漠北蒙古的兴起，正在打破西夏、金、宋的割据均势，蒙古的强大已严重威胁西夏的安全。

此时，西夏统治阶级之间的矛盾加剧。西夏天庆三年（1196 年）十二月，仁孝弟越王仁友卒，仁友在挫败任得敬分国斗争中功绩卓著，因此，其子安全上表请表彰其父之功，并让他承袭王爵，遭到纯祐拒绝，并将他降为镇夷郡王。安全因此怀恨在心，伺机篡位。天庆十三年（1206 年）一月，镇夷郡王安全在罗太后的支持下，废其主纯祐自立为帝，改元应天。三月，纯祐死于废所。西夏皇位更替的频繁，以及统治者外交政策的改变，由附金和宋转为附蒙侵金，削弱了西夏的力量，因此，在纯祐、安全二帝执政期间，西夏逐渐走向衰亡的历史发展趋势已初见端倪，且每况愈下，终因国力衰弱被蒙古灭亡。

2. 西夏的灭亡

12 世纪中期以后，西夏由于政治腐败，国势日渐衰落。西夏北与克烈、乃蛮接界，早有往来，又先后接纳王罕之叔古儿罕、王罕和王罕之子亦剌合·桑昆等人，这些均成为成吉思汗进攻西夏的借口。成吉思汗进攻的主要目标是金朝，但尚有顾虑，一是对金朝力量尚未摸底，不敢贸然行动；二是有西顾之

---

①［清］吴广成著，李蔚整理：《西夏书事》卷三九，济南：山东泰山出版社，2000 年，第 149 页。

②［清］吴广成著，李蔚整理：《西夏书事》卷四二，济南：山东泰山出版社，2000 年，第 160 页。

忧，怕一旦进攻金朝，从而促使金朝与西夏联手，形成掎角夹攻之势，对蒙古不利。所以力量较为薄弱的西夏成为成吉思汗首要攻击的目标。

早在南宋开禧元年（1205 年），铁木真灭乃蛮与蔑儿乞部后，率军第一次侵入西夏，破边境城堡力吉里寨，又攻乞邻古撒城，途经落思城，破城后大肆洗劫，掠夺驼、羊、马及其他战利品。蒙古首次侵夏，通过探其虚实，为以后经略谋划南霸天下，拉开持续征战的序幕[①]。

开禧三年（1207 年，夏应天二年）秋，成吉思汗以西夏不纳贡与“安全废主自立”[②]为借口，率领蒙古骑兵第二次进攻西夏，进攻目标直指西夏北方要塞兀剌海城（即斡罗孩城）。攻破该城后，大肆掠夺。西夏集右厢诸路兵抵抗，蒙古见西夏力量尚盛，加之蒙古军兵疲粮匮，便于应天三年（1208 年）春班师回朝。

南宋嘉定二年（1209 年，西夏应天四年）秋，成吉思汗发兵第三次攻入西夏。蒙古大军先举兵出黑水城北，由兀剌海西关口进入河西。夏军五万在兀剌海城外围抵抗，最终城破。蒙古军击败西夏军后，长驱直入西夏都城兴庆府（治今宁夏银川市），迫使夏襄宗李安全献女请和，每年向蒙古纳贡称臣。西夏臣服蒙古后，蒙古则利用西夏夹攻金朝。西夏役属蒙古后，“征发日多，不堪奔命，礼意渐疏”，[③]与蒙古关系疏远。南宋嘉定十年（1217 年，夏光定七年），成吉思汗亲率大军开始第一次西征，要求西夏出兵随征，遭拒绝后，蒙古再次发兵攻西夏，直抵中兴府（即兴庆府）城下，太子嵬名德任留在都城率兵防守，夏神宗李遵顼“出走西凉”避战。西夏无力抵抗，只得再次向蒙古请降。蒙古因要专事西征，暂时放下西夏。此后，西夏附蒙，连年攻掠金国城寨，屡为金败。嘉定十六年（1223 年，夏光定十三年），夏遣十万大军助木华黎攻金凤翔府，不能取胜，于是率军退回，蒙古遣使问罪，夏神宗惧，让位于次子德旺，是为夏献宗。献宗改变策略，与金和好，结盟抗蒙。嘉定十七年（1224 年，夏乾定元年）夏，夏金和议成，双方称“兄弟之国”，但为时已晚。成吉思汗密令木华黎之子孛鲁征讨西夏。孛鲁攻破银州后，杀夏军数万，掳掠羊驼数十万。

南宋宝庆元年（1225 年，夏乾定二年），成吉思汗从西域返回后，第二年亲征西夏，蒙古军一路攻城掠地，屠杀军民无数，围困中兴府。宝庆三年

① 李范文主编：《西夏通史》，北京：人民出版社、银川：宁夏人民出版社，2005 年，第 320 页。
② ［清］吴广成著，李蔚整理：《西夏书事》卷三九，济南：山东泰山出版社，2000 年，第 150 页。
③ ［清］吴广成著，李蔚整理：《西夏书事》卷四〇，济南：山东泰山出版社，2000 年，第 153 页。

（1227年，西夏宝义元年）七月，成吉思汗病故于六盘山南的清水县（今甘肃清水县），临死前遗言秘不发丧，待西夏国主献城投降后，尽杀西夏国主臣民。蒙古围中兴府半年，城中粮尽。一个月后，西夏国主南平王投降，旋被杀。西夏立国196年，传十帝，至此灭亡。

（二）蒙古灭金

南宋开禧二年（1206年，金泰和六年），成吉思汗即位后，始议伐金，但金毕竟曾是蒙古的宗主国，所以未敢轻动。宋宝庆三年（1227年，西夏宝义元年），蒙古灭西夏后，解除了其灭亡金朝的西顾之忧。

经过1205—1209年三次征西夏的胜利，成吉思汗有了经验与信心，于是就在1210年遣大将遮别袭杀构筑乌沙堡（今河北张北县西北）的金军。这是成吉思汗第一次伐金，也是一次试探性的进攻。嘉定四年（1211年，金大安三年），成吉思汗在客鲁连河畔举行伐金誓师大会，公开宣布要讨伐金国，而金派西北路招讨使粘合打前来乞和的软弱行为，更助长了成吉思汗伐金的气势。1211—1214年间，蒙古讨伐金国的战争主要以消耗金军有生主力、掠取财富、招降纳叛为主，到嘉定七年（1214年，金贞祐二年），金河北郡县大部丧失，金宣宗逃往汴京，史称“贞祐南渡”。蒙古以金宣宗南迁为借口，又派军围金中都（今北京），并在嘉定八年（1215年，金贞祐三年）五月，攻占中都。嘉定九年（1216年），蒙古军一度攻抵汴京西郊。次年八月，成吉思汗以木华黎为太师封国王，专事经略中原。嘉定十六年（1223年）木华黎死后，至成吉思汗去世，金蒙战事一直处于拉锯胶着状态。

绍定二年（1229年，金正大六年），窝阔台继汗位后，又开始伐金。绍定三年（1230年，金正大七年），窝阔台率军亲征，两年后，从白坡（今河南孟州市西南）渡河，接连获胜，很快包围汴京，金坚持不降。蒙古遣使与宋议定，夹攻金国，灭金后，以河南地归宋。

金天兴元年（1232年），金哀宗由汴京逃往归德（治今河南商丘市），金将崔立以汴京降，金人掳金太后、皇后及大臣等五百余人北返。金哀宗又奔蔡州（治今河南汝南县），宋遣荆襄都督孟珙等会师蒙古。金天兴三年（1234年）正月初九日，金哀宗传位于宗室完颜承麟，初十日，宋军先破蔡州南门，蒙古军继入，金哀宗自缢，完颜承麟为乱兵所害[①]，金亡。

---

①［元］脱脱等:《金史》卷一八《哀宗纪下》，北京：中华书局，1957年，第403页;《元史》卷二《太宗纪》则谓:“城拔，获承麟，杀之。”

## 三、蒙古占领河陇地区

河西陇右地区是西夏、金、南宋诸政权的割据称雄之地，诸政权各有所属地域及辖区。元朝建立后，将占领河陇与统一全国结合起来，因此，蒙古在河陇地区的征战是全国统一战争的有机组成部分。

（一）蒙古进攻河西走廊

在蒙古攻灭西夏的战争中，甘肃河西走廊是蒙古军事进攻的重点地区。其原因主要有以下几点：

一是河西走廊兵力部署薄弱。河西走廊是西夏的右厢之地，也是西夏监军司的重要设置地区。元昊建立政权后，在全国置有左右厢十二监军司，这十二个监军司大部分设置在贺兰山以东，贺兰山以西的河西地区只有卓啰和南、右厢朝顺、甘州甘肃、瓜州西平四个监军司，其兵力部署则是“自河北至卧啰娘山七万人，以备契丹；河南洪州、白豹、安盐州、罗落、天都、惟精山等五万人，以备环、庆、镇戎、原州；左厢宥州路五万人，以备鄜、延、麟、府；右厢甘州路三万人，以备西蕃、回纥；贺兰驻兵五万人，灵州五万人，兴州兴庆府七万人为镇守，总三十余万”[①]。显然，西夏兵力部署呈现“东强西弱的态势”[②]。

二是河西走廊是攻伐的军事通道。甘肃河西走廊是传统丝绸之路的重要咽喉地段，其北部居延地区的黑水城，一作黑城，或称哈喇浩特（蒙古语意即黑城），位于内蒙古额济纳旗，在张掖以北约300公里处，是历史上重要的军事重镇。汉武帝经营河西四郡时，这里地处汉、匈边境，称居延塞，两汉时在这里设置有居延属国都尉。魏晋五凉时期，这里设置西海郡，后凉吕光徙西海郡人于今西宁、武威、河州、张掖等地，致使这里农业渐趋荒芜，隋唐时，似已废弃不用。五代宋初，由于河西道路受阻，河西走廊以北的沙漠路以及南青海路，重新恢复兴盛，黑水城又显现其重要地位。夏广运二年（1035年），元昊在居延置黑水镇燕监军司，治所在黑水城，为西夏十二监军司之一，其地为西夏防卫吐蕃、回鹘的北方军事重镇，又是河西走廊通往漠北的交通枢纽，地理位置非常重要。元朝沿袭其名，又设亦集乃路。从1205年至1227年的22年

① [宋] 李焘：《续资治通鉴长编》卷一二〇，景祐四年十二月癸未，北京：中华书局，1985年，第2845页。

② 陈育宁、汤晓芳：《蒙古与西夏关系论略》，《民族研究》1988年第5期。

中，成吉思汗率领蒙古大军六次征讨西夏，而且大部分时间都是从西夏北部边境地区，即沙州、黑水城和兀拉海进攻西夏。显然甘肃河西走廊地区成为蒙古攻伐西夏的一条军事通道。

（二）河西走廊诸州的陷落

成吉思汗在欲征中亚花剌子模国时，曾遣使至西夏，要求夏国主遵顼出兵助征，但遭到夏国大将阿沙敢卜对蒙古来使的嘲讽，后西夏国主德旺又拒绝向蒙古派遣人质。成吉思汗西征归来后，准备伐金、夏，灭南宋，完成统一中国的大业。

1. 攻克黑水城

南宋宝庆元年（1225 年，西夏乾定二年）秋，蒙古以西夏不出兵助战、不遣质子与收纳其仇人为由，对西夏进行第六次征讨。成吉思汗率领蒙古大军从秃剌河黑林行宫出发，经过约半年的行军，直到宝庆二年（1226 年，夏乾定三年）正月，才到达西夏黑水城附近。成吉思汗为牵制西夏主力，防止其机动增援各地，亲自率领蒙古军主力出东路。二月，蒙古首先对黑水城发动猛烈攻击，但由于受到西夏人拼死抵抗，用了“近一个月时间”[①]才将西夏重镇黑城攻克。然后，成吉思汗率军长驱直入，直趋贺兰山，与阿沙敢卜交战，将他围困于贺兰山上的寨子里，擒获了阿沙敢卜，然后率军转西，四月，避暑于垂浑山。垂浑山即察速秃山，位于今甘肃酒泉北。此时，河西诸州草木旱黄，民无所食，蒙古纵兵士四出抄掠。攻取肃州的是大将阿答赤率领的蒙古西路军，而成吉思汗率领的东路军主力在离肃州不远的垂浑山避暑，一旦西路受阻，立即增援。

2. 屠肃州城

宝庆二年（1226 年，西夏乾定三年）五月，蒙古军围肃州（治今甘肃酒泉市肃州区），肃州守将昔里都水（一名举立沙），是蒙古千户昔里钤部之兄。昔里钤部，河西人，其先以沙陀部长归唐。唐末，子孙散落陇坻。自其父答儿沙以上，七世仕西夏为大官。本从唐赐姓李氏，为了与西夏国姓区别，为小李，语讹为昔里。答儿沙儿为肃州钤部（钤部本吐蕃君号赞普之音转，西夏用以名官），生子，以官配氏，故名昔里钤部，又名益立山。兄弟四人，钤部自己涉猎儒释，兼晓音律，后因积劳，出任西夏沙州钤部。其兄肃州钤部昔里都水有辩才，嘉定三年（1210 年，西夏皇建元年），西夏纳女求和时，昔里都水奉命

① 敖特根：《成吉思汗对河西诸州的攻克》，《敦煌学辑刊》2005 年第 2 期。

北使蒙古讲和，在蒙古期间，与察罕建立了深厚友谊，并通过察罕对蒙古情况有所了解，见成吉思汗有兴王之度，欲秘密归附蒙古。因昔里都水早有归附蒙古之意，当蒙古军围攻肃州时，便射书城外约降，欲以城内附。事发后，为同城其他将领所杀，全家遇害。蒙古攻破肃州城后，成吉思汗怒城久攻不下，因而下旨屠城。只因听从了昔里钤部为其亲族家人免死的请求，于是都水亲戚奴婢等“得免死者百有六户，归其田业”[①]。《大元肃州路也可达鲁花赤世袭之碑》载：“太祖皇帝衿其向慕之心，悼其战死之不幸，论功行赏，以其子阿沙为肃州路世袭也可达鲁花赤。”

3．攻克甘州

宝庆二年（1226年，西夏乾定三年）六月，蒙古乘胜进攻甘州（治今甘肃张掖市甘州区）。甘州守将曲也怯律，是成吉思汗的养子察罕之父。

察罕（？—1255年），原名益德，西夏乌密氏人。蒙古入侵时，其父曲也怯律为西夏甘州城守将。察罕为其妾所生。其母怀察罕时，因不为曲也怯律嫡母所容，迫使她改嫁给牧羊人及里木。等察罕长大成人后，母亲告诉了事情的真相，且说他还有一个弟弟。察罕武勇过人，幼时在野外放羊时，正逢成吉思汗军队至河西，成吉思汗见他聪慧通达，就带回蒙古扶养。长大后，更名察罕，妻以宫人弘吉剌氏。察罕事太祖、太宗、定宗、宪宗四朝，官至都元帅兼领尚书省，卒于乙卯年，即1255年，死后追封“河南王”。

察罕随成吉思汗攻西夏，破肃州后，又进攻甘州，时军队驻甘州城外，其父曲也怯律守甘州城，察罕射书招之，而且要求见其弟。时其弟13岁，命登城于高处相见，并且遣使臣规劝早降。其副使阿绰等三十六人合谋，杀曲也怯律父子及使臣，合力抵御坚守。蒙古军攻破甘州城后，成吉思汗欲坑杀甘州城民。察罕言百姓无辜，主张只治罪36人。于是成吉思汗尽斩36人，免于屠杀城内百姓，保护了甘州百姓生命。

4．攻克凉州

宝庆二年（1226年，西夏乾定三年）七月，蒙古军进攻西夏重镇西凉府。西凉府是西夏河西走廊重镇，此时河西走廊大部分地区已被蒙古奄有，仅剩下西凉府一座孤城。成吉思汗的宿卫官粘合重山执大旗指挥蒙古军队攻城，虽手中流矢，仍奋勇指挥冲杀。西夏守臣斡札箦是西夏仁宗时期国相斡道冲之后，

---

① [明] 宋濂等：《元史》卷一二二《昔里钤部传》，北京：中华书局，1976年，第3011页。

虽奋勇抵抗，但终因力弱不敌，眼看城守不住，为避免城破后蒙古屠城，他只好率领父老部下开启城门投降。于是搠罗、河罗等县亦皆弃城归附。凉州一失，除沙州尚在拒守外，整个河西走廊大部陷于蒙古。

5. 攻克沙州

早在嘉定十七年（1224 年，西夏乾定元年）五月，当成吉思汗率军从西域返回时，得知西夏有异，于是决定灭夏，遣西路军由大将阿赤塔赤率领攻围沙州（治今甘肃敦煌市西）。由于沙州军民的拼死抵抗，蒙古逾月不下，于是遣部下兵穴城以入。守将籍辣思义将火放置穴中，蒙兵死伤颇多，思义坚守城池，蒙古未能攻克。蒙古久攻沙州，恐银（治今陕西横山县东党岔镇大寨梁）、夏州（治今陕西靖边县西北白城子）出兵增援，遣大将孛鲁、黑以等分兵攻银州。夏国主德旺闻银州不守，漠北诸部溃散，于是遣使臣至蒙古军前请降，许以质子为信，蒙古始解沙州之围。此时沙州城军民已坚守半年，军民困乏，食牛羊马驼殆尽。宝庆三年（1227 年，夏乾定四年）三月，蒙古再次遣兵攻打沙州。成吉思汗命昔里钤部与忽都铁穆儿招谕沙州，州将伪降，以牛酒犒师，而“设伏兵以待”①。忽都铁穆儿至，中伏，马被绊倒，被擒。昔里钤部将自己的乘马给忽都铁穆儿，自己乘那匹被绊倒的马殿后，击败夏兵，攻破沙州城。成吉思汗怒沙州没有及时攻下，欲屠城，钤部泣请说：“彼逆命者，渠魁一二人，民何与焉！若悉坑之，恐坚未降者心；且臣贱属咸在，愿赐全宥。”②由于钤部为沙州百姓求情，沙州获免屠城。至此，河西走廊全被蒙古占领。

（三）河西走廊以东地区的陷落

蒙古在攻占河西走廊后，又进一步向东进攻。

南宋宝庆二年（1226 年，夏乾定三年）七月，蒙古占领凉州后，成吉思汗又以速不台为先锋，攻下撒里畏吾、特勒（勤）、赤闵等部，并攻陷德顺军（治今甘肃静宁县）、镇戎军（治今宁夏固原市），兰（治今甘肃兰州市）、会（治今甘肃清远县东北）、洮（治今甘肃临潭县）、河（治今甘肃临夏西北）诸州，得牝马五千匹③。南宋宝庆三年（1227 年，夏乾定四年）二月，成吉思汗留一部分军队继续攻打西夏都城中兴府（即兴庆府，治今宁夏银川市），为进一步断绝西夏退路，成吉思汗亲自率军南下，乘“夏国春寒，马饥人瘦，兵不

---

①［明］宋濂等：《元史》卷一二二《昔里钤部传》，北京：中华书局，1976 年，第 3011 页。

②［元］王恽：《秋涧集》卷五一《大元故大名路宣差李公神道碑铭》，载文渊阁《四库全书》第 1200 册，台北：台湾商务印书馆，1986 年，第 680 页。

③［明］宋濂等：《元史》卷一二一《速不台传》，北京：中华书局，1976 年，第 2977 页。

堪战”[1]之时，渡过黄河，进入金国境内，径攻积石州（治今青海贵德县西十里黄河南岸），破城后，驻军城中。二月，攻占临洮府。三月，破洮、河、西宁等州。四月，成吉思汗攻破德顺等州。

南宋绍定二年（1229 年，金正大六年），窝阔台尊成吉思汗遗命继为可汗后，亲自率领大军继续南下攻金。绍定四年（1231 年，金正大八年）九月，蒙古兵分三路进发，拖雷军攻破宝鸡、大散关，进入南宋境内，攻破洋州（治今陕西洋县）、兴元（治今陕西汉中市）。蒙古军攻破饶凤关（今陕西石泉县西北饶凤岭上）后，由金州（治今陕西安康市）东南下，进占房州（治今湖北房县），再由房州向东，直指汴京。

金朝灭亡后，在秦、巩一带的金朝势力仍然存在，蒙古继续攻伐金国西北地区。南宋端平二年（1235 年）春，窝阔台遣诸王拔都及皇子贵由、皇侄蒙哥征西域，皇子阔端征秦、巩。当阔端率兵进抵巩昌（治今甘肃陇西县）城下时，金镇远军节度使、巩昌便宜总帅汪世显率众降附，于是秦、巩二十余州先后皆归附蒙古，至此，金朝在西北的残余势力全部被蒙古消灭，甘肃地区被蒙古占领。

在蒙古军的强劲攻势下，各郡县“望风款附”[2]，先后归属蒙古。独会州（治今甘肃会宁西北）守将郭斌力守孤城，拒战近三年。郭斌（1192—1236 年），金会州人，又名郭虾蟆。世代为保甲射生手，金宣宗时，与兄禄大都以应募从军。金兴定初，在与西夏作战中被俘，誓死不屈，乘机逃回，受命为巩州钤辖。后屡败西夏兵，官至通远军节度使，授山东西路斡可必剌谋克。金元光二年（1223 年）冬，与巩州元帅田瑞收复会州。哀宗即位，田瑞据巩州叛金，郭斌领兵攻田瑞，瑞开门突出，被其弟田济所杀。郭斌因功升为知凤翔府事、本路兵马都总管、元帅左都监，兼行兰、会、洮、河元帅府事。

绍定六年（1233 年，金天兴二年），金哀宗迁蔡州（治今河南汝南县）。蔡州地处淮河支流汝水上，南与宋接壤，无险可守。金哀宗恐蔡州孤城难保，策划迁往巩昌（治今甘肃陇西县），以粘葛完展为巩昌行省。蔡州城陷后，粘葛完展率众守巩昌城以待金朝继立的皇帝。绥德州（治今陕西绥德县）帅汪世显约郭斌联合破巩昌，被郭斌严词拒绝。汪世显率兵破巩昌，劫杀粘葛完展降蒙。又派使者二十余人劝降郭斌，均被拒绝。宋端平三年（1236 年）十月，蒙

---

①［清］吴广成著，李蔚整理：《西夏书事》卷四二，济南：山东泰山出版社，2000 年，第 159 页。
②［明］宋濂等：《元史》卷一五五《汪世显传》，北京：中华书局，1976 年，第 3649 页。

古大军对会州城发动猛烈进攻。当时会州处境十分危急，郭斌率领会州军民拼死抵抗。为了抗击蒙古军的进攻，郭斌收集城中仅有的金、银、铜、铁杂铸为炮，袭击来攻的蒙古军，杀牛马供战士食用，又自焚庐余积聚，日夜与蒙古军血战，奋力抵抗，士兵死伤众多。当会州城被攻破后，郭斌仍率领部众与蒙古军展开激烈的巷战，直至弓尽矢绝，即挺身入火自焚而死，城中军民无一人投降。郭斌领导的会州军民的抗蒙斗争，在金朝灭亡后的抗蒙斗争中独树一帜，表现了会州军民宁死不屈的精神。

（原载于《甘肃通史》，兰州：甘肃人民出版社，2009 年，第 245—257 页。）

# 经济 宗教 文化

# 西夏对河西走廊的经营与开拓

河西地区自古以来就具有重要的战略地位，它既有宜农宜牧的自然环境，又是东西交通的咽喉孔道和关陇的屏障。“欲保秦陇，必固河西；欲固河西，必斥西域。”[①]所以汉唐统治者十分重视对河西的开发经营，把它视为固本之策。西夏统治者也把河西作为与宋、辽、金周旋的基地。因此，历代党项统治者都以毕生精力倾注于这一地区的开拓经营。清人吴广成道“昔汉人取之，号为断匈奴右臂”，而“德明立国兴灵，不得西凉，则酒泉、敦煌诸郡势不能通，故其毕世经营，精神全注于此”[②]。西夏据有河西全境后，则可以“控制伊西，平吞漠北，从此用兵中原，无后顾之忧矣”[③]。面对这一所谓的“龙荒沙漠”之区，如何开发经营，西夏统治者同历代封建王朝一样采取了以下措施。

## 一、设立军政机构，加强控制

西夏统一河西后，为巩固军事斗争所获得的成果，加强了对这一地区的政治、军事控制。西夏在河西地区设置行政机构，实行州县两级制，曾设置了凉、甘、肃、瓜、沙五州。由于凉州是河西走廊的政治、军事、经济、文化中心，丝绸之路上的重镇，所以西夏把凉州升为“西凉府”，其地位仅次于首都“中兴府”（治今宁夏银川市）。镌刻于夏天祐民安五年（1094年）的《凉州重修护国寺感应塔碑》的汉文碑铭，也记录了西夏对河西地区的行政管辖。其曰：“大夏开国，奄有西土，凉为辅郡，亦已百载。”“百载”之言属虚，辅郡之称则实。西夏在边防要地还有郡的建置，这是高一级的机构。1037年，升甘州

---

①［清］顾祖禹：《读史方舆纪要》卷六三《陕西·甘肃镇》，北京：中华书局，2005年，第2972页。

②［清］吴广成著，龚世俊等校证：《西夏书事校证》卷一一，兰州：甘肃文化出版社，1995年，第130页。

③［清］吴广成著，龚世俊等校证：《西夏书事校证》卷一二，兰州：甘肃文化出版社，1995年，第140页。

为镇夷郡，肃州为番和郡，兼理军民，镇抚西陲。由于甘州为回鹘根据地，民族成分复杂，回鹘、吐蕃等俱存，又在甘州设立民族宣抚机关宣化府，便于就地处理回鹘、吐蕃事务，加强对当地各族人民的统治。西夏共设立四府，即西凉府、宣化府、中兴府、西平府（治今宁夏灵武县），其中西凉府（治今甘肃市凉州区）、宣化府（治今甘肃张掖市甘州区）即在河西。据《天盛年改定新法》卷一〇《司法行文门》[①]可知，西夏官府和行政机构的等级分为上、次、中、下、末五品，河西的二府和番和郡均为高品级（即次品）。上述充分显示出河西地区在西夏的重要地位，及其统治者对在河西地区设置行政机构的重视。府、州之下，还有县的建置，如西凉府下辖搠罗、河罗等县，据《多桑蒙古史》所载，蒙古军攻打西夏时，曾“取西凉府搠罗、河罗等县”。县之下还有乡、社的基层组织。从武威小西沟岘出土的西夏便条中可见“依中□各乡以属行遣”[②]的记载。敦煌莫高窟第363窟（西夏窟）汉文供养人题记中有“社”的称谓，可见乡、社农村基层组织也在河西普遍存在。显然，西夏时期，河西地区行政机构的设置是相当健全的。

此外，为了加强对河西地区的军事控制，西夏统治者还在河西地区设立监军司。西夏是在战争中诞生，也是在战争中得到发展的地方民族政权。党项人尚武善战，全民皆兵是其军事制度的特点。建立政权后，党项统治者采用军事力量加强对全国的统治，河西走廊亦不例外，而且还是军事控制的重点地区。西夏的军事指挥机构分为左右两厢，共设十二监军司，也就是把全国划为十二个地方军区。河西地区属右厢，置有甘州甘肃军区（驻甘州）、瓜州西平军区（驻瓜州）、黑水镇燕军区（驻肃州）、黑山威福军区（驻居延故城），占全国十二个监军司的三分之一。后来又有增加，据安西榆林窟第29窟题记中有“沙州监军使”之称谓，可知在沙州也设置了监军司。西夏统治者就是利用这些军事机构，来加强对河西的控制。

西夏对河西地区政治、军事统治的强化，固然是为了维护和巩固党项贵族的统治，但也不可否认，西夏的有效统治改变了“安史之乱”以来，河西及西北地区战争连绵、政权林立的状况，从而为河西地区生产的恢复与发展，在客观上提供了相对安定的环境。

---

① 黄振华：《评苏联近三十年的西夏学研究》，《社会科学战线》1978年第2期。
② 甘肃省博物馆：《甘肃武威发现一批西夏文物》，《考古》1974年第3期。

## 二、迁徙人口，增加劳力

充分利用人力资源，是开发河西的重要措施之一。西夏河西地区劳动力来源主要分为三类：一曰士兵，二曰移民，三曰当地部族。

前面已经说过，西夏在全国设置了十二个监军司，共有兵员五十余万。而甘州监军司有兵力三万，河西其他监军司兵员人数没有明确记载，但由此推测，河西诸监军司当有兵力十余万人。西夏的军事制度，有其鲜明的民族特色，这就是全民皆兵，所谓“无复兵民之别，有事则举国皆来”[①]。由于西夏“部落散居，衣食自给”[②]，军队的装备必然大部分是由士兵自筹解决，西夏人凡“年六十以下，十五以上，皆自备介胄弓矢以行”[③]。西夏军事制度的民族特色即是“全民皆兵”，兵民一体，战时出征，平时从事生产。由此可见，在这种军事体制下，士兵成为西夏发展生产的主要劳动资源。河西诸监军司的兵员十多万人，自然也成了开发河西的主要劳动力。

除了士兵之外，河西移民也是开发河西的一支重要的劳动力。西夏移民实边的资料很少，但从仅有的、零碎的史料中，我们也可以窥见西夏统治者增加河西人口的一般情况。河西地区由于战略地位的重要及其地理、自然等条件的优越，成为西夏的后方基地。既为后方基地，战争中掳掠而来的人口当在这一地区有较多的安置。西夏军队中设有专门以掳掠人口为职责的“擒生”十万，其捕获的人口自然不是少数。西夏统治者曾“得中国无艺者，使耕于河”[④]或“守肃州城”[⑤]。“河”乃为广义的地域概念，泛指黄河以西、以北，也包括河西走廊在内的广大地区。河西地区有内地迁居的汉人，这已为考古发掘材料所证实。如在武威西郊林场发现的两座西夏墓题记中，得知两位刘姓的墓主人祖籍彭城（今江苏徐州市），并担任“西路经略司都案”[⑥]。莫高窟、榆林窟三十

---

① [宋] 李焘：《续资治通鉴长编》卷二一七，熙宁三年十一月乙卯，北京：中华书局，1986年，第5285页。

② [宋] 范仲淹：《范文正奏议》卷下《奏陕西河北和守攻备四策》，载文渊阁《四库全书》第427册，台北：台湾商务印书馆，1986年，第42页。

③ [宋] 曾巩：《隆平集》卷二〇《西夏》，载文渊阁《四库全书》第371册，台北：台湾商务印书馆，1986年，第199页。

④ [宋] 王称：《东都事略》卷一二七《附录五》，载文渊阁《四库全书》第382册，台北：台湾商务印书馆，1986年，第826页。

⑤ [宋] 曾巩：《隆平集》卷二〇《西夏》，载文渊阁《四库全书》第371册，台北：台湾商务印书馆，1986年，第199页。

⑥ 宁笃学、钟长发：《甘肃武威西郊林场西夏墓清理简报》，《考古与文物》1980年第3期。

余座保留西夏文题记的洞窟中，其题记中的姓名多为汉姓。武威小西沟岘出土的天庆虎年（1194 年）“请假申请书”和“欠款单”上三个人名均为汉人。凉州虽为吐蕃六谷部居地，但入宋以来，还有“汉民三百户”[①]，西夏统治时期，凉州“三百户汉民”的人口肯定会不断增加的。由上述的情况我们可以推断，这一时期移入的和河西原有的汉族人数占比较大。

河西地区的党项、回鹘、吐蕃等诸部族是开发河西的另一重要生产力。

由于西夏政权的建立，曾居凉州北部沙岭的党项部落[②]，随之成为河西统治民族而迁入凉州地区。武威小西沟岘发现的天庆虎年（1194 年）“会款单”上列有七人姓名，均为西夏人，说明党项人在这一地区曾经居住过。

中唐以后，吐蕃占据河西地区，在吐蕃统治的七十余年中，由于战争与统治的需要，不仅大批吐蕃部落迁入河陇地区，而且河西绝大部分汉人也已“吐蕃化”，如甘凉瓜肃地区“居人与蕃丑齐肩，衣着岂忘于左衽”[③]。从《宋会要辑稿》第 195 册《西凉府》中记载的一些吐蕃部落来看，其中一部分完全可能是“吐蕃化”的汉人。如刑家族、懒家族（兰家）、章家族、马家族、周家族、赵家族、王家族等，他们很可能由原来的刑、懒、章、马、周、赵、王等姓的汉人转化而来，一个家族成了一个部落，故以某家族相称[④]。《张氏勋德记》也载：“河西创复，犹杂蕃浑，言音不同。”文献中所载的“蕃”就是吐蕃。可见吐蕃王朝崩溃后，吐蕃在河西仍有残余势力，而且部落散居于整个河西，吐蕃部族如“扑丁原、庄浪族、乔家族诸路，以麻宗山、乳酪河为界堠”[⑤]。西夏占据河西以后，吐蕃部族仍在河西活动，武威小西沟岘发现的藏文印本和写本，在西夏遗址中出土有译自藏文的西夏文佛经，甘南天祝许多寺院收藏有藏文《大藏经》及其印版[⑥]，以及在张掖出土的《西夏黑水桥碑》，碑刻阳为汉文，阴为藏文，均说明当时河西存在操藏语的吐蕃居民。这些吐蕃居民生息繁衍在这块土地上，已成为西夏境内的一个民族，他们为自己的生存而从事生产劳动，与回鹘、党项、汉人等共同生活，成为开发河西、经营河西的一支重要力量。

---

①［清］徐松辑：《宋会要辑稿》方域二一之一五，北京：中华书局，1957 年，第 7668 页。

②［宋］欧阳修撰，徐无党注：《新五代史》卷七四《四夷附录第三·于阗》，北京：中华书局，1974 年，第 917 页。

③ 敦煌卷子伯 3451 号《张淮深变文》。

④ 汤开建、马明达：《对五代宋初河西若干氏族问题的探讨》，《敦煌学辑刊》1983 年第 4 期。

⑤ 戴锡章：《西夏纪》卷六，济南：山东泰山出版社，2000 年，第 194 页。

⑥ 陈炳应：《古代民族》，兰州：敦煌文艺出版社，2004 年，第 155 页。

留居河西地区的回鹘部族也在开发经营河西地区中起了重要作用。840年，漠北回鹘汗国灭亡后，回鹘部族西迁，其中有一支进入河西地区，并逐渐成为河西居民。宋仁宗天圣六年（1028年），元昊领兵攻破甘州，取河西地，于是回鹘种落窜居山谷间，“悉羁縻于西夏”[①]。除了甘州有回鹘部族外，凉、瓜、沙等地也有回鹘族帐。这些河西地区的回鹘部族分布在“合黎山、浚稽山、居延塞诸路，以牛头、朝那山为界堠，内包张掖、敦煌等地”[②]，他们皆成为西夏统治下的河西居民。武威两座西夏墓中出土了29幅彩绘木板画[③]，从画面上的人物形象、服饰和发式看，除主要表现了汉族的特色外，还体现了西夏、回鹘、吐蕃等民族的特色。敦煌莫高窟有一方六体文字碑，建于元至正八年（1348年），碑身用汉、藏、梵、八思巴、西夏、回鹘六种文字刻写。所有这些都充分反映了回鹘族在河西占有一定的比例，是组成河西居民的重要成分。他们从事生产劳动，成为历史上开发河西的一支重要力量。

### 三、采取羁縻及各族平等政策

历史上的河西地区是多民族杂居之地，民族关系复杂，矛盾斗争也较多。早在汉代就形成了“华戎错居”之地。西夏占领河西以后，民族问题仍是一个极为复杂、敏感的问题。如何处理内外各民族之间的关系，是巩固西夏统治至关重要的问题。在这方面，西夏统治者同历代封建统治者一样，对各民族采取的是羁縻政策。这就是说，在服从党项统治的大前提下，允许保留各民族自治，并拥有部分权力。例如河西地区“旧皆有（回鹘）族帐，后悉羁縻于西夏”[④]。西夏统治者允许役属于西夏的河西回鹘保留“各立君长，分领族长”的自治权和单独向辽、宋入贡和贸易的权利。宋太宗太平兴国五年（980年）闰三月，甘州、沙州回鹘就曾遣使贡方物。自宋仁宗景祐至皇祐中（1034—1053年），沙州地区曹氏后代及回鹘族帐也曾向宋朝“七贡方物”[⑤]。

河西地区是西夏境内吐蕃人的主要聚居区，对吐蕃人的政策是处理好民族关系的重要内容。西夏法令规定唐古特人（即党项）与吐蕃人均为“主

---

①［宋］洪皓《松漠纪闻》卷一《回鹘》，载文渊阁《四库全书》第407册，台北：台湾商务印书馆，1986年，第696页。

② 戴锡章：《西夏纪》卷六，济南：山东泰山出版社，2000年，第194页。

③ 史金波：《西夏文化》，长春：吉林教育出版社，1986年，第149页。

④［宋］洪皓《松漠纪闻》卷一《回鹘》，载文渊阁《四库全书》第407册，台北：台湾商务印书馆，1986年，第696页。

⑤［元］脱脱等：《宋史》卷四九〇《外国六·沙州》，北京：中华书局，1977年，第14124页。

户”[①]。吐蕃人与唐古特人均享有同等权利。西夏的法令对异族人的权利并没有不平等的规定，量刑的标准是依据他们的社会地位及其在血亲制度中的地位，而不是依据罪犯的族别[②]。吐蕃人在官宦仕途中并不存在障碍，在西夏，异族官员的地位首先取决于他们的职位，而不是族别。法令规定唐古特、汉、吐蕃、回鹘官员们一起共事时，即使他们的职位及履行的职权互不相同，也必须依据其本人地位的高低按序就坐[③]。以上史实表明吐蕃人并不因民族的不同而受歧视，他们在西夏有一定的社会地位。党项大量吸收汉、吐蕃、回鹘等各族文化，各部族间的地位基本上是平等的，这有利于西夏社会的进步、文化的发展及各部族间的相互融合。

### 四、设立农牧业机构，重视发展生产

西夏的上层建筑包括典章制度及思想文化等，是吸取了汉族封建文化而构成的，其中典章制度仿效宋朝，但又不拘泥于宋制。1033 年，元昊即在其统治区内募仿宋制建立了一整套官制，“其官分文武班”，有中书、枢密、三司、御史台、开封府、翊卫司、官计司、受纳司、农田司、群牧司、飞龙院、磨勘司、文思院、蕃学、汉学等[④]。这些机构中的受纳司、农田司、群牧司、就是国家设立的劝农机构。又于夏天授礼法延祚二年（1039 年）九月，元昊再度改革官制，“改宋二十四司为十六司，分理六曹”[⑤]。从西夏建立之前及改革官制后的政府机构来看，虽然机构有删减或增加，但值得注意的是农田司、群牧司、受纳司这三种职掌农、牧业生产的经济管理机构，都没有因年代的久远、政权的嬗变而取消，自始至终存在。农田司职掌有关农田水利及粮食平粜事务；群牧司职掌马匹饲养、繁殖、调教、交换等事务；受纳司职掌仓储保管及收支。这些机构的存在，充分说明西夏历代统治者重视和发展生产。从现有资料来看，西夏统治者对河西地区农牧业的经营、管理应该说是卓有成效的。

西夏经营河西的一系列措施是行之有效的。在西夏统治河西地区二百多年中，河西的经济有了一定程度的恢复与发展，形成了农牧并重的经济结构。河

---

①［俄］克恰诺夫著，刘建丽译：《西夏国的吐蕃人与吐蕃文化》,《宁夏社会科学通讯》1985 年第 8 期。
②［俄］克恰诺夫著，刘建丽译：《西夏国的吐蕃人与吐蕃文化》,《宁夏社会科学通讯》1985 年第 8 期。
③［俄］克恰诺夫著，刘建丽译：《西夏国的吐蕃人与吐蕃文化》,《宁夏社会科学通讯》1985 年第 8 期。
④［元］脱脱等：《宋史》卷四八五《夏国传上》，北京：中华书局，1977 年，第 13993 页。
⑤［清］吴广成著，龚世俊等校证：《西夏书事校证》卷一三，兰州：甘肃文化出版社，1995 年，第 153 页。

西的畜牧业有较大发展，农业生产取得一定的成效，水利兴修，荒地开垦，先进的生产工具得到传播，手工业、交通及商业均有进步。河西地区成为西夏与宋、辽、金相抗衡的后方基地。

（原载于《祁连学刊》1992 年第 1 期）

# 西夏河西经济的开发与历史局限

8 世纪中叶爆发的安史之乱，使内迁到西北地区的党项族获得了更好的发展空间和生存环境，日益壮大。从 1028 年至 1037 年，先后攻占了瓜（治今甘肃安西县）、沙（治今甘肃敦煌市）、甘（治今甘肃张掖市）、肃（治今甘肃酒泉市）、凉（治今甘肃武威市）等州，于 1038 年建立起一个以党项族为主体的地方政权。河西地区归属西夏，这对西夏的建立及发展产生了深远的影响。

## 一、西夏经营河西的措施

河西地区自古以来就具有重要的战略地位，它既有宜农宜牧的自然环境，又是东西交通的咽喉和关陇的屏障。“欲保秦陇，必固河西。”[①]历代西夏统治者都把河西地区作为与宋、辽、金周旋、抗衡的基地，采取一系列措施，不断地开拓经营。

### （一）迁徙人口，增加劳力

西夏统治者为了加强对河西的控制，在河西地区设立卓罗和南、甘州甘肃、瓜州西平等监军司。党项民族尚武善战，“全民皆兵”是西夏军事制度的特色。兵民一体，战时出征，平时生产。在这种军事体制下，河西监军司的十多万士兵成为开发河西的主要劳动力资源。河西地区是西夏的后方基地，战争中掳掠而来的人口多在这一地区安置。西夏军队中有专以俘掠人口为职责的“擒生”10 万人，他们俘获的人口必然众多。西夏统治者曾“得中国无艺者”[②]，让他们“守肃州城”[③]，或使他们在黄河以西、以北，也包括河西走廊

① [清] 顾祖禹：《读史方舆纪要》卷六三《陕西十二》，北京：中华书局，2005 年，第 2972 页。

② [宋] 王称：《东都事略》卷一二七《附录五》，载文渊阁《四库全书》第 382 册，台北：台湾商务印书馆，1986 年，第 826 页。

③ [宋] 曾巩：《隆平集》卷二〇《外国》，载文渊阁《四库全书》第 371 册，台北：台湾商务印书馆，1986 年，第 199 页。

在内的广大地区耕种。

河西地区有内迁的汉人，这已为考古发掘所证实。武威西郊林场发现的两座西夏墓题记中，两位刘姓墓主祖籍彭城（今江苏徐州市）。莫高窟、榆林窟三十多座保留西夏文题记的洞窟中，题记中的姓名多为汉姓。原为吐蕃六谷蕃部居地的凉州，宋初，还有“汉民三百户”[①]。总之，这一时期移入的和河西原有的汉族人口有较大的增长，并占有较大的比例。

西夏政权的建立，使党项人成为统治阶层，曾居凉州北部沙岭的党项部落[②]随之而迁入凉州地区，成为凉州的统治者。吐蕃占居河西后，不仅大批吐蕃部落迁入河西地区，而且河西的大部分汉人也已“吐蕃化”。西夏统治时期，这些吐蕃部族仍在河西活动，成为西夏境内的一个民族。840 年，漠北回鹘汗国灭亡后，回鹘族西迁，其中有一支进入河西地区，散处于甘、凉、瓜、沙州等地，这就是甘州回鹘，他们成为西夏统治下的河西居民。这些少数民族成为历史上开发河西、经营河西的重要力量。

（二）羁縻怀柔，各族平等

历史上的河西地区是多民族杂居之地，民族关系复杂，矛盾斗争较多。西夏占领河西以后，民族问题仍是一个极为复杂、敏感的问题。西夏统治者采取羁縻政策，在服从党项统治的大前提下，允许保留各民族自治，拥有部分权利。河西地区“旧皆有（回鹘）族帐，后悉羁縻于西夏”[③]。西夏统治者允许河西回鹘“各立君长，分领族帐”，保留其自治权和单独向辽、宋入贡和贸易的权利。西夏法令规定党项人与吐蕃人均为“主户”[④]，吐蕃人与党项人享有同等的权利。在西夏，异族官员的地位首先取决于他们的职位，而不是族别[⑤]。法令规定党项、汉、吐蕃、回鹘官员们一起共事时，必须依据本人地位的高低按序就座[⑥]。党项大量吸收汉、吐蕃、回鹘等能人异士，他们的地位基本上是平等的，这有利于西夏社会的进步、文化的发展，以及各民族间相互融合。

（三）设置机构，重视生产

1033 年，元昊就在其统治区内模仿宋朝建立了一整套官制与机构，其中

---

①［清］徐松辑：《宋会要辑稿》方域二一之一五，北京：中华书局，1957 年，第 7668 页。

②［宋］欧阳修：《新五代史》卷七四《四夷附录第三·于阗》，北京：中华书局，1974 年，第 917 页。

③［宋］洪皓：《松漠纪闻》卷一《回鹘》，载文渊阁《四库全书》第 407 册，台北：台湾商务印书馆，1986 年，第 696 页。

④［俄］克恰诺夫著，刘建丽译：《西夏国的吐蕃人与吐蕃文化》，《宁夏社会科学通讯》1985 年第 8 期。

⑤［俄］克恰诺夫著，刘建丽译：《西夏国的吐蕃人与吐蕃文化》，《宁夏社会科学通讯》1985 年第 8 期。

⑥［俄］克恰诺夫著，刘建丽译：《西夏国的吐蕃人与吐蕃文化》，《宁夏社会科学通讯》1985 年第 8 期。

的受纳司、农田司、群牧司就是国家设立的劝农机构。西夏统治者很重视手工业生产，元昊即位后，就设立了文思院。这是官府手工作坊之一，负责供御仪物服饰的制造。后来又设立了工技院、刻字司、造案司、金工司、绢织院、铁工院、木工院、造 纸院、砖瓦院、出车院等，这些都是管理生产技艺的机构。1039 年，元昊再度改革官制，调整机构。但农田司、受纳司、群牧司这三种职掌农、牧业生产的机构都没有因为政权的嬗变而取消，自始至终存在。

## 二、河西经济的恢复与发展

西夏统治河西的二百多年中，河西经济确有一定程度的恢复与发展。

（一）畜牧业实力雄厚

畜牧业是西夏的主要经济成分，西夏建立政权前，因其地域狭小，畜牧业发展受到限止。西夏占据河西以后，畜牧经济在原有的基础上迅速发展。

党项族是“逐水草迁徙”的牧业民族，为了自身的发展，势必要把水草鲜美的河西地区作为自己的领地。早在李继迁向河西扩张时，就曾想“西掠吐蕃健马，北收回鹘锐兵，然后长驱南牧”[①]。在占有了“善水草，宜畜牧”[②]的武威、张掖、酒泉、敦煌等地后，凉州便成为“畜牧甲天下者”[③]。而瓜、沙诸州也是传统的畜牧基地，“素鲜耕稼，专以畜牧为主”[④]。西夏统治二百多年间，与北宋、辽、金之间干戈不断，每次战争，马、牛、羊、骆驼等各种牲畜的损失数以万计。宋仁宗皇祐二年（1050 年），辽征西夏，兵到西凉府，“获羊百万，橐驼二十万”[⑤]。马也有相当数量，天圣初，武威郡不断向中原王朝进贡马匹。西夏人编纂的西夏文词典《文海》中，所收有关畜牧业的字词达一百个以上。西夏畜牧业的发展还反映在畜产品的商品化，西夏文《天圣二十二年卖地文契》记载某人卖掉牧场，换回牲畜[⑥]。《天庆十一年典卖契》中典出的物品全是袄子裘、马毯、皮毯、白帐毡、皮裘等畜产品。由于西夏生产的羊马毡毯用之不尽，必然作为商品与其他政权进行交易。这反映了西夏以畜牧为主的

---

①［清］吴广成著，李蔚整理：《西夏书事》卷七，济南：山东泰山出版社，2000 年，第 47 页。

②［元］脱脱等：《金史》卷一三四《西夏传》，北京：中华书局，1975 年，第 2877 页。

③［元］脱脱等：《金史》卷一三四《西夏传》，北京：中华书局，1975 年，第 2877 页。

④［清］吴广成著，李蔚整理：《西夏书事》卷三二，济南：山东泰山出版社，2000 年，第 126 页。

⑤［宋］李焘：《续资治通鉴长编》卷一六八，皇祐二年三月庚子，北京：中华书局，1985 年，第 4035 页。

⑥ 黄振华：《西夏天盛二十二年卖地文契考释》，载《西夏史论文集》，银川：宁夏人民出版社，1984 年。

经济特色，也从另一侧面反映了河西地区畜牧经济的雄厚实力。

（二）农业发展显著

西夏统治河西后，“衣皮毛，事畜牧”的党项族在封建化的进程中，逐渐接受汉族影响，“岁时以耕稼为事”[①]，并且“略与汉同”。为了发展农业，西夏普遍采用汉族先进的生产工具和生产技术。《文海》记载西夏农业生产的工具有犁、耙、锹、耧、镰刀等 。《番汉合时掌中珠》则收录有犁、铧、锄、耙、镰、锹、车碾、碓等字。在安西榆林窟西夏洞窟的壁画中，可见到锹、锄、耙等农业生产工具的图形，这些农具均为木柄铁器。生产工具的多种形制，反映了农业生产程序中分工的多样化，也说明了农业生产技术水平与中原十分接近。

榆林窟第 3 窟西夏窟中绘有表现西夏农业、手工业生产的壁画，有犁耕图、踏碓图、酿酒图、锻铁图。《犁耕图》中戴草帽的犁耕者，一手执鞭，一手扶犁。犁辕上置一横杆，双牛并排驾横杆拽犁耕地。这种二牛抬杠、一人扶犁的耕作方法与中原内地完全相同。《踏碓图》中，一人双手扶固定架杆，一脚着地，一脚踩动踏板，板中央固定在横轴上，另一端连杵板，杵头下有石臼置于地上，石臼前有簸箕和谷子。这些壁画真实地反映了西夏继承中原地区生产技术的渊源关系。由于牛耕的普遍使用，培养改良新的耕牛品种就很有必要。《马可波罗游记》记载凉州居民为了培养牛的新品种，到附近的山上捕捉野牛，驯服后，再与一般的母牛交配。这种经过杂交培养出来的新品种，比普通的牛驮载能力强，工作效力提高了两倍以上。

农业的发展使粮食增多，《凉州护国寺感应塔碑》记载了护国寺竣工后，赏赐给工匠的物品就有“谷千斛”。河西已成为西夏支持战争和维持政权的粮食供给地。夏大安十一年（1084 年），银、夏州等地发生严重旱灾，粮食缺乏，西夏政府下令“运甘、凉诸州粟济之”[②]。充分说明甘、凉等地农业生产已经取得成效，粮食不仅自给，而且还有积蓄。清人顾祖禹对此评论说“西夏复凉州，故能以其物力侵扰关中，大为宋患”[③]。这也是从另一个角度对河西地区经济发展的肯定。

水利是农业的命脉，西夏统治者对此有清醒的认识，十分重视水利灌溉。

---

①［宋］李焘：《续资治通鉴长编》卷一三五，庆历二年二月辛巳，北京：中华书局，1985 年，第 3222 页。

②［清］吴广成著，李蔚整理:《西夏书事》卷二七，济南：山东泰山出版社，2000 年，第 110 页。

③［清］顾祖禹著:《读史方舆纪要》卷六三《陕西十二》，北京：中华书局，2005 年，第 2991 页。

在甘、凉州地区，“则以诸河为溉”[1]，利用祁连山的雪水，疏浚河渠，引水溉田。为了有效地管理水利事业，西夏还专门制定了有关水利灌溉的规章制度，《天盛改旧新定律令》就具体规定了水利设施的管理和水的使用办法。水渠的基层管理者有渠头、渠主、渠水巡检等，他们主要负责巡视、监察和修理水渠，管理放水溉田。并对管理者有严格的规定，在水法面前人人平等。这充分说明了西夏水法的严密、合理及规定的全面。西夏文字典《文海》释“农”字为“农耕灌溉之谓”，揭示了农业与水利灌溉的密切关系。考察西夏河西绿洲地带农业生产状况，必然发现土地开发与水利灌溉紧密地联结在一起。今日的河西也同样如此，有水则为绿洲，无水则为戈壁。

西夏统治者鼓励人民开垦荒地，扩大垦地面积，并给予法律的保证。西夏文《天盛改旧新定律令》明确规定，抛荒地与无主荒地归开垦者所有，而且三年之内，免交地租，三年之后，根据土地、苗情等，决定交纳“五等租”中的某一等地租。土地可永远占用，有权买卖。在鼓励开垦荒地的同时，还大力提倡租地的农户，开垦邻近的闲田旷土，法令规定树草、池地、泽地、生地等可开垦为地者，三年之内免征地租，三年之后，酌情交纳。使人尽其力，地尽其利，充分发挥土地的效用。用法律的形式鼓励垦荒拓田，这不仅促进了河西地区土地资源的大量开发利用，发展了西夏的农业，并且进一步巩固了新兴的封建生产关系，在西夏封建化进程中具有重要意义。

（三）手工业、交通与商业的进步

河西走廊自古以来就是中西交通的重要通道，早在公元前13、14世纪，新疆的玉料如青玉、白玉、青白玉、墨玉、黄玉、糖玉及以后的昆仑玉，都是途经河西运送到内地。这必然会对河西地区玉料的开采及玉料的制作产生一种传统及潜在的影响。河西地区也盛产玉料，历代都有玉制品的生产。酒泉夜光杯历史悠久，据汉代东方朔《十洲记》载：“若倾入杯，对月照映，色呈雪白，反光发亮，光明夜照，故称夜光杯。”唐朝著名诗人王翰在《凉州词》中的赞誉：“葡萄美酒夜光杯，欲饮琵琶马上催。醉卧沙场君莫笑，古来征战几人回。”更使夜光杯闻名遐迩，至今仍驰名中外。夜光杯采用质地优良、花纹美观的祁连老山玉、新山玉和黑水河流玉等玉石精工雕琢而成。肃州有一种玉石，出产于红水河坝内，它色彩绚丽，有菜色、白色、深碧、浅绿，皆可琢器，工匠取山丹回回沙予以研磨，晶莹剔透。在今祁连山鹰膀沟，至今还保留

---

[1]［元］脱脱等：《宋史》卷四八六《夏国传下》，北京：中华书局，1977年，第14028页。

下来一个西夏时期采玉的洞口，那里出产一种“老山玉”，是制作夜光杯的上好材料。

河西地区还有丰富的矿产资源，矾、硇砂、石盐等在河西均有出产。据《重修政和证类本草》记载，“矾石生河西山谷”，而“硇砂出西戎”“今西凉，夏国及河东、陕西郡亦有”。沙州还出产一种石盐，名为“秃登盐”，它生长在河岸山坂的阴土石间，块头大小不等，色白坚硬如石。这些都为手工业的发展提供了原料。

西夏统治者重视兵器的制造，并由政府掌握。西夏的铠甲是冷锻而成，“坚滑光莹，非劲弩可入”[①]，“夏人剑”也享有“天下第一”[②]的盛誉。榆林窟第3窟千手观音佛壁画中有西夏时的《锻铁图》，一人坐于墩上，两手用力推拉风箱，风箱之后有炉火焰。另外有两铁匠，一人左手握火钳夹一铁件置于铁砧上，右手举锤，另一人双手抡锤锻打铁件。生动地反映了当时西夏铁匠手工锻铁的劳动场景。西夏在钢铁冶炼中采用了木制“门扇式”的竖式风箱，这种风箱构造简单，坚固耐用，所用材料廉价易取，而且风箱容量大，鼓风量也大，这是比较先进的鼓风技术的应用。艺术是现实的反映，这些壁画以艺术的形式反映了当时河西的生活与生产。河西地区的锻铁制造有一定的发展，元成宗元贞元年（1295年）七月，一次从甘州调往襄阳的御匠就有500多户。由此可见，西夏时期，甘州以至整个河西地区的手工业生产已具有相当规模与水平。

由于受河西走廊独特的地理位置及物产的影响，西夏的交通与商业带有鲜明的地域特点。西夏时期，河西处于北达灵州、兴庆府，东达秦州及中原，西通西域的丝绸之路的扼要地段。《凉州护国寺感应塔碑》记载凉州“当四冲地，车辙马迹，辐辏交会，日有千数”，反映了凉州熙熙攘攘的繁荣景象。这些前来的车马行人大多从事商业和手工业活动，这对河西农牧业经济的发展和商品经济的活跃起了促进作用。典当活动是河西商业活动的一种表现形式，典出物大多为畜产品，换回的则为粮食，实质上是以物易物的贸易活动。1972年在武威下西沟岘发现的西夏文占卜辞中就有“买卖”“求财”“出行”“倍利”[③]等字

① [宋] 李焘：《续资治通鉴长编》卷一三二，庆历元年五月甲戌，北京：中华书局，1985年，第3137页。

② [宋] 太平老人：《袖中锦》，载《四库全书存目丛书》子部第101册，济南：齐鲁书社，1995年，第385页。

③ 史金波：《西夏佛教史略》，银川：宁夏人民出版社，1988年，第23页。

眼，这些都是河西商业活动的真实记录。这些商业活动满足了河西地区不同层次的经济要求，加强了各族人民之间的联系，也在一定程度上对河西社会经济的发展起了推动作用。

## 三、河西经济发展的历史局限

西夏时期，河西经济虽然有发展，但发展的程度和水平不能与昔日汉唐之河西和两宋之内地相比。西夏境内的农业生产总的说来并不十分景气，“少五谷”[①]，不少时侯只能以鼓子蔓、碱蓬、登厢草、灰条等野生植物充饥度日。由于历史及其他多方面的影响，河西地区与中原内地之间的差距逐步增大。而且当时形成的这种格局，直到元明清时期都没有显著的改观。

河西地区落后的原因是多方面的：

（一）西夏社会发展阶段的落后

西夏是以党项为主体建立的少数民族地方政权，其社会形态发展阶段比中原地区落后。6 世纪末，党项进入氏族制末期，父权制已取代了母权制的统治地位；而同一时期，中原地区正处于南北朝时期，封建社会的繁荣时期即将到来。大约在 7 世纪中期，党项逐渐进入甘、青、川三省毗邻地区，受中原王朝封建制度的影响，旧有的生产关系发生重大变化，由氏族制过渡到奴隶社会；此时，中原地区正处于封建社会鼎盛的唐朝时期。10 世纪末至 13 世纪，党项进入封建社会，政治、经济、文化等方面都有了一定程度的发展；而此时的中原地区，正处于宋、辽、金时期，这是中国历史上又一次民族融合与封建经济发展与繁荣的阶段。从同一时期，不同民族、不同地区之间的社会形态及社会经济发展水平来看，差距是客观存在的。西夏由于自身社会形态发展阶段落后于中原地区，因而其社会生产力的发展水平，较之中原地区也相对比较落后。这种自身社会形态发展阶段的落后，是中国历史上少数民族政权落后于汉族封建王朝的重要原因之一，西夏也不例外。社会发展阶段的落后，必然限制社会生产力的发展，也必然会制约河西地区社会经济发展的水平。

（二）经济基础薄弱

河西地区的经济在汉唐时代有较大的发展，唐朝天宝年间，河西是全国最

---

①［宋］曾巩：《隆平集》卷二〇《外国》，载文渊阁《四库全书》第 371 册，台北：台湾商务印书馆，1986 年，第 199 页。

富庶的地区之一，处处“闾阎相望，桑麻翳野”[①]。唐中期安史乱后，河西陷入吐蕃，连绵的战争迫使人口逃亡，土地荒芜，生产方式落后，生产力水平下降，致使本已发展的河西经济，出现了停滞与倒退。可以说西夏占据河西之前，河西的经济就已经衰败了。西夏统一河西后，面临的是一幅荒凉残破的景象。经济基础薄弱，发展起点较低，这对以后经济的发展造成了不利影响。

（三）穷兵黩武的政策

西夏为了同宋、辽、金作战，镇压民众，施行“全民皆兵”的军事政策。全国成为一座大兵营，而作战的一切装备、供给皆由士兵自备，人民的负担因之加重。战争给西夏人民带来了极大的不幸，也必然会殃及西夏的大后方河西。元丰五年（1082 年）三月初，西夏“点集河南，西凉府、啰咙界、甘、肃、瓜、沙，十人发九人”[②]，准备大举攻宋。不仅西夏在河西的驻军被抽调一空，集中到宋夏战争前线，而且河西居民也被大量征调，致使整个河西劳动力严重不足，无法进行生产。特别是西夏后期，蒙古为攻灭西夏而在河西进行的战争，对河西的破坏更为严重。战争给西夏人民，也给河西地区带来极大的灾难，人民逃亡，土地荒芜，牲畜死亡，生产力遭到破坏，经济发展受到了严重阻碍。

（四）自然灾害的影响

西夏统治时期，河西发生了一些自然灾害。夏崇宗贞观九年（1109 年）九月，瓜、沙、肃三州发生饥荒，“水草乏绝，赤地数百里，牛羊无所食，蕃民流亡者甚众”[③]。夏仁宗乾祐七年（1176 年）七月，河西地区发生旱灾，蝗虫灾害也接踵而来，“食稼殆尽”[④]。夏献宗乾定三年（1226 年）五月，河西诸州“草木旱黄，民无所食”[⑤]。这些自然灾害均给当地生产造成重大损失，对农牧业生产的发展造成不利的影响。

（五）货币经济的不发达

从宁夏石嘴山、灵武和武威等地发现的西夏窑藏货币考古资料来看，西夏

---

① [宋] 司马光：《资治通鉴》卷二一六《唐纪三十二》，天宝十二年八月戊戌，北京：中华书局，1956 年，第 6919 页，

② [宋] 李焘：《续资治通鉴长编》卷三二六，元丰五年五月辛卯，北京：中华书局，1985 年，第 7848 页。

③ [清] 吴广成著，李蔚整理：《西夏书事》卷三二，济南：山东泰山出版社，2000 年，第 126 页。

④ 戴锡章：《西夏纪》卷二五，济南：山东泰山出版社，2000 年，第 301 页。

⑤ 戴锡章：《西夏纪》卷二八，济南：山东泰山出版社，2000 年，第 317 页。

建立政权后流通的主要是北宋货币，西夏货币只占很少一部分。货币经济的薄弱，必然会对河西的商业贸易活动带来一定的影响。河西出现的典当活动，不是以货币作为媒介，而是直接采用原始的“以物易物”的交换方式。这种状况的出现，反映了河西地区商品经济发展水平的低下。“以物易物”的交换方式是低层次的、原始的商品经济，它严重地制约着河西商业贸易的繁荣与兴盛。

（六）丝绸之路的阻塞

河西走廊是丝绸之路的重要通道，也是中外文化的交融荟萃之地。汉唐时代，中原与西域的物质文明与精神文明，都是通过河西走廊进行交流的。这种中外经济文化的相互沟通，必然会对河西的经济发展起到促进作用。11世纪以后，由于西夏的崛起，党项统治者控制了以河西走廊为通道的传统的中西商路，西夏对于过境商旅征收高额商税，“十而指一”，并且“必得其最上品”[①]，甚至过境商贾还要遭到羁留、勒索或劫掠，生命财产得不到保障。于是西域各国、各地区的商贾、贡使考虑到自身的利益和安全，避开河西走廊这一传统的东西商道，绕道河湟，走曾繁盛一时的“吐谷浑路”（青海道）。由于中西商路的改道，“高昌诸国商人皆趋鄯州贸卖”[②]，所以青唐（今青海西宁市）吐蕃唃厮啰政权统治区逐渐兴盛，在商路所经之处，修建了一公、摩宗、敦巴、巴金、巩令、结罗、斫龙、讲朱、错凿、当标、珂诺等许多城镇。丝绸之路的改道，使河西走廊这条传统的中西商道渐渐荒凉、阻塞。这一时期河西走廊没有出现新建的城镇，汉唐时期的河西诸州如凉、甘、肃、瓜、沙等地，至西夏时期依然如故。这种数百年一贯制的城镇分布格局不被突破，正是商路阻塞，封闭隔绝所造成的。凉州虽然也是地当四冲，“车辙马迹，辐辏交会，日有千数”[③]，但这只局限于西夏区域的交会，不能与隋唐时期那种“襟带西蕃、葱右诸国，商旅往来，无有停绝”[④]的盛况相比。西夏统治者人为地阻断商路，闭守一隅的政策，使西夏遭受了无法估量的经济损失。地当商路要冲的河西地区受到的影响更大，河西地区的经济就在这种阻塞封闭的环境中逐渐落后，与中原地区的差距增大了。

---

① [宋] 洪皓：《松漠纪闻》卷一，载文渊阁《四库全书》第407册，台北：台湾商务印书馆，1986年，第697页。

② [元] 脱脱等：《宋史》卷四九二《吐蕃传》，北京：中华书局，1977年，第14161页。

③ 史金波：《西夏佛教史略》附录一《重修凉州护国寺感通塔碑》汉文碑铭，银川：宁夏人民出版社，1988年，第252页。

④ [唐] 慧土、彦悰著，孙敏棠、谢方点校：《大慈恩寺三藏法师传》卷一，北京：中华书局，2000年，第11页。

西夏统治时期，河西地区经济发展的落后是历史局限所造成的。回顾历史，值得反思，前人的经验教训至今仍值得我们借鉴。

（原载于《宁夏社会科学》2002 年第 4 期）

# 西夏的农业与畜牧业

建立西夏的党项羌原以畜牧为业，不知稼穑。内迁后，在汉族先进的农业文明的影响下，党项人逐渐学会耕作，但由于地域以及自然条件的局限，“树艺殊少”[①]。西夏政权建立后，其统治地域扩大，在封建化的进程中，党项人已认识到土地的使用价值，“岁时以耕稼为事，略与汉同”[②]。农业逐渐成为西夏社会经济中的一个重要生产部门。

## 一、兴修水利与开垦荒地

水是一切生命之源，水利是农业的命脉，农业必须以灌溉为前提。历代对这一地区的开发均是以灌溉为中心，在这里兴修了秦家渠、汉延渠、光禄渠、唐徕渠、艾山渠、七级渠、特进渠、御史渠、尚书渠[③]等灌溉渠道，形成了一个水利网络。历来统治者也在河西地区修筑了众多大小灌渠，《史记·河渠书》第七载：“朔方、西河、河西、酒泉皆引河及川谷以溉田。”唐代的沙州敦煌有大小灌溉渠道百余条，唐代张掖黑水流域就有盈科渠、大满渠、小满渠、大官渠、永利渠等，可溉田46万余亩[④]。西夏时期，这些水利工程均被继承下来。西夏统治者十分重视水利灌溉，并尽可能地对原有水利设施进行修复与改造。利用祁连山南麓积雪融化，“河水势涨，夏国灌水宜农”。焉支山“冬夏降雪，炎夏不化，民庶灌溉”[⑤]。西夏文字典《文海》释“农”字曰“农耕灌溉之谓”，揭示了农业与水利灌溉的密切关系。发达的水利灌溉，为西夏的农业

---

① [元] 脱脱等：《宋史》卷二七七《郑文宝传》，北京：中华书局，1977年，第9426页。

② [宋] 李焘：《续资治通鉴长编》卷一三五，庆历二年二月辛巳，北京：中华书局，1985年，第3222页。

③ 杜建录：《西夏经济史》，北京：中国社会科学出版社，2002年，第124—125页。

④ 慕少堂：《甘州水利溯源》，《新西北》1940年第4期。

⑤ [俄] 克恰诺夫著，李范文、罗矛昆译：《圣立义海研究》，银川：宁夏人民出版社，1995年，第59页。

生产奠定了坚实的基础，正如《宋史·夏国传下》所载："其地饶五谷，尤以稻麦。甘、凉之间，则以诸河为溉，兴、灵则有古渠曰唐来，曰汉源，皆支引黄河。故灌溉之利，岁无旱涝之虞。"

水利是农业的命脉，西夏统治者对此有清醒的认识，不仅重视水利灌溉，也十分重视加强对农田水利的管理，以法律的形式制定了一系列有关农田开发与水利管理的规章制度，这些制度既继承了唐代《水部式》，而又详于《水部式》[①]。《天盛改旧新定律令》就具体、明确地规定了水利设施的管理和水的使用办法。每年例行的春开渠是从三月一日至四月十日，共40天，要确定开渠的负责人及工程的质量，并由夫事小监具体负责工程质量和进度。自四月十日至入冬结冰前约五个月为灌水期，在这期间，水利工程的维修、保护及用水分配均由夫事小监、渠水巡检、渠主、渠头等水渠基层管理者分别负责管理。他们的主要职责就是巡视、监察和维修水渠，管理放水溉田，并对管理者有严格规定，在水法面前人人平等。这充分反映出西夏水法的严密、合理及规定的全面。

西夏统治者对扩大农耕土地，增加农业收益是颇感兴趣的。因为，农业收益与国家的富强，以及满足个人奢侈生活的需要有密切关系。夏毅宗谅祚统治初期，身任国相的没藏讹庞凭借武力侵耕宋朝麟州西界屈野河外肥沃土地，"令民播种，以所收入其家"[②]。这表明西夏统治者已认识到农业所带来的效益。要获得更多的农业收益，开垦荒地是切实可行的办法，因而西夏统治者鼓励人民开垦荒地，扩大垦田面积，并给以法律的保证。《天盛改旧新定律令》明确规定，抛荒地与无主荒地归开垦者所有，而且三年之内免交地租，三年之后，根据土地、苗情等，决定交纳"五等租"中的某一等地租。土地可永远占用，有权买卖。在鼓励开垦荒地的同时，三年之内免征地租，三年之后，酌情交纳。这可使人尽其力，地尽其利，充分发挥土地的效用。用法律的形式鼓励垦荒拓田，这不仅促进了西夏土地资源的大量开发利用，发展了西夏的农业，并且进一步巩固了新兴的封建生产关系，在西夏封建化进程中具有重要意义。

## 二、农业生产工具与生产技术的进步

西夏农业的发展，还表现在生产工具的先进与耕作技术的进步。为了发展

---

① 郑炳林：《敦煌地理文书汇辑校注》，兰州：甘肃教育出版社，1989年。
② 戴锡章：《西夏纪》卷一二，济南：山东泰山出版社，2000年，第223页。

农业，西夏普遍采用汉族先进的生产工具。《文海》记载的西夏农业生产工具有犁、耙、锹、耧、镰等，《番汉合时掌中珠》也收录犁、铧、锄、耙、镰、锹、碾、碓、碾等字。在安西榆林窟西夏洞窟的壁画中还见到锹、锄、耙等农业生产工具的图形，这些生产工具均为木柄铁器。《文海》释“犁”为“犁铧也，耕用农器之谓也”[①]。“犁”的西夏字从木，“铧”字从铁，为铁铧木犁。黑水城出土的两个铧，都呈楔形，一个有圆形末端，另一个尖端已断折。铧的背面有塞套，用来插犁柄，犁则用木制[②]。生产工具的多种形制，反映了农业生产程序中分工的多样化，也说明了农业生产技术水平与中原十分接近。

西夏农田耕作的方法与宋代北方地区基本相同。播种主要有耧播和撒播两种。《文海》释“耧”为“埋籽用，汉语耧之谓”[③]。释“种”为“撒谷物籽种田地之谓”[④]。大致糜粟、小麦耧播，荞麦因颗粒大而呈三角形，且要拌以灰肥，只能撒播。《文海》释“地畴”为“地畴也，畦也，开畦种田之谓也”[⑤]。释“田畴”为“田畴也，种田也。出粮处也”[⑥]。反映了此时西夏农田耕作的精细程度。汉代赵过总结出的代田法，适宜西北干旱地区的农业生产，所以“教边郡及居延城。是后边城、河东、弘农、三辅、太常民皆便代田，用力少而得谷多”[⑦]。这种耕作方法可能在西夏地区仍在沿袭使用。

西夏农业生产中广泛使用牛耕，《番汉合时掌中珠》与《文海》对此均有记载。《文海》释“(牛)扛”为“农用(牛)扛拉犁者也”。安西榆林窟西夏壁画《牛耕图》中对牛挽杠耕的耕作方法有所描绘，二牛挽杠，一人扶犁耕田，形象生动逼真。20世纪70年代，在宁夏贺兰山麓西夏陵区101号墓出土的鎏金铜牛，给我们提供了牛耕的实物佐证。这些均充分表明西夏已普遍使用牛耕，而其耕作方法则与中原地区流行的“二牛抬杠”完全一样。西夏双牛抬杠的耕作方法比唐朝时双手按犁柄的耕作方法已有所改进，但与当时内地流行的曲辕犁相比显然落后，这说明自中唐吐蕃占领河西以来，农业生产工具的改进是比较缓慢的。

---

① 史金波等译：《文海研究》，北京：中国社会科学出版社，1983年，第479页。

② 转引自白滨：《从西夏文字典〈文海〉看西夏社会》，载《西夏史论文集》，银川：宁夏人民出版社，1984年，第166页。

③ 史金波等译：《文海研究》，北京：中国社会科学出版社，1983年，第521页。

④ 史金波等译：《文海研究》，北京：中国社会科学出版社，1983年，第504页。

⑤ 史金波等译：《文海研究》，北京：中国社会科学出版社，1983年，第472页。

⑥ 史金波等译：《文海研究》，北京：中国社会科学出版社，1983年，第521页。

⑦［汉］班固：《汉书》卷二四上《食货志四上》，北京：中华书局，1962年，第1139页。

## 三、农作物品种

西夏农作物种类可分为粮食作物与经济作物两大类。

《宋史·夏国传下》称西夏“其地饶五谷，尤宜稻麦”。水稻是西夏粮食作物之一，主要在兴灵黄河灌区种植。宋初郑文宝至贺兰山下，“见唐室营田旧制，建议兴复，可得粳稻万余斛，减岁运之费”①。宋元丰四年（夏大安八年，1081 年），北宋五路伐夏时，直抵灵州（治今宁夏灵武县西南）城下的宋军就驻扎在收割后的稻田里。小麦在西夏境内广泛种植，沙州（治今甘肃敦煌市西）居民“恃土产之麦为食”②，而灵武郡人缴纳的租税就有小麦。刘攽《熙州行》诗曰：“岂知洮河宜种稻，此去凉州皆白麦。”③这均清楚地表明在东起黄河，西至玉门的西夏境内小麦普遍种植。大麦在西夏种植的也比较普遍，《圣立义海·山之名义》载：“焉支上山，冬夏降雪，炎夏不化。民庶灌耕，地冻，大麦、燕麦九月熟。”《天盛改旧新定律令》卷一五《催纳租门》载：“大麦一种，保静县人当交纳。”黑水城出土的有关田赋、钱粮、诉讼等类文书中，也涉及大麦等农作物④。荞麦在西夏的高山坡谷地广为种植，《圣立义海·地之名义》曰：“坡谷地向柔，待雨宜种荞麦也。”西夏文本《碎金》曰：“回鹘饮乳浆，山讹嗜荞饼。”⑤山讹即横山党项、横山羌，“山讹嗜荞饼”，清楚地反映了荞麦在横山地区种植广泛，以及荞麦在当地人民生活中的重要地位。另外还有糜、粟、黍、黄谷、青稞、大豆、小豆、豇豆、豌豆、荚豆、荜豆、红豆、黑豆、赤豆、绿豆等粮食作物也都在西夏有所种植。

西夏的经济作物主要有桑麻、瓜果、蔬菜、林木等。西夏境内的河西陇右地区历史上就有养蚕植桑的传统，唐朝安史之乱前，“桑麻翳野，天下称富庶者无如陇右”⑥。安史之乱后，吐蕃奄有河西地区，但桑蚕业传统并未中断，吐蕃人也学会了农桑，有与桑麻有关的“丝棉部落”。宁夏地区也有植桑的传

① [元] 脱脱等:《宋史》卷二七七《郑文宝传》，北京：中华书局，1977 年，第 9427 页。

② 陈开俊等:《马可波罗行记》第 1 卷第 40 章《唐古忒州》，合肥：福建科学技术出版社，1981 年，第 49 页。

③ [宋] 刘攽:《彭城集》卷八《熙州行》，文渊阁《四库全书》第 1096 册，台北：台湾商务印书馆，1986 年，第 82 页。

④ 李逸文:《黑城出土文书》(汉文文书卷)，北京：科学出版社，1991 年，第 20 页。

⑤ 聂鸿音、史金波:《西夏文本碎金研究》,《宁夏大学学报》1995 年第 2 期。

⑥ [宋] 司马光:《资治通鉴》卷二一六《唐纪》三二，天宝十二年八月戊戌，北京：中华书局，1956 年，第 6919 页。

统，黄河水又北薄骨律镇（今宁夏灵武县）"城在河渚上，赫连果城也。桑果余林，仍列洲上"[①]。西夏的桑蚕业是在前代的基础上有所发展，西夏汉文《杂字》"农田部"明确提到桑麻。西夏文法典《天盛律令》卷一七《物离库门》规定："缫生丝百斤，九十八两实交中，优九十一两半，劣四两，混二两半，二两耗减。"缫丝所需蚕茧是西夏自己养殖的。西夏也种植大麻，大麻织成麻褐，并用来作为交纳的物品。

西夏出产水果，品种繁多，有桃、李、杏、梨、枣等，且分布范围较广。《圣立义海·山之名义》载："贺兰山尊，冬夏降雪，有种种林丛、树果、芜荑及药草。"唐代诗人韦蟾《送卢藩》诗描述："贺兰山下果园成，塞北江南旧有名。"秋天为水果成熟季节，八月，"果木熟时，桃、粟、榛、蒲桃等熟"。九月，"果木尾熟，栗子、胡桃、李子熟也"[②]。葡萄也是西夏境内的特色水果，五代宋初，敦煌出现以种植葡萄为主的园艺户和葡萄园，西夏奄有河西后，这些专门以种植葡萄等水果的园艺户和葡萄园也必然存在。西夏瓜类有回纥瓜、大食瓜等，回纥瓜就是西瓜，是西夏境内的特产，西夏汉文《杂字》载有回纥瓜；大食瓜因来自大食而得名，系甜瓜类。《圣立义海·八月之名义》载："八月末，储干菜，瓜熟冷食。"五代宋初，敦煌地区瓜果种植兴盛，敦煌文献P3396《年代不明（十世纪）沙州诸渠诸人瓜园名目》，详细地记载了敦煌地区五六十家瓜园的分布情况[③]。西夏建立后，直接继承了敦煌现有的瓜园。西夏境内的贺兰山、祁连山、天都山等地都有原始森林，也在其他地区人工种植了树木，并以法律规定对林木进行监护。蔬菜品种众多，《番汉合时掌中珠》与西夏文、汉文《杂字》记载的有蔓青、萝卜、胡萝卜、苦苣、茵陈、半春菜、菠菜、香菜、芥菜、葱、韭、蒜、茄子、瓠子、笋蕨、越瓜、春瓜、冬瓜、南瓜等，这些蔬菜多为当地的汉人种植，少量来自西域或南方，成为西夏人饮食生活中不可缺少的生活必需品。

---

① [后魏] 郦道元：《水经注》卷三《河水三》，载文渊阁《四库全书》第573册，台北：台湾商务印书馆，1986年，第47页。

② [俄] 克恰诺夫著，李范文、罗矛昆译：《圣立义海研究》，银川：宁夏人民出版社，1995年，第53页。

③ 郑炳林：《晚唐五代敦煌园经济研究》，载《敦煌归义军史专题研究》，兰州：兰州大学出版社，1997年。

## 四、公私粮储增多

由于兴修水利，各地农田得到及时灌溉，“岁无旱涝之虞”[①]。加之牛耕的使用，开垦荒地，采用先进的生产技术，使西夏粮食产量增加。凉州《护国寺感应塔碑》记载了护国寺竣工后，赏赐给工匠的物品就有“谷千斛”。西夏的右厢之地河西走廊地区已成为支持战争和巩固政权的重要粮食供给地。夏大安十一年（1084 年），银、夏州等地发生严重的自然旱灾，粮食缺乏，西夏政府下令“运甘、凉诸州粟济之”[②]。公私储粮增多，必然使西夏设置粮仓。据有关史料记载，西夏著名的粮仓粮窖，夏州境内有德靖镇七里平和桃堆平。七里平有谷窖大小百余所，储粮约八万石；桃堆平的“国官窖”“密密相排，远近约可走马一直”[③]；灵州西南的鸣沙川（一作鸣沙州）的“御仓”，窖藏粮食多达百万石，是西夏黑山威福监军司军粮供给地；陕西葭芦、米脂地区，其“里外良田不啻一二万顷。夏人名为‘珍珠山’‘七宝山’，言其多出禾粟也”[④]。夏人誉称为“金窟埚”的石堡城，“夏人窖粟其间，以千数”[⑤]。位于今甘肃定西市南的西市城（一作西使城），夏拱化四年（1066 年）二月，毅宗谅祚曾在这里“建造行衙，置仓积谷”[⑥]。贺兰山西北的“摊粮城”，是西夏后方著名的储粮地。宋哲宗元符二年（1099 年），宋朝新筑的定边城，原本是西夏辖地，这里“川原厚远，土地衍沃，西夏昔日于此贮粮”[⑦]。

除了公私粮窖储存了大批的粮食外，西夏境内还有“御庄”即皇室建立的庄园。其中一个“御庄”位于兰州附近的龛谷城。宋元丰四年（1081 年）九月，宋统帅李宪率军向兰州挺进时，曾发掘西夏龛谷川的粮仓，获取积谷。史载：“大军过龛谷川，秉常僭号御庄之地，极有窖积及贼垒一所，城甚坚固，无人戍守，唯有弓箭铁杆极多，已遣逐军副将，分兵发窖取谷及防城弓箭之类。”[⑧]兰州附近的质孤（一作智固）、胜如二堡也有“御庄”，史载“智固、胜

① [元] 脱脱等：《宋史》卷四八六《夏国传下》，北京：中华书局，1977 年，第 14028 页。
② [清] 吴广成著，李蔚整理：《西夏书事》卷二七，济南：山东泰山出版社，2000 年，第 110 页。
③ [宋] 李焘：《续资治通鉴长编》卷三一九，元丰四年十一月辛卯，北京：中华书局，1985 年，第 7714 页。
④ [元] 脱脱等：《宋史》卷一七六《食货志上》，北京：中华书局，1977 年，第 4269 页。
⑤ [元] 脱脱等：《宋史》卷三四八《陶节夫传》，北京：中华书局，1977 年，第 11038 页。
⑥ 戴锡章：《西夏纪》卷一三，济南：山东泰山出版社，2000 年，第 229 页。
⑦ [清] 徐松辑：《宋会要辑稿》方域八之二七，北京：中华书局，1957 年，第 7454 页。
⑧ [清] 徐松辑：《宋会要辑稿》兵一四之一八，北京：中华书局，1957 年，第 7001 页。

如川，伪号御庄”[①]。其地“平沃，且有泉水可以灌溉，古称榆中”[②]。这些粮窖、御庄的设置，反映了西夏农业发展的状况。

## 五、畜牧业的兴盛

畜牧业是党项族传统的经济部门，历唐末五代至宋初，除一部分党项人学会农耕外，大部分仍过着定居或半定居的畜牧以及不定居的游牧生活。西夏政权建立前，因其疆域狭小，畜牧业的发展受到限制。建立后，其疆域扩展至兴、灵及河西走廊的甘、凉农业区，畜牧业在原有基础上迅速发展，是西夏主要经济构成，在经济生活中仍占有重要地位，正如元昊所说：“衣皮毛，事畜牧，蕃性所便。”[③]

西夏的畜牧业有雄厚的实力，发展兴盛，主要有以下诸种因素：

### （一）优越的自然地理环境与畜牧传统

西夏境内牧场辽阔，水草丰美，自古以来就是匈奴、鲜卑、突厥等众多游牧民族驰骋、活动、生存之地，也是中原王朝重要的养马基地，唐朝时，有大批突厥人被安置在鄂尔多斯地区从事畜牧业。

河西陇右地区是历代王朝传统的牧业基地，唐朝时，在“西起陇右、金城、平凉、天水，外暨河曲之野，内则岐、豳、泾、宁，东接银、夏，又东至于楼烦”[④]的广大地区，设养马监。河西走廊地区的祁连山与焉支山水草茂美，宜畜牧，早在汉代时，就以养马而著名，当匈奴失去这两个天然宝地后，沉重地唱道：“亡我祁连山。使我六畜不蕃息；失我焉支山，使我妇女无颜色。”[⑤]河西走廊“善水草，宜畜牧”[⑥]，不仅凉州是“畜牧甲天下”之地，而且瓜、沙诸州也是传统的畜牧基地，“素鲜耕稼，专以畜牧为生”[⑦]。正是这些优越的自然地理条件与深厚的牧业传统，为西夏畜牧业的发展提供了良好的发展空间，奠定了雄厚的基础。

---

①［宋］李焘：《续资治通鉴长编》卷四四四，元祐五年六月辛酉，北京：中华书局，1993年，第10684页。

②［宋］李焘：《续资治通鉴长编》卷四六〇，元祐六年六月丙午，北京：中华书局，1985年，第10998页。

③［元］脱脱等：《宋史》卷四八五《夏国传上》，北京：中华书局，1959年，第13993页。

④［宋］欧阳修：《文忠集》卷一一二《奏议一六·论监牧札子》，载文渊阁《四库全书》第1103册，台北：台湾商务印书馆，1986年，第145页。

⑤［汉］司马迁：《史记》卷一一〇《匈奴列传》索隐引《西河旧事》，北京：中华书局，1959年，第2909页。

⑥［元］脱脱等：《金史》卷一三四《西夏传》，北京：中华书局，1975年，第2877页。

⑦［清］吴广成著，李蔚整理：《西夏书事》卷三二，济南：山东泰山出版社，2000年，第126页。

（二）设立机构，严格管理

西夏统治者重视畜牧业生产，元昊建立政权前的1033年，即在其统治区内建立了一整套官制，在其设立的机构中就有“群牧司”这一官署。群牧司职掌马匹饲养、繁殖、调教以及交换等事务。后虽屡经改革、变动，但群牧司这一经济管理机构并没有因为年代久远、政权嬗变而取消，自始至终存在。由于耕战的需要，西夏统治者重视马、牛、驴等大家畜的牧养，制定法律条文，保护私属家畜，严禁屠杀自属牛、驼、马、驴等，如果违反禁令，要予以严惩。对于官畜则管理更加严格，建立起一套完整的诸如幼畜登记号印、大校、患病验视、死减注销及死亡赔偿等制度[①]。

（三）生产与外贸的需要

随着西夏农业生产的发展及外贸的繁荣，对畜牧产品的需要量增大，这也促进了畜牧业的发展。西夏农业生产中牛耕挽杠的普遍使用，牛成为役力工具，是西夏农业生产中不可缺少的生产资料，这必然促进西夏大力发展养牛业。西夏建立后，与周边的宋、辽、金政权始终保持密切的联系与交往，在官方榷场和民间互市中，马、牛、羊、驼及毛毡、毡毯等均为大宗的输出品，“牛马驼羊之产，金银缯帛之货，交受其利，不可胜纪”[②]。畜产品在交换中的商品化，必然也会促进畜牧业的发展。

（四）军事战争的需要

西夏的军事制度具有鲜明的民族特色，就是全民皆兵，即“无复兵民之别，有事则举国皆来”[③]，西夏人凡“年六十以下，十五以上，皆自备介胄弓矢以行”[④]。因而马、驼等成为百姓家家户户必有之物。西夏军队数量庞大，文献中有十几万、二十几万、三十几万、五十几万甚至八十几万的记载，每一正军则需配马、驼各一，这样就需要大量的健马、壮驼。而西夏对外战争频繁，马、驼又损失惨重必须及时补给。出于军事战争的需要，西夏统治者特别重视马、驼等畜牧业生产。

---

① 杜建录:《西夏官牧制度初探》,《宁夏社会科学》1997年第3期。

②［宋］范仲淹:《范文正公集》第九《答赵元昊书》，载文渊阁《四库全书》第1089册，台北：台湾商务印书馆，1986年，第652页。

③［宋］李焘:《续资治通鉴长编》卷二一七，熙宁三年十一月乙卯，北京：中华书局，1985年，第5285页。

④［宋］曾巩:《隆平集》卷二〇《外国传・西夏》，载文渊阁《四库全书》第371册，台北：台湾商务印书馆，1986年，第199页。

西夏的牲畜种类多，主要有马、牛、驼、羊、驴、猪、狗、牦牛等，对于“全民皆兵”的西夏人来讲，马是其立国的根本，马也是与周边政权进行贸易的主要商品，因此重视马的牧养。西夏法典《天盛改旧新定律令》规定：“官牧场之马不好好养育而减食草者，计量之，比偷盗法加一等。未减食草，其时检校失误致马羸瘦者，当视肥马已瘦之数罚之，自杖罪至一年劳役，令依高低承罪。”[①]羊的品种甚多，《文海》载有绵羊、山羊、羖羱等，羖羱即山羊，善于爬山涉水，北方契丹境内诸部族常“引大羊以此羊为群首”[②]。羖羱是西夏四种官畜之一，《天盛改旧新定律令》有明确记载：“四种畜中，牛、骆驼、羖羱等之年年应交毛、酥者，预先当由群牧司于畜册上算明。”[③]这均说明羖羱在西夏畜牧业生产中占有重要地位。骆驼在西夏主要当作交通工具，用于行路、运货、骑用及战争。驴、骡主要是民间牧养，西夏人用驴、骡来乘挽和驮运。

畜牧业在西夏有雄厚的实力，西夏统治200多年间，与北宋、辽、金之间战争不断，每次战争，马、牛、羊、骆驼等各种牲畜的损失数以万计。宋仁宗皇祐二年（1050年），辽征西夏，“北路兵至西凉府，获羊百万，橐驼二十万，牛五百”[④]。马也有相当的数量，天圣初，武威郡不断向中原王朝进贡马匹，西夏文词典《文海》中所收的有关畜牧业的字词达一百个以上。西夏畜牧业的发展还反映在畜产品的商品化，西夏文书《天圣二十二年卖地文契》记载某人卖掉牧场，换回牲畜[⑤]。《天庆十一年典卖契》中典出的物品全是袄子裘、马毯、皮毯、白帐毡、皮裘等畜产品。由于西夏生产的羊马毡毯用之不尽，必然作为商品与其他政权进行交易。这反映出西夏以畜牧为主的经济特色，也从另一侧面显示出西夏畜牧经济的雄厚实力。

（原载于《中国西北少数民族通史·辽宋西夏金卷》，北京：民族出版社，2009年，第187—194页、第204—207页。）

---

① 史金波、聂鸿音、白滨译：《天盛改旧新定律令》卷一九《畜利限门》，北京：法律出版社，2000年，第580页，汉译本。

②［宋］唐慎微：《证类本草》卷一七《兽部中品》，载文渊阁《四库全书》第740册，台北：台湾商务印书馆，1986年，第770页。

③ 史金波、聂鸿音、白滨译：《天盛改旧新定律令》卷一九《畜利限门》，北京：法律出版社，2000年，第577页，汉译本。

④［宋］李焘：《续资治通鉴长编》卷一六八，皇祐二年三月庚子，北京：中华书局，2000年，第4035页。

⑤ 黄振华：《西夏天盛二十二年卖地文契考释》，载《西夏史论文集》，银川：宁夏人民出版社，1984年版。

# 西夏的手工业

西夏政权建立后的迅速封建化，使其成为一个具有一定经济实力的封建割据政权。西夏统治者重视手工业生产的发展。元昊即位后，所设政府机构中就有文思院，职掌供御仪物服饰的制造，系官府手工作坊之一，也可以说是皇家工艺制造局。后来又设立了工技院、刻字司、造案司、金工司及织绢院、铁工院、木工院、造纸院、砖瓦院、出车院等，这些都是管理生产技艺的机构，从初期文思院的设立至中期部门的增多，说明西夏手工业生产具有了一定的规模，分工更加细致，生产技艺、制作水平也有所提高。西夏的手工业分为官营与民营，但主要由官府掌握，其重要生产部门与高技艺工匠大多被官府控制。而产品主要是服务于封建统治者的奢侈生活，很少进行商品交换。

## 一、纺织业

西夏建立后，在原有皮毛加工的基础上，逐步建立和发展了纺织业，由于畜牧业在西夏经济中占据重要地位，牲畜皮毛原料丰富，所以毛纺织业成为西夏居民的普遍家庭副业。《天盛改旧新定新律令》载西夏设有织绢院，负责全国的纺织业。《文海》释“织”为“与汉语同，番语织粗绢之谓也”；释“纺”为“编经织纬之义”；“麻”即“麻草，可作布也”；“绫、棉”即“绵绫也，种种花有之谓”。由于西夏“民庶青绿，以别贵贱”，青、绿色是普通百姓的服色，还有“青染料”“红染料”，这些均表明西夏纺织与浸染技术均有一定程度的发展。其纺织工具有木刮刀和石纺轮，产品主要有氆氇、毛褐、毡、毯等，用于制作衣服、巾帽、被单、鞋袜，以及盖屋顶、搭帐篷等日常需要。这些纺织新产品中尤以额里合牙的阿剌筛（今内蒙古阿拉善左旗巴音浩特城）出产的驼毛毡是“世界最丽之毡”，白毡为“世界最良之毡”[①]。这些成为西夏对外贸易的

① [意]马可·波罗著，冯承钧等译：《马可波罗行记》第1卷第72章，上海：上海书店出版社，1999年，第163页。

主要商品，商人将其运售契丹及世界各地，足见其毛纺织技术非常发达。西夏陵出土的素罗、纹罗、工字绫、向绫等丝织品，轻柔纤细透明缥缈，织法新颖别致，表面还残留敷彩或印金粉的痕迹，可见原来印有斑斓绚丽的色彩。特别是茂花闪光锦，色调层次丰富，闪色效果好，这均为研究西夏的纺织技术及浸染闪色技术的发展情况，提供了珍贵的实物资料[①]。

## 二、冶铁业

西夏境内矿藏丰富，冶铁主要用以制造兵器与农具。西夏统治者尤为重视兵器的制造，并把它牢牢掌握在政府手中。中央机构中设有“铁工院”“冶金司”统领全国的冶铁业。西夏设有专门的冶铁工场，在夏州设铁冶务，这是西夏冶铁制造兵器之处。因冶铁关系西夏兵器制造，宋臣范育上奏“外收西贼所恃茶山、铁冶、竹箭财用之府”[②]。元昊时期，在兴庆府王宫中也设有冶铁工场[③]。其冶炼技术较为先进，安西榆林窟第3窟千手观音壁画中有西夏时的《锻铁图》，一人坐于墩上，两手用力推拉风箱，风箱之后有炉火焰。另有两铁匠，一人左手握火钳夹一铁件置于铁砧上，右手举锤，另一人双手抡锤锻打铁件。它生动地反映了当时西夏铁匠手工锻铁的劳动场景。此时西夏在冶炼中采用了木制门扇式的竖式风箱，这种风箱构造简单，坚固耐用。所用材料廉价易取，而且风箱容量大，鼓风量大，可炉温升高，提高铁水的温度，这表明西夏采用了比较先进的鼓风技术。

铁制品在日常生产、生活及战斗中用途广泛，生活、生产用品如针、钻、锅、铲、铃、壶、锁、犁、耙、锄、镰、锹等，用作兵器则有斧、刀、剑、枪、弓箭、铠甲等。西夏的铠甲是“冷锻而成，坚滑光莹，非劲弩可入”[④]。被宋人誉为“最为利器”的神臂弓，“弓之身三尺有二寸，弦长二尺有五寸，箭木羽长数寸，射二百四十余步”[⑤]。南宋高宗年间，抗金名将韩世忠就是仿照西夏的神臂弓制造出“克敌弓，以与虏金战，大获胜捷”[⑥]。夏人剑也享有

---

① 陈广恩、朱巧云：《西夏手工业成就及其在中国科技史上的地位》，《固原师专学报》1996年第2期。

②［宋］李焘：《续资治通鉴长编》卷二二〇，熙宁四年二月壬戌，北京：中华书局，1985年，第5345页。

③［宋］沈括：《梦溪笔谈》卷二五《杂志二》，北京：文物出版社，1975年，第3页。

④［宋］李焘：《续资治通鉴长编》卷一三二，庆历元年五月甲戌，北京：中华书局，1985年，第3137页。

⑤［宋］洪迈：《容斋随笔》卷一六《神臂弓》，北京：中国世界语出版社，1995年，第391页。

⑥［宋］洪迈：《容斋随笔》卷一六《神臂弓》，北京：中国世界语出版社，1995年，第392页。

“天下第一”[①]的盛誉，宋朝皇帝及其文人学士皆以得到此剑为荣，宋钦宗曾“佩夏国宝剑”。后将它赏赐给王伦，苏轼见此剑“极欣赏”。并请晁补之为其作诗：“试人一缕立褫魄，戏客三招森动容。”[②]赞誉夏人剑不仅犀利无比，而且精巧美观。

### 三、采盐业

采盐业是西夏发达且重要的一个传统手工业生产部门，在西夏日常生活及政府财政收入中均占有重要地位。元昊时，“数州之地，财用所出，并仰给于青盐”[③]。政府设有盐铁使专门管理盐的开采、管理与销售。西夏境内水源丰富，湖泊较多，具有优越的采盐环境。盐的产地主要在盐州和灵州。盐州五原有乌池、白池、瓦窑池、细项池等四盐场，灵州则有温泉池、两井池、长尾池、五泉池、红桃池、回乐池、弘静池等盐场。这些盐场主要产青、白盐，青盐以稍带青绿色而得名，其品质纯正，质量比白盐更佳。盐州乌池、白池所产青盐、白盐，质量上乘，深受蕃汉人民喜爱。此外，在西安州（今宁夏海原县）的碱隈川有盐池，还出产红盐与白盐，但产量与质量不如盐州、灵州的青、白盐。

西夏青白盐除了供人民食用外，主要作为商品，用于同宋、辽、金进行官方贸易，其中运到宋关中地区的最多，以此换回大批粮食。由于西夏青白盐质优价廉，深受宋朝沿边人民的欢迎，故食解盐者日少，从而使“解盐之利，日渐侵削”[④]，宋政府以严刑峻法禁止私贩青、白盐至宋牟取暴利。西夏所产青、白盐数量多，质量好，走俏于边地，这与西夏采盐业规模与采盐技术有密切的关系。

### 四、造纸、印刷业

西夏造纸技术精湛，中央设有造纸院，专门掌管造纸。从黑水城出土的大量西夏文书和刊本来看，西夏人多用自己所造的纸，且品种、质量多有不同，

---

① [宋] 太平老人：《袖中锦》，载《四库全书存目丛书》子部第 101 册，济南：齐鲁书社 1995 年，第 385 页。

② [宋] 晁补之：《鸡肋集》卷一〇《赠戴嗣良歌时罢洪府监兵过广陵为东坡公出所获西夏刀剑东坡公命作》，载文渊阁《四库全书》第 1118 册，台北：台湾商务印书馆，1986 年，第 474 页。

③ [宋] 包拯：《包孝肃奏议集》卷九《论杨守素》，载文渊阁《四库全书》第 427 册，台北：台湾商务印书馆，1986 年，第 171、172 页。

④ [宋] 李焘：《续资治通鉴长编》卷一四六，庆历四年二月庚子，北京：中华书局，1985 年，第 3537 页。

从厚而柔韧、光滑的纸和胶合纸，到薄而透明类似现代烟卷纸的都有。纸张的颜色多是灰色而深浅程度不等，从雾白色到近乎褐色者都有，也有少量纸张是鲜黄色的[①]。其中“薄而透明”的纸为上等纸，甘肃武威发现的西夏医方即是用上等白麻纸书写，而著名的西夏惠宗天赐礼盛国庆年间的瓜州审判案文书的纸，就是西夏自造纸。据专家鉴定，该文书用纸原料是木本韧皮纤维，粗帘纹，纸较薄，透眼较多。《文海》释“纸”为“白净麻布，树皮等造纸也”。这均说明西夏人正是用麻、树皮等作为造纸原料[②]。

造纸业的发展也促进了印刷业的兴盛。为了发展印刷业，西夏政府设置了刻字司，1957年在北京发现的寿亲养老新书，上刻着“西夏撄文书院”重刻字样，说明西夏还有撄文书院这样的出版机构。除官府出书外，私人和学校也刻印书籍。西夏刻书种类众多，有佛经、诗、文、小说、格言、谚语、文字、音韵、法律、医术、日历、卜筮、咒文以及用西夏文翻译的汉文儒家经典、诸子、史传、兵书、医书、版画等，其中以佛经数量最多。西夏乾祐二十年（1189年），夏仁宗在大度民寺作大法会，散发蕃汉《佛说观弥勒菩萨上生兜率天经》十万册，汉《金刚普贤行诵经》《观音经》等五万册，《佛说观弥勒菩萨上生兜率天经》施经发愿文中有“镂板斯经”之语。另有一种杂字印本，四边双栏，行与行之间有界线，两个字为一组，便于记诵，这均充分反映了西夏刻书业的发达，且种类、形式多种多样。直至元代，杭州的雕印工人亦有西夏人，元代杨桓所著《书字正韵》一书，就曾录有西夏刻工数人，并用西夏文印出，此书是元至大元年（1308年）左右刻印的[③]。至今已发现的有元刊西夏文木活字版佛经和保定出土明代的西夏文石幢[④]。

## 五、建筑业

自党项内迁定居后，随着社会经济的发展，建筑业也逐渐发达兴盛。西夏政府中设有铁工院、木工院、砖瓦院等机构，这些均是与建筑有关的部门。工

① [俄]戈尔芭切娃、克恰诺夫：《西夏文写本和刊本》，莫斯科：东方文献出版社，1963年，转引自白滨：《从西夏文字典文海看西夏社会》，载《西夏史论文集》，银川：宁夏人民出版社，1984年，第172页。

② 潘吉星：《中国造纸技术史稿》，北京：文物出版社，1979年，第141页。

③ 王静如：《西夏文木活字版佛经与铜牌》，载《西夏史论文集》，银川：宁夏人民出版社，1984年，第377页。

④ 郑绍宗、王静如：《保定出土明代西夏文石幢》，《考古学报》1977年第1期；史金波、白滨：《明代西夏文经卷和石幢初探》，《考古学报》1977年第1期。

匠种类众多，具体工种名称有石匠、铁匠、绯白匠、瓦匠、木匠、垩匠等，正如《凉州护国寺感通塔碑》碑铭中的载“众匠率职，百工效技”，工匠的分工明确，相互配合，这是西夏建筑技术发达的一个重要原因。

《文海》中有关房屋建筑的字条有宫、寺、楼、房、草房、帐、回廊、桥、花园、墙、壁、檩、辐、袱、椽、柱、杆、房木、屋中木、房木杆、砖等。涉及建筑物的结构、形状、用途、材料等各个方面。“宫”释为“宫殿也，内宫也，天子住处，宫城之谓”，是皇室的居处。“舍”释为“家也，室帐也，房屋也，家庭也，屋也，住宿之谓也”，与家、门、户、房、房屋、屋舍等互注，是百姓的居处。“砖，和土揉泥，烧则名砖是也。”《番汉合时掌中珠》中亦有楼阁、库帐、泥舍、回廊、重袱、平五袱、檐袱、梳袱、椽准、檩、栏桅、柱脚、木匠、泥匠、体工、斤斧、凿锯等许多有关建筑的词条。从这些资料中，我们可以看出西夏的建筑基本是砖木结构，而且对砖的需求量很大，西夏后期对砖瓦和生产非常重视。从西夏帝陵区的发掘遗物来看，建筑材料实物有砖、瓦、鸱吻、龙头、兽头等，砖有条砖、方砖，瓦有板瓦、筒瓦，其中筒瓦有青灰与琉璃两种，而琉璃瓦有深蓝与深绿二色，还有兽面纹、花卉纹、虎头纹滴水等。鸱吻有绿琉璃和青灰二种。陵区东部边缘发现的数十座砖瓦的石灰窑址，充分说明这些建筑材料均为就地烧制。文献中关于西夏建筑和记载很多，1010年，李德明“役民夫数万于鳌子山，大起宫室，绵亘二十余里，颇极壮丽”①。元昊称帝后，在都城兴庆府城内“作避暑宫，逶迤数里，亭榭台池，并极其胜”②，又在贺兰山之东“营离宫数十里，台阁高十余丈”③。1055年，没藏氏在兴庆府西修建承天寺，1094年，乾顺诏令重修的凉州护国寺，更是“金碧相间，辉耀日月，焕然如新，丽矣壮矣”④。位于贺兰山东麓的西夏帝陵依山势，按年代排列，结构严整，规模庞大，宏伟壮观。这些均为西夏人民高超建筑技术的反映。

### 六、金银、陶瓷、竹木、玉器加工制造业

西夏政府设立了金作司、文思院、首饰院、三边工院等机构，掌管金银

① [清] 吴广成著，李蔚整理：《西夏书事》卷九，济南：山东泰山出版社，2000年，第56页。
② [清] 吴广成著，李蔚整理：《西夏书事》卷一八，济南：山东泰山出版社，2000年，第83页。
③ [清] 吴广成著，李蔚整理：《西夏书事》卷一八，济南：山东泰山出版社，2000年，第84页。
④ 史金波：《西夏佛教史略》附录一《凉州护国寺感通塔碑》汉文碑铭，银川：宁夏人民出版社，1988年，第252页。

铜犀玉等高级用品的制作。从 1958 年以来出土的大批金银器物来看，表明西夏手工业匠人较熟练地掌握了铸、锻、焊、抛光、切削、钻孔、鎏金等工艺技术，1976 年在宁夏灵武县发现的一批银器中，有曲腹钵、敞口碗、盒等，外表光莹，造形轻巧，厚薄均匀，有的器底还有线雕卧牛的精美图案，有的钵、碗内底有墨书西夏文，注明器物的重量等。西夏八号陵墓室出土的遗物中，有鎏金兽面形银饰、花瓣形镂孔金饰和嵌绿松石鎏金银饰等，其造型都较复杂，如出土的镂雕人物金耳坠，长只有 4.2 厘米，重 31 克，但却分三层镂雕，中央是三个人物像，上层三朵花，下层五花架，花芯镶嵌宝石非常精细[①]。这些造型优美、轻巧的金银器物通常是西夏统治阶级的饰品和贵重的进贡物品。

西夏的陶瓷品主要用于日常生活，且大部分为自己烧制，从考古出土的陶瓷来看，产品主要有碗、盘、碟、壶、瓶、双耳罐、人头像等，注重实际应用，但制作较粗糙，不注意外形美观。器底有砂痕，多为白釉、褐色釉，较少光泽，具有鲜明的民族特色。但也不乏精品之作，内蒙古出土的牡丹花瓶，造型凝重大方，高 37 厘米，口径 5.5 厘米，腹径 17.3 厘米，底径 10 厘米，由下而上敛小口，瓶身刻牡丹花和其他装饰图案，十分精美[②]，是西夏陶瓷工艺中的佳品。

西夏竹木器的制作也很精巧。西夏帝陵出土的竹雕，雕有庭院、山树、花卉、人物，形象逼真生动。在武威墓葬中出土的木家具，有木条桌、木衣架、小木塔、大笔架、木宝瓶、木缘塔、木板画、木碗、木唾盂、木笔筒等。其中木缘塔的制作颇具匠心，其结构复杂，由塔座、塔身、塔顶、塔刹四部分组成，制作精致，异常美观。笔是我国历史上传统的文房四宝之一，笔尖由毫毛制作，而西夏的笔是将一根光滑的竹子一头削成笔尖形，在笔尖中间划开一道缝隙，形似现在的蘸水笔。西夏的竹笔在我国历史上是罕见的[③]。

玉器加工业主要分布在河西走廊的沙州、肃州等地。宋景德元年（1004 年）四月，曹宗寿遣使贡良玉名马。宋皇祐二年（1050 年）四月，“沙州符骨笃末似婆温等来贡玉”[④]。这些贡玉虽然逊色于新疆和阗玉，但证明河西走廊

---

① 陈炳应：《西夏冶金业初探》，载《中国少数民族科技史研究》第四辑，呼和浩特：内蒙古人民出版社 1989 年，第 220—221 页。

② 陈炳应：《西夏文物研究》第十章，银川：宁夏人民出版社，1985 年。

③ 陈炳应：《西夏文物研究》第四、第十章，银川：宁夏人民出版社，1985 年；宁笃学等：《甘肃武威西部林场西夏墓清理简报》，《考古与文物》1980 年第 3 期。

④［清］徐松辑：《宋会要辑稿》蕃夷五之三，北京：中华书局，1957 年，第 7768 页。

地区沙州、肃州一带产玉，至今在祁连山鹰膀沟还保留下来一个宋代（亦即西夏时期）的采玉洞口，这充分证明产玉并有玉器加工业。

西夏境内党项人和其他各族人民汲取和借鉴中原汉族先进的生产技术与生产经验，使手工业迅速发展，技术水平普遍提高，其手工业技术成就在当时亦处于较为领先的地位。这些引人注目的科学技术成就，构成了中国科学技术史上不可分割的一个组成部分，在中国科技史上产生了深刻的影响[①]。

（原载于《中国西北少数民族通史·辽宋西夏金卷》，北京：民族出版社，2009 年，第 215—222 页。）

① 陈广恩、朱巧云：《西夏手工业成就及其在中国科技史上的地位》，《固原师专学报》1996 年第 2 期。

# 西夏的商业贸易

西夏商品经济的发展远不如宋朝统治下的中原地区，但其内部及与中原地区及各族之间的交换相对比较兴盛。以畜牧业为主要生产部门的西夏只有通过交易，而且是通过与生产先进的中原地区进行交易，才能获得自己所需要的生产资料与生活资料。正如后周世宗所说："夏州惟产羊马，贸易百货，悉仰中国。"[①]随着农业、畜牧、手工业的发展，西夏商业贸易也有长足的进步，其商业贸易分为对内与对外两大类型。

## 一、内部商业贸易

西夏内部的商业贸易分为城镇商业、高利贷与典当业、铸钱与货币等几类。

### （一）城镇商业的兴盛

西夏内部的商业贸易主要集中在所辖州府及诸监军司所在地，这些大多是城镇地区，于是西夏内部的贸易发展主要表现在城市商业的繁荣兴盛。由于受河西走廊独特的地理位置及物产的影响，西夏内部的商业带有鲜明的地域特点。西夏左厢的河西走廊处于北达灵州、兴庆府，东达秦州及中原，西通西域的丝绸之路的扼要地段，《凉州护国寺感应塔碑》记载凉州"当四衢地，车辙马迹，辐辏交会，日有千数"，这些前来的车马行人大多是从事商业与手工业活动的，"众匠率职，百工效技"[②]，反映了远道而来的客商、工匠、官僚地主、香客云集，凉州一派熙熙攘攘的繁荣景象。一些城市商人为了获取厚利，也不辞劳苦赴外地经商，《瓜州审判案》残卷记载了瓜州商人为了获利，竟有

① [宋] 司马光：《资治通鉴》卷二九二《后周纪》，后周显德二年春正月庚午，北京：中华书局，1956年，第9523页。

② 史金波：《西夏佛教史略》附录一《凉州护国寺感通塔碑》(汉文碑铭)，银川：宁夏人民出版社，1988年，第252页。

“铸银近万，乃持裂用，诸处为贩”者。为了一本万利，避免失财，他们往往借助于占卜，1972 年，在武威下西沟岘发现的西夏文占卜辞中就有“辰日买卖吉”“戌日得倍利”[①]等字句，这些均为河西商业活动的真实记录。

商业贸易中最常见的商品有粮食、布、绢帛、牲畜、肉类等。在宋夏战争期间，由于岁赐、和市的断绝，致使西夏境内物价飞涨，“尺布可直钱数百”[②]“一绢之直为钱二千五百”[③]，甚至一匹帛价值十余千。仁孝大庆三年（1142 年）九月，西夏饥荒，“民间升米百钱”[④]。19 世纪初，在黑水城被科兹洛夫窃走的“肉商图”，图中画有一位卖肉者嘴里咬着屠刀，卷着衣袖，正在切割羊肉，而在另一家店铺中，一人正在宰鸭，旁边放着许多被杀死的鸭子。这是黑水城屠宰商经营肉类的生动写照。

（二）高利贷与典当业

随着西夏内部商业的发展，上至王公贵族，下至富商大贾、平民百姓，皆纷纷发放高利贷，致使西夏高利贷盛行。在毅宗谅祚统治时期，其臣高怀正“贷银夏人”[⑤]，而“牙头吏史屈子者狡猾，为众贷谅祚息钱，累岁不能偿”[⑥]。这些人往往“腰缠万贯，身着贵服，必靠放债”[⑦]，他们正是靠发放高利贷而成为暴发户。高利贷是以钱作为赢利的根本，放债还本付息，以钱作为借还的支付手段。在甘肃武威小西沟岘发现的欠款单，只存两行：“李伴朝欠钱叁吊伍佰文”“刘的□欠钱贰佰伍十文。”[⑧]

典当是古代高利贷资本活动形态之一。典当一词有两方面的含义，一是泛指一切以动产、不动产乃至人身为抵押进行的借贷行为，二是专指以经营动产抵押放贷为主的金融机构即当铺等[⑨]。随着商业的兴盛，西夏境内的典当业也得到发展。其典当本利多为粮食，其抵押品则为衣袄、皮毯、马毯、帐毡等畜产品。从天庆十一年（1204 年）典麦契残卷 15 件中可看出借债人的抵押品为

---

① 甘肃省博物馆：《甘肃武威发现的西夏文考释》，《考古》1974 年第 3 期。

②［宋］李焘：《续资治通鉴长编》卷一三四，庆历元年十月壬寅，北京：中华书局，1985 年，第 3192 页。

③［宋］李焘：《续资治通鉴长编》卷一三八，庆历二年十二月，北京：中华书局，1985 年，第 3331 页。

④［清］吴广成著，李蔚整理：《西夏书事》卷三四，济南：山东泰山出版社，2000 年，第 136 页。

⑤［宋］李焘：《续资治通鉴长编》卷一六二，庆历八年正月辛未，北京：中华书局，1985 年，第 3902 页。

⑥［宋］彭百川：《太平治迹统类》卷一五《神宗经制西夏》，载文渊阁《四库全书》第 408 册，台北：台湾商务印书馆，1986 年，第 402 页。

⑦ 霍升平等译：《西夏箴言集锦》，《民族艺林》1988 年第 1 期。

⑧ 甘肃省博物馆：《甘肃武威发现一批西夏遗物》，《文物》1978 年第 8 期。

⑨ 刘秋根：《中国典当制度史》上海：上海古籍出版社，1995 年，第 2 页。

“袄子裘一领”，而典回的则是“共本利大麦一石三斗五升”[①]。西夏出现的典当活动，不是以货币作为媒介，而是直接采用“以物易物”的交换方式。这反映了西夏高利贷的猖獗以及商品经济的畸形发展。

为了避免广大农牧民因借债而破产，缓和阶级矛盾。西夏统治阶级采取种种措施，有针对性地制定了一些法律条令，对高利贷与典当作了种种的限制与规定，以企纳入法制的规道。夏仁宗仁孝时期颁布《天盛改旧新定律令》，其中就有许多关于高利贷与典当业的条文，如“当铺门”第7条，规定典当须有知证人；盗物不许典；典物本利相等，不许再加利；典物损毁或失盗当论价赔偿等。“催索债利门”第15条，主要规定负债不还治罪，承罪后限期还；债利一缗不过五钱，一斛不过一斛，本利相等不再加利；借畜利为一比一；买卖借债须立文据；奴仆借债当自还，不能，评估还；索债不许强人以畜、屋、田抵债等[②]。如不执行这些规定，将要受到法律的严惩。显然，这些规定是为了稳定社会秩序，缓和阶级矛盾，保证国家的税收来源，从而使西夏政权长治久安。

（三）铸钱业与货币的流通

唐朝时，商品经济的发展虽然超过了魏晋南北朝时期，但货币流通仍不能满足市场的需要，中原地区“钱荒”仍不断出现，党项部族之间只能以物易物。至北宋时，商品经济有了进一步的发展，货币流通基本上能够满足市场的需要，党项西夏受宋朝的影响，从以物易物演变到货币交换。

由于商品经济的发展，货币在流通中的作用日益重要，于是货币铸造业随之产生。传世最早的西夏货币是夏毅宗谅祚时的福圣宝钱。由此可知西夏货币的制造大约是在谅祚时期开始的。此后历代都铸造货币，在今甘肃武威、宁夏贺兰山、银川、灵武以及内蒙古包头、鄂托克旗盐池等地，出土了大安宝钱、贞观宝钱、乾祐宝钱、天庆宝钱、元德通宝、元德重宝、天盛元宝、乾祐元宝、天庆元宝、皇建元宝、光定元宝等钱。由此可知，西夏的历代统治者重视货币的制造。但由于铜料的稀少，铜币铸造不足，于是改铸铁钱。西夏严禁私运和销毁货币，“鼓铸走私百文至五百文者，处三个月苦役”“十缗者处十二年苦役”“过十七缗者，对罪犯处绞刑”[③]。从宁夏石嘴山、灵武和甘肃武威等地发现的西夏窖藏货币考古资料来看，西夏政权建立后流通的主要是北宋货币，

① 陈国灿：《西夏天庆年间典当残契的复原》，《中国史研究》1980年第1期。

② 王天顺：《西夏天盛律令研究》，兰州：甘肃文化出版社，1998年，第14—15页。

③《西夏法典》第441条，第207页，转引自《辽夏金经济史》，保定：河北大学出版社，1994年，第230页。

西夏货币只占很少一部分，从而也从另一方面说明西夏的铸钱业规模不大，有其局限性，反映了其商品经济发展水平的低下，因而严重制约了西夏商业贸易的兴盛与发展。

## 二、对外贸易

西夏的对外贸易主要是与宋、辽、金等周边政权进行的贸易活动。

### （一）宋夏贸易

西夏与北宋的贸易经历了三个发展阶段[①]，主要有朝贡、榷场、民间私市三种形式。

1. 宋夏贸易的初级阶段

宋建隆元年（960 年）至咸平六年（1003 年）是西夏对宋贸易的初级阶段，但由于李继迁发动对宋战争，致使贸易时断时续。早在西夏建立前的李继迁时期，就开始向宋进贡良马、骆驼，宋亦给以优厚赏赐，这阶段是朝贡性质的贸易活动。除了朝贡贸易外，还进行青、白盐的走私活动，以满足党项族对农产品的需要。宋政府用经济手段制裁，下令陕西沿边人民不得私市青、白盐，违者死罪。这个政策不利于宋夏关系的发展，激起了党项人的反抗，“戎人乏食，相率冠边”[②]。青、白盐价低而解盐价贵，商人贩两池盐少利，于是赴唐、邓、襄、汝间赢利，而“关、陇民无盐以食，境上骚扰”[③]，最终宋朝被迫取消盐禁。此外，李继迁还在“赤沙、橐驼路各置会贸易”[④]，以弥补朝贡贸易的不足。

2. 宋夏贸易昌盛阶段

从宋景德元年（1004 年）至西夏天授礼法延祚元年（宋宝元元年，1038 年）是宋夏贸易的中期阶段，宋夏贸易进入昌盛时期。由于李德明与宋朝保持友好关系，加之农业经济有所发展，因此对宋贸易频繁，其贸易方式也多样化。这一时期，朝贡贸易增多，“贡奉之使，道路相属”[⑤]。这种频繁的朝贡，既可获得宋朝按物估值的相应回赐，也可在指定地点进行贸易活动。这一时期，榷场贸易也有所发展，宋政府在沿边离西夏近地，如保安军（治今陕西

---

① 李蔚：《简明西夏史》，北京：人民出版社，1997 年，第 289 页。

②［元］脱脱等：《宋史》卷二七七《郑文宝传》，北京：中华书局，1977 年，第 9426 页。

③［元］脱脱等：《宋史》卷二七七《郑文宝传》，北京：中华书局，1977 年，第 9426 页。

④［宋］李焘：《续资治通鉴长编》卷五一，咸平五年正月甲子，北京：中华书局，1980 年，第 1112 页。

⑤［宋］李焘：《续资治通鉴长编》卷六五，景德四年三月庚申，北京：中华书局，1980 年，第 1449 页。

志丹县）、镇戎军（治今宁夏固原市）设置榷场，并设有勾当官与榷场使进行专门管理，西夏至宋榷场进行贸易。除宋夏双方同意设置的榷场外，李德明还"筑堡于石州浊轮谷，将建榷场"[①]，被缘边安抚司禁止。宋夏榷场贸易货物品种繁多，西夏方面主要有马、羊、橐驼、毡毯、毛褐、麝脐、羚羊角、大黄、枸杞、甘草、柴胡、苁蓉、红花、青盐、硇砂、玉石、蜜蜡、翎毛等。

除榷场外，还有和市，其交易规模较小。宋天圣四年（1026年）二月，在李德明的再三请求下，宋"置西界和市场"[②]，后又相继在河东路、陕西路沿边的久良津、吴堡、银星、金汤、白豹、虾麻、折姜等地设置和市。另有大量"窃市"，所谓"窃市"就是进行的非法交易，即在宋夏边境偷贩违禁物品，宋大中祥符二年（1009年），"德明多遣人赍违禁物窃市于边，间道而至"[③]。当时宋政府规定的违禁物品主要有青盐、铜铁、钱币、粮食、九经书疏等。除了窃市违禁品外，还有走私贸易，甚至"德明使至中国，私市禁物，隐关税为奸利"[④]。宋沿边的少数民族更是利用赴西夏探亲之际，进行走私贸易。居住在延、庆二州的熟户，"其亲族在西界，辄私致音问，潜相贸易，夏人因以为利。中国察其奸，不许"[⑤]。尽管宋政府严禁窃市与走私，但由于"官吏疏慢，法禁日弛，夏人与边民窃相贸易，日夕公行"[⑥]。

总之，这一时期宋夏贸易，出现了"自与通好，略无猜猜，门市不讥，商贩如织，纵其来往"[⑦]的空前盛况。

3. 宋夏贸易由盛而衰阶段

从夏天授礼法延祚元年（宋宝元元年，1038年）至夏崇宗乾顺元德八年（宋靖康元年，1126年），这是宋夏贸易由盛转衰的时期。由于宋夏之间时战时和，从而使贸易也时通时断，不能正常发展。

元昊称帝后，用武力迫使宋朝承认，而宋朝下令断绝与西夏的一切贸易往来，"诏陕西、河东绝其互市，废保安军榷场；后又禁陕西并边主兵官与属羌交易"[⑧]。宋朝的经济封锁给西夏的经济与民众生活带来严重的影响。后在宋朝三

---

① [元] 脱脱等：《宋史》卷四八五《夏国传上》，北京：中华书局，1977年，第13991页。
② [元] 脱脱等：《宋史》卷九《仁宗本纪》，北京：中华书局，1977年，第181页。
③ [宋] 李焘：《续资治通鉴长编》卷七一，大中祥符二年三月己卯，北京：中华书局，1980年，第1599页。
④ [清] 吴广成著，李蔚整理：《西夏书事》卷一〇，济南：山东泰山出版社，2000年，第59页。
⑤ [清] 吴广成著，李蔚整理：《西夏书事》卷一〇，济南：山东泰山出版社，2000年，第57页。
⑥ [清] 吴广成著，李蔚整理：《西夏书事》卷一九，济南：山东泰山出版社，2000年，第89页。
⑦ [宋] 李焘：《续资治通鉴长编》卷一二四，宝元二年九月丁巳，北京：中华书局，1985年，第2926页。
⑧ [元] 脱脱等：《宋史》卷一八六《食货下八》，北京：中华书局，1977年，第4563页。

战皆败的情况下，宋夏议和，宋政府重新开放保安军与镇戎军安平寨榷场，“许蕃民咸赴贸易市”[①]。宋庆历七年（1047 年），为了便于双方贸易，宋政府又将保安军榷场迁至宋夏交界的顺宁寨（今陕西志丹县西北 40 里顺宁）。此时，和市也相继恢复或设置，“宁星和市，依旧开通”[②]，此外，原先在陕西沿边的久良津、金汤、白豹、虾麻、折姜等地的和市继续“听民贸易”。和市的物品主要有罗锦、生绢、白布、杂色、被缛、茶、青盐、乳香、羊等。

这一时期的朝贡贸易则是根据宋夏双方达成的“庆历和议”的规定进行，但宋朝统治者在执行中，往往根据宋夏双方关系的好坏而有所变通。宋哲宗时，规定“夏人入贡，将物货于沿路州军估价出卖者，先以封桩钱借给，仍责原估贾人等同一季变卖”[③]。宋徽宗时，对西夏等入贡使臣在首都开封的贸易又做了补充规定，只能在指定地点进行官方贸易，其随行人等，不得“私有交易”，否则，“使臣不觉察者徒二年，引伴官与同罪”[④]。而西夏为了在这种时断时通的有限贸易中，获得最大的利益，对其贡使及其随行人员也作出了许多严格的规定和限制，如“所卖官物及所载私物等，当分别卖之而勿混”，不许以官之好物调换私之劣物，至于“随意加价出卖”，则要受到法律严惩，“当量所加之量，依枉法贪赃罪法判断”[⑤]。

此时，大量的窃市仍然存在，“公则频遣使者，商贩中国，私则边鄙小民，窃相交易”[⑥]，特别在宋夏战争期间，这种状况更为盛行。宋政府屡屡下令禁止，宋熙宁元年（1068 年）八月。“令陕西四路河东路经略司应沿边有西界和市处，严切止绝，边民不得将货物私相交易。”[⑦]但纸上的规定并不能阻止贸易往来，民间“私易殊无畏惮”[⑧]。

总之，宋夏战争影响了宋夏之间正常的贸易往来，朝贡贸易深受其害。夏毅宗谅祚攻打大顺城（今甘肃华池县西北白马乡）时，宋停止对夏的“岁

---

① ［清］徐松辑：《宋会要辑稿》食货三八之二八，北京：中华书局，1957 年，第 5480 页。

② ［清］徐松辑：《宋会要辑稿》食货三八之二八，北京：中华书局，1957 年，第 5480 页。

③ ［宋］李焘：《续资治通鉴长编》卷四一九，元祐三年闰十二月辛亥，北京：中华书局，1992 年，第 10151 页。

④ ［清］徐松辑：《宋会要辑稿》蕃夷七之四三，北京：中华书局，1957 年，第 7861 页。

⑤ 史金波、聂鸿音、白滨：《天盛改旧新定律令》卷一八《他国买卖门》，北京：法律出版社，2000 年，第 970 页。

⑥ ［宋］李焘：《续资治通鉴长编》卷三六五，元祐元年二月壬戌，北京：中华书局，1990 年，第 8753 页。

⑦ ［清］徐松辑：《宋会要辑稿》食货三八之三一，北京：中华书局，1957 年，第 5482 页。

⑧ ［清］徐松辑：《宋会要辑稿》食货三八之三三，北京：中华书局，1957 年，第 5483 页。

赐银帛”。夏天祐民安二年（1091），西夏进攻熙河、兰岷、鄜延诸路及麟府二州时，宋朝再一次绝岁赐，禁榷场、和市。但宋朝的经济封锁并不能阻止经济领域中的互通有无的往来，宋夏之间的贸易不可能完全中断，就在宋徽宗时期，宋夏争夺横山地区异常激烈，而西夏朝贡仍在进行。

（二）夏辽贸易

西夏与辽朝之间的贸易规模比宋朝小，其方式主要有朝贡与榷场贸易两种。

西夏自李继迁反宋附辽后开始向辽朝贡，至乾顺时辽亡国，总共向辽朝进贡 24 次，其中继迁时 9 次，德明时 3 次，元昊时 4 次，谅祚时 6 次，秉常时 1 次，乾顺时 1 次[①]。所贡物品主要有马、驼、锦绮、锦被褥、苁蓉、井盐、沙狐皮、兔鹘、甘石、犬子[②]，以及佛经、金佛等。辽的回赐物，不论年岁，以八节贡献回赐，除羊以外，其余皆与新罗国相同，唯将玉带改为金带，则为金腰带、细衣、马、羊、弓箭器仗、细花绮罗绫、衣著、酒、果子[③]等。辽还专门在上京城同文驿西南设有临潢驿、中京城内来宾馆等机构以招待夏使。而夏使进入辽境后竟急不可待地沿路私相贸易，所市物品包括西夏急需的铜铁，以致辽“禁夏国使沿路私市金铁”[④]。

辽朝在西京西北的天德、云内、银瓮口，以及云中西北的过腰带、上石楞坡等地设置榷场，开展对鞑靼、西夏的贸易，但“惟铁禁甚严”[⑤]，严禁铁器交易。夏辽边境“窃市”也盛行，“鬻马于宋、夏界”[⑥]。由于辽宋边界私市马匹，因此，辽朝统治者“严立科条”，禁止私市。

（三）夏金贸易

夏金贸易的重要内容是设立榷场，进行互市，榷场贸易在双方的经济交流中占有重要地位。夏正德八年（金天会十二年，1134 年）及大德四年（金天眷元年，1138 年）正月，夏崇宗乾顺乘遣使贺正旦之际，两次命使人奏

---

① 据《辽史》卷一一五《西夏外记》统计，北京：中华书局，1974 年。

②［宋］叶隆礼：《契丹国志》卷二一《西夏国贡进物件》，载文渊阁《四库全书》第 383 册，台北：台湾商务印书馆，1986 年，第 775 页。

③［宋］叶隆礼：《契丹国志》卷二一《西夏国贡进物件》，载文渊阁《四库全书》第 383 册，台北：台湾商务印书馆，1986 年，第 774、775 页。

④［元］脱脱等：《辽史》卷一一五《西夏外记》，北京：中华书局，1974 年，第 1526 页。

⑤［金］宇文懋昭：《大金国志》卷一三《海陵炀王上》，载文渊阁《四库全书》第 383 册，台北：台湾商务印书馆，1986 年，第 902 页。

⑥［元］脱脱等：《辽史》卷九一《耶律唐古传》，北京：中华书局，1974 年，第 1362 页。

告，请于陕西沿边诸地置榷场，通互市，金国一直不允。夏仁宗仁孝即位后，于夏大庆二年（金皇统元年，1141 年）正月，又于贺正旦与贺万寿节时，再次请置榷场。金熙宗应仁孝之请，首次对西夏置榷场互市。最早设置的榷场是在云中西北的“过腰带山、石楞坡、天德、云内、银瓮口”[①]等地，这一带原是辽与西夏的贸易地点，金占据这一地区后，在辽榷场贸易的基础上恢复与扩大了贸易。辽时，对于“铁禁甚严”，曾令“夏国与鞑靼人不得夹带交易”[②]。金国因为与西夏的关系日渐密切，而且也为了本国的经济收入，于是铁禁松弛。世宗、章宗朝，又继续在陕西沿边诸州保安、兰州、绥德、东胜、净、环、庆州、来远军[③]等地设置榷场。

西夏是羊马之地，在榷场贸易中，畜产品是其输出的大宗商品，其中马匹输出量最大。金也需要从西夏输入大量马匹，夏天盛十五年（金大定三年，1163 年）七月，金世宗就“遣使至榷场市马”[④]。另外，诸如珍珠、玛瑙、琥珀、犀角等珠玉，柴胡、苁蓉、红花、大黄等药材也是名贵商品，金朝统治者为了满足自己侈奢生活的需要，全然不顾大臣们的反对，用丝帛换回珠玉。由于西夏所处的地理位置，使它成为中西商路上的一个大中转站，而金却与西域各国没有更多的联系。西夏在与金的贸易中，很多商品如硇砂、和田玉等都是通过中转贸易获得，西夏实际上成为金与西方经济联系的纽带与桥梁。夏仁宗仁孝时，夏金之间不仅榷场贸易兴盛，而且富商边民利用榷场贸易进行走私贸易，以致金国被迫关闭一些榷场来打击走私活动。榷场贸易的开展对于双方经济起了互补作用，对双方均有利。北宋时，西夏经济的不足主要通过与北宋的贸易来补充，北宋亡后，西夏与南宋几乎没有任何经济联系，这就决定了西夏在经济上只能依赖于金，与金展开各种形式的商业贸易，促使夏金之间的商业流通，才能打破西夏内部单一、封闭的经济模式。这对金来说也极为有利，具有多重效益，榷场的税收能增加政府的经济收入，交流的商品可以弥补自己生产的不足，金国正是通过这种贸易形式既加强了与周边的经济联系，又在一定程度上

① [ 金 ] 宇文懋昭：《大金国志》卷一三《海陵炀王上》，载文渊阁《四库全书》第 383 册，台北：台湾商务印书馆，1986 年，第 902 页。

② [ 金 ] 宇文懋昭：《大金国志》卷一三《海陵炀王上》，载文渊阁《四库全书》第 383 册，台北：台湾商务印书馆，1986 年，第 902 页

③ [ 元 ] 脱脱等：《金史》卷五〇《食货五》，北京：中华书局，1975 年，第 1114 页。

④ [ 清 ] 吴广成著，李蔚整理：《西夏书事》卷三七，济南：山东泰山出版社，2000 年，第 141 页。

使边境得以安宁。

（原载于《中国西北少数民族通史·辽宋西夏金卷》，北京：民族出版社，2009年，第240—249页。）

# 西夏时期河西走廊佛教的兴盛

佛教在河西走廊地区早已盛行，经过唐末五代战乱，逐渐衰微。西夏统一河西走廊地区之后，不遗余力地振兴佛教，因而佛教又渐渐恢复生机。河西地区的佛教在继承前代成就的基础上，有所发展，逐渐形成了独具特色的西夏佛教。

## 一、河西走廊佛教的复兴

西夏奄有河西走廊地区以后，加强了对这一地区的政治、军事控制，并采取措施，使社会经济有一定程度的恢复与发展。河西佛教就是在社会经济发展的基础上出现了复兴。

河西走廊佛教的复兴，是由诸多因素形成的。

（一）河西走廊历来是佛教的传播地区

河西走廊是东西交通的咽喉孔道，丝绸之路的必经之地。在丝绸之路上东来西往匆忙奔波的人群中，僧侣占有一定的数量。于是产生于印度的佛教，便借助这些僧侣在河西走廊地区得到传播。

十六国时期，中原地区战乱频仍，而河西地区由于偏远，相对比较安定，便成为战乱中的一块“净土”。五凉统治者敦崇佛教，使佛教在这里大为兴盛。据史籍所载：“凉州自张规后，世信佛教。敦煌地接西域，道俗交得其旧式，村坞相属，多有塔寺。”[①]而一些名僧也在河西地区传教讲经，翻译佛典。魏晋之际的河西名僧竺法护，西晋初由西域返回，携带大量的佛教典籍，自敦煌至长安沿路传译。他先后在长安（治今陕西西安市）、洛阳（治今河南洛阳市）、敦煌（治今甘肃敦煌市）、酒泉（治今甘肃酒泉市肃州区）等地专门从事佛经译述活动，译经 154 部。永嘉之乱后，竺法护由长安避乱凉州（治今甘肃武威

① [北齐] 魏收：《魏书》卷一一四《释老志》，北京：中华书局，1974 年，第 3032 页。

市凉州区),“而所译诸经,多藏于彼处”[1]。后凉时,西域名僧鸠摩罗什居凉州十七载,学习汉语,后翻译了佛经300多卷。另一天竺高僧昙摩谶于沮渠蒙逊玄始(412—420年)中来到姑臧(今甘肃武威市),在姑臧学习汉语,并开始译经,后与河西沙门慧嵩、道朗等合作译出《大般涅槃经》36卷,《大方等大集经》29卷,共14部。由于统治者的尊崇及诸僧侣为弘扬佛教所从事的各种活动,河西走廊成为佛经翻译和佛教向中原传播的中心。

唐末五代时期,河西走廊曾先后被吐蕃、回鹘、张议潮、曹氏等政权统治,由于这些政权的统治者大力提倡和扶植佛教,使这个地区始终保留着佛教发展的势头。这种宗教环境,对以后党项人崇佛产生了潜移默化的影响,为河西佛教的复兴打下了深厚的基础。

(二)西夏统治者对佛教的提倡

党项统治者为维持和巩固自己的统治,除采取政治、军事、经济等手段外,还大力提倡佛教,利用它作为维护统治的思想武器。西夏后期的统治者更加尊崇佛教,把佛教提到更高地位。夏仁宗在汉文《佛说圣大乘三归依经》中强调“能仁(指释迦牟尼)开导,允为三界之师。圣教兴行,永作群生之福”。他企图把佛教作为全民信仰而大力推行,把佛教当成拯救社会苦难的出路。

佛教中忍耐顺从的教义内容,迎合了西夏统治者的需要,他们借助佛教顺从忍耐的说教麻痹人民,以便维护他们的统治,同时也幻想自己在天国仍具有富贵权势。正如列宁所指出的:“对于工作一生而贫困一生的人,宗教教导他们在人间要顺从和忍耐,劝他们把希望寄托在天国的恩赐上。对于依靠他人劳动而过活的人,宗教教导他们要在人间行善,廉价地为他们的整个剥削生活辩护,廉价地售给他们享受天国幸福的门票。”[2]由于党项统治者对佛教的推崇及有意识地在全国提倡,西夏佛教迅速发展起来。

(三)辽、宋及河西各地区对佛教的信仰

河西走廊地区自古以来就是多民族的活动区域,也是多民族聚居地。唐末五代以来,吐蕃、回鹘、温末、羌、龙等族错居杂处,吐蕃、回鹘更是部族众多,散处于河西诸州。这些民族大多信仰佛教,而吐蕃尤为虔诚。9世纪中期的吐蕃赞普朗达玛实行禁佛,致使许多虔诚的吐蕃佛教徒千里迢迢从青藏高原

---

① 汤用彤:《汉魏两晋南北朝佛教史》第七章《两晋际之名僧与名士·竺法护》,武汉:武汉大学出版社,2008年,第110页。

② 列宁:《社会主义和宗教》,《列宁全集》第一〇卷,北京:人民出版社,1958年,第62页。

来到河西走廊，从而使佛教在此地传播开来。

840年，漠北回鹘汗国灭亡后，迁入河西地区的回鹘人起初“役属吐蕃”[①]。因而其宗教信仰逐渐发生变化，由“八世纪中，传入摩尼教，为其国教”[②]，后又转而信仰佛教。元昊曾请回鹘僧人演绎经文，说明回鹘僧人在传播佛教中所起的作用。

位于西夏东、北面的契丹也是信仰佛教的民族，10世纪初，契丹就已经建立了佛教寺庙。辽统和四年（986年）七月，“诏上京开龙寺建佛事一月，饭僧万人”[③]，由此可见契丹族的佛教活动早已兴盛。

佛教对西夏也有不可低估的影响。党项贵族李德明曾向宋朝要求到宋北部的佛教中心五台山修供十字寺，并于宋仁宗天圣八年（1030年）十二月，正式向宋朝“遣使来献马七十匹，乞赐佛经一藏”[④]。元昊即位后，又一次向宋朝求赐佛经。宋朝颁赐的《大藏经》传到西夏，使西夏佛教信徒有了系统的理论依据，西夏佛教在中原佛教的影响下迅速发展。

这些民族对佛教的信仰形成了一种宗教文化氛围，为西夏时期佛教在河西走廊的流行，提供了有利条件。

（四）党项自身对佛教的尊崇

党项在发展的过程中，有着宗教信仰的形成、发展和变化的不同阶段。

党项在原始社会末期的父系氏族时期，从事狩猎、畜牧，社会生产十分落后，因此，他们与其他许多民族一样，虔诚地崇拜“天”。这是党项对自然界处于屈服状态下产生的一种意识形态，正如恩格斯所说：“宗教是在最原始的时代，从人们关于自己本身的自然和周围的外部自然的错误的、最原始的观念中产生的。”[⑤]

唐朝时期，党项逐渐迁徙到庆州（治今甘肃庆阳市西峰区）、银州（治今陕西横山县东党岔镇大寨梁一带）、夏州（治今陕西靖边县西北白城子）一带。随着社会生产力的不断进步，人们的意识形态也发生了变化，由早期的自然崇

---

①［宋］欧阳修：《新五代史》卷七四《四夷附录第三·回鹘》，北京：中华书局，1974年，第916页。

②冯加昇等：《维吾尔族史料简编》上册第二章第二节《宗教》，北京：民族出版社，1958年。

③［元］脱脱等：《辽史》卷一一《圣宗纪二》，北京：中华书局，1974年，第123页。

④［宋］李焘：《续资治通鉴长编》卷一〇九，天圣八年十二月丁未，北京：中华书局，1985年，第2549页。

⑤恩格斯：《路德维希·费尔巴哈和德国古典哲学的终结》，载《马克思恩格斯选集》第四卷，北京：人民出版社，1972年，第250页。

拜发展到鬼神信仰。他们“笃信机鬼，尚诅祝”[①]，在党项人的心目中，神鬼神通广大，先知先觉，主宰一切，神主善，鬼主恶。此时党项虽然还不能完全摆脱自然的强大束缚，但他们对自然的认识已逐渐深刻、具体，由笼统的崇拜“天”而演变为对各种自然现象人格化的自然神的崇拜。

随着党项的内迁，宗教信仰发生了变化，佛教得到传播，并逐渐占据统治地位，成为统治人民的思想武器。党项人民长期饱经战乱及颠沛流离之苦，因此渴望安定的生活。然而他们的希望往往破灭，在现实生活中，找不到解脱苦难的出路。佛教关于人生无常、苦海无边的观念与党项人民的实际遭遇及由此而产生的悲观情绪相吻合，而佛教关于因果报应的宿命论以及信佛行善便可进入光明自由的极乐世界的说教，给苦难中的党项人民提供了一种精神上的慰藉，这就为佛教的流传提供了适宜的社会土壤。

党项在自身的社会发展中，逐步由分散的部落向统一的民族共同体发展，一些强大的部落首领也相应地积极扩大其政治范围和权力。与社会发展相适应的则是宗教信仰的演变，多神崇拜降居次要地位，而佛教则上升为主要地位，现实中权力的集中与宗教中佛教的独尊就这样和谐地统一起来。党项自身的发展变化是西夏佛教传播发展的重要社会根源。

### 二、河西走廊寺庙及石窟寺的分布

元昊建立政权之初，为了发展佛教，大兴土木，兴修佛教建筑。元昊称帝前，就已经建成了舍利塔，也兴建了规模宏大的佛教寺院如高台寺等。但这时兴建的中心只局限在兴庆贺兰一带，河西走廊尚无顾及。随着西夏经济的发展，国力的强盛，党项统治者要用佛教作为统治思想之一，因此大力提倡佛教，于是在崇宗乾顺、仁宗仁孝时期，西夏佛教的发展达到鼎盛阶段。佛教中心开始由兴庆贺兰地区向西扩展到河西走廊，出现了以甘凉及瓜沙为中心的西夏佛教分布的新格局。西夏佛教有三个分布中心，其中两个在河西走廊，说明该地区佛教的兴盛及统治者对河西的重视。

寺庙是信仰与传播佛教的场所，是佛事活动的中心，寺庙的建设与佛教的发展关系极为密切，因而历来崇佛的统治者无不重视寺庙的建设。西夏统治者除利用原有的佛教建筑外，又重修了许多寺院和佛塔，“近自畿甸，远及荒要，

---

① [元] 脱脱等：《宋史》卷四八六《夏国传下》，北京：中华书局，1977 年，第 14029 页。

山林溪谷，村落坊聚，佛宇遗址，只椽片瓦，但仿佛有存者，无不必葺”[①]。于是西夏境内佛刹林立，致使后人感叹“云锁空山夏寺多”。

凉州是西夏的西凉府，位于辅郡，地处要冲，历来佛教浸盛；甘州位居河西走廊中心，是“佛法所入中国”之地，西夏时期为番和郡，是党项、吐蕃、回鹘、汉族等的杂居之地。河西走廊西夏寺庙的分布，主要在凉州、甘州一带，形成了以甘凉为核心的佛教中心。

凉州地区有护国寺、圣容寺、崇圣寺等。护国寺在凉州，西夏天祐民安四年（1093 年），由崇宗乾顺及皇太后发愿，动用了大量的人力、物力、财力，重修寺内因地震受到损坏的感通塔，同时修缮寺院，第二年完工后立碑庆赞，这就是著名的《重修护国寺感通塔碑》，也是西夏时期留存至今的唯一佛教石刻。圣容寺始建时间及寺址均不详[②]，《凉州护国寺感通塔碑》汉文碑铭上有“庆寺监修都大勾当行宫三司正兼圣容寺感通塔两众提举律晶赐绯僧药乜永诠”[③]的记载，由碑记可知，此寺当为凉州的一座寺庙。崇圣寺在《凉州护国寺感通塔碑》的西夏文碑铭上则有“修塔小头监崇圣寺下僧监赐绯臣令介成庞”[④]。由此可知该寺也为凉州一座寺庙，始建时间及具体寺址不详。

甘州地区则有卧佛寺、崇庆寺、诱生寺、什字寺、禅定寺等。卧佛寺又称大佛寺、宏仁寺，是嵬咩思能国师掘得古涅槃佛像后，于夏崇宗永安元年（1098 年）在甘州兴建。这座规模宏大的寺庙，如没有政府的提倡与支持是难以完成的。崇庆寺于夏崇宗永安元年（1098 年）[⑤]兴建。诱生寺在西夏僧人辑录的《密咒圆因往生集》前题款中有记载：“甘泉师子峰诱生寺出家承旨沙门智广编集。”[⑥]“甘泉”在甘州，明宣宗《敕赐宝觉寺碑记》载：“甘州，故甘泉之地，居中国西部，佛法所入中国也。”[⑦]什字寺，西夏时建，但时间不详。

---

① 史金波：《西夏佛教史略》附录一《〈重修护国寺感通塔碑〉汉文碑铭》，银川：宁夏人民出版社，1988 年，第 252 页。

② 圣容寺位于甘肃永昌县城北 10 公里处的御山峡西端，曾是历史上的佛教圣地。初建于北周保定元年（561 年），实名瑞像寺。隋炀帝巡视寺后，改为感通寺。唐中期吐蕃占据河西后，改名圣容寺，时至今日。伴随着河西走廊东西交通作用的衰弱，圣容寺衰败了。1953 年被毁。今圣容寺是 2003 年在原址上新建。

③ 史金波：《西夏佛教史略》附录一《〈重修护国寺感通塔碑〉汉文碑铭》，银川：宁夏人民出版社，1988 年，第 253 页。

④ 史金波：《西夏佛教史略》附录一《〈重修护国寺感通塔碑〉西夏文碑铭》，银川：宁夏人民出版社，1988 年，第 249 页。

⑤［清］钟庚起纂修：《甘州府志》卷五《营建·坛庙》，《中国方志丛书·华北地方》561 号，台北：成文出版社有限公司，第 529 页。

⑥《大正新修大藏经》卷四六《密咒圆因往生集》，佛陀教育基金会印赠，第 1007 页。

⑦［清］钟庚起纂修：《甘州府志》卷一三、卷一四，《中国方志丛书·华北地方》561 号，台北：成文出版社有限公司。

禅定寺可能是将藏文佛经译为西夏文的一座寺庙[①]，始建时间也不详。

西夏在河西走廊建立的这许多规模宏大的寺庙，说明西夏佛教传播的地区广，众多寺庙的建成又进一步推动了佛教的发展。

在山崖石壁上修凿洞窟，内修佛像，并绘制壁画，是另一种类型的佛教建筑设施，称为石窟寺。石窟寺的兴盛，对西夏佛教的发展有重要影响。河西走廊西端著名的敦煌莫高窟、安西榆林窟，历来为佛教重地。西夏自大庆元年（1036 年）占领此地后，崇信佛教的西夏统治者，重视对这一地区窟群的经营，耗费巨大的人力资财，使莫高窟、榆林窟又成为西夏佛教信仰的圣地，形成了西夏另一个佛教中心，即敦煌安西佛教中心。

敦煌莫高窟又名千佛洞，始建于前秦建元二年（366 年），至西夏时已有六百多年的历史。西夏占领敦煌地区近二百年，是始建佛窟以来统治最久的王朝。西夏时，这里多有山中佛像、精舍、圣众住处，被誉为“世界圣宫”。

榆林窟又名万佛峡，在甘肃安西县西南 75 公里的榆林河西岸的崖壁上。

西夏时期重新妆銮前代的洞窟，自己开凿的较少。莫高窟、榆林窟总共有 500 多个洞窟中约有五分之一是西夏洞窟，充分说明党项统治者十分重视这个佛教圣地的建设，显示了佛教在这里的兴盛。

除莫高窟、榆林窟外，在莫高窟附近的东千佛洞和西千佛洞，也都有西夏时期的洞窟。此外在酒泉的文殊山石窟、肃北的五个庙石窟也都存有西夏修建的洞窟。这些石窟寺无论是在数量，还是在内容的系统性和时代的典型性上，都不能与莫高、榆林二窟相比，尽管如此，还是从另一侧面反映了西夏佛教流传的广泛，石窟寺的修建和利用的普遍。

### （三）河西僧人与河西礼佛

西夏大力提倡佛教，实行尊佛政策，使佛教寺院林立，僧人社会地位有显著提高，享有各种特权，可以不纳或者少纳租税，可以免除劳役负担，甚至犯罪还可以获得轻判。由于僧人拥有种种特权，致使大量的人涌入寺庙，削发为僧。在视佛教为重要信仰的西夏境内，寺庙林立，必然僧侣众多，寺庙和僧人数量相应地按正比例增长。

河西走廊遍布寺院，僧人数量必不会少。崇宗乾顺时期立的《重修护国寺感通塔碑》，其碑铭的西夏文与汉文部分都同样记载了在法会上“度僧三十八人”。西夏后期，罗太后所主持的大法会上，发愿“度僧西番、番、汉三千

---

① 史金波：《西夏佛教史略》第五章《西夏的寺庙》，银川：宁夏人民出版社，1988 年，第 121 页。

员”，其中首先提到西番（即吐蕃）僧人。西夏境内有大批信仰佛教的吐蕃居民，而河西走廊地区则是吐蕃人主要聚集地，三千员度僧中当有相当数量的河西僧人。黑水城遗址面积不大，然而有很多寺庙，当地出土的一件西夏文僧人名单残页，上列僧人姓名21个，这可能是一个寺庙僧人名单的一部分。凉州感通塔碑中所记的僧人就有药乜永铨、王那征遇、令介成庞、酒智清、白智宣、张梵移等。

河西走廊地区僧人的成分与西夏社会的构成相适应，具有多样性。党项僧人占有很大比重，如在莫高窟活动过的嵬名智海、杂谋惠月、播盃氏愿月成，参加修建凉州感通塔的令介成庞等均为党项人氏。河西的汉僧也不少，如在莫高窟画有供养像的梁惠觉、吴惠满等人。甘州回鹘是西夏境内的一部分居民，西州回鹘又是西夏的近邻，信仰佛教的回鹘与西夏关系密切，西夏前期译经、演经主要以回鹘僧人为师。甘州曾是甘州回鹘牙帐所在，又是西夏佛教中心，此地兴建了许多寺庙。虽然目前尚未发现在名字前标有民族成分的回鹘僧人，但据上述情况推测，河西僧侣中当有许多回鹘僧人。此外，已经党项化的鲜卑人也信仰佛教，河西僧人中也有他们的代表，如榆林窟第29窟绘有西壁智海的供养像，夏仁宗仁孝时期参加过译经活动的鲜卑宝源，均为鲜卑族僧人。

在河西走廊各族僧人中，还出现具有较高的学识和威望、具有国师及其他高级职称的佛教上层僧侣，他们在推动西夏佛教发展方面起着核心及中坚作用，因而获得较高的政治地位。

“国师”是国主对僧人的封号，起源于印度，我国封国师始于北齐。“国师”在西夏前期是僧人的最高称号，西夏有十三位国师，而河西走廊地区就有两位，一位是夏崇宗乾顺时期建卧佛寺的嵬名思能国师，另一位是西夏晚期洞窟榆林窟第29窟绘有供养像的高僧真义国师西壁智海。凉州感通塔碑中所载的几位主持修塔、并有较高官职和寺庙僧职的僧人，可能均为中上层僧人。

河西各族僧人对河西走廊佛教的复兴及西夏佛教的发展，起了重要作用，做出了不可磨灭的贡献。

西夏时期，由于佛教的兴盛，礼佛成为一种社会风气，达官贵人不辞劳苦，虔诚的善男信女也络绎不绝地前来求佛保佑，于是寺院钟声回响，石窟香火弥漫。

礼佛活动内容丰富，形式多样，莫高窟、榆林窟留下了不少汉文和西夏文题记，从题记内容来看，记述了西夏僧、俗人众前来石窟寺庙朝山礼佛、诵经念咒、烧香求愿及修建寺庙等佛事活动。

烧香拜佛。莫高窟第 285 窟西夏文题记夏崇宗雍宁乙未二年（1115 年），普通党项百姓“八人同来行愿，当来山寺庙烧香”。榆林窟第 25 窟雍宁甲午初（1114 年）西夏文题记“修福者千玉乐势诸佛处烧香拜君”。

清理积沙。众多信奉者络绎不绝地前往佛教圣地的礼佛活动，表明他们对佛的虔诚及对自己或亲人的祈福祝愿。除烧香拜佛外，还要做一些功德善事，祈求善有善报。清理洞窟积沙既表明对佛祖的虔诚，又是佛教徒力所能及之事。榆林窟第 65 窟西夏文题记是“我城圣宫沙满，为得福还利，齐除二座众宫中沙”。榆林窟第 25 窟西夏文题记一个名叫酩布觉的信徒，“弃除榆林寺庙中沙”。这些信徒清理积沙的工作，客观上起了保护洞窟的作用。

修建寺庙。这需大量人力物力，耗费大量钱财，并非如清理积沙人皆可行。一方面西夏政府曾在凉州重建了护国寺及感通塔，在甘州修建了卧佛寺等大型寺庙；另一方面，有权势的贵人及政府支持的寺庙主持人方可修建寺庙，如嵬名智海即为有地位的僧人，其姓氏为皇族姓氏。莫高窟第 340 窟西夏文题记载他于“亥年元月二十四修盖寺庙”。莫高窟第 57 窟有题记为“修建寺庙者息玉那征宝”。

妆銮、重修洞窟。虔诚的信奉者竭尽自己的钱财妆銮或重修洞窟，以求佛祖保佑，这种礼佛活动需有经济实力方可进行。西夏在莫高窟新开凿洞窟 17 个，重修前代洞窟 96 个，榆林窟重修洞窟 11 个。

绘制壁画及供养像。西夏统治者不仅重视这一佛教圣地，而且还在这里为自己绘制供养像，以求流传久远，佛祖永久赐福。壁画、书写题记、塑供养人像。榆林窟第 29 窟内室西壁上、下两层，绘有当地一个贵族家庭成员的供养像，男供养人为瓜州监军司和沙州监军司官员。在供养人群像中还有“西夏真义国师西壁智海”的供养像。不仅统治者对佛教虔诚信仰，就是一般平民百姓也竭尽资财绘制供养像以求赐福。莫高窟第 285 窟禅洞正壁上有一幅西夏平民供养图，图中一列四人，穿着简单，手执供养花，似对塔墓朝拜。众多西夏供养像的绘制，反映出西夏时期各阶层的信徒对佛教圣地的向往和对佛祖的崇拜。

住持读经。敦煌莫高窟、安西榆林窟是佛教僧人诵经修行之地，榆林窟第 15 窟、第 16 窟天赐礼盛国庆五年（1073 年）的《榆林窟记》，记载了西夏阿育王寺释门赐紫僧惠聪来榆林窟住持四十日，他与随从共七人在此地“看读经疏文字，稍薰习善根种子”，领略了榆林窟圣地“修行之界”的山水风光。

译经刻经。西夏中晚期，凉州、甘州成为修建寺庙的重点地区，也是译经刻经的重要地区。日本天理图书馆藏有一页西夏文残经，提供了在甘州译经的重要线索。残经记载："发愿译者，甘州禅定寺庙□僧正律法师讹瑞，禅定众法堂□鬼画符于正法师堂译癸巳年御正月十五日。"[①]残经使用了藏文佛经才有的术语，可知此经译自藏文，题款表明由甘州禅定寺高僧译。残经中另记有西夏语的译主、印行发愿者、印者、书者人名。癸巳年即仁宗乾祐四年（1173年），由此可以推断甘州可能是翻译藏文佛经的一个中心。在武威发现的西夏文献中，有一纸刻本西夏文施经发愿文残页，其中记叙以印施佛经的善事，为皇帝求福祈寿，祝愿皇帝、皇族、大臣等"共成佛道"，末记所款"乾祐乙巳年二月施"[②]，即乾祐十六年（1185年）。由此可以说明凉州佛事兴隆，有刻经活动。

河西众多僧人及各个阶层虔诚信徒的礼佛活动，显示了河西走廊地区佛教的兴盛，构成了一幅生动的礼佛画卷。

西夏时期，河西走廊佛教的兴盛，是西夏统治者开拓经营河西的结果，是在生产有所进步、社会经济有一定发展的基础上，出现的一种文化现象，从某种意义上讲，这是河西走廊开发的另一种形式，是对河西走廊多民族地区文化的发展，它与河西地区经济开发同步进行，又相互影响和相互作用。

（原载于《宁夏大学学报》1992年第3期）

---

① 史金波：《西夏佛教史略》，银川：宁夏人民出版社，1988年，第54页。
② 史金波：《甘肃武威出土的西夏文考释·释疑》，《考古》1974年第6期。

# 以佛教为主的西夏宗教信仰

当中原地区佛教渐趋衰微之时，以党项为主体建立的西夏却尊崇佛教，从而使佛教在西北地区得到发展与传播，并逐渐占据了统治地位。

## 一、西夏佛教兴盛的原因

在西夏前期，特别是在兴州（今宁夏银川市）党项政权较稳定的李德明时期，佛教就已得到传播，并打下了初步的基础。西夏奄有整个河西走廊以后，加强了对这一地区的政治、军事的控制，并采取措施使社会经济有了一定的恢复和发展，竭力振兴佛教，并有所发展，逐渐形成了独具特色的西夏佛教。西夏佛教的复兴是由诸多因素形成的。

### （一）党项自身对佛教的尊崇

党项在自身发展的过程中，有着宗教信仰的形成、发展和变化的不同阶段。党项还处于原始社会末期的父系氏族时期，从事狩猎畜牧，社会生产十分落后，因此他们虔诚地崇拜“天”。这是党项人对自然界处于屈服状态下产生的一种意识形态。

唐朝时期，党项逐渐迁徙到夏、绥、银、宥、静州一带，随着社会生产力的不断进步，人们的意识形态也发生了变化，由早期的自然崇拜发展到鬼神信仰。他们“笃信机鬼，尚诅祝”[①]，在党项人的心目中鬼神神通广大，先知先觉，主宰一切，神主善，鬼主恶。此时党项人虽然还不能完全摆脱自然的强大束缚，但他们对自然的认识已逐渐深刻、具体，由笼统的崇拜天而演变为对各种自然现象人格化的自然神的崇拜。随着党项人的内迁，宗教信仰发生了变化，佛教得到传播，并逐渐占据统治地位，成为统治人民的思想武器。佛教关

① ［元］脱脱等：《宋史》卷四八六《夏国传下》，北京：中华书局，1977 年，第 14029 页。

于人生无常、苦海无边的观念与党项人民的实际遭遇及由此而产生的悲观情绪相吻合，而佛教关于因果报应的宿命论，以及信佛行善便可进入光明自由的极乐世界的说教，给苦难中的党项人民带来了希望。

党项人在社会发展中，逐步由分散的部落向统一的政权发展，一些强大的部落首领也相应地积极扩大其统治领域和权力。与社会发展相适应的则是宗教信仰的演变，多神崇拜降居次要地位，而佛教上升为主要地位，现实中权力的集中与宗教中佛教的独尊就这样和谐地统一起来。党项自身的发展变化是西夏佛教传播发展的重要社会根源。

（二）西夏统治者对佛教的尊崇与提倡

党项统治者为了维护和巩固自己的统治，除采取政治、军事、经济等手段外，还大力提倡佛教，将它作为维护统治的思想武器。西夏后期的统治者更加尊崇佛教，提到更高的地位。夏仁宗在汉文《佛说圣大乘三归依经》中强调“能仁开导，允为三界之师。圣教兴行，永作群生之福”①。他企图把佛教作为全民信仰大力推行，把佛教当成拯救社会苦难的出路。而佛教中忍耐顺从的教义迎合了西夏统治者的需要，他们借助佛教顺从忍受的说教麻痹人民，以便维护他们的统治，同时也幻想自己在天国仍具有财富与权势。由于党项统治者对佛教的推崇及提倡，西夏佛教迅速发展起来。

（三）深厚的佛教传播基础

西夏奄有河西走廊地区后，使其统治疆域扩大，而河西走廊地区自古以来就是多民族聚集和活动的地区，西夏佛教是在其原有基础上得以发扬光大的。十六国时期，中原地区战乱纷纷，而河西地区相对比较安定，于是五凉立国的河西走廊就成为战乱中的一块“净土”，五凉统治者敦崇佛教，而竺法护、鸠摩罗什、昙无谶等一些名僧也在河西地区传经讲学，翻译佛典。由于统治者的尊崇及诸僧侣为弘扬佛教所从事的各种活动，河西走廊成为佛经翻译和传播的中心。唐末五代以来，吐蕃、回鹘、温末、羌等错居杂处，特别是吐蕃、回鹘更是部族众多，散处于河西诸州。这些民族大多信仰佛教，吐蕃尤为虔诚。9世纪中期的吐蕃赞普朗达玛实行禁佛，致使许多虔诚的吐蕃佛教徒从青藏高原来到河西走廊，从而使佛教在此地得以传播。西夏建立政权前，河西走廊又先后被吐蕃、回鹘、张议潮、曹氏等政权统治，由于这些政权的统治者也大力提倡

---

① 史金波：《西夏佛教史略》，银川：宁夏人民出版社，1988年，第262页。

和扶植佛教，从而使这个地区始终保持着佛教的发展势头。这种宗教环境对党项人崇佛产生了潜移默化的影响，为以后西夏佛教的发展打下了深厚的基础。

（四）周边政权宗教氛围的影响

西夏东与宋相接，南与吐蕃相邻，西面有高昌回鹘，夏国东北面则与契丹建立的辽接壤，周边这些邻国均具有深厚的佛教文化基础，必然会对西夏产生影响。契丹人信仰佛教，10世纪初，契丹已经建立了佛教寺院。辽统和四年（986年）七月，"诏上京开龙寺建佛事一月，饭僧万人"①。由此可见，契丹人的佛教活动早已兴盛。与西夏毗邻的宋朝对西夏的佛教也有不可低估的影响，宋朝颁赐的《大藏经》传到西夏，使西夏佛教信徒有了系统的理论依据，西夏佛教在中原佛教的影响下迅速发展。西夏佛教还受吐蕃及高昌佛教的影响，西夏后期，藏传佛教也在西夏流行。

## 二、西夏佛教中心

西夏政权建立之初，为了发展佛教，开始大兴佛教建筑。元昊称帝之前的两个月建成"连云之塔"，这是西夏建塔的最早记载②，也兴建了如高台寺这样规模宏大的佛教寺院。但这时佛教发展的中心只是局限在兴庆贺兰一带，河西走廊尚未顾及。随着西夏社会经济的发展，国力的强盛，党项统治者要用佛教作为统治思想之一，因此大力提倡佛教，于是在夏崇宗乾顺、仁宗仁孝时期，西夏佛教发展达到鼎盛阶段。佛教中心开始由兴庆贺兰地区向西扩展到河西走廊，西夏境内形成了以甘凉、敦煌安西、兴庆贺兰及黑水城为中心的新的佛教分布格局。

（一）甘、凉佛教中心

凉州是西夏的西凉府，位居辅郡，地处要冲，历来佛教浸盛。西夏时期，党项、汉族、吐蕃等杂居一地，逐渐受到藏传佛教的影响。这里有护国寺、圣容寺、崇圣寺等。护国寺在凉州，夏天祐民安四年（1093年），由崇宗乾顺及皇太后发愿，动用了大量的人力、物力、财力，重修寺内因地震受到损坏的感通塔，同时修缮寺院，第二年完工后立碑庆赞，这就是著名的《重修护国寺感通塔碑》，也是西夏时期保存至今的唯一佛教石刻。近年来在下西沟岘禅洞和

① [元] 脱脱等：《辽史》卷一一《圣宗本纪二》，北京：中华书局，1974年，第123页。

② 史金波：《西夏文化》，长春：吉林教育出版社，1986年，第67页。

景泰县的寺庙中均发现有西夏文献[①]。圣容寺[②]、崇圣寺始建时间及寺址均不详,《凉州护国寺感通塔碑》汉文碑铭上有“庆寺监修都大勾当行宫三司正兼圣容寺感通塔两众提举律晶赐绯僧乜永诠”的记载,感通塔的西夏文碑铭上则有“修塔小头监崇圣寺下僧监赐绯臣令介成庞”,可知两寺皆在凉州。

甘州是“故甘泉之地,居中国西鄙,佛法所入中国”[③]之地,位于河西走廊的中心,西夏时期为番和郡,是党项、吐蕃、回鹘、汉族等杂居地区,这些人均信仰佛教。卧佛寺又称大佛寺、宏仁寺,是嵬咩思能国师掘得古涅槃佛像后,于夏崇宗永安元年(1098年)在甘州兴建的。崇庆寺于崇宗永安元年(1098年)[④]兴建。在西夏僧人辑录的《密咒圆因往生集》前题款中有“甘泉师子峰诱生寺出家承旨沙门智广编集”[⑤]的记载,显然诱生寺在甘州。什字寺也是西夏时所建,但时间不详。禅定寺可能是将藏文佛经译为西夏文的一个寺庙[⑥]。

(二)敦煌、安西佛教中心

河西走廊西端著名的敦煌莫高窟、安西榆林窟,历来为佛教重地,西夏自大庆元年(1036年)占领此地后,崇信佛教的西夏统治者重视对这一地区石窟群的经营耗费巨大的人力资财,使莫高窟、榆林窟又成为西夏佛教信仰的圣地,形成了西夏敦煌安西佛教中心。两窟群的兴盛对西夏佛教的发展产生了重要的影响。敦煌莫高窟又名千佛洞,始建于前秦建元二年(366年),至西夏时已有六百多年的历史。西夏占领敦煌地区近二百年,是始建佛窟以来统治最久的王朝。西夏时期,这里不仅有佛像,还有寺庙,鸣沙山中多有佛像、精舍、圣人住处,被誉为“世界圣宫”。在敦煌、榆林两窟群总共五百多个洞窟中约有五分之一是西夏洞窟,充分说明党项统治者非常重视对这个佛教圣地的建设。除此之外,在莫高窟附近的东千佛洞、西千佛洞,酒泉的文殊山石窟,肃北的五个庙石窟都存有西夏修建的洞窟。这从另一个侧面反映了西夏佛教传播的广泛,石窟寺修建和利用的普遍,显示了佛教在这里的兴盛。

---

① 甘肃省博物馆:《甘肃武威发现一批遗物》,《考古》1974年第3期。

② 圣容寺位于甘肃永昌县城北10公里处的御山峡西端,曾是历史上的佛教圣地。初建于北周保定元年(561年),初名瑞像寺,隋炀帝巡视后,改为感通寺。唐中期吐蕃占据河西后,改名圣容寺。1953年拆毁,现已在原址上新建。

③[清]钟庚起纂修:《甘州府志》卷一三《艺文上·敕赐宝觉寺碑记》,《中国方志丛书·华北地方》561号,台北:成文出版社有限公司,第1290页。

④[清]钟庚起纂修:《甘州府志》卷五《营建·坛庙》,《中国方志丛书·华北地方》561号,台北:成文出版社有限公司,第529页。

⑤《大正新修大藏经》卷四六《密咒圆因往生集》,佛陀教育基金会印赠,第1007页。

⑥ 史金波:《西夏佛教史略》,银川:宁夏人民出版社,1988年,第121页。

（三）兴庆、贺兰佛教中心

兴庆府是西夏首都，既是政治、文化中心，也是西夏皇室的居地及管理西夏佛教的行政机构功德司的所在地，这里寺院众多。西夏第一代皇帝景宗元昊妃没藏氏“出为尼，号没藏大师，居于兴州戒坛寺”[①]。高台寺在兴庆府东十五里，建于景宗元昊天授礼法延祚十年（1047年)。承天寺，是母后没藏氏在天祐垂圣元年（1050年）开始兴建，在毅宗福圣承道三年（1055年）完工。海宝寺是今银川市北郊黑宝塔所在的寺院，建于前代，西夏时仍为一个大寺庙[②]。另外还有安庆寺、康济寺、大佛寺、一百零八塔寺等，据《宁夏新志》记载，安庆“寺内浮图相传建于谅祚之时”。高台寺、承天寺都曾贮藏过宋朝所赐汉文大藏经，并请回鹘僧登座演经。

西夏都城兴庆府之西的贺兰山是西夏三大神山之一，山中重岩叠嶂，环境清幽，是修建庙宇的理想之地。那里有贺兰山佛祖院，寺院的僧人李慧月曾印施十二部汉文大藏经及五十四部《华严经》，是大量雕印汉文佛经的一个中心。我国山西的五台山是中国佛教的四大名山之一，相传为文殊菩萨示观之处。宋景德四年（1007年），党项贵族李德明的母亲罔氏下葬时，就曾遗使赴五台山朝佛，后来不能去五台山，崇信佛教的统治者就在贺兰山中兴建西夏的五台山寺。五台山寺是一寺庙群，清凉寺、五台净宫等即为其所属。西夏灭亡后不久，贺兰山石台岩云谷慈恩寺中的一行沙门慧觉曾为重刻西夏文《金光明最胜王经》写序，还在这里编集《大方广佛华严经海印道场十重行愿常遍礼忏仪》四十二卷。

（四）黑水城佛教中心

黑水城位于西夏北部，是黑水镇燕监军司所在地。这里出土了大量汉文及西夏文佛经和佛教绘画，这些西夏文佛经有译自汉藏的经典，还有不少藏传佛教经典。佛教绘画则深受中原地区佛教和藏传佛教的影响，城中宝瓶式的佛塔充分说明藏传佛教在这里影响的深远。这里出土的西夏文佛经木雕版，证明这里曾印刷过西夏文佛经。近年来出土的西夏文佛教文献，其中写有僧人姓名的一纸残页，可能是黑水城等寺院僧人名册的一部分。在黑水城附近的寺院遗址中还出土了西夏彩塑佛像和供养人像，这些塑像具有显教的风格。这些均证明这里佛事兴隆，佛教曾经在黑水城得到传播与发展，是西夏另一个佛教中心。

---

①［清］吴广成：《西夏书事》卷一八，济南：山东泰山出版社，2000年，第83页。

②［俄］克恰诺夫：《从法律角度看西夏佛教与国家》，匈牙利《东方学报》1980年第1—3期。

## 三、西夏佛教机构与管理制度

西夏建立了一套较完善的机构与制度以加强对佛教的管理。西夏在其统治机构中设立功德司，管理全国的佛教事务。据《天盛改旧新定律令》所载，西夏中央机构中共设有僧人功德司、出家功德司、在家功德司。僧人功德司和出家功德司在西夏五等职司中属于第二等，即“次等司”[①]，位于上等司中书、枢密之后，充分显示出地位的重要。一些有名望的高僧是西夏佛教事务的管理者和组织者。至夏仁宗仁孝时，在诸功德司之上还增设了“偏袒都大提点”，负责掌管全国的佛教事务。地方上寺院则是分层管理，设立各级僧人的管理职称和制度。《凉州重修护国寺感通塔碑》记载的僧职就有“提举”“僧正”“僧副”“僧监”等，而黑水城遗址出土的西夏汉文《杂字》中有僧正、僧副、僧判、僧录等僧职。

西夏还设立了一系列管理寺院僧人的制度，西夏佛教事务中，关于职官和升用，童子变道、僧人注册、还俗、使用出家牒等诸多方面均有明确的法律规定，形成了一套比较完善的法律体系。西夏僧人虽在法律上享受特权，显示了西夏对佛教的重视，但对于不合格的僧人及违法人员，法令则给以严厉的制裁，并规定的十分详细。僧人违反了有关规定也要受到相应的处罚。由于西夏“以僧法治僧”管理机构的设立及多层次、条理化的管理方法，使西夏佛教管理严格有序，信徒多而不乱[②]。

## 四、西夏僧人

寺院是信仰、传播佛教的场所与佛事活动的中心，寺院的建设与佛教的发展关系极为密切，所以历来崇佛的统治者无不重视寺院的兴建。西夏的统治者大力提倡佛教，实行尊佛政策，除利用原有的佛教建筑外，又重修了许多寺院、佛塔，“近自畿甸，远及荒要，山林溪谷，村落坊聚，佛宇遗址，只椽片瓦，但仿佛有存者，无不必葺”[③]，于是西夏境内佛刹林立。僧人社会地位也有显著的提高，可以不纳或少纳租税，可以免除劳役负担，甚至犯罪还可以获得轻判。由于僧人拥有种种特权，致使大量的人涌入寺院，削发为僧。在以佛

---

① 史金波、聂鸿音、白滨：《天盛改旧新定律令》卷一〇《司序行文门》，北京：法律出版社，2000 年，第 363 页。

② 王天顺等：《西夏天盛律令研究》，兰州：甘肃文化出版社，1998 年，第 148 页。

③ 史金波：《西夏佛教史略》，银川：宁夏人民出版社，1988 年，第 251—254 页。

教为主要信仰的西夏国内，寺院林立，必然僧侣众多。《重修修护国寺感通塔碑》，其汉文与西夏文碑铭都同样记载了在法会上“度僧三十八人”。西夏后期，罗太后所作的大法会上，发愿“度僧西番、番、汉三千员”。其中首先提到西番即吐蕃僧人。凉州感通塔碑中所记的僧人就有药乜永铨、王那征遇、令介成庞、酒智清、白智宣、张梵移等。

河西走廊地区僧人的成分与西夏社会的构成相适应，具有多样性。党项僧人占有很大比重，如在莫高窟活动过的嵬名智海、杂谋惠月、播盃氏愿月成，参加修建护国寺感通塔的令介成庞等，均为党项人氏。西夏境内有大批信仰佛教的吐蕃居民，而河西走廊地区则为吐蕃人的主要聚集地，罗太后所度三千员僧中当有相当数量的吐蕃僧人。甘州回鹘是西夏境内的一部分居民，西州回鹘又与西夏近邻，信仰佛教的回鹘与西夏关系密切，西夏前期的译经、演经主要以回鹘僧人为师。甘州曾是甘州回鹘牙帐所在地，又是西夏佛教的中心，此地修建了许多寺院，所以河西僧侣中当有许多回鹘僧人。此处，已经党项化的鲜卑人也信仰佛教，河西僧人中有他们的代表，如榆林窟第 29 窟绘有供养像的西壁智海，夏仁宗仁孝时期参加过译经活动的鲜卑宝源，均为鲜卑族僧人。在莫高窟画有供养像的梁惠觉、吴惠满等人则是汉族僧人。

在西夏除帝师以外，僧人中还出现具有较高学识和威望、具有国师及其他高级职称的佛教僧侣上层人物，西夏有十三位国师①，他们是景宗元昊时主持译经的国师白法信；惠宗秉常时主持译经的安全国师白智光；崇宗乾顺时建卧佛寺的嵬名思能国师；嵬名思能之师燕丹国师；仁宗仁孝时校译佛经的兰山觉行国师沙门德慧，后来又被封为兰山智超国师；仁宗时集《四分律行事集要显用记》的兰山通圆国师沙门智冥；仁宗时参加传译佛经的天竺僧人五明显密国师胜喜（拶耶阿难答）；仁宗时被请到大度民寺作大法会的宗律国师、净戒国师、大乘玄密国师；西夏文佛经《魔断要语》作者兰山觉照国师法师子；西夏晚期洞窟榆林窟第 29 窟绘有供养像的高僧真义国师西壁智海；西夏晚期译《金光明最胜王经》的番汉法定国师。这些国师大多能译、校佛经，精通佛理，懂两种以上语言和文字，有的精通梵文。他们主持西夏佛教事务，是推动西夏佛教发展的中坚力量，起着核心作用。

① 史金波：《西夏佛教史略》，银川：宁夏人民出版社，1988 年，第 143 页。

## 五、佛事活动

（一）赎购经典

西夏统治者为了发展佛教，曾多次向宋朝赎求佛教。李德明时期统治中心稳定，势力范围扩大，与辽、宋关系改善，这就为求取大藏经的佛事活动提供了有利条件。宋天圣八年（1030 年）十二月，李德明首次向宋朝“遣使献马七十匹，乞赐佛经一藏”[①]，宋朝同意这一请求。

西夏政权的建立者元昊，“晓浮图学，通蕃汉文字”[②]，在佛教的传播上也做出了特殊贡献。他在融汇中原汉族文化、突出党项特色的进程中，加速了对中原佛教的吸收，使之在西夏地区流行和发展。元昊上位不久，就开始倡导创制西夏文字，这就为译经奠定了基础。宋景祐元年（1034 年）十二月，元昊也向宋朝“遣使献马五十匹，求佛经一藏，仁宗特赐之”[③]。

西夏第二代皇帝毅宗谅祚年幼继位，没藏氏专权。没藏氏崇佛，福圣承道三年（宋至和二年，1055 年），承天寺修成，没藏氏遣使入贡，宋仁宗“赐夏国大藏经”[④]。毅宗亲政后，又先后两次向宋朝求赐佛经。夏䄫都二年（宋嘉祐三年，1058 年），宋仁宗通知谅祚他所求赐的大藏经、帙、签牌等，已令印造，等候嘉祐七年正旦进奉人到阙，至时给付。夏䄫都六年（宋嘉祐七年，1062 年），毅宗谅祚又请购《大藏经》，宋仁宗允其所求，并令印经院及时刊印，“候嘉祐十一年正旦，人到阙给付”[⑤]。夏天赐礼盛国庆三年（宋熙宁四年，1071 年）十二月，夏惠宗秉常“遣使进马赎大藏经，诏赐之，而还其马”[⑥]。

北宋灭亡后。西夏与金相邻，且臣属于金，于是西夏与金使臣往来频繁，夏天盛六年（金贞元二年，1154 年），夏仁宗乘遣使赴金谢恩之机“请市儒、释书”[⑦]，向金求购佛经。

---

①［宋］李焘：《续资治通长编》卷一〇九，天圣八年十二月丁未，北京：中华书局，1985 年，第 2549 页。

②［元］脱脱等：《宋史》卷四八五《夏国传上》，北京：中华书局，1977 年，第 13993 页。

③［清］吴广成著，李蔚整理：《西夏书事》卷一一，济南：山东泰山出版社，2000 年，第 63 页。

④［宋］李焘：《续资治通鉴长编》卷一七九，至和二年四月庚子，北京：中华书局，1985 年，第 4330 页。

⑤［宋］王珪：《华阳集》卷一九《诏夏国主乞赎大藏经诏》，文渊阁《四库全书》第 1093 册，台北：台湾商务印书馆，1986 年，第 135 页。

⑥［元］脱脱等：《宋史》卷四八六《夏国传下》，北京：中华书局，1977 年，第 14009 页。

⑦［元］脱脱等：《金史》卷六〇《交聘表上》，北京：中华书局，1975 年，第 1408 页。

（二）译、校佛经

西夏统治者为了发展佛教，在输入经典的同时，还组织人力，有计划的大量翻译和校勘佛经。西夏六次赎经活动主要集中在西夏前期，这一时期正是准备译经和校经的高潮时期。元昊继位不久，开始倡导创制西夏文字，为译经做好了准备，而求取汉文大藏经则为翻译经典、传播佛教奠定了基础。早在元昊建立政权时，就命国师白法信等主持译经工作，组成三十二人的译经班子，将佛经译成西夏文。至惠宗秉常时，又命白智光主持译经工作。至崇宗天祐民安元年（1090 年），先后用五十三年的时间，译成佛经“三百六十二帙，八百十二部，三千五百七十九卷”[①]。这样又出现了一部西夏文译写的《大藏经》即蕃文《大藏经》。西夏从汉文译经，自元昊起至此时已基本完成。

传世的西夏佛经绝大部分译自汉文《大藏经》，但也有少量译自藏文、梵文。19 世纪初，科兹洛夫等从黑城劫走的约 8000 种西夏文刊本和写本，其中大约 80% 的是佛经，其中也有少量译自藏文、梵文，斯坦因在黑水城遗址也掘得藏文残本多页。甘肃武威下西沟岘西夏禅洞中与多种西夏文物同时出土的还有藏文佛经。西夏境内还有梵文佛经，甘肃武威林场西夏墓中所出土的木椽塔上写有数种梵文经咒。日本天理图书馆藏有一种不知名称的西夏文经典的第一页第一行和第四行有变体的梵文字，文中西夏文记有“梵语、回鹘语、番语、藏语、汉语、契丹语、女真语”，把梵语列于首位，显示其在诸种语言中的地位高于其他。鸠摩罗什所译《妙法华》后来传到西夏，在乾顺时代完成了西夏文的翻译[②]，并在西夏得到广泛流传。甘肃武威下西沟岘出土有《妙法华》与《妙法莲花经观世音菩萨普门品》残页。仁宗乾祐二十年（1189 年）印行散施的《妙法华》之第二十五品《观世音菩萨普门品》就有五万册[③]，是西夏发行量最大的西夏佛经之一。日本天理图书馆藏有一页西夏文残经，记载“发愿译者，甘州禅定寺庙□僧正律法师讹端，禅定众法堂□正于正法师堂译癸巳年御正月十五日”[④]，残经使用了藏文佛经才有的专门术语，可知此经译自藏文，题款表明由甘州禅定寺高僧译，癸巳年即夏仁宗乾祐四年（1173 年）。由此可以推断甘州可能是翻译藏文佛经的一个中心。

在西夏后期自仁宗仁孝以后，佛教的传播则由译经转为大规模的校勘佛

① 史金波：《西夏文〈过去庄严劫千佛名经〉发愿文译证》，《世界宗教研究》1981 年第 1 期。
② 陈炳应：《图解本西夏文〈观音经〉译释，《敦煌研究》1985 年第 5 期，第 49—50 页。
③ 向达：《斯坦因黑水获古纪略 · 附记》，《国立北平图书馆馆刊》第 4 卷 3 号（西夏文专号），1932 年。
④ 史金波：《西夏佛教史略》，银川：宁夏人民出版社，1988 年，第 54 页。

经。传世的西夏文佛经中，多为仁孝时期所校勘，且数量众多。西夏文《过去庄严劫千佛名经》发愿文提供了西夏校经的重要资料："后奉护城皇帝敕，与南北经重校。"所谓"护城皇帝"就是仁宗的一种谥号，"南经"是指西夏之南的宋朝输入的官刻本《开宝藏》，"北经"是指辽朝官刻的《契丹藏》和金朝刻印的汉文大藏经《赵城藏》。西夏统治者以两种版本的大藏经为底本进行校勘，反映了西夏统治者对校勘佛经的认真态度及对译经质量的重视。

（三）重修、妆銮洞窟

西夏占领河西走廊后，莫高窟、榆林窟便成为西夏佛教信仰的圣地，西夏统治者投入大量的人力物力，对这一地区的洞窟进行重修与妆銮。目前已知两窟群中有西夏内容的洞窟有一百余座。两窟群中的西夏洞窟多数系西夏重新妆銮前代洞窟，自己开凿的较少。西夏在莫高窟新开凿洞窟 17 个，重修前代洞窟 96 个，榆林窟重修洞窟 11 个。西夏统治者不仅重视这一佛教圣地，而且还在这里绘制壁画、书写题记、塑供养人像。

西夏时期汉文与西夏文题记记录了当时的一些礼佛活动，题记内容分为三类，一为重要佛事活动的记载。榆林窟第 15 窟、第 16 窟汉文题记记录了西夏早期一次为期 40 天的佛事活动，莫高窟第 443 窟汉文题记记录了西夏晚期一次为期一月的佛事活动。二为西夏僧俗人众前来朝山礼佛、诵经念咒、烧香求愿、修整寺庙等佛事活动及功德善事的发愿文字。莫高窟第 285 窟西夏文题记夏崇宗雍宁乙未二年（1115 年），普通党项族百姓"八人同来行愿，当来山寺庙烧香"。榆林窟第 25 窟西夏文题记记一个名叫酩布觉的信徒"弃除榆林寺庙中沙"。三为供养人题记。西夏统治者不仅重视这一佛教圣地，而且还在这里为自己绘制供养人像，以求流传久远，佛祖永久赐福。榆林窟第 29 窟内室西壁上、下两层绘有当地一个贵族家庭成员的供养人画像，像前各有西夏文题记，记其身份和人名，男供养人为瓜州监军司和沙州监军司官员。这些均成为研究西夏历史、地理、经济、文化、宗教等方面的珍贵资料。

除了莫高窟、榆林窟之外，在武威西南的天梯山石窟中发现了一批西夏文佛经残页，其中有《妙法莲华》《佛母大孔雀明王经》《圣胜慧到彼岸功德宝集偈》等。在新疆吐鲁番地区的柏孜克里克千佛洞中也发现有西夏佛经残页。在宁夏固原则有须弥山石窟，窟中有谅祚䄄都年号的题记。

## 六、西夏境内的其他宗教

西夏统治者不仅大力提倡、尊崇佛教，并对密教、道教、伊斯兰教、景教等其他宗教也采取兼容并蓄的政策。

（一）密教

密教是佛教中秘密教的略称，是相对于显教而言。这种宗教对西夏影响久远，早在松赞干布执政时，密教就已传入党项地区，在弥药上层统治者中传播。西夏佛教受藏传佛教的影响，密教在其城内流行较广。密教何时传入西夏难以确定，但至少在夏崇宗乾顺时期，西夏凉州地区的吐蕃僧人势力已很强大。西夏后期，藏传佛教在西夏受到更多的重视，从而密教也得到更广泛的发展。西夏仁宗曾遣使入藏迎请西藏佛教噶举派初祖法王都松钦巴到西夏弘法，于是都松钦巴遣弟子格西藏索哇去西夏弘法，传授密教的经义和教规，并组织大规模翻译佛经，格西藏索哇被仁宗尊为上师。以后，萨伽派祖师札巴竖赞的弟子迥巴瓦国师觉本也被西夏尊奉为上师[①]。这两种藏传佛教派别都曾传入西夏，他们都属于密教派别。西夏法典规定，凡获取僧人职称者必须诵读十一种经咒，而规定的经咒中就有《佛顶尊胜总持》《无垢净光》等密教经典。从黑城出土的诸多经典如《佛说金轮佛顶大威德积盛光佛陀罗尼经》《六字大明王陀罗尼经》《圣六字增寿大明陀罗尼经》《佛说大乘无量寿决定光明王如来陀罗尼经》等，夏桓宗李纯祐时，雕印流通的《密咒圆因往生集》，都系西夏时期流行的密教经典，集中反映了时人对密教的特别崇信之心理[②]。

在西夏的考古发掘中，也发现一些密器遗物，1976年在灵武横山乡石坝村窖藏发现西夏遗物，其中有一件银盒两面中心皆阳铸梵文铭文[③]，1984—1986年，在灵武磁窖堡磁窖遗址发现西夏瓷制素烧如意轮降魔杵等[④]。在西夏境内的酒泉文殊山、肃北五个庙、永靖炳灵寺、玉门昌马下窟、裕固马蹄寺、宁夏固原须弥山、武威天梯山石窟中，亦有密教遗迹分布。这均反映了西夏境内密教流行的情况。

（二）道教

据文献记载，西夏境内也曾盛行道教。西夏文大型字书《文海》释“仙”

---

① 王忠：《西夏的兴起》，《历史研究》1962年第5期。
② 吕建福：《中国密教史》，北京：中国社会科学出版社，1995，第497页。
③ 董居安：《宁夏石坝发现墨书西夏文银器》，《文物》1978年第12期。
④ 马文宽、黄振华：《宁夏出土带梵字密宗器物考》，《文物》1990年第3期。

字为“山中求道者”“山中求长寿者”。党项皇族中也有信仰道教者，西夏的建立者元昊虽笃信佛教，但其子“宁明，喜方术，从道士路修篁学辟谷，气忤而死”[①]。太子信仰道教，不食五谷而食药物，欲求成仙，说明道教在西夏有很大的影响。灵州是道教发展的一个重要地区，夏大安八年（宋元丰四年，1081）十月，宋朝五路伐夏，逼近灵州时，“灵州城中惟僧道数百人”[②]没有逃离，这里道与佛可相提并论，说明道教有较大的势力，与佛教不差上下。此外，在黑水城出土的西夏文献中有《易经》残本，晋人郭象《庄子》注残本，宋吕惠卿著《吕观文进庄子外篇义》及《太上洞玄灵宝天尊说救苦经》《南华真经》《六壬课秘课》《孙真人千金方》等明显与道教有关的各种历书、占卜书残页，这些都充分说明西夏道教理论基础深厚。黑水城还出土了有人头像图解的骨相图[③]和《炽盛光佛图》《月孛星图》《玄武大帝图》《木星图》《土星图》《月星图》《月孛星图》《玉皇大帝图》《十大工尊图》等道教绘画。西夏《天盛改旧新定律令》卷十一《为僧道修寺庙门》中列举出《太上君子消灾经》《太上天堂护卫经》《太上君子说上东斗经》《太上元始天尊说十为一为人消灾神咒经》《皇帝阴符经》等十三种共十四卷道教经典，供道士童子出家习诵。在西夏的重要法典《天盛改旧新定律令》中，有三种管理宗教事务的中央机构，即和尚功德司、出家功德司、道士功德司，其中的道士功德司是专门管理道教事务的行政机构，并与另两个功德司均列入二品次等司。这说明在中央行政机构上，佛、道受到同等待遇，其地位相等，反映出道教在西夏的广泛传播与流行。

（三）其他宗教

除了佛教和道教之外，西夏人还信仰伊斯兰教、基督教等其他宗教。意大利人马可波罗在其《游记》中记载了西夏唐古忒省的宗教信仰状况，“居民多是偶像教徒，然亦稍有聂思脱里派之基督教徒若干，并有回教徒”[④]。甘州城居民大多数信仰佛教，也有一部分基督教徒和回教徒。“基督教在此城中有壮丽教堂三所。偶像教徒依俗有庙宇甚多，内搴偶像不少，最大者高有十步，余

① [宋] 李焘：《续资治通鉴长编》卷一六二，庆历八年春正月辛未，北京：中华书局，1985 年，第 3901 页。

② [宋] 李焘：《续资治通鉴长编》卷三一八，元丰四年十月庚午，北京：中华书局，1990 年，第 7684 页。

③ 史金波：《西夏文化》，长春：吉林教育出版社，1986 年，第 107—108 页。

④ 冯承钧等译：《马可波罗游记》第 1 卷第 57 章《唐古忒省》，上海：上海书店出版社，1999 年，第 116 页。

像较小，有木雕者，有泥塑者，有石刻者，制作皆佳，外傅以金。”[①]这说明夏末元初，在沙州、甘州地区与佛教并行的还有景教和伊斯兰教，但其势力及规模远不及佛教。

（原载于《中国西北少数民族通史·辽宋西夏金卷》，北京：民族出版社，2009 年，第 310—324 页。）

① 冯承钧等译：《马可波罗游记》第1卷第61章《甘州城》，上海：上海书店出版社，1999年，第127页。

# 两宋时期儒学在少数民族中的传播与发展

春秋时期，产生于中原本土以孔子为宗师的儒学，不断发展演变，经历了两汉经学化、魏晋玄学化的不同发展形态，呈现出儒、释、道合流的新发展趋势。两宋是儒学发展的重要历史时期，也是儒学理学化阶段，儒学以崭新的理学形态在中原王朝统治地区兴起、发展以致盛行一时，而与中原王朝北宋、南宋鼎足而立的辽、西夏、金以及吐蕃、回鹘等少数民族政权，由于与中原王朝的频繁往来与接触，也深受儒学影响，儒学在各少数民族区域内得到不同程度、各具特色的传播、发展与实践，融入各族文化之中。

## 一、契丹尊崇儒学

辽朝自 916 年建立到 1218 年西辽灭亡，前后经历了三百余年的历史进程。在这期间，虽然契丹统治者也信奉佛、道二教，但占据统治地位的最终是儒家思想。

建国初期，契丹贵族很注意引进儒学。辽太祖耶律阿保机认为“佛非中国教”[①]，赞同“孔子大圣，万世所宗，宜先”祭祀的主张，神册三年（918 年）五月，在上京“即建孔子庙，诏皇太子春秋释奠”[②]，并于第二年（919 年）八月，亲谒孔子庙。在他的带动下，契丹贵族开始接受儒家思想，如皇太子耶律倍“自幼聪明好学”“通阴阳，知音律，精医药、砭焫之术。工辽、汉文章”，向往汉族封建文明，曾“市书万卷”，尊“孔子大圣，万世所尊”[③]。并在以后主东丹国时，所有制度“一用汉法”[④]。

与此相对应，契丹贵族也很注意吸收尊奉儒学的汉族地主阶级及知识分

---

① ［元］脱脱等：《辽史》卷七二《义宗倍传》，北京：中华书局，1974 年，第 1209 页。
② ［元］脱脱等：《辽史》卷七二《义宗倍传》，北京：中华书局，1974 年，第 1209 页。
③ ［元］脱脱等：《辽史》卷七二《义宗倍传》，北京：中华书局，1974 年，第 1209 页。
④ ［元］脱脱等：《辽史》卷七二《义宗倍传》，北京：中华书局，1974 年，第 1210 页。

子为自己的统治服务。辽景宗保宁八年（976 年）十二月，诏“南京复礼部贡院”[①]，试行科举考试，目的是笼络汉人参政，巩固自己的政权。

在辽圣宗至辽天祚帝的辽朝中后期，随着辽朝封建制度的确立及统治的需要，儒学进一步得到重视，“用汉礼”成为辽朝统治者的既定方针。圣宗下令各地修缮孔子庙，圣宗本人则“好读唐贞观政要至太宗、明皇实录”[②]，命摘录“其行事可法者进之”。诏允归州“设学以教”[③]从新罗所迁居民，赐铁骊纳苏《易》《诗》《书》《春秋》《礼记》等儒家经典。辽兴宗也“好儒术，通音律”[④]，诏令翻译汉族文化典籍，于是肖家奴等译《贞观政要》为契丹文，供兴宗和臣下学习。从辽圣宗开始，辽廷采用“唐之制”，正式开科取士。统和六年（988 年），“诏开贡举，放高举一人及第”[⑤]。自此后，进士及第名额逐渐增加，而且圣宗以后，科举考试以诗赋和经义取士，反映了辽朝社会的封建化和思想文化的儒化进程。

辽道宗时期，由于契丹贵族普遍接受汉文化，儒家的封建政治思想开始居统治地位，在政治、思想、文化及社会生活中起着重要作用。清宁元年（1055 年）十二月，道宗下诏“设学养士，颁《五经》传疏，置博士、助教各一员”[⑥]。道宗耶律洪基也亲自听侍臣讲《论语》，并重视对儒家经典的整理，“诏求乾文阁所阙经籍，命儒臣校雠”[⑦]。咸雍十年（1074 年）十月，又“诏有司颁行《史记》《汉书》”[⑧]。清宁六年（1060 年）春，在中京置国子监，“命以时祭先圣先师”[⑨]孔子。大安四年（1088 年）四月，诏枢密直学士耶律俨讲《尚书·洪范》，并命燕国王耶律延僖写《尚书五子歌》。大安五年（1089 年）三月，诏“析律、大定二府精选举人以闻，仍诏谕学者，当穷经明道”[⑩]。

辽朝统治者大力提倡学习儒家经典，以儒家所主张的治道用于辽朝的统治实践中，儒学在辽朝得到显著的发展，儒学名士不断涌现。辽朝末期，契丹人也能参加科举，辽太祖耶律阿保机八世孙耶律大石即进士出身，是汉文化修

---

① [元] 脱脱等：《辽史》卷八《景宗纪上》，北京：中华书局，1974 年，第 96 页。

② [宋] 叶隆礼：《钦定重订契丹国志》卷七《圣宗文武大孝宣皇帝》，载文渊阁《四库全书》第 383 册，台北：台湾商务印书馆，1986 年，第 704 页。

③ [元] 脱脱等：《辽史》卷一五《圣宗纪六》，北京：中华书局，1974 年，第 172 页。

④ [元] 脱脱等：《辽史》卷一八《兴宗纪一》，北京：中华书局，1974 年，第 211 页。

⑤ [元] 脱脱等：《辽史》卷一二《圣宗纪三》，北京：中华书局，1974 年，第 133 页。

⑥ [元] 脱脱等：《辽史》卷二一《道宗纪一》，北京：中华书局，1974 年，第 253 页。

⑦ [元] 脱脱等：《辽史》卷二二《道宗纪二》，北京：中华书局，1974 年，第 264 页。

⑧ [元] 脱脱等：《辽史》卷二三《道宗纪三》，北京：中华书局，1974 年，第 276 页。

⑨ [元] 脱脱等：《辽史》卷二一《道宗纪一》，北京：中华书局，1974 年，第 258 页。

⑩ [元] 脱脱等：《辽史》卷二五《道宗纪五》，北京：中华书局，1974 年，第 298 页。

养很高的契丹贵族。他在中亚地区建立的西辽，典章制度一依汉制，在传播中国文化，沟通中西经济、文化方面起了积极作用。传统的儒家思想文化也为契丹人民所接受，当渤海人大公鼎在良乡县“建孔子庙学”时，其“部民服化”。孟子“民为贵，社稷次之”的儒家民本思想及传统的重农思想，也成为契丹统治者的治国之道。大公鼎为政期间，认为“边障甫宁，大兴役事，非利国便农之道”[①]，主张“省徭役，务农桑，建孔子庙学，部民服化”[②]。室昉也“进《尚书·无逸篇》以谏”，主张“整析蠹弊，知无不言，务在息民薄赋”[③]。儒家“以孝为大”的传统思想文化，也潜移默化地浸透到辽朝社会生活的各个领域，对人们的心理结构及价值观念产生了重大影响。“识辽、汉字，通天文、相法”的萧阳阿当父卒时，“自五蕃部亲挽丧车至奚王岭，人称其孝”[④]。在锦西辽墓出土的画像石刻中就有二十四孝之“孟宗哭竹”“王祥卧冰求鲤”的故事。这一切充分说明儒家思想文化已占据统治地位，它加速了契丹封建化的进程，成为契丹人与汉人融合的催化剂。

## 二、女真“崇儒”“重经”

金朝统治的一百二十年间，构成了我国思想文化发展中的一个“自树立唐、宋之间”[⑤]的阶段。女真族向有崇尚汉族文化的传统，女真先世就曾“悦中国风俗，请披冠带”[⑥]“请唐官”[⑦]，采用中原制度建立渤海国。金继辽后，一变成为北方的统治民族，并使南宋臣附于己。此时，在北宋兴起并初步发展的性理之学，已在南宋得到发扬光大，程朱理学的统治地位已经确立。而与南宋对峙的金朝，随着女真封建化的进程，儒家思想也成为统治人民的基本思想。

金朝历代统治者都敦崇儒学，重视经典。金熙宗确定孔教为治世之道，认为“孔子虽无位，其道可尊，使万世景仰”[⑧]，并“亲祭孔子庙，北面再拜”。海陵王完颜亮父子皆从师于儒者张用直学习经史。金世宗、章宗时，儒学更广

---

① ［元］脱脱等：《辽史》卷一〇五《大公鼎传》，北京：中华书局，1974 年，第 1460 页。
② ［元］脱脱等：《辽史》卷一〇五《大公鼎传》，北京：中华书局，1974 年，第 1460 页。
③ ［元］脱脱等：《辽史》卷七九《室昉传》，北京：中华书局，1974 年，第 1272 页。
④ ［元］脱脱等：《辽史》卷八二《萧阳阿传》，北京：中华书局，1974 年，第 1293 页。
⑤ ［元］脱脱等：《金史》卷一二五《文艺传上》，北京：中华书局，1975 年，第 2713 页。
⑥ ［唐］魏徵：《隋书》卷八一《靺鞨传》，北京：中华书局，1973 年，第 1822 页。
⑦ ［宋］宋祁：《新唐书》卷二一九《渤海传》，北京：中华书局，1975 年，第 6180 页。
⑧ ［元］脱脱等：《金史》卷四《熙宗纪》，北京：中华书局，1975 年，第 77 页。

泛地发展和兴盛起来。大定四年（1164年），金世宗“诏以女直字译书籍”[①]，于是《易》《书》《论语》《孟子》《扬子》等皆被译为女真文字，并在统治地区颁行。世宗强调学与行相结合，曾谓：“经籍之兴，其来久矣，垂教后世，无不尽善。今之学者，既能诵之，必须行之。”[②]并告诫人们不可遗忘女真“祭天地，敬亲戚，尊耆老，接宾客，信朋友，礼意款曲，皆出自然”[③]的淳朴旧风，认为“其善与古书所载无异”，意图将女真旧风与儒家精神融为一体，使女真人知仁义道德所在。章宗认为儒家经典《论语》《孟子》可以“涵养器度”，于承安四年（1199年）冬十月，“诏亲军三十五以下令习《孝经》《论语》”[④]。甚至面临衰微之际的哀宗也尊儒重经。据《金史·百官二》载：正大三年（1226年）在内庭设益政院，“以学问该博、议论宏远者数人兼之。日以二人上直，备顾官，讲《尚书》《通鉴》《贞观政要》”。金朝著名学者杨云翼、赵秉文时为说书官，呈“进《龟鉴万年录》《圣学》《圣孝》之类凡二十篇”[⑤]及《贞观政要》《审鉴》《君臣政要》[⑥]等著作。

女真统治者以儒家思想作为统治思想，必然大力提倡忠孝仁义，认为“人之行，莫大于孝弟”[⑦]，并以此作为行为规范及举善惩恶的标准。明昌三年（1192年）四月戊午，章宗“诏赐云内孝子孟兴绢十匹、粟二十石，赐同州贞妇师氏谥曰‘节’”[⑧]。金朝又创立“八行”，即“取《周礼》之六行孝、友、睦、姻、任、恤，加之中、和为八”[⑨]，作为处世的规范。强调加强个人的道德修养，修身养性。世宗曾谓侍臣曰：“凡修身者喜怒不可太极，怒极则心劳，喜极则气散，得中甚难，是故节其喜怒，以思安身。”[⑩]并以儒家思想作为兴教化的致治之途，谓“天子巡狩当举善罚恶，凡士民之孝弟姻睦者举而用之，其不顾廉耻无行之人则教戒之，不悛者则加惩罚”[⑪]。金朝统治者崇尚儒学，加速了女真封建化的进程，也为女真与汉族的融合奠定了深厚的文化基础。

随着社会经济的发展与南北文化的交流，理学在金统治的北方也逐渐兴

---

① [元] 脱脱等：《金史》卷九九《徒单镒传》，北京：中华书局，1975年，第2185页。
② [元] 脱脱等：《金史》卷七《世宗纪中》，北京：中华书局，1975年，第163页。
③ [元] 脱脱等：《金史》卷七《世宗纪中》，北京：中华书局，1975年，第164页。
④ [元] 脱脱等：《金史》卷一二《章宗纪四》，北京：中华书局，1975年，第270页。
⑤ [元] 脱脱等：《金史》一一〇《杨云翼传》，北京：中华书局，1975年，第2423页。
⑥ [元] 脱脱等：《金史》一一〇《赵秉文传》，北京：中华书局，1975年，第2428页。
⑦ [元] 脱脱等：《金史》卷七《世宗纪中》，北京：中华书局，1975年，第161页。
⑧ [元] 脱脱等：《金史》卷九《章宗纪一》，北京：中华书局，1975年，第221页。
⑨ [元] 脱脱等：《金史》卷五一《选举志一》，北京：中华书局，1975年，第1133页。
⑩ [元] 脱脱等：《金史》卷八《世宗纪下》，北京：中华书局，1975年，第202页。
⑪ [元] 脱脱等：《金史》卷八《世宗纪下》，北京：中华书局，1975年，第187页。

起，起初是继承北宋的周（敦颐）、程（颢、颐）之学。金章宗泰和年间，泽州人李俊民“得先生之传，又得邵氏皇极之学”，从而“教授乡曲，故先生之学复盛”[①]。杜时升于承安、泰和间南渡黄河，隐居在嵩、洛山中，“以伊洛之学教人”[②]，从学者甚众。辽东人高仲振“博极群书，尤深《易》《皇极经世》学”[③]，其弟子有张潜、王汝梅等。麻九畴“初因经义学《易》，后喜邵尧夫《皇极书》”[④]。继二程的伊洛之学和邵雍的皇极之学复兴之后，南宋朱熹之学也传到北方。王渥曾授给陈良佐“新安朱氏小学，使知践履之实”[⑤]。徐之纲曾“以河南二程，江南朱、张、胡、蔡为根柢，穷《春秋》《易》二经”[⑥]。

立学校，建孔庙，行科举，这是女真统治者崇儒重经的具体措施，三者密切联系，相辅相成。金朝为适应经济、政治、文化发展的需要，重视教育，创立了许多学校。海陵天德三年（1151年），初置国子监，国子学隶于国子监。世宗大定六年（1166年），始置国子太学。大定十三年（1173年），正式成立女真国子学，策诗取士。各地也都设学办校授徒，分为女真府学、汉儿府学。大定二十八年（1188年），置诸节镇学三十九处，诸防御州汉儿学二十一处。

由于金朝统治者崇尚儒学，重视经典，自然也尊崇儒学宗师孔子。金之州县均有学校，亦皆有孔庙。熙宗时在上京建孔子庙，只是立庙，到章宗明昌元年（1190年）三月，“诏修曲阜孔子庙学”[⑦]。泰和四年（1204年）二月，诏“州郡无宣圣庙学者并增修之”[⑧]。由于金最高统治者崇儒重学，一时地方官也纷纷仿效。任天宠为威戎县令时，“县故堡寨，无文庙学舍”，于是“天宠以废署建”[⑨]。学校与孔庙二者自然而和谐地结合起来，侧重则在庙。有学有庙成为金朝制度的一个特点，并影响到后来的元朝。

金朝统治者实行科举取士，优宠儒学名士。金建立之初，金太祖完颜阿骨打深知依靠知识分子的重要性，主张“国书诏令，宜选善属文者为之”[⑩]。重

---

①［元］郝经：《陵川集》卷二七《宋两先生祠堂记》，载文渊阁《四库全书》第1192册，台北：台湾商务印书馆，1986年，第301页。

②［元］脱脱等：《金史》卷一二七《杜时升传》，北京：中华书局，1975年，第2750页。

③［元］脱脱等：《金史》卷一二七《高仲振传》，北京：中华书局，1975年，第2751页。

④［元］脱脱等：《金史》卷一二六《麻九畴传》，北京：中华书局，1975年，第2740页。

⑤［金］元好问：《遗山集》卷二七《赠镇南军节度使良佐碑》，载文渊阁《四库全书》第1191册，台北：台湾商务印书馆，1986年，第302页。

⑥［元］袁桷：《清容居士集》卷二九《滕县尉徐君墓志铭》，载文渊阁《四库全书》第1203册，台北：台湾商务印书馆，1986年，第386页。

⑦［元］脱脱等：《金史》卷九《章宗纪一》，北京：中华书局，1975年，第214页。

⑧［元］脱脱等：《金史》卷一二《章宗纪四》，北京：中华书局，1975年，第267页。

⑨［元］脱脱等：《金史》卷一〇五《任天宠传》，北京：中华书局，1975年，第2323页。

⑩［元］脱脱等：《金史》卷二《太祖纪》，北京：中华书局，1975年，第32页。

视招募儒学名士，“令所在访求博学雄才之士，敦遣赴阙”[①]。金太宗则根据“河北、河西郡县职员多阙”的状况，主张“宜开贡举取士，以安新民。其南北进士，各以所业试之”[②]。金熙宗也在天眷元年（1138年）五月，“诏以经义、词赋两科取士”[③]。金统治者把选拔官吏与行儒学、兴教化紧密联系起来，担任教授者，“必以宿儒高才者充”[④]，告谕所司官吏“有能务行德化者，擢而用之，则教化可行，孝弟可兴矣”[⑤]。

金朝统治者为避免“律科举人止知读律，不知教化之原”，特别规定“必使通治《论语》《孟子》”[⑥]。为适应这一要求，学校设置的课程有《六经》《论语》《孟子》《孝经》《十七史》《老子》《荀子》《扬子》等，而科举考试内容自然也离不开儒学典籍。所试科目规定：词赋进士试赋、诗、策论各一道；经义进士试所治一经义、策论各一道；律科在律令内出题。会试每场十五题，复于《论语》《孟子》内试小义一道。经童或诵《论语》诸子，或诵《诗》《书》《易》《礼》《春秋左氏传》及《论语》《孟子》，贵在幼而诵多者。

金代的教育、科举是中原教育、科举制度的继承，也是儒家传统文化在金朝的延续与发展。

### 三、西夏“渐行中国之风”

西夏自建立政权后，为要争取与宋朝的平等地位，足以与中原王朝对峙、抗衡，在引进中原王朝的一整套政治制度，创立西夏文字的同时，也加强了对汉族思想文化的吸收，“尊尚儒术，尊孔子以帝号”[⑦]，采用蕃汉并存的思想文化政策。

元昊建立政权之初，在创制“胡礼蕃书”，建立“蕃学”的同时，并不排斥中原汉地的思想文化，用西夏文字大量翻译《孝经》《尔雅》《四言杂字》等儒家经典和启蒙课本。儒家最基本的经典《论语》《孟子》也传到西夏，并译成西夏文，而且还对《论语》阐发别义，有所创新。《尚书》也成为学生的必修课本。在内蒙古黑水城出土的西夏文献中有宋吕惠卿所注的《孝经》，还有《列

---

① [元] 脱脱等：《金史》卷二《太祖纪》，北京：中华书局，1975年，第32页。
② [元] 脱脱等：《金史》卷三《太宗纪》北京：中华书局，1975年，第57页。
③ [元] 脱脱等：《金史》卷四《熙宗纪》，北京：中华书局，1975年，第72页。
④ [元] 脱脱等：《金史》卷八《世宗纪下》，北京：中华书局，1975年，第200页。
⑤ [元] 脱脱等：《金史》卷一〇《章宗纪二》，北京：中华书局，1975年，第227页。
⑥ [元] 脱脱等：《金史》卷九《章宗纪一》，北京：中华书局，1975年，第210页。
⑦ [元] 脱脱等：《金史》卷一三四《夏国传》，北京：中华书局，1975年，第2877页。

子》《左传》《周书》《毛诗》等译文。西夏还把渗透着传统儒家思想的君臣道义与治国之旨的《贞观政要》译成西夏文，名为《贞观要文》，显然是利用书中宣扬的儒家思想和封建统治经验，来加强自己的统治。

设立国学，教授儒学。元昊曾"创建蕃学，国中由蕃学进者，诸州多至数百人"[①]。在国母梁氏专权时，"汉学日坏"，不受重视。梁氏死后，崇宗乾顺亲政，汉学又重新得到提倡。贞观元年（1101年），御史中丞薛元礼上疏，列举了古代北方少数民族政权尊行儒学的先例，建议于"蕃学"之外设立"国学"，以教授儒家之道。他说："士人之行，莫大于孝廉；经国之谟，莫重于儒学。昔元魏开基，周、齐继统，无不尊行儒教，崇尚《诗》《书》。盖西北之遗风，不可以立教化也。景宗以神武建号，制蕃字以为程文，立蕃学以造人士。缘时正需才，故就其所长，以收其所用。今承平日久，而士不兴行，良由文教不明，汉学不重，则民乐贪顽之习，士无砥砺之心。董子所谓'不养士而欲求贤，譬犹不琢玉而求文采也'，可得乎？"[②]崇宗乾顺采纳了这一建议，于是在"蕃学"之外特建"国学"。所谓"国学"实际上就是以传授汉学为主的最高学府。聘请教授，选弟子员三百人入学，并且"养贤务"，负责国学的廪食。由于乾顺重学养贤，使儒学在西夏的地位日益提高。西夏仁宗李仁孝执政的五十年中，更是极力推广汉文化，"为世教振颓风，以圣学维国本"[③]。把儒学提到更高的地位，是儒学发展的高峰。人庆元年（1144年），他下令在各州、县设立学校，弟子员增至三千人，是崇宗乾顺建立国学时弟子员的十倍。为了培养党项贵族宗室子弟，同年又在皇宫中设立小学，宗室中凡七至十五岁的子弟都可以入学，请教授讲课。人庆二年（1145年），西夏又创立大汉太学，仁宗亲临太学祭奠先圣先师。短短的两年之内，西夏普设学校，宫中建立小学，京城建立最高学府，充分显示出儒学在西夏的迅速发展。

孔子是儒学宗师，我国中原王朝自唐追谥孔子为文宣王，至宋、元、明、清诸朝都有封谥，然而未有以"帝"字封谥。西夏"尊孔子以帝号"，尊崇儒学先师孔子为"文宣帝"，令各州郡都立庙祭祀，这就首先打破了历代汉族统治者对孔子封谥的规格，抬高了孔子的儒学地位。

西夏从仁宗时开始接受中原科举制度，设进士科，策举人。各科考试均以

---

① 戴锡章：《西夏纪》卷二二，济南：山东泰山出版社，2000年，第279页。
② 戴锡章：《西夏纪》卷二二，济南：山东泰山出版社，2000年，第279页。
③［清］吴广成著，李蔚整理：《西夏书事》卷三六，济南：山东泰山出版社，2000年，第138页。

儒学经义为主要内容。人庆四年（1147 年），西夏立唱名取士法，复立童子科，于是西夏儒学教育与科举取士相表里，各地普设学校，设科取士，进一步确立了儒学在国家政治生活中的主导地位。人庆五年（1148 年），又建内学，亲自选名儒主持。天盛十二年（1160 年），又设立翰林学士院，儒学在西夏中、后期进入昌盛时期。

西夏“曲延儒士，渐行中国之风”①，儒学在西夏得到很大发展，人才辈出，儒士云集，文人荟萃。创立西夏文字的野利仁荣“多学识，谙典故”，对汉族儒家经典有高深的造诣，夏仁宗皇后罔氏为党项大族，“聪惠知书，爱行汉礼”。西夏儒士中最著名的人是斡道冲，他五岁以《尚书》中童子举，精《四书》，通《五经》，博学广识，曾为蕃汉教授、中书令、国相。他译《论语注》，并且阐发别义，著《论语小义》二十卷，以西夏字行于国中。斡道冲死后，仁宗下令画其像祭祀国宫，还令郡县都这样做。到元朝，其在凉州（治今甘肃市凉州区）的后代临摹了他的画像，请元代著名文人虞集作画像赞，颂其业绩，赞曰：“乃有儒臣，早究典谟，通经同义，教其国都，遂相其君，作服施采，顾瞻学宫，遗像斯在。”②

西夏建立政权后，“得中国土地，役中国人力，称中国位号，仿中国官属，任中国贤才，读中国书籍，用中国车服，行中国法令”③。伴随西夏封建化的进程，儒学不可避免地融入西夏文化之中，成为西夏思想统治的一大精神支柱。

### 四、吐蕃渐行“中国法教”

地处西北一隅的吐蕃唃厮啰政权，由于加入了宋、辽、西夏的角逐之中而引起宋王朝的重视，意识到其举足轻重的作用，于是除采用羁縻怀柔、武力征服之外，还实行用“中国法教驭之”④的政策。熙宁五年（1072 年）五月，当王韶奏报熙河战捷时，言“拓地千二百里，招附三十余万口”，王安石即主张“今三十万众若能渐以文法调驭，非久遂成汉人”⑤。用“文法调驭”就是用

① [宋] 李焘：《续资治通鉴长编》卷五〇，咸平四年十二月丁卯，北京：中华书局，1979 年，第 1099 页。

② [元] 虞集：《道园学古录》卷四《西夏相乌公画像赞》，载文渊阁《四库全书》第 1207 册，台北：台湾商务印书馆，1986 年，第 66 页。

③ [宋] 李焘：《续资治通鉴长编》卷一五〇，庆历四年六月戊午，北京：中华书局，1985 年，第 3641 页。

④ 张维：《陇右金石录》卷三《岷州广仁禅院碑》，甘肃省文献征集委员会，1943 年，第 16038 页。

⑤ [宋] 李焘：《续资治通鉴长编》卷二三三，熙宁五年五月辛卯，北京：中华书局，1986 年，第 5655 页。

“中国法教驭之”，即以汉法治蕃部。然而“调驭”蕃部归服宋王朝并非易事，要变革吐蕃风俗，使之“思所以繁庶之理”“求所以变革之道”[①]，其办法除了用佛教之外，还要用“诗书礼乐”，就是用儒家的《诗》《书》《礼》《乐》等经典进行教化，设学校，赐书籍，立解额，传播汉族思想文化。熙宁六年（1073年）十二月，宋王朝在熙州（治今甘肃临洮县）西罗城“置蕃学，晓谕蕃官子弟入学”[②]。熙宁七年（1074年）九月，在岷州（治今甘肃岷县）“许建州学”，并“赐国子监书”“已立解额”[③]，并在河州（治今甘肃临夏市）也“置蕃学，教蕃酋子弟”，并且增加解进士名额“熙州以五人，河洮岷州各以三人为解额”[④]。

由于宋王朝对吐蕃采用“中国法教驭之”，施以传统的儒家思想文化的影响，吐蕃也渐习汉法，渐变风俗，渐有华风。吐蕃青唐（今青海西宁市）主唃厮啰“冠紫罗毡冠，服金线花袍，黄金带，丝履”[⑤]，服饰冠带犹如汉家天子。唃厮啰孙木征也教子识汉字，向往汉族文明。南宋时，唃厮啰后裔益麻党征更是“世陶中国冠带礼仪”[⑥]，深受儒家君臣道义影响，抗拒金朝的诱惑，“不从伪命，备见忠节”[⑦]。表明吐蕃对儒家文化已有了初步了解。

两宋时期，传统的儒家思想文化超越了民族界限，不仅在中原地区发扬光大，而且在周边少数民族政权中也兴盛发展，深入人心，渗透到社会生活的各个领域。各族统治者用它来加强封建统治，维护政权，使之在一定程度上得到普及和认同，促进了各少数民族政权的建设及封建化进程，加强了民族融合与团结，对形成相对稳固的民族心理和习性，有不可忽视的积极作用，为元朝的统一提供了一个广阔的思想文化背景。儒学是缔造中华民族的一股强大的凝聚力。

（原载于《西北师大学报》1989年第6期）

---

① 张维：《陇右金石录》卷三《岷州广仁禅院碑》，甘肃省文献征集委员会，1943年，第16038页。

②［宋］李焘：《续资治通鉴长编》卷二四八，熙宁六年十二月壬午，北京：中华书局，1985年，第6059页。

③［宋］李焘：《续资治通鉴长编》卷二五六，熙宁七年九月己亥，北京：中华书局，1985年，第6248页。

④［宋］李焘：《续资治通鉴长编》卷二四八，熙宁六年十二月戊寅，北京：中华书局，1985年，第6055页。

⑤［宋］李焘：《续资治通鉴长编》卷一二八康定元年八月癸卯，北京：中华书局，1985年，第3035页。

⑥［宋］李石：《方舟集》卷一六《赵郡王墓志铭》，载文渊阁《四库全书》第1149册，台北：台湾商务印书馆，1986年，第721页。

⑦［宋］李石：《方舟集》卷一六《赵郡王墓志铭》，载文渊阁《四库全书》第1149册，台北：台湾商务印书馆，1986年，第721页。

# 论儒学对西夏社会的影响

与中原王朝北宋、南宋、辽、金鼎足而立的西夏，是以党项族为主体建立的少数民族政权，由于与中原王朝的频繁接触，相互往来，儒学对西夏党项产生了巨大的影响。植根于农业社会土壤中的儒家思想文化具有稳定、和谐、整体化的发展模式和强烈的渗透力，对于由单纯牧业经济向农业经济过渡的党项具有强烈的吸引力，从而使儒学在西夏党项人中得到了广泛的传播与发展，并产生了巨大的影响。

## 一

宋仁宗宝元元年（1038 年），李元昊建立政权，国号“大夏”，用党项语称其为“邦泥定国”，即汉语“白高国”的西夏音译。自称“兀卒”，即党项语“皇帝”，有“青天子”之意。其地东据黄河，西至玉门，南临萧关，北抵大漠，境土“方二万余里”[①]。西夏自称“白高国”，其中既有党项羌族发源地的含义，又有崇尚白色之意。“尚白”是吐蕃、党项、蒙古等人的习俗，而其中又蕴含着儒家文化的传统五行学说。宝元二年（1039 年），元昊给宋朝奉表，期求宋朝“许以西郊之地，册为南面之君”[②]，而“西郊之地”正与西夏自称“白高国”有关。在传统的五行学说广泛传播与长期流行中，“金”与“西”“白”这些字词和观念的联系非常密切，而且把在西边活动的民族也赋予了新的含义。羌族活动在汉族属地之西方，称为“西羌”。范晔《后汉书·西羌传》称其“性坚刚猛勇，得西方金行之气焉”。《册府元龟》则谓党项羌亦“性坚刚猛勇，得西方金行之气焉”。西夏统治者自以为立国西方，性秉金德，崇尚白色，而把国名定为“邦泥定国”即“白高国”是必然的。“白高国”的

① [元] 脱脱等：《宋史》卷四八六《夏国传下》，北京：中华书局，1977 年，第 14028 页。
② [元] 脱脱等：《宋史》卷四八五《夏国传上》，北京：中华书局，1977 年，第 13996 页。

命名正是党项习俗与传统儒家文化合谐统一的结合。

元昊所建立的"大夏"，从表面看似乎是因袭匈奴后裔赫连勃勃的"夏"，这从两个政权的地域范围、民族成分来看，有一定的联系，但从更深层的含义来看，不得不使人想到"大夏"之名是从中国最古老的王朝"夏"演变而来的。"夏"字训义为"大"，孔颖达谓："中国有礼义之大，故称夏。"《说文·夂部》曰："夏，中国之人也。"党项羌人历代的迁徙，正说明他们不满足于活动在西鄙之地，而向华夏内地的靠近，也就是向中原地区儒家文化的逐渐靠拢。可见取名"大夏"，确实含有以中国为正统地位自命之意，这是受儒家文化影响，向儒家文化的认同。而元昊自称为"世祖始文本武兴法建礼仁孝皇帝"①，改元"天授礼法延祚"，更是仿效中原王朝的模式。礼法来自"天授"，以此可延续帝祚、国祚，使年号蒙上一层天命的神秘色彩。

元昊既然已在年号的命名上赋予"天授"之意，那么自称为"天子"也就势在必然，而称为"青天子"就具有与众不同的特点。"兀卒"又作"吾祖""乌珠"，是党项语译音。据《续资治通鉴长编》卷一二二宝元元年九月条载："兀卒者，华言青天子也，谓中国为黄天子。"青色代表天空之青色，黄色代表土色，体现土德。党项人把尊天习俗与儒家"五德终始"论和谐地融为一体，使这一称号蕴有丰富的文化内涵。

## 二

西夏党项自兴起后就不断接受传统儒家思想文化，开始封建化的进程。"拓跋自得灵、夏以西，其间所生豪英，皆为其用。得中国土地，役中国人力，称中国位号，仿中国官属，任中国贤才，读中国书籍，用中国车服，行中国法令。"②在西夏社会发展演变的进程中，中原地区的儒家思想文化对其产生了重大影响。

等级制度是儒家思想文化的核心，早在孔孟的思想中就已经形成"君君、臣臣、父父、子子""君贵臣卑"等"正名"观念，尊卑贵贱均有严格定序，不能打乱，重视身份地位，并在一切日常生活礼节上表现出等级的区别，甚至服饰也有明显的差异，"衣分五色，人分九等"。元昊对西夏文武官员及平民百姓

---

①［元］脱脱等：《宋史》卷四八五《夏国传上》，北京：中华书局，1977年，第13996页。

②［宋］李焘：《续资治通鉴长编》卷一五〇，庆历四年六月戊午，北京：中华书局，1985年，第3641页。

的冠服作了严格的规定："文资则幞头、靴笏、紫衣、绯衣；武职则冠金贴起云镂冠、银帖间金镂冠、黑漆冠，衣紫旋襕、金涂银束带，垂蹀躞，佩解结锥、短刀、弓矢韣，马乘鲵皮鞍、垂红缨，打跨钹拂。便服则紫皂地绣盘球子花旋襕，束带。民庶青绿，以别贵贱。"[①]从冠服的不同，可以辨识等级，分别贵贱尊卑。

在政治上，西夏更是盛行封建等级制度，据现在保存下来的西夏文刊本《西夏官阶封号表》记载，其中所列封号名称分为七个等级，并列有皇后、公主、嫔妃和诸王、国师、大臣、统军等封号。此表大约完成于夏仁宗统治时期，为西夏政治上所实行的封建等级制度做出了准确的说明，显示出西夏后期封建等级制度已经十分完备。

西夏统治者早已"潜设中官，全异羌夷之体"[②]，采用汉族封建统治方式，接受封建的典章制度。宋仁宗明道二年（1033 年），元昊便模仿宋朝建立了一整套官制，官分文武两班，设立了中书、枢密二司，御史台、开封府、翊卫司、官计司、受纳司、农田司、群牧司、飞龙苑、磨勘司、文思院等机构[③]，并且又设立了汉学与蕃学。夏天授礼法延祚二年（1039 年），即元昊建立西夏的第二年，再度改革官制，仿照宋朝增设了"总理庶务"的尚书令，"又改宋二十四司为十六司，分理六曹"[④]。根据骨勒茂才编辑的《番汉合时掌中珠》一书所载十六司为：经略司、正统司、统军司、殿前司、皇城司、三司、内宿司、巡检司、陈告司、磨勘司、审刑司、农田司、閤门司、群牧司、受纳司、承旨司[⑤]等。官职的设立及不断的改革，正说明西夏统治者不断接受汉族传统儒家思想文化的影响，在封建化的道路上不断前进。

西夏从仁宗时开始接受中原科举制度，设进士科，策举人，各科考试均以儒学经义为主要内容。夏仁宗人庆四年（1147 年），西夏立唱名取士法，复立童子科。于是西夏儒学教育与科举取士相表里，"学校列于郡邑，设进士科以取士"，进一步确立了儒学在政治生活中的主导地位。人庆五年（1148 年），又建内学，亲自选名儒主持。天盛十二年（1160 年），又设立翰林学士院，儒学在

---

① ［元］脱脱等：《宋史》卷四八五《夏国传上》，北京：中华书局，1977 年，第 13993 页。

② ［宋］李焘：《续资治通鉴长编》卷五〇，咸平四年十二月丁卯，北京：中华书局，1979 年，第 1099 页。

③ ［清］吴广成著，李蔚整理：《西夏书事》卷一一，济南：山东泰山出版社，2000 年，第 62 页。

④ ［清］吴广成著，李蔚整理：《西夏书事》卷一三，济南：山东泰山出版社，2000 年，第 67 页。

⑤ ［西夏］骨勒茂才：《番汉合时掌中珠・人事下》，银川：宁夏人民出版社，1989 年，第 56、57 页。

西夏后期进入昌盛阶段。

西夏建立之初，元昊所实行的某些政策从表面上看似乎出现了复旧，元昊曾对其父德明说："英雄之生，当王霸耳，何锦绮为?"[①]主张"衣皮毛"，下秃发令，公开申明："制小蕃文字，改大汉衣冠"[②]，改行与汉族传统有别的礼仪制度，提倡党项贵族尚武精神。从表面上看，这些措施似乎与儒家文化相悖，但其深层却蕴含着元昊的一片苦心，即维护党项人的精神，保留党项人的特色，提高党项人的意识，使党项成为西夏的主体，从而摆脱宋王朝的控制，成就元昊的"霸王之业"。事实上，西夏文字之制，衣冠之改，都是以儒家思想文化为依傍的基础，尽管外在形式上与儒家文化传统有很大区别，但内在精神却息息相通。

元昊的这两种做法，貌似相忤，实际上是以儒家思想文化为主的政治统治措施占主导地位，是党项精神与儒家思想文化的结合，并和谐地统一在儒家政治统治的原则之下，是"外蕃内汉"的文化模式。

西夏在典章制度上的"汉化"，正是对传统儒家思想文化的吸纳，这为西夏封建化提供了政策以及制度上的保障。

## 三

西夏建立之初，在创制"胡礼蕃书"、建立蕃学的同时，并不排斥中原地区的儒家思想文化，"尊尚儒术，尊孔子以帝号"[③]，加强了对儒家文化的吸取。用西夏文字大量翻译《孝经》《尔雅》《四言杂字》等儒家经典和启蒙课本。《孝经》是一部封建伦理性强、影响大的儒学著作，宣扬"亲亲为大"的孝道及封建宗法思想，历代封建统治者都把《孝经》视为统治的法宝，强调孝为"天之经，地之义，民之行"，企图以"孝"治天下。元昊把《孝经》当作重要的经典进行翻译，正说明《孝经》中的封建伦理纲常说教，已被西夏党项统治者所接受，传统的儒家思想文化已被党项统治者所吸取并加以利用。儒家经典《论语》《孟子》也传到西夏，并译成西夏文，而且还对《论语》阐发别意，有所创新。西夏还把渗透着儒家君臣道义与治国之旨的《贞观政要》也译成西夏文，名为《贞观要文》。西夏党项统治者倾慕汉文化，为了获得更多的汉文典

---

① [元] 脱脱等:《宋史》卷四八五《夏国传上》，北京：中华书局，1977 年，第 13993 页。
② [元] 脱脱等:《宋史》卷四八五《夏国传上》，北京：中华书局，1977 年，第 13995 页。
③ [元] 脱脱等:《金史》卷一三四《西夏传》，北京：中华书局，1975 年，第 2877 页。

籍，多次向宋王朝请求给予经史等各类书籍，如《九经》《唐书》《册府元龟》等著作及国子监所印各书。南宋时，宋夏关系紧张，西夏遣使赴金“市儒、释书”[①]。汉文典籍在西夏社会的广泛流传，是西夏党项统治者为了利用书中宣扬的儒家思想和封建统治经验，加强封建统治，施行专制君权的需要。

元昊建立政权之初，曾“创建蕃学，国中由蕃学进者，诸州多至数百人”[②]。在惠宗母梁氏专权时，“汉学日坏”，致使“士皆尚气矜，鲜廉耻，甘罹文网”[③]。梁氏死后，崇宗乾顺亲政，汉学重新得到提倡。夏崇宗贞观元年（1101 年），御史中丞薛元礼上疏，列举了古代北方少数民族政权尊行儒学的先例，建议于蕃学之外，设立“国学”，以教授儒家之道。疏中称：“士人之行，莫大乎孝廉；经国之模，莫重于儒学。”[④]夏崇宗乾顺采纳了这一建议，于是在蕃学之外特建“国学”。所谓“国学”实际上就是以传授儒学为主的最高学府。聘请教授，选弟子员三百人入学，并且设“养贤务”，负责国学的廪食。由于乾顺养贤重贤，使儒学在西夏的地位日益提高。夏仁宗仁孝执政的五十多年中，更是竭力推广儒家文化，“为世教振颓风，以圣学维国本”[⑤]，把儒学提到更高的地位，是儒学发展的高峰。夏仁宗人庆元年（1144 年），他下令在全国各州、县建立学校，弟子员增至三千人，是崇宗乾顺建立国学时弟子员的十倍。为了培养党项贵族宗室子弟，同年又在皇宫中设立小学，宗室中凡是七至十五岁的子弟都可以入学，请教授讲课。人庆二年（1145 年），西夏又创立大汉太学，仁宗亲临太学祭奠先圣先师。又建立“内学”。挑选名儒主持讲授。在短短的二年内，西夏普设学校，宫中设置小学，又建立内学，京城建立最高学府，充分显示出儒学在西夏的迅速发展。

崇儒也必然尊奉儒学宗师孔子。我国中原王朝自唐追谥儒学宗师孔子为文宣王，至宋、元、明、清诸朝代代都有封谥，然而均未有以“帝”字封谥的。西夏以帝号尊崇儒学先师孔子，“尊孔子为文宣帝”[⑥]“令州郡悉立庙祀”[⑦]，下令各州郡修建孔庙，使孔庙“殿庭宏敞，并如帝制”。这就首先打破了历代汉族统治者对孔子的封谥规格，抬高了孔子的儒学地位，充分说明了西夏对儒学

① ［元］脱脱等：《金史》卷六〇《交聘表上》，北京：中华书局，1975 年，第 1408 页。
② ［清］吴广成著，李蔚整理：《西夏书事》卷三一，济南：山东泰山出版社，2000 年，第 123 页。
③ ［清］吴广成著，李蔚整理：《西夏书事》卷三一，济南：山东泰山出版社，2000 年，第 123 页。
④ ［清］吴广成著，李蔚整理：《西夏书事》卷三一，济南：山东泰山出版社，2000 年，第 123 页。
⑤ ［清］吴广成著，李蔚整理：《西夏书事》卷三六，济南：山东泰山出版社，2000 年，第 138 页。
⑥ ［清］吴广成著，李蔚整理：《西夏书事》卷三六，济南：山东泰山出版社，2000 年，第 138 页。
⑦ ［清］吴广成著，李蔚整理：《西夏书事》卷三六，济南：山东泰山出版社，2000 年，第 138 页。

的尊崇。

博大精深的传统儒家思想文化，熏陶濡染了西夏党项世代皇亲宗室，使他们爱好汉族文明，崇儒尚文。自命“成大事”“立大业”的李继迁以灵州为都，是爱“其人习华风，尚礼好学”[①]。元昊父德明“晓佛书，通法律，尝观《太乙金鉴诀》《野战歌》，制蕃书十二卷，又制字若符篆”[②]，并且大兴宫室，礼仪中节，“渐有华风”，而巡游时，又“大辇方舆、卤簿仪卫，一如中国帝制”[③]，俨然一副中原汉族帝王的气派。景宗元昊通蕃汉文，其即位后，虽然实行了诸如“秃发令”等提高民族意识、突出党项的一些法令，但这仅是维护统治、巩固政权的策略与手段。从实质上看，在典章制度方面，元昊采用汉族封建制度，接受汉族封建文化。毅宗谅祚向往汉族文明，经常“收纳中国人，与之出入，起居亲厚，多致中国物以娱其意”[④]，他曾上书宋朝，“今国人皆不用蕃礼”，改从汉仪，又表示夏人“慕汉衣冠”，以后“欲以汉仪迎待朝廷使人”[⑤]，并上表求宋太宗的诗文作品及典籍，还请求与宋皇室通婚。惠宗秉常也特别爱好中原文化，常从俘虏的汉人处询问宋朝的文物制度，下令以汉礼代替蕃仪。崇宗乾顺更是崇尚儒家文化。仁宗仁孝在其五十四年的统治时期中，重视文化教育，设立学校，亲行“释奠礼”，尊孔崇儒，策举人，始立唱名法。

不仅皇帝世代崇儒尚文，后妃、宗室、大臣等也深受儒家思想文化熏陶，都有较高的文化素养。夏仁宗皇后罔氏为党项大族，“聪惠知书，爱行汉礼”。崇宗乾顺妃曹氏，“性温柔贞静，动以礼法”[⑥]。皇后任氏“壮重寡言”，“门第才德”无人相比。身为濮王的宗室子仁忠、舒王仁礼，“俱通蕃汉字，有才思，善歌咏”[⑦]。创立西夏文字的野利仁荣“多学识，谙典故”，对汉族儒家经典有高深的造诣。西夏儒士中最著名的是斡道冲，五岁以《尚书》中童子举，精“四书”，通“五经”，博学广识，曾为蕃汉教授、中书令、国相，他译《论语注》并阐发别义，著《论语小义》二十卷，以西夏字行于国中。其死后，仁宗

---

①戴锡章：《西夏纪》卷三，济南：山东泰山出版社，2000年，第179页。

②［元］脱脱等：《辽史》卷一一五《西夏传》，北京：中华书局，1974年，第1523页。

③［清］吴广成著，李蔚整理：《西夏书事》卷九，济南：山东泰山出版社，2000年，第56页。

④［宋］李焘：《续资治通鉴长编》卷二三五，熙宁五年七月壬午，北京：中华书局，1985年，第5699页。

⑤［宋］李焘：《续资治通鉴长编》卷一九五，嘉祐六年十一月己巳，北京：中华书局，1985年，第4730页。

⑥戴锡章：《西夏纪》卷二二，济南：山东泰山出版社，2000年，第285页。

⑦戴锡章：《西夏纪》卷二二，济南：山东泰山出版社，2000年，第285页。

下令画其像祭祀学宫，还令郡县都这样做。到元朝，其后代在凉州临摹了他的画像，请元代著名文人虞集作《画像赞》，颂其业绩："乃有儒臣，早究典谟，通经同文，教其国都。遂相其君，作服施采，顾瞻学宫，遗像斯在。"[①]

西夏皇帝、宗室大臣崇儒尚文成为一种文化思潮，成为一种强有力的文化势力，这种来自上层统治者的势力，保证了接受儒家文化的连续性，必然会对国家的统治政策、典章制度产生作用，促进西夏封建化。

伴随着西夏封建化进程，儒学融入西夏文化之中，对党项人的观念及民风习俗也产生了影响。

隋唐之际，党项族刚刚进入原始社会末期，在婚姻习俗上仍保持收继婚制，"妻其庶母及伯叔母、嫂、子弟之妇，淫秽烝亵，诸夷中最为甚，然不婚同姓"[②]。这种"烝母报嫂"的原始婚俗是氏族社会群婚制的一种残余。在党项传统婚俗中，保留有婚姻自由的纯朴民风。青年男女为追求自由婚姻而殉情，可见这种原始自由婚姻风俗在党项人心中影响深远。随着党项社会的不断进步，尤其是西夏政权建立后，随着与中原汉族的广泛接触，儒学的传播与发展，婚姻家庭关系也发生了巨大的变化。党项人除继承原始自由婚俗传统外，更多的则是接受了汉族"明媒正娶"的封建婚俗。《番汉合时掌中珠》中记载："男女长大，遣将媒人，诸处为婚，索与妻眷。室女长大，嫁与他人，送与沉房。亲家翁、亲家母，并诸亲戚，皆尽聚集，儿女了毕，方得心定。"甘肃武威出土的西夏文《杂字》，记叙孩子长大成人，亲友们为他们操办婚事，婚后男女结合，怀孕生子。由于儒家婚姻观念的影响，西夏也继承了中原封建婚姻制度，同时也继承了其买卖关系。《文海·婚价》载："结婚娶女价，向亲戚、叔叔、舅舅等授物之谓。"不仅要向女方送聘礼，而且还要给亲戚、亲属送礼物。由于封建婚姻的买卖性，一夫多妻在西夏王室贵族之中已成为普遍现象，德明"娶三姓"，元昊"凡五娶"，晋王察哥"年已七十，犹姬妾充下陈"，甚至平民百姓也有纳妾的。元初，马可波罗游历西夏故地甘州时，记载了当地的婚俗："其地之人娶妻致有三十。否则视其资力，娶妻之数唯意所欲。"可见西夏在婚姻习俗的演变中，儒家思想文化始终起着不可忽视的作用。

儒学对西夏党项社会的影响是全方位的，渗透到各个领域，促进了西夏党

① [元] 虞集：《道园学古录》卷四《西夏相乌公画像赞》，载文渊阁《四库全书》第1207册，台北：台湾商务印书馆，1986年，第65页。

② [后晋] 刘昫：《旧唐书》卷一九八《党项传》，北京：中华书局，1975年，第5291页。

项与各个兄弟民族的融合及自身的封建化。一个汲取先进文明养分的民族必然是一个蓬勃发展、有生命力的民族，这也是西夏政权存续久远的一个重要的文化因素。

（原载于《西北师大学报》2000 年第 3 期）

# 西夏时期的儒学教育

西夏政权建立后，由于与中原王朝频繁接触，相互往来，儒学对西夏产生巨大影响，儒学教育在甘肃河西地区得到发展。

## 一、设州县学

西夏占领之前，河西地区教育发展极不平衡，除瓜（治今甘肃瓜州东南）沙（治今甘肃敦煌市西）二州有所成就外[①]，其他地区的文化教育发展程度较低。河西地区儒学文化自东汉时期开始获得发展。西晋“永嘉之乱”后，中原“文化转移保存于凉州一隅”[②]，至五凉时达到全盛，经隋唐学者的大力经营，历五代犹存旧风。西夏党项自兴起之后，就不断接受传统儒家思想文化，开始封建化的进程。党项人攻占河西地区后，首先是尽力吸纳儒学人士。河西地区除本地儒学人士外，还有诸多因失意投奔而来的知识分子，他们为西夏王朝的统治，贡献了自己的聪明才智。

为了发展儒学，西夏政府多次颁布诏令，兴办学校。夏天授礼法延祚二年（1039 年），元昊令诸州各置蕃学。人庆元年（1144 年），夏仁宗仁孝令州县各立学校，弟子员增至三千人，是崇宗乾顺建立国学时的十倍。人庆二年（1145 年），创立大汉太学，仁宗亲临太学，祭奠先圣先师。又设立内学，挑选著名儒者主持讲授。人庆三年（1146 年）三月，又尊孔子为文宣帝，令各“州郡悉立庙祀”，使孔庙“殿庭宏敞，并如帝制”[③]。由于诏令的颁布，在短短的二三年内，西夏普设学校，儒学在西夏迅速发展。在此形势下，位于灵（治今宁夏吴忠市北）、夏（治今陕西靖边县西北白城子）以西的河西地区，郡学也得以

---

① 李正宇：《唐宋时代的敦煌学校》，《敦煌研究》1986 年第 1 期；刘再聪：《敦煌归义军政权学校教育研究》，《史学论丛》第九集，兰州：甘肃文化出版社，2000 年。

② 陈寅恪：《隋唐制度渊源论稿 · 绪论》，上海：上海古籍出版社，1982 年，第 2 页。

③［清］吴广成著，李蔚整理：《西夏书事》卷三六，济南：山东泰山出版社，2000 年，第 138 页。

逐步设立。

甘州建立郡学。据西夏《黑河建桥敕碑》碑阳的汉文落款所载："大夏乾祐七年岁次丙申九月二十五立石，主案郭那正成，司吏骆永安，笔手张世恭书，写作使安善惠刊，小监王延庆，都大勾当镇夷郡正兼郡学教授王德昌。"[①]其中王德昌除担任都大勾当正夷郡正外，还兼"郡学教授"，显然甘州已设立郡学，郡学教授由郡正亲自担任，表明地方当局对教育的重视。甘州郡学存至元初。

凉州学校教育兴盛。1972年在武威发现的西夏文启蒙课本《四言记事文》，采用讲故事的方式，通过一个富贵人家子弟的一生，宣扬西夏社会的道德规范。这一文物是当时凉州启蒙教育的明证。武威西郊林场西夏墓出土一副笔架，上插一木质毛笔，笔尖有墨迹[②]。这一时期，学生还使用硬笔，这种笔用竹制作，将竹子一头削出一个斜面，斜面下端削尖，并将笔尖分裂成两片，犹如现在的蘸水笔，一支笔尖上还有明显墨迹[③]。这两支笔与识字课本同时出土，应视为学生习字用具，是凉州郡学设立的反映。

## 二、行庙学制

庙学制是指在学校中设置圣庙，并在圣庙中举行学礼[④]。学校内建置庙学始于东晋，地方官学立圣庙最早见于北齐。庙学制是传统教育的鲜明特色。早在唐朝开元（713—741年）年间，已有河西地方官学设立在圣庙。这一制度经过唐代的发展，成为中国传统教学体制的一大特色。学有庙，庙依学，庙学一体。夏仁宗仁孝尊孔子为文宣帝，立庙谓之帝庙，意味着庙学制的实施，并以法律手段对夫子庙予以保护[⑤]，因而庙学制在河西地区也得以推行。元人虞集《西夏相乌公画像赞》中赞誉西夏名相斡道冲："夏人尝尊孔子为至圣文宣帝，是以画公像列诸从祀，其国郡县之学率是行之。夏亡，郡县废于兵，庙学尽坏，独甘州仅存其迹。兴州有帝庙、门榜及夏主《灵芝歌》石刻。凉州有殿及庑。至元间，公之曾孙云南廉访使道明，奉诏使过凉州，见殿庑有公从祀遗

---

① 王尧：《西夏黑水桥藏文碑考补》，《中央民族学院学报》1978年第1期。

② 宁笃学、钟长发：《甘肃武威西郊林场西夏墓清朝简报》，《考古与文物》1980年第3期。

③ 甘肃省博物馆：《甘肃武威发现一批西夏遗物》，《考古》1974年第3期。

④ 刘再聪：《西夏时期河西走廊的教育——以儒学和"蕃书"为中心的探讨》，《宁夏社会科学》2004年第5期。

⑤ 高明士：《唐代庙学制的实态及其特质》，载《唐代东亚教育圈的形成》，台北："国立编译馆"，1984年。

像，唏嘘流涕不能去，求工人摹而藏诸家。延祐间，荆王修庙学，尽撤其旧而新之，所像亡矣。”[①]

《西夏乌公画像赞》的记载清楚地表明：西夏时期，河西地区实施庙学制，凉州（治今甘肃武威市凉州区）、甘州（治今甘肃酒泉市甘州区）均得以推行，庙学内殿庑齐全。凉州庙学的殿庑至元初依然存在，直至延祐（1314—1320年）年间，荆王重修庙学，原存西夏的旧迹才被取代。甘州圣庙毁于战火，庙学的具体结构不详。甘州为西夏镇夷郡，是西夏四府之一的宣化府治所在地，且其地理位置重要，因而甘州的庙学规模当与凉州庙学相仿，殿庑齐全[②]。西夏庙学制是对中原庙学制的继承与创新。台湾学者高明士统计唐代全国31处庙学实况显示：供奉周公、先圣（或文宣王）及先师之所称为殿、庙或堂。廊庑画十哲、六十二子等先贤像赞[③]。西夏的庙学制并非不加区别地全盘吸收，而是有所创新。从虞集所记可知，西夏庙学廊庑中绘有当时贤达之像，这与唐代沙州[④]及奉昌县庙学中仅绘制（或塑）先圣、先师（哲）等像的做法不尽相同。其主旨在于突出西夏的独立性，彰显党项人的特色。

### 三、推广使用蕃书

西夏文字的创制有一个从初创到成熟的过程。西夏政权建立前，西夏文字已在民间流传，但是不统一，不规范。元昊把西夏文字的创制作为建立政权的一项重要准备工作，把文字的创制和颁布，作为党项个性的自觉表征。但此时，元昊全力以赴准备立国称帝，无暇亲自从事文字的创制，具体造字工作是野利仁荣主持完成的。野利仁荣熟读儒家经典，精通蕃汉文字，在民间原有文字的基础上，进行搜集、整理、归纳、演绎成蕃书十二卷，定为国书。蕃书创制后，西夏政府立即展开文字的推广与运用。

第一，设置专业官员，培养教师。专门从事语言文字的官员称为“切韵学士”，西夏时期，专门设有“切韵学士”这样特殊的职称，这充分显示出西夏

---

① [元] 虞集：《道园学古录》卷四《西夏相乌公画像赞》，载文渊阁《四库全书》第1207册，台北：台湾商务印书馆，1986年，第65、66页。

② 刘再聪：《西夏时期河西走廊的教育——以儒学和“蕃书”为中心的探讨》，《宁夏社会科学》2004年第5期。

③ 高明士：《唐代庙学制的实态及其特质》，载《唐代东亚教育圈的形成》，台北：“国立编译馆”，1984年。

④ 唐贞观七年（633年），改西沙州置，治所在敦煌县，即今甘肃敦煌市西。天宝元年（742年）改为敦煌县，乾元元年（758年）复为沙州，辖境相当今甘肃敦煌市以西至新疆罗布泊、且末县一带。大历十一年（776年）陷于吐蕃。大中五年（851年）收复，后又废。元至元十四年（1277年）复置，十七年（1280年）升为沙州卫。

对语言、文字研究的异常重视[①]及文化事业的发展。语言教师的培养，由文字的创制者野利仁荣亲自负责，首批招收培养的学生达三千余人。西夏文《颂师典》记载："文字明星东方起，光辉文字照晚夕。招募弟子三千七，一一教诲成人杰。如今伊等科学业，历历在目遍全境。太空之下读己书，礼仪道德君自立。"[②]这批学生后来遍布于西夏全境，其中有不少人来到河西地区，从事语言文字的推广与普及工作。现存最早的西夏文献《瓜州审判记录》落款为1070年，上距西夏占领沙州（治今甘肃敦煌市西）仅仅三十年左右，由此可以推知西夏文字在河西地区推广的时间更早。武威出土的西夏文识字课本印本残版，其中有"父母智慧，选择师长"等熏染孩童的习语。这些残片是河西地区各州进行西夏文字教育的明证。

第二，注重实用性与艺术性。西夏文字创制后，被元昊尊为"国书"，下令"凡国中艺文诰牒，尽易蕃书"[③]，并且"教国人纪事用蕃书"[④]。由于元昊的积极推行，西夏字作为一种应用文字，在夏国境内得到传播与发展，上自官方文书，下至百姓日常生活记事，皆用西夏文字来书写，并用西夏文翻译佛教经典和儒学书籍。西夏文对西夏的政治与文化产生了深远的影响。甘肃河西地区是西夏的重要的领地，也是党项人的一个重要聚集区，具有一定的基础，因而西夏文字必然在这一地区广泛使用与传播。

第三，注重编写各类字典。西夏文字笔画繁复，"字形体方整类八分，而画颇重复"[⑤]，难以辨识。蕃书虽然借鉴汉字的形体与构造，但依照本民族语言特点，对这些笔画进行了必要的变通，创制成一 种形似汉字，却无一字与汉字雷同的新字体。清人张澍（1781—1847年）在《养素堂文集》卷一九《书西夏天祐民安碑后》所言："乍视，字皆可视；熟视，无一字可识。"这对于学习汉文的人也形成识读障碍。为了使西夏文字得到普及与传播，党项学者骨勒茂才编著《番汉合时掌中珠》。成书于西夏乾顺至仁孝时期的《文海》，是一部解释西夏文字形、结构、字义、字音的字典；《同音》则是一部韵书，收字最多，内容更为完整（1976年，甘肃省博物馆考古队曾发掘得《同音》大字体残本）；《要集》按事门分类，但其方法极为独特，每一个西夏文词语，都用汉语解释，

① 史金波：《凉州感应塔碑西夏文校译补正》，《西北史地》1984年第2期。
② 陈炳应：《西夏的诗歌、谚语所反映的社会历史问题》，《甘肃师大学报》1980年第2期。
③［清］吴广成著，李蔚整理：《西夏书事》卷一二，济南：山东泰山出版社，2000年，第66页。
④［元］脱脱等：《宋史》卷四八五《夏国传上》，北京：中华书局，1977年，第13995页。
⑤［元］脱脱等：《宋史》卷四八五《夏国传上》，北京：中华书局，1977年，第13995页。

但这种解释要用汉文注音的西夏文，这种别具一格的注释，对西夏人学习汉语或对懂得汉语又粗通西夏文的人，进一步了解西夏文字极为有用；《杂字》也是按类分目的字书。诸多词典的问世与使用，促进了西夏文字的学习与教学。西夏统治下的河西地区，教学质量与西夏文字普及化程度均有较高水平。据莫高窟与榆林窟西夏供养人题记显示，在西夏崇宗乾顺与仁宗仁孝时期，西夏文已全面推广与使用。蕃书的创制，对规范西夏统治地区的语言文字、发展教育，有促进作用。

西夏政权统治河西地区近 200 年，统治者除继承了瓜、沙归义军政权的儒学教育成果并继续推进外，还重新恢复与发展了甘、凉州等地，自吐蕃占领以来一度中断的文化教育，并使河西地区的文化教育位于较先进的行列，对西夏的统治与后起的元朝文化均产生了一定的影响。

（原载于《甘肃通史》，兰州：甘肃人民出版社，2009 年，第 350—355 页。）

# 西夏音乐及其演变

1038 年，在僻远的西北地区建立政权的西夏，是以党项为主体的一个地方政权。西夏音乐在其发展进程中，既深受党项民族政治、经济、文化等因素的影响，也受音乐自身发展进程中乐学、律学、乐器及音乐形式、结构、表现手法、技巧、美学审美等内在因素的制约，形成了不同阶段、不同特点、各有区别的演变过程。其音乐成为党项人的一种精神元素，融入党项的战争、民俗、宗教等生活的诸多方面，成为表达思想、抒发感情、统一意志的重要工具。

## 一、西夏音乐的发展、演变

西夏音乐深受汉族传统思想文化的影响，使其蕴含了浓厚的文化积淀，在其发展、演变中，经历了不同阶段，形成了独具特色的西夏音乐。

早在唐太宗贞观九年（635 年），党项首领拓跋赤辞臣属唐朝后，他们的音乐尚有“琵琶、横吹，击缶为节”[①]。此时乐器单一，只有琵琶、横吹和缶，他们寄情于这三种乐器之声，其审美情趣只能是草原和戎马生活的联想，保留着党项人淳朴的民族风格，是传统民族音乐阶段。

唐僖宗时，曾赐党项首领拓跋思恭“鼓吹全部，部有三驾：大驾用一千五百三十人，法驾七百八十一人，小驾八百一十六人，俱以金钲、节鼓、㧏鼓、大鼓、小鼓、铙鼓、羽葆鼓、中鸣、大横吹、小横吹、筚栗、桃皮、笳、笛为器”[②]。从此党项乐器开始多样化，有了汉族普遍采用的吹奏乐和打击乐，唐代封建音乐文化与汉族乐器在党项人中得以传播。“历五代入宋，年隔百余，而其音节悠扬、声容清厉，犹有唐代遗风。”[③]李德明归附宋朝后，其礼文仪节、律度声音，皆遵依宋制。自唐僖宗至李德明在位的 150 余年中，唐、宋文

① [ 唐 ] 魏徵：《隋书》卷八三《党项传》，北京：中华书局，1973 年，第 1845 页。
② [ 清 ] 吴广成著，李蔚整理：《西夏书事》卷一二，济南：山东泰山出版社，2000 年，第 65 页。
③ [ 清 ] 吴广成著，李蔚整理：《西夏书事》卷一二，济南：山东泰山出版社，2000 年，第 65 页。

化以及高度发展的宋乐，都对党项的文化和音乐产生了影响。伴随着乐器的增多以及乐器的多种组合，使音乐成为党项贵族政治礼仪的一部分，同时也丰富了党项贵族的精神生活。显然，此时系党项吸收、遵依唐宋律度阶段。

元昊建立政权前，为了在政治、文化、习俗以及感情上弘扬党项人的精神与传统，主张“王者制礼作乐，道在宜民。蕃俗以忠实为先，战斗为务”[①]。认为唐、宋礼乐过于繁缛，“不足法”，于是在西夏大庆二年（1037 年）七月，下令“更定礼乐”，于是“裁礼之九拜为三拜，革乐之五音为一音”[②]。西夏礼制乐律自此开始，夏天授礼法延祚二年（1039 年）五月，元昊又制定了西夏宫廷朝贺仪式，规定：“百官以次序列朝谒，舞蹈，行三拜礼。”[③]元昊制定的朝贺音乐和舞蹈，既吸取了唐宋的先进文明，又以党项人“忠实为先，战斗为务”[④]的精神为原则，保留了党项人朴素的民族风格，此时，处于杂用阶段。至乾顺时，由于推行驰兵政、重文学的政策，社会稳定，封建文化发展，此时，西夏音乐在“杂用”的基础上达到一定的高度，系更唐宋乐，定西夏律阶段。

西夏音乐经元昊更张，至西夏国主李仁孝执政时，有了更大的发展、演变，已脱离了唐末“遗音”而形成了西夏音乐。为了西夏音乐的发展，从理论上加以系统的总结和提高，西夏人庆二年（1145 年），仁孝对西夏音乐进行了重大的改革，乐官李元儒奉命进行音乐改革，历三年始成，赐名《新律》。《新律》内容包括两方面，一是“采中国乐书”[⑤]，即借鉴唐、宋音乐理论及接受中国乐器；二是“参本国制度”[⑥]，即参照党项传统乐器、传统律制及音乐理论，在这两方面结合的基础上制定出“新律”，这就使西夏音乐发展到一个新的高度。

总之，西夏音乐经历了从拓跋赤辞归顺唐朝，保留淳朴的民族音乐；吸收、遵依唐、宋律度；“革乐之五音为一音”，更唐、宋乐，定西夏律度；采中国乐书，定本国制度，制定西夏“新律”这四个阶段[⑦]。西夏音乐的发展与西夏封建化历程同步共进。

---

① [清] 吴广成著，李蔚整理：《西夏书事》卷一二，济南：山东泰山出版社，2000 年，第 66 页。
② [清] 吴广成著，李蔚整理：《西夏书事》卷一二，济南：山东泰山出版社，2000 年，第 66 页。
③ [清] 吴广成著，李蔚整理：《西夏书事》卷一三，济南：山东泰山出版社，2000 年，第 67 页。
④ [清] 吴广成著，李蔚整理：《西夏书事》卷一二，济南：山东泰山出版社，2000 年，第 66 页。
⑤ [清] 吴广成著，李蔚整理：《西夏书事》卷三六，济南：山东泰山出版社，2000 年，第 138 页。
⑥ [清] 吴广成著，李蔚整理：《西夏书事》卷三六，济南：山东泰山出版社，2000 年，第 138 页。
⑦ 孙星群：《西辽、夏、金音乐史稿》，北京：中国青年出版社，1998 年，第 160 页。

## 二、西夏民俗乐与宫廷乐

西夏文文献中有关于西夏音乐的资料，如《番汉合时掌中珠》中就有“取乐饮酒”“教动乐”[①]“乐人打诨”[②]等记载；西夏文字书《杂字》中也有“吹笛击鼓”等词。这都说明建立西夏的党项羌是一个能歌善舞的民族，音乐融会在党项人的战争、民俗、宗教等生活的诸多方面，成为表达思想、抒发感情、统一意志的重要工具。

西夏音乐有民俗与宫廷之分。

（一）民俗音乐

西夏政权建立前，党项人的音乐是纯朴、粗犷、强劲的民俗音乐，有用于战斗、礼仪、祝寿、欢庆、祭祀、娱乐、爱情以及诉苦等诸多种类，其作用功能也各不相同。

战斗乐。党项人尚武，以战死为荣，“衽金革而不厌，劲气犹生；闻鼓鼙而兴思，遗忠可录”[③]。充分显示出党项人勇悍善战，拼搏疆场的雄壮气概。这种尚武的民风习俗对党项音乐有重大的影响，是党项民俗音乐产生的源泉，而雄壮的战斗乐具有鼓舞士气的作用与功能，与战斗中的雄烈、悲壮相映，党项音乐富有鼓吹乐豪壮、雄烈的风格。《金史・西夏外传》载：“夏国声乐清厉顿挫，犹有鼓吹之遗音。”《宋史・夏国传》载李元昊“常携《野战歌》”。由于岁月的流逝与资料的淹没，《野战歌》的具体形式、内容已无从知晓，但能受到提倡以“战斗为务”，以“忠实为先”具有音乐美学观的元昊的赞赏，充分说明这是一首雄壮的战歌。

礼仪乐。西夏元昊建立政权后，在礼仪方面“正朔朝贺杂用唐、宋典式”[④]。据《礼大传》“疏”对“正朔”的解释为：“正谓年始，朔为月初。言王者得政，示从我始，改故用新，随寅、丑、子所损也。”这是新帝王所颁布的新历法，始自夏禹，后为历代帝王沿用。据《宋史・礼志》载：“太祖建隆二

---

①［西夏］骨勒茂才：《番汉合时掌中珠》，银川：宁夏人民出版社，1989 年，第 65 页。

②［西夏］骨勒茂才：《番汉合时掌中珠》，银川：宁夏人民出版社，1989 年，第 67 页。

③［元］程文海：《雪楼集》卷二《故父资德大夫、云南等处行中书省右丞、赠银青荣禄大夫、平章政事、谥毅敏，阿噜加赠秉忠执义、威远功臣、开府仪同三司、太师上柱国，追封魏国公，改谥忠节制》，载文渊阁《四库全书》第 1202 册，台北：台湾商务印书馆，1986 年，第 17 页。

④［清］吴广成著，李蔚整理：《西夏书事》卷一三，济南：山东泰山出版社，2000 年，第 67 页。

年正月朔，始受朝贺于崇元殿，服衮冕，设宫县、仗卫如仪。退仗，群臣诣皇太后宫门奉贺。帝常服，御广德殿，群臣上寿，用教坊乐。”[①]乾德三年冬至，“受朝贺于文明殿，四年於朝元殿，贺毕，常服御大明殿，群臣上寿，始用雅乐登歌、二舞，群臣酒五行罢”[②]。

元昊的朝贺礼仪“杂用唐、宋典式”，即在每年的元旦、五月初一和冬至的朝贺礼仪中，“行大朝会礼，群臣上寿，设宫县、万舞”[③]。“宫县”即“宫悬”，《周礼・春官小胥》谓：“正乐县之位，王宫县。”此皆天子之礼。“宫县”，四面县也，就是帝王悬挂的钟磬等乐器要四面，象征宫室的四面墙壁，故称为“宫悬”。显然西夏自元昊开始，在每年的元旦、五月初一、冬至的朝贺礼仪中，均使用“教坊乐”和“雅乐登歌、二舞”。

祝寿、欢庆乐。《东都事略》卷一二七记载了西夏祝寿时的“大合乐”，“曩霄奉卮酒为寿，大合乐”[④]。余阙《青阳集》卷二《送归彦温赴河西廉使序》中也记载党项人“献寿拜舞，上下之情，怡然相欢”的情景。但所用乐曲、乐器、乐队及拜舞形式均未详述。用于祝寿的民俗音乐，唱奏是必不可少的。《道圆类稿》卷二五《重建高文忠公祠记》记述了西夏党项人民庆祝、欢乐的鼙鼓声，西夏灭亡后，忽必烈灭宋，西夏境内“鼙鼓之声未绝于城邑”[⑤]。党项人欢庆时高歌狂舞，正是其民族性的流露。

祭礼、悲情乐。宋景德四年（1007 年），党项首领李德明之母罔氏死，德明以乐迎至柩前。马可・波罗在沙州看到居民火葬时的情景，“柩行时，鸣一切乐器”。党项青年男女殉情安葬时“击鼓饮酒”。显然这些乐器以及击鼓为乐，均是为祭祀而用。

（二）宫廷音乐

元昊建立政权后，西夏在封建化的进程中，其音乐已比较完善，建立了乐舞机构教坊，乐舞的形式、种类、乐器及音乐理论均有所发展与进步。

“教坊”就是西夏的乐舞机构。“教坊”始于唐代，是唐朝掌管女乐的官署名。自唐武德以来，置署于禁门之内。开元后，人员增多，“凡祭祀、大朝会

---

①［元］脱脱等：《宋史》卷一一六《礼志十九》，北京：中华书局，1977 年，第 2743、2744 页。

②［元］脱脱等：《宋史》卷一一六《礼志十九》，北京：中华书局，1977 年，第 2744 页。

③［清］吴广成著，李蔚整理：《西夏书事》卷一三，济南：山东泰山出版社，2000 年，第 67 页。

④［宋］王称：《东都事略》卷一二七《附录五・西夏》，载文渊阁《四库全书》第 382 册，台北：台湾商务印书馆，1986 年，第 826 页。

⑤转引自孙星群：《西夏辽金音乐史稿》，北京：中国青年出版社，1995 年，第 35 页。

则用太常雅乐，岁时宴享则用教坊诸部乐”[①]。宋沿唐制，规模与唐大致相同。西夏建立后，也设置了音乐机构“教坊”，即戴锡章《西夏纪》卷一三中所说的“蕃汉乐人院”，它是一个专司诗歌、音乐、歌唱、舞蹈，甚至杂剧、戏耍、傀儡等艺术门类的政权机构，并有专业乐人、艺人、舞人为西夏统治者服务。在每年正月初一，西夏朝廷“群臣上寿用教坊乐”，用西夏教坊奏唱唐宋教坊乐，说明自元昊建立政权后，这个机构始终存在。

西夏宫廷乐舞有八佾舞、柘枝舞等多种形式。西夏汉文本《杂字》“音乐部第九”有“八佾”“柘枝”等词。

“八佾”是乐舞之数。佾，行列，即古时乐舞的行列。《论语·八佾》：“孔子谓季氏八佾舞于庭，是可忍也，孰不可忍也！”“八佾”系古代天子专用的乐舞，排列成行，纵横皆为八人，共六十四人。《穀梁传·隐公五年》载：“舞夏，天子八佾，诸公六佾，诸侯四佾。”《左传·隐公五年》谓：“天子用八，诸侯用六，大夫四，士二。”据《后汉书·祭祀志中》所载：“立春之日，迎春于东郊，祭青帝句芒。车骑服饰皆青。歌《青阳》，八佾舞《云翘》之舞。”[②]“立夏之日，迎夏于南郊，祭赤帝祝融。车骑服饰皆赤。歌《朱明》，八佾舞《云翘》之舞。先立秋十八日，迎黄灵于中兆，祭黄帝后土。车骑服饰皆黄。歌《朱明》，八佾舞《云翘》《育命》之舞。立秋之日，迎秋于西郊，祭白帝蓐收。歌《西皓》，八佾舞《育命》之舞。”[③]“立冬之日，迎冬于北郊，祭黑帝玄冥。车骑服饰皆黑。歌《玄冥》，八佾舞《育命》之舞。”[④]显然天子所专用的八佾舞是立春、立夏、先立秋、立秋、立冬之日，用于“迎时气，五郊之兆”[⑤]时，祀天所用，与歌并列，另有歌曲如《青阳》《朱明》《西皓》《玄冥》等伴唱，八佾也是舞蹈形式，有《云翘》《育命》等舞。

西夏壁画还展示了西夏乐队的编队形式，莫高窟第164窟的壁画中，乐队的排列为一字形，拍板、舞伎、拍板。莫高窟第400窟北壁壁画中，乐队形为并列两排，乐队前排是横笛、拍板、腰鼓、笙；后排是琵琶、笙、筝、竖笛。南壁壁画乐队形是八字形，“童子伎乐舞”中八个童子排成“八”字形，分别演奏拍板、笙、横笛、竖笛、筚篥、筝、琵琶等乐器，边奏边跳。总之，西夏

① [元] 脱脱等：《宋史》卷二四二《乐十七》，北京：中华书局，1977年，第3347页。
② [晋] 司马彪：《后汉书》志第八《祭祀中》，北京：中华书局，1965年，第3181页。
③ [晋] 司马彪：《后汉书》志第八《祭祀中》，北京：中华书局，1965年，第3182页。
④ [晋] 司马彪：《后汉书》志第八《祭祀中》，北京：中华书局，1965年，第3182页。
⑤ [晋] 司马彪：《后汉书》志第八《祭祀中》，北京：中华书局，1965年，第3181页。

乐队比唐宋乐队规模小，队形变化少，但注意对称与平衡。

柘枝是舞蹈名称，又名“莲花舞”，二女子藏莲花中，花折而后见，对舞相顾。据《乐府诗集·舞曲歌辞》载：“《乐府杂录》曰：‘健舞曲有柘枝，软舞曲有屈枝。’”唐代许多诗人在其诗作中描写了柘枝舞的舞姿、舞步、出场、入场、伴奏的鼓点及服饰等。白居易《柘枝妓》诗载：“平铺一合锦筵开，连击三声画鼓催。”①描述柘枝舞者出场前，连击三声鼓，然后一合锦筵开。张祜《观杭州柘枝》诗曰：“梁州唱罢鼓殷雷，软骨仙娥起暂回。”②描述舞结束后，舞者的谢幕情景。柘枝舞由单人舞发展为双人舞，至宋代，又发展为多人舞，官乐有柘枝乐，充分说明其流传广，深受人们喜爱。《宋史》卷一四二《乐志》载：“柘枝队，衣五色绣罗宽袍，戴胡帽，系银带。”专门从事柘枝舞蹈的艺人称为柘枝伎。宋代梅尧臣《和永叔柘枝歌》诗咏：“始知事简乐民和，不厌来观柘枝舞。”③柘枝舞不仅百姓喜爱，也深受宋代官员的欢迎，沈括《梦溪笔谈·乐律一》记述北宋真宗时宰相寇准“好柘枝舞，会客必舞柘枝，每舞必尽日，时谓之‘柘枝颠’”。当时柘枝旧曲，如羯鼓录，所谓浑脱解劝之类遍数极多。凤翔有一老尼，犹是莱公（寇准）时柘枝伎，当时柘枝舞曲“尚有数十遍”，至沈括时“所舞柘枝比当时十不得二三”④，舞曲大部散佚，只是柘枝舞仍流行。

西域的柘枝舞传入中原，并在唐宋时期兴盛，西夏地处传统的中西商路丝绸之路要道上，必定是柘枝舞的一个重要流传地区，《杂字》中载有“柘枝”词语，说明兴盛于唐宋时期的柘枝舞也在西夏流行，得到西夏人民的喜爱。西夏壁画中显示的舞蹈优美、生动。莫高窟第 164 窟北壁经变画中就有两身舞伎，都是两手在身前舞动长绸，挥洒自如。右脚着地，左脚腾起于右脚后，斜向而下，身姿略呈“S”形，轻盈优美。榆林窟第 3 窟《乐舞图》中两个舞伎，双手在背后舞动长带，左边舞者吸右腿，右边舞者吸左腿，相对而舞，身体略呈“S”形。舞姿刚劲有力，俱有游牧民族的风格。东千佛洞第 2 窟两个舞伎裸体披“S”形长带，一手弯曲上举，一手斜直下垂，一腿着地，一腿微曲，造型奇特优美。

---

① 朱金城:《白居易集笺校》卷二三，上海：上海古籍出版社，1988 年，第 1557 页。
② 尹占华:《张祜诗集校注》卷八，兰州：甘肃文化出版社，1997 年，第 203 页。
③［宋］梅尧臣:《宛陵集》卷二《和永叔柘枝歌》，载文渊阁《四库全书》第 1099 册，台北：台湾商务印书馆，1986 年，第 17 页。
④［宋］沈括:《梦溪笔谈》卷五《乐律》，北京：文物出版社，1975 年，第 18、19 页。

“曲破”也出现在《杂字》中。唐、宋乐舞名大曲的第三段称“破”，单独演唱此段称曲破。宋代宫廷在宴时经常奏、唱、舞曲破，《宋史》卷一四二《乐志》载：“太宗洞晓音律，前后亲制大小曲及因旧曲并新声者，总三百九十。凡制大曲十八，……曲破二十九。……琵琶独奏曲破十五。”西夏是单独演唱，故称曲破。元代陶宗仪《南村辍耕录》中记载了一首西夏大曲“也葛倘兀”，据学者研究，“也葛”是蒙古语“大”之意，“倘兀”是蒙古语“西夏”，合称为“大西夏”[①]，这就是说《也葛倘兀》是西夏的大曲。据《元史·礼乐志二》载：元代于“太祖初年，以河西高智耀言，征用西夏旧乐”。显然，《也葛倘兀》大曲为元朝所征用，并流传至民间，为元代陶宗仪记录下来，从而为我们留下了极为宝贵的西夏大曲曲目之名。明朝徐一夔的《明集礼》中将“也葛倘兀”记为“也可唐兀”[②]，它无歌词，只记六律吕名，并附工尺谱，这就为《也葛倘兀》提供了音高，明代所记的应是西夏《也葛倘兀》的原曲，它是西夏宫廷乐曲之一。

### 三、西夏乐器

西夏党项族在长期的生产、战争、婚丧寿诞及各种人际交往的社会与民俗活动中，创制出各式各样的乐器，除了本民族的传统乐器之外，还吸取了大量的中原乐器及吐蕃、回鹘、天竺的乐器，西夏乐器种类众多。莫高窟、榆林窟的西夏时期的洞窟中，有13个洞窟绘有19幅伎乐图，这是珍贵的西夏乐舞资料。石窟壁画中出现的西夏乐器有铜跋、拍板、曲颈四弦琵琶、五弦琵琶、凤首箜篌、筝、笙、横笛、筚篥、排箫、嵇鼓、腰鼓、方响、钟、嵇琴（奚琴、胡琴）、金刚铃、鼗鼓、阮、锣、扁鼓、角、弯颈琴，还有一种不知名的乐器，琴杆长且向外弯曲。

党项羌的传统乐器主要有琵琶、横吹、缶。据《隋书》载：“有琵琶、横吹，击缶为节。”[③]《旧唐书·音乐志》亦载：“琵琶，四弦，汉乐也。初，秦长城之役，有弦鼗而鼓之者。及汉武帝嫁宗女于乌孙，乃裁筝、筑为马上乐，以慰其乡国之思。推而远之曰琵，引而近之曰琶，言其便于

---

① 乌兰杰：《元代达达乐考》，《音乐研究》1997年第1期，第76页。

② [明] 徐一夔：《明集礼》卷五三上《俗乐》，载文渊阁《四库全书》第650册，台北：台湾商务印书馆，1986年，第492页。

③ [唐] 魏徵：《隋书》卷八三《党项传》，北京：中华书局，1973年，第1845页。另有《北史》卷八四、《太平御览》卷七九五、《册府元龟》卷九六一、《西夏书事》卷一二，均载。

事也。”[①]今清乐奏琵琶俗称为“秦汉子”，圆体修颈而小。这种自汉魏以来，中国所创的长颈圆体四弦十二柱的弹弦乐器统称为琵琶。西夏文《杂字》在西夏字“琵琶”下加注：“汉名琵琶”。这说明西夏文与汉文的“琵琶”一词，其称谓相同，形制可能也一样。莫高窟第61窟甬道女子斜抱弹奏曲颈四弦琵琶，无相无品无两仪（月牙），弹拨处画莲花，这与中原琵琶不同。据研究，唐贞观年间，裴洛儿始创新的弹拨琵琶法，不用木拨而用手拨，称为“掐琵琶”。这幅乐伎图正是用变革后的手法弹拨琵琶。莫高窟第327窟中的西夏壁画是中原式的琵琶和用木弹拨的琵琶。榆林窟第10窟壁画中所画的坐式飞天所拉的嵇琴，又称为奚琴，据记载原系辽国的乐器，用竹片轧的，以马尾为弦，可能是二胡的雏形。榆林窟的嵇琴与陈旸《乐书》中的奚琴图相似，但琴的头、杆、码、千金、弓的造型有所改进，充分证明契丹文化、奚族文化传入西夏。榆林窟第3窟的凤首箜篌和扁鼓别处罕见，更为珍贵。

横吹即横笛，又名短箫，是党项羌传统乐器之一。据文献记载，党项羌系三苗之后，其有“琵琶、横吹”[②]。唐朝王维《送宇文三赴河西充行军司马》诗曰：“横吹杂繁笳，边风捲塞沙。”[③]横笛和茄均为西北少数民族固有的传统乐器。

缶又名古缶，瓦器，小口大腹，形如覆盆，可以汲水盛酒浆。《诗·陈风·宛丘》谓：“坎其击缶，宛丘之道。”《通典》也载：“缶，《说文》曰瓦器也，所以盛酒浆，秦人鼓之以节歌也。《尔雅》云盆也，坎其击缶。渑池会，秦王为赵王击缶是也。李斯云击瓮扣缶者，秦之声。”[④]显然这是一种瓦质的打击乐器，这种瓦器可以叩击而发声，可以节乐，是古西戎之乐，秦俗应而用之。《汉书·杨恽传》载：“酒后耳热，仰天拊缶，而呼乌乌。”西北地区的秦人“击瓮叩缶弹筝搏髀，而歌呼呜呜快耳（目）者，真秦之声也”[⑤]。

显然，在党项羌传统的乐器中，已有乐器即丝弦奏乐器琵琶、管乐吹奏乐

---

①［后晋］刘昫：《旧唐书》卷二九《音乐志二》，北京：中华书局，1975年，第1076页。

②［宋］王钦若：《册府元龟》卷九六一《外臣部·土风第三》，北京：中华书局，1960年，第11303页。

③［清］趙殿成：《王右丞集笺注》卷八《送宇文三赴河西充行军司马》，载文渊阁《四库全书》第1071册，台北：台湾商务印书馆，1986年，第110页。

④［唐］杜佑：《通典》卷一四四《乐四·土三》，载文渊阁《四库全书》第605册，台北：台湾商务印书馆，1986年，第41、42页。

⑤［汉］司马迁：《史记》卷八七《李斯列传》，北京：中华书局，1959年，第2543、2544页。

器横吹和击节乐器缶，这就形成了合奏形式，充分说明党项人传统的音乐思维已达到一定的水平。

党项羌还有鼓吹乐器。这均为唐僖宗时，赐党项首领拓跋思恭“鼓吹全部”，有金钲、节鼓、掆鼓、大鼓、小鼓、铙鼓、羽葆鼓、中鸣、大横吹、小横吹、筚栗、桃皮筚栗、萧、笳、笛等乐器。

金钲似有柄扁钟，柄内空心贯通，可悬击，也可手执敲击。《诗·小雅·采芑》谓：“钲人伐鼓。”钲以静，鼓以动，钲在军中起号令作用，凡军中进退皆以鼓动钲止。唐宋乐中皆有金钲，甚至深受汉文化影响的契丹、女真乐中也皆有“金钲十二”[①]。

鼓的种类较多，除大鼓、小鼓、铙鼓、羽葆鼓外，还有节鼓。节鼓的形状与结构在《通典》中有记述，状“如博局，中开园孔，适容其鼓。击之以节乐也”[②]。就是在状如棋盘的小木板方架上，开一个能放下鼓的圆孔，放置节鼓。

中鸣、长鸣皆为号筒，明代方以智《通雅》卷三〇《乐舞》条称：“长鸣，今时之号通也。口圆而长如竹筒。一尺五寸，又有小柄空管，从筒中抽出吹之。晋即有鸣葭，葭即笳。应劭簿图有骑执菰，菰即笳。或谓其始，似葭管，后以铜作。”中鸣、长鸣的区别在于乐曲，“长鸣一曲三声：一龙吟声，二彪吼声，三河声。中鸣一曲三声：一荡声，二牙声，三送声”[③]。宋、辽、金鼓乐中皆用中鸣、长鸣。西夏党项羌人用长鸣、中鸣是其审美观与征战的需要。

筚篥即觱篥，一名必栗、悲篥，又称作笳管，本龟兹国乐，后传入中原，以竹为管，以芦为首，以芦茎为簧，状如胡笳而九窍，所发者角音，其声悲栗。《全唐诗》卷一三三唐朝诗人李颀《听安万善吹觱篥歌》诗曰：“南山截竹为觱篥，此乐本自龟兹出。”[④]唐朝时，筚篥编入卤簿部，称为笳管，用之雅乐部，以为雅管。唐朝十部乐中的“西凉乐”用大筚篥、小筚篥。凉州（治今甘肃武威市凉州区）又称作西凉府，唐时被吐蕃占领，后被党项奄有，成为西夏的疆土。由于地域原因，筚篥在党项人中流传，成为西夏乐器的一种。

桃皮筚篥又名桃皮笳。马端临《文献通考》卷一三九《乐考十二》载：“桃皮管，桃皮觱篥，桃皮卷而吹之，古谓之管木，亦谓之桃皮觱篥，其声应

---

①［元］脱脱等：《辽史》卷五四《乐志》，北京：中华书局，1974 年，第 894 页。

②［唐］杜佑：《通典》卷一四四《乐四·革四》，载文渊阁《四库全书》第 605 册，台北：台湾商务印书馆，1986 年，第 43 页。

③［宋］欧阳修、宋祁：《新唐书》卷二三《仪卫志上》，北京：中华书局，1975 年，第 509 页。

④ 中华书局编辑部：《全唐诗》卷一三三，北京：中华书局，1960 年，第 1354 页。

箫、笳横吹之，南蛮高丽之乐也，今鼓吹部其器亦存。”《说郛》卷一〇〇载段成式《筚篥格》谓：“又有剥杨树皮卷成筚篥，以竹为管而吹之，亦有用桃皮者。”诸多文献如《旧唐书·音乐志二》《隋书·音乐志下》《通典》卷一四四《乐四》等均有所记载。其制作是将杨皮或桃皮卷为芦管，其声如箫笳，故称为桃皮筚篥，系高丽乐器，用在唐代十部乐中的高丽乐中。西夏桃皮筚篥原是唐僖宗所赐，成为西夏党项羌人的乐器之一。

《番汉合时掌中珠》中记载的乐器23种，除了琵琶、大鼓、筚粟、笛、箫外，还有笙、管、琴、瑟、筝、箜篌、三弦、六弦、法鼓、铜鼓、丈鼓、拍鼓、铃、铙鼓、钹跋、七星、磬、钟[①]。西夏《杂字》“音乐部第九”列乐器22种，有龙笛、凤管、秦、筝、琵琶、弦管、双韵、嵇琴、筚篥、云箫、箜篌、七星、丈鼓、水盏、相搏、竹簧、雅奏、拍板、三弦、六弦、笛子、勒波。西夏汉文本《杂字》“音乐部第九”载西夏有“杂剧”，西夏杂剧所用乐器有羯鼓、襄鼓、铙、幢箫、阮咸、筑、虎、龠、笙、竽、箫等。西夏汉文《杂字》载西夏有“散唱”，而散乐的伴奏乐器除了横笛、拍板、两杖鼓之外，还使用了腰鼓。而《西凉乐》所用的乐器还有编钟、编磬、弹筝、挡筝、卧箜篌、竖箜篌、五弦、齐鼓、担鼓、铜跋、贝等。

西夏党项音乐经历了不同阶段的发展、演变，其音乐形式多样，乐器种类繁多，具有鲜明的党项民族特色，在西夏社会生活中具有重要地位，发挥着重要作用。西夏音乐是中华民族绚丽多彩的音乐文化的重要组成部分。

（原载于《宁夏大学学报》2004年第5期）

① [西夏] 骨勒茂才：《番汉合时掌中珠》，银川：宁夏人民出版社，1989年，第43、65、66页。

# 两宋时期西北少数民族科学技术的发展

10—13世纪，在今甘肃、青海、宁夏、新疆及中亚地区活动的吐蕃、回鹘、党项、契丹等分别建立了自己的政权。在政治、经济、文化发展的基础上，他们的科学技术也有所进步与发展，本文从“天文历法”“医药、地理与印刷术”“建筑与园林技艺”三方面略做论述。

## 一、天文历法

西夏的天文历法起源很早，既受汉族和其他民族天文历法的影响，又有自己的特色。内迁之前，党项人在西南地区游牧时，就有了天文历法，起初“但候草木以记岁时”[①]，后渐渐创立历法。《北史·刘行本传》载：“时天下大同，四夷内附，行本以党项羌密迩封域，最为后服。”于是上表说党项人“独乖正朔。使人近至，请付推科”[②]。“推科”就是推算、制定历法。藏文文献《黄琉璃》载：松赞干布时，“自东方汉地及弭药获得工艺历算之书”[③]。可见在唐初，党项人已在使用和制定历法。

党项内迁后，天文历法得到进一步的发展。西夏建立政权前后，一些重大活动首先要观察天象。如大中祥符二年（1009年），党项人“出侵回鹘，恒星昼见，德明惧而还”[④]。由此可见，天文历法在党项人的社会生活中，占有极其重要的地位。西夏关于天象的记载，始于宋太平兴国七年（982年）二月，记录天象为“月犯井、鬼。掩鬼之西南星入于井”[⑤]。何谓井、鬼?《史记·天官书》谓：“东井为水事”“舆鬼，鬼祠事。”晋灼释曰：“东井主水事，火入

① [唐] 李延寿：《北史》卷九六《党项传》，北京：中华书局，1974年，第3192页。
② [唐] 李延寿：《北史》卷七〇《刘行本传》，北京：中华书局，1974年，第2440页。
③ 黄颢：《藏文史书中的弭药（西夏）》，《青海民族学院学报》1985年第4期。
④ [元] 脱脱等：《宋史》卷四八五《夏国传上》，北京：中华书局，1977年，第13990页。
⑤ [清] 吴广成著，李蔚整理：《西夏书事》卷三，济南：山东泰山出版社，2000年，第36页。

一星居其旁，天子且以火败，故曰祸也。”“荧惑入舆鬼、天质，占曰大臣有诛。”[①]而“夏州，东井之分”“月犯列宿，其国主兵，夏州将乱，乾象先示其咎”[②]，即“月犯井、鬼”的天象，预示夏州政权的统治者将要起兵反宋，这是“书西夏天象始此”。据有关史书的记载，自李继迁抗宋至西夏灭亡的百余年，有关天象特殊变化的记载，诸如日食的发生，星宿的孛犯以及彗星的出现，约有六十余次。西夏统治者深受汉族传统“天人感应”儒家思想文化的影响，认为这些特殊的天象是天神对人类吉凶祸福的预示和警告。宋天圣八年（1030 年）九月，出现“火星入南斗”的天象，西夏境内谣言四起：“火星入南斗，天子下堂走。”[③]德明震慑、畏惧，迁居贺兰山以禳灾。夏天授礼法延祚三年（1040 年）正月朔，“日有食之。日西先有一珥”[④]，西夏谋臣杨守素认为此日食天象预示着军事胜利，于是力劝元昊攻取宋延州。元昊深信不疑，果然采取了一系列军事行动，发动了三川口之战。夏天祐民安八年（1097 年）八月，西夏太后梁氏正调兵遣将，准备攻打宋朝泾原路。此时天空出现彗星，梁氏以为不吉，乃下令放散人马。崇宗乾顺也“仿中国制，减膳，避殿，下罪已诏，大赦，改明年元曰永安”[⑤]。由于受时代及阶级的局限，西夏统治者对天象做出了迷信的分析与解释，但从反面也说明他们重视对天象的观测。

据文献记载，西夏有分析、解释天文的“太史”“司天”及“占者”，这表明西夏设有专门的观测机构“司天监”和一批专职人员观测天文。由于对天文的长期观测，积累了丰富的知识，骨勒茂才《番汉合时掌中珠·天相中》比较详细地记载了日、月、星、辰，有金、木、水、火、土星，将天空分为东、西、南、北（即青龙、白虎、朱雀、玄武）四个方位，每个方位有七个星宿，总共有底、房、心、尾、箕、斗、牛、女、虚、危、室、壁、奎、娄、胄、昴、毕、觜、参、井、鬼、柳、角、星、张、翼、轸、亢二十八星宿。此外，对气象的记载也比较详尽，风有和风、清风、金风、朔风、黑风；雨则有膏雨、谷雨、时雨、丝雨；云有烟云、鹤云、峰云、罗云、同云；露有雾露、白露；雪有瑞雪、霜雪[⑥]等。在西夏的天象记载中对于水灾、旱灾、地震等记载比较详细，如《重修护国寺感应塔碑》记载了夏天祐民安三年（1092 年）凉

① [汉] 司马迁：《史记》卷二七《天官书第五》注释，北京：中华书局，1959 年，第 1303 页。
② [清] 吴广成著，李蔚整理：《西夏书事》卷三，济南：山东泰山出版社，2000 年，第 36 页。
③ [清] 吴广成著，李蔚整理：《西夏书事》卷一一，济南：山东泰山出版社，2000 年，第 60 页。
④ [清] 吴广成著，李蔚整理：《西夏书事》卷一三，济南：山东泰山出版社，2000 年，第 68 页。
⑤ [清] 吴广成著，李蔚整理：《西夏书事》卷三〇，济南：山东泰山出版社，2000 年，第 119 页。
⑥ [西夏] 骨勒茂才：《番汉合时掌中珠》，银川：宁夏人民出版社，1989 年，第 10—21 页。

州大地震的状况。另有一些文献史料对西夏地震也有详细记载，夏大庆四年（1143 年）三月，兴庆府“地震，有声如雷，逾月不止”。四月，“夏州地裂泉涌，出黑沙，阜高数丈，广若长堤，林木皆没，陷民居数千”[①]。这均对后人的研究提供了重要的资料。西夏的天文学知识是继承中原王朝的天文学知识，同时结合自己的观测体验而形成的。

西夏建立之前附属于宋朝，使用宋历。宋司天监参考以前的历法，制成“仪天历”，应李继迁之请，颁赐西夏。至“德明时行中国《仪天兴注历》垂三十年”[②]，这是西夏使用宋朝历法的最早记载。宋天圣元年（1023 年）八月，宋朝又制成“崇天万年历”，欲颁行西夏，但“未及颁，而曩霄称帝，自为历日，行于国中”[③]。西夏统治者重视历法，元昊设立“大恒历院”这一专门机构，掌管历法的编制和颁行。现藏于俄罗斯的五种西夏历书中就有西夏文与汉文合璧书写的。现藏于大英博物馆而创制于夏天授礼法延祚十年（1047 年）的历书，是采用表格的形式，其中表示月份、星宿、节气、干支与数目的字，分别以西夏文或汉文书写。西夏政权建立后除继续使用番汉合璧的历法外，仍奉行宋朝颁赐的历书。夏天授礼法延祚八年（1045 年）十月，元昊行宋仁宗颁赐的“崇天万年历”。夏拱化三年（1065 年），宋赐西夏“治平二年历日一卷”[④]。夏大安十一年（1084 年），宋神宗向秉常颁赐“奉天历”。但西夏并非始终奉行宋颁赐的宋历，北宋亡后，西夏臣属于金，“故事每于上年孟冬受中国赐历，时高宗以乾顺附金久，不复颁赐。自是不行中国历”[⑤]。于是从夏正德六年（1132 年）正月开始，西夏“停行中国历”。但在一些地区仍使用以天干地支纪时的中原汉历，1972 年在甘肃武威张义乡出土的夏人庆二年（1145 年）的西夏汉文历书残页，与中原以干支纪时的历书基本相同。

两宋时期，在甘肃、青海地区散居着众多吐蕃部族，其历法纪年是采用藏历阴阳纪年法。吐蕃“不识天干，惟以地支属相纪年，亦以十二个月为一岁”[⑥]，以金、木、水、火、土五行相配纪日。显然，吐蕃历法纪年受汉族阴阳五行学说的影响。吐蕃“道旧事则数十二辰属，曰兔年如此，马年如此”[⑦]，

---

① [清] 吴广成著，李蔚整理：《西夏书事》卷三五，济南：山东泰山出版社，2000 年，第 136 页。
② [清] 吴广成著，李蔚整理：《西夏书事》卷一八，济南：山东泰山出版社，2000 年，第 83 页。
③ [清] 吴广成著，李蔚整理：《西夏书事》卷一八，济南：山东泰山出版社，2000 年，第 83 页。
④ [宋] 王珪：《华阳集》卷一八《赐夏国主历日诏》，载文渊阁《四库全书》第 1093 册，台北：台湾商务印书馆，1986 年，第 171 页。
⑤ [清] 吴广成著，李蔚整理：《西夏书事》卷三四，济南：山东泰山出版社，2000 年，第 132 页。
⑥ 佚名：《西藏记》上卷，载《丛书集成初编》第 3133 册，北京：中华书局，1985 年，第 27 页。
⑦ [元] 脱脱等：《宋史》卷四九二《吐蕃传》，北京：中华书局，1977 年，第 14162 页。

这是一种简单的纪年法。自宋天圣五年丁卯（1027年）藏历阴火兔年开始，每六十年称一个“饶琼”，到宋元祐元年丙寅（1086年）藏历阳火虎年，就是一个“饶琼”，宋代吐蕃首领唃厮啰统治青唐政权时期正处于这个“饶琼”之中。西夏乾祐七年（1176年），夏仁宗在甘州建的《黑水建桥敕碑》，碑阴的藏文部分纪年为“阳火猴年”，显然这也是采用藏历纪年法。

高昌回鹘的历法有两种，一种是“七曜历”，就是以日、月、火、水、木、金、土来计算时日。在吐鲁番出土的回鹘文历书残页，据专家研究，历书上所记的日期系用粟特语、汉语、突厥语三种文字，用粟特语记七曜名称，用汉语记十二天干，用突厥语记十二生肖。高昌回鹘人采用七曜历与其信仰摩尼教有关。北宋王延德出使高昌时，记高昌回鹘“用唐开元七年历”[①]。可见回鹘人用七曜历是从唐朝传去的，而唐朝首次使用七曜历是唐开元七年（719年），由中亚康国通晓天文的摩尼教徒大慕阇（Moza，中古波斯语，意为传教士）传入的[②]。另一历法是吐鲁番出土的历书。这种历书把一年分为十二个月，从二月到十一月，都用数字次第命名，只有第一个月称为“埃勒玛依”，最后一个月称为“喀啊沙柏第”，类似汉族阴历正月和腊月，每月上旬叫作“隐谷”（Yangy，意为新），也似汉族阴历每月上旬的初几。显然回鹘历法深受汉文化的影响。

## 二、医药、地理与印刷术

西夏统治者重视地理学，尤其注重对西夏地图的绘制。夏天授礼法延祚九年（1046年），元昊遣使臣杨守素携表章与详细地图，向宋朝献卧贵庞等九城寨，并以此为条件，换回进入宋朝境内的400余户党项人。杨守素所献地图上的地名用西夏语标注，而所献之地原系宋朝领地，只不过夏人绘制时，在图上改为西夏语名称。另外，黑水城出土的西夏文献中有关于西夏州城的记载。

除对本国地理重视以外，也注意周边政权的山川地理状况。夏仁宗仁孝时，曾三次遣宣德郎李师白出使金国。出使中对金国的山川形胜、民情风俗，细心观察，并详细记载，返回后著《奉使日记》三卷，加深了对金国的了解，也丰富和拓宽了西夏地理学的领域。

党项人原来的习俗是生病不求医，只求之于神明，卜问占师，如请巫师

---

① [元] 脱脱等:《宋史》卷四九〇《高昌传》，北京：中华书局，1977年，第14111页。

② 程溯洛:《高昌回鹘王国的政治经济文化史略》，载《唐宋回鹘史论文集》，北京：人民出版社，1993年，第295页。

送鬼，正如文献中所记“病者不用医药，召巫者送鬼”，或“迁他室，谓之闪病”[①]，西夏政权建立后，社会经济有所发展，西夏人通过与中原地区的接触和交流，许多汉族医药书籍开始传入西夏，并在境内流行，《番汉合时掌中珠》中有对当时药材、人体构造、疖、恶疮等疾病的记载。20世纪初，在黑城出土的西夏文刊本中就有《治疗恶疮要论》等医学著作。1971年，在甘肃武威发现的西夏文药方残页是治疗伤寒病的药方，上列中药名有椒、牛膝、莨菪子等数种，此外还有“好好煮，频翻动”“于清晨空腹时趁热服”“于空腹时，每次十粒，温水送下”[②]等关于中药煎煮和服用的说明。这种药方以及煎法、服法与传统的中医相同。西夏还设有“医人院”，在政府机构中属“中等司”。据《番汉合时掌中珠》记载，西夏人在民事纠纷中被打伤而引起诉讼时，还要请“医人看验”[③]伤情，可能此时西夏已有了法医。《文海》注释“扎针”为“病患处铁针穿刺使血出之谓”。西夏人所患常见疾病，据《文海》记载，有痉挛、疝气、疹痘和癞疥等，其中尤以癞疥为普遍的疾病。《文海》对“食多、撑”释为“食过之谓”。又释“喉涨”为“食过多，饮食涨喉之义”。夏国主元昊子宁明虽然“学辟谷，气忤而死”，但说明炼气养生也已进入西夏人的生活之中，西夏人已具有了保健意识。

在病理学方面，西夏人解释疾病起因时，多从三方面分析，一为由于血脉不通所致。如《文海》“脉阻”释：“此者疾也，患血脉不通之谓。”[④]二是由于传染所致。如恶疮就是由传染而生。《文海》“（染）传”释：“此者传染也、传病也，染恶疮等之谓。”[⑤]三为“四大不合”所致。何谓“四大”？按照佛典的解释，人身由地、水、火、风合成，此四大若不调合，则生疾病。将西夏医学理论与佛学结合。由于西夏的医药学知识受宋、金王朝的影响，其医药水平总体上逊色于宋朝与金朝，因而西夏向宋、金求医问药已成为常事。

高昌回鹘人对扩充和丰富医药学知识做出了突出贡献。唐代的医学巨著《备急千金要方》卷二五、《外台秘要方》卷一四、卷一五、卷一六、卷一九与《圣济总录纂要》卷二、《医说》卷八、《普济方》卷八七、卷八九、卷一〇六以及《薛氏医案》卷二三中均载有《西州续命汤》。这是主治“中风痱（一作

---

① ［元］脱脱等：《辽史》卷一一五《西夏传》，北京：中华书局，1974年，第1523、1524页。
② 陈炳应：《西夏文物》，银川：宁夏人民出版社，1985年，第310页。
③ ［西夏］骨勒茂才：《番汉合时掌中珠》，银川：宁夏人民出版社，1989年，第133页。
④ 史金波等：《文海研究》，北京：中国社会科学出版社，1983年，第504页。
⑤ 史金波等：《文海研究》，北京：中国社会科学出版社，1983年，第511页。

入脏），身体不知自收，口不能言，冒昧不识人，拘急背痛，不得转侧”[①]的中风病症的药方。西州即高昌，《西州续命汤》是高昌回鹘人民在与疾病做斗争中总结出的古代医学成就。五代与北宋时期，一部分回鹘人西迁，定居在今吐鲁番和塔里木盆地，这里出产的药材常运到内地，宋大中祥符六年（1013 年），龟兹进奉使李延庆等三十六人于长春殿献香药等[②]。

19 世纪末，法国人伯希和曾在敦煌千佛洞发现几百个 13 世纪末，即元朝初年的回鹘文木刻活字。1914—1915 年，俄国探险队在吐鲁番的千佛洞又捡到数千枚。这些木活字不是单体字母，而是一个个草体字母，与元朝时汉族农学家王桢发明的木活字相吻合。这些木活字的发现，为研究高昌回鹘王国时期的印刷术提供了重要的实物资料，这充分说明，大约在 13 世纪，中原地区的活字印刷术已传入高昌地区，高昌回鹘人较早地学会了雕版印刷与活字印刷，并将中国古代印刷术沿丝绸之路传入波斯、阿拉伯及欧洲。

### 三、建筑与园林技艺

随着社会经济的发展，城市的兴盛，喀喇汗王朝的建筑与西辽园林技艺均有突出进步。

喀喇汗王朝的建筑特点鲜明[③]。在建筑材料上，砖的普遍使用，是这一时期的突出特点，并为建筑设计和装饰手法提供了新的条件。砖不仅使用在民用建筑上，在一些规模宏大的建筑物中，砖也成为重要的建筑材料，并经常与砖坯、泥块混合用于砌墙、覆面、砌顶、铺地。在平面配置上，带内院的建筑形式得到完善和普遍推广，不仅用于一般民房，而且一些公共建筑和宗教建筑也用这种平面配置形式，四周房屋的门都向着院内，再用高墙将房屋围住，使其与外界隔绝。在建筑结构上，采用中央圆顶和高大的正门。使宏大建筑群的主体建筑的室内更为宽阔、高大，再加上色彩鲜艳的装饰，使整个大厅宏伟壮丽。建筑物的正门高出整个建筑之上，甚至把整个建筑都遮掩住，使人对后面的建筑产生一种好奇，从而使建筑蒙上一层神秘的色彩。在装饰手法上使用瓷砖、花砖，并注意了生活设施的构置。由于釉陶的发展，在建筑上也使用带有几何图案和植物图案的凹凸瓷砖或彩色瓷片作为装饰品，覆盖在建筑物上面。

---

① [唐] 孙思邈：《备急千金要方》卷二五《治诸风方》，载文渊阁《四库全书》第 735 册，台北：台湾商务印书馆，1986 年，第 274 页。

② [元] 脱脱等：《宋史》卷四九〇《回鹘传》，北京：中华书局，1977 年，第 14116 页。

③ 魏良弢：《喀喇汗王朝史稿》，乌鲁木齐：新疆人民出版社，1987 年，第 203—208 页。

这种瓷砖主要用于如宫殿、清真寺和陵墓等一些宏伟的建筑物上。

这一时期，喀喇汗王朝城市公用建筑有显著发展，上水道与澡塘得到推广。在七河地区的讹打剌，考古发掘出拱形地道，高 1.8 米，宽 1.2 米，里面铺设有两条陶制的输水管道，把水从蓄水池引向城市。在怛逻斯的内城，发现了一条上水道，在坑道内铺设着一条陶制输水管，陶管的直径 20 厘米，每节长 25 厘米至 80 厘米不等。陶管的一头有喇叭口，与另一陶管细口御接起来。水从塔拉斯河引到城边，在这里修一个蓄水池，高出城里的整个上水网，以提高水压，保证自动供水。在卡拉陶山北麓的阿塔城，利用蓄水井把泉水聚集起来，通过管道把水输向城市。多数城市都有公共澡塘，怛逻斯的澡塘是方形的，用砖砌成；地上铺着砖，面积 152 平方米。房屋依用途分为换衣间，放澡盆和浴池的洗澡间，还有建在锅炉上的蒸气间。此时，房屋的建筑也注意了诸如排水、取暖，以及倒垃圾等生活设施的设计与构置。在房屋中通常有简单的下水道设施——塔什陶，这是一种倒污水的井，在井的上部套一个无底的大陶罐，或专制的陶圈，在井口上盖着砖，中央留一个倒水的孔，还有很深的圆筒形的倒垃圾的坑，上面用砖砌圆圈加固，盖着涂有胶泥的木盖。此时，也有了取暖设备，是用砖砌成的地下渠道。所有这些生活设施主要用于宫殿及富贵人家的住宅，而一般百姓家无此类设施。总之，喀喇汗王朝城市建筑设计科学、合理，注重实用价值，并具有鲜明的时代特色。

喀喇汗王朝时期的宫殿达到很大规模，其建筑有两种类型：一种是胡塔梁统治者的宫殿，坐落在胡尔布克城的内堡中，矗立在一个用人工筑成的高台上，基本上是用泥块、土坯筑成，砖用于覆面和砌拱。宫殿中有一座礼堂和一些生活及司务用房。宫殿装饰得富丽堂皇，砖雕华美，图案是几何形、植物花纹和题铭，地面用砖砌成，有排水、倒垃圾和取暖设备。另一种是捷尔梅统治者的宫殿，建筑在城外，在很大场地上展开，但防卫能力差，大院呈矩形，中间有一大蓄水池，池的一面是进入大院的正门，一面是一座矩形接见厅，大厅被两大排立柱分成三部分，大厅的墙壁和柱座均用花砖或雕砖覆面。但在 12 世纪时，这些砖又用石膏雕塑覆盖，其花纹为几何纹、植物素描、动物造型和题铭，大厅外面是砖柱回廊。喀喇汗王朝时期的陵墓多为正方形、圆顶，通常有正门，但也有无正门的，而是有三个或四个门。乌兹干的喀喇汗王朝陵墓群很典型，它们大多有高大的正门，装饰富丽，多用釉砖覆面。喀什噶尔（今新疆喀什）的阿尔斯兰汗陵墓，基本上保持着喀喇汗王朝时期的建筑风格；阿图什的萨图克博格拉汗陵墓是喀喇汗王朝最早的穆斯林式的陵墓；喀什噶尔的玉素甫·哈斯哈吉甫的陵墓也保持着喀喇汗王朝的风格，之后在叶尔羌汗国时重修。

西夏时期，东西方文化的交流与融合，对当地人民的精神文化与物质生活的发展起了推动作用。这一时期，中亚地区的建筑与园林艺术均有进一步的发展，并且具有鲜明的时代特色。

巴拉沙衮地区的建筑风貌是将中亚与中原的不同风格和谐地融为一体。除巴拉沙衮外，在斯莱坚卡镇附近、列别季诺夫卡镇地区、亚历山大古城也都发现了哈剌契丹居民点遗址，它们的建筑装饰显示出汉族艺术和汉文化的影响，都采用了瓦、泥塑、炕式的取暖系统等汉族建筑技术与材料。在亚历山大古城发现了有代表性的远东建筑材料：方砖、灰色的半圆瓦及瓦当，瓦当上的图案是中央为坐佛，四周是普萨。哈剌契丹修建的庙宇，用汉族风格的绘画作装饰，有富丽堂皇的塑像，在巴拉沙衮发现了石佛像的断块，其身躯比人略高。还发现一尊站在金台座上的佛像，其身后的石板上是光轮和普萨。还有许多保存完好的泥塑像的断块，融有衣服皱褶的躯干，具有艺术特色的头发。无论是神的外貌，还是周围的神兽、蟾、莲花等的形状，都表明这些塑像不仅源于汉族的艺术原型，而且也源于古代印度古典艺术的优秀模型①。

这一时期河中地区的园林艺术获得迅速发展。耶律楚材在《西游录》中描述撒马尔罕“环郭数十里皆园林也。家必有园，园必成趣，率飞渠走泉，方池园沼，柏柳相接，桃李连延，亦一时之胜概也”。李志常在《长春真人西游记》中也赞颂撒马尔罕“郭西林园相接百余里，虽中原莫能过”②。又描述长春真人住的馆舍“据北崖，俯清溪十余丈，溪水自雪山来，甚寒，仲夏炎热，就北轩风卧，夜则寝屋颠之台”③。河中园林美景受到诗人们的赞叹。

这一时期，西北少数民族的科学技术，深受中原王朝与其他兄弟民族的影响，既继承了本民族原有的科学技术，又汲取了中原先进的科学知识，是民族文化融合的结果，具有鲜明的地域特色。

（原载于《宁夏师范学院学报》2009 年第 2 期）

---

① 魏良弢：《西辽史研究》，第 174—175 页，转引《吉尔吉斯地区史》第 1 卷，银川：宁夏人民出版社，1987 年，第 141—142 页。

② ［元］李志常：《长春真人西游记》卷上，载《丛书集成新编》第 97 册，台北：新文丰出版公司，1986 年，第 418 页。

③ ［元］李志常：《长春真人西游记》卷下，载《丛书集成新编》第 97 册，台北：新文丰出版公司，1986 年，第 419 页。

# 西夏的社会风俗

西夏的社会风俗，既保留了原始党项人的特色，又受汉民族和其他民族的影响，其社会风俗呈现出丰富多彩的多元特色。

## 一、崇尚武，重复仇

### （一）俗尚武

西夏的主体民族党项羌是一个勇敢、剽悍，“俗尚武”[①]的民族。其君主皆尚武、勇敢善战。党项首领拓跋思忠善射，尝从兄思恭讨黄巢，两军战于渭桥，桥面“有铁鹤，射之没羽”[②]，反映出思忠的善射与膂力过人。夏州政权的创立者李继迁是勇悍有智谋的党项首领，能张弓引箭。李元昊尚武重法，遇战斗总是有勇有谋，身先士卒，因此，“元昊结发用兵，凡二十年，无能折其强者”[③]，对宋、辽作战总是大获全胜。不仅西夏的君主能征善战，而且有些太后也善于征战。毅宗谅祚之母没藏氏曾多次指挥并率军与宋作战。崇宗乾顺母梁太后更是多次挂帅出征，率军进攻宋朝边境。夏永安元年（宋元符元年，1098年）十月，梁太后“亲将四十万众”[④]，进攻宋边境的平夏城（今宁夏固原市北），连营百里，使用高车对垒攻城，填堑而进，飞石激火，昼夜不息，最终粮尽而退。

西夏人作战中也有许多习俗，“用兵多立虚寨，设伏兵包敌”。好声东击西，“每有事于西，则自东点击而西；于东，则自西点集而东；中路则东西皆集”[⑤]。骑军“衣重甲，乘善马，以铁骑为前锋，用钩索绞联，虽死马上不

①［后晋］刘昫：《旧唐书》卷一九八《党项传》，北京：中华书局，1975年，第5291页。
②［元］脱脱等：《宋史》卷四八五《夏国传上》，北京：中华书局，1977年，第13985页。
③［元］脱脱等：《宋史》卷四八六《夏国传下》，北京：中华书局，1977年，第14030页。
④［清］吴广成著，李蔚整理：《西夏书事》卷三〇，济南：山东泰山出版社，2000年，第120页。
⑤［元］脱脱等：《宋史》卷四八六《夏国传下》，北京：中华书局，1977年，第14029页。

落”[①]。出军喜用单日，避晦日，昼举烟扬尘，夜篝火以为候。党项人如果战败，不耻奔遁，三天后，又来到战败地，捉人马射之，号曰“杀鬼招魂”，或缚草人埋在地下，众射而还[②]。

党项人的尚武精神与其生活的地理环境有密切的关系。西夏的主体民族党项羌，自远古以来就生活在青藏高原，恶劣的地理与自然环境使他们成为吃苦耐劳、“能寒暑饥渴，长于骑射”[③]、善于战斗的民族。西夏又与宋、辽、金鼎足而立，为了能与宋、辽、金争霸，维护自己的生存，必然要以武立国，因此，党项人以“忠实为先，战斗为务”[④]的强悍民风得以延续。尚武是西夏传统的习俗，“自为儿童，则习骑射”[⑤]。西夏尊崇尚武旧俗，尚武精神世代相传。

党项人的尚武之风与他们“质直而上义”的美德一直延续到西夏灭亡之后。元末党项人余阙在其《送归彦温赴河西廉访使序》一文中记载了这种美德：“予家合肥，合肥之戍，一军皆夏人。人面多黧黑，善骑射，有身长至八九尺者。其性大抵质直而上义，平居相与，虽异姓如亲姻。凡有所得，虽箪食豆羹不以自私，必招其朋友。朋友之间有无相共，有余即以与人；无即以取诸人，亦不少以属意。”[⑥]这种尚武之风与西夏人诚恳、质朴、团结、互助的美德是维持西夏团结统一极其重要的因素。

（二）重复仇

“夏俗以不报仇为耻。”[⑦]西夏谚语曰：“吃十袋美果也得报仇，有十个女儿不算有后。”[⑧]《旧唐书·党项传》谓党项人“尤重复仇，若仇人未得，必蓬头垢面，跣足蔬食，要斩仇人而后复常”。“重复仇”是西夏党项人的传统习俗，这种复仇习俗在其对外战争中也得以反映，因“德明与回鹘世仇”，宋大中祥符二年（1009 年）四月，遣兵攻打甘州。然而复仇是有选择的，不是任何时

---

①［元］脱脱等：《辽史》卷一一五《西夏外记》，北京：中华书局，1974 年，第 1524 页。

②［元］脱脱等：《宋史》卷四八六《夏国传下》，北京：中华书局，1977 年，第 14029 页。

③［宋］曾巩：《隆平集》卷二〇《外国·夏国》，载文渊阁《四库全书》第 371 册，台北：台湾商务印书馆，1986 年，第 199 页。

④［清］吴广成著，李蔚整理：《西夏书事》卷一二，济南：山东泰山出版社，2000 年，第 66 页。

⑤［宋］司马光：《传家集》卷四一《论横山疏》，载文渊阁《四库全书》第 1094 册，台北：台湾商务印书馆，1986 年，第 379 页。

⑥［元］余阙：《青阳集》卷四《送归彦温赴河西廉使序》，载文渊阁《四库全书》第 1214 册，台北：台湾商务印书馆，1986 年，第 375 页。

⑦［清］吴广成著，李蔚整理：《西夏书事》卷九，济南：山东泰山出版社，2000 年，第 55 页。

⑧ 霍升平、杨秀琴译：《西夏箴言集锦》，《民族艺林》1988 年第 1 期。

候都能进行。当仇家有凶丧，则不伐；如果自己力量弱小而不能复仇，则“集邻族妇人，烹牛羊具酒食，介而趋仇家，纵火焚之。其经女兵者，家不昌，敌深恶焉”[①]。仇家则因“敌女兵不祥，辄避去”[②]，不与交锋，任其烧毁。如果双方愿意和解，可用鸡、猪、犬血和酒装入髑髅中痛饮，并发誓：“若复报仇，谷麦不收，男女秃癞，六畜死，蛇入帐。”[③]

## 二、居所、饮食、服饰

### （一）居所

党项人的居所随社会生产力的发展而有所变化。党项内迁之前，为了适应游牧生活的需要，其居室构造比较简陋，“俗皆土著，居有栋宇，其屋织牦牛尾及羊毛覆之，每年一易”[④]。这是以牦牛毛和羊毛为构筑居所的主要材料，且要不断更换，这种居所实际上就是用毛毡覆盖木支架的帐篷。当游牧流动时，这种帐篷便于搬迁，定居时则成为“栋宇”，因此，以族帐作为党项人户的统计单位。文献记载了西夏居室内的布局，“西戎之俗，所居正寝，常留中一间，以奉鬼神，不敢居之，谓之神明，主人乃坐其旁”[⑤]。显然居所中部为供奉之用，两侧居人。

党项内迁后，随着生产力的进步，社会经济的发展，一部分党项人开始定居，因此其居住条件改善，党项人的居所除毡帐外，出现土屋和瓦屋。“民居皆立屋，有官爵者，始得覆之以瓦。”[⑥]西夏考古发掘的遗址真实地反映了西夏人的居住情况，1964、1965 年，在宁夏石嘴山市庙台子南约一公里处发掘的西夏德明时所建的省嵬城遗址，“除南城门址发现少量和砖、瓦等建筑材料外，遗址中未见砖瓦”[⑦]，充分说明城内居民的住房绝大多数为土屋。还有一种毡帐则是进贡物品，西夏仁孝时，党项人曾向金“献百头帐”。作为进贡之物的百头帐又称百子帐，是一种工艺十分繁杂的毡帐，西夏平民百姓不能享用。

---

①［宋］曾巩：《隆平集》卷二〇《外国 · 夏国》，载文渊阁《四库全书》第 371 册，台北：台湾商务印书馆，1986 年，第 199 页。

②［元］脱脱等：《辽史》卷一一五《西夏外记》，北京：中华书局，1975 年，第 1524 页。

③［元］脱脱等：《辽史》卷一一五《西夏外记》，北京：中华书局，1975 年，第 1524 页。

④［后晋］刘昫：《旧唐书》卷一九八《党项传》，北京：中华书局，1975 年，第 5290 页。

⑤［宋］沈括：《梦溪笔谈》卷一八《技艺》，北京：文物出版社，1975 年，第 20 页。

⑥［宋］曾巩：《隆平集》卷二〇《外国 · 夏国》，载文渊阁《四库全书》第 371 册，台北：台湾商务印书馆，1986 年，第 199 页。

⑦ 宁夏回族自治区展览馆：《宁夏石嘴山市西夏城址试掘》，《考古》1981 年第 1 期。

（二）饮食

内迁之前的党项人以畜牧为生，“养牦牛、羊、猪以供食，不知稼穑”①，内迁后，授以土地，从事农业生产，使农业经济逐渐占据重要地位，西夏文字典《文海》和《番汉合时掌中珠》所列举的农作物有麦、大麦、荞麦、粳米、糯米、黍、青稞、麻、豌豆、黑豆、荜豆等，还有萝卜、蔓青、蕖菜等诸多蔬菜。《辽史》卷一一五《西夏外记》还记载许多西夏野生植物品种，有古子蔓、咸地蓬实、苁蓉苗、小芜荑、席鸡草子、地黄叶、登厢草、沙葱、野韭、拒灰条、白蒿、咸地松实等，这些植物品种皆可食用。《玉海》和《番汉合时掌中珠》中还列举了众多食品，有细面、粥、乳头、油饼、油球、胡饼、蒸饼、乾饼、烧饼、花饼、肉饼、盏锣、角子、馒头、奶酪、酥油、奶渣等。这些食品，均为粮食制作，烹饪方式有烧烤、熬煮、煎炒、搅拌等。茶在党项人饮食生活中具有特殊性，“惟茶最为所欲之物”，食肉需用茶来帮助消化，而西夏不产茶，因此，完全依赖于宋朝的供应，“以茶数斤，可以博羊一口”②，宋朝成为西夏物资供给地，“茶彩百货之所自来”③，西夏就像婴儿一样需要中原“乳哺之”，可见西夏对中原贸易的迫切性。此外，《文海》中有酿酒、制醋及黄酒的记载，反映了西夏人对酒、醋的需要及制作方法，体现了饮食文化的丰富多彩。狩猎品也是西夏饮食的一类，夏景宗元昊“每举兵，必率部长与猎，有获，则下马环坐饮，割鲜而食”④。

（三）服饰与发式

党项以畜牧为主，长期的游牧生活形成了“衣皮毛”的服饰特色，正如元昊所说“衣皮毛，事畜牧，蕃性所便”⑤。故其衣着原料多为畜产品，他们一般戴毡帽，身穿毛织衣或皮衣，着皮靴，腰间束带，上挂小刀、小火刀等物。《番汉合时掌中珠》对毛皮制品有明确的记载，如有皮裘短袄、长袄、褐衫等。但“衣皮毛”仅限于一般党项人民，统治阶级由于受中原汉族思想文化的影

① ［元］马端临：《文献通考》卷三三四《党项》，载文渊阁《四库全书》第616册，台北：台湾商务印书馆，1986年，第598页。

② ［宋］李焘：《续资治通鉴长编》卷一四九，庆历四年五月甲申，北京：中华书局，1985年，第3614页。

③ ［宋］司马光：《传家集》卷五〇《论西夏札子》，载文渊阁《四库全书》第1094册，台北：台湾商务印书馆，1986年，第468页。

④ ［元］脱脱等：《宋史》卷四八五《夏国传上》，第13993页。关于西夏人的饮食，参阅陈炳应：《略论西夏的社会性质及其演变》，白滨：《从西夏文字典文海看西夏社会》，均载白滨编《西夏史论文集》，银川：宁夏人民出版社，1984年。

⑤ ［元］脱脱等：《宋史》卷四八五《夏国传上》，北京：中华书局，1977年，第13993页。

响，其服饰已有所变化。大约从德明统治时期起，宋朝的岁赐与和市的兴盛，中原地区所产的锦、绮、绫、罗之类的丝织品源源不断地输入西夏，西夏统治者喜爱丝织品的华贵轻软，从而作为一种服饰材料，于是男子衣团花锦袍，女子衣绣花翻领长袍。1975 年在银川市郊西夏陵区 108 号陪葬墓出土的丝织品残片就有素罗、纹罗、工字绫、异向绫和茂花闪光锦等各色品种，经研究认为可能是由当时中原地区输入的，这就说明西夏党项人的服饰习俗发生了重大变化。从“衣皮毛”到“衣锦绮绫罗”的变化，既是贸易经济发展的结果，也是接受汉文化的表现。

元昊建立政权之前，竭力突出党项人的特色，下令国人剃发，不从则杀之，于是“民争秃其发，耳垂重环”①。元昊建立政权后，下令国中悉用蕃书、胡礼，建立了具有党项特色的服饰制度。西夏的服饰明显地呈现出差异，“衣分五色，人分九等”。元昊自己“始衣白窄衫，毡冠红里，冠顶后垂红结绶”②。对西夏文武官员及平民百姓的服饰也做了严格的规定：“文资则幞头、靴笏、紫衣、绯衣；武职则冠金贴起云镂冠、银贴间金镂冠、黑漆冠，衣紫旋襕、金涂银束带，垂蹀躞，佩解结锥、短刀、弓矢，马乘鲵皮鞍，垂红缨，打跨钹拂。便服则紫皂地绣盘球子花旋襕，束带。民庶青绿，以别贵贱。”③这表明西夏文官服饰因袭唐宋，武官服饰与宋有别，并且可以从冠服的不同辨识等级，分别贵贱。元昊以后，西夏人服饰随着“汉礼”与“蕃礼”之争的影响，也相应的有所变化。毅宗谅祚时改用“汉礼”后，其服饰也改用“大汉衣冠”。惠宗秉常时，母后梁氏专权，下令废除汉礼，复蕃礼，其服饰随之也有所变化。

《东京梦华录》卷六《元旦朝会》记载了西夏使臣的装饰，“皆金冠短小样制，服绯窄袍、金蹀躞。吊敦皆叉手展拜”。敦煌莫高窟西夏王的供养像为“高冠、龙袍、束带”，榆林窟中的西夏官员则着“窄袖紧身衣”。甘肃武威地区出土的西夏图像上的驭马人披短发，着交领补襦、腰束带；武士戴毡盔，盔顶结红绶，着宽袖战袍，肩披掩膊，重甲；弓腰人头戴方巾，身着交领宽袖长衫；童子梳环状发髻，着交领长衫，腰束带，或蝶状双发式。出土的西夏男侍图中的男侍，分别着不同颜色的圆领窄袖长衫、腰束带，发式作飞鸟态，或拱

---

①［清］吴广成著，李蔚整理：《西夏书事》卷一一，济南：山东泰山出版社，2000 年，第 61 页。

②［元］脱脱等：《宋史》卷四八五《夏国传上》，北京：中华书局，1977 年，第 13993 页。

③［元］脱脱等：《宋史》卷四八五《夏国传上》，北京：中华书局，1977 年，第 13993 页。

手佩剑，肩披长巾。女侍则披发，着圆领窄袖长衫，肩披巾，或梳高髻，着各色梅花交领窄袖长衫[①]。

西夏是一个以党项羌为主体的多民族政权，除不同时期服饰有所变化以外，各民族、各阶层、男女老幼、各行各业、一年四季服饰均有差异。据《番汉合时掌中珠·人事下》记载，除了种类众多的毛皮服装外，还有袄子、旋襴、袜肚、汗衫、布衫、衬衣、裙、裤、腰绳、背心、领襟、鞋、冠冕、凉笠、暖帽、绵帽、耳环、耳坠、腕钏、钗锦、冠子等。西夏文《杂字》则记载了男服 26 种，女服 19 种。总之西夏服饰突出了党项人的特色，又受汉族、吐蕃、回鹘等的影响，既绚丽多彩又具有鲜明的特色。

## 三、婚姻、丧葬

### （一）婚姻

党项人的婚姻经历了一个历史的发展演变过程。隋唐时期，由于党项处于原始社会末期，仍保留着收继婚制，“妻其庶母及伯叔母、嫂、子弟之妇，淫秽烝亵，诸夷中最为甚，然不婚同姓”[②]。这种烝母报嫂的原始婚俗是氏族社会群婚制的一种残余，但“不婚同姓”，即同一氏族内不婚姻，氏族婚已破产。随着社会生产力的发展，其婚姻习俗有所变化，党项平民百姓因财力不足，实行一夫一妻制。而党项贵族或有钱人户则盛行多妻制，党项首领李继迁“连娶豪族”之女为妻，李德明娶三姓，李元昊则七娶。乾顺庶弟晋王察哥年已七十余，“犹姬妾充下陈”。马可波罗元初游历西夏故地甘州时记载了当地的婚俗，“其地之人娶妻致有三十，否则视其资力，娶妻之数惟意所欲，然第一妻之地位为最尊”[③]。男子可以娶从姊妹，或其父已纳之妇女为妻，然从不娶其生母。

党项迁居西北，特别是西夏建立后，受中原文化的影响，接受了汉族“明媒正娶”的封建婚俗，“男女长大，遣将媒人，诸处为婚，索与妻眷。室女长在，嫁与他人，送与沿房，亲家翁，亲家母，并诸亲戚，皆尽聚集，儿女了毕，方得心定”[④]。甘肃武威出土的西夏汉文《杂字》中则有“送女索妇，来到家中”之语。《文海·婚价》载：“结婚娶女价，向亲戚、叔叔、舅舅等授物

① 朱瑞熙等：《辽宋西夏金社会生活史》，北京：中国社会科学出版社，1998 年，第 54 页。

② ［后晋］刘昫：《旧唐书》卷一九八《党项传》，北京：中华书局，1975 年，第 5291 页。

③ 冯承钧等译：《马可波罗游记》第 1 卷第 61 章《甘州城》，上海：上海书店出版社，1999 年，第 128 页。

④ ［西夏］骨勒茂才著，黄建华等整理：《番汉合时掌中珠》，银川：宁夏人民出版社，1989 年，第 69—70 页。

之谓。”这均表明党项进入封建社会后，继承了中原封建的婚姻制度，同时也继承了买卖关系。

西夏婚姻一方面受汉文化的影响，盛行明媒正娶，但党项人爱自由的传统婚俗也保留下来。据《西夏纪事本末》卷一〇载：“凡育女稍长，靡由媒妁，暗有期会，家不之问。情之至者，必相挈奔逸于山岩掩映之处，并首而卧，绅带置头，各悉力紧之，攸忽双毙。”双方亲属找到尸首后并不悲伤，反而谓“男女之乐，何足悲悼？”西夏谚语也谓：“同日死，命不惜，同睡痦，仍照旧。”[①]青年男女为追求自由婚姻而殉情，得到双方家长的赞许，可见这种原始的婚姻风俗在党项人心中影响深远。

（二）丧葬

党项羌人的丧葬习俗呈多样化，水葬为其中之一，据王称《西夏事略》卷七载，李继迁“寻葬其祖于红石峡，障水别流，凿石为穴，既葬，引水其上，后人莫知其处”。除水葬外，还有天葬，据《西夏记事本末·元昊僭逆》载，殉情的男女死后，一般采取天葬形式，水葬、天葬只是特殊情况下所采取的丧葬形式。

火葬是党项通行的葬式。唐时党项羌人“死则焚尸，名曰火葬”[②]。《文海》释“烧尸”为“火上烧化尸体之谓也”；释“丘”为“丘墓也，烧人尸处土圈之谓也”；释“墓”为“丘墓也，烧尸处骨殖已围之谓”。显然，火葬是党项人的原始葬式，火葬后，一是将骨灰抛撒，正如《太平御览》卷七九四《四夷部十五》所载：“羌人死，燔而扬其灰。”另一则是将骨灰用土围埋，“黔首石城漠水畔，红脸祖坟白河上”[③]，正表明党项人祖先死后有修建坟墓的习俗。据已发掘的108号陪葬墓报告说：“被拢散于墓室底部，并烧灼痕迹的骨架三，当为该墓的主人。”[④]墓主的骨殖被烧，当为入葬时所为，这反映出党项人依然保留有焚尸后埋葬的遗俗。内迁后，焚尸习俗继续保留，至西夏建立后，原始的火葬习俗受佛教的影响，形成了一种新的火葬形式。马可波罗在其游记中记载了沙州（今甘肃敦煌）地区信仰佛教居民的“葬礼一般在城外举行，实行火葬”，他们在殡葬过程中，“亲属等先行预备纸扎之人、马、骆驼、钱币，与尸

---

① 霍升平、杨秀琴译：《西夏箴言集锦》，《民族艺林》1988年第1期。

② ［后晋］刘昫：《旧唐书》卷一九八《党项传》，北京：中华书局，1975年，第5291页。

③ 陈炳应：《西夏诗歌、谚语所反映的社会历史问题》，载《西夏史论文集》，银川：宁夏人民出版社，1984年，第146页。

④ 宁夏自治区博物馆：《西夏陵区一〇八号墓发掘简报》，《文物》1978年第8期。

共焚”[①]。这种火葬的特点是尸体与灵柩一块焚烧，而且礼仪复杂烦项，必须请星者选择吉日焚尸，柩行时，鸣一切乐器。

西夏党项的另一种葬式则是土葬，即建坟。《文海》中释坟为“此者弃尸场建坟地之谓”。一种土葬方式是焚后将骨灰埋于山洞或石穴中；另一种方式则是使用棺柩埋入土中。西夏字典《音同》中有“棺椁”二字。李继迁反宋自立时，就是“诈言乳母死，出葬于郊”[②]，悉以兵甲置丧车中。宋景德元年（1004年），李继迁死，子德明“即位于柩前”，后来又将其父葬于贺兰山西南麓。景德元年五月，德明母罔氏死，“德明以乐迎至柩前”[③]，显然这均是尸体与灵柩一起埋葬。西夏皇帝与显贵大臣更是实行奢侈的土葬，西夏历代皇帝的陵墓均集中在贺兰山之东，其陵墓制度仿“宋巩县陵而作”。坐落在宁夏银川市西郊的西夏皇陵，其格局与北宋皇陵相仿，但在月城、陵台台基、墓室形制等方面又与唐宋皇陵有不同之处。

## 四、巫卜、医药卫生及其他习俗

党项族“笃信机鬼，尚诅咒”，重视巫卜，“西夏语以巫为厮也”[④]，沈括在《梦溪笔谈》中称“卜师谓之厮乩”。党项人“病者不用医药，召巫者送鬼”[⑤]。出战“率用只日，避晦日”，作战“败三日，辄复至其处，捉人马射之，号曰杀鬼招魂，或缚草人埋于地，众射而还”[⑥]。

党项人非常重视占卜，凡出兵作战必先占卜，其占卜术主要有四种。第一种名为“炙勃焦”，亦称“死跋焦”，就是以艾草灼羊脾骨（一说为羊胛骨）以观察兆纹，兆纹分“主位”和“客位”，“兆之上为神明”；第二种为“擗算”，即在地上擗竹以求算，类似于汉人用蓍草占卜；第三种为“咒羊”，亦称“生跋焦”，“其夜牵羊，焚香祷之，又焚谷火于野，次晨屠羊，肠胃通则吉，羊心有血则败”[⑦]；第四种是以箭敲击弓弦，然后“审其声，知敌至之期与兵交之胜负，及六畜之灾祥、五谷之凶稔”[⑧]。

---

① 冯承钧等译：《马可波罗游记》第1卷第57章《唐古忒州》，上海：上海书店出版社，1999年，第116页。

②［元］脱脱等：《宋史》卷四八五《夏国传上》，北京：中华书局，1977年，第13986页。

③［元］脱脱等：《宋史》卷四八五《夏国传上》，北京：中华书局，1977年，第13990页。

④［元］脱脱等：《辽史》卷一一五《西夏外记》，北京：中华书局，1974年，第1523页。

⑤［元］脱脱等：《辽史》卷一一五《西夏外记》，北京：中华书局，1974年，第1523页。

⑥［元］脱脱等：《宋史》卷四八五《夏国传上》，北京：中华书局，1977年，第14029页。

⑦［元］脱脱等：《辽史》卷一一五《西夏外记》，北京：中华书局，1974年，第1523页。

⑧［元］脱脱等：《宋史》卷四八五《夏国传上》，北京：中华书局，1977年，第14029页。

在甘肃武威出土的西夏文遗物中，有一份卜辞残页，上载："卯日遇仇人，辰日买卖吉""午日求财顺""申日万事吉""戌日有倍利，亥日心来喜。"[①]这表明党项人已深受汉文化的影响，用汉人流行的十二地支记日。

西夏人喜清洁卫生，对脏和净的概念是很清楚的，其卫生情况在《文海》中有反映。《文海》释"脏"为"染污垢、沾污粪、烟熏之谓"。释"弄脏"为"令臭，使不净也"。释"扫帚"为"帚也，扫除帚也，扫除治清洁也"。释"扫除"则为"清除也，除却也，使清尘埃之谓"。西夏人有浣洗和澡浴的习俗，《文海》释"洗"为"涤也，沉浴也，澡浴也，为除污垢之谓"。释"濯"为"洗濯也，洗浴也，为除污垢之义是也"。

（原载于《中国西北少数民族通史·辽宋夏金卷》，北京：民族出版社，2009年，第341—351页。）

① 王静如：《甘肃武威发现的西夏文考释》，《考古》1974年第3期；史金波：《〈甘肃武威发现的西夏文考释〉质疑》，《考古》第1974年第6期。史文释"仇人"为"亲人"。

# 综述 书评

# 20 世纪国内西夏与周边民族关系研究述评

西夏是以党项人为主体，包括汉人、吐蕃人、回鹘人等构成的多民族政权，在其建立政权的一百九十余年间（1038—1227 年），先后与周边的宋、辽、金、吐蕃、回鹘等建立起密切的关系。受多维关系制约的西夏，与周边政权相互依存、相互促进、共同发展，使中华民族在多元化的基础上逐渐走向统一，这是民族关系发展的大趋势与主流，它为元朝的大统一奠定了坚实的基础。从某种意义上说一部西夏历史就是西夏与周边民族关系史。本文拟从发展阶段、成果形式、研究特点等方面，对 20 世纪西夏与周边民族关系的研究略做概述。

## 一、发展阶段

20 世纪西夏与周边民族关系的研究，以中华人民共和国成立前、后为界，经历了初创、发展及繁荣昌盛三个时期。

**初创时期** 始于 19 世纪初，黑水城西夏遗书发现至 1949 年中华人民共和国成立前，系西夏民族关系研究的初创时期。这一时期，国内研究西夏的学者主要是罗氏父子，即罗振玉、罗福成、罗福苌以及戴锡章、邓隆、王静如等少数学者。1930—1933 年，王静如先生先后发表了《西夏研究》一至三辑，主要是对佛经的对译考释，并涉及党项与西夏的历史、语言、国名、佛经雕版、官印等。1929 年，北京图书馆等购得宁夏发现的西夏文佛经百卷，刊出《国立北平图书馆馆看》(西夏文专号）以资纪念，其中收录国内外学者撰写的西夏历史、语言文字、文物考古、文献目录、佛经等资料 40 种。在初创时期，主要是对西夏语言文字、文物考古、文献目录、佛经等方面进行了研究，而对西夏与周边民族的关系暂无涉及或很少涉及。由于黑水城西夏遗书被劫持到国外后，大量资料秘而不宣，加之汉文西夏史料的缺乏，研究人员稀少，从而使这一阶段西夏与周边民族关系的研究，相对处于沉寂状态。

**发展时期** 1949—1977 年是西夏民族关系研究的发展时期。中华人民共和国成立后，为西夏民族关系的研究提供了一个广阔的天地。国家对民族关系研究的重视，使一些学者开始对西夏与周边民族的关系加以探讨。此时，出版的一些论著开始涉足西夏民族关系这一研究领域，但国内学者的论文不多，主要有黄庆云的《关于北宋与西夏和约中银、绢、茶的数量》(《中学历史教学》1959年第9期)、吴天墀的《关于西夏岁赐茶大小斤问题》(《光明日报史学》1958年1月6日第3版)等。这一时期，国内学者对西夏与周边民族关系的研究，大多是从经济方面涉及与宋、辽的关系，而不是对西夏与周边民族关系全方位、多层次、广范围的专门论述，且研究角度、视野以及内容均有局限。

**繁荣昌盛时期** 从1978年至今，是西夏与周边民族关系研究的繁荣时期，特别是党的十一届三中全会以来，中国的西夏学研究获得良好的发展机遇，进入持续稳步、深入发展时期。由于党中央和各级地方政府的重视，加之传世西夏文献的整理和出版、出土文物的发掘以及宋、辽、金、元各代文献史料的搜集，出现了西夏学研究的热潮，从而也使西夏学中的西夏与周边民族关系的研究进入一个崭新的发展时期，其研究领域不断拓宽，新成果层出不穷。

## 二、成果形式

### （一）综合性专著中设立章、节，论述西夏与周边民族关系

这一时期综合性专著，主要有蔡美彪等著的《中国通史》第6册（人民出版社，1979年）第四章《西夏的兴亡》(第142—226页)，洪焕椿的《宋辽金史话》(中国青年出版社，1980年)第三章《党项的崛起和宋夏关系》，邓广铭主编的《辽宋西夏金史》(中国大百科全书出版社，1988年)《西夏》，《中国史稿》第5册（人民出版社，1983年）第三章《辽西夏、吐蕃、回鹘和大理》，白寿彝《中国通史》第七卷《中古时代·五代辽宋夏金时期》(上海人民出版社，1999年3月）等。在这些综合性著作中，均专门设立章、节论述了西夏，其中也必然论及西夏与周边民族的关系。指出夏与宋、金间的贸易，主要采取“在双方边境设立榷场进行大宗货物交易”“和市”以及“通过贡使进行贸易”(《辽宋西夏金史》第121页)，认为“西夏在与各族交流中，创造了自己的文化。吐蕃、回鹘等各族人民，也通过西夏加强了同各兄弟民族文化联系。在这一时期各民族共同创造历史文化的过程中，夏国的作用是值得重视的”(《中国通史》第6册，第226页)。这些著作均以不同方式论述了西夏与周边民族、政权的关系。

（二）专著中对民族关系的论述

这一时期，有关西夏的专著主要有吴天墀的《西夏史稿》(四川人民出版社，1980年)，仲侃、吴云峰、李范文的《西夏简史》(宁夏人民出版社，1979年)，李蔚的《简明西夏史》(人民出版社，1997年)等。吴天墀先生在《西夏史稿》的第二章《与北宋、辽鼎立的前期西夏王国》、第三章《与金、南宋鼎立的后期西夏王国》中，论述了西夏与宋、辽、金的民族关系，认为西夏在建立政权前，实施的睦邻政策，在对外经济、文化的交流方面取得了重大成就，建立政权后在对宋作战的同时，曾经不断做过恢复和平的试探。漆侠、乔友梅著《辽夏金经济史》(河北大学出版社，1994年)，在论述西夏经济史时，述及“西夏的商业贸易及其与各族之间的交换”，这也是从经济方面对西夏与周边民族关系的研究。杨树森《辽史简编》(辽宁人民出版社，1984年)，张博泉《金史简编》(辽宁人民出版社，1984年)，均在书中设立章节论述辽金与西夏的关系。刘建丽《宋代西北吐蕃研究》(甘肃文化出版社，1998年)在探讨西北吐蕃时，论述了宋、西夏、吐蕃之间的关系。总之，这些研究西夏的专著，均从各个方面涉及西夏与周边民族和政权的关系。

（三）论文对民族关系的专题研究

这一时期，有关西夏与周边民族关系的论文较多，均从不同领域、不同角度，对西夏与周边民族关系进行了深入的专题研究。为避免重复，有关论文的情况将在“研究特点”中加以论述。

## 三、研究特点

20世纪以来，特别是在近二十余年，国内学者对西夏与周边民族关系的研究取得了很大的成就，涌现出许多高质量的学术论著，这一时期的研究具有以下特点。

（一）研究面宽、范围广

这一时期，众多学者对西夏与宋、辽、金、吐蕃、回鹘、蒙古诸部以及与中亚地区的关系予以充分的关注，发表了许多论文。

宋夏关系的论文主要有张翼之《宋夏关系略论》(《民族研究》1982年第5期)、丁柏传《试论西夏与北宋的经济往来及其影响》(《河北大学学报》1996年第2期)、李华瑞《贸易与西夏侵宋的关系》(《宁夏社会科学》1997年第3期)、杜建录《宋夏青白盐问题》(《固原师专学报》1987年第1期)、郭正忠《青白盐使与青白盐刑律：兼论夏宋青白盐贸易》(《宁夏社会科学》1995年第

2 期)、霍升平《论北宋与西夏的贸易》(《中州学刊》1988 年第 1 期)、林文勋《宋代食盐与周边民族关系》(《云南民族学院学报》1993 年第 2 期)、张炼《论北宋对西夏外交的失败》(《西南民族学院学报》1994 年第 5 期)、蔡东洲《试论南宋与西夏的关系》(《四川师范学院学报》1992 年第 1 期) 等。

辽夏关系的论文主要有陈炳应《辽夏关系及其相互政策》(宁夏社会科学 1991 年第 4 期)、张国庆《略论辽夏和亲与辽夏关系的恶化》(《史学月刊》1988 年第 5 期)、朱筱新《评辽在夏宋关系中的作用》(《宁夏大学学报》1988 年第 1 期)。

夏金关系的论文主要有刘建丽、汤开建《夏金关系述评》(《西北师院学报》1986 年第 2 期)、刘建丽《夏金使臣交聘述论》(《国家图书馆学刊》2002 年增刊《西夏研究专号》) 等。

西夏与周边民族关系的论文主要有张慧等《西夏黄河沿岸的榷场经济：兼论西夏与中亚地区的贸易往来》(《内蒙古地方志》1995 年第 3 期)、冯继钦《西夏与蒙古高原诸部的关系》(宁夏社会科学 1985 年第 4 期)、陈育宁《蒙古与西夏关系略论》(《民族研究》1988 年第 5 期)、陈庆英《蒙藏早期的交往及西夏在蒙藏关系中的地位和作用》(《青海社会科学》1992 年第 6 期)、孟楠〈论克烈人与西夏的关系〉(内蒙古社会科学 1998 年第 3 期)、仁庆扎西《西平王与吐蕃的关系》(《中央民族学院学报》1988 年第 1 期)、祝启源《宋代西北地区吐蕃与西夏关系略述》(《甘肃民族研究》1988 年第 3、4 期)、张云《吐蕃与党项政治关系初探》(《甘肃民族研究》1988 年第 3、4 期)、杨作山《北宋时期西蕃与西夏关系述评》(《西北第二民族学院学报》1990 年第 1 期)、陇夫《试论宋、夏与吐蕃关系的几个问题》(《甘肃民族研究》1991 年第 4 期)、高自厚《甘州回鹘与西夏》(《甘肃民族研究》1982 年第 3 期)、刘建丽《甘州回鹘、凉州吐蕃对河西走廊的经营》(《西北师范大学学报》1991 年增刊) 等，这些论文均从政治、军事、经济、民族等方面论述了西夏与周边政权、民族的关系。

(二) 研究全面、系统

这一时期，对西夏与周边民族关系的研究已日臻成熟，其研究成果出现全面、系统的学术风格。如李华瑞的《宋夏关系史》(河北人民出版社，1998 年)，全书分为“宋初西部边疆政策”“宋仁宗、英宗时期的对夏政策”“宋神宗、哲宗、徽宗时期对夏政策和发展演变”“北宋末期及南宋与西夏的关系”“宋夏战争论”“宋夏缘边的城、寨、堡”“宋夏贸易与宋夏战争的关系”“宋夏与辽的三角关系”“宋夏对吐蕃、党项诸族的争夺”“北宋与西夏的交聘”等十二章，书前、后附“绪论”“尾论”。首次以专著的形式，对宋夏关系各方面的问题、因素和背景作了巨细无遗，深入系统的论述。杜建录的《西夏与周边民族关系史》（甘肃文化出版社，1995 年），分为“宋代以前党项羌及夏州拓跋政权对外关系”“夏宋关系”“夏辽关系”“西夏与吐蕃、回鹘关系”“西夏与金、蒙关系”等六章，首次将西夏与周边民族的关系做了详细、深入、系统、全面的论述，紧扣西夏与宋、辽、金三维关系相互影响、相互制约的时代特点，同时又坚持实事求是和民族平等的原则，重视西夏与周边民族密切的经济文化联系。

（三）对战争的研究深入细致，呈现出立体化

战争通常是民族关系研究中的一个传统课题，也是西夏与周边民族关系研究中的重要内容。李华瑞的《宋夏关系史》对宋夏关系的描述没有停留在双方经济、军事交往中的人和事件上，而是以北宋政治运行机制为切入点，去探寻宋与西夏交往的发展轨迹，从宋夏双方军队统兵体制、兵力配置、装备给养，宋夏战争重要战役，战争阶段及特点等诸多层面，将宋夏战争做了细致、深入、立体层面的研究。此时，发表了诸多关于宋夏战争的论文，并对战争性质展开了讨论，如张翼之《宋夏关系略论》（《民族研究》1982 年第 5 期）、吴光耀《为李继迁辩》（《宁夏社会科学》1978 年第 3 期）等，认为李继迁领导的反宋战争是一场反对民族压迫的正义战争。汤开建《李继迁领导的反宋战争是一场反对民族压迫的正义斗争吗？——宋夏战争研究之一》（《西北民族文丛》1984 年第 2 期）、《试论元昊对宋作战屡胜的原因——宋夏战争研究之二》（《西北民族学院学报》1985 年第 1 期）、《关于元昊领导的反宋战争性质的探讨——宋夏战争研究之三》（《青海民族学院学报》1985 年第 2 期），这三篇关于宋夏战争研究的系列论文，从战争爆发到对宋作战屡胜的原因，以及李继迁领导的反宋战争进行了细致深入的研究，认为“李继迁领导的反宋战争是一场彻头彻尾的非正义割据战争”。还有李蔚《蒙夏战争特点及西夏灭亡的原因》（《固原师专学报》2000 年第 4 期）及《宋夏横山之争述论》（《民族研究》1987 年第 6 期）、王天顺《试论宋夏战争中双方战略地位的变化》（《宁夏社会科学》1994 年第 3 期）、赵继颜《北宋仁宗时的宋夏陕西之战》（《齐鲁学刊》1980 年第 4 期）、刘建丽《宋夏战争中的秦州吐蕃》（《宁夏社会科学》1996 年第 4 期）、赵一匡《宋夏对立与河湟地区的民族关系》（《兰州学刊》1987 年第 4 期）等，这些论文均从军事战争这个角度出发，探讨了西夏与宋、吐蕃之间的关系，其中虽然有些看法、观点也不尽相同，但充分说明此时研究者对战争的研究已摆脱传统的思维模式，深入细致，并予以理性的思考。

（四）研究角度新颖，思路开阔

这一时期研究者们具有开阔的视野，从各个层面，采用各种不同角度，研究探讨西夏与周边民族关系。由于西夏与宋、辽、金鼎峙而立，使臣交聘是此时西夏与各国联系与交往的重要途径和方法。顾吉辰的《宋——夏交聘表》（《固原师专学报》1986 年第 3 期），论述了宋夏之间交聘活动。刘兴全的《夏宋通使制度考述》（《首届西夏学国际学术会议论文集》，宁夏人民出版社，1988 年），从“夏宋使节的选任和派遣”“出使程序”“接待礼仪”等方面，论述了宋夏通使制度。刘建丽《夏金使臣交聘述论》（《国家图书馆学刊》2002 年增刊《西夏研究专号》），从夏金双方使臣交聘活动、交聘的作用等探讨了夏金关系，并对金国支持西夏仁孝反对任得敬分国这一历史事件重新审视，认为“当任得敬攻破吹折、密臧二族，袭杀与金结好的吐蕃首领结什角时，实际上就已与金有隙，而他又欲篡夏国主仁孝位以自立，进一步损害了金对夏之宗主国的地位”。这从另一种角度、另一个侧面，反映了西夏与金朝以及吐蕃三者之间的微妙关系。

从文化角度探究西夏与周边民族的关系，也是一种新的思路与途径。穆鸿利《试论西夏党项文化传统及其与周边各族文化的交流》（《宁夏大学学报》1999 年第 2 期），则对西夏党项族文化传统深受周边各族尤其是中原汉文化的影响，进行了深入的论述。李晓《西夏的和亲政策》（《文史哲》1996 年第 3 期），则从西夏与辽、吐蕃、金、蒙古等周边政权或民族的和亲角度，反映了西夏在不同时期的民族的关系。刘建丽《论儒学对西夏社会的影响》（《西北师大学报》2000 年第 3 期）、《两宋时期儒学在少数民族中的传播与发展》（《西北师范大学学报》1989 年第 6 期），认为“儒学对西夏党项社会的影响是全方位的，渗透到各个领域，促进了西夏党项与各个兄弟民族的融合及自身的封建化”。文化方面的影响与交流，也是西夏与周边民族关系的另一种表现形式。

（五）以人物为切入点

西夏与周边民族关系，其蕴涵量广，内容丰富，涉及面宽，而与西夏相关的一些重要人物，也自然成为西夏与周边民族关系的重要内容。这一时期，关于西夏及其相关人物的研究，发表了很多论文，主要有李克武等《李继棒“入觐纳土”析论》（《华中师大学报》1988 年第 3 期）、徐庄的《试论李继迁的历史作用》（《宁夏大学学报》1981 年第 4 期）、罗矛昆的《李继迁攻取灵州对西夏建国的作用》（《宁夏社会科学》1981 年第 3 期）、吕卓民的《论李继迁舍夏取灵与西夏建国的关系》（《宁夏大学学报》1991 年第 3 期）、李蔚《谈李继迁》

(《西北民族研究》1994年第1期)、薛正昌《略论李元昊》(《甘肃社会科学》1996年第1期)、赵双慧《西夏开国皇帝元昊评述》(《宁夏史志研究》1998年第3期)、赵继颜《范仲淹的〈答赵元昊书〉及其招抚政策》(《山东大学学报》1983年第4期)、郭琳《浅谈韩琦的对夏策略》(《安徽师范大学学报》1999年第1期)、周莲弟《富弼与北宋的御夏政策》(《宁夏社会科学》1999年第4期)、郭文佳《论韩琦在御夏战争中贡献》(《信阳师范学院学报》2000年第2期)等。这些以人物为研究对象的论文，涉及了西夏历史上的诸多内容，其中也必然涉及民族关系，是西夏与周边民族关系的另一种表现。

总之，20世纪西夏与周边民族关系的研究成绩突出，硕果累累，呈现出勃勃生机，这充分表明作为“显学”的西夏学具有光明的前途。作为西夏学重要组成部分的西夏与周边民族关系的研究，随着西夏学研究的深入发展，定会获得更大的成就。

**参考文献：**

[1]《全国报刊论文目录索引》上海：上海图书馆，1978—2002年。

[2] 蔡美彪等：《中国通史》，北京：人民出版社，1979年。

[3] 蔡美彪主编：《中国通史》第6册，北京：人民出版社，1979年。

[4] 洪焕椿：《宋辽金史话》，北京：中国青年出版社，1980年。

[5] 吴天墀：《西夏史稿》，成都：四川人民出版社，1980年。

[6] 中国史稿编写组：《中国史稿》第5册，北京：人民出版社，1983年。

[7] 张博泉《金史简编》，沈阳：辽宁人民出版社，1984年。

[8] 杨树森《辽史简编》，沈阳：辽宁人民出版社，1984年。

[9] 邓广铭主编：《辽宋西夏金史》，北京：中国大百科全书出版社，1988年。

[10] 漆侠、乔友梅：《辽夏金经济史》，保定：河北大学出版社，1994年。

[11] 杜建录：《西夏与周边民族关系史》，银川：宁夏人民出版社，1995年。

[12] 李蔚：《简明西夏史》，北京：人民出版社，1997年。

[13] 李华瑞：《宋夏关系史》，石家庄：河北人民出版社，1998年。

[14] 刘建丽：《宋代西北吐蕃研究》，兰州：甘肃人民出版社，1998年。

[15] 白寿彝等：《中国通史》第七卷《中古时代五代辽宋夏金时期》，上海：上海人民出版社，1999年。

（原载于《宁夏社会科学》2004年第1期）

# 宋代西北少数民族百年研究综述

两宋时期，回鹘、契丹、吐蕃等活动在西北和中亚地区，并建立了甘州回鹘、西州回鹘、喀喇汗王朝、西辽、凉州吐蕃六谷联盟和青唐唃厮啰等地方政权，他们均对两宋时期的历史产生重要影响。本文主要对20世纪，有关西北吐蕃、回鹘、喀喇汗朝、西辽等研究状况略做综述。

## 一、回鹘史研究状况

回鹘史研究主要是在1949年以后，经历了初创与发展繁荣两个阶段，特别在80年代以后，回鹘史研究进入发展繁荣时期，其研究领域扩展，成果层出不穷。

### （一）回鹘史研究的发展历程

早在中华人民共和国成立初期，就有冯加昇、程溯洛等老一辈学者从事回鹘史的研究，并出版和发表了诸多有重要学术价值的研究成果，但这时回鹘史的研究尚处于初创阶段，搜集和整理各种文字的维吾尔族史料是最迫切的任务。冯加昇、程溯洛先生等搜集了大量有关维吾尔文、突厥文、回鹘文、汉文的维吾尔族史料，在此基础上进行细致编写，出版了《维吾尔族史料简编》上、下册，这部书在国内外学术界有重大的影响。程溯洛先生于中华人民共和国成立前在北平研究院史学研究所从事宋、辽、金史研究，中华人民共和国成立之初，即与冯加昇一起从事维吾尔族史的研究。1978年以后，受国家民委五套丛书办公室的委托，负责主编《维吾尔族简史》的古代部分，经过十余年的努力，这部书已于1991年出版。程溯洛曾经撰写过30余篇关于维吾尔族史的论文，并翻译了俄国语言学家拉德洛夫著的《回鹘文文献纪念集》中，宋元时期的回鹘文契约文书。程溯洛先生的研究成果现已结集为《唐宋回鹘史论集》，1993年人民出版社出版。

### （二）研究领域扩展

20世纪80年代以后，对回鹘族的研究已从甘州回鹘与西州回鹘研究的局限中突破出来，并扩展到其他回鹘部族的研究领域，出版和发表了大量具有学术价值的研究成果。

西州回鹘与甘州回鹘仍是这一时期的研究重点，有众多专著、论文出版和发表。有关西州回鹘的论文，主要有程溯洛《高昌回鹘王国政治、经济、文化史略》《高昌回鹘王国史中的一些基本问题论证》《回鹘民族历史文献略论》，苏北海《回鹘族在辽代的历史活动》《回鹘在辽代的贡献》《从车师族到高昌回鹘》[①]，王宗维《高昌回鹘亦都护家族及其迁居永昌始末》，杨富学《高昌回鹘王国的西部疆域问题》《从一份摩尼教文献谈高昌回鹘的几个问题》，田卫疆《高昌回鹘史研究》《高昌回鹘封号“牧首”考》。有关甘州回鹘的论文，主要有高自厚《甘州回鹘渊源考》，陈炳应《亦谈甘州回鹘》，孙修身《五代时期甘州回鹘世系考》，苏北海等《甘州回鹘世系考辩》，荣新江《甘州回鹘成立史论》，黄盛璋《敦煌于阗文书与汉文书中关于甘州回鹘史实异同及回鹘进占甘州的年代》[②]等。

除了甘州回鹘、高昌回鹘的研究，对龟兹、于阗、沙州、黄头回鹘等研究也有众多新成果。关于龟兹回鹘的论文，主要有钱伯泉的《龟兹回鹘国与裕固族族源问题研究》《龟兹回鹘国始末》，程溯洛《〈宋史·龟兹传〉补正——兼论高昌回鹘中的双王制》等文。关于于阗的论文，主要有荣新江的《九至十世纪于阗族属考辩》[③]，李吟屏《古代于阗国都再研究》，黄盛璋《于阗文〈使河西记〉的历史地理研究》，楚生《谈元丰八年的于阗贡马》，高永久《丝绸之路上的于阗国》等。对沙州回鹘、黄头回鹘的研究，主要有钱伯泉的《沙州回鹘研究》，顾吉辰《〈宋史·沙州传〉补正》《也谈“黄头回纥”“草头鞑靼”及其“九姓鞑靼”》，高自厚《宋代回鹘社会的分裂割据——再谈“黄头回纥”的由来和含义》等。研究领域的扩展，使回鹘研究进入一个新的发展阶段。

（三）研究系统深入

自清末以来，凡是研究甘州回鹘历史均涉及甘州回鹘世系问题，关于甘州回鹘可汗世系历来有诸种不同的观点。如王日蔚《唐后回鹘考》，冯加升、程溯洛、穆广文《维吾尔族史料简编》(上)第三章第二节，段连勤《河西回鹘政权的建立与瓦解》，吴天墀《西夏史稿》第一章第三节，林幹《河西回鹘略论》[④]等，都用不同的方式排列了甘州回鹘世系表。高自厚先生在前人研究的

---

① 苏北海：《从车师族到高昌回鹘》，《西北史地》1983年第1期。

② 黄盛璋：《敦煌于阗文书与汉文书中关于甘州回鹘史实异同及回鹘进占甘州的年代》，《西北史地》1989年第1期。

③ 荣新江：《九至十世纪于阗族属考辩》，《新疆社会科学》1987年第4期。

④ 林幹：《河西回鹘略论》，《甘肃社会科学》1981年第3期。

基础上，参考各种其他史料，对甘州回鹘进行了深入系统研究，发表了《甘州回鹘渊源考》《甘州回鹘与中亚贸易》《甘州回鹘与西州回鹘辩》《甘州回鹘与西夏》《甘州回鹘世系考》《敦煌文献中的河西回鹘——兼论甘州回鹘与沙州回鹘的关系》等论文，对甘州回鹘的一系列重要问题进行研究，对甘州回鹘世系从姓名、年代、世次方面予以考订论证，认为“甘州回鹘世系就只有九世，而不是十世”，并“重新排一个甘州回鹘世系表”[①]。程溯洛先生《甘州回鹘可汗谱系考》也对甘州回鹘谱系做了深入细致的研究，认为“庞特勤不可能成为甘州回鹘的始祖”“甘州回鹘的一世毋母主（汉名仁美）可能就是始祖”[②]。程溯洛在《高昌回鹘亦都护谱系考——西域时代回鹘史札记》一文中，认为“高昌回鹘从唐末开始建立，历五代、北宋、西辽、元，其王室的谱系可分为前后两大段，从唐末到北宋、西辽为第一段，从元初到元末为第二段”，并论证高昌回鹘亦都护的系谱共十八世，列出世系表[③]。另对《宋史》中的一系列回鹘史料进行补正、纠误，发表了《〈宋史·回鹘传〉补正》《〈宋史·高昌传〉笺证》《〈宋史·龟兹传〉补证》《〈宋史·于阗传〉中几个问题补证》等系列论文。钱伯泉《甘州回鹘国史探讨》的四篇论文，对高昌回鹘首领仆固俊、甘州回鹘渊源及其建国初期的史实、张淮深对甘州回鹘国的颠覆活动、甘州回鹘国的“国际”关系及其在丝绸之路历史地位等问题进行了系统、深入的探讨。

这些论文使回鹘史的研究更加细致、深入、系统，从而使回鹘史研究进入繁荣兴盛的发展时期。

（四）商榷讨论，促进学术发展

80年代，学者们对回鹘史中的一些重要问题，展开了热烈的讨论与商榷，促进了学术发展。

研究裕固族族源的关键在于“黄头回纥”，裕固族源于撒里畏吾儿，撒里畏吾儿即黄头回纥，这在史学界似无争议，然而“黄头回纥”是西迁的甘州回鹘，还是西州回鹘或龟兹回鹘，或是单独一支，这些问题均是探讨的要害所在，以往的学者大多认为黄头回纥源于甘州回鹘。汤开建《解开“黄头回纥”与“草头鞑靼”之谜——兼谈宋代的“青海路”》一文中，提出了不同的观点，认为黄头回纥与甘州回鹘无关，而应是西州回鹘[④]。钱伯泉先生在《龟兹

① 高自厚：《甘州回鹘世系表》，《西北史地》1983年第3期。

② 程溯洛：《唐宋回鹘史论集》，北京：人民出版社，1993年，第140页。

③ 程溯洛：《高昌回鹘亦都护谱系考》，《西北史地》1983年第4期。

④ 汤开建：《解开“黄头回纥”与“草头鞑靼”之谜——兼谈宋代的“青海路”》，《青海社会科学》1984年第4期。

回鹘国与裕固族族源问题研究》一文中，从另一角度进一步否认了“黄头回鹘源于甘州回鹘源说”，同时对汤开建的“西州回鹘说”提出了不同看法，认为“裕固族既非渊源于甘州回鹘，也不是以黄姓突骑施为主体的西州回鹘发展起来的，裕固族族源是龟兹回鹘”[①]。汤开建在《关于〈龟兹回鹘国与裕固族族源问题研究〉一文的几点看法》一文中，引用北宋人王安中撰写的《定功继伐碑》中关于黄头回纥的新材料对钱伯泉观点进行补证，认为黄头回鹘是龟兹回鹘的另称，并进一步论证“西州回鹘与龟兹回鹘是一个政权”，但“西州回鹘与龟兹回鹘又存在一个由合到分的过程”，到 11 世纪后期，由于伊斯兰教的进逼，一部分龟兹人开始东迁，散处在于阗边境到青海湖边这一地区的龟兹回鹘人，就是文献中所称的“黄头回纥”，元代又称做撒里畏吾儿，即今天的裕固人[②]。顾吉辰在《也谈“黄头回鹘”“草头鞑靼”及其“九姓鞑靼”》[③]一文中，也论述了自己对黄头回鹘、草头鞑靼、九姓鞑靼的看法。

正是通过反复争论，不断学习，对问题的认识不断深入、不断提高，从而促进了回鹘史学术研究的进步与发展。

## 二、喀喇汗王朝研究状况

喀喇汗王朝的建立时间，至今仍然不明确，大约是在 9 世纪中期。840—1212 年，在原唐朝的北庭和安西都护府所辖广大地区，西迁回鹘建立起喀喇汗王朝，其存在时间长达 327 年，是我国维吾尔族在历史上建立的第二个王朝。喀喇汗王朝在发展中西贸易、传播中西文化方面都起了重要作用，因而喀喇汗王朝的历史日益引起研究者们的重视。但是喀喇汗王朝的研究发展缓慢，至 20 世纪 80 年代以来，对喀喇汗朝的研究才有了深入发展。

### （一）喀喇汗王朝研究的发展阶段

喀喇汗王朝的研究，从 18 世纪中期以来，经历了缓慢的发展历程，大体上分为三个发展阶段。

第一个阶段，是把喀喇汗王朝纳入历史的研究范畴。1756 年，法国学者约瑟夫·德吉涅夫发表关于中亚历史的著作，在近代历史著作中首次提到喀喇汗王朝，此后引起许多学者的关注。1874 年，俄国东方学家格里戈里耶夫发表

① 钱伯泉：《龟兹回鹘国与裕固族族源问题研究》，《甘肃民族研究》1985 年第 2 期。

② 汤开建：《关于〈龟兹回鹘国与裕固族族源问题研究〉一文的几点看法》，《甘肃民族研究》1985 年第 3—4 期。

③ 顾吉辰：《也谈“黄头回鹘”“草头鞑靼”及其“九姓鞑靼”》，《社会科学辑刊》1987 第 4 期。

关于喀喇汗王朝史的论文，在西方近代历史著作中第一次正式使用“喀喇汗王朝”这一名称，从而使这一王朝称谓混乱的状况得以改善。

第二阶段，是对喀喇汗朝的历史轮廓做出粗线条的勾勒。这方面做出重大贡献的是巴尔托尔德。在他的学位论文《蒙古入侵时期的突厥斯坦》一书中，对当时已发现的喀喇汗王朝的阿拉伯、波斯等史料作了详尽的收集和初步的考证，对一些诸如分封制的确立、嫡长制的消失、中亚居民的突厥化等重要问题，均提出自己的见解。但由于语言上的限制和对古钱资料以及对中国的汉文资料掌握的不足，致使有些结论不正确。1930 年，德国学者法斯梅尔（R .Vasmer）对喀喇汗王早期称号和等级制度做了探讨。

第三个阶段，是对喀喇汗王朝的历史进行全面研究时期。由于考古资料和古钱资料的发现，使喀喇汗王朝的历史研究进入一个新的阶段。德国学者普里查克在吸收前人成果的基础上，充分利用阿拉伯、波斯文等史料和古钱币资料以及汉文史料，从 1950 年起，接连发表了《喀喇汗王朝若干问题》和总结性论著《喀喇汗王朝》。普里查克的文章系统地探讨了喀喇汗王朝的政治史，但在王朝起源和东西喀喇汗王朝世系年代方面存在严重的问题。苏联学者达维道维奇关于喀喇汗王朝最重要的论文是《关于中亚喀喇汗王朝的年表和世系的古钱资料》和《关于两个喀喇汗国》，批评了普里查克在世系和年表方面的错误。苏联东方学家亚库包夫斯基在《中亚中世纪（六至十五世纪）的历史分期问题》《物资文化史研究所报告和野外考察简报》《乌兹别克斯坦各民族史》等文中，对于喀喇汗王朝的社会经济制度与社会历史分期问题进行了探讨。瓦利托娃的《关于喀喇汗王朝国家的阶级性质》和《玉素甫·巴拉沙衮及其〈福乐智慧〉》均侧重于论述喀喇汗王朝东部的社会经济生活，并探讨了王朝与定居人民的关系。日本学者安部健夫的《西维吾尔国史研究》(京都，1955 年）和中国学者刘义棠的《维吾尔研究》(台北，1975 年)，亦均对喀喇汗王朝史进行了有益的探讨。

（二）综合研究与专题研究

20 世纪 80 年代，国内关于喀喇汗王朝的重要综合研究成果及其代表作，首推魏良弢《喀喇汗王朝史稿》一书。是书主要根据前人的研究成果，并发掘和利用了汉文史料，对喀喇汗王朝的历史做了一个系统、全面的综合性研究。全书分为八章，第一章简介史料、文献和研究情况；第二章着重探讨喀喇汗朝的起源，对回鹘起源说做了详细的论证；第三章探讨了王朝的疆域和民族；第四章简述王朝的政治史，探讨了王朝发展原因；第五章叙述喀喇汗朝与宋、辽、高昌回鹘及西夏的关系；第六章社会经济，着重探讨了土地所有制和伊克塔制度，阐述并论证了喀喇汗朝时期社会经济的普遍高涨；第七章科学文化；第八章王朝世系、在位年表、大事年表，另附有插图和地图。

这一时期的专题研究，主要有魏良弢的《关于喀喇汗王朝的史料、文献及研究情况》《关于喀喇汗王朝起源及其名称》《喀喇汗王朝政治史述略》《喀喇汗王朝经济的几个问题》等系列论文，对喀喇汗王朝的有关文献资料、起源、名称、政治、经济等一系列重要问题进行了系统研究。

（三）对喀喇汗王朝起源的研究

关于喀喇汗王朝的起源，是研究中亚历史的一个不可回避的问题，把它作为专题研究则始自德国历史学家普里查克（Omeljam Pritsak）的《从葛逻禄到喀喇汗王朝》。普里查克从 20 世纪 40 年代起开始研究喀喇汗王朝，在 20 世纪 50 年代发表了一系列论文，在 1953 年发表的《喀喇汗王朝》[①]一文中，将喀喇汗王朝起源的各种说法归纳为七种，即维吾尔说、土库曼说、样磨说、葛逻禄说、葛逻禄—样磨说、处月说、突厥说，但都没有提出“不可动摇的论据”。近年来，国内外学者还提出样磨和处月说；突厥、回鹘说；葛逻禄、回鹘说；葛逻禄、样磨、九姓乌古斯说。

在国内，喀喇汗王朝起源于回鹘说是主流，但也时而见到样磨说。魏良弢在《关于喀喇汗王朝的起源及其名称》一文中，通过对史料的引用、分析，对喀喇汗王朝起源于回鹘说做了一些详细的论证，并得出结论：“公元 840 年，曾左右中亚和东亚局势近百年的回鹘汗国在内乱屡起、天灾频仍的情况下，因黠戛斯的突袭而溃散。其中最大的一支在庞特勤的率领下西奔葛逻禄（七河地区）。他们到达后夺取政权，建立起喀喇汗王朝。庞特勤自称可汗，建牙帐于巴拉沙衮附近的喀喇斡耳朵，并迅速把领域扩大到唐朝的安西和北庭两都护府所辖的大部地区。”[②]魏良弢又在《喀喇汗王朝起源回鹘说补正》一文中，对喀喇汗王朝起源回鹘做了进一步补证，通过引用《宋会要辑稿·蕃夷四·拂林国》《金史·粘割韩奴传》《世界疆域》的“样磨”条、敦煌写本《西天路竟》《突厥语词典》等相关资料的记载，为回鹘起源说提供了有力的论据。

（四）深入细致的探索

这一时期的考古发掘成果，如新疆阿图什县喀喇汗王朝窖藏钱币的出土，

---

① Omeljam Pritsak：*Die Karachaniden , Der Islam*, Bd . 31/1, Berlin , 1953 。

② 魏良弢：《关于喀喇汗王朝的起源及其名称》，《历史研究》1982 年第 2 期。

以及莎车发现的喀喇汗王朝文献，新疆和田市发现的喀喇汗朝窖藏铜器等，均为喀喇汗朝的深入研究提供了丰富的实物资料，出现了诸多相关的研究成果，如蒋其祥《新疆阿图什县喀喇汗王朝钱币窖藏清理简报》[①]、牛汝极《莎车出土的喀喇汗朝阿拉伯语法律文书与〈福乐智慧〉研究》[②]、李吟屏《新疆和田市发现的喀喇汗朝窖藏铜器》[③]等。

还有许多论文对喀喇汗王朝的一些重要问题进行了探讨，邓浩《从突厥语词典看喀喇汗王朝的物质文化》一文，即以《突厥语词典》为依据，对喀喇汗王朝物质文化的主要方面做了概略的探索。钱伯泉《大石、黑衣大石、喀喇汗王朝考实》一文，依据历史记载和敦煌遗书对大石、黑衣大石、喀喇汗王朝进行探索，认为"大石国即是大食国，黑衣大石国就是黑衣大食国"，由于"大石"和"大食"一词的渊源和意义相同，"大石""大食"指喀喇汗王朝[④]。另有汤开建《关于于阗政权与喀喇汗王朝关系探讨》、蒋其祥《试论"桃花石"一词在喀喇汗朝时期使用的特点和意义》、尢努斯江·艾力《喀喇汗王朝古都巴拉沙衮考》、冯继钦《哈剌契丹人建立的起儿漫王朝》[⑤]等，这些论文均从不同角度、不同方面，对喀喇汗王朝进行了深入细致的研究，从而使研究进入一个新阶段。

## 三、西辽史研究发展状况

从18世纪以来，西辽史研究经历了缓慢的发展历程，几代中外学者对西辽历史相继进行了探索，逐渐使人们对西辽的始末有了较为清楚的认识。特别是20世纪80年代以来，西辽史的研究有了新进展，研究领域有所扩展，新成果不断涌现。

### （一）国外学者对西辽史的探索

瑞典学者多桑（C. d' Osson）是西方史学界首先研究西辽史，并将西辽作为专著中一个重要部分。他在《蒙古史》第一卷第五章中用一半篇幅论述了西辽（哈剌契丹）的历史。马尔夸尔特（J. Marquart ）则根据汉文史料和波斯、阿拉伯等史料，对西辽纪年做了详细考证，他与钱大昕提出、汪远孙加以充实

---

① 蒋其祥：《新疆阿图什县喀喇汗王朝钱币窖藏清理简报》，《文物》1985年第12期。
② 牛汝极：《莎车出土的喀喇汗朝阿拉伯语法律文书与〈福乐智慧〉研究》，《西域研究》1999年第3期。
③ 李吟屏：《新疆和田市发现的喀喇汗朝窖藏铜器》，《考古与文物》1991年第5期。
④ 钱伯泉：《大石、黑衣大食、喀喇汗王朝考实》，《民族研究》1995年第1期。
⑤ 冯继钦：《哈剌契丹人建立的起儿漫王朝》，《新疆大学学报》1989年第2期。

的《西辽纪年表》几乎完全相同，使西辽各帝在位年代基本确定下来。

对西辽史做出重大贡献的是俄国东方学家巴尔托尔德，其一系列论文都涉及西辽的历史，其中最重要的是他的学位论文《蒙古入侵时期的突厥斯坦》，这部书分为原始材料和论文两部分，以后论文部分以题名为《以蒙古入侵为下限的突厥斯坦》作为《吉布丛书》新辑中第五种在伦敦出版。有关西辽历史的论述主要在该书题为“哈剌契丹和花拉子模”的第三章中。另外在其《七河地区历史概要》《突厥斯坦史》《伊斯兰百科全书》“哈剌契丹”条中，均有关于西辽史的论述。

但是，真正使西辽史建立起来的则是俄国的学者布莱特施奈德尔（E.Bretschneider），他运用汉文文献并比照阿拉伯、波斯、回鹘等文献，第一次对西辽历史做出系统的叙述，他在《中世纪研究》中，首先将西辽史的核心材料即《辽史》卷三〇《耶律大石传》以及《金史》中的有关材料译成英文，同时还介绍了《北使记》《长春真人西游记》《西游录》等重要资料，开阔了西方学者的眼界，使他们对西辽史的研究建立在可靠的基础上。

进入20世纪以后，日本学者开始关注西辽史，羽田亨《西辽建国始末及其纪年》[①]对一些地名和史实做了考证。松井等《契丹可敦城考》[②]，对耶律大石北行路线作了细致的考证。箭内亘在《蒙古历史研究》一书中，也对西辽史地做了考释，并有自己独到的见解。

在西辽史研究中作出总结性贡献的是魏特夫（K．A．Wittfogel），1946年，他与冯加昇先生合作撰写出《中国社会史——辽》，书中附录的“哈剌契丹”，是一部总结中外研究成果、全面探讨西辽社会历史的重要著作。从那以后，对西辽史的研究基本处于停滞状态。

（二）国内学者的西辽史研究

由于西辽史的汉文资料相对较多，所以我国学者对西辽予以关注、研究较早，但进展较为缓慢。

首先是在乾嘉考据学风的影响下，厉鹗、杨复吉瘁心殚力辑补辽代史料，厉鹗《辽史拾遗》和杨复吉《辽史拾遗补》是两部汇集辽史资料的书，开启了汇集有关西辽史料的先河。继之，清代学者钱大昕（1728—1804年）在《廿二

---

①［日］羽田亨：《西辽建国始末及其纪年》，《史林》1916年第1卷第2期。

②［日］松井等：《契丹可敦城考》，《满鲜地理历史研究报告》第1册；冯加昇汉译文，《禹贡半月刊》1937年第6卷第11期。

史考异》“天祚帝纪”条中，对《辽史》卷三〇《天祚帝纪四》所附耶律大石事的年代提出质疑。以后，他又在《十驾斋养新录》卷八“西辽纪年”条中，对这一问题继续进行探讨，纠正了明人商略《续资治通鉴纲目》、薛应旂《宋元资治通鉴》、王宗沐《续通鉴》和清代史学家万斯同《纪元汇考》中关于西辽纪年的错误。钱大昕的“西辽纪年”被以后发现的阿拉伯、波斯、回鹘文献史料证明是正确的。

钱大昕之后的一百余年，对西辽史的研究进展缓慢。清末至民初，地理学家丁谦（1843—1919 年）撰写了一系列关于西辽史地的考证文章:《西辽立国本末考》《西辽疆域考》《西辽都城考》等，收入浙江图书馆刊印的《蓬莱轩地理学丛书》中，以后又收入邓实编辑的《古学汇刊》第一集。王国维（1877—1927 年）对西辽史地也做了许多有价值的考订工作，在《长春真人西游记校注》《圣武亲征录校注》和《古行记校注》等书中，对西辽史也多有所发现、补充与订正。1936 年，唐长孺先生在《国学论衡》第 1 卷第 6 期上，发表了《箭内亘〈可敦城考〉驳议》，又在第 7、8 两期上连续发表了《耶律大石年谱》，收集了许多有关史料并进行考证。近代学者梁国东先生在 20 世纪 30 年代，把布莱特施奈德尔的《中世纪研究》一书中有关西辽的部分摘译成汉文，梁氏所附加的注释字数，多出正文几倍，使用的史料超出了前人的范围，对原文多所订正，提出许多新见解，考证了几个重要问题，补充了布莱特施奈德尔的不足。后题名为《西辽史》，由商务印书馆作为“史地小丛书”出版，1955 年中华书局重印。岑仲勉 1935 年在《金陵学报》第 4 卷第 2 期上发表了《读西辽史书所见》，对梁国东译注的西辽史作了补正。郜英在 1941 年《西北衡》第 9 卷第 8 期发表了《读“西辽史”札记》。冯家昇与魏特夫合著的《中国社会——辽》“附录五”《哈剌契丹》的大事年表中，在前人的基础上，又增补了许多新史料。

老一代学者研究西辽的成果，为我们今天研究西辽提供了极大的方便，具有较高的学术价值。

（三）西辽史研究领域的扩展

1949 年以后，我国对西辽史的研究仍很薄弱，但在 20 世纪 80 年代，西辽史研究有了新进展。

韩儒林在《关于西辽的几个地名》一文中，对《世界征服者史》中的谦谦州、巴儿昔罕、牙芬奇做了考释，对这些地名的方位和汉译名称得出令人信服的回答。邓锐龄《西辽疆域浅释》一文，根据大量的中外史料和研究文献，对西辽的疆域作了更深入的探讨[①]。周良霄《关于西辽史的几个问题》一文，依据充分的史料，对耶律大石的北走、驻地以及西征年代等重要问题进行了探讨[②]，且见解新颖。陈得芝《耶律大石北行史地杂考》一文，考据缜密，与周良霄先生文章相互印证，基本上解决了耶律大石北行路线问题[③]。赵俪生《西辽史新证》[④]以及吴志根《关于西辽的几个问题——兼与赵俪生同志商榷》两文，对西辽史的一些问题进行了学术讨论。

魏良弢《西辽史研究》[⑤]是一部对西辽历史全面、系统研究的综合性专著，全书分为七章，书后附有大事年表、西辽王朝略图。是书不仅对于西辽兴亡始末论证详尽，而且对西辽的阶级构成、民族成分、社会经济、文化宗教等予以足够的重视，将西辽史的研究推进到一个新阶段。纪宗安《西辽史论》[⑥]则对耶律大石等进行了专题研究。

耶律大石兴亡、迁徙是西辽史研究的一个重要内容，主要有纪宗安的《试论耶律大石西迁原因》《耶律大石西行纪略》，张惠民《耶律大石的万里西征和西辽的兴亡》等论文，对耶律大石西迁原因、兴亡及北行、西行做了深入细致的探讨。西辽的政治、经济、文化也是西辽史研究中的重要课题，魏良弢《西辽政治史稿》《关于西辽纪年问题》《西辽时期的文化对中亚的影响》，苏北海《西辽王朝时期哈萨克草原经济文化的发展》，丁克家《西辽王朝伊斯兰经济文化》，纪宗安《西辽帝国的经济与文化》，杨锡厚《论西辽的政治制度》[⑦]等，均是对西辽政治、经济、文化的研究与探讨。贾丛江《西辽契丹人生活方式考辩》则是对西辽人生活方式的探索，指出“由于史料的分散、缺乏，学界至今对西辽契丹人生活方式的认识仍有模糊和不妥之处”，依据史料论证“终西辽一世，契丹人始终保持着草原游牧生活方式，并无部分契丹部民转入定居农业的情况发生。这不仅是传统习惯使然，更是西辽政府大力提倡所致”[⑧]。另有冯继钦《西辽帝国的三大附属民族》、洪涛《略谈西辽王朝疆域》[⑨]等论文，则对西辽国的民族和疆域进行详细论述。这些论文拓宽了西辽的学术范畴，使西

---

① 邓锐龄:《西辽疆域浅释》,《民族研究》1980 年第 2 期。
② 周良霄:《关于西辽史的几个问题》,《中华文史论丛》1981 年第 3 辑。
③ 陈得芝:《耶律大石北行史地杂考》,《历史地理》1982 年第 2 期。
④ 赵俪生:《西辽史新证》,《社会科学战线》1978 年第 4 期。
⑤ 魏良弢:《西辽史研究》，银川：宁夏人民出版社，1987 年。
⑥ 纪宗安:《西辽史论》，乌鲁木齐：新疆人民出版社，1996 年。
⑦ 杨锡厚:《论西辽的政治制度》,《中国社会科学院研究生院学报》1989 年第 4 期。
⑧ 贾丛江:《西辽契丹人生活方式考辨》,《西域研究》1997 年第 4 期。
⑨ 洪涛:《略谈西辽王朝疆域》,《伊犁师范学院学报》1993 年第 3 期。

辽学术研究呈现出多层次、立体化的研究特色。

## 四、西北吐蕃研究状况

两宋时期，在今青海、甘肃建立过政权，散居的西北吐蕃部族，是西夏、宋朝双方争夺的一种重要势力。国内对宋代西北吐蕃的研究与探讨，在20世纪80年代以后出现热潮，发表和出版了许多论文、专著、史料集等。

### （一）关于吐蕃政权的综合研究

这一时期，有诸多论文和著作对河湟吐蕃唃厮啰政权进行了综合性研究与探讨。祝启源《唃厮啰——宋代藏族政权》[①]，分为八章，对唃厮啰政权做了系统、深入的研究。刘建丽《宋代西北吐蕃研究》[②]对宋代西北吐蕃部族、政权以及宋朝御边政策、宋朝对吐蕃经制、西北吐蕃的社会经济、文化等作了较全面系统的论述。另有祝启源《关于唃厮啰政权的几点考订》《唃厮啰政权形成初探》，黎宗华《论唃厮啰政权》，芈一之《八至十世纪甘青藏区社会述论》[③]等，论述了唃厮啰政权的形成及社会状况。李蔚等《唃厮啰政权兴起的原因及其历史作用》[④]，论述了兴起原因，并对唃厮啰政权的重要作用做了概括。唐嘉宏《一个宋代墓志铭的研究——关于唃厮啰的历史》，则根据考古发掘的一个宋代墓志铭[⑤]，将唃厮啰历史研究与考古发掘结合起来。

对西凉府吐蕃六谷联盟的研究，主要有日本学者岩崎力《西凉府政权的灭亡与宗哥族的发展》[⑥]、钱伯泉《凉州六谷蕃部的兴衰》、汤开建《关于公元861—1015年凉州地方政权的历史考察》等文，对唐未、五代、宋初的凉州吐蕃政权予以历史性考察。

### （二）吐蕃部族、家族世系、首领事迹及生卒年等问题的探讨

宋代西北沿边分布有众多吐蕃部族，许多论文涉及这方面的内容。顾吉辰《五代北宋时期西凉府族帐考》，秦永章《唃厮啰及其族属考述》，对五代北宋时期的西凉府吐蕃族帐和唃厮啰属下部族进行了考订与阐述。刘建丽《北宋的秦州蕃部与堡寨》《宋夏战争中的秦州吐蕃》，论述了秦州地区的吐蕃部族及其在宋夏战争的作用。

---

① 祝启源:《唃厮啰——宋代藏族政权》，西宁：青海人民出版社，1988年。

② 刘建丽:《宋代西北吐蕃研究》，兰州：甘肃文化出版社，1998年。

③ 芈一之:《八至十世纪甘青藏区社会述论》,《青海民族学院学报》1986年第2期。

④ 李蔚等:《唃厮啰政权兴起的原因及其历史作用》,《中央民族学院学报》1983年第1期。

⑤ 唐嘉宏:《一个宋代墓志铭的研究——关于唃厮啰的历史》,《青海社会科学》1983年第2期。

⑥［日］岩崎力著，李大龙译:《西凉府政权的灭亡与宗哥族的发展》,《西北史地》1991年第2期。

对唃厮啰家族世系的论述，主要有汤开建《唃厮啰家族世系考述》《再谈唃厮啰家族世系的几个问题——答顾吉辰同志》以及顾吉辰《就唃厮啰家族世系的一些问题与汤开建同志商榷》等，对唃厮啰家族世系问题，展开了学术讨论。顾吉辰《唃厮啰编年事迹》《邈川首领董毡编年事迹》，从编年角度将唃厮啰、董毡事迹进行列举叙述，而其《邈川首领董毡生卒年考》则对吐蕃首领董毡生卒年进行考订。

（三）政治、经济、民族关系及其宗教、文化方面的研究

对吐蕃政治制度的论述，主要有秦永章的《唃厮啰政权中的政教合一制统治》，认为河湟唃厮啰政权实行政治与佛教合而为一的统治，这是其政治特色。

对于吐蕃经济研究发表的论文较多，汤开建《关于公元十至十三世纪安多藏族部落社会经济考察》《宋代甘青藏族地区人口的发展及其原因》以及白自东、任树民《宋代藏族人口蠡测》，刘建丽《宋代西北吐蕃的手工业》《宋代吐蕃的商业贸易》，李峰《唃厮啰交换交易及保静镇货币形态》，任树民《北宋缘边吐蕃部族保卫盐井及反盐税斗争》，贾大泉《宋代四川同吐蕃等族的茶马贸易》[①]等，均对甘青吐蕃地区的社会经济进行考察，研究与探讨了这一时期吐蕃人口发展及其原因，并对宋代西北吐蕃的手工业、商业贸易、货币形态、盐井开发等经济活动等也做了专门的论述。

吐蕃与周边民族关系是宋代吐蕃研究的一个重要内容，论文数量较多，顾吉辰《北宋时期吐蕃政权与周邻关系》《宋与唃厮啰政权交往考述》，孟楠《略论唃厮啰政权与周边民族的联姻》[②]，孙尔康《北宋王朝与西北吐蕃之关系——兼评熙河之役》，李华瑞《北宋与河湟吐蕃的关系》，刘建丽《略论西北吐蕃与北宋的关系》[③]，赵学东《略论西凉府六谷联盟与北宋之关系》《凉州六谷部的兴起及其与北宋的关系》，张云《论吐蕃与党项的民族融合》[④]，祝启源《宋代西北地区吐蕃与西夏关系略述》，杨作山《北宋时期西蕃与西夏关系述评》等论文，均从不同角度论述了河湟吐蕃、西凉府六谷吐蕃与北宋、西夏以及吐蕃部族之间的关系。岩琦力《宋代河西藏族与佛教》，祝启源《试论唃厮啰时期的文化与宗教》，刘建丽《宋对吐蕃的文化政策》《宋代吐蕃风

① 贾大泉：《宋代四川同吐蕃等族的茶马贸易》，《西藏研究》1982 年第 1 期。
② 孟楠：《略论唃厮啰政权与周边民族的联姻》，《青海社会科学》1998 年第 4 期。
③ 刘建丽：《略论西北吐蕃与北宋的关系》，《兰州大学报》2002 年第 6 期。
④ 张云：《论吐蕃与党项的民族融合》，《甘肃民族研究》1988 年第 3 期。

俗述略》[1]，则对宋朝对吐蕃的文化政策以及宋代吐蕃的佛教信仰、民风习俗等予以探讨。

（四）吐蕃史料的辑录与辨误

近年来，我国史学界和出版界在整理出版各种藏族史料文献中做了许多工作，成绩显著。但关于两宋时期藏族历史，在藏学研究中还是一个薄弱环节，其根本原因是资料的贫乏。由于迄今尚未发现藏族史学家用本民族文字撰写的有关唃厮啰的编年史及其他有关的政治、经济、文化、宗教等方面的史料记载，因而对其研究只能利用汉文史料。汤开建、刘建丽辑录《宋代吐蕃史料集》(一)、刘建丽、汤开建辑录《宋代吐蕃史料集》(二)，由四川民族出版社于1987、1989年出版，为研究两宋时期的藏族历史提供了必要的史料。

另有一些论文是对吐蕃史料的辨析，顾吉辰《〈宋史·吐蕃传〉纪事辩误》和《从〈夷坚志〉一条史料考辨唃厮啰之兄的后裔》，对《宋史·吐蕃传》中有关吐蕃纪事中的错误进行考证辨析，并根据《夷坚志》中的一条史料对唃厮啰之兄后裔进行考辨。孙菊园《青唐录辑稿》[2]，汤开建《李远、汪藻及〈青唐录〉》，则是从史料学的角度对记载河湟吐蕃的文献资料《青唐录》的研究与探讨。

总之，两宋时期的回鹘、吐蕃、契丹等西北少数民族及其政权的研究，是宋史研究的重要组成部分，拓宽了宋史研究领域，丰富了研究内容，使宋史研究具有民族特色与西北地域特点。

（原载于《甘肃社会科学》2004年第5期）

① 刘建丽：《宋代吐蕃风俗述略》，《西北民族研究》1988年第2期。

② 孙菊园：《青唐录辑稿》，《西藏研究》1982年第1期。

# 国内藏学家关于西夏的研究

随着藏学研究领域的不断扩展与深入，对西夏史的研究也有了长足的进步。由于藏族古代历史与西夏历史有密切的关系，而且藏族古代学者记载了这些历史并保存至今，这就为藏学界研究西夏史提供了良好的条件。藏学界关于西夏的研究，主要是从藏文史料入手，研究成果涉及诸多方面。

## 一、藏学界对西夏史的早期研究

中华人民共和国成立前，藏学界内地学者对西夏史的研究很少，邓少琴《西康木雅乡西吴王考》[①]一文所使用的核心资料出自藏文史料，而提供原始资料的人通晓藏文，应是木雅地区的木雅人或藏族人，因为资料内容与后来见到的藏文书面记载一致。邓少琴这篇文章，可以说是藏学界学者有关西夏调查和研究的奠基之作。这为通过藏文史料探索西夏历史指出了一条可行之路。

国内藏学界关注西夏的研究，始于20世纪50年代，主要是调查木雅地区的语言，因其语言中有较多的藏语借词而引起藏学界的重视，但其间也涉及木雅历史，但因不是调研重点，未能进行深入的探讨。

20世纪60年代初，藏族学者东嘎·洛桑赤列在中央民族学院讲授古藏文，讲学中涉及西夏史及相关藏文史料，如五世达赖所著《西藏王臣记》中涉及西夏史料，其中西夏灭亡时，南迁西藏北昂仁地区的史料尤为重要。四川学者刘立千在其《续藏史鉴》[②]译述了西藏北昂仁地区的历史，但却冠以“北方酋主”之名，未能进一步探索。东嘎则明确指出“北方酋”即南迁的西夏后裔，这就为藏学界提出西藏（或藏族）与西夏关系的新课题。

---

① 邓少琴：《西康木雅乡西吴王考》，中国学典馆（总馆南京，分馆上海、成都），1945年。

② 刘立千：《续藏史鉴》，成都：华西大学华西边疆研究所，1945年。是书分为“绪言”“吐蕃王朝分裂史”“萨嘉王朝史”“帅摩主巴王朝史”“迦斯王朝与格登颇章王朝史”与《附录》等。

为探讨西夏史与藏族史的关系问题，首先需要在藏文文献中查阅西夏史料，在《西藏王臣记》和《红史》这两部藏族学者撰写的名著中，提到西藏北昂仁西夏史料时，还提到东部康区木雅地方有一支名为“弥尼雅（mi nyag）”的西夏族裔，这一西夏族裔俨然是一政权实体，并与早期的吐蕃松赞干布执掌的政权，在通婚、经济、宗教、文化等诸多方面有密切关系，这一支西夏族群与西藏的关系早于北昂仁西夏族群[①]。

## 二、藏族史料学的新成果

20世纪70年代，藏学界探讨藏族与西夏的关系进入了一个新的发展阶段，从而推动了藏学与西夏学两个学科的共同进步，开创了新局面，出现了众多的研究成果。

20世纪70年代末，法国出版的《夏尔巴社会组织与宗教研究文献汇编》第一部，被中国社会科学院民族研究所购得。这是法国著名学者A·W·麦克唐纳于1971年所编，木刻版影印，均由夏尔巴喇嘛桑杰丹增用藏文撰写。其中第三部分为《夏尔巴先祖世系》，提供了非常重要的史料信息：大约在吐蕃形成时，六族之一的董族（ldong）就居住在今康区的木雅乡一带，当时这里被称为塞木岗木雅日芒。先祖是格桑，其后代称木雅巴（mignyags pa）。大约在元明之际，因战乱民不聊生，当地木雅首领木雅巴料钦查巴率领一部分人西迁，最早居住在西藏定日（定日朗阔），后迁往中尼边界处的昆布地区。这些来自中国康区的木雅人又称夏尔巴人，意即“东方人”（因康区木雅乡在西藏东部而得名）。黄颢的《夏尔巴先祖世系述略》一文，即根据此藏文史料译述而成[②]。

随着夏尔巴先祖世系史料的公布，引起了学者们对邓少琴早年所论西吴（吾）王考的联想和思索。夏尔巴先祖世系虽然提到了西康木雅乡木雅人的形成、演变和部分迁徙，得到了史料的印证，但却没有提到西吾王和事。直至20世纪80年代初，黄颢先生撰写的《藏文史书中的弭药》[③]一文，首次展示了藏文记载西夏的特色。

20世纪80年代中期，四川民族出版社出版了藏文排印本《木雅五贤传》，这是《安多政教史》提到过的“木雅地区的每一学者皆有传记一函”，即有关

① 黄颢：《五十年来国内藏学家有关西夏的研究》，《国家图书馆学刊》（西夏学研究专号）2002年增刊。
② 黄颢：《夏尔巴先祖世系述略》，《西藏民院学报》1979年第4期。
③ 黄颢：《藏文史书中的弭药》，《青海民族学院学报》1985年第4期。

西夏木雅人的专著。此书所记生活在木雅地区的五位木雅学者，均为元末明初的高僧，主要活动在明朝中期，他们先后在西藏哲蚌寺学经，归来后，在木雅地区弘扬佛法。但此书所记载的情况表明，木雅乡的木雅人是久居此地的民族，除去一部分西迁到西藏的中尼边境外，绝大部分未曾移动。

除上述文献以外，另外还有《新红史》《松巴堪布全集》《黄琉璃》《玛尼宝训》《雍仲本教史》《贤者喜宴》《汉藏史集》《第巴耶如北方王统史》（又称《吉祥耶如北方王统史》）等，这八部古藏文史书中有关于西夏的史料，他们从诸多方面补充和丰富了“木雅吾王”的历史内涵。其中《第巴耶如北方王统史》1974 年被汇集出版，美国藏学家史伯岭在 1987 年著文[①]介绍此书。此《北方王统史》（或译《绛巴王统史》）的价值正是《西藏王臣记》记载西藏北昂仁西夏人的基本内容。贝丹却吉桑布于明代所写的《北方王统史》（《绛巴王统史》），主要记载了西夏人在北昂仁（或拉堆绛——即北拉堆）的活动。这些西夏人有很强的聚集力，他们与元明时期的萨迦派及噶举派政教上层有非常密切的关系，特别是西夏妇女与萨迦王系通婚，所生后代许多人成为元明时期的中央与西藏地方的政教高官。这些史料却在《西藏王臣记》和《萨迦世系》中被忽略了。

《西夏王下的喇嘛》一文的藏文附录值得重视，该附录包括七段关于西夏的史料，这七段史料从文字衔接与内容来看是相对独立的，并无关联。然而值得重视的是，这七段史料均提供了西夏灭亡前的史料信息，其中所记西夏王与藏族高僧的关系尤为珍贵，如西夏王迎请西藏高僧去西夏传教，并封赐西藏高僧为帝师（ti shri），印证了西夏帝师制的存在。

《大乘要道密集》（即《萨伽道果新编》），是一部重要的藏传佛教经典，1930 年以后的一段时间里，内地汉族学者搜寻到这部经典。自此以后，不断有人进行研究，并各持己见。陈庆英在《西夏及元代藏传佛教经典的汉译本——简论〈大乘要道密集〉》[②]一文中，不仅具体公布了汇集中的 83 篇题目，而且考述了每篇的内容与作者。陈庆英认为，在 83 篇藏译汉的佛经中，译者并非都是西藏的藏族僧人，而且还有西夏时期被西夏王迎请到西夏传法译经的藏族僧人，其中最著名的就是噶举派创始人玛尔巴的亲传弟子米拉日巴（铭移啰悉

---

① ［美］史伯岭：《西夏王下的喇嘛》，《西藏学会学报》第 7 卷，第 31—35 页，布里明敦，转引自《国家图书馆学刊》（西夏研究专号）2002 年，第 47 页。

② 陈庆英：《西夏及元代藏传佛教经典的汉译本——简论〈大乘要道密集〉》，《西藏大学学报》2000 年第 2 期。

巴）传人，即被西夏王先后封为国师和帝师的大乘玄密帝师，正是他将《大手印伽陀支要门》等传到西夏。萨伽派的道果法也是由大乘玄密帝师等在西夏的藏族僧人及西夏大德合作译传到西夏。此文的原始史料是藏文，这充分说明在宋元之际，在西夏的宗教界，藏文是藏族与西夏僧人通用的文字，这些史料均反映了藏夏文化交流的盛况。

《博・贡噶活佛传》，这是木雅贡布先生于 1997 年用藏文出版的一部著作[①]。贡布先生是康区木雅乡人，是贡嘎山贡嘎寺贡嘎活佛的亲传弟子，精通佛教五明之学，尤其精通藏、汉、木雅三种语言，博览群书，见地高明。贡布先生在这本书中提供了前所未见的史料，并通过木雅语解通了某些重大的难题，例如为什么康定藏语称为"塔孜多 Cdar rtse mdo"，汉译难以准确译出。木雅贡布先生指出"塔孜多"是藏语与木雅语（西夏语）的合称，这就解决了长期解决不了的疑难要点。其他又如"木雅嘎地"的"嘎"字的原意，为什么称西夏王为"西吾王"(sihu)，为什么西夏王又称"咱米王"等。木雅乡是国内唯一还说木雅语的西夏后裔聚集区，而西藏北昂仁的西夏后裔已失去原来西夏语的交际能力，只讲藏语，因此，康区木雅语运用于西夏历史研究，毫无疑问是一条捷径。

俄罗斯东方研究所保存的黑水城文献，其中的藏文文献是珍贵的文献史料，尚待进一步研究。

## 三、藏学界研究西夏史的成果

国内藏学界通过藏文史料研究西夏，主要成果有以下几方面：

（一）西夏史研究中藏文史料的积累

邓少琴的《西康木雅乡西吴王考》是采用了藏文史料，但未见他公布所据的藏文原始资料，但是中华人民共和国成立后，所搜集的藏文史料却从侧面印证了邓先生所考证的藏文史料依据。内地有关西夏藏文史料的搜集、整理和译出，为国内西夏学研究开辟了另一条新的重要途径。

中华人民共和国成立前，以邓少琴为代表的国内藏学家搜集有关木雅及西吾王史料，主要是依靠采访调查，所选采访对象是精通藏文及关注西夏史料的木雅僧人学者。中华人民共和国成立后，藏学家主要依靠藏文书面资料的搜集与探讨，使所据有关西夏史料更加可靠、扎实和深入。木雅地区的寺院僧人，

① 木雅贡布：《博・贡嘎活佛传》(藏文版)，北京：民族出版社，1997 年。

受过严格的佛教五明之学的训练，有高超的文化水平，当地出现了许多凯西（mkhas pa，意为“学者”），他们赴西藏深造，获得“格西”学位。木雅乡地区是汉、藏、木雅经济文化交融之地，一般木雅人大都会讲汉、藏、木雅三种语言，木雅人吸收各族文化，因此，历史上出现“木雅五贤者”（mi nyag mkhas pa lnga）绝非偶然。康区木雅乡是研究西夏史的活载体，我们应重视这一地区，另外西藏北昂仁地区是西夏后裔的聚集地，也应进行深入的实地调查，将书中的史料与实地调查相印证，从而使西夏研究在史料与思路有所突破。

（二）西夏人的分布

关于西夏人的分布，汉文史书中较为罕见，但据藏文史书记载，西夏分布很广，各有其地，各有其名。从广义上可划分为四种：一为西夏在汉、南诏、吐蕃和霍尔之间；二为西夏有东、南、北之分；三为西夏范围包括凉州、卡地（gah）及热兑擦岗（即今康区木雅热甫岗）；四为大西夏（bod nyag chen po）与西夏。具体可划分为三种，一即博西夏（bod mi nyag，意为受西藏影响的西夏）、北西夏（byang mi nyag）。二即康地西夏（khams mi nyag）、多康麦西夏（mdo khams smad mi nyag，即今青海、甘肃的藏族聚居区）。“康地西夏”的中心最初是在康定，即“达孜多”。“达孜多”是藏、西夏语的合称，意为丝绸、药材交流之地。三即西夏的基地。藏语称西夏基地为“mi nyag gah”，音译为“木雅（尼雅）嘎”，意译为“西夏嘎地”。“嘎”系何意？国外学者认为“嘎”即西夏之“夏”的古音。但木雅贡布认为此“嘎”（gah 或 sga、vgav）是西夏语（my nyag skad）。其范围包括西夏、多康（今昌都以东甘孜州境）、多兑（青海、甘肃两省的藏族聚居区），即所谓“大西夏”[①]，但《贤者喜宴》则认为凉州在嘎地之内。凉州地区本已属西夏本部，《松巴堪布史》载成吉思汗攻西夏时死于“嘎地”，可见“嘎地”当在西夏本部范围之内。总之，“木雅嘎地”是对整个西夏地区的一个总称，应与“大西夏”称谓相当，因此可以译为“木雅嘎地”即“木雅夏地”。

（三）木雅、昂仁（绛巴）及夏尔巴与西夏本部的关系

从已见的各种史料看，木雅、昂仁（绛巴）及夏尔巴与西夏本部的关系主要有三点：

第一，木雅、昂仁及夏尔巴三地西夏党项羌后裔均源于同族——党项羌（ldong）。

---

① 按照这种说法，宁夏之西夏本部似不在“嘎地”之内，参见《博·贡嘎活佛传》，北京：民族出版社，1997 年，第 23—25 页。

第二，上述三地与西夏本部在地理上或族属上的关系不完全一致，一是木雅虽出自党项羌，在管辖上木雅地区与西夏有联系，但它自唐朝以来就处于相对独立状态。当时党项羌分布广泛，如青海玉树州的结古县是州首府所在地，其名为“结古多”（skye rgu mdo）此名为西夏语（mi nyag skad），意为“河流汇聚之地”，这反映此地曾是西夏党项羌的居住地。由于木雅人偏居木雅地区久远，因而保留了许多特点，故而当西夏王朝灭亡时，它并没有受到影响。二是西藏北昂仁的西夏后裔，今日藏族称之为“绛巴”，这里的西夏后裔是西夏灭亡前从西夏本部南迁至西藏的，是西夏王杰桂（rgyal rgod）传世六代之时，西夏王的一个侄子率领其部属，南迁至今达迪桑格隆（stag sde seng ge lung）。当时西夏长官拉赞列巴（mi nyag dpon lha btsan legs pa）等数代居住在此地，后来又下迁至昂仁，据地而居，成为绛巴王统（byang pa gdung rabs），或称云如（耶如）北方王（或绛巴王）[①]。又据《五世达赖灵志塔》载，“北方王”的称号是西夏西吾族系一位名叫查塔（gragodar）的人请封的，他向元朝忽必烈请封，获得官职、官印及宝物，遂被封为“绛达波”（byang bdag po），意为北方王[②]。三是夏尔巴也是西夏后裔，但夏尔巴人是从康区木雅乡基地西移而去，与西夏灭亡后流散迁徙无关。

第三，西夏灭亡后，其他部族的迁徙。西夏建立政权后，以党项羌为主体的西夏人分布广泛，当其灭亡无主之时，各个部族四处迁徙。在藏文史书中称各部族首领为王（rgyal po），这些王率领其属民择地迁徙以求延续生存。据《博・贡嘎活佛传》载，有相当多的西夏人取道西夏越境南迁，有的迁徙至尼泊尔、印度择地而居。不丹王与锡金王（vbrug pa rgyal po dang vbras ljong rgyal po）也是由西夏流迁至当地演变而成。至于国内，西夏灭亡后，其后裔在青海、甘肃、四川三省广为流徙，尤以青海塔尔寺周围的西夏人最多[③]。

（四）关于西夏王的称谓

藏文史书称西夏王为“杰桂”（rgal rgod，个别史料称为佳桂），藏史称杰桂传六世而亡。木雅贡布先生认为“杰桂王”应是藏史对西夏王统的总称（rgyal rabs spyivi ming）。西夏杰桂王统六世而终，此后，再无此称。

关于“西吾王”一名的含义，这是一个国内外藏学界长期未曾触及的问题。木雅贡布认为，此名是1032年西夏人从宋辖地取得统辖权后才有的。“西

① 木雅贡布：《博・贡嘎活佛传》（藏文版），北京：民族出版社，1997年，第25页。
② 第斯・桑结嘉措：《五世达赖灵志塔》，北京：民族出版社，1990年，第835页。
③ 黄颢：《五十年来国内藏学家有关西夏的研究》，《国家图书馆学刊》（西夏研究专号）2002年。

吾”(sihu或sevu)是木雅语，“西（si）”意为“白天”，“吾（hu）”意为“夜晚”，因此“西吾王”意思是“昼夜四时之王”，是西夏臣民对西夏王的赞颂之词，相当于汉地称皇帝为“万岁”(khri lo)。与“西吾王”有关的还有西夏地方王。藏史称，在四川雅砻江与大渡河之间是西夏人的住地，藏史称康定以东为“木雅仁莫”(意为“木雅延长区”)，这一带的西夏地方王即为“咱米王”。咱米是木雅语，是“天地”二字的音译，因此，“咱米王”即“天地之王”(gnam savi bdag po或gnam savi rgal po)。

（五）藏族与西夏的文化关系

藏族与西夏的文化关系建立较早，自唐至元明时期，均有友好的交往，即在西夏兴亡前后，联系不断。西夏与藏族有着较密切的联系，是由于以下原因：

一是族源相同。藏史记载，藏族是由早期的四族或六族交融而成，其中就有“董族”(ldong)，此“董”(ldong)的音译就是“党项”。董族又称为“波勃董”(pho bo ldong)，该族分布在上、中、下三个地区，木雅（西夏）就是“董族（党项）”之一，居住在下部地区。每地住两族。这种同族源，是藏、西夏两族密切联系的重要纽带。当西夏统治之时，迎请藏族高僧前去西夏传播佛教文化，而当西夏灭亡前夕，西夏人则选择远徙到同族的西藏。这一切均渊于他们同源，一方远徙，而另一方则愿接纳，久分之后，又融合在一起。

二是佛教文化交流。藏族与西夏均信仰佛教，共同的宗教信仰也是藏夏两族交流密切的另一个重要原因。在藏传佛教传入西夏时，最初藏学界只见到噶玛噶举派在西夏活动的资料。但根据后来发现的史料，玛尔巴噶举、止贡噶举以及萨迦派等僧人都主动或应邀赴西夏传法，受到西夏王朝的尊重，藏巴扎西被西夏王嘎王迎请传授金刚亥母生圆次等之法，以后他在贺兰山修行，获得授记：“即将被派任为王的代表”，在那里他做了西夏嘎地之王的上师，并获得藏巴帝师称号，这是一个政教地位很高的称号，说明西夏已有帝师之制，这与北京房山云居寺收藏的原兜率寺带图佛教文献提到的西夏（西番）有帝师之设，可相印证。

国内藏学界关于西夏史的研究成果表明，用藏文文献研究西夏历史，必将促进西夏研究的深入与发展。

（原载于《宋代西北民族文献与研究》，兰州：甘肃人民出版社，2004年，第191—200页。）

# 20 世纪国内外西夏学研究综述

西夏学是 20 世纪初兴起的一门新兴学科，其涵盖面广泛，涉及古代党项与西夏国历史、地理、语言、文字、宗教、文化等诸多领域。自 20 世纪初，由于外国探险家在黑城遗址发掘出大量西夏遗书，从而使西夏学研究不仅在中国得到迅速发展，也成为国际化的学科。

## 一、中国西夏学研究的历史回顾

西夏学研究走过了百年发展道路，经历了西夏学研究开端、初创和繁荣兴盛的不同发展阶段。

### （一）西夏学研究的开端

1038 年，西夏建立政权后，与辽、宋、金鼎足而立，必然与周边政权相互交流、相互影响。1227 年，西夏被蒙古灭亡，其文物典籍遭受严重破坏，元朝修辽宋金史，独不及西夏，使有关文献史籍散亡。历经元、明两代，党项人及其所建立的王朝逐渐隐没，被后世淡忘。

早在宋朝时，宋人洪遵作《钱志》，著录一枚所谓“梵字钱”，考订者认为此钱就是西夏文的“大安宝钱”[①]。19 世纪初，清代的一些学者认识到西夏王朝在中国历史上的重要地位，于是搜集、整理、编纂了一些西夏史籍，重要的有周春《西夏书》15 卷、张鉴《西夏纪事本末》36 卷、吴广成《西夏书事》42 卷。仅有存目而未见传本的则有洪亮吉《西夏国志》16 卷、秦恩复《西夏书》20 卷、王云《西夏书》4 册、徐松《西夏书》《西夏地理考》、陈昆《西夏事略》16 卷及无名氏《西夏志略》等。清代学者对西夏史料的编纂，不是简单的辑录，而是在体例上有所创新，对历史事实的考证与分析上均独具见解，这也是另一种形式的西夏历史研究成果。嘉庆十五年（1810 年）秋某日，在甘肃

① 贾敬颜：《西夏学研究的回顾与展望——兼评〈文海研究〉》，《历史研究》1986 年第 1 期。

武威城内东北隅清应寺封闭已久的碑亭中，武威学者张澍开掘出西夏崇宗李乾顺于天祐民安五年（1094 年）所立的《凉州重修护国寺感应塔碑》，断定碑阴书体为西夏文，张澍成为第一个识别出西夏文字的学者。另一位清代学者鹤龄则首次释读了《妙法莲花经》的西夏文经名与卷数名。19 世纪初，中国学者对西夏历史的研究以及西夏文字的重新发现，开创了西夏学研究的先河。

（二）西夏学研究的初创时期

西夏学研究的初创阶段，始于黑水城西夏遗书的发现至中华人民共和国成立前这一时期。最早介绍和研究西夏文字的中国学者是罗家父子，即罗振玉、罗福成、罗福苌三人。1914 年，罗福成发表了《西夏译莲花经考释》，同年，其弟福苌著《西夏国书略说》，首次对西夏文的文字构成、文法及相关资料目录做了比较全面的论述与分析，并且提出了“偏傍说”，对以后的研究者影响很大。1918 年和 1924 年，罗振玉、罗福成先后两次刊印黑水城发现的西夏文、汉文合璧的双解辞典《番汉合时掌中珠》，1927 年，罗振玉刊出《西夏官印集存》，据实物以考究历史，纠正了西夏纪年中的失误。1935 年，罗福成将西夏文字书《同音》影写石印。其后罗福苌与罗福颐相继共同完成了《宋史夏国传集注》。除了罗氏父子之外，1917 年，戴锡章以前人的编年史书为基础，撰成《西夏纪》28 卷。甘肃临夏邓隆（1884—1938 年），对西夏文感兴趣，是一位西夏文研究者，在 1929 年以前，著有《西夏译妙法莲花经考释补》《西夏译华严经入法界品考释》《西夏译华严经普贤行愿品考证》《书武威县西夏感通塔碑后》等[①]。继罗氏父子之后，从 1930 年至 1933 年，王静如先生先后发表了《西夏研究》1—3 辑，其主要部分是佛经的对译考释，并涉及党项与西夏的历史、语言、国名、佛经雕版、官印等诸多领域，此书因荣获法国儒莲奖金而著名于世。1929 年秋，北京图书馆购得宁夏发现的西夏文佛经百卷，刊出《国立北平图书馆馆刊》(西夏文专号》以资纪念，其中收录国内外西夏学者撰写的西夏历史、语言文字、文物考古、文献目录、佛经等论著资料约 40 种。

黑城西夏遗书被劫持国外后，大量资料秘而不宣，加之汉文西夏史料的缺乏，这一时期，中国的西夏学研究暂时处于相对的沉寂状态，报纸杂志上只有零星的关于西夏历史文化的简短介绍[②]。

---

① 贾敬颜:《西夏学研究的回顾与展望——兼评〈文海研究〉》,《历史研究》1986 年第 1 期。

② 顾斗南:《介绍王静如撰之西夏研究——兼评〈文海研究〉》,《边疆半月刊》1937 年第 2 卷第 7 期。

（三）西夏学研究的发展、繁荣时期

中华人民共和国成立后，由于民族平等政策的贯彻执行，一些历史学家开始注意研究少数民族的历史文化，出版了有关西夏的专著，并发表了一些有关西夏历史的重要文章，如唐嘉弘《关于西夏拓跋氏的族属问题》[①]、杨志玖《西夏是不是羌族？》[②]、金宝祥《西夏的建国和封建化》[③]、胡昭曦《论汉晋的氐羌和隋唐以后的羌族》[④]等，引起了学术界对西夏历史的关注。20世纪60年代初，有关的学术机构开始重视发展自己的西夏学研究，老一辈西夏学者王静如先生又重新进行西夏文史的研究，开始培养新一代西夏学研究人才。1964年秋，中国社会科学院民族研究所、敦煌文物研究所联合组成敦煌西夏资料工作组，对敦煌莫高窟、安西榆林窟诸窟群西夏时期的历史文物遗存进行了全面的考察，确定了近百座属于西夏时期修凿和装銮的佛教石窟，发现了百余条西夏时期存留的汉文和西夏文题款。从此，举世闻名的敦煌石窟，也成为西夏文物与艺术珍品的宝库。

1976年以后，特别是党的十一届三中全会以来，中国的西夏学进入持续稳步、深入发展、繁荣兴盛的时期，出现了西夏学的研究热潮，使西夏学成为继敦煌学之后的又一门“显学”，其研究领域不断拓宽，新成果不断涌现，与国际合作关系也进入一个新的阶段。1993年3月，中国社会科学院民族研究所、上海古籍出版社与俄国科学院东方研究所彼得堡分所三方达成正式协议，共同编辑出版圣彼得堡东方研究所所藏的全部西夏文、汉文和部分其他文字的黑水城出土文献[⑤]，出版后必将会对西夏学研究产生重大的影响。由于大批研究者投身于西夏研究的队伍中，逐步形成了北京、宁夏、四川、甘肃等研究中心，我国台湾与香港也有专门从事西夏文史研究的学者，西夏学研究步入繁荣兴盛时期。

## 二、国外的西夏学研究

此时，国外的西夏学研究也出现热潮，涌现出众多成果。

（一）俄国的西夏学研究

1883年，俄国的汉学家伊·比丘林（И·Вичулин）在圣彼得堡出版了《公

① 唐嘉弘：《关于西夏拓跋氏的族属问题》，《四川大学学报》1955年第2期。
② 杨志玖：《西夏是不是羌族？》，《历史教学》1956年第4期。
③ 金宝祥：《西夏的建国和封建化》，《历史教学与研究》1955年第5期。
④ 胡昭曦：《论汉晋的氐羌和隋唐以后的羌族》，《历史研究》1963年第2期。
⑤ 史金波：《整理拍摄俄国所藏黑水城文献记》，《中国典籍与文化》1996年第1期。

元前2232—公元1227年西藏和青海的历史》一书，该书与意大利人马可波罗的《游记》、波斯人拉施德的《史集》及《多桑蒙古史》等著作，皆有关于对西夏故地、成吉思汗征服西夏的记载。

俄国十月革命以前，俄国研究西夏文献的学者主要有伊凤阁和鄂登堡。俄国圣彼得堡大学的伊凤阁从科兹洛夫所得黑水城西夏文献中，发现了《番汉合时掌中珠》残页，并著文介绍，引起法国学者沙畹（E. Chavannes）的注意，撰文《伊凤阁西夏史论评述》，介绍了其工作成绩。以后伊凤阁不断进行研究，出版和发表了《观弥勒菩萨上生兜率天经》《西夏文文献》[①]。1921年，法国伯希和（P.Pelliot）将该文译成法文并加注，发表在《亚洲杂志》（JA）8第552号上。由于俄国学者伊凤阁的工作，使黑水城的西夏文献逐步为世人所知。

20世纪20年代以后，研究这批西夏文献的有龙果夫、聂斯克（聂历山）、弗鲁格、祖柏尔、科切托娃等人，成绩昭著者为聂斯克，发表和出版了《西夏学历史概述》《西夏文字及其文献》《西夏语研究小史》《关于西夏国名》等一系列具有学术价值的论文。20世纪60年代以后，出现了戈尔芭切娃、克恰诺夫、索夫洛诺夫（苏敏）、格列克、卡津、孟列夫、克平、捷伦捷也夫－卡坦斯基、科洛科罗夫、鲁勃、列斯尼钦科夫等一批专家学者，并且研究重点也从语言文字转向对西夏历史、文化、政治、军事、经济、地理、宗教、风俗、服饰等多领域、全方位的研究，其中克恰诺夫成绩最为突出。早在1959年就已发表《西夏国家机构》《中国史料中关于唐古特人的民族学资料》等论文，来北京大学学习后，又完成了《西夏国史纲》一书，对党项的起源、发展、西夏的建立及其制度，西夏的经济、文化、民族等均有论述，但由于对西夏文文献与汉文典籍理解的艰难，致使出现诸多误译与误解之处，影响到作者论断的正确性[②]。近年来，他对西夏法典、诗歌、谚语、格言、佛经等进行译著，出版了《天盛改旧鼎新律令》《俄藏西夏文佛经总目提要》等一批专著。孟列夫是专门从事西夏黑水城出土汉文文献研究的学者，从1957年开始，孟列夫参加整理汉文文献，并撰写出《黑水城发现的早期出版物》[③]等论文。又在前人编目的基础上，对这批黑水城汉文遗书进行了系统的整理、分类、编目以及叙录，著出《黑城

① 伊凤阁：《西夏文文献》，《俄国科学院院报》1918年第8号。

② 黄振华：《评苏联近三十年的西夏学研究》，载《西夏史论文集》，银川：宁夏人民出版社，1984年，第629页。

③ 孟列夫：《黑水城发现的早期出版物》，载《亚洲民族研究所简报》第7册《勒里希纪念集》，1961年，第143—149页。

出土汉文遗书叙录》[①]一书。其中包括佛、道、儒学典籍，文学、历史著作，以及文书、历书、医书、占卜等书，这些均为研究西夏政治、军事、经济、宗教、法律、文化、艺术、科技以及民族关系的宝贵资料。艾尔米塔什博物馆的萨玛秀克长期从事西夏绘画艺术研究，撰写出《黑水城的发现》《西夏王国的艺术历史风格上的诠释》[②]等论文。

（二）英、法、德、美等国的西夏学研究

19世纪后半期，外国学者对北京居庸关六体石刻文中的一种民族文字展开了讨论，这种文字五百余年无人辨识，1870年，英国的学者伟烈亚力（A.wylia）考证为“女真小字”[③]。1882年，法国学者德维利亚（Mr. Devieria）根据开封发现的女真文宴台碑上的文字与之不同，提出反驳。1895年，法国学者蓬拿帕特（P. R. Bonaparte）所编的《蒙古金石图录》里收录了居庸关六体石刻文，但是对其中的西夏文仍然不识[④]。直至1898年，德维利亚看到《凉州护国寺感应塔碑》后，才发表了《唐古特或西夏王国的文字》一文，确定居庸关六体文中的“女真小字”实为西夏文字。1904年，法国驻华使馆毛利瑟氏（M.G.Morisse）在中国学者鹤龄译注的基础上进行研究，发表了《西夏语言和文字的解读》[⑤]。

由于第二次世界大战的影响，欧洲的西夏学研究直至20世纪40年代末，才逐渐引起人们的关注。1948年，第21届国际东方学会上，法兰西学院石泰安（P. A. Stein）发表了《弥药与西夏》的论文演讲，1955年又在《法国远东学院通报》（BEFEO）第4卷上发表了《弥药与西夏——历史地理与祖先传说》，从藏文、西夏文、汉文、英文、法文等文献中的有关西夏的资料，进行旁征博引，探讨弥药与西夏的关系，从而对党项族源做了深入细致的分析研究。1961年出版了《汉（川、甘、青）藏走廊古代部族》[⑥]一书，对弥药族源问题又多有涉及。1966年发表了《有关木雅与西夏的新资料》[⑦]一文，结合藏文资料对

① 孟列夫著，王克孝：《黑城出土汉文遗书叙录》，银川：宁夏人民出版社，1994年。

② 萨玛秀克：《西夏王国的艺术历史风格上的诠释》，载《丝路消失的王国——西夏黑水城佛教艺术》，台北：“台湾国立历史博物馆”，1996年。

③ A.wylia: *On an Anxcient bnddhist Inscrption at Keu—Yung—Kwan*, JRAS , N.S .Vol,V , 1870. 14—14。

④ P. R . Bonaparte:*Documents del Epoque mongole* , Paris , 1895。

⑤ M. G. Morisse: *Contribution preliminairel l etude de l ecriture et de la langue Si—hia*, laid , 1904。

⑥ 耿升译，王尧校：《汉（川、甘、青）藏走廊古代部族》，成都：四川民族出版社，1992年。

⑦ 原文收录在巴黎出版的《献给戴密微先生的汉学杂文》一书中。方竣川译，陈宗祥校：《夏圣根赞歌》，《宁夏社会科学》1981年创刊号。

聂斯克选译的《夏圣根赞歌》进行了探讨。

1914 年，英国的斯坦因率探险队进入黑水城，发掘获得部分西夏文献，由于支离残缺，未及时进行整理，直至 20 世纪 60 年代初，语言学家埃里克·格林斯坦德（E. D. Grinstead）在大英博物馆费时 11 年，才将 4000 种黑水城文献进行编目，而且他利用苏联方面的研究成果撰写出《西夏文字分析》，提出了西夏文字的计算机编码方案，为西夏文字的计算机处理打下了基础，并将西夏人用草书写成的《吕惠卿孝经传》识出 80% 左右。还于 1973 年编辑整理出九卷《西夏文大藏经》。

1916 年，美籍德国人劳弗尔（B. Laufer）根据伊凤阁对西夏语言文字研究后公布的西夏文资料，利用自己深厚的语言学知识，对西夏语进行了研究，发表了《西夏语言印度支那语文学研究》[①]一文。此文深得聂斯克高度评价，在其《西夏语研究小史》一文中，认为他提出的西夏语属 SI（西）—LO（倮）—MO（么）语支，是研究西夏语的指南[②]。

1969 年，华盛顿大学的保罗弗里德兰撰写的博士论文《早期党项史》[③]，使他成为美国第一位研究西夏历史的学者。1974 年，美国印第安纳大学鲁光东（Luc Kwanten）在美国《东方社会》杂志上发表了《西夏学札记：论西夏文的创造》，1978 年，在《亚洲历史》杂志上发表了《李继迁与西夏王国的建立》，1982 年，在该校学报第 142 卷上发表了他对《番汉合时掌中珠》的研究报告。

近年来，美国在研究西夏史方面成绩显著的是俄勒冈州立大学的邓如萍女士，1983 年，其撰写的《党项和党项人的西夏国》论文，使她获得普林斯顿大学博士学位。1984 年，在《亚洲研究》第 8 期上发表了《谁是党项人？党项人种与种族研究》。1988 年，为日本西田龙雄教授六十华诞纪念文集撰写了对《凉州感应塔碑》的考释论文，其第三部分则是中外学者对感应塔的研究[④]。1994 年承担了费正清、崔瑞德主编的大型多卷本《剑桥中国史》第 6 卷第二章《西夏》的撰写工作。1996 年，美国夏威夷大学出版社出版了她的《白高大夏国，十一世纪夏国的佛教和政体》[⑤]，将西夏政权与佛教的关系置于突出的地位，

---

① 李范文主编：《西夏语比较研究》之《附录》，银川：宁夏人民出版社，1999 年。

②《国立北平图书馆馆刊》（西夏文专号）1932 年第 4 卷第 3 号。

③ Friedland , paul：*A reconstructionof early Tangut history.* Ph .d .diss , University of Wanshington , 1969。

④ Dunnell, RuthW : *The 1094 Sino–Tangut Gangtong Stupa Stele Inscription of Wuwei* . Introduction , Translation Chinese Text , and source Study。

⑤ Dunnell, RuthW: *The Great of White and High , Buddhism and State Formation in Eleventh Century Xia* , 278p. Honolulu: Unversity of Hawaii , press , 1996。

认为佛教的兴衰是政治风云的集中体现。

德国慕尼黑大学傅海波教授与苏联克恰诺夫教授合作研究了西夏军事法典《贞观玉镜》，于1990年，撰写出《11—13世纪的西夏文与汉文军事法典》一书，发表在《巴亚尔科学院哲学历史论文集》第104卷上。他还参加了《剑桥中国史》第6卷《辽西夏金元史》①的主编工作。

另外匈牙利的玛利娅·范凌曾两次来西夏故地宁夏考察，并撰写了《中国史学所见西夏国家构成》等论文。

（三）日本、韩国的西夏学研究

日本西夏史的研究大体上可分为两个阶段：

第一阶段，19世纪末至20世纪40年代是日本西夏史研究兴起和发展时期。早期的西夏史研究主要是对西夏文字的研究。1898年，著名的汉学家白鸟库吉发表了《契丹、女真、西夏文字考》②。1920—1922年，石滨纯太郎发表了《西夏学小记》③，后又与聂斯克合著《西夏地藏菩萨本愿经》《西夏国名考补正》《西夏语译大藏经考》④等论文，1956年，又对西夏草书进入研究，撰写出《西夏语译吕惠卿孝经考》。20世纪30年代，日本中岛敏发表了《西夏》《西夏对西羌的战争》《关于西夏铜钱的制造》《关于西夏铸钱问题》《西夏政局的变迁与文化的推进》⑤等一系列论文，对西夏的政治、经济、战争、货币均进行了较深入的研究。长部和雄的《西夏纪年考》、宫崎市定的《西夏兴起与青白盐问题》、小林照道的《关于西夏佛教研究》等，对西夏纪年、贸易、佛教也均有所注意。

第二阶段，从20世纪50年代至今，是日本西夏史研究较大发展时期，涌现出一批从事西夏研究的学者。山本澄子在20世纪40年代研究的基础上，又发表了《五代宋初党项族及其西夏建国之关系》⑥，藤枝晃的《李继迁之兴起与东西交通》⑦，松田政一的《关于西夏黑水城的调查》⑧等论文。前田正名非

①［德］傅海波主编：《剑桥中国辽西夏金元史》（907—1368年），北京：中国社会科学出版社，1998年。

②［日］白鸟库吉：《契丹·女真·西夏文字考》，《史学动态》第九编第11—12号，1898年11、12月。

③［日］石滨纯太郎：《西夏学小记》，《中国学》1920年1—3；1922年2—3。

④ 聂斯克、石滨纯太郎：《西夏语译大藏经考》，《龙谷大学学报》1930年；又见周一良译，《国立北平图书馆馆刊》第4卷第3号，1932年。

⑤ 上述中岛敏论文分别载于：《历史大系》6，1934年；《历史学研究》1—6，1934年；东京《东方学报》第7册，1935年；《史学杂导》47—6，1936年；《史林》18卷，3—4号，1933年。

⑥［日］山本澄子：《五代宋初党项族及其西夏见过之关系》，《东洋学报》第33卷第1期，1950年。

⑦［日］藤枝晃：《李继迁之兴起与东西交通》，《羽田博士颂寿东洋史论丛》1950年。

⑧［日］松田政一：《关于西夏黑水域的调查》，《东方学》第19册，1950年。

常重视西夏的河西地区，撰写了《河西史的基础构造》《吐蕃与河西九曲》《西夏时代避离河西的交通路线》《关于五代宋初的六谷地区构造论考》[①]等一系列论文，并撰写出专著《河西历史地理学研究》[②]。冈崎精郎早在1947年就已发表了《唐代党项的发展》等关于党项西夏的文章，20世纪50年代开始发表了《西夏建国过程之研究》《关于西夏法典》《关于西夏原始信仰》《五代时期夏州政权的发展》《西夏之李元昊与秃发令》《关于西夏民族信仰》《宋初的二三禁令问题到李继迁之兴起》等一系列论文[③]，其代表作是20世纪70年代完成的《唐古忒古代史研究》，前田正名为其作序，高度评价了这一研究成果。

与西夏史学密切相关的是西夏语文学，在这方面研究卓有建树的是日本京都大学的西田龙雄与东京外国语大学国立亚非语言文化研究所的桥本万太郎。西田龙雄的代表作是《西夏语之研究》[④]上下两卷，上卷论述西夏语研究状况及西夏语再构成的方法，并有附录（一）对《凉州感应塔碑文》的解读；附录（二）对《番汉合时掌中珠》的解读。下卷论述西夏文分析，西夏语文法、西夏经典系统，并有附录：西夏文字小字典，对《同音》已识字进行音义注解和字形分析。桥本万太郎从20世纪60年代开始从事西夏语言文字学的研究，他发表的《〈掌中珠〉中的夏汉对音研究之方法》《关于西夏语之韵的组织》《西夏国书〈同音〉字典的同居韵》《关于〈文海〉之韵的音韵组织》等论文[⑤]，颇多新意和独到见解。

近年来日本学者野村博（松泽博）对西夏文献进行研究，从20世纪60年代至90年代，先后发表十余篇关于西夏佛经、文书、档案的研究论文，其中《敦煌出土的西夏语佛典研究序说——关于天理图书馆所藏的西夏语佛典》《关于西夏仁宗的译经》《西夏文谷物借贷文书之我见》等论文[⑥]，对西夏史的研究有一定的参考价值。

---

① 以上论文分别载于：《东洋史论集》第1集，1953年4月；《东洋史论集》第2集，1954年9月；《史林》第42卷，第1号；《东洋学报》第41卷，第4号，1959年。

②［日］前田正名：《河西历史地理学研究》，东京：东京吉川弘文馆，1964年。

③ 以上论文分别载于：《各项研究辑成研究报告录昭和二十七年度》，1953年；《历史学家》，1953年；《史学杂志》63：12，1954年；《东方学》19，1959年；《古代学》5：1，1956年；《东洋史研究》18：1，1959年。

④［日］西田龙雄：《西夏语之研究》，东京：东京座右宝刊行会，1964—1966年。

⑤ 上述论文分别载于：《中国语学》109，1961年；《东方学》25，1964年；《语言研究》43，1963年；《东方学》30，1965年。

⑥ 日本学者野村博的上述论文分别载于：《东洋史苑》第36号，1990年9月30日，第1—97页；《东洋史苑》第26—27号合刊，1986年3月25日，第1—31页；《东洋史苑》第38号，1992年，第7—36页。

韩国学者在研究辽、金史时，才涉及对西夏的研究。20 世纪 60 年代，申采湜发表了《北宋仁宗时对西夏的政策》和《宋西夏贸易考》等论文[①]。20 世纪 80 年代至 90 年代，金渭显发表了《契丹对西夏的政策》《西夏与宋契丹之关系（986—1048）》等论文[②]。另外还有林志君的《北宋对外经济关系与华夷观——对辽、西夏关系为中心》[③]，安俊光的《对于宋夏战争》和《对于宋夏七年战争》等论文[④]。

## 三、国内西夏学研究的主要成果

国内西夏学研究硕果累累，成绩显著，发表的相关论文更是层出不尽，研究领域广泛，由于篇幅所限，本文对西夏研究的相关论文不做综述。除论文之外，西夏学研究成果可分为文献资料的搜集、整理与研究，综合性西夏著作与西夏论文集，西夏专题研究等。

### （一）西夏文文献资料的搜集、整理与研究

由于汉文史籍文献中对西夏史事记载的贫乏，西夏文文献的重新发现引起学者的异常关注。据 1963 年苏联出版的《西夏文写本和刊本目录》，俄藏黑水城文献中已考定的西夏文世俗文献共 60 种，西夏文佛经共 345 种，其中世俗文书有汉文古籍的西夏文译本《孝经》《论语》《孟子》《孙子兵法》《六韬》《黄石公三略》《贞观要文》《类林》《十二国》等 12 种；西夏文字典、辞书《番汉合时掌中珠》《文海》《文海杂类》《同音》《字杂》《要集》《五音切韵》《三才杂字》《义同一类》等 12 种；西夏文学作品《新集金碎掌直文》《新集慈孝记》《圣立义海》《贤智集》《新集锦合辞》《德行记》等 15 种；各种历书、官职表、乐器图等 7 种；咒语和医书 8 种；西夏法律文书《天盛改旧新定律令》《新法》《亥年新法》《贞观玉镜统》等 6 种[⑤]。国内的西夏学者利用他们已出版著作中的西夏文原件，重新译释与整理，进行深入系统的研究，并取得了丰硕的成果，出版了众多著作。

《文海》是西夏人编纂的一部字典，仿汉文《广韵》的体例，以声韵为经

---

①［韩］申采湜：《北宋仁宗时对西夏的政策》，《历史教育》1964 年第 8 期；［韩］申采湜：《宋西夏贸易考》，《历史教育》1967 年第 10 期。

② 韩国学者金渭显上述论文分别载于：《白山学报》32—33，1985—1986 年；《明知史论》5，1993 年。

③［韩］林志君：《北宋对外经济关系与华夷观——对辽、西夏关系为中心》，《黎花史学研究》1990 年第 19 期。

④ 上述论文分别载于：《陆军士官学校论文集》1994 年；《陆军士官学校论文集》1997 年。

⑤ 白滨：《中国西夏学的发展》，载《辽金西夏史研究》，天津：天津古籍出版社，1997 年，第 191—197 页。

纬归纳了所有的西夏字，并对每一个西夏字的形、音、义均予以解释。1969 年，苏联学者柯平和克恰诺夫等著《文海》一书，始将西夏文原件影印刊布。史金波、白滨、黄振华著《文海研究》，对《文海》原件进行翻译、校勘、订讹、补阙，共计订正讹误 26 处，填补空缺 58 处，纠正《文海》俄译本的错误 253 处[①]，从西夏文字、历史、语音学等三方面进行了较全面系统的研究，并编制成详尽的西夏文检字索引，由中国科学社会科学出版社 1983 年出版。

《同音》一作《音同》，是一部重要的西夏文字典，按九品音分类，收录 6000 多个西夏字，每字注有字义，并按语音相同的原则加以排列，是研究西夏字音义，探讨西夏语音的重要资料。李范文著《同音研究》，对原书的九类声系进行系统的测拟，并对每一西夏字的形、声、调、义等作了注解，并对西夏语音系列出诸家音值，提出自己的见解，同时对罗抄本进行了勘误，探讨了《音同》的学术价值，由宁夏人民出版社 1986 年出版。

《番汉合时掌中珠》系西夏学者骨勒茂才于夏乾祐二十一年（1190 年）编纂的西夏—汉文对照词语集，是西夏人编纂的唯一有汉字标音释义的辞书，由此可知千余个西夏字的字义与字音。黄振华、聂鸿音、史金波等以原件影本为依据，参照几十年来国内外学者对《掌中珠》的研究成果，进行整理、校补，并编制西夏文、汉文索引，由宁夏人民出版社 1989 年出版。

《西夏谚语·新集锦成对谚语》，陈炳应著。此书一般译为《新集锦合辞》，系西夏学者梁德养和王仁持主持编纂的西夏文谚语集，共收集谚语 364 条，于夏乾祐十八年（1187 年）雕版印刷。是书依据克恰诺夫所著书后附的影印件，译为汉文，加以注释，书后附克恰诺夫对谚语研究的有关论著译文，由山西人民出版社 1993 年出版。

《类林》是唐代于立政编纂的一部类书，西夏文译本原为 10 卷，现存残本。史金波、黄振华、聂鸿音著《类林研究》，即在国内外学者研究的基础上，把西夏文本全译成汉文，并参照有关历史文献，复原唐代《类林》古本。还对源流、版本、复原方法、西夏文本的特点及其对语言研究的价值做了有益的探讨，由宁夏人民出版社 1993 年出版。

李范文著《宋代西北方音——〈番汉合时掌中珠〉对音研究》，是一部利用西夏文字典《番汉合时掌中珠》的语音材料，研究宋代西北方音的著作。包括《掌中珠》的版本、注音、西夏字声韵系统，宋代西北方音声韵系统等内

---

① 贾敬颜：《西夏学研究的回顾与展望——兼评〈文海研究〉》，《历史研究》1986 年第 1 期。

容，书后附西夏字与汉字检字索引，由中国社会科学出版社 1994 年出版。

《西夏天盛律令》，史金波、聂鸿音、白滨译注。西夏天盛律令全称《天盛年新定律令》，是西夏仁宗李仁孝天盛（1149—1169 年）年间，用西夏文颁行的一部法典，共 20 卷，雕版印刷，有不同版本。1932 年，聂历山首次在《国立北平图书馆馆刊·西夏文专号》上披露法典的消息。克恰诺夫出版其所著四卷本《天盛改旧新定律令》，分类刊布俄译本和全部影印件。这是一部集刑法、诉讼法、军事法于一体的综合法典，为研究西夏政治、经济、军事、文化、民族、宗教、社会生活、风俗习惯等提供了重要资料。是书收入《中国珍稀法律典籍集成》甲编第五册，由科学出版社 1994 年出版。

《圣立义海研究》，克恰诺夫、李范文、罗矛昆著。全书共 5 集，15 卷 142 类，约 6 万余字。编撰者与出版时间不详。这是西夏人撰修的一部百科性典籍，语言多为四体，通俗易懂，富有韵味，便于朗诵记忆。是书由克恰诺夫《关于西夏文献圣立义海研究的几个问题》，李范文《关于圣立义海的几个问题》，罗矛昆《圣立义海译注》三部分组成，进行了较深入的探讨，提供了研究西夏天文地理、伦理道德、历史文化、语言文字、社会经济等方面的原始资料，由宁夏人民出版社 1995 年出版。

此外，我国学者还对俄藏黑水城西夏文献进行整理、译释研究，其成果有西夏文译本《论语》《孟子》《孝经》《孙子兵法》《贞观政要》等，西夏崇宗贞观年间的军事法规《贞观玉镜统》，记事诗《夏圣根赞歌》《新修太学歌》，童蒙读物《新集金碎掌置文》《三才杂字》等。由中国社会科学院民族研究所、上海古籍出版社和俄罗斯圣彼得堡东方学研究所共同合作整理、编辑的大型珍贵文献图书《俄藏黑水城文献》已开始陆续出版。汉文文献共 6 册，依俄藏编号顺序编印，其内容包括我国宋、西夏、金、元时期的珍贵典籍、文书以及佛教经典。西夏文世俗文献共 5 册，参考传统的分类方法按内容依次分为语言文字、历史法律、社会文学、古籍译文五类。现出版的是第一、二、三册（汉文部分）和第七册（西夏文第一册），全部出齐将有 30 册左右。这部书的出版不仅为西夏历史文化的研究提供了大量有价值的新资料，有力地推动了国内外西夏研究工作深入展开，促进国际上西夏学的发展，而且对相关学科，如中国中古时期的民族史、文化史、法制史、佛教史、印刷史、语言学、文字学、文献学的研究工作都会起到促进作用①。

---

① 木子：《西夏文献整理研究的新成果——大型珍贵文献〈俄藏黑水城文献〉陆续出版》，《民族研究》1997 年第 4 期。

（二）汉文西夏文献资料的整理、辑录、考订

我国学者近十多年来在浩如烟海的汉文史籍中，披沙淘金，为搜集和考订西夏史料做了大量的工作，成绩显著，这方面的重要著作主要有韩荫晟编著的《党项与西夏资料汇编》(简称《汇编》)，通计500余万字，分为9册，上卷1、2册，宁夏人民出版社1983年10月出版，此后，中卷6册，下卷1册，补遗1册，陆续脱稿，终于在世纪之交，由宁夏人民出版社全编出齐。此汇编所收限于汉文资料，始于隋初，终于元末，以二十四史中有关资料为主，旁及当代史学著作、野史、文集、笔记、碑铭中的党项西夏史料，分为传记、人物传志与散见资料编年辑录三个部分，考其源流，辨其异同，是我国第一部较翔实的党项西夏史料汇集。

在古籍整理方面，新发现的有明末学者撰修的明刊《宋西事案》已进行整理、考订。清末民初学者戴锡章广为采集史料，并详加考订，编撰的《西夏纪》一书，已由罗矛昆校点，宁夏人民出版社于1988年重排印出版。清吴广成撰写的《西夏书事》是清代补西夏史诸书中比较详备的一部上乘之作，内容丰富，书事严谨，但其缺憾是征引不注出处，于旧史记载亦有误引。为了弥补《西夏书事》之缺欠，龚世俊等对《西夏书事》的整理工作主要是考证史文的出处，在此基础上并加以校勘订误，使其更具有学术价值，撰成《西夏书事校证》[①]一书。另有李蔚整理的《西夏书事》《西夏纪》，收入《中华野史·辽夏金元卷》，由山东泰山出版社2000年出版。

（三）综合性西夏著作与西夏论文集

在通史著作中以较多篇幅及设专章、节叙述西夏史者，主要有蔡美彪等《中国通史》第6册，设《西夏的兴亡》一章（第四章），这是通史著作中最早以较多篇幅（约5万字）、较完整地叙述了西夏历史；《中国史稿》编写组《中国史稿》第5册第三章设《西夏政权的兴起和发展》一节（第三节）；白寿彝等《中国通史》第7卷设《西夏》一章（第十三章），论述了西夏的兴亡及与宋、辽、金的关系。邓广铭等《中国大百科全书·中国历史》中《辽宋西夏金史》一书，专门设立“西夏”，从“西夏建国前的历史”“元昊建国及历朝概况”“夏国的制度”“经济状况”“宗教与文化”等方面，概括地叙述了西夏的历史。

关于西夏的历史著作主要有吴天墀《西夏史稿》，是吴天墀先生几乎穷尽

① 龚世俊：《西夏书事校证》，兰州：甘肃文化出版社，1995年。

了汉文史籍中有关的西夏资料，在 1955 年撰写的一部学术专著，在搁置 25 年之后，1980 年 12 月四川人民出版社初版，1982 年增订。这是一部拓荒性的西夏史专著，是清代以来第一次用新的体例、新观点编纂的西夏通史。全书分为《西夏王国的形成》《与北宋辽鼎立的前期西夏王国》《与金、南宋鼎立的后期西夏王国》《西夏的社会形态》等四章，书后并附世系表、州名表、大事年表和文献目录。本书正文之后附有大量的资料性与考订性的注释共 280 条，约近 9 万字①，不少注释援引了大量的史料原文，并作了鉴别与考证，"史料充实，引据可信"②，是西夏史研究中的一部重要著作。另有林旅芝、林瑞翰各自所著《西夏史》，仲侃、李范文、吴云峰《西夏简史》及李蔚《简明西夏史》等。

许多学者对西夏历史进行了深入、系统的研究，并将论文结集成书，这方面的主要成果有李范文著《西夏研究论文集》③，收录《试论西夏党项族的来源与变迁》《试论西夏社会性质》等 14 篇文章，书后并附有"西夏学文献目录"。李蔚著《西夏史研究》和《西夏史若干问题探索》二书④，共收录诸如《试论西夏的历史特点》《西夏统治下的河西》等有关西夏的论文 31 篇。白滨编辑的《西夏史论文集》⑤，收录发表于国内各种报刊的论文 43 篇，并将中华人民共和国成立前发表的有关西夏史的 5 篇文章：王静如《西夏国名考》、韩儒林《关于西夏民族名称及其王号》、邓少琴《西康木雅乡西吴王考》、朱希祖《西夏史籍考》、向达《斯坦因黑水城获古纪略》等附载于后。宋德金等《辽金西夏史研究》⑥，载有李蔚《宋神宗五路伐夏论》，刘建丽《论汉文化对西夏的影响》，白滨《中国西夏学的发展》，聂鸿音《西夏黑水城出土韵书残页》，史金波、白滨、聂鸿音《西夏后裔考论》等五篇西夏论文。《国家图书馆学刊》2002 年"西夏研究专号"收录王民信等国内外学者研究西夏的论文 23 篇。

1981 年、1995 年召开的西夏学术会议，也出版了论文集，收录了诸多西夏研究的科研成果。

---

① 蔡美彪：《〈西夏史稿〉读后》，《历史研究》1982 年第 4 期。

② 徐中舒：《西夏史稿 · 序》，载《西夏史稿》，成都：四川人民出版社，1980 年。

③ 李范文：《西夏研究论文集》，银川：宁夏人民出版社，1983 年出版。

④ 李蔚：《西夏史研究》，银川：宁夏人民出版社，1989 年；李蔚：《西夏史若干问题探索》，兰州：甘肃文化出版社，2002 年。

⑤ 白滨主编：《西夏史论文集》，银川：宁夏人民出版社，1984 年。

⑥ 宋德金主编：《辽金西夏史研究》，天津：天津古籍出版社，1997 年。

（四）西夏专题研究著作

在20世纪80年代，西夏专题研究方面，出版了众多研究专著。

在文物考古方面，罗福颐辑、李范文释文的《西夏官印汇考》[①]，是继罗振玉《西夏官印集存》之后的又一部研究西夏官印的专著，共收录西夏官印97方。李范文《西夏陵墓出土残碑粹编》[②]，将西夏陵墓1972—1977年出土的3272块夏、汉文残碑，从中选出324块进行考释。陈炳应《西夏文物研究》[③]，是一部对西夏出土文物及古迹进行分类研究与考证的著作。史金波、吴峰云合编的《西夏文物》[④]，是一部按西夏文物种类与质地分类的大型图录，并有对西夏陵园、文献、金石、石窟的综合性研究论文。马文宽的《宁夏灵武窑》[⑤]，对出土的西夏与元代瓷器的特点、装饰技术、烧制工艺、窑址年代以及历史背景均做了考证。

史金波的《西夏佛教史略》[⑥]，通过对佛经、题记、碑文等原始材料的译释与对比研究，阐述了佛教在西夏的传播与发展的进程。另外还有白滨的《党项史研究》[⑦]、史金波的《西夏文化》《元昊传》[⑧]等。

20世纪90年代，西夏史研究进入一个新的研究阶段，研究领域更加深入广泛，专著数量众多。

漆侠、乔幼梅合著的《辽、夏、金经济史》[⑨]，其中第二编《党项夏国经济史》，专门对党项夏国的经济做了深入系统的论述，并提出了自己独特的见解。杜建录的《西夏经济史》，史料繁富，立论严谨，对西夏的经济做了深入、细致的分析、论述。李华瑞《宋夏关系史》[⑩]，从宋人著作中搜集到丰富的资料，对宋夏关系做了全面、系统、深入的论述，且多有独到的见解。王天顺主编的《西夏战史》[⑪]，从881年夏州政权建立至1227西夏灭亡，对这一历史时期的战争进行了系统的分析与论述，史料翔实，颇多新意。史金波、黄艾榕

---

①罗福颐辑，李范文释：《西夏官印汇考》，银川：宁夏人民出版社，1983年。

②李范文：《西夏陵墓出土残碑粹编》，北京：文物出版社，1983年。

③陈炳应：《西夏文物研究》，银川：宁夏人民出版社，1985年。

④史金波、吴峰云：《西夏文物》，北京：文物出版社，1988年。

⑤马文宽：《宁夏灵武窑》，北京：北京紫禁城出版社，1988年。

⑥史金波：《西夏佛教史略》，银川：宁夏人民出版社，1989年。

⑦白滨：《党项史研究》，长春：吉林教育出版社，1989年。

⑧史金波：《西夏文化》，长春：吉林教育出版社，1989年；史金波：《元昊传》，长春：吉林教育出版社，1988年。

⑨漆侠、乔幼梅：《辽、夏、金经济史》，保定：河北大学出版社，1994年。

⑩李华瑞：《宋夏关系史》，石家庄：河北人民出版社，1998年。

⑪王天顺主编：《西夏战史》，银川：宁夏人民出版社，1993年。

《西夏用兵史话》[①]，用生动活泼的语言，将西夏用兵的战略战术论述的十分深刻。朱瑞熙、王曾瑜、张邦伟等学者的《辽宋西夏社会生活史》[②]，对西夏的饮食、服饰、居室、婚姻、丧葬、鬼神、医药、巫卜等进行研究。孙星群的《西夏辽金音乐史稿》[③]，以丰富的史料为基础，并参照西夏的乐学、律学、音乐语言、音乐表现手法、乐器等诸因素，对西夏民族的音乐文化进行整体的梳理与研究。韩小忙、孙昌盛、陈悦新合著的《西夏美术史》[④]，利用国内外的考古资料，对西夏壁画、石刻、雕塑、工艺品及与书法有关的碑刻、文书等现存的美术品，进行分析、归纳，并进行了描绘总结。白滨《寻找被遗忘的王朝》[⑤]，是以学术随笔的形式，回顾和描述了他在研究西夏史中，几度赴敦煌、黑水城、宁夏等地考察探险的经历。

宁夏大学西夏研究所成立后，由甘肃文化出版社在1995年、1998年、2002年，出版了西夏研究丛书共三辑16册，即《西夏文化概论》《西夏与周边民族关系史》《西夏学概论》《西夏书事校证》《西夏王陵》《西夏天盛律令研究》《西夏经济史研究》《西夏志略校证》《西夏纪事本末》《西夏道教初探》《西夏文德行集研究》《西夏史若干问题探索》《西夏地理研究》《汉文西夏文献丛考》《西夏战事诗研究》《西夏文学数字化方法及其应用》，这些系列著作均从不同领域对西夏有关问题进行了研究与探讨。

20世纪特别是中后期以来，由于西夏文献资料与考古文物的不断公布、发掘，对西夏学研究起了极大的推动作用，西夏学研究取得显著成绩，研究领域扩展，视野开阔，角度新颖，研究成果超过以往任何时期，西夏学研究已成为国际“显学”，中国的西夏学研究已占据重要地位，中国已成为国际西夏学研究的主力。回顾过去，展望未来，西夏学的明天必将更光辉灿烂。

（原载于《甘肃社会科学》2005年第1期）

① 史金波、黄艾榕:《西夏用兵史话》，成都：四川民族出版社，1997年。
② 朱瑞熙、王曾瑜等:《辽宋西夏社会生活史》，北京：中国社会科学出版社，1998年。
③ 孙星群:《西夏辽金音乐史稿》，北京：中国青年出版社，1998年。
④ 韩小忙、孙昌盛、陈悦新:《西夏美术史》，北京：文物出版社，2001年。
⑤ 白滨:《寻找被遗忘的王朝》，济南：山东画报出版社，1997年。

# 西夏史研究的集大成之作

## ——评《西夏通史》

近年来，关于西夏史研究的新成果层出不穷。有关西夏史研究的著作，有香港学者林旅芝的《西夏史》①，钟侃、吴云峰、李范文的《西夏简史》②，吴天墀的《西夏史稿》③，李蔚的《简明西夏史》④，另外还有一些著作，如蔡美彪等著的《中国通史》第6册⑤，《中国史稿》第5册⑥，白寿彝主编的《中国通史》第7卷等，都在书中专门设置章节论述了西夏历史。上述这些著作因是简史或因论述其他而涉及，因而对西夏历史的研究或论述均有一定的局限。2005年8月，人民出版社、宁夏人民出版社共同出版了国家社会科学基金"九五"重点项目——《西夏通史》。是书由宁夏社会科学院李范文先生主编，白滨、周伟洲等众多知名专家学者通力合作完成，是一部论述全面、系统、深入，内容有所创新，集国内外西夏史研究之大成的专著。它的面世，标志着国内西夏史研究的突飞猛进。

### 一

《西夏通史》在编纂体例上有所创新，结构框架科学、合理，这是其重要特点之一。体例、结构是内容的一种外在表现形式与载体，科学、合理的体例，有助于更好地反映内容。是书在编纂体例上有所创新，既有对西夏历史的纵向叙述，又采用横向专题研究，使纵与横、点与面有机结合，相辅相成。

是书分为十三章，第一章《导论》，是对西夏文献资料、考古资料、西

---

① 林旅芝:《西夏史》, 香港：大同印务有限公司 ,1975年。
② 钟侃、吴云峰、李范文:《西夏简史》, 银川：宁夏人民出版社，1979年。
③ 吴天墀:《西夏史稿》, 成都：四川人民出版社，1980年。
④ 李蔚:《简明西夏史》, 北京：人民出版社，1997年。
⑤ 蔡美彪:《中国通史》第6册，北京：人民出版社，1979年。
⑥ 中国史稿编写组:《中国史稿》第5册，北京：人民出版社，1983年。

夏资料的整理与研究、西夏史研究中的主要学术问题的论述。第二章至第七章，则是“党项的兴起与迁徙（4世纪—859年）”“夏州拓跋割据势力的形成和壮大（859—1032年）”“西夏王朝的建立（1032—1048年）”“西夏王朝的巩固（1049—1086年）”“西夏王朝的鼎盛（1087—1193年）”“西夏王朝的衰落与灭亡（1149—1227年）”，显然这是对西夏历史的纵向论述，依照时间顺序，分为不同时期，详细论述党项的兴起、建立、鼎盛及其衰落、灭亡，从而使西夏历史的发展与演变呈现出阶段性。第八章至第十三章，是“亡国后的西夏遗民”“西夏的政治制度”“西夏的社会经济”“西夏的文化”“西夏的教育与科技”“西夏的地理”。这是采用横向的论述，也是对西夏历史中诸如西夏遗民、政治制度、社会经济、文化、教育科技、疆域交通等重要问题的专题研究，这些章节的设置，有助于西夏史研究的深入。书后附有“党项西夏世系表”“西夏纪年表”“西夏与主要朝代纪年对照表”“西夏大事年表”，便于读者查阅相关资料。这种编纂体例与结构框架，不仅突破了撰写通史的传统思维模式，而且拓宽了撰写范畴，使形式与内容和谐地融为一体。

## 二

是书资料宏富，史料基础扎实，这是其突出特色之一。《西夏通史》所引用的资料，大体上可分为七类：

西夏考古资料。书中大量使用了西夏考古发掘的重要资料，如西夏陵考古发掘出土文物、碑文，准格尔旗古城址调查，灵武磁窑堡窑址、黑水城、武威西郊林场等考古发掘资料，黑城遗书、陵墓、佛塔、碑刻、城址、器物等诸多西夏考古学的成果，在书中得到充分采用。

汉文西夏文献史料。在浩如烟海的汉文文献资料中，有关反映党项与西夏历史的资料，主要集中在《后汉书》《北史》《隋书》《新唐书》《旧唐书》《新五代史》《旧五代史》《宋史》《辽史》《金史》《元史》等各种官修断代史书的传记中，及各种私修史书、文集、笔记、小说、奏议、方志、族谱等诸多文献。书中大量采用汉文记载有关西夏历史的资料。

西夏文文献史料。是书充分采用了黑城出土的官私文书、法律文献、语文著作、文学作品、历史、医学等大批西夏文文献资料，诸如《圣立义海》《贞观玉镜》《亥年新法》《天盛律令》《瓜州审判记录》《天盛二十二年卖地文契》《土地买卖文书》《谷物借贷文书》《西夏乾定申年典糜契约》《乾定二年黑水守将告近禀帖》《文海》《同音》《番汉合时掌中珠》《三才杂字》等西夏文文献，均成为是书的重要资料。

佛经等宗教文献。黑水城出土的西夏文献，80% 以上是佛经，《西夏通史》一书中将佛经中的施经发愿文、序、跋、题记之类，作为重要资料，如《妙法莲花经序》(1049—1069 年)，真实地记载了西夏建立者“风角城皇帝”元昊一生的主要业绩。《慈悲道场忏悔罪法·序》(1068—1086 年)、《金光明最胜王经·发愿文》(1214 年)、《金光明最胜王经·流传序》(1247 年)、《金光明最胜王经·发愿文》(1247 年)等，记录了佛经的翻译、施经、刻经、印经、写经等详细过程。还有《佛说宝雨经》《密咒圆因往生集》《大方广佛华严经海印道场十重行愿常遍礼忏仪》等大量的佛经在书中得以引用。这些佛经在书中作为一类资料得以采用，对研究西夏政治、经济、文化等具有重要价值。

少数民族文献。如达仓宗巴·班觉桑布的《贤者喜乐瞻部洲明鉴》(陈庆英汉译本名《汉藏史集》)[①]，《蒙古秘史》、屠寄的《蒙兀儿史记》，第五世达赖喇嘛著、郭和卿译的《西藏王臣记》[②]，木雅岗日空寺喇嘛释迦滚著《木雅五学者传记》，班钦索南查巴著《新红史》[③]以及《红史》《贤者喜宴》《汉藏蒙土之历史》《黄琉璃》等大量的少数民族文献史书。

中外研究成果。自 20 世纪初期开始，随着西夏文献的不断发现，西夏历史研究受到中外学者的关注与重视，西夏研究逐渐走向世界，成为一门显学，涌现出众多成果。是书中对张澍、王静如、罗福苌等诸多国内西夏研究专家，尹凤阁、鄂登堡、聂斯克、克恰诺夫、克平、沙畹、伯希和、石泰安、白鸟库吉、西田龙雄等众多国外学者的西夏学研究成果，均予以足够的重视，并充分汲取史金波、白滨、陈炳应、李蔚等国内众多学者有关西夏研究的成果。可以说《西夏通史》就是荟萃中外学者近百年西夏学的研究成果。

上述诸种资料在书中的应用，因而使《西夏通史》的资料翔实宏富，为该书具有高水平的学术价值，奠定了坚实的史料基础。

## 三

《西夏通史》采用辩证唯物主义与历史唯物主义的世界观与方法论，并综合运用历史、西夏考古、民族学、民族史、民族古文字等相关学科，对诸多重

① 达仓宗巴·班觉桑布著，陈庆英译：《汉藏史集》，拉萨：西藏人民出版社，1986 年。

② 第五世达赖喇嘛著，郭和卿译：《西藏王臣记》，北京：民族出版社，1993 年。

③ 班钦索南查巴著，黄颢译注：《新红史》，拉萨：西藏人民出版社，1987 年。

要问题进行深入透彻的分析。论述客观公允、分析深入透彻是该书的重要学术特点。

是书在论述唐朝内徙党项的政策时，指出“由于吐蕃据有河陇，并不断向东寇掠，而内迁党项大多又处于唐蕃之间，因而，一方面唐统治下的内徙党项也是吐蕃的掠夺对象，另一方面，有的党项部落与吐蕃联合共同寇掠唐关内道诸州。这就是永泰元年之后，党项、吐蕃、唐三者关系的特点”(《西夏通史》第 86 页)。分析夏州李氏胜利的原因时，是书认为除城池坚固、后唐运输困难等因素外，还注意到“夏州党项割据势力自唐末以来，基本没有卷入各藩镇之间的战争；地虽贫瘠，但几十年的休养生息，境内经济有较大发展，具备了一定的实力。特别值得提出的是，夏州李氏已经团结了所属四州各部党项，成为各部的中心”(《西夏通史》第 118 页)。在对乾顺、仁孝的功过进行较客观的评价时，是书在充分肯定其功绩的同时，指出乾顺、仁孝两朝统治，“也存在着一些过失。其中最大的过失，是重文治，轻武功”。认为西夏亡国的因素很多，“但与西夏中期乾顺、仁孝的重文轻武不无关系”(《西夏通史》第 310 页)。西夏灭亡后，其民众的去向是研究西夏史的人们所关注的一个重要问题。是书对西夏灭亡后的遗民问题，专门设置章节(《西夏通史》第八章，第 347—378 页)，通过“西夏故地的遗民”“移居内地的西夏遗民”“青藏高原的西夏遗民”“移居中亚的西夏遗民”等四部分的论述，对西夏遗民问题给以全面、系统的阐述，使读者了解到分布在中兴府、河西、鄂尔多斯、河北、河南、安徽、四川、云南、西藏、康藏、中尼边境及中亚地区西夏遗民的状况。

西夏官制体系是西夏史研究中的重点，具有一定的难度，也是一个有争议的问题。由于吴广成《西夏书事》搜罗钩稽宋代史料中有关西夏官制的资料，于是今人在研究西夏官制时，往往都认为西夏官制分“汉官”与“蕃官”两个系统。是书对西夏政治制度中的两套官职体系问题，则通过对汉文史书中蕃号名称及其含义的分析，并与西夏文献中官阶译名的比照研究，给西夏官制体系的深入研究开拓了新路，采用史金波先生的说法，认为“西夏的官制中有官与职之分，官是代表官位的品级，即官阶，职是担任实际职务的职事官。蕃号名称是西夏官阶名称的西夏语音译”[①]，并指出“西夏的官制绝不同于辽朝制度，西夏不存在汉官与蕃官两种官制体系，也不曾经历过一个蕃官体系时期”(《西夏通史》第 402 页)。是书对夏金关系稳定发展原因，夏蒙战争的突出特点，

① 史金波:《西夏的职官制度》,《历史研究》1994 年第 1 期。

西夏灭亡的原因，西夏政权的历史地位，西夏官印符牌、法律、军事等制度，均做了较详细的论述。

总之，对这些重要历史事件、制度的分析、论述及客观的评价，具有新意。

## 四

照片是一种最直观、最有说服力的实物见证，具有文字所不能替代的作用。是书中附有大量照片与图表，图文并茂，图表并存，这也是《西夏通史》的一个显著特点。

书中有“鎏金铜佛像”“木板画”“灰陶迦陵频伽”“彩塑·菩萨·弟子”“唐卡·欢喜金刚图”“人像石碑座”“彩绘木塔”“贡嘎山”“灰陶鸱吻”“黑釉剔刻花梅瓶”“西夏文中号字木雕印版”“西夏货币”“西夏陵”“西夏壁画·文殊变”“唐卡·阿弥陀佛来迎图”等插页图。并根据内容插入相应的图、表，如第一章中，有“宁夏贺兰宏佛塔天宫藏《番汉合时掌中珠》残页”“黑水城出土的西夏文《同音》”“黑水城出土的西夏文《文海》”“黑水城出土的版画·金光明最胜王经”“凉州感通塔碑额”“一九一〇年在俄国展出的黑水城出土文献”“贺兰山拜寺口双塔”“贺兰山拜寺沟方塔”“宁夏青铜峡一〇八塔”“黑水城路旁的两座舍利塔”“西夏王陵一、二号陵”“西夏王陵三号陵”“西夏时期的岩画贺兰口人面像”等。对诸多重要历史事件，如监军司驻地、战争形势、进军路线、官名译品等级、疆域等，采用图表的形式，如有“三家注十二监军司驻地表”“党项迁徙图”“夏宋三川口之战形势图”“夏宋好水川之战形势图”“夏宋麟府丰攻防形势图”“夏宋定川寨之战形势图”“夏辽河曲之战形势图”“宋五路伐夏进军路线图”“蒙古军队进攻西夏线路图”等。对西夏文化的论述中，插入“黑水城出土的木刻版画”“西夏陵区出土的西夏文残碑”“甘肃武威小西沟岘出土的西夏文妙法莲花经”“甘肃武威西郊林场出土的西夏木板画·武士图”“黑水城出土的卷轴画·水月观音图”“安西榆林窟卷轴画·唐僧取经图”“宁夏灵武出土的版画·梁皇宝忏图”等，书中共插入图、表 169 幅。大量照片、图、表与内容有机地融为一体，使这部 73 万字的著作既有学术价值，且内容不枯燥乏味、更加丰富多彩。

## 五

《西夏通史》也存在一些不足之处，现略举一、二。

第一个不足，是史料失误与疏忽。

（1）贞观元年（1101 年）八月，御史中丞薛元礼向乾顺上疏（278 页），这条史料所注出处是“《宋史》卷四八六《夏国传下》”。查《宋史》卷四八六《夏国传下》，不载此上疏。薛元礼上疏载于《西夏书事》卷三一和《西夏纪》卷二二，《西夏纪》所载时间为“夏永安三年”，《西夏书事》纪年为“夏贞观元年八月”，时间不同，但内容一致。显然史料出处有误。

（2）文中所载“自与爱妻乔氏徙居历经城”（154 页），据《资治通鉴长编》卷一一九景祐三年十二月辛未条所载“更与乔氏自宗哥城西徙历精城”，应为“精”而非“经”。

（3）书中第 123 页所引史料“用兵荆湖，继取西川”，查《资治通鉴长编》卷九开宝元年七月丙午载，应为“用师”非“用兵”。

（4）书中第 156 页所引史料“民乐战争，习尚刚劲”，查《西夏书事》卷一六庆历二年七月，应是“战征”而非“战争”。

（5）疏忽之处较多，第 78 页文中载“陇后侨治庆州”，应为陇右；第 120 页“发兵屯于延、丹境上”，“丹”似应为“州”；第 375 页“熙河差人最重佛法”，“差人”似应为“羌人”。

第二个不足，是地名、年代错误。

（1）《宋五路伐夏进军路线图》（第 254 页）中，将“怀州”标在“庆州”西北。怀州，治临河县，据是书第 656、662 页西夏疆域图所载，怀州在兴庆府东南。据《中国历史地图集》第 6 册第 20—21 页，庆州北、定边军西，应是“环州”，马岭水流经环州，而不是“怀州”。

（2）“由兴庆府向西南，80 里至顺州，50 里至峡口（青铜峡），230 里至雄州”（第 677 页），“由兴庆府向南经雄州”（第 677 页），“由灵州西渡黄河，经雄州沿腾格里沙漠南缘至凉州 900 里”（第 678 页），“由兴庆府向南经雄州，沿黄河外侧、乌鞘岭，再沿折河（又名卓啰川）东南至卓啰城（卓啰和南监军司驻地），然后经西宁州，沿唐蕃古道抵逻些城”（第 677—678 页）。上述引文中均说到“雄州”。查《宋史·夏国传上》《宋史·夏国传下》所载西夏州郡，均无“雄州”，是书第十二章第一节“疆域”中的三幅不同时期的西夏疆域图及所列州郡（第 656—671 页）中，也均不见“雄州”。《中国历史地图集》第 6 册第 20—21、第 36—37 页，西夏境内无“雄州”，不知雄州在何地？

（3）第 530 页载“庆历元年，元昊围徽州不成”。据《续资治通鉴长编》卷一三三庆历元年八月戊子条所载：“麟州言：‘元昊以前月戊辰，攻围州城。是月乙酉，逾屈野河西山上白草平……丙戌，破宁远寨，……复领兵攻府州。……’”从史料上下文看，绝不是“围徽州不成”。庆历二年“元昊进兵清州”，据《续资治通鉴长编》卷一三七庆历二年闰九月癸巳条所载：“于是贼长驱直抵渭州，幅员六七百里，焚荡庐舍，屠掠居民而去。”显然应是“渭州”而非“清州”。

（4）年代错误。第 680 页载“隋炀帝于公元 619 年亲征吐谷浑所使用的西平张掖道”。据《隋书》卷三《炀帝纪上》记载：“大业五年五月，乙亥，上大猎于拔延山，长围周亘二千里。庚辰，入长宁谷。壬午，度星岭。……浑主伏允以数十骑遁出……甲午，其仙头王被围穷蹙，率男女十余万口来降。”从上述史料可知，隋炀帝征吐谷浑为大业五年（609 年），“619 年”显然错误。

除此外，还存在一些不足之处，如对西夏开国皇帝元昊的功过，是书没有做出客观的总体评价；西夏的教育与科技文化论述过于单薄；书中对成吉思汗将矛头指向西夏的原因没有深入探究。是书第一章第五节“西夏史研究中的主要学术问题”中关于“党项拓跋氏的族源与族属问题”（第 45—48 页）与第二章第一节“党项的族源及早期社会组织”中对“党项拓跋氏的族属”的论述有重复，致使书中出现各自论述，缺乏统一。

是书虽然存在一些错误与不足，但瑕不遮玉，其所具有的学术价值及其意义是客观存在的。《西夏通史》的出版必将促进西夏史研究的进一步兴盛与繁荣，并对西夏学的进一步发展有推动作用。

（原载于《宁夏社会科学》2006 年第 4 期）

# 西夏文献研究的新探索
## ——评胡玉冰《传统典籍中汉文西夏文献研究》

西夏学是20世纪初兴起的一门新兴学科，其涵盖内容广泛，涉及古代党项与西夏历史、地理、文字、宗教、文学、艺术等诸多领域。自20世纪初，由于外国探险家在黑城遗址发掘大量西夏遗书，从而使西夏学研究不仅在中国得到迅速发展，也成为一门国际化的显学。随着西夏学研究的突飞猛进，对西夏文献的进一步探索、整理、研究，必然成为促进西夏学繁荣兴盛、拓展提高的重要前提与基础。胡玉冰博士的《传统典籍中汉文西夏文献研究》一书（中国社会科学出版社出版，2007年），是一部在诸多西夏文献研究中，选题颇有学术价值，抉幽阐微，具有新意的佳作之一。

## 一

在西夏学研究中，文献资料是其研究的重要基础，西夏文献以西夏文文献与汉文文献为主，汉文西夏文献是其中一个重要组成部分。长期以来，这方面的研究成果并不突出，自20世纪30年代迄今，关于汉文西夏文献的研究论文不足百篇，专著只有一部，显然，这与蓬勃发展的西夏学研究整体发展水平有较大的差距。作者在充分了解与掌握国内外研究动态的基础上，针对这一薄弱环节，将汉文西夏文献作为研究课题，将其作为一类具有自身特点的特殊古文献予以探索。

西夏文献是中国古典文献的有机组成部分，长期以来，对这类文献的研究大多停留在个案研究的层面，未将其视为一类独立学科体系，更未进行全面系统的探索，因而学界对西夏文献缺乏宏观性地掌握与了解。由于个案研究涉及的文献面狭窄，其研究对象缺乏代表性，且研究水平缺乏深度，致使研究结论不能令人信服。胡玉冰博士将西夏文献学中的汉文西夏文献作为研究对象，对此类文献进行全面梳理、系统研究，这既在一定程度上丰富了中国古典文献学的研究内容，有助于西夏学研究的深入与西夏文献学科体系的构建，同时也对研究、整理中国古代少数民族文献提供有益借鉴，故该选题具有较高的学术价值与学术意义。

《汉文西夏文献研究》编纂体例有所创新，结构框架科学、合理。体例、结构是内容的一种外在表现形式与载体，科学合理的体例有助于更好地反映内容。是书在体例上进行了新探索，以成书于宋至清时期的所有汉文西夏文献（包括亡佚文献）为研究重点，以时代为经，文献为纬，进行全面的耙梳整理。全书以章节体的形式，结合文献自身的成书特点，将汉文西夏文献分为宋辽金、元、明、清四个时段予以研究，这四个时段，即是书的四章："第一章　宋代、辽代、金代汉文西夏文献""第二章　元代汉文西夏文献""第三章　明代汉文西夏文献""第四章　清代汉文西夏文献"，这种将汉文西夏文献按时段归类有别于传统的归类法。传统归类法是以文献本身所反映的内容予以时段归类，而是书作者在归类上却另辟蹊径。元朝史家编修的《宋史》，主要是反映两宋时期的历史，因而《宋史》成为研究宋朝历史的基本史料，通常是置于宋朝史料部分进行研究。为了客观、真实反映不同时期汉文西夏文献编撰成就，将撰写者与其所撰写的汉文西夏文献一并归入撰写者主要生活的时段，显然，作者将成书于元代的宋、辽、金三史《夏国传》及三史中散见的西夏史料放到第二章《元代汉文西夏文献》中来论述，更能集中、客观地反映元朝时期修史的状况，突出了元代汉文西夏文献的特点及成就。

是书每章都有"概述"以提纲挈领，又具体分类，将"宋代汉文西夏文献"分为专书、专题、地理、御夏议边与史籍及笔记、文集中散见的西夏史料等文献类型，进行了深入细致地探讨。将宋辽金、元、明、清时期，所有涉及西夏的汉文文献整合为一个系列，经纬一体，时代与文献有机地结合，使其成为西夏学中的一个重要组成部分。

## 二

汉文西夏地理文献、御夏议边文献、亡佚西夏汉文文献等，皆是以往未曾涉猎过的内容，是书在这方面做了深入细致地发掘梳理，具有较强的创新意识，这是其突出的学术特色之一。

重视对地理文献的探索，对不同时期的地理文献进行充分的发掘。作者认为，成于宋代的西夏地理文献数量最多，是宋以后编修西夏地理文献的基础，应将其作为基本文献加以利用。在是书第一章第四节《宋代汉文西夏地理文献》，首先论述“宋代汉文西夏地理文献的类型及其价值”，继而述及“宋代西夏地图文献”“传世的西夏地理专书和专题文献”“亡佚的西夏地理专书”，并论述了宋代重视绘制西夏地图文献的原因、宋代西夏地图文献的绘制以及西夏地图在宋夏战争中所起的作用。指出宋代西夏地理文献主要有专书、地图、图经等三种文献类型，虽大多已亡佚，但传世的宋朝西夏地图，如现存于西安市碑林博物馆的石刻文献《华夷图》，存于苏州市的石刻《地理图》，现存于日本京都的《舆地图》拓片，以及《历代地理指掌图》《东震旦地理图》《十五国风地理之图》《契丹地理之图》等宋代地图都有对西夏地理信息的标注。而现藏于俄罗斯手稿本《西夏地图》册，是清朝乾隆三十三年至道光三十年（1768—1850年）间绘制的，共收图13幅，是一部以西夏国地理为绘制主题的地图集。并对传世的三幅《西夏地形图》的内容流传、成图年代、文献价值，作者进行了详细的论述。经考证认为，传世的《西夏地形图》成图最早的一幅出现在明朝万历三十六年（1608年）刊刻的《宋两名相集·宋范文正先生文集》中。这些地图以及传世的西夏地理文献，皆对研究西夏地理具有重要的史料价值。

对宋代诸多御夏议边文献，如薛向《边陲利害》《陕西建明》，曹致尧《清边前要》《西陲要纪》，赵瑜《安边致胜策》，刘质《边防要论》，陈贯《形势》《选将》《练兵论》，张宗诲《景德安边论》，盛度《景祐边计十事》，景泰《边臣要略》《平戎议》，徐复《边防策》，丁度《备边要览》，张方平《平戎十策》，夏竦《攻守策》，魏庭坚《四夷龟鉴》，王琥《平戎方略》，蔡禀《通志论》，贾昌朝《边备六事》，范仲俺《攻守策》，姚仲孙《防边龟鉴》，田况《兵策》，吴尊路《陕西御戎要略》《边防杂事》，范育《清野备敌法》，郭申锡《边鄙守御策》，任颛《治戎精要》等，皆在所设专节中予以较细致论述。指出张方平的《平戎十策》，集中反映了他的御夏主张，但御夏策略主要是从各种历史地理及军事文献中汲取的，而缺乏实地考察。

作者重视对亡佚文献的探索，将不同时期亡佚的汉文西夏文献视为西夏文献的重要组成部分，并作为该书的重要内容之一，进行了系统的论述。

是书对宋代亡佚的西夏地图文献，如《西夏贺兰山图》《陕西二十三州地图》《灵州图》《甘沙伊凉等州图》《环庆清远军至灵州地图》《河西陇右图》《鄜延边境图》《麟州屈野河界图》等，以及亡佚的西夏地理专书，如孙巽《夏国枢要》、游师雄《元祐分疆录》、赵珣《聚米图经》等，皆专门予以详细阐述。指出《环庆清远军至灵州地图》是一幅行军交通路线图，为宋朝制定进军西夏路线图提供依据。《河西陇右图》主要有两种，分别由郑文宝、盛度绘制。郑文宝绘制的《河西陇右图》大概是一幅图文结合的地理书，盛度所绘制的《河西陇右图》与《宋史》本传中所载的《西域图》，系“同图异名”。

对亡佚的明代汉文西夏文献，如李维桢《韩范经略西夏始末纪》《西夏析支录》《西夏民隐志》《西夏图略》，以及亡佚的清代汉文西夏专书文献，如洪亮吉《西夏国志》、王昙《西夏书》、秦恩皆《西夏书》、徐松《西夏地理考》、陈崑《西夏事略》等，通过杷梳整理有关目录，皆分别置节予以论述。认为《韩范经略西夏始末纪》原书已佚，从书名推测，是书主要记载北宋韩琦、范仲淹抗击西夏之事。从目录分类、书名及册数推断，《西夏图略》当是一部内容丰富，有图有文的西夏地理专著。洪亮吉的《西夏国志》、秦复《西夏书》皆系“未刊之作”，世无传本。

## 三

论述深入细致，辨错纠误，方法多样，吸取众多科研成果，资料翔实，这是该书的显著特点。

成书于明代的汉文西夏专书中，完整留存至今的只有《宋西事案》，这是一部叙述北宋仁宗明道元年至庆历八年（1032—1048 年），宋朝与西夏之间民族关系的史书，它在清代遭到禁毁。对其作者、编书缘起及其遭禁原因、取材渊源、编修质量、版本、文献特点等，作者均进行了深入细致的考述。指出此书具有很强的现实针对性，且因“序文中狂悖之语甚多”而遭到禁毁。并对是书的取材予以溯源，指出《宋西事案》卷上的大部分史料节录于《宋史纪事本末》，而卷下的奏议都节录自《历代名臣奏议》。

对传世的周春《西夏书》，从作者和卷数著录、内容及其卷次排序缀合、版本、文献特点等方面进行考述，通过分析比较，结合其他文献佐证，认为“《西夏书》原书没有最后定稿，传世本也非西夏书原貌，是一个残本”。原书总卷数为 15 卷，其编修者只可能是周春一人。并对《西夏书》的文献特点从四方面予以充分肯定，指出该书是传世的清人著汉文西夏史籍中成书最早的一部，是汉文西夏史籍中第一部也是唯一一部纪传体断代西夏史书，为研究西夏地理、职官、姓氏方面的问题提供了材料，为后人编写此类资料提供了借鉴，采用论曰的形式发表编写者对历史人物的评价。

作者在继承传统考据学方法的基础上，从文献学角度出发，综合运用目录、版本、校勘、辨伪、史料学等学科的理论与方法，“考”与“述”、“点”与“面”结合。指出由于避讳，个别文献对“景泰”之名的著录要加以辨明，既对不同文献中的“景泰”“耿泰”“耿恭”之名的考证辨析，又叙述了景泰的《边臣要略》和《平戎策》内容与著录情况。对宋元文献中，有传记资料可查的两个同姓名为“徐复”的宋朝人辨析，从而确认康定二年（1041年）给仁宗献《边防策》的徐复当为曾巩《元丰类稿》卷四八《徐复传》所记之徐复。指出一些学者在利用目录辑录西夏文献时，出现的诸多错误，如邓衍林先生在《中国边疆图籍录·西夏史料》中出现的错误就非常典型，邓氏共辑出“成书于宋、明、清三朝的西夏文献共31种，其中明显辑错的就有10种”，所辑7种明人著作中，有5种与西夏无关，“辑录的清朝西夏文献中明显辑错的有三部”，并指出错误所在。

是书以汉文西夏文献为其研究主体，因此涉及宋、辽、金、元、明、清这一历史时期的诸多文献，文献涵盖面广，资料翔实，正史、笔记、文集、碑志、方志、佚文、金石碑铭、出土文献、汉译西文文献及今人研究论著等，种类多，内容丰富。

作者重视近年来西夏学研究的丰硕成果，对诸多成果，如郑锡煌《〈佛祖统记〉中三幅地图初探》，黄盛璋、汪前进《最早一幅西夏地图——〈西夏地形图〉新探》《唯一传世的金朝地图——陕西五路之图初探》，史金波、白滨、聂鸿音《西夏后裔考论》，杜建录《西夏与周边民族关系史》，克恰诺夫著，李范文、罗矛昆译《圣立义海研究》，冯立升《中国古代测量学史》，李致忠《宋代图书编纂出版纪事——图经（北宋）》《宋代图书编纂出版纪事——图经地理（南宋）》，吴松弟《中国人口史》，王天顺主编《西夏地理研究》，李之勤《西北史地研究》，王巍《辽代著述研究》，张希清辑录的《涑水纪闻》佚文与李裕民《司马光日记校注》中的有关西夏资料，戴应新《有关党项夏州政权的真实记录——记故大宋定难军管内都指挥使康公墓志铭》，邓辉、白庆元《内蒙古乌审旗发现的五代至北宋夏州拓跋部李氏家族墓志铭孝释》，李昌宪关于西夏疆域与政区的研究成果等，皆予以科学、合理地汲取。这些新成果的利用与吸收，增添了是书的新意。总之，翔实的资料，使此书具有扎实的史料基础。

## 四

是书也存在一些不足之处，现略举一二。

一是某些问题的分析不够透彻。虽指出“晁公武、马端临、陈第三人的分类非但不合理，还带有封建正统的史学观念”，但对其分类不合理的原因并没有深入探究；对诸多御夏议边的文献，只是罗列出数种，但缺乏透彻分析，没有将御夏议边文献的出现与时代、形势的变化联系起来。

二是说法过于武断。如对《梦溪笔谈》中所记载的刘涣“出古渭州，循末邦山，至河州国门寺，绝河，踰廓州”，出使青唐的路线，认为“沈括记载有误”。刘涣从古渭寨出发，其行程为熙州（治今甘肃临洮县）、河州（治今甘肃临夏市）路线，至河州境内国门寺渡河后，既可从湟州沿湟水河谷进入青唐，也可沿黄河西行经米川城、廓州、宁塞寨、肤公城、绥平堡、龙支城，然后进入青唐，这既是一条宋时进入青唐的通道，也是一条传统的东西通道。作者认为渡黄河后经廓州再到青唐，即“沈括记载有误”，这种说法太武断。

三是个别地名有误。如“鄯州即邈川城”（第35页），将鄯州与邈川等同。鄯州与邈川是两个不同的地名。鄯州即西宁州（治今青海西宁市），旧青唐城，乐州原为邈川城，后改为湟州。

四是部分资料有遗漏。有关汉文西夏文献资料搜集不全，如明刘凤《刘子威杂俎》卷三《地贞篇下》有李茂贞、李仁福记载。明王圻《续文献通考》卷二三七《四裔考·西夷》有党项、西夏的记载，王圻《三才图会·地理》卷一六《宋朝元丰九域图》《宋朝化外州郡图》《天象分野图》，皆有关于西夏的信息，将并、丰、夏、盐、银、宥、灵、会、兰、甘、凉、瓜、沙、肃州皆标注在图内。这些汉文西夏文献资料并没有在是书中有所反映。

总之，胡玉冰先生的著作具有较高的学术价值，是在前辈学者基础上的创新。期望作者不断奋进，取得更丰硕的成果。

（原载于《宁夏师范学院学报》2009年第4期）

# 科研成果

## 一、著作与获奖

1.《宋代吐蕃史料集》(一)(合著)，成都：四川人民出版社，1986年7月，获甘肃省教委1990年社科优秀成果 三等奖 。

2.《宋代吐蕃史料集》(二)(合著)，成都：四川人民出版社，1989年7月，获甘肃省教委1990年社科优秀成果三等奖。

3.《宋代西北吐蕃研究》(独著)，兰州：甘肃文化出版社，1998年4月，获甘肃省1998年社会科学第六次“兴隆奖”一等奖。

4.《宋代西北民族文献与研究》(独著)，兰州：甘肃人民出版社，2004年12月。

5.《中国西北少数民族通史·辽宋夏金卷》(独著)，北京：民族出版社，2009年1月，获甘肃省2012年社会科学一等奖。

6.《甘肃通史·宋夏金元卷》(独著)，兰州：甘肃人民出版社，2009年8月，获甘肃省2012年社会科学一等奖。

7.《中华地域文化集成·甘肃文化》(独著)，北京：北京群众出版社，1998年7月。

8.《两唐书辞典》(参编)，济南：山东教育出版社，2004年11月。

9.《中国儒学辞典》(参编)，沈阳：辽宁人民出版社，1988年12月，获1990年中国图书奖。

10.《甘肃大事记》(参编)，兰州：甘肃人民出版社，1989年12月。

11.《中国儒学史》(参编)，郑州：中州古籍出版社，1991年6月。

12.《河西开发史研究》(参编)，兰州：甘肃教育出版社，1993年8月，获1998年甘肃省社会科学第六次“兴隆奖”三等奖。

13.《凤鸣陇山——甘肃民族文化》(参编)，兰州：甘肃教育出版社，1999

年7月。

14.《儒家文化辞典》(合编)，郑州：中州古籍出版社，2000年10月。

15.《中国历代少数民族英才传》(参编)，兰州：甘肃人民出版社，2000年9月。

16.《中国古代开发西北人物志》(参编)，兰州：兰州大学出版社，2001年4月。

17.《西北少数民族史研究》(参编)，北京：民族出版社，2003年12月。

18. 主持“宋代西北民族研究”项目，获2006年度甘肃省高等院校社科成果二等奖。

19.《中华大典・工业典・食品工业分典》(上下二册，364万字)(主编)，上海：上海古籍出版社，2015年12月。

20.《康辅纪行校笺》(上下)(独著)，上海：上海古籍出版社，2017年7月。

## 二、论文

1.《北宋的吐蕃盟友——唃厮罗》(译文)，《西北史地》1981年第2期。

2.《“夜落纥”与“夜落隔”》，《敦煌学辑刊》第3辑。

3.《也谈骨勒茂才》，《宁夏大学学报》1983年第1期。

4.《中国史稿十六国兴亡表订误》，《历史教学》1984年第4期。

5.《脱列哥那1240年懿旨考述》(译文)，《西北史地》1985年第1期。

6.《西夏文字的创立者——唐古特杂记之一》(译文)，《西北民族文丛》1984年第2期。

7.《元昊》，《历史教学与研究》1983年第2期。

8.《西夏国的吐蕃人与吐蕃文化》(译文)，《宁夏社会科学通讯》1985年第8期。

9.《夏金关系述评》(合著)，《西北师院学报》1986年第2期。

10.《宋岷州广仁禅院碑述评》，《西北师院学报》1988年增刊。

11.《宋代吐蕃风俗述略》，《西北民族研究》1988年第2期。

12.《败人败国的两宋党争》，载《历史与现实》，西安：三秦出版社，1989年7月。

13.《宋代吐蕃踏歌》，《民族艺林》1990年第1期。

14.《北宋对吐蕃的文化政策》，《甘肃社会科学》1990年第3期。

15.《北宋对西北自然资源的开发与利用》，《开发研究》1991年第1期。

16.《北宋对秦陇以西地区的开拓经营》,《西北师大学报》1991 年第 3 期。

17.《北宋对吐蕃居地的土地开发》,《甘肃社会科学》1991 年第 4 期。

18.《甘州回鹘、凉州吐蕃对河西走廊的经营》,《西北师大学报》1991 年增刊。

19.《西夏对河西走廊的开拓与经营》,《祁连学刊》1992 年第 1 期。

20.《西夏时期佛教在河西走廊的传播与发展》,《宁夏大学学报》1992 年第 3 期,《新华文摘》1993 年第 1 期辑目。

21.《略论西夏时期河西社会经济的发展及其局限》, 载《史学论丛》, 兰州: 兰州大学出版社, 1992 年 9 月。

22.《元代重农政策在河西走廊的贯彻》, 载《历史教学与研究》, 兰州: 兰州大学出版社, 1993 年 11 月。

23.《北宋的秦州蕃部与堡寨》,《西北史地》1995 年第 1 期。

24.《西夏封建化与儒家文化》, 载《史学论丛》第 5 集, 兰州: 兰州大学出版社, 1995 年 6 月。

25.《宋夏战争中的秦州吐蕃》,《宁夏社会科学》1996 年第 4 期。

26.《试论吐蕃向吐谷浑地区的扩张》,《西北师大学报》1996 年历史学专辑。

27.《元昊雄才大略述论》, 载《西北史研究》( 上册 ), 兰州: 兰州大学出版社, 1997 年 3 月。

28.《凉州会晤与河西崇佛》,《西藏民院学报》1997 年第 1 期 。

29.《西夏碑与岷州碑》,《文史知识》1997 年第 6 期。

30.《宋代西北吐蕃的手工业》,《西北师大学报》1997 年第 4 期 。

31.《甘肃藏传佛教寺院及其特点》, 载《史学论丛》第 7 集, 兰州: 兰州大学出版社, 1997 年 6 月。

32.《宋代西北吐蕃的交通》, 载《史学论丛》第 8 集, 兰州: 兰州大学出版社, 1998 年 8 月。

33.《西北吐蕃对北宋的军事影响》( 合著 ),《西北史地》1998 年第 4 期。

34.《宋代吐蕃的商业贸易》,《西北师大学报》1999 年第 2 期。

35.《唐代杰出的政治家、军事家李世民》, 载《甘肃历史名人画传》, 兰州: 甘肃人民出版社, 1998 年 9 月。

36.《北宋御边政策的调整》,《甘肃社会科学》2000 年第 3 期 ,《新华文摘》2000 年第 9 期辑目。

37.《儒家文化对西夏社会的影响》,《西北师大学报》2000 年第 3 期,《新华文摘》2000 年第 9 期辑目。

38.《西夏时期的河西走廊》,《甘肃日报》2000 年 10 月 25 日 第 6 版。

39.《夏州雄杰李彝兴》，载《中国历代少数民族英才传》，兰州：甘肃人民出版社，2000 年 9 月。

40.《党项英才李继迁》，载《中国历代少数民族英才传》，兰州：甘肃人民出版社，2000 年 9 月。

41.《西夏王朝奠基者李德明》，载《中国历代少数民族英才传》，兰州：甘肃人民出版社，2000 年 9 月。

42.《西夏开国之君李元昊》，载《中国历代少数民族英才传》，兰州：甘肃人民出版社，2000 年 9 月。

43.《西夏文士野利仁荣》，载《中国历代少数民族英才传》，兰州：甘肃人民出版社，2000 年 9 月。

44.《文治明君李乾顺》，载《中国历代少数民族英才传》，兰州：甘肃人民出版社，2000 年 9 月。

45.《中兴之王李仁孝》，载《中国历代少数民族英才传》，兰州：甘肃人民出版社，2000 年 9 月。

46.《西夏名儒斡道冲》，载《中国历代少数民族英才传》，兰州：甘肃人民出版社，2000 年 9 月。

47.《西夏著名学者骨勒茂才》，载《中国历代少数民族英才传》，兰州：甘肃人民出版社，2000 年 9 月。

48.《唐代吐蕃的民族统治与民族融合》,《甘肃社会科学》2001 年第 3 期 。

49.《唐朝时期吐蕃与汉民族的融合》,《西北师大学报》2001 年第 4 期。

50.《西夏河西经济的开发与历史局限》,《宁夏社会科学》2002 年第 4 期。

51.《夏金使臣交聘述论》,《国家图书馆学刊》(西夏研究专号)，2002 年增刊。

52.《略论西北吐蕃与北宋的关系》,《兰州大学学报》2002 年第 6 期。

53.《论欧阳修的茶利观》(合著),《西北师范大学学报》2003 年第 1 期。

54.《北宋对河湟地区的开拓论略》(合著),《青海民族研究》2003 年第 3 期。

55.《20 世纪国内西夏与周边民族关系研究述评》,《宁夏社会科学》 2004 年第 1 期。

56.《范仲淹教育思想研究》(合著),《沈阳师范大学学报》2004 年第 1 期。

57.《略论宋代蕃兵建制》(合著),《西藏研究》2004 年第 2 期。

58.《西夏民族音乐及其演变》,《宁夏大学学报》2004 年第 5 期。

59.《略论西辽与金朝及西域民族的关系》,《新疆大学学报》2004 年第 3 期。

60.《宋代西北少数民族百年研究综述》(合著),《甘肃社会科学》2004 年第 5 期。

61.《宋代西北吐蕃与周边政权的关系》,《西藏研究》2004 年第 4 期。

62.《两宋时期的西北吐蕃》,载《宋代史》,广州:澳亚周刊出版公司,2004 年 7 月。

63.《略论宋代的蕃兵制度》(合著),《中国边疆史地研究》2004 年第 4 期。

64.《20 世纪国内外西夏学研究综述》,《甘肃社会科学》2005 年第 1 期。

65.《西夏与辽朝关系述论》,《辽宁大学学报》2005 年第 2 期。

66.《略论西夏与金朝的关系》,《宁夏社会科学》2005 年第 3 期。

67.《〈西藏研究〉藏学研究综述》,《西藏研究》2005 年增刊。

68.《略论北宋对西北边区蕃民的法律保护》(合著),《内蒙古社会科学》2006 年第 2 期。

69.《西夏史研究的集大成之作——评〈西夏通史〉》,《宁夏社会科学》2006 年第 4 期。

70.《宋代甘肃自然资源的开发》,《甘肃联合大学学报》2007 年第 4 期。

71.《两宋时期西北少数民族政权特色述论》,《西域研究》2007 年第 3 期。

72.《金朝对陇南吐蕃的招抚》,《西藏研究》2007 年第 4 期。

73.《略论党项夏国的军事制度》,《宁夏大学学报》2007 年第 6 期。

74.《张载取洮西之地辩析》,《宁夏社会科学》2009 年第 1 期。

75.《两宋时期西北少数民族科学技术的发展》,《宁夏师范学院学报》2009 年第 2 期。

76.《西夏研究文献的新探索——评胡玉冰〈传统史籍中汉文西夏文献研究〉》,《宁夏师范学院学报》2009 年第 4 期。

77.《略论〈康辂纪行〉的史料价值》,《西藏研究》2011 年第 2 期。

78.《元朝陇南吐蕃的行政机构与社会经济》,《西藏研究》2012 年第 2 期。

79.《北宋西北沿边的党项部族》,《西夏研究》2012 年第 2 期。

80.《清道光年间国人对川藏地区的认识——兼论〈康辂纪行〉的史料价值》,载《丝路文明》第三辑,上海:上海古籍出版社,2018 年 9 月。

81.《北宋对西北吐蕃的文化措施》,《中原文化研究》2018 年第 6 期。

# 后　记

20世纪80年代，我在西北师大任教期间，曾从吉林教育出版社邮购到史金波先生撰写的《西夏文化》一书，使我对西夏文化有了初步的了解，开阔了我的视野。西夏是宋史领域重要的组成部分，在宋代民族关系中占有举足轻重的地位。此书的介入，使我与西夏研究结缘。1995年，我参加在银川召开的西夏国际学术会议，并与史金波先生有缘相识，后因学术研究有所交往，虽不频繁，但相谈甚洽。承蒙先生的厚爱关照，邀请参与《西夏学文库·论集卷》的编纂，欣然允之。感谢先生为我提供这一承载的平台，使我可将数十年的成果结集出版。

众所周知，刊物发表论文有其局限性，一般要求8000—10000字，文章字数太少（三四千字）或者太多（超过一万字以上），或单纯历史人物文章都很难发表。于是此论文集既有发表的论文，也有将著作中尚未发表过的章节，以论文形式辑入。如《宋代西北吐蕃研究》一书中“西北民族关系的新格局”，我认为在参与西北地区争夺的宋、辽、夏、金、吐蕃、回鹘六方中，宋王朝以其实力而成为“核心力量”，而“党项族在争夺西北地区的斗争中成为矛盾的焦点”，宋夏矛盾成为“西北民族关系发展的一根主线”。故而提出“在西北民族中，存在着六方、一核心、一焦点、一主线”的观点。在《宋代西北民族文献与研究》一书中所载“绪论：宋代西北民族发展的新特点”“生存环境与自然资源”等，《中国西北少数民族通史·辽宋西夏金卷》中有关西夏与中原王朝关系的文章，皆从未以论文形式发表过。另有西夏历史中，如李继迁、李德明、李元昊、李乾顺、李仁孝、野利仁荣、骨勒茂才等诸多人物，以论文形式也很难发表。西夏民族关系中，吐蕃与西夏关系密切，故而西夏涉及吐蕃的论文亦收入，以免淡化西夏研究这一主题。

集中所载论文，撰写年代跨度长达三十余年，因时代局限，存有颇多疏误与不规范。今在结集出版之时，将原文中存在的这些疏误与不规范，均经查阅文献史料，予以修正与规范。

此集主要将我三十余年有关宋史、西夏史研究的一些论文，经选择后，分为“地理环境、部族、人物”“民族关系”“政治、军事”“经济、宗教、文化”“综述、书评”五部分。并将相关文章皆置于不同类别中，聚合成集。

二十多年前，拙作《宋代西北吐蕃研究》一书，由甘肃文化出版社出版，时隔二十余年后，我的文集仍由贵社出版，实感荣幸，在此致以真诚的谢意！

我自大学毕业留校任教至今，已在教育园地耕耘数十年，如今也进入老年。秉持老而不衰，老有所学，老有所乐，老有所为的生活信念，虽是夕阳，依然灿烂。

刘建丽

2017年8月于兰州